彩插1　郭沫若《题赠档案馆》

彩插 2　中國現存最古老的皇家檔案庫——皇史宬

彩插 3　金櫃

彩插 4　中國第一歷史檔案館外景

彩插 5　中國第一歷史檔案館庫房

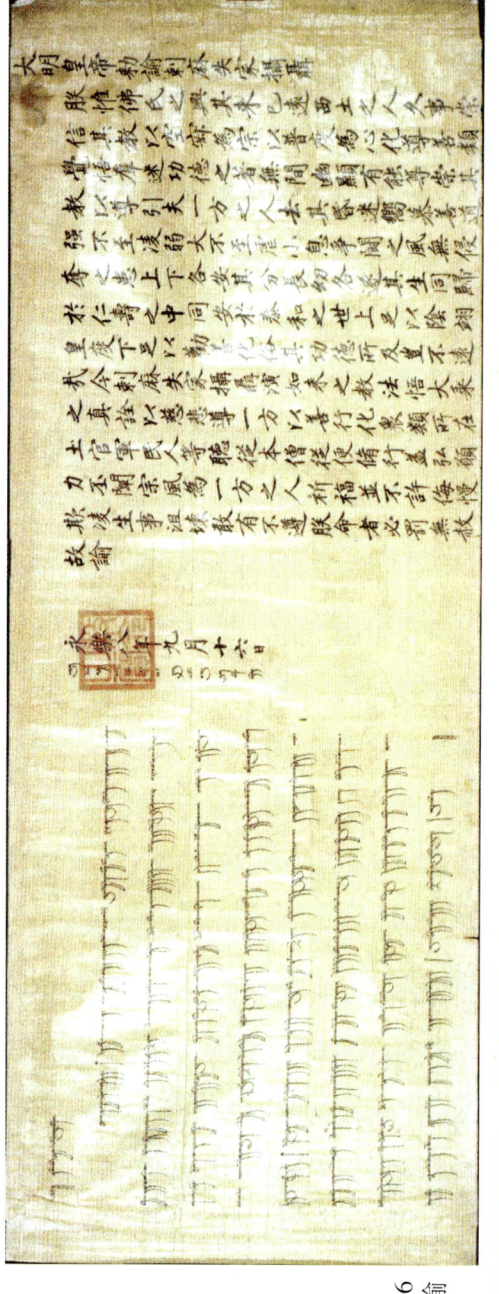

彩插6 明永樂帝敕諭

彩插7 明題行稿

彩插 8 《赤道南北兩總星圖》崇禎七年（1634年）七月

彩插 9　滿文木牌

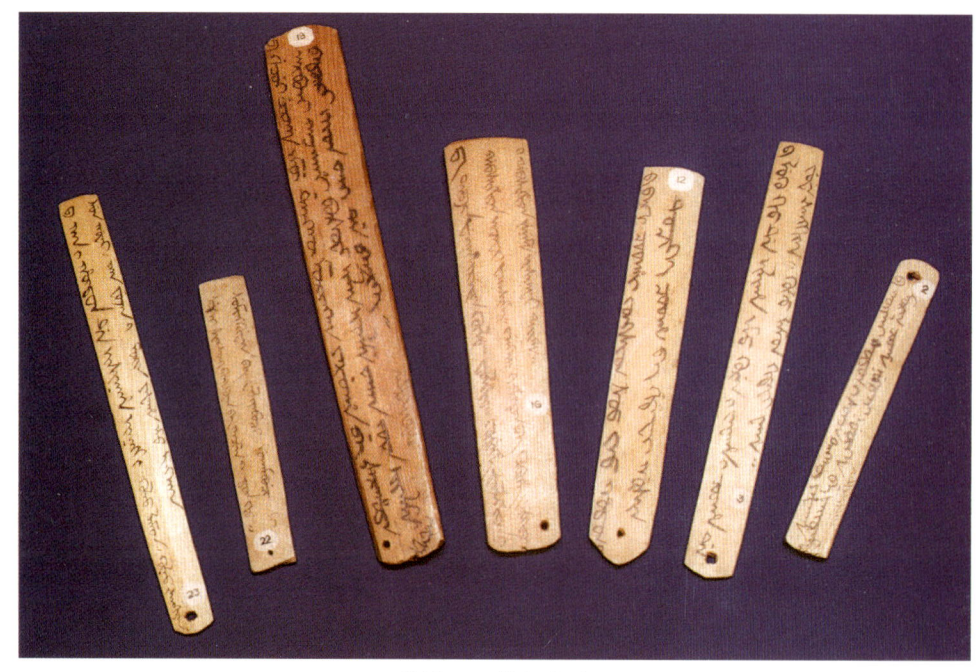

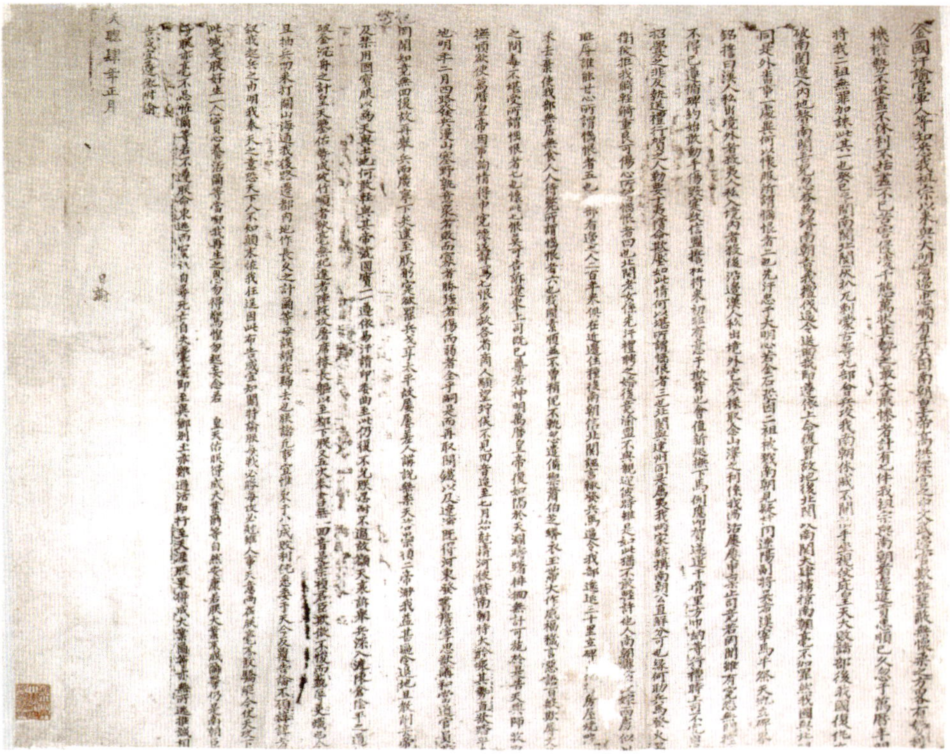

彩插 10　七大恨誓詔（天聰四年）

彩插 11 莊妃册文（崇德元年七月初十日）

彩插 12 順治帝追尊多爾袞為成宗義皇帝詔書

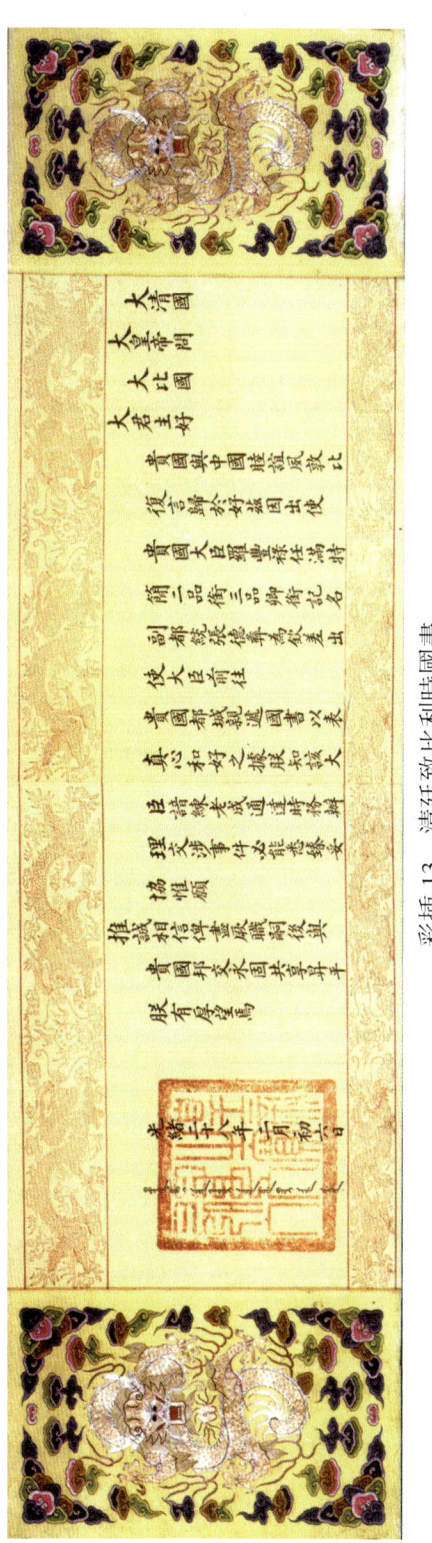

彩插 13　清廷致比利時國書

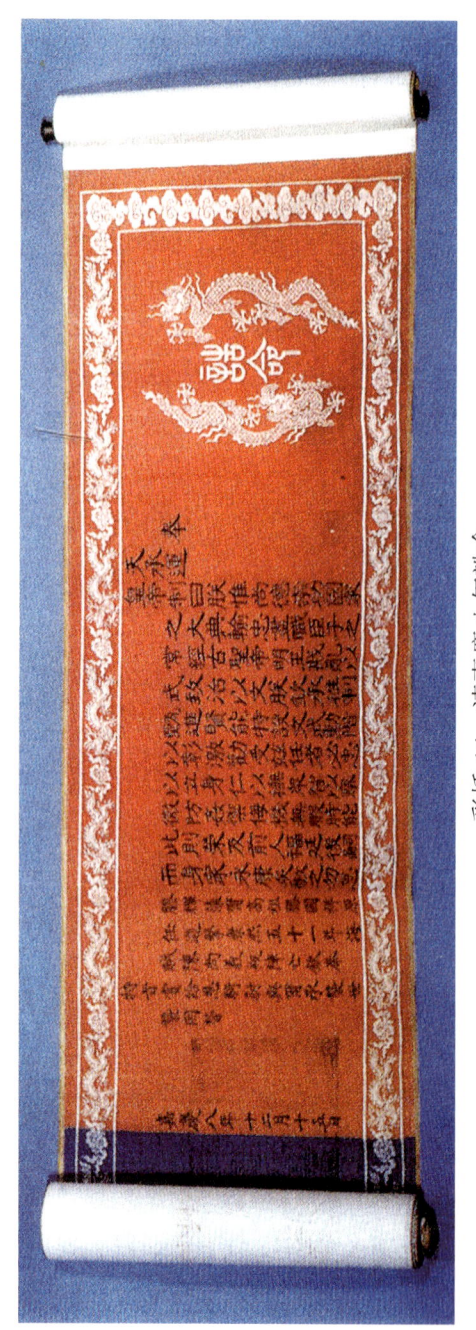

彩插 14　清嘉慶八年誥命

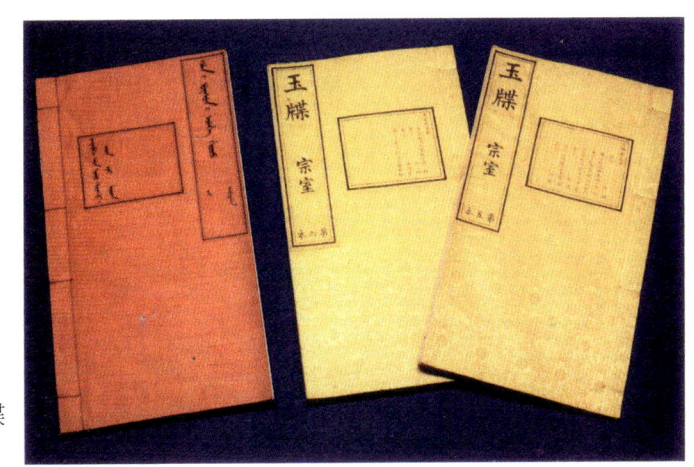

彩插 15　清玉牒

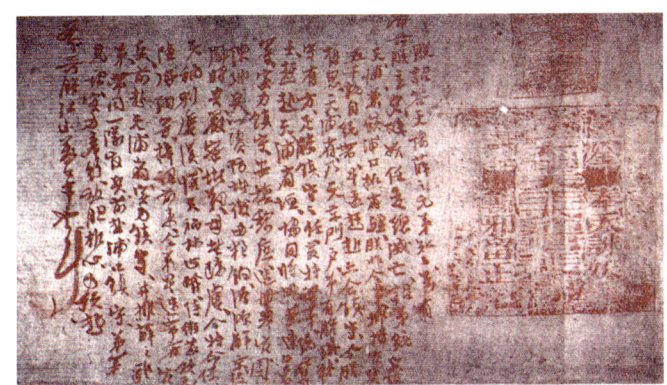

彩插 16　洪秀全親筆詔旨

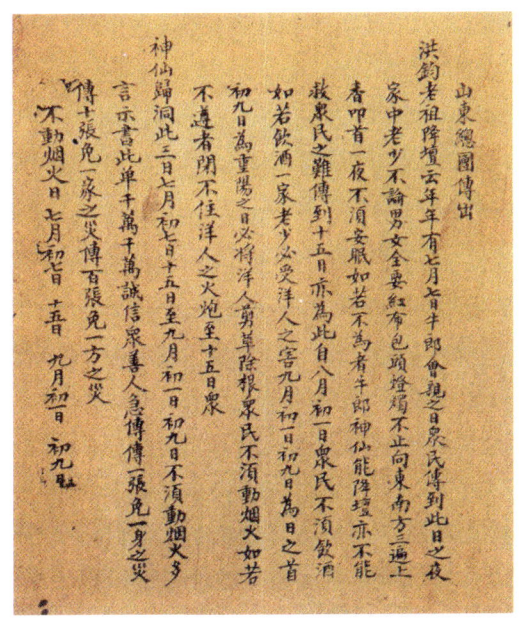

彩插 17　義和團傳單

彩插 18
江南省全圖

彩插 19
康熙皇帝朝服像

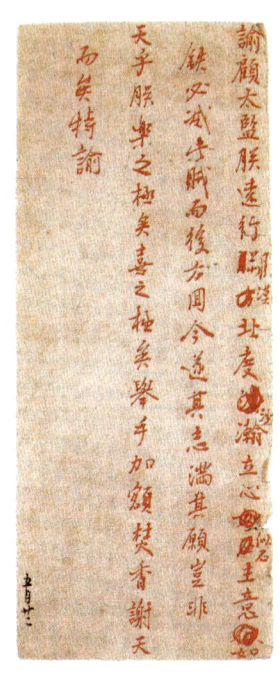

彩插 20
康熙帝平定噶爾丹硃諭

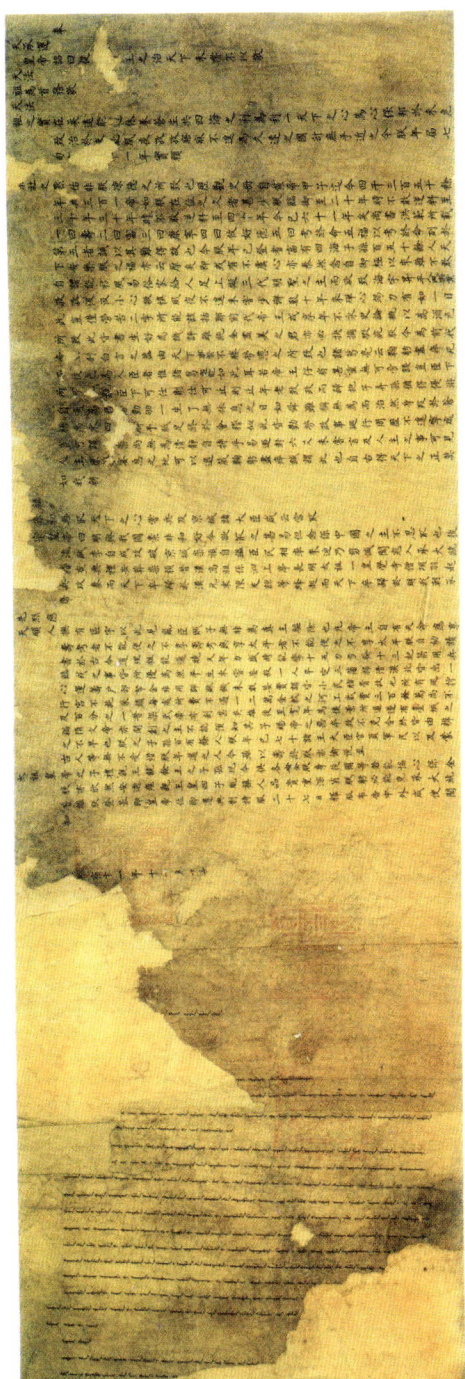

彩插 22 康熙皇帝遺詔（康熙六十一年十一月十三日）

彩插 21 康熙帝諭關於統一臺灣詩（康熙二十二年八月十五日）

彩插 23　雍正皇帝朝服像

彩插 24　雍正帝爲整頓吏治敕誡州縣的諭旨

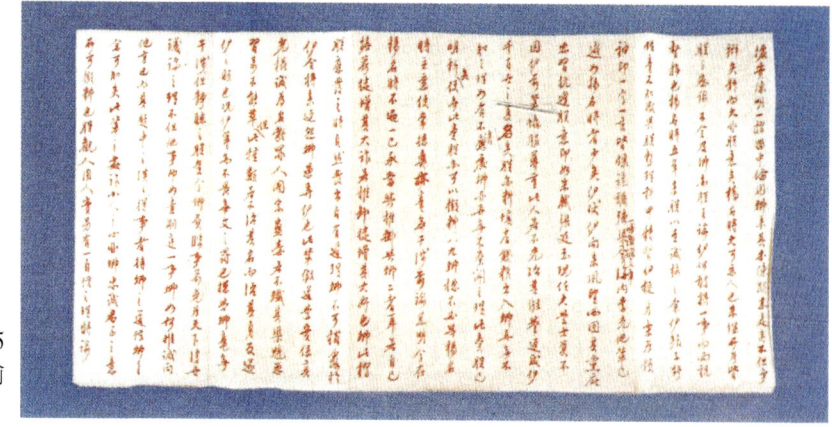

彩插 25
雍正帝硃諭

彩插 26　乾隆皇帝朝服像

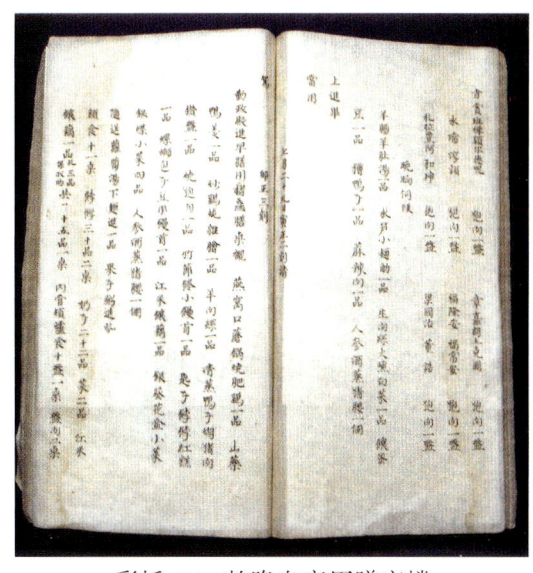

彩插 27　乾隆皇帝用膳底檔

彩插 28　乾隆帝關於治世需寬嚴相濟諭旨

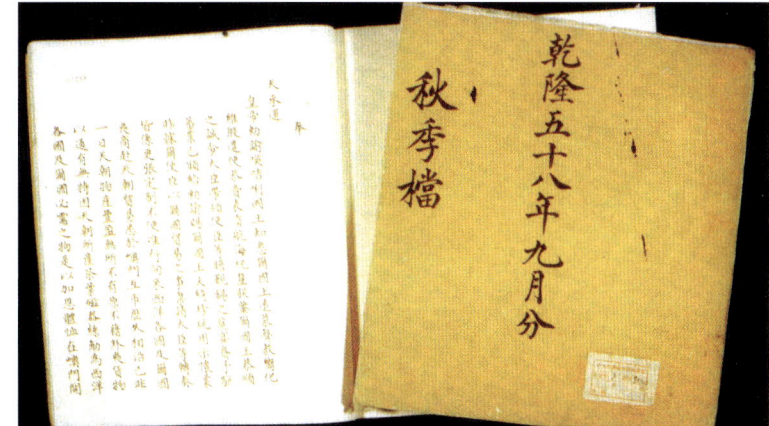

彩插 29
乾隆皇帝致英
國國王之敕諭

彩插30　紫禁城乾清宫内景

彩插31　道光皇帝秘密立储硃谕

軍機大臣 字寄
兩廣總督鄧 廣東巡撫怡 道光十八年十一月十八日奉
上諭朕因近年來鴉片煙傳染日深紋銀出洋銷耗彌甚屢經降旨飭令該督等認真查辦但來源則此患久恐一時未能盡行破除若不清查來源則此患伊於胡底昨經降旨特派湖廣總督林則徐馳赴粵省查辦海口事件並頒給欽差大臣關防令該省水師兼歸節制林則徐到粵後自必遵旨竭力查辦以清弊源惟該省窰口快蟹以及開設煙館販賣吸食種種弊竇必應隨地隨時淨絕根株毋稍鬆懈斷不可存觀望之見尤不可稍存廷楨怡良振刷精神仍照舊分別查拏毋稍鬆廷楨統轄兩省地方事務殷繁若專責以查辦鴉片以及紋銀出洋恐顧此失彼轉不能專一心查辦現派林則徐前往專辦此事該督自當盡矢勤奮盡泯畛域應分辦者各盡己責應商辦益絕弊端現派林則徐前往專辦此事該督自當者會同奏聞趁此之機力挽前已責應商辦積習永除根株斷絕想卿等必能體朕之心為國祛此一大患也將此諭令知之欽此遵
旨寄信前來

彩插32 道光皇帝任命林則徐為禁煙大臣諭

彩插33 林則徐像

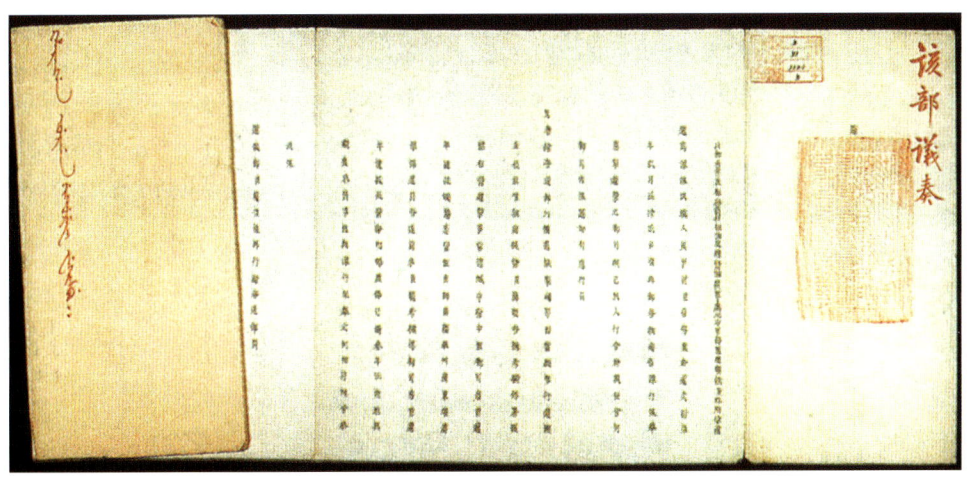

彩插34 湖廣總督林則徐為豫保武職人員事之題本

彩插 35　光緒皇帝朝服像

彩插 36　康有爲像

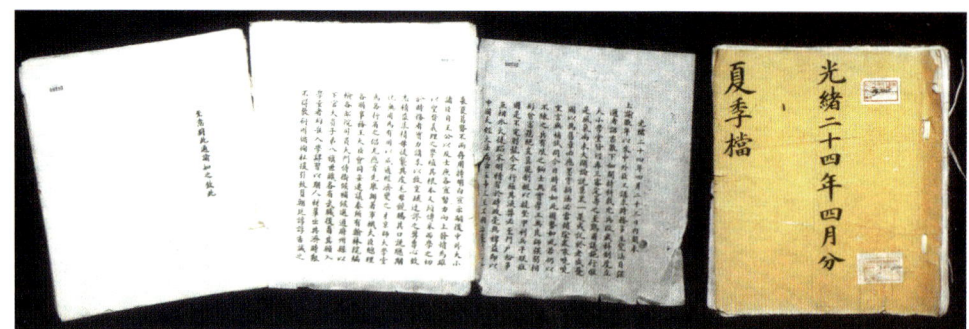
彩插 37　光緒皇帝明定國是諭

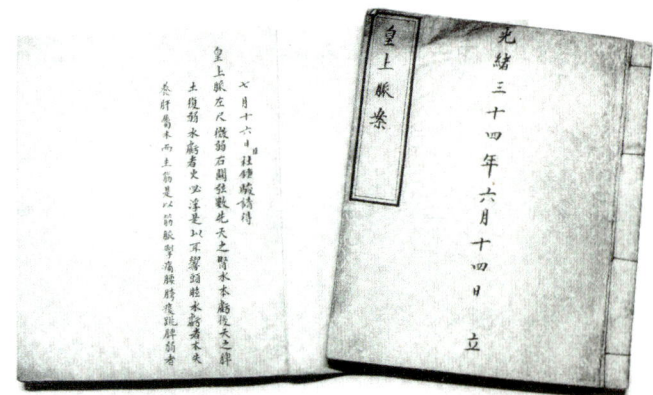
彩插 38　光緒皇帝脈案

彩插 39　慈禧太后像

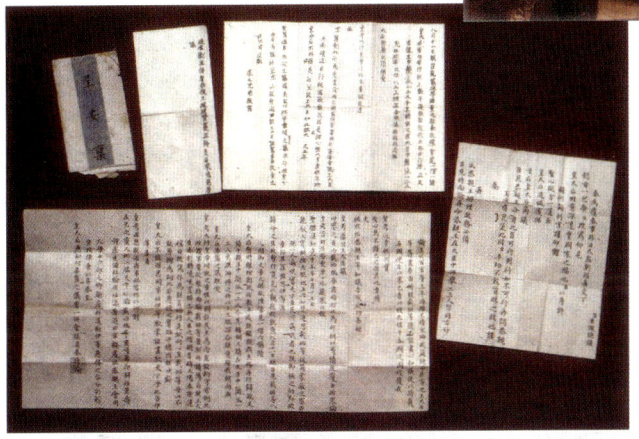

彩插 40
慈禧太后手擬關於
辛酉政變的密諭

奉
旨朕欽奉
隆裕皇太后懿旨前因民軍起事各省響應九夏沸騰
生靈塗炭特命袁世凱遣員與民軍代表討論大局
議開國會公決政體兩月以來尚無確當辦法南北
睽隔彼此相持商輟於途士露於野徒以國體一日
不決故民生一日不安全國人民心理多傾向共
和南中各省既倡議於前北方諸將亦主張於後人
心所嚮天命可知予亦何忍因一姓之尊榮拂兆民
之好惡是用外觀大勢內審輿情特率皇帝將統治
權公諸全國定為共和立憲國體近慰海內厭亂望
治之心遠協古聖天下為公之義袁世凱前經資政
院選舉為總理大臣當茲新舊代謝之際宜有南北
統一之方即由袁世凱以全權組織臨時共和政府
與民軍協商統一辦法總期人民安堵海宇乂安仍
合滿漢蒙回藏五族完全領土為一大中華民國予
與皇帝得以退處寬閒優游歲月長受國民之優禮
親見郅治之告成豈不懿歟欽此
宣統三年十二月二十五日　蓋用御寶

內閣總理大臣　袁世凱
外務大臣　胡惟德
民政大臣　趙秉鈞
度支大臣　紹英
學務大臣　唐景崇
陸軍大臣　王士珍
海軍大臣　譚學衡
司法大臣　沈家本
農工商大臣　熙彥
郵傳大臣　梁士詒
理藩大臣　達壽

彩插 41　宣統皇帝退位詔書

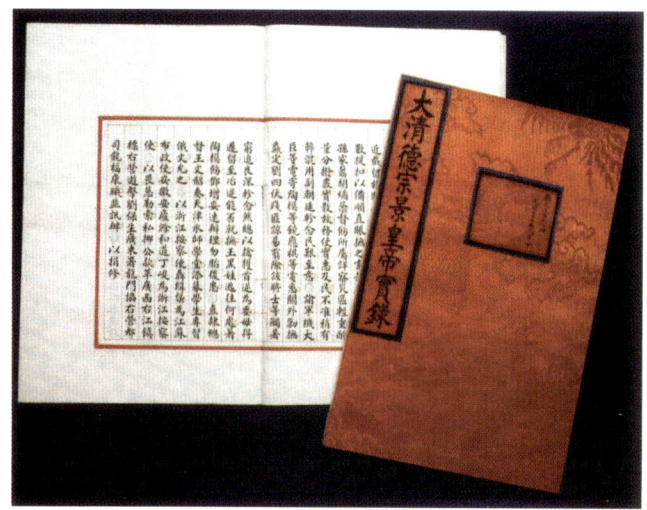

彩插 42
清德宗景皇帝實錄

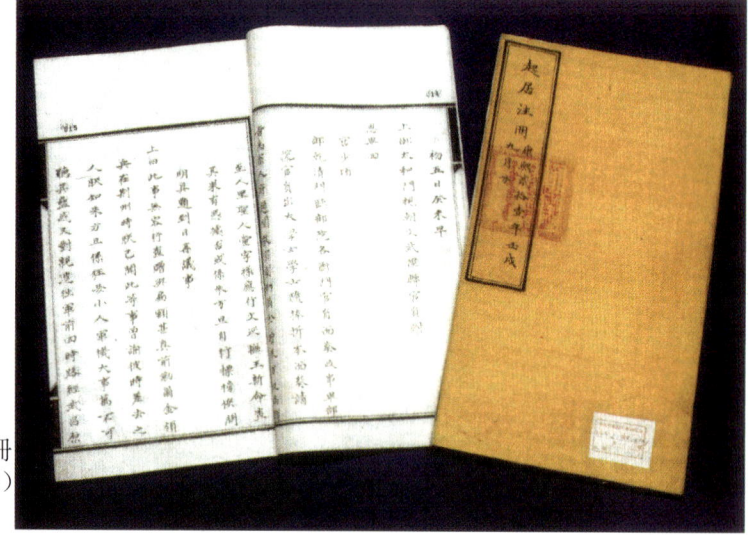

彩插 43　起居注冊
（康熙二十二年）

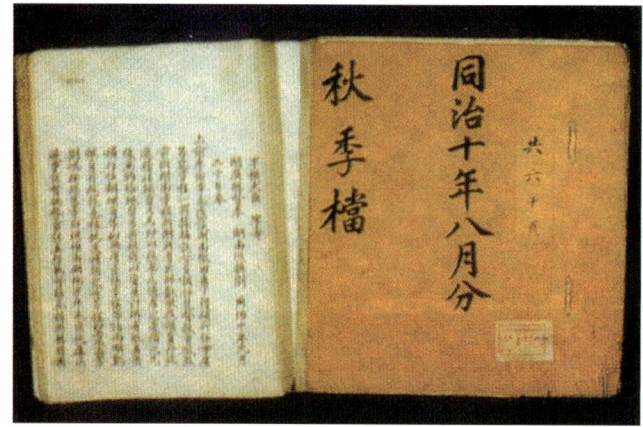

彩插 44　上諭檔

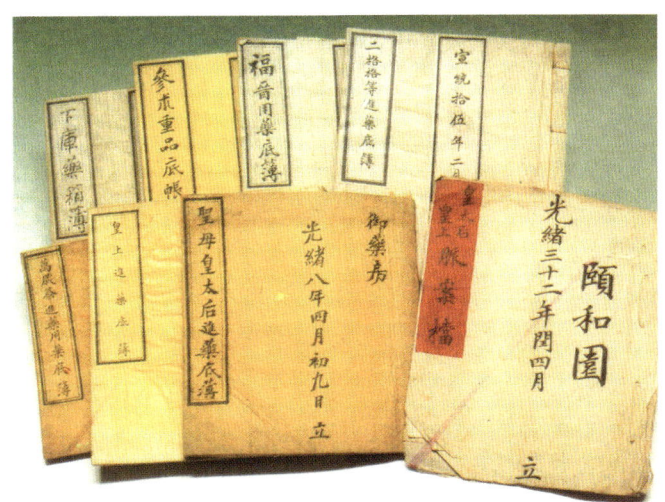

彩插 45
清脈案檔、進藥底簿

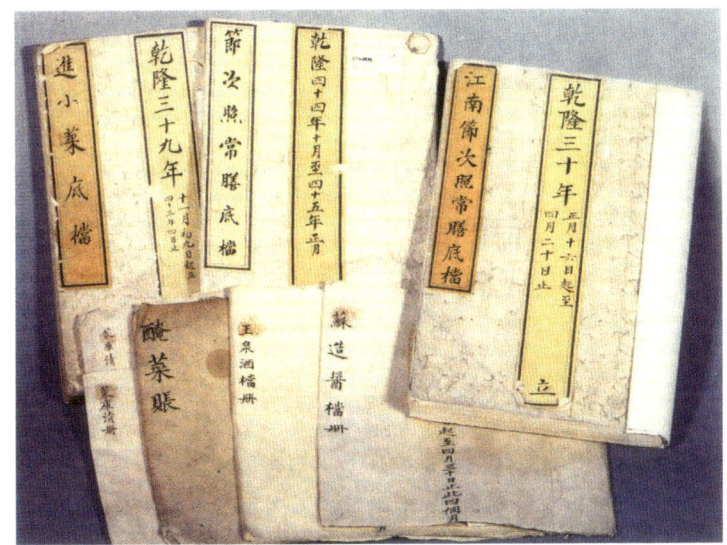

彩插 46
清御茶膳房檔

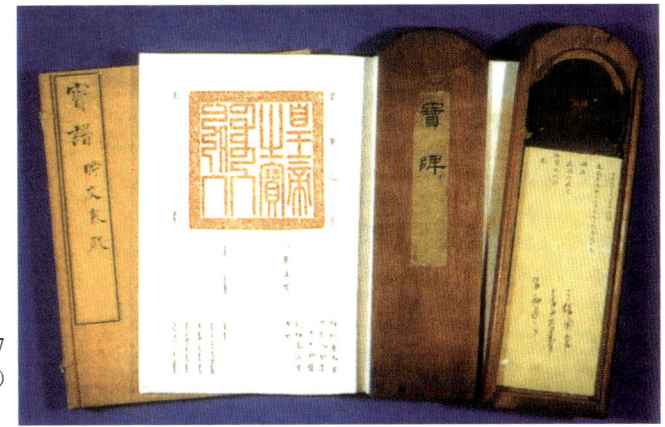

彩插 47
寶譜及請寶用的寶牌（清）

彩插48　清皇帝之寶印模

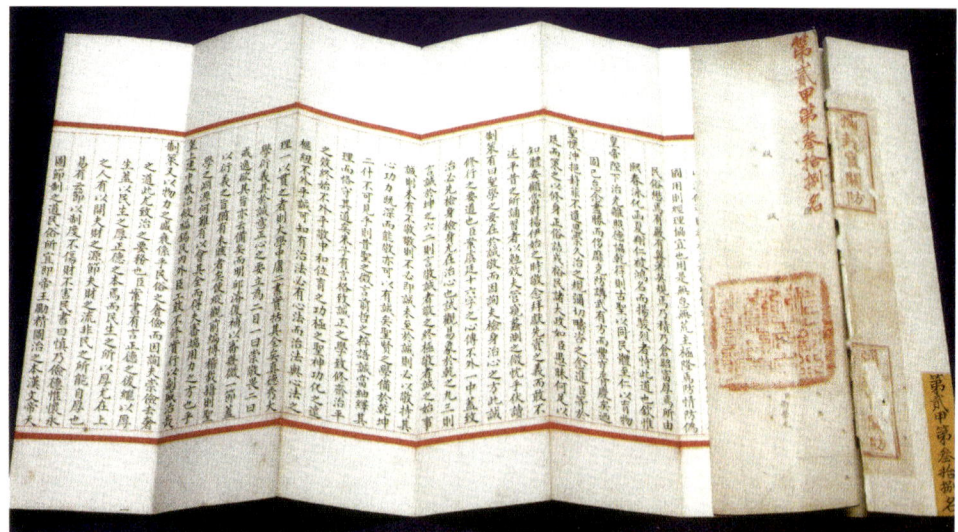

彩插49　殿試卷（清）

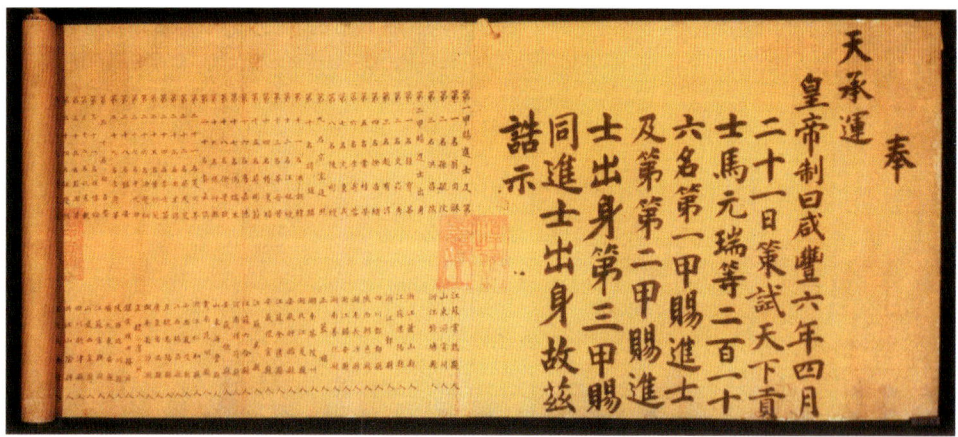

彩插50　文科殿試大金榜（咸豐六年）

彩捕 51　硃批奏摺

彩捕 52　錄副奏摺
兩廣總督吳熊光等奏摺

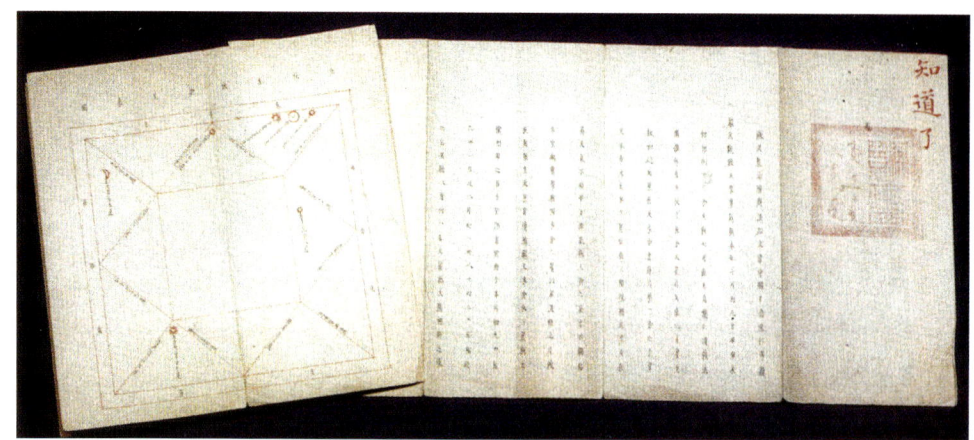

彩插 53　欽天監治理歷法南懷仁題本

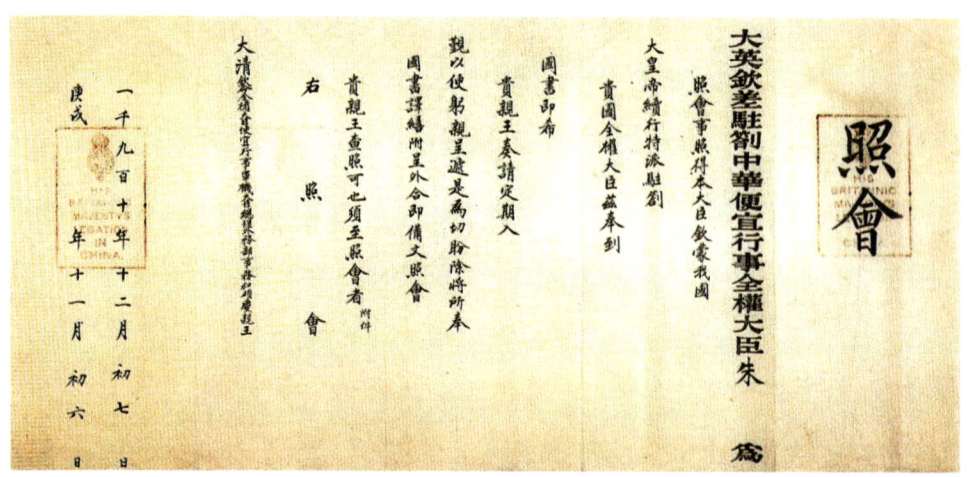

彩插 54　英國駐華公使朱爾典致清朝外務部的照會

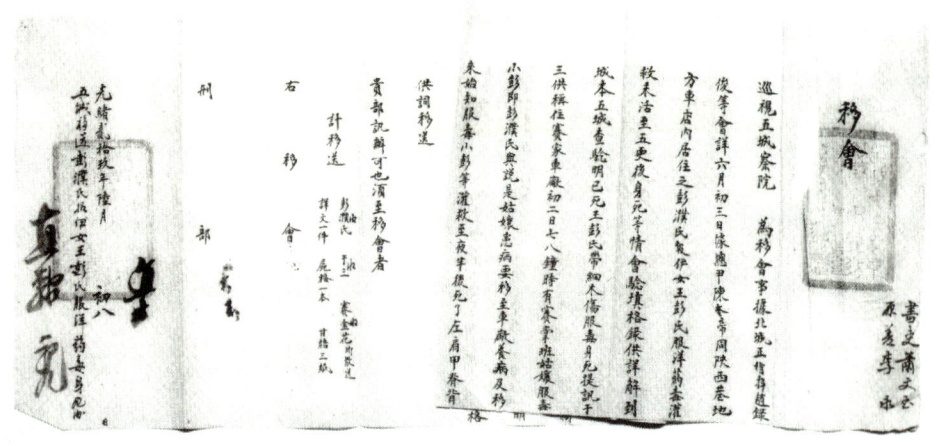

彩插 55　移會（光緒二十九年六月初八日）

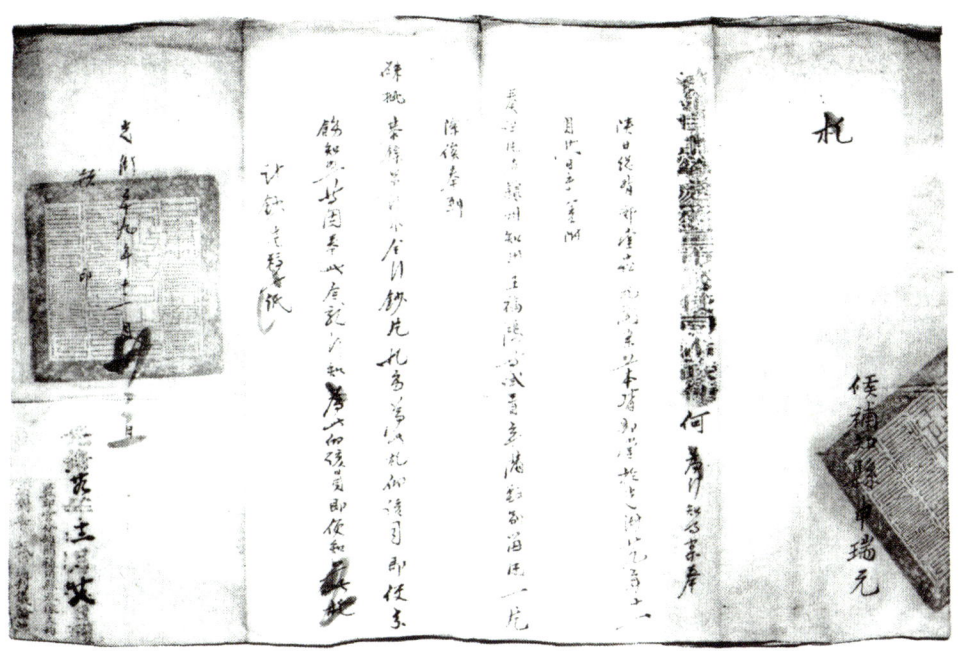

彩插56　札文（光绪二十九年十二月二十三日）

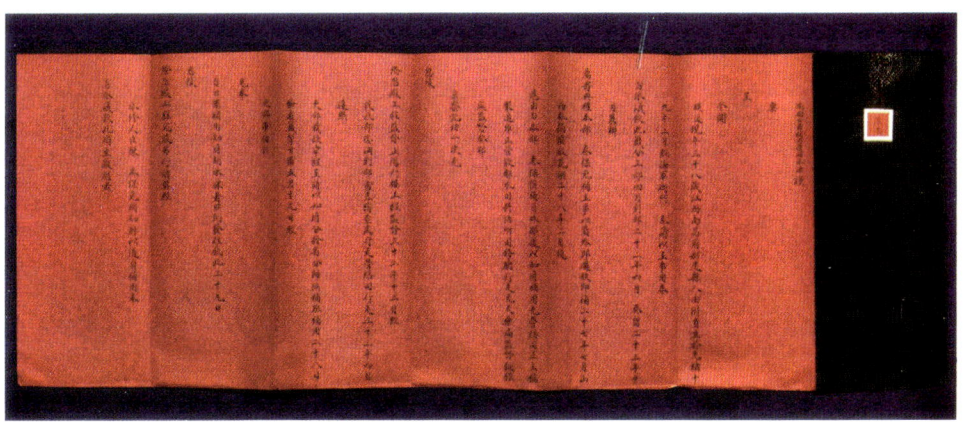

彩插57　禀文（清）

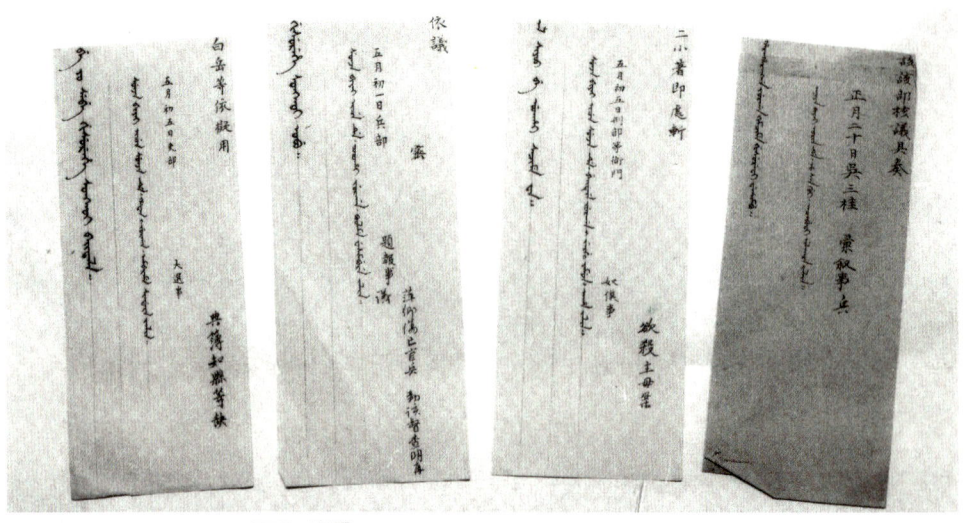

彩插 58　票簽（清）

彩插 59
浙江鄉試題名錄（道光）

彩插 60　《密本檔》
康熙四年四月至八月
（1665 年 5 月至 9 月）

明清檔案學

（增訂版）

秦國經　著

學苑出版社

圖書在版編目(CIP)數據

明清檔案學/秦國經著. —增訂本. —北京：學苑出版社，2015.10
ISBN 978-7-5077-4885-7

Ⅰ.①明…　Ⅱ.①秦…　Ⅲ.①檔案工作-中國-明清時代
Ⅳ.①G279.294.8

中國版本圖書館 CIP 數據核字(2015)第 238704 號

責任編輯：劉　豐
出版發行：學苑出版社
社　　址：北京市豐臺區南方莊 2 號院 1 號樓
郵政編碼：100079
網　　址：www.book001.com
電子信箱：xueyuanpress@163.com
銷售電話：010-67601101(銷售部)、67603091(總編室)
印　刷　廠：河北省高碑店市鑫宏源印刷包裝有限責任公司
開本尺寸：787×1092　1/16
印　　張：47.25　彩插：24 頁
字　　數：700 千字
版　　次：2016 年 4 月第 1 版
印　　次：2016 年 4 月第 1 次印刷
定　　價：248.00 元

緒　言

　　檔案是歷史的原始記錄和直接憑證，是一個國家和民族緬懷既往、探求未來的重要依據。孔子曰："夏禮吾能言之，杞不足徵也，殷禮吾能言之，宋不足徵也。文獻不足故也。足則吾能徵之矣。"（《論語·八佾》）可見檔案對於史學研究，實爲舉足輕重，無可替代。

　　中國是歷史悠久、文化燦爛的文明古國。溯古迄今，我們的祖先給我們留下極其豐富的文化遺產。其中檔案文獻更是浩瀚與珍貴。自殷商以來，甲骨金石，簡牘縑帛，鐵卷金冊，紙墨文書，可謂多姿多彩。其年代之久遠，內容之豐富，價值之珍貴，舉世無與倫比。

　　中國自漢代蔡倫發明造紙以來，紙質文書得到迅速發展與普遍應用。由於歷史的諸多原因，漢、唐、宋、元等朝代的紙質文書留存於世的並不多，而明、清王朝的紙質檔案卻被大量保存下來。據調查統計，現存於世的明清檔案約有兩千萬件。其中中國第一歷史檔案館典藏的明清檔案有一千多萬件，其他臺灣、大陸各地及海外各國流存的明清檔案，也不下一千萬件。這些浩如煙海的檔案，詳細記載着明、清王朝的政治、經濟、軍事、文化、科技、外交、民族、宗教、宮廷、社會等各方面的歷史狀況，是明清五百多年來歷史的真實記錄與憑證。它們不僅是當前纂修大型《清史》的第一手史料，而且也是我們今天進行政治、經濟、文化建設和社會發展的借鑒和參考的重要歷史資料之一。

　　然而，具有全國規模明清檔案事業的形成和發展，卻經歷了一個漫長的階段。20世紀初期，存於紫禁城內的內閣大庫檔案流入社會，這些長期以來密藏宮中的檔案典籍，始被社會所發現，和殷墟甲骨、敦煌藏經一起被譽爲中國近代文化史上的三大發現，引起國內外廣大學者的極大關注。歷經幾代學人的不懈努力，殷墟甲骨、敦煌藏經，在其不斷的發掘、整理、保管和研究利用中，先後形成了獨立的學科，並最終爲學界所承認。惟獨明清檔案，由於數量浩繁、成分複雜，整理研究不僅需要一個漫長的過程，而且需要花費大量的人力和財力。經過近一個世紀、幾代檔案工作者努力，現存於世的明清檔案情況已基本調查清楚，而且整理有序，做到有規可循、有目可查；明清檔案的收集、整理、鑒定、統計、保管、保護和編目、編輯、利用及研究等各項工作都取得了顯著的成績。特別自1980年以來，在我國改革開放形勢的推動下，明清檔案事業得到迅速發展，學術研究碩果纍纍。正是在這樣的條件下，"明清檔案學"纔應運而生了。

"明清檔案學"是研究明清檔案的科學管理和開發利用的一門學科，它的任務是，通過對明清檔案的形成與保藏、內容與價值、整理與利用各項業務工作的研究，探索明清檔案、檔案工作和檔案事業的發展規律，研究明清檔案信息資源的管理、開發利用的理論與方法，以期有助於提高明清檔案管理的科學水平，更有效地開發利用明清檔案信息資源，爲編纂清史等學術研究服務，爲當前國家的政治、經濟、文化建設服務。

"明清檔案學"屬於社會學科範疇，既是檔案學的一個分支，又是史料學的一個組成部分。史料從某種意義上講就是史學，研究歷史必須以歷史唯物主義爲指導，唯物史觀要求在認識過去的歷史時，必須實事求是。講求實事的前提是必須有可信的史料，而檔案則是研究歷史的第一手可信史料。戴逸教授講："檔案是原始資料，歷史研究必須依靠原始資料，沒有原始資料就像魚沒有水，鳥沒有空氣，歷史研究就不可能進行。歷史科學的殿堂必須以史料做奠基石。"（《檔案與北京史國際學術討論會論文集》，中國檔案出版社2003年第1版第3頁）

中國自有文字記載，已有五千多年的文明史。爲什麼中國的傳統文明能歷經久遠而綿延不斷呢？就是我們的祖先重視和善於保藏檔案史料，並利用檔案編纂歷史，所謂"易代修史"，一代接一代，中國古代的"二十四史"便是這樣修成的。

在我國古代，保藏檔案與編纂歷史，二者是一體的事情。檔案工作者同時又是史官，整理檔案的過程，也就是編纂歷史的工作。相傳春秋時期的思想家、道家的創始人——老子，曾做過東周的柱下史，就是管理圖書檔案的官員。孔子曾觀書於周室，得到虞、夏、商、周四代的典籍，經過整理，上起《堯典》，下訖《秦誓》，編成《尚書》。《春秋》也是孔子根據百國寶書（檔案）而編纂的一部編年體史書。司馬遷在漢武帝時任太史令，曾利用了石渠閣和蘭臺秘藏的大量官府檔案，因而寫出了《史記》這部偉大著作。班固是後漢蘭臺令史，也就是檔案館的館長，因而能大量閱用中央官署所藏檔案和圖書，從而編纂成傳世名著《漢書》。以後歷代相沿，都是大量利用官府的檔案文獻，編纂成各類史書典籍，這些史書和典籍是中華文明歷史的記錄。現在國家清史編纂委員會正在積極利用大量的清代檔案編纂大型《清史》，正是我國歷來利用檔案纂修歷史這一優良傳統的繼續。

《明清檔案學》是我國現代"以檔案內容爲研究對象"的第一部檔案學術著作。

新中國檔案學和檔案教育的創立者和奠基人吳寶康教授說："檔案學從研究對象的區分可以一分爲三：即①當今檔案學，以檔案、檔案工作、檔案事業作爲一種管理對象來研究的檔案學。②過去我們歷來提倡要深入到檔案的內容去研究，也就是說以檔案內容爲研究對象的檔案學。我想這是完全應該的，檔案學只研究檔案管理而不研究檔案內容，似乎是不可想象的。③以檔案的各種載體作爲一種物質對象來研究的檔案學。"本書就是吳老所說的"以檔案內容爲研究對象的檔案學"。他認爲"不僅可以建立明清檔案學，而且民國檔案學、黨史檔案學等也是可以建立的"（吳寶康於1996年爲秦國經所著《中華明清珍檔指南》一書所作的序言）。

本書共分七編、三十四章。第一編主要論述了明清王朝的國家機關與文書檔案制度，以便闡明明清檔案產生的淵源和歷史背景。第二、第三編明清檔案介紹，分別按檔案保藏單位和存放地區，以全宗爲單位，全面介紹了中國第一歷史檔案館及國內外各地所存的明清檔案的數量、種類、內容及整理編目的狀況，並對明清檔案的價值做了深刻的論述。第四編明清檔案的分類與歷史研究，則打破明清檔案的管理體系，按檔案內容的性質，歸納爲政務總類、宮廷皇族、職官吏役、軍務、政法、民族事務、中外關係、鎮壓人民鬥爭活動、宗教事務、文化教育衛生科學研究、財政、金融、農業水利畜牧業、手工業工業公用事業、建築、交通郵電、商業、天文地理等十八類，深入揭示了各類檔案的信息內涵；分析了重要的詔敕題奏文書對清朝歷史進程的作用與影響，並對有關重要史實進行了專題研究，以適應當前編纂大型《清史》對史料的索求，從而有助於大型《清史》的編纂，這是本書的重點。

　　本書的第五、六、七編，主要論述明清檔案的科學管理與開發利用工作，包括明清檔案的流傳、收集、保管、修復、整理、編目、鑒定、接待利用、編譯出版、展覽等各項業務工作。尤其是對明清檔案工作的性質、原則和指導思想加以論述。對明清檔案現代管理的內容與方法及全國明清檔案目錄中心的建立的意義，書中也做了簡明的論述。現在中國第一歷史館已建立起"網絡信息系統工程"，目前正積極進行檔案數字化工作，這標志着明清檔案的管理已由傳統的方式逐漸走上現代化管理的道路。

　　《明清檔案學》既是研究明清檔案、檔案工作和明清檔案事業的一部學術著作，同時又是檢索利用明清檔案的一部工具書。我想把這把鑰匙送給讀者諸君，希望您能打開明清檔案寶庫的大門，去盡情鑒賞和利用這些五光十色、燦爛奪目的中華文化的瑰寶。

秦國經
2004 年 6 月 19 日初稿
2014 年 7 月 19 日修訂

目　　錄

第一編　明清王朝的國家機關與文書檔案制度

第一章　明清王朝的政治制度與國家機關 …………………………（ 3 ）
　一、明代的政治制度與國家機關 …………………………………（ 3 ）
　二、清代的政治制度與國家機關 …………………………………（ 6 ）
第二章　明清王朝的文書檔案制度 ………………………………（12）
　一、明代的文書檔案制度 …………………………………………（12）
　二、清代的文書檔案制度 …………………………………………（14）

第二編　明清檔案介紹（上）

第三章　中國第一歷史檔案館所藏的明清檔案 …………………（25）
　第一節　明朝檔案 …………………………………………………（26）
　　一、明檔的由來 …………………………………………………（26）
　　二、明檔的主要內容 ……………………………………………（27）
　　三、明檔的整理和編目 …………………………………………（28）
　第二節　清中樞機構的檔案 ………………………………………（28）
　　一、內閣檔案 ……………………………………………………（28）
　　二、軍機處檔案 …………………………………………………（42）
　　三、宮中各處檔案 ………………………………………………（50）
　　四、會議政務處及憲政、法律編修機構的檔案 ………………（54）
　　五、資政院、責任內閣、弼德院檔案 …………………………（59）
　第三節　清各部院衙門及有關機構的檔案 ………………………（60）
　　一、掌管文職官員任免的吏部檔案 ……………………………（60）

二、管理財政金融機關的檔案 ……………………………… (61)
三、掌管禮儀及文教事務機關的檔案 ……………………… (65)
四、掌管軍事及巡防事務機關的檔案 ……………………… (69)
五、掌管司法監察及民政機關的檔案 ……………………… (75)
六、掌管工交農商機關的檔案 ……………………………… (89)
七、掌管外交、民族事務機構的檔案 ……………………… (92)

第四節 管理皇族及宮廷王府事務機關的檔案 …………… (96)
一、宗人府檔案 ……………………………………………… (96)
二、內務府檔案 ……………………………………………… (98)
三、鑾儀衛、尚虞備用處檔案 ……………………………… (116)
四、侍衛處、禁衛軍訓練處及京師各旗營檔案 …………… (117)
五、清遜帝溥儀檔案 ………………………………………… (118)
六、醇親王府檔案 …………………………………………… (125)
七、輿圖 ……………………………………………………… (127)

第五節 地方機關及官員的檔案 …………………………… (128)
一、順天府檔案及山東巡撫衙門的檔案 …………………… (128)
二、黑龍江將軍衙門、寧古塔副都統衙門、阿拉楚喀
　　副都統衙門、琿春副都統衙門檔案 …………………… (130)
三、長蘆鹽運使司檔案 ……………………………………… (134)
四、端方檔案 ………………………………………………… (135)
五、趙爾巽檔案 ……………………………………………… (136)

第三編　明清檔案介紹（下）

第四章　我國各地及國外所藏的明清檔案 ………………… (143)
第一節　臺北"故宮博物院"文獻館及"中央研究院"歷史語言
研究所藏的明清檔案 ………………………………… (143)
一、臺北"故宮博物院"文獻館所藏的清代檔案 ………… (143)
二、臺北"中央研究院"歷史語言研究所現藏的明清檔案 …… (153)

第二節　遼寧、黑龍江、吉林三省檔案館及東北各地所藏
　　　　的明清檔案 …………………………………………（156）
　　一、遼寧省檔案館所藏的明清檔案 ……………………（156）
　　二、黑龍江省檔案館所藏的明清檔案 …………………（159）
　　三、吉林省檔案館所藏清代檔案 ………………………（160）
　　四、大連市圖書館所藏清代檔案 ………………………（162）
第三節　四川、西藏檔案館及西南各地所藏的明清檔案 …（163）
　　一、四川省檔案館所藏的清代檔案 ……………………（163）
　　二、雲南省檔案館所藏的清代檔案 ……………………（166）
　　三、貴州省檔案館所藏的清代檔案 ……………………（167）
　　四、廣西壯族自治區檔案館所藏的清代檔案 …………（167）
　　五、西藏自治區歷史檔案館所藏的明清檔案 …………（167）
第四節　華東、中南、華北、西北各地所藏的明清檔案 …（168）
　　一、曲阜孔府檔案 ………………………………………（168）
　　二、山東省檔案館所藏的清代檔案 ……………………（169）
　　三、河南省檔案館所藏的明清檔案 ……………………（169）
　　四、湖北省檔案館所藏的清代檔案 ……………………（170）
　　五、湖南省檔案館所藏的清代檔案 ……………………（170）
　　六、安徽省檔案館所藏的明清檔案 ……………………（171）
　　七、福建省檔案館所藏的清代檔案 ……………………（171）
　　八、浙江省檔案館所藏的清代檔案 ……………………（172）
　　九、江蘇省泰州市博物館所藏的明清檔案 ……………（172）
　　十、江蘇省吳江縣檔案館所藏的清代檔案 ……………（173）
　　十一、蘇州商會檔案 ……………………………………（173）
　　十二、廣東、天津、上海檔案館所藏的清代檔案 ……（174）
　　十三、北京地區現藏的清代檔案 ………………………（175）
　　十四、河北省檔案館所藏的清代檔案 …………………（175）
　　十五、甘肅省檔案館所藏的清代檔案 …………………（176）
　　十六、甘肅臨夏回族自治州及慶陽地區檔案館所藏
　　　　　的清代檔案 ………………………………………（176）

十七、陝西省檔案館所藏的清代檔案 ……………………（177）
　　十八、新疆維吾爾自治區檔案館所藏的清代檔案 …………（178）
　　十九、青海省檔案館所藏的明清檔案 ………………………（178）
　　二十、內蒙古自治區檔案館所藏的清代檔案 ………………（179）
　第五節　民間的契約、譜牒等檔案 ……………………………（179）
　第六節　國外流存的明清檔案 …………………………………（181）
第五章　明清檔案的價值與作用 …………………………………（185）
　第一節　明清檔案的價值 ………………………………………（185）
　　一、憑證價值 …………………………………………………（185）
　　二、知識價值 …………………………………………………（186）
　　三、信息價值 …………………………………………………（186）
　　四、文物價值 …………………………………………………（186）
　第二節　明清檔案的作用 ………………………………………（187）
　　一、編史修志的第一手材料 …………………………………（187）
　　二、印證史實的可靠憑證 ……………………………………（189）
　　三、外交鬥爭的重要材料 ……………………………………（191）
　　四、經濟建設的參考材料 ……………………………………（192）
　　五、古建維修的必要依據 ……………………………………（193）
　　六、宣傳教育的生動材料 ……………………………………（193）
　　七、文學創作的重要素材 ……………………………………（194）

第四編　明清檔案分類與歷史研究

第六章　政務總類（A）……………………………………………（197）
　第一節　清代的皇帝 ……………………………………………（197）
　　一、努爾哈赤 …………………………………………………（197）
　　二、皇太極 ……………………………………………………（197）
　　三、順治帝 ……………………………………………………（197）
　　四、康熙帝 ……………………………………………………（198）

五、雍正帝 …………………………………………………（198）
　　六、乾隆帝 …………………………………………………（198）
　　七、嘉慶帝 …………………………………………………（199）
　　八、道光帝 …………………………………………………（199）
　　九、咸豐帝 …………………………………………………（200）
　　十、同治帝 …………………………………………………（200）
　　十一、光緒帝 ………………………………………………（200）
　　十二、宣統帝 ………………………………………………（200）
　第二節　記載皇帝生平事迹的檔案文獻 ……………………（201）
　　一、影響清朝歷史進程的詔令文書 ………………………（201）
　　二、《上諭檔》與硃批諭旨 …………………………………（209）
　　三、《滿文老檔》與明清交替之際關係史料 ………………（213）
　　四、起居注 …………………………………………………（215）
　　五、清代歷朝《御制詩文集》 ………………………………（216）
　　六、清代歷朝實錄、聖訓 …………………………………（217）
　　七、清國史館《本紀》稿本 …………………………………（218）
　第三節　清朝末期的三次改革自救運動 ……………………（219）
　　一、洋務運動檔案 …………………………………………（219）
　　二、戊戌變法與戊戌變法檔案研究 ………………………（220）
　　三、清末籌備立憲的檔案史料 ……………………………（230）
第七章　宮廷、皇族及八旗事務（B） ………………………（232）
　第一節　宮廷 …………………………………………………（232）
　　一、紫禁城 …………………………………………………（232）
　　二、乾隆皇帝治理宮廷的功績 ……………………………（235）
　　三、清代宮廷的警衛制度 …………………………………（242）
　　四、明清宮中后妃及宮女制度 ……………………………（259）
　　五、從清宮檔案看帝后的生活起居 ………………………（266）
　　六、宮廷醫藥檔案研究 ……………………………………（270）
　第二節　皇族 …………………………………………………（292）
　　一、皇族屬籍 ………………………………………………（293）

二、天潢貴胄的特權 …………………………………………（295）
　　三、明清北京太廟與祭祖文化 ………………………………（296）
第八章　職官、吏役（C）………………………………………（309）
　第一節　清代政治與職官制度 …………………………………（309）
　　一、歷史沿革 ……………………………………………………（309）
　　二、清代的職官制度 ……………………………………………（311）
　第二節　職官檔案分析 …………………………………………（314）
　　一、職官的一般檔案 ……………………………………………（314）
　　二、宮中秘藏的官員履歷檔案 …………………………………（315）
　　三、史館檔案中王公大臣列傳及有關材料 ……………………（329）
　　四、清代縉紳錄 …………………………………………………（330）
第九章　軍務（D）………………………………………………（332）
　第一節　清代軍隊的一般情況 …………………………………（332）
　第二節　清代的八旗制度 ………………………………………（333）
　　一、八旗制度的建立 ……………………………………………（333）
　　二、八旗官制 ……………………………………………………（335）
　　三、八旗兵制 ……………………………………………………（338）
　　四、八旗田宅、戶籍及禮教 ……………………………………（341）
　　五、八旗制度的作用與演變 ……………………………………（346）
　第三節　清代軍事檔案分析 ……………………………………（350）
　　一、掌管軍事機構的檔案 ………………………………………（350）
　　二、皇帝批閱的有關軍事的文書 ………………………………（350）
第十章　刑法（E）………………………………………………（351）
　第一節　清朝法律制度的建立與發展 …………………………（351）
　第二節　清朝司法審判制度 ……………………………………（352）
　　一、會審 …………………………………………………………（353）
　　二、現審 …………………………………………………………（353）
　　三、秋審　朝審 …………………………………………………（353）
　第三節　刑法檔案文獻分析 ……………………………………（355）

第十一章　民族事務（F） ……………………………………（357）
第一節　中國第一歷史檔案館所藏清代少數民族檔案 ………（357）
一、清代少數民族檔案內容介紹 ……………………………（357）
二、清代少數民族檔案的價值 ………………………………（363）
第二節　清代官修的方略 ………………………………………（365）
第三節　當代對民族檔案史料的編纂與研究 …………………（366）

第十二章　中外關係（G） …………………………………（368）
第一節　明清王朝與週邊封貢體系國家的關係 ………………（368）
第二節　明清王朝與亞非各國的關係 …………………………（370）
第三節　明清王朝與西洋各國的交往 …………………………（370）
・專題研究・ ……………………………………………………（376）
壹　18世紀西洋人在測繪清朝輿圖中的活動與貢獻 ………（376）
一、18世紀西洋人在測繪清朝輿地圖中的活動 …………（376）
二、西洋人在測繪清朝輿地圖中的貢獻 …………………（382）
貳　從清宮檔案看英使馬戛爾尼訪華歷史事實 ……………（386）
一、內閣檔案 ………………………………………………（386）
二、軍機處檔案 ……………………………………………（388）
三、宮中檔案 ………………………………………………（389）
四、內務府檔案 ……………………………………………（390）
五、外務部檔案 ……………………………………………（391）
叁　清代中國與琉球王國關係研究 …………………………（392）
一、中國第一歷史檔案館所藏清代中琉關係檔案論述 …（392）
二、清代國子監的琉球官學 ………………………………（409）
三、乾隆時代的中琉關係 …………………………………（423）
四、中琉在海難方面的互救互助 …………………………（436）
第四節　1840年以後西方列強對中國的侵略及中國逐步淪為半封建半殖民地社會 ……………………………………（443）
一、第一次鴉片戰爭 ………………………………………（443）
二、第二次鴉片戰爭 ………………………………………（444）
三、租界與租借地 …………………………………………（446）

·專題研究· ………………………………………………………… (446)

壹 清代外國使臣覲見皇帝的禮節 …………………………… (446)

    一、藩屬國貢使覲見禮節 ………………………………… (447)

    二、西洋使臣來朝覲見禮節 ……………………………… (447)

    三、各國公使覲見禮節 …………………………………… (449)

    四、清末覲見禮節的變化 ………………………………… (452)

貳 總署和外務部的設立與中外使領的遣駐 ………………… (459)

    一、總理各國事務衙門的設立 …………………………… (459)

    二、總署改爲外務部 ……………………………………… (460)

    三、中外使領的遣駐 ……………………………………… (462)

叁 清季中國與新加坡及南洋的關係 ………………………… (465)

    一、外交往來 ……………………………………………… (466)

    二、商務往來 ……………………………………………… (468)

    三、文化與僑務 …………………………………………… (472)

    四、"販賣豬仔" …………………………………………… (474)

第十三章 鎮壓人民鬥爭活動（H） ………………………… (479)

第一節 明末農民起義史料 …………………………………… (479)

第二節 清政府鎮壓人民鬥爭活動 …………………………… (480)

第三節 清朝鎮壓人民鬥爭活動的檔案文獻 ………………… (482)

第十四章 宗教事務（J） ……………………………………… (486)

第一節 明清統治者的宗教政策 ……………………………… (486)

第二節 道教 …………………………………………………… (487)

·專題研究· ………………………………………………………… (487)

明世宗崇信道教與大高玄殿的修建 …………………………… (487)

    一、世宗崇信道教 ………………………………………… (488)

    二、大高玄殿的興建與維修 ……………………………… (491)

    三、建造大高玄殿的歷史原因之分析 …………………… (493)

第三節 佛教 …………………………………………………… (495)

·專題研究· ………………………………………………………… (495)

清帝崇信佛教與宮中佛事檔案研究 …………………………… (495)

一、清宮秘藏的帝后佛事活動檔案⋯⋯⋯⋯⋯⋯⋯⋯⋯⋯⋯（495）
　　二、從清宮佛事檔案看清朝宗教政策的特點⋯⋯⋯⋯⋯⋯⋯（497）
　　三、清宮佛事檔案擷萃⋯⋯⋯⋯⋯⋯⋯⋯⋯⋯⋯⋯⋯⋯⋯（501）
　第四節　洋教⋯⋯⋯⋯⋯⋯⋯⋯⋯⋯⋯⋯⋯⋯⋯⋯⋯⋯⋯⋯（513）
　　一、康熙與羅馬使節關係文書⋯⋯⋯⋯⋯⋯⋯⋯⋯⋯⋯⋯（514）
　　二、西洋人進貢案⋯⋯⋯⋯⋯⋯⋯⋯⋯⋯⋯⋯⋯⋯⋯⋯⋯（514）
第十五章　文化、教育、衛生、科學研究（K）⋯⋯⋯⋯⋯⋯⋯（517）
　第一節　明清兩代的科舉制度及有關文書檔案⋯⋯⋯⋯⋯⋯⋯（517）
　　一、明清兩代的科舉制度⋯⋯⋯⋯⋯⋯⋯⋯⋯⋯⋯⋯⋯⋯（517）
　　二、一史館所藏的科舉考試的檔案⋯⋯⋯⋯⋯⋯⋯⋯⋯⋯（522）
　第二節　清代的學校教育⋯⋯⋯⋯⋯⋯⋯⋯⋯⋯⋯⋯⋯⋯⋯（523）
　第三節　清末出國留學熱潮及留學生檔案⋯⋯⋯⋯⋯⋯⋯⋯（525）
　第四節　清代官修的圖籍文獻⋯⋯⋯⋯⋯⋯⋯⋯⋯⋯⋯⋯⋯（527）
　第五節　清代文字獄及其研究⋯⋯⋯⋯⋯⋯⋯⋯⋯⋯⋯⋯⋯（528）
第十六章　財政（M）⋯⋯⋯⋯⋯⋯⋯⋯⋯⋯⋯⋯⋯⋯⋯⋯⋯（529）
　第一節　清代的財政⋯⋯⋯⋯⋯⋯⋯⋯⋯⋯⋯⋯⋯⋯⋯⋯⋯（529）
　第二節　清代財政方面的檔案⋯⋯⋯⋯⋯⋯⋯⋯⋯⋯⋯⋯⋯（530）
　　一、掌管財政的機關的檔案⋯⋯⋯⋯⋯⋯⋯⋯⋯⋯⋯⋯⋯（530）
　　二、皇帝批閱的有關財政方面題奏本章以及有關諭旨⋯⋯⋯（531）
第十七章　金融（N）⋯⋯⋯⋯⋯⋯⋯⋯⋯⋯⋯⋯⋯⋯⋯⋯⋯（541）
　清代的金融及金融檔案⋯⋯⋯⋯⋯⋯⋯⋯⋯⋯⋯⋯⋯⋯⋯⋯（541）
第十八章　農業、水利、畜牧業（P）⋯⋯⋯⋯⋯⋯⋯⋯⋯⋯（543）
　第一節　清代的農業及農業檔案⋯⋯⋯⋯⋯⋯⋯⋯⋯⋯⋯⋯（543）
　　·專題研究·⋯⋯⋯⋯⋯⋯⋯⋯⋯⋯⋯⋯⋯⋯⋯⋯⋯⋯（545）
　　中央農事試驗場⋯⋯⋯⋯⋯⋯⋯⋯⋯⋯⋯⋯⋯⋯⋯⋯⋯⋯（545）
　第二節　清代的水利及水利檔案研究⋯⋯⋯⋯⋯⋯⋯⋯⋯⋯（547）
第十九章　手工業、工業、公用事業（Q）⋯⋯⋯⋯⋯⋯⋯⋯（551）
　第一節　紡織業⋯⋯⋯⋯⋯⋯⋯⋯⋯⋯⋯⋯⋯⋯⋯⋯⋯⋯⋯（551）
　第二節　礦產冶煉⋯⋯⋯⋯⋯⋯⋯⋯⋯⋯⋯⋯⋯⋯⋯⋯⋯⋯（552）
　第三節　陶瓷⋯⋯⋯⋯⋯⋯⋯⋯⋯⋯⋯⋯⋯⋯⋯⋯⋯⋯⋯⋯（553）

第四節　鹽業 …… (553)

第五節　造船 …… (553)

第六節　製造局 …… (554)

　一、軍事工業 …… (554)

　二、民用企業 …… (554)

第二十章　建築（R） …… (555)

清代的建築工程及其檔案 …… (555)

・專題研究・ …… (556)

壹　乾隆時期皇宮苑囿的修建 …… (556)

　一、乾隆時期對紫禁城的維修與擴建 …… (556)

　二、乾隆時期對西苑三海的修建 …… (563)

　三、乾隆時期對三山五園的興建 …… (565)

　四、乾隆時期對熱河避暑山莊的修建 …… (569)

　五、乾隆時期大規模修建宮殿苑囿的原因及評價 …… (571)

貳　清宮頤和園檔案叢談 …… (575)

　一、諭旨類 …… (575)

　二、帝后駐蹕類 …… (576)

　三、建築與經費類 …… (577)

　四、陳設類 …… (581)

　五、管理類 …… (585)

第二十一章　交通、郵電（S） …… (588)

第一節　清代的驛遞及驛遞檔案 …… (588)

第二節　清季郵電及郵電檔案 …… (589)

第三節　清季鐵路及輪船 …… (590)

　一、鐵路 …… (590)

　二、輪船 …… (591)

第二十二章　商業（T） …… (592)

清代的商業貿易及其檔案 …… (592)

第二十三章　天文地理（W） …… (594)

第一節　明清時期的天文學 …… (594)

第二節　明清時期天文檔案文獻…………………………（597）
　一、時憲書………………………………………………（598）
　二、觀測天文氣象的文書………………………………（598）
　三、選擇時候和占卜方面的文書………………………（600）
　四、晴雨錄和雨雪分寸糧價單…………………………（602）
第三節　地理………………………………………………（603）
　一、輿圖…………………………………………………（603）
　二、水旱災異及地震文書………………………………（604）
　•專題研究•……………………………………………（605）
清朝輿圖的繪製與管理……………………………………（605）
　一、清代前期輿圖的繪製………………………………（605）
　二、清王朝對輿圖的管理………………………………（606）
　三、輿圖房所存輿圖的管理與流傳……………………（615）

第五編　明清檔案的管理

第二十四章　明清檔案的流傳變遷………………………（619）
第二十五章　明清檔案工作概論…………………………（624）
　第一節　檔案與檔案工作………………………………（624）
　第二節　明清檔案工作的內容與性質…………………（626）
　第三節　明清檔案管理的指導思想與原則……………（628）
第二十六章　明清檔案的收集、保管、修復與統計工作…（633）
　第一節　檔案的收集……………………………………（633）
　第二節　檔案的保管……………………………………（635）
　第三節　檔案的修復……………………………………（637）
　第四節　檔案的統計……………………………………（638）
第二十七章　明清檔案的整理、編目與鑒定工作………（640）
　第一節　檔案的整理……………………………………（640）

・專題研究・ ……………………………………………………（645）
論中國檔案的分類 ……………………………………………（645）
　一、檔案分類的意義 ………………………………………（645）
　二、檔案分類的基本原則 …………………………………（647）
　三、檔案分類的體系 ………………………………………（650）
　四、檔案分類的基本要求 …………………………………（652）
　第二節　檔案的編目與索引 ………………………………（653）
　第三節　檔案的鑒定 ………………………………………（655）

第六編　明清檔案的開放利用

第二十八章　接待利用者查用檔案與咨詢服務工作 …………（659）
第二十九章　編譯出版檔案史料 ………………………………（664）
第三十章　舉辦檔案展覽 ………………………………………（667）
第三十一章　學術研究工作與中外文化交流 …………………（670）

第七編　明清檔案的現代化管理

第三十二章　明清檔案工作的標準化 …………………………（675）
　第一節　《清代檔案分類表》的編制 ………………………（675）
　第二節　《清代檔案主題詞表》的編制 ……………………（676）
　第三節　《明清檔案著錄細則》的編制 ……………………（678）
　第四節　明清檔案及其縮微品的檔號編制規則 ……………（679）
第三十三章　明清檔案現代化管理方法 ………………………（680）
　第一節　使用電子計算機管理檔案 …………………………（680）
　第二節　使用縮微技術複製檔案 ……………………………（682）
　第三節　建立檔案庫房溫濕度調控計算機集中管理系統 …（684）
第三十四章　全國明清檔案目錄中心的建立 …………………（685）

附　　錄

附錄一　中國第一歷史檔案館所藏明清檔案各全宗一覽表 …………（689）
附錄二　明清檔案史料出版物分類表 …………………………（693）
附錄三　增補明清檔案史料出版物目錄 …………………………（705）
附錄四　明清檔案縮微品目錄 ……………………………………（709）
附錄五　明朝皇帝年代表 …………………………………………（720）
附錄六　清代皇帝世系一覽表 ……………………………………（722）
附錄七　清代干支紀元與公元對照表 ……………………………（724）

後記 …………………………………………………………………（733）
再版後記 ……………………………………………………………（734）

插 圖 目 錄

彩插 1　郭沫若《題贈檔案館》 …………………………………… (1)
彩插 2　中國現存最古老的皇家檔案庫——皇史宬 ……………… (2)
彩插 3　金櫃 ………………………………………………………… (2)
彩插 4　中國第一歷史檔案館外景 ………………………………… (3)
彩插 5　中國第一歷史檔案館庫房 ………………………………… (3)
彩插 6　明永樂帝敕諭 ……………………………………………… (4)
彩插 7　明題行稿 …………………………………………………… (4)
彩插 8　《赤道南北兩總星圖》崇禎七年（1634 年）七月 ……… (5)
彩插 9　滿文木牌 …………………………………………………… (6)
彩插 10　七大恨誓詔（天聰四年） ………………………………… (6)
彩插 11　莊妃冊文（崇德元年七月初十日） ……………………… (7)
彩插 12　順治帝追尊多爾袞爲成宗義皇帝詔書 …………………… (7)
彩插 13　清廷致比利時國書 ………………………………………… (8)
彩插 14　清嘉慶八年誥命 …………………………………………… (8)
彩插 15　清玉牒 ……………………………………………………… (9)
彩插 16　洪秀全親筆詔旨 …………………………………………… (9)
彩插 17　義和團傳單 ………………………………………………… (9)
彩插 18　江南省全圖 ………………………………………………… (10)
彩插 19　康熙皇帝朝服像 …………………………………………… (10)
彩插 20　康熙帝平定噶爾丹硃諭 …………………………………… (10)
彩插 21　康熙帝關於統一臺灣詩（康熙二十二年八月十五日） … (11)
彩插 22　康熙皇帝遺詔（康熙六十一年十一月十三日） ………… (11)
彩插 23　雍正皇帝朝服像 …………………………………………… (12)
彩插 24　雍正帝爲整頓吏治敕誠州縣的諭旨 ……………………… (12)
彩插 25　雍正帝硃諭 ………………………………………………… (12)

彩插 26	乾隆皇帝朝服像	(13)
彩插 27	乾隆皇帝用膳底檔	(13)
彩插 28	乾隆帝關於治世需寬嚴相濟諭旨	(13)
彩插 29	乾隆皇帝致英國國王之敕諭	(13)
彩插 30	紫禁城乾清宮內景	(14)
彩插 31	道光皇帝秘密立儲硃諭	(14)
彩插 32	道光皇帝任命林則徐爲禁煙大臣諭	(15)
彩插 33	林則徐像	(15)
彩插 34	湖廣總督林則徐爲豫保武職人員事之題本	(15)
彩插 35	光緒皇帝朝服像	(16)
彩插 36	康有爲像	(16)
彩插 37	光緒皇帝明定國是諭	(16)
彩插 38	光緒皇帝脈案	(16)
彩插 39	慈禧太后像	(17)
彩插 40	慈禧太后手擬關於辛酉政變的密諭	(17)
彩插 41	宣統皇帝退位詔書	(17)
彩插 42	清德宗景皇帝實錄	(18)
彩插 43	起居注冊（康熙二十二年）	(18)
彩插 44	上諭檔	(18)
彩插 45	清脈案檔、進藥底簿	(19)
彩插 46	清御茶膳房檔	(19)
彩插 47	寶譜及請寶用的寶牌（清）	(19)
彩插 48	清皇帝之寶印模	(20)
彩插 49	殿試卷（清）	(20)
彩插 50	文科殿試大金榜（咸豐六年）	(20)
彩插 51	硃批奏摺	(21)
彩插 52	錄副奏摺 兩廣總督吳熊光等奏摺	(21)
彩插 53	欽天監治理歷法南懷仁題本	(22)
彩插 54	英國駐華公使朱爾典致清朝外務部的照會	(22)
彩插 55	移會（光緒二十九年六月初八日）	(22)

彩插 56　札文（光緒二十九年十二月二十三日）……………（23）
彩插 57　稟文（清）……………………………………………（23）
彩插 58　票簽（清）……………………………………………（24）
彩插 59　浙江鄉試題名錄（道光）……………………………（24）
彩插 60　《密本檔》康熙四年四月至八月（1665年5月至9月）……（24）

第一編
明清王朝的國家機關與文書檔案制度

第一章 明清王朝的政治制度與國家機關

明清是我國封建社會最後兩個王朝。有明一代，自1368年朱元璋在南京稱帝開始，經洪武、建文、永樂、洪熙、宣德、正統、景泰、天順、成化、弘治、正德、嘉靖、隆慶、萬曆、泰昌、天啓、崇禎，計十六帝，共統治二百七十七年。1644年，以李自成爲首的農民起義軍推翻了朱明王朝。清統治者趁機入關，竊取了農民戰爭的勝利果實，建立起大一統的清王朝。清自順治帝福臨開始，經康熙、雍正、乾隆、嘉慶、道光、咸豐、同治、光緒、宣統十個皇帝，到1911年辛亥革命清帝遜位爲止，共統治二百六十八年。

一、明代的政治制度與國家機關

明清兩朝是我國封建專制主義政治制度高度發展的時代。一切政治制度的建立、國家機關的設置，都是圍繞着加强中央集權的君主專制統治而進行的。明太祖朱元璋即位後，吸取了歷史上封建專制統治的經驗，采取了一系列加强中央集權的措施。首先，廢除了行中書省。明初，沿元舊制，各地設行中書省，爲地方最高行政機關。行省的權力很大，總攬所轄地區的軍事、行政、民政、財政和司法權。這種權力極大的行省制度便和中央集權制發生了矛盾，所以在洪武九年（1376）下令廢除行中書省制度，撤去行平章政事、左丞、右丞等地方長官。仿宋制，以承宣布政使司、都指揮使司和提刑按察使司共同組成省級政權機關，稱作"三司"，分別管理行政、軍事和司法。三司的地位是平等的，雖然共商一省政務，但互不統屬，直接受中央領導，對皇帝負責。這樣不僅分散了省級長官的職權，而且造成三司間互相制約，以便於朝廷的統治。經改革後，明代的地方行政機構分爲省、府（州）、縣三級。全國除北直隸、南直隸外，共設有十三個布政使司，即山東、山西、河南、陝西、四川、江西、湖廣、浙江、福建、廣東、廣西、雲南、貴州。各省三司的主要官員有：布政使司掌一省的民政和財政，設左、右布政使各一人、下屬有參政、參議等官。都指揮使司掌一方之軍政，設都指揮使一人，都指揮同知二人、都指揮僉事四人等官員。提刑按察使司掌一省之司法、監察，設按察使司一人，下屬有副使、僉事等官。省以下爲府，府按納糧多少分爲上、中、下三等，全國共有一百五十九個府。府設知府一人，還設有同知、通判等官員。明代共有二百二十四個州，其中直隸州與府地位相同，一般州與縣地位相同。府（州）以下爲縣，縣亦按納糧多少分爲三等。全國共一千一百七十一個縣，縣設知縣一人，掌全縣政務，其下還有縣丞、主簿、典史等官員。

在各行省的權力進一步集中於中央以後，明太祖爲加强皇權，實行獨裁統治，對中央國家機關也實行了重大的改革。首先廢除了中書省制度。中國自秦漢設立丞相以來，歷代君權、相權不斷鬥爭。明初沿元制，設中書省，置左、右丞相。丞相不僅參與國家政務的决策，而且有權發號施令，直接指揮六部及其他國家政務，成爲皇帝以下第一重臣，所謂"一人之下，萬民之上"。相權是對皇權的最大威脅，於是明太祖在洪武十三年（1380）藉口左丞相胡惟庸謀反，前後誅殺胡黨及功臣三萬多人，乘機廢除了中書省制度，罷丞相官職，並諭令："以後嗣君，其毋得議置丞相。臣下有奏請設立者，論以極刑。"① 這樣，在中國歷史上實行了一千多年的丞相制度和七百多年的三省制度，至此遂告結束。

中書省廢除以後，丞相所屬權力統歸皇帝獨攬，將原中書省所轄六部的地位提高一步，使之成爲最高一級的中央行政機關。六部之中，吏部管理官吏選授封勛考課之事，戶部管理全國戶口、田賦、財政，禮部管理科舉、禮儀、祭祀，兵部管理武衛官軍選授、簡練事宜，刑部管理刑獄司法，工部管理營造和水利。六部的職掌，各側重一方，造成"權不專於一司"的局面。各部尚書又直接對皇帝負責，執行皇帝的命令，這種行政體制，保證了皇帝獨裁權力的行使，達到了"乾綱獨斷"的目的，但皇帝一人"日理萬機，安能事事盡善"。② 朱元璋這個開國有爲的君主，也深深感到：

---

① 《明史》職官志一。
② 《皇明大政記》卷三。

"人主以一身統禦天下，不可無輔臣。"① 爲了協助皇帝處理日常政務，曾置四輔官，"以翰林、春坊詳看諸司奏啓，兼司平駁"。② 又仿宋制，設殿閣大學士，執掌草擬詔諭，並備皇帝顧問，但"不得平章國事"。③ 至成祖時，命翰林院編修、檢討等官入值文淵閣，並參預機務，自此始有內閣。《明史》職官志載："以其授餐大內，常侍天子殿閣之下，避宰相之名，又名內閣。"

內閣設有中極殿、建極殿、文華殿、武英殿、文淵閣，東閣大學士，"掌獻替可否，奉陳規誨，點檢題奏，票擬批答"，②但自明仁宗以後，內閣權位較高。宣德時，大學士楊榮、楊士奇、楊溥等兼領尚書，閣權漸趨顯重，"至世宗中葉，夏言、嚴嵩迭用事，遂赫然爲真宰相，壓制六卿矣"。②明朝的中央行政機關除內閣和六部之外，還設有大理寺以"掌審讞平反刑獄之政令"。翰林院"掌制誥、史冊、文翰之事，以考議制度，譯正文書，備天子顧問"。詹事府"掌統府、坊、局之政事，以輔導天子"。國子監"掌國學諸生訓導之政令"。欽天監"掌察天文，定曆數、占候、推步之事"。設太常、光祿、鴻臚三寺分別管祭祀、禮樂、祭享筵宴、朝會禮儀等事。太僕寺"掌牧馬之政令"，太醫院掌"醫療之法"。④

明廷爲加強對軍隊的控制，把全國的軍隊編爲衛所軍和京衛軍，由中央的五軍都督府統轄，直接對皇帝負責。前、後、中、左、右五軍都督府，每府設左右都督、都督同知等官，分統在京衛所及在都司衛所，五軍都督府只管軍隊的組織管理和訓練，軍隊將帥的任免及軍隊的調遣權都歸兵部。戰時統兵將官由皇帝直接任命。戰事結束，將領繳印回任，官兵各歸衛所。所謂"兵部有出兵之令，而無統兵之權，五軍有統兵之權，而無出兵之令……合之則呼吸相同，分之則犬牙相制"。⑤ 由於將不專軍、軍不私將，這樣不容易發生兵變。同時領兵權與發兵權分離，以便皇帝從中控制軍隊。

---

① 《明太祖實錄》卷一三三。
② 《明史》職官志一。
③ 《明經世文編》卷二九三。
④ 以上見《明史》職官志二、三。
⑤ 《春明夢餘錄》兵部。

爲了加強君主專制的需要，明朝還進一步加強了監察機關。明初仿宋制，中央設御史臺。洪武十五年（1382）擴大監察機構，改御史臺爲都察院，設左右都御史、左右副都御史、左右僉都御史等官，"以專糾劾百司，辯明冤枉，提督各區，爲天子耳目，風紀之司"。① 在京城設六科給事中專門監督六部。在地方設十三道監察御史一百一十人，"主察糾內外百官之官邪"。① 還設立了巡按御史，以代表皇帝巡按地方，糾劾百官。另外，明朝還特設了錦衣衛、東廠、西廠等特務機構，專門察奸緝私，風聞密奏，充當皇帝的爪牙。

明朝所采取的以上這些措施，大大發展了中央集權君主專制制度。

二、清代的政治制度與國家機關

清朝是以滿洲貴族爲主、聯合漢族地主階級而建立的一個封建政權。它的政治制度在沿襲明朝的基礎上，根據統治的需要，進行了一些改革和創設，從而進一步發展了封建專制，使中央集權君主專制制度達到了頂峰。這種君主獨裁統治，又和民族統治緊緊結合在一起，因而清代中央國家機關具有如下特徵。

皇帝進一步集權，實行極端的獨裁統治。清朝的中央國家機關，仍設有內閣，以之"表率百僚"，"掌議天下之政，宣布絲綸，厘治憲典，總均衡之任"。② 大學士名額不定，地位較明代爲高，官秩爲正一品，位列百官之首，但實權遠不及明朝。中央行政機關仍設有吏、戶、禮、兵、刑、工六部。吏部掌全國文職官員的任免及獎懲封贈事宜，戶部掌全國的疆土、田畝、戶口、財穀之政令，禮部掌國家典禮、學校、科舉事宜，兵部管全國武職官員的考核任免事宜，刑部掌全國之刑罰政令，工部掌全國的工程與營造事宜。但各部權力較明代更小，而且使其互相牽掣。"名爲吏部，但可牽掣之事，並無銓衡之權；名爲戶部，但司出納之事，並無統計之權；名爲禮部，但司典儀之事，並無禮教之權；名爲兵部，但司綠營兵籍、武

---

① 《明史》職官志二。
② 《光緒會典》卷二。

職陞轉之事,並無統禦之權"。① 清帝還有意識地把一件事情分幾個機關共管。如關稅由戶、工二部分管。戶部所屬的叫戶關,工部所屬的叫工關。而內務府和順天府也派員參加,這樣使重要的事務不致專於一司。各部尚書、侍郎直接對皇帝負責。尚書、侍郎意見不一,可分別上奏,候旨裁定,便於皇帝從中操縱。清朝仍沿明制,設都察院,與刑部、大理寺合稱三法司。一些重要刑事案件,要經三法司會審。凡大政大獄事件,還要經由六部尚書、都察院都御史、通政使和大理寺卿組成的九卿會議或會審,最後由皇帝裁決執行。雍正元年,又將歷來掌封駁權的六科,合併於都察院。這樣"臺""諫"合一,科道官員祇是充當皇帝的耳目而已。清朝仍設翰林院、詹事府、國子監、欽天監等機關,以管文教天文氣象事宜。設太常、光祿、鴻臚三寺管祭祀禮儀,但較明代爲簡。設宗人府管理皇族事務。清朝鑒於明朝宦官專權的教訓,曾立下鐵牌,嚴禁太監參預政事,並限定太監品級不得超過四品。清初曾設十三衙門,後改設內務府,"掌上三旗包衣之政令與宮禁之治"。②

　　清沿明制,祇是沿襲明代國家機關的形式,辦理日常例行公事,以便於統治以漢族爲主體的偌大的中國,但國家的核心權力和軍國機密要務,清統治者卻另設一套機構去辦理。如清初有滿洲貴族組成的議政王大臣會議,"凡軍國重務不由閣臣票發者皆交議政王大臣會議"。③ 貴族掌握過多的權力,對皇帝統治也是一個很大的威脅,因而清廷以後采取了一系列措施來限制滿洲王大臣的權力。康熙時曾設南書房,揀詞臣優者入值。一些機密重要諭旨,不經王大臣會議,交南書房撰擬。這時"議政王大臣會議祇是奉行敕諭尊行而已"。④ 雍正八年(1730)又設立了軍機處,"掌書諭旨,綜軍國之要,以贊上治機務"。⑤ 這時的王大臣會議更加有名無實,到乾隆五十六年(1791)便乾脆取消了。軍機處不同於議政王大臣會議,議政王大臣是從滿洲貴族中遴選,而軍機大臣則由皇帝隨意指定,人數不限。

---

① 光緒朝《東華錄》總頁五五七七。
② 《大清會典》卷八十九。
③ 《嘯亭雜錄》卷三。
④ 康熙朝《東華錄》卷二十八。
⑤ 《清朝續文獻通考》卷一一八。

軍機處只設有軍機大臣和軍機章京，有官而無吏，機構簡練，辦事密速，所以一切軍機要務，都由軍機處辦理。趙翼在《簷曝雜記》中說："康熙中，諭旨或有令南書房撰擬，是時南書房爲最親切地，如唐翰林學士掌內制也。雍正間用兵西北兩路，以內閣在太和門外，暴值者多，慮漏泄事機，始設軍需房於隆宗門內，選內閣中書之謹密者入值繕寫，後名軍機處，地近宮廷，便於宣召，爲軍機大臣者皆親信重臣，於是承旨出政，皆在於此矣。"其實軍機大臣也無決策權，如"承旨"，"只供傳述繕撰，而不能稍有贊畫於其間"。① 嘉慶皇帝曾說："軍機大臣承旨書諭，並非將臣工翊贊之職，盡責之此數人也。……況我朝列聖相承，乾綱獨斷，大權從無旁落。"② 清朝皇帝具有至高無上的地位，擁有無限的權力，大而軍國政務，小而節婦旌表，都要皇帝批准纔能實行。"雖微如芥子，細若繭絲"，也必須"一一關白上憲，聞諸中樞"。③ 清朝皇帝的集權獨裁統治，達到歷史的最高峰。

　　清代的地方政權，也是根據中央集權和專制獨裁的需要而設置的。地方政權有省、道、府、縣四級。省是地方最高一級的行政組織，設有總督、巡撫。總督一般管數省，巡撫轄一省，總督爲正二品官，巡撫爲從二品官。督撫在明朝時是臨時派遣的，清朝時成爲固定的封疆大吏，代表皇帝總攬一省或數省的軍政大權。督撫例兼兵部尚書、兵部侍郎銜，統轄本轄區的軍隊。清廷爲了防止督撫權力過大，造成地方割據的局面，有意地在一些重要地區，既設總督，又置巡撫，還有督撫同駐一城，使事權不致專於一人。而且一省內的政務又分之於布政司、按察司及守巡各道。布政司又稱"藩司"，掌一省的行政及財賦的出納，國家政令都由它宣布於府、州、縣，所以又叫"承宣布政使司"，品級與巡撫相同。按察使司又稱"臬司"，掌全省刑法事宜，是正三品官。司、道都是監督府、州、縣的，所以通稱"監司"。在明朝，道是監察分區，並非行政區，道員是因事派遣的。清代自乾隆時，把道員改爲實員，設守道和巡道。守道有固定的轄區，主管錢穀政務。巡道則分巡某一區域，主管刑獄案件。還有因專門事務而設

---

① 趙翼《簷曝雜記》卷一。
② 梁章鉅《樞垣紀略》卷一。
③ 《清朝文獻通考》卷五十五。

立的道員，如督糧道、鹽法道、河道、海關道等。道下爲府，設有知府。府內設廳、州，廳設同知，州設知州。州、廳雖爲固定的行政單位，但不是一級政權機關。府以下爲縣，設知縣一人，主管全縣的政務。清朝規定，凡督撫藩臬司道各官都有向皇帝封摺奏事的權力，各級官員既有上下級關係，又可直接向皇帝密報政情，參劾各級官員，這樣可以使他們互相監督，互相箝制，皇帝從中牢牢掌握着地方大權。如雍正時，硃批福建布政使黃叔琬的奏摺："汝等兩司之職，例不徑奏。今許汝密摺奏達，切勿藉此挾制上司，而失屬官之禮。若遇督撫有不合宜處，只可密行奏聞，不可向一人聲揚……倘上司有欺隱以及徇私不法之弊，必有實據，方是汝應行奏達之事。"① 又如雍正七年（1729）六月給陝西寧夏道鄂昌的硃批說："今許汝等下僚亦得奏摺者，不過欲廣耳目之意。於汝責任外，一切地方之利弊，通省吏治之勤惰，上司孰公孰私，屬員某優某劣……所奏縱至謬誤失實，斷不加責。但密之一字最爲緊要，不可令一人知之，即汝叔鄂爾泰不必令知。"①府、廳、州、縣官員雖無直接奏事的權力，但他們的任命必須經皇帝"欽定"，而且從他們的職務劃分上，使其層層統屬，左右相維，形成一個牢固的封建統治網。

　　清代國家機關的另一特點，是實行民族歧視和加強民族統治。清朝的統治階級是以滿洲貴族爲主體的，對漢族官僚地主階級採取了既聯合又防範的政策。清廷爲確保滿洲貴族在國家政務活動中的統治地位，在國家政權機關中，實行按民族分配官缺的辦法。清朝的官缺，有滿官缺、蒙古官缺、漢軍官缺和漢官缺四種。在重要國家機關中，各種官缺，都有明確的規定和固定的比例。例如清初的議政王大臣會議、中央的理藩院、內務府、宗人府及掌握錢糧府庫、火藥庫等要害部門的官員，基本爲滿洲官缺。御前大臣及侍衛全部爲滿、蒙官缺，各省駐防將軍、都統、參贊大臣、盛京五部侍郎也全部是滿洲缺。清統治者雖標榜"滿漢一體"，但內心裏卻對漢族官僚歧視和不信任。康熙五十五年（1716），康熙帝告誡他的子孫後代說："漢人人心不齊，如滿洲、蒙古數千萬人皆一心，朕臨御多年，每以

---

① 《硃批諭旨》。

漢人爲難治，及其不能一心之故。國家承平日久，務須安不忘危。"① 地方督撫司道及總兵、提督，雖然可以滿漢兼用，但近畿和重關要隘多用滿員。康熙時漢人任督撫的"十無二三"。乾隆時巡撫滿漢各半，總督大部分是滿人。② 直到咸豐以後，地方大員才以漢官居多。

有的機關雖然滿、漢復職，但實權握於滿官之手。如中央各機關，大部分是滿官主政，漢官"相隨畫諾，不復可否"。③ 順治帝曾說："朕自親政以來，各衙門奏事，只見滿臣，不見漢臣。"④ 康熙四十八年上諭中也說："漢大臣……若不涉於彼之事，即默無一言。"⑤ "大小漢官凡事推滿官，事之得當者則歸功於己，如事失宜，則卸過於人。"⑥ 另外，在任官制度及品級待遇方面，滿官也優於漢官。

爲了統治各少數民族，清朝還專門建立了專管蒙古、回、藏等少數民族事務的機構——理藩院。理藩院原叫蒙古衙門，崇德三年改爲理藩院。設尚書一人，左右侍郎各一人，都由滿人或蒙古人擔任。內部設有旗籍、王會、典屬、柔遠、徠遠、理刑六個清吏司，"掌外藩之政令，制其爵祿，定其朝會，正其刑罰"。⑦ 清代是我國封建社會統一的多民族國家最鞏固的時期。理藩院的設立，對於籠絡各少數民族的上層人物，調解各民族糾紛，維護多民族國家團結方面起了積極的作用。

清朝國家政權中民族統治的特色，還表現在軍事制度方面。清朝以八旗兵起家，《清朝通典》載："八旗之制，實我朝開國經政啓造之始基。"⑧ 八旗兵是按民族進行編制的。八旗是努爾哈赤時期，在原來"牛錄"打獵組織的基礎上，逐步建立起來的一種軍政合一的組織。開始建滿洲正黃、鑲黃、正白、鑲白、正紅、鑲紅、正藍、鑲藍八旗。其制每三百男丁編爲一牛錄，設牛錄額真一人。五牛錄編爲一甲喇，設甲喇額真一人，

---

① 康熙朝《東華錄》卷九十八。
② 《清高宗實錄》卷一八四。
③ 趙翼《簷曝雜記》卷二。
④ 《清世祖聖訓》。
⑤ 康熙朝《東華錄》卷八十三。
⑥ 《欽定吏部則例》卷十一。
⑦ 《光緒會典事例》卷六十三。
⑧ 《清朝通典》卷六十八·兵一。

領一千五百人。五甲喇編爲一固山，設固山額真一人，梅勒額真二人，領七千五百人。皇太極時，又參照滿洲八旗之制，建立了蒙古八旗和漢軍八旗。八旗兵，尤其是滿洲八旗兵，是清朝最親信的武裝力量，分別駐防京師和全國重鎮要塞。八旗都統直接受皇帝指揮，形成了對全國的嚴密控制網。八旗軍是職業的軍隊，清統治者規定旗人不許經商、做工，只許做官、當兵、應差。清政府還給旗軍以特殊的政治地位、優厚的待遇和精良的裝備，企圖永遠保持這支軍隊的戰鬥力，以便維持其民族統治。

第二章 明清王朝的文書檔案制度

文書是傳達政令的工具，是國家機關上傳下達的紐帶。文書辦理完畢之後，例行存檔以備查考。封建帝王往往以祖制家法爲依據制定政策，這樣，檔案就成爲統治者在施政過程中必備的依據或參考材料。因此，明清王朝都建有比較完整的文書檔案制度，以便進行封建統治和提高施政效率。

一、明代的文書檔案制度

明初承元舊制，設中書省並置左右丞相。丞相的職權很大，六部及臣民奏事，都須經丞相審閱或處理。明太祖朱元璋爲限制丞相的專權，於洪武十年（1377）六月下令："天下臣民凡言事者實封直達御前。"① 同年七月又諭令建立通政使司，設有通政使一人，左、右通政各一人，掌"出納帝命，通達下情，關防諸司出入公文"。② 凡內外大臣的奏章，必須由通政使司傳達給皇帝。皇帝批示的旨意，再經通政使司鈔送給有關機關和官員執行。此外，百姓如有陳情上言、申訴冤屈或告不法等事，也可以密封交通政使司直接奏達皇帝，從而剝奪了丞相審閱或處理章奏的權力。翌年，針對左丞相胡惟庸的專權跋扈，他又下令"六部奏事不得關白中書省"，③ 進一步取消了丞相指揮六部的權力。洪武十三年（1380），朱元璋廢中書省罷丞相以後，親自參加章奏的審閱處理，"中外奏章皆上徹御覽，每斷大事，決大疑，臣下唯面奏取旨"。④ 然而皇帝一人的精力總是有限的，以後不得不設立內閣大學士以協助處理日常的文書政務。內閣初設時，祇是皇帝的一個秘書機構，大學士秩五品，僅遵旨辦事而已。但明朝中後

---

① 《明太祖實錄》卷一一三。
② 《明會典》卷二一二。
③ 《明會典》卷三十一。
④ 廖道南《殿閣詞林記》。

期的皇帝多昏庸無能，不親理政務，多依靠輔臣處理文書，於是有票擬制度的產生。宣德時，命內閣楊士奇及尚書兼詹事蹇義、夏元吉，在內外各衙門所進的章奏上，用墨筆在小紙票上，先擬初步處理意見，貼於各疏以進呈，當時稱這種做法爲"條旨"，即票擬制度的開始。正統以後，纔規定內閣專掌"條旨"。由於大學士掌"票擬批答"之權，往往弄權掌政，例如首輔嚴嵩、張居正，曾權傾一時，"六曹之長，咸唯之聽命"，①"遂赫然爲真宰相"。② 以後宦官專權，內閣票擬之權，要受宦官批紅的限制。明宮內司禮監協助皇帝批答章奏，他們手握王命，口銜天憲，逐漸從執掌"章奏文書，照閣票批硃"，發展成內閣的實際領導和皇帝的代表。《明史·職官志》中說："內閣之票擬，不得不決於內監之批紅，而相權轉歸之寺人，朝廷紀綱，賢士大夫之進退，悉顛倒於其手。"武宗時，司禮監劉瑾權勢顯赫，首輔大學士票擬，須先"至瑾處請明，然後下筆"。③ 閣臣弄權，宦官參政，這是專制主義統治下皇帝昏庸無能的必然結果，也是明朝文書處理制度的一個特色。趙翼在《二十二史札記》中說："究而論之，總由於人主不親政，故事權下移，長君在御，尚以票擬歸內閣。至荒主童昏，則地近者權益專，而閣臣亦聽命矣。"

　　明朝在使用文書上，曾規定嚴格的等級制度。明朝爲加強封建統治，顯示統治者的威嚴，規定詔、誥、制、敕、冊、諭、書、符、令、檄，爲皇帝專用的詔令文書，"凡上之達下，曰詔、曰誥、曰制、曰冊文、曰諭、曰書、曰符、曰令、曰檄"。④ 皇帝宣布大政或訓誡臣民用詔書，對某些官員有所宣告時用制書，訓示某些官員或委任地方官用敕諭，在調遣或指揮軍隊時用符。對敵國舉行征討，進行軍事動員時用檄文，封贈臣僚用誥或敕。臣工上奏的文書，規定有題、奏、啓、表、箋、講章、書狀、文冊、揭帖、制對、露布、譯，"下之達上，曰題、曰奏、曰表、曰講章、曰書狀、曰文冊、曰揭帖、曰制對、曰露布、曰譯"。④明初規定，臣民上疏於朝用奏，上疏於東宮用啓，"凡、內外衙門一應公事用題

---

① 《明史紀事本末》卷六十一。
② 《明史》職官志一。
③ 《明史紀事本末》卷四十三。
④ 《明史》卷七十二，職官志。

本，其雖係公事而循例奏報、奏賀，若乞恩、認罪、繳敕、謝恩，並軍民人等陳情、建言、申訴等項，俱用奏本"。① 凡有密奏及奉旨對答者，用揭帖。凡遇朝廷舉行慶典如壽旦、元旦、冬至等，内外臣僚照例進表、箋祝賀。

洪武十五年（1382）明廷頒布了《行移署押體式》和《行移往來事例》，規定了各官府文書程式和使用範圍。官府上行文書有咨呈、呈狀、申狀、牒呈、牒上五種，下行文書有照會、札付、下帖、故牒四種，平行文書有平咨、平關、平牒三種。各衙門按規定用文行移，不得亂用，違者嚴懲。

二、清代的文書檔案制度

清朝鑒於明代閣臣弄權和宦官批紅的教訓，爲進一步加強皇帝的獨裁統治，對中央的文書處理制度曾進行了重大的改革。清初沿明舊制，臣工奏事，公事用題，私事用奏。題本用印，奏本不用印。在封建社會裏，官員的公私事務很難分清，所以在題奏用法上往往差錯不一。爲此，清廷於雍正七年（1729）曾規定："嗣後舉劾屬官及錢糧兵馬命盜刑名，一應公事，照例用題本外，其慶賀表文，各官到任接印、離任交印，及奉到敕諭，頒發各直省衙門書籍，或報日期，或係謝恩，並代通省官民慶賀陳謝，或原題案件未明奉旨回奏者，皆屬公事，應用題本。至各官到任陞轉加級紀錄，寬免降罰，或革職留任，或特荷賞賚謝恩，或代所屬官員請恩者，均用奏本，概不鈐印。"② 盡管有這些規定，但題奏用法仍然十分混亂。所以到了乾隆時，便廢止了奏本。"乾隆十三年諭，向來各處本章，有題本、奏本之別。地方公事，則用題本。一己之事，則用奏本。題本用印，奏本不用印。其式沿自前明。蓋因其時綱紀廢弛，内閣、通政使司，藉公私之名，以便上下其手。究之同一入告，何必分別名色，著將向用奏本之處，概用題本，以示行簡之意"。②奏本廢除後，題本便成了臣工向皇帝奏報政務的

---

① 《明會典》卷二一二。
② 《欽定大清會典事例》卷一〇四二，通政使司。

唯一的正式文書了。但題本文字冗長，處理手續繁雜，不能直達御前。按規定，題本由內閣辦理，分通本和部本。各省督撫提鎮所上的題本，先送通政使司衙門，由通政使司再轉送內閣。內閣接到本章後，由漢本房登記，並將無滿文的通本照漢文貼黃譯成滿文，送滿本房。滿本房照所翻滿文貼黃稿，繕成正文，校對後送漢票簽處。各部院衙門的題本徑送內閣，由漢票簽處接收。漢票簽處收到通本、部本，由侍讀校閱漢文，漢中書依據規定式樣，票擬漢文草簽，有單簽、雙簽，以至三簽、四簽之分，皆備擬而申以說帖。侍讀校閱後，交滿票簽中書翻成滿文，呈大學士閱定。然後，發滿、漢票簽處分別繕寫滿、漢文合璧的正簽，各於背尾署繕者名，夾入本內。由滿票處中書送批本處。批本處按進本日期，送內奏事處。內奏事處接本後，由記檔太監登記後，呈皇帝閱覽。皇帝覽本核准票簽後，發下內奏事處，再轉批本處。批本處翰林中書照皇帝批定的滿文票簽，用紅筆批滿字於本面。再交回內閣，由漢學士照票簽批寫漢字，至此題本經批紅稱爲"紅本"。題本批紅後，即交收發紅本處，每日由六科給事中赴閣領出，傳鈔各部。歲終由六科將紅本匯齊繳回。由上述可知，題本不但處理手續繁雜，而且要先經內閣票擬後，纔能到皇帝手中，這樣不能適應皇帝高度獨裁統治的需要，於是自康熙前期，臣工報告機要政務，逐步使用一種機密文書——奏摺。同時題本仍然使用，但大都是題報兵馬錢糧刑名案件等例行公務。凡涉及機密事件，不便露章上奏，都可親寫奏摺上達，例如康熙三十二年（1693）康熙帝在蘇州織造李煦的奏摺上硃批："凡寫奏貼，萬不可與人知道。"硃批江寧織造曹寅奏摺："朕體安善，爾不必來，可以密摺請旨，凡奏摺不可令人寫，但有風聲，關係匪淺，小心，小心，小心！"① 至雍正時，奏摺已成爲各省督撫及部院大臣報告政務的主要文書之一。奏摺文字簡要，可以密封直達御前。在京各部院衙門的奏摺，先送景運門九卿房外奏事處，再轉內奏事處。各省督撫提鎮等官員的奏摺，或由驛送至兵部捷報處；或專差送至外奏事處，再送內奏事處。內奏事處將接到京內外的奏摺，由奏事太監直接送皇帝批閱。皇帝硃批後，由內奏事處發交軍機處。軍機處接到奏摺後，"軍機章京分送各軍機大臣，互相翻

---

① 《關於江寧織造曹家檔案史料》。

閱，謂之'接摺'。凡奉硃批'另有旨'、'即有旨'及未奉硃批者，皆另儲黃匣交軍機大臣轉入請旨，謂之'見面'"。① 凡經硃批的奏摺，由軍機處按文登記後再密封，發交具摺官員執行。《樞垣紀略》卷二十二載："值日章京將本日所接奏摺，所遞單片，所奉諭旨，詳悉分載。硃批敬謹全載，諭旨及摺片，則摘敘事由，有應發內閣者，皆注明'交'字。應發兵部者，皆注明馬遞及里數。以春夏二季爲一本，秋冬二季爲一本，謂之'隨手登記檔'。"凡需要另發諭旨的，皇帝隨時召見軍機大臣，軍機大臣秉承皇帝的旨意，擬寫諭旨。擬好後由內監呈皇帝閱定，謂之"述旨"。若經硃筆改定者，謂之"過硃"。述旨發下後，或交內閣明發，或由軍機處寄信。② 軍機處辦理奏摺時，都另錄一份備查。由於奏摺可密封直達御前，由皇帝親筆批示，這不僅排除了內閣的票擬和批紅，而且處理迅速，辦事縝密，便於皇帝獨裁統治，所以奏摺逐漸取代了題本。至光緒二十七年（1901），皇帝便下令廢除了題本："內外各衙門一切題本，多屬繁複，現在整理庶政，諸事務去浮文。嗣後除賀本仍照常恭進外，所有缺分題本，及向來專係具題之件，均著改題爲奏。其餘各項本章，即一律刪除，以歸簡易。"③ 由於清朝對中樞機關的文書處理制度進行了改革，不僅保證了清帝親批奏章獨裁政務的權力，而且提高了行政效率。康熙帝在用兵期間，一天批閱奏章有時多達十幾件，他說："今天下大小事務，皆朕一人親理，無可旁貸。若將要務分任於人，則斷不可行。所以無論巨細，朕必躬自斷制。"④ 雍正帝更是事必躬親，雷厲風行，批閱摺件，既詳且快。當時"各省文武官員之奏摺，二日之間，常至二三件或多至五六件"，他都"親自覽閱批發，從無留滯，無一人贊襄於左右"。⑤ 乾隆帝說："乃本朝家法，自皇祖皇考以來，一切用人聽言大權，從無旁假，即左右親信大臣，亦未有能榮辱人、能生死人者。"⑥ 又說："朕親閱本章，折衷酌定，特降諭旨，

---

① 《樞垣紀略》卷二十二。
② 《樞垣紀略》卷十三。
③ 光緒朝《東華錄》卷一九六。
④ 康熙朝《東華錄》卷七十一。
⑤ 雍正朝《東華錄》卷十七。
⑥ 乾隆朝《東華錄》卷二十八。

皆非大臣所能參預。"① 清統治者吸取歷代特別是明朝文書工作的經驗，建立起我國封建社會最完備的文書處理機構和制度。如中樞機關的內閣和軍機處，實際就是皇帝的兩個秘書班子。通政使司和奏事處是皇帝的收發文機構。中央各部院衙門內部都設有專門的文書檔案機構，如各部設有專司收發文件司務廳，有負責督促和稽查文書處理的督催所和當月處，有專門編修和保管檔案的檔房或清檔房等。

　　清代的文書等級更加森嚴，文種也更爲完備。皇帝下達的詔令文書，有制、詔、誥、敕、冊、祭文、祝文、諭、旨、寄信、電旨等。《光緒會典》卷三載："凡大典禮，宣示百寮，則有制辭。大政事，布告臣民，垂示彝憲，則有詔有誥。覃恩封贈五品以上官及世爵承襲罔替者曰誥命；敕封外藩，覃恩封贈六品以下官及世爵有襲次者曰敕命。諭告外藩及外任官坐名敕、傳敕曰敕諭。"古代帝王的命令稱制，歷代有制書。清代的制辭，並非一種獨立的文種，而是皇帝命令言辭的意思。《乾隆會典》卷二也載："凡朝廷德言下逮，宣示百官曰制。"凡詔、敕、諭等一類的詔令文書，載有天子之言者，都叫制辭，其開首都弁以"奉天承運，皇帝制曰"的話。詔是詔告的意思，凡國家大事須布告臣民用詔書，如皇帝嗣位頒即位詔，以宣布自己的施政綱領。皇帝臨終時總結自己一生統治經驗，以遺言告誡臣工，有遺詔，等等。詔文的格式，起首以"奉天承運，皇帝詔曰"開始，接敘詔告事由，最後以"布告天下，咸使聞知"結束，文尾書下詔的年月日，並加蓋"皇帝之寶"。誥是以上告下之意，清代凡覃恩封贈五品以上官及世爵承襲罔替者，發給誥命。敕亦作剌，是告誡的意思。清代的敕分敕命和敕諭兩種。敕命也稱敕書，凡覃恩封贈六品以下官及世爵有襲次者用敕命。敕諭的用途有三：一是敕任官員，如任督、撫、學政、鹽政、織造、提督、總兵等發給坐名敕書，任布政使、按察使、道員、運同等，發給傳敕。二是敕諭臣民。三是敕封或諭告外藩。皇帝冊封王公后妃等用冊文。祭文、祝文是皇帝禱告天地山川和祭奠大臣的文書。諭旨之分，"凡特降者曰內閣奉上諭"。② 寄信是皇帝授命軍機大臣寄發的機要諭旨——

---

① 乾隆朝《東華錄》卷八十。
② 《樞垣紀略》卷二十二。

"誥誡臣工，指揮方略，查核政事，責問刑罰之不當者，謂之寄信。"① 行經略大將軍、欽差大臣、總督、巡撫、學政、行督辦軍務大員、各省提鎮都寫"軍機大臣字寄"，行鹽政、關差、藩、臬，都寫"軍機大臣傳諭"。清末開辦了郵政電報，有些諭旨用電報拍發，稱"電寄"或"電旨"。

硃諭，是皇帝親自用硃筆寫的諭旨，或大臣用硃筆謄寫的諭旨，也稱硃諭。在清代，皇帝處理政務所下達的諭旨，一般都由大臣代擬。但有些機密要務，如告誡臣工、指授方略、查奸除惡等，皇帝往往親書諭旨。它不受任何格式的約束，皇帝信筆直書，密諭某臣，查辦某事，是諭旨中最爲尊榮的一種形式。

臣工上奏的文書有題、奏、表、箋。清朝前期多用題本，中後期多用奏摺。題本的副本叫揭帖，隨題本的揭帖有四份，分別送通政使司、六部、六科及起居注館。清代題本有通本和部本之稱，外地衙門所上本章須先經通政使司，再轉送內閣，故叫通本。在京各部院衙門的題本，不經通政使司，徑送內閣，稱爲部本。題本的格式，一般爲分幅繕寫，每幅六行，每行二十字，平寫爲十八字，遇有皇帝、宮殿、天地、宗廟等尊敬字句須抬寫。第一幅上方正中寫一"題"字。第二幅首行寫具題者的官銜、姓名、"謹"字，第二行抬高一格寫"題"字，接寫事由，再敘正文，文尾用"謹題請旨"結束，末幅正中寫具題年月日，月日下寫具題人的官銜姓名。最後在首尾各蓋官印一顆。在明朝及清朝前期實行公題私奏的制度，臣工上書，凡錢糧、刑名、兵丁、馬匹等公務，用題本上報。凡屬官員到任、陞轉、加級、記錄、寬免、降罰，或降革留任，或特荷賚謝恩，或代所屬官員謝恩等事，概用奏本。奏本的格式，每幅六行，每行二十四格，抬頭二字，平寫二十二字。奏本封面正上方寫一"奏"字，奏文首寫具奏者官銜姓名並所奏事由，接敘全案事由，最後以"謹具奏聞"或"右謹奏聞"結束。奏文之後用大寫數字寫明全文的字數和紙張數，以防被人篡改。奏本不加蓋官印。公題私奏制度，對當時的官員來說，很難實行，以致題、奏的使用十分混亂，所以乾隆帝於1748年便下令廢止了奏本，以後便逐漸使用了奏摺。奏摺始於康熙，乾隆時廢除奏本後，奏摺便成了大臣奏報政

---

① 《大清會典事例》卷十四。

務主要文書之一。奏摺密封可直達御前，皇帝親自拆封批閱，不假他人，辦事既密且速。奏摺的格式也是分幅摺疊，每幅六行，每行二十字。平寫爲十八字，餘二字爲抬頭之用。第一幅上方寫一"奏"字，第二幅首行寫具奏人的官銜、姓名和跪字，第二行抬高一字寫"奏"字，接寫事由，再敘正文，文尾用"謹奏"二字結束，末幅正中寫具奏年月日，不用印信。每逢皇帝登極及萬壽、元旦、冬至三大節，臣工表示慶賀，各省督撫進賀本，其餘官員進表、箋。進呈皇帝、皇太后的叫"表"，進呈皇后的叫"箋"。各衙署的行文，上行文有咨呈、呈文、申文、牒呈、申呈、詳文、驗文、稟文、狀文，下行文有札文、牌文、票文、牌檄，平行文有咨文、移會、移文、關文、照會。道光二十年（1840）鴉片戰爭後，中外交涉的文書有國書、條約、照會、申陳、札行、護照、電報等。

　　封建的等級制度不僅反映在行文體制上，而且也明顯反映在文書格式上。例如皇帝自稱授命於天，以天爲父，以地爲母，所以又稱天子。在皇帝頒發的詔誥文書中，充分體現了皇帝君權神授、至高無上的地位。例如制辭、詔書中，開首都是"奉天承運，皇帝制曰"或"奉天承運，皇帝詔曰"之類的話。皇帝自稱曰"朕"，臣僚上書皇帝自稱曰"臣"或"奴才"。凡文中涉及皇帝的地方，一律要尊稱和抬寫，如皇帝的命令稱"聖旨"、"上諭"，皇帝批閱文件叫"聖覽"、"御批"，皇帝行走稱"詣"，居地稱"宮闕"，皇帝生日叫"萬壽"，死叫"駕崩"，等等。

　　清朝爲防止篡改檔案，還建立了副本制度，以便存案備查。雍正七年諭："內閣本章及各衙門檔案，皆於正本外立一副本，另行收貯。如本章正本係紅字批發，副本則批墨筆存案。其他檔案副本，或用鈐記以分別之。不但於公事有益，且可杜奸胥猾吏隱藏改換之弊。"① 例如，紅本交六科發鈔後，又鈔錄兩種檔冊：一種是史書，一種是錄書。"紅本發鈔後，由科別錄二通，供史官記注曰史書，校對鈐印送內閣。儲科以備編纂者曰錄書，校對鈐印存科。" 又如奏摺錄副制度，凡經軍機處辦理的奏摺，皆別錄一份，以便發鈔和存查。《光緒會典》載："凡未奉硃批之摺，即以原摺發鈔。奉有硃批之摺，發鈔不發鈔，皆另錄一份備案存查。""凡交發之摺

---

① 《大清會典事例》卷十四。

片，由內閣等處交還及匯存本處者，每日爲一束，每半月爲一包，謂之月摺。"① 自雍正至宣統，歷八個朝代，通以朝年月日係之，形成編年體的卷包。每包摺片，排比次序，不以文件撰成時日爲先後，而以硃批日期爲準，並在封面上標明某人所奏某事的簡由，及月、日、交、不交字樣，稱作"開面"。對諭旨的錄副，更爲詳備。經內閣記載的諭旨有三種："凡記載綸音，分爲三冊：每日發科本章，滿漢票簽處當直中書，摘記事由，詳錄聖旨爲一冊，曰絲綸簿；特降諭旨別爲一冊，曰上諭簿；中外臣工奏摺，奉旨允行及交部議復者，另爲一冊，曰外紀簿，以備參考。"經軍機處發出的諭旨，都鈔釘成冊，按日增添，按月另鈔一冊，叫作"清檔"，其名稱有《上諭檔》、《寄信檔》、《現月檔》、《明發檔》、《電寄檔》等。

　　清朝中央各衙門還建立了匯鈔存查制度。如內閣的《國史院檔》、《秘書院檔》、《俄羅斯檔》、《行移檔》等都是文件的匯鈔。軍機處匯鈔的檔冊有《束事檔》、《議復檔》、滿文《月摺檔》、《西藏檔》、《巴勒布檔》、《金川檔》、《盛京檔》等，並且規定："凡本處清漢字檔，每屆五年由軍機大臣奏請，另繕一份，以備闕失。清字檔，令方略館譯漢官繕寫；漢字檔，令內閣中書繕寫。皆派本處章京二人校對，事竣請旨議敘。"② 內務府匯鈔存查的檔冊有《奏銷檔》、《上傳檔》、《上諭檔》、《來文檔》、《黑圖檔》等。總署和外務部設有清檔房，專管整理文件，匯編《清檔》。

　　在整個清代檔案中，副本和匯鈔存查的檔案，占有相當的比重。清代檔案的正本，由於年代久遠，流散遷播，不少被毀或遺失了，就是現存數量很大的紅本和硃批奏摺，也不齊全。所以史學界在使用這些檔案研究某一個問題時，總感到"多而不全"。相對來講，清代文件的副本或匯鈔存查的檔案，還算比較系統和集中。所以現在這部分檔案，如錄副奏摺等，在清代檔案中使用率是最高的。清代的副本制度和匯鈔存查制度，不僅爲我們留下了豐富的史料，而且也爲我們在今後檔案事業的建設中，提供了有益的借鑒。

　　清代還建立了嚴格的文書稽查制度。雍正八年（1730），特設稽查欽

---

① 《樞垣紀略》卷二十二。
② 《樞垣紀略》卷十四。

奉上諭事件處，專門負責稽查奉旨交部議復之事，按日記檔，俟各部院移會到時，分別已結、未結事件，每月匯奏一次，年終總奏一次。都察院的六科，專門稽查催辦各部院的文書處理，每月兩次，以各衙門所辦之冊送科註銷，如有逾期不完者，由科指參，月終具題。

　　清朝還規定有嚴格的文書檔案保密制度，如順治十年（1653）頒布的"機密及參劾本章"實封進奏制度。雍正時規定"密奏不許與人參酌"。皇帝批的密諭，若泄漏出去，"已經發覺，一概照泄漏軍機律治罪"。並規定，凡機密文書，一律密封遞發。當事官員必親自拆閱處理，不得令吏胥經手。軍機處辦理諭摺，更為嚴密。軍機處值房，各部院大小官員不得擅入和窺視，不准到軍機處同軍機大臣談說事件，大員子弟不得任軍機章京。皇帝召見軍機大臣時，太監不得在側。清末，又制定了《懲治漏泄軍事機密章程》十五條，若有泄密、盜密者，俱按律嚴懲。

　　清朝文書制度還具有明顯的民族統治的特色。清朝時的中國是以滿洲貴族為主、聯合漢族地主階級建立起來的一個多民族國家，各個少數民族文字的文書同時使用。原來滿族的文化比較落後，在努爾哈赤以前，滿族並沒有自己民族的文字，"凡屬書翰，用蒙古字以代言者，十之六七。用漢字以代言者，十之三四"。①明萬曆二十七年（1599），努爾哈赤始命額爾德尼和噶蓋兩人，以蒙古文字母與女真語拼成滿文，這便是老滿文，也叫無圈點滿文。皇太極時命達海等人，在老滿文的基礎上，增加圈點，並創制十二字頭和專記外字符號，成為有圈點的新滿文。滿族早期的文書是寫在木牌上的，長達尺餘，短的僅數寸，寬狹一寸左右，有孔，四五片為一組，貫以皮條或麻繩，根據楊賓《柳邊紀略》載："邊外文字多書於木，往來傳遞曰牌子……存貯年久者曰檔案。"這種木牌使用較久，直到順治二年（1645），纔令"各衙門奏事俱繕本章，不許復用木簽"。清定都北京之後，為保持滿洲貴族的統治地位，規定滿語為國語，滿文文書為代表國家的正式文書，凡皇帝下達的制、詔、誥、敕等文書，俱以滿文為主，滿漢文合璧。凡與外國的來往國書，簽訂的條約，也必須以滿文書寫。臣工上呈的題本、奏本，必須滿、漢文合璧。奏摺，在初期祇是臣僚於公事之

---

① 　福格《聽雨叢談》卷十一。

餘向皇帝呈遞的秘密報告，或用滿文，或用漢文，比較隨便。奏摺成爲政府的正式公文後，在嘉慶時曾規定：

一、凡奉清字上諭，不許用漢字覆奏。

二、旗員補放提鎮奏謝，俱用清文。

三、滿洲大員補署各部院尚書及各省督撫等缺，在京謝恩用清字摺。但抵任奏報到任日期，用漢字摺。

四、滿洲提鎮於公事摺用清字。

五、西北兩路將軍，各陵守護大臣及泰寧、馬蘭兩鎮總兵，除地方公事用漢字奏摺外，其餘謝恩、奏報雨水、雨雪及捕獲松蟲等事，均用清字摺，唯清字摺仍須兼用漢字。

六、滿員放總兵官，公事摺前漢字後清字。在京謝恩摺，俱用清字。另漢字夾片，與清字摺文義同。府、道謝簡放恩亦仿此辦理。①

以後隨着滿官的漢化，使用漢字摺奏逐漸增多。咸豐十一年（1861）清廷規定："嗣後京內外各衙門遇有清字奏事摺件，均用清、漢字合璧式樣。"其他中央各機關同宗人府、內務府的行文，向用滿文的，也多采用滿、漢文合璧的方式。

清廷爲保持滿洲貴族的統治地位，竭力阻止滿人漢化，規定"國語、騎射爲滿洲根本"。旗人必須學會滿語和騎馬射箭，各旗都設有學校，教習滿文，定期舉行滿文考試，以便科舉滿文人才。各衙署都設有專門的翻譯機構和滿文譯員，以辦理滿文文書和翻譯事務。另外，對蒙古、藏、回等少數民族的文字，也允許使用。各民族王公貴族上奏的章疏及來往文書可用本民族的文字書寫。現存的清代檔案中，仍保存一些蒙古、唐古特、回、托忒等文字的文書。這種不同民族文字的文書同時使用，不僅是清代文書檔案制度的一個特點，同時也反映了我國封建社會多民族國家的高度發展。

---

① 步冀鵬《奏摺體例輯要·國書》。

第三編
明清檔案介紹
（上）

第三章　中國第一歷史檔案館所藏的明清檔案

我國是世界文明古國之一，據有文字可考已有五千多年的歷史。溯古迄今，我們的祖先給我們留下了極其豐富的文化遺產。歷史檔案是文化遺產中的一個重要組成部分。我國的歷史檔案自殷商以來，龍龜甲骨，青銅銘文，簡書縑帛，紙墨文書，其年代之久遠，內容之豐富，價值之珍貴，都是世界上無與倫比的。由於歷史上的種種原因，我國現存古代檔案中數量最多的是明清檔案，有兩千多萬件。明清檔案中絕大部分是清朝檔案，明朝檔案占少部分。清朝檔案中，又以中央國家機關的官文書爲主，也有部分地方政權機關的檔案以及名門家族和民間譜牒、契約等文件。明清中央國家機關的檔案，主要保存在中國第一歷史檔案館。臺北"故宮文獻館"及"中央研究院"也保存一部分。明清地方政權、家族和民間檔案，則分存於遼寧、四川、山東、西藏、黑龍江等各地的檔案館和博物館、圖書館中，現分別介紹於後。

中國第一歷史檔案館藏有明清檔案共有一千多萬件（冊），其中明朝檔案祇有三千多件，其餘全部是清朝檔案。這些檔案以文書的種類來劃分，可分爲四類。

一是皇帝的詔令文書，如詔、誥、敕、諭、旨、廷寄、硃諭、電旨等。
二是臣工的奏章，如題、奏、表、箋等。
三是各衙署來往的文移，如咨、呈、移、札等。
四是各衙署的公務記載及匯編存查的檔冊等。

明清檔案以全宗劃分，可分爲七十四個全宗，計有明朝檔案、清內閣檔案、軍機處檔案、宮中各處檔案、內務府檔案、宗人府檔案、吏部檔案、戶部——度支部檔案、禮部檔案、陵寢禮部檔案、兵部——陸軍部檔案、刑部——法部檔案、工部檔案、外務部檔案、學部檔案、農工商部檔案、民政部檔案、巡警部檔案、郵傳部檔案、理藩部檔案、樂部檔案、責任內閣檔案、弼德院檔案、都察院檔案、資政院檔案、翰林院檔案、大理院檔案、會議政務處檔案、督辦鹽政處檔案、總理練兵處檔案、清理財政處檔案、管理前鋒護軍等營事務大臣處檔案、侍衛處檔案、禁衛軍訓練處檔案、尚虞備用處檔案、京城巡防處檔案、京防營務處檔案、京城善後協巡總局檔案、禁煙總局檔案、順天府檔案、會考府檔案、醇親王府檔案、軍咨府檔案、憲政編查館檔案、修訂法律館檔案、國史館檔案、方略館檔案、太僕寺檔案、太常寺檔案、光祿寺檔案、鴻臚寺檔案、神機營檔案、健銳營檔案、火器營檔案、欽天監檔案、國子監檔案、大清銀行檔案、近畿陸軍各鎮督練公所檔案、京師高等審判廳檢察廳檔案、長蘆鹽運使司檔案、鑾儀衛檔案、八旗都統衙門檔案、步軍統領衙門檔案、山東巡撫衙門檔案、黑龍江將軍衙門檔案、寧古塔副都統衙門檔案、琿春副都統衙門檔案、阿拉楚喀副都統衙門檔案、北洋督練處檔案、稅務處檔案以及溥儀、端方、趙爾巽檔案和輿圖匯集。

在上述七十四個全宗中，以清內閣、軍機處、宮中、宗人府、內務府五個系統的檔案爲最多，約占一史館全部檔案數量的百分之七十八。這些明清檔案的內容十分豐富，大凡有關明清的政治、經濟、軍事、文教、刑名、外交、民族、宗教、農田水利、商業貿易、交通運輸、天文氣象、山川河流、地震荒災，以及宮廷生活、皇族事務，無不囊括。現依時期，分系統，按全宗介紹如下。

第一節　明朝檔案

一、明檔的由來

明朝是中國封建社會繼元朝之後又一個重要的王朝。明太祖朱元璋建國以後，廢除丞相，改設內閣以輔天子處理政務，進一步提高吏、戶、禮、兵、刑、工六部的地位，使之直接聽命於皇帝。設五軍都督府分掌全國各衛所，使其與兵部分權，皇帝從中牢牢掌握軍事大權。在中央設都察院，在地方設十三道監察御史，以糾察百官，爲皇帝的耳目。在地方廢除了行中書省制度，設承宣布政使司、都指揮使司和提刑按察使司，共同組成省級政權機關，分別管理行政、軍事和司法，三司互不統屬，直接對皇帝負責，皇帝實行高度集權的專制統治。

明代中央國家機關的檔案，大部分毀於明清之際的戰火。一史館現存的明檔，絕大部分是清初修《明史》收集來的。順治五年和康熙四年，清廷曾兩次下諭，收集明代檔案史籍，"令內外衙門速查開送"。這些明檔案就是根據皇帝的諭旨收集起來，交明史館備修史之用，待《明史》修成後，這些明檔隨明史館的檔案，交送內閣保存，它隨內閣檔案一直保存至今。

中華人民共和國成立後，散存於北京大學、東北圖書館等處的明朝檔案，先後移交一史館（作者注：中國第一歷史檔案館以下簡稱"一史館"）。1970年中國人民大學檔案系又移交一史館一些明朝檔案，這就是一史館現存明檔的主要來源。全部明檔共三千六百四十七件（冊）。文件起於1371年，迄於1644年。

二、明檔的主要內容

一史館所存的明朝檔案，主要有明朝內閣、兵部、禮部等機構的檔案，文種有敕諭、誥命、題行稿、題本、奏本、啓本、手本、揭帖、塘報及票契、簿冊等。最早爲洪武四年（1371）的戶帖、賣田契和永樂八年（1410）皇帝頒給"失家攝聶"喇嘛的敕諭。宣德、成化、正德、嘉靖、隆慶時期的文件不多。其中有成化五年和成化二十三年頒給功臣的免死鐵券兩件，正德九年因乾清宮失火，武宗皇帝向全國頒發的《罪己詔》（京本勝黃），較爲重要。萬曆時有重修《武職選簿》，係京內外各衛所職官襲替選補之記載，還有《瀋陽群牧所襲替世襲簿》、《新官襲職選底》、《新官替職選底》、《優給優養簿》、《選過優給優養簿》、《朝鮮迎接天使都監廳儀軌》等簿冊。天啓、崇禎兩朝的文件最多，其中有兵部報告李自成農民軍鬥爭情形以及鄭芝龍在海上的活動的題行稿，有反映明清之間戰爭、籌防、調兵以及漕運、墾田、租田等事務的文書，還有關於官員陞遷調補、獎懲、糾參方面的文件等。在《錦衣衛選簿》、《福州右衛選簿》、《天津衛選簿》

中，有隨鄭和下西洋人物方面的記載。有關澳門的檔案，記載葡萄牙人入居澳門的情況。有武科鄉試、會試、殿試及《進士登科錄》，還有反映日食、地震方面的文書。另外，還有南明弘光時期的一些文書，如兵部右侍郎左懋第、太僕寺少卿馬紹愉致攝政王的揭帖等。明代的輿圖，有《大明混一圖》、《九州山鎮川澤圖》、《九邊圖》、《海防圖》、《天球圖》、《兩河地理圖》等。

三、明檔的整理和編目

這部分明朝檔案的分類，基本上保持了原來的不同時代、不同單位整理檔案的體系。檔案目錄有：文獻館編制的《內閣明檔目錄》、《明題行稿目錄》、《明選簿目錄》。北京大學文科研究所明清史料室編制的《明檔目錄》、羅氏庫籍整理處編制的《大庫明朝史料目錄》。其中《明選簿目錄》的檔冊，按親軍、左軍、右軍、中軍、前軍、後軍排列，《大庫明朝史料目錄》按題行稿、行稿、兵科鈔題本、兵科鈔奏、揭帖等文種排列。其他目錄的文件，都采取編年體系，即按朝、年、月、日順序排列，逐件登目。

中國第一歷史檔案館及遼寧省檔案館所藏明代檔案，已於2001年6月由廣西師範大學出版社影印出版，名爲《中國明朝檔案總匯》，共一百零一冊。

第二節　清中樞機構的檔案

一、內閣檔案

（一）機構概況

中國古代的官制，並無內閣。自明代起，始有內閣之設。清沿明制，於天聰三年（1629）設文館於盛京，崇德元年（1636）改文館爲內三院，即內國史院、內秘書院、內弘文院。順治二年（1645），以翰林官分隸內三院，故各院冠以"內翰林"字樣。順治十五年（1658），改內三院爲內閣。順治十八年（1661），復改內閣爲內三院。至康熙九年（1670），又將內三院改爲內閣，以後成爲定制，直到宣統三年（1911），責任內閣成立後始被撤銷。

內閣是輔助皇帝辦理政務的一個中樞機構，爲正一品衙門。大學士居百僚之首，"掌議天下之政，宣布絲綸，厘治憲典，總鈞衡之任，以贊上理庶務。凡大典禮，則率百寮以將事"。① 內閣地位雖優崇，但實際職務主要是協助皇帝處理一些文書、典禮事務及備顧問而已。它的具體職務有：

（1）辦理本章。內閣日常事務，是爲皇帝辦理本章。凡內外臣工向皇帝報告政務的題奏本章，須先經內閣"票擬"，提出處理意見，再報皇帝批閱。皇帝批准後，再由六科鈔發各衙門執行。

（2）掌議政事，宣布綸音。內閣大學士常侍天子左右，承辦交議的政事，並隨時預備顧問。凡制、詔、誥、敕等詔令文書的下達，都由內閣撰擬和頒發。凡明發諭旨，也由內閣承發並負責記錄，以備查考。

（3）辦理典禮事宜。如登極頒詔、授受大典、冊立冊封、文武傳臚、朝會進表、大祀中祀書祝版等事宜，都由內閣承辦。

（4）纂修、庋藏典籍。凡纂修實錄、聖訓、國史、方略、會典、一統志、明史等書，照例由內閣大學士充監修總裁官，學士充副總裁官，侍讀學士充纂修並提調官。設有修書各館，以負責編纂事宜。內閣還負責保藏檔案典籍。內閣大庫專門庋藏實錄、紅本、表章、起居注、揭帖等各種檔案冊籍，還建有副本庫，以收貯文件的副本。內閣設有大學士，滿、漢各二人。協辦大學士，滿、漢各一人。學士，滿洲六人、漢四人。典籍廳典籍，滿、漢軍、漢各二人。侍讀學士，滿洲四人、蒙古、漢各二人。侍讀，滿洲十人，蒙古、漢軍、漢各二人。中書，滿洲七十人、蒙古十六人、漢軍八人。貼寫中書，滿洲四十人、蒙古六人（以上各員額歷有增減）。②

內閣內部設有典籍廳、滿本房、漢本房、蒙古房、滿票簽處、漢票簽處、誥敕房、稽察房、收發紅本處、副本庫、飯銀處、批本處等機構，以分辦各項事務。

---

① 光緒《大清會典》卷二。
② 《清史稿》職官志一及光緒《大清會典》卷二。

（二）檔案狀況與內容

內閣檔案原存於內閣大庫，數量很大。清末民初之間，曾有一部分從大內流入社會。後來幾經輾轉售賣，損失相當嚴重，1921年發生的"八千麻袋事件"就是損壞檔案的一個典型事例。新中國成立後，先後將大部分流散的檔案收歸檔案館保存，和原內閣的檔案一塊管理，基本上恢復了內閣檔案的原貌。

現存於一史館的內閣檔案，起於天聰三年（1629），止於宣統三年（1911），共二百七十一萬四千八百五十一件（冊）。

內閣檔案的內容，十分豐富，有政治、經濟、軍事、文化、民族、宗教及天文地理等各方面的材料。檔案所記史實，起於明萬曆三十五年（1607），止於宣統三年（1911），反映了清朝由興起到統一全國，直至滅亡的二百九十四年的歷史。檔案形式以摺疊的文檔爲主，也有不少記事的簿冊和卷軸式的地圖等多種樣式。文書種類有詔書、誥命、敕諭、硃諭、題本、奏本、表文、箋文、啓本、咨文、移會、片文、手本等數十種，大致分以下三類。

第一類，內閣承宣或進呈的文書。

清代經內閣承宣的有誥命、詔書、敕諭、冊文、硃諭、金榜等詔令文書，有五千五百餘件。布告大政事的叫"詔"。在清代凡遇有重大政治事件和隆重的慶典，都要用詔書布告天下。封贈五品以上官員及世爵承襲罔替的叫"誥命"，敕封外藩封贈六品以下官員及世爵有襲次的叫"敕命"，諭告外藩及外任官的叫"敕諭"，科舉殿試的榜示叫"金榜"。皇帝冊封后妃、親王、公主等用冊文。皇帝頒布各衙門的上諭，由大學士奏請御覽後，用硃筆謄寫於黃摺上，傳該衙門親領執行，叫硃諭。這些經內閣承宣的詔令文書，記錄了清代歷次的重大政治事件，是研究清代歷史的重要史料。經內閣進呈的文書，有題、奏、表、箋及隨本進呈的黃冊、鄉試錄等，有二百多萬件。

1. 題本

題本是清朝高級官員向皇帝報告政務的文書之一。凡屬國家庶政，如舉劾官員、兵馬錢糧、命盜刑名等例行公務，官員都可具題，經由內閣進呈皇帝閱覽。題本到內閣後，由內閣擬寫批語，名爲"票擬"。票箋呈皇帝允准後，批本處和內閣先後照票籤上所擬文字，用滿、漢文以紅筆批於本面，所以又叫"紅本"。現在館藏完好的題本約有一百四十八萬件，已基本按吏、戶、禮、兵、刑、工六科分類整理編目。尚有殘題本約有一百七十萬件，也已清理完畢。題本各科的內容如下。

（1）吏科。

①職官任免類：如官署和職官的增設、裁撤及改隸；文職官員的任用、陞遷、調補、休致、開缺和病故；題報到任，接印交印日期；題報丁憂、請假、回任、復職、官員考試等。

②考績獎敘類：如京內外文職官員的京察、大計及文職官員的保獎、議敘等。

③糾參處分類：如題參久未緝獲罪犯、盜竊犯及疏防盜案的官員處分；對於貪污違法、辦事不力官員的罰俸、降級和撤職等處分，有關文職官員的開復和糾參處分等。

④封贈襲蔭類：如文職官員的封贈、封授、承襲官位，土官的任職、承襲職位等材料。

⑤撫恤類：如關於文職官員優撫議恤等。

（2）戶科。

①戶籍：如關於編審戶口、稽查人丁以及各省匯報人口、穀數等。

②田賦類：有地丁方面的材料，如地丁正雜錢糧的徵收、撥解和奏銷，田地、禾麥受災及收成歉薄請求減免、緩徵錢糧，學租的徵收和奏銷，徵收地丁、學租用費的動支報銷。

有屯賦方面的材料，如屯田正雜錢糧的徵收、撥解和奏銷，屯田因災歉收請求減免、緩徵錢糧，編查各衛所屯田地畝及軍丁財產，徵收屯賦用費的動支報銷。

有旗租方面的材料，如旗地、官莊、牧廠地租，正耗錢糧、米豆草料的徵收撥解和奏銷，徵收費用的動支報銷等。

③漕糧類：有漕糧、漕項的徵收和奏銷，因災歉收因而漕項錢糧的蠲免和緩徵，題報漕船起運、迴空、過境日期，漕運奏銷，漕船運糧沈沒、撫恤失事人員、豁免追賠損失；漕項錢糧徵收、運輸費用及漕營兵馬糧餉草糧的奏銷；徵收沿河漕倉錢糧及奏銷，因災蠲緩，漕倉收支錢糧報銷；

倉場侍郎題報京通各倉收支數目，報銷收支稅銀及舟車運費。

④稅課類：有關稅方面的材料，如戶部所屬關稅的徵收、考核、稅銀的撥解和奏銷，徵收用費的動支報銷；關監督的更換、交職謝恩和前後任交接。

有鹽稅方面的材料，如起稅、引課、竈課的徵收、考核、稅銀的撥解和奏銷；私鹽變價、竈地陞科；因鹽地受災而蠲緩稅課，並撥銀穀救濟場竈灾戶；徵收用費的動支報銷；鹽稅官員的前後任交接和盤查庫款、虧欠稅銀的追賠。

有雜稅方面的材料，如一切雜稅的徵收、減免和考核，稅銀的撥解和奏銷；雜稅徵收用費的動支等。

⑤貨幣類：有戶部及各省鼓鑄錢文、奏銷銅鉛錫斤等項收支數目；采辦銅鉛、收買商銅、動用價腳、工料等費的報銷；辦運北京銅鉛、交給運腳、養廉及雜費等項銀兩的報銷，運輸銅鉛船隻沈沒，追賠、免賠價腳銀兩等。

⑥庫儲類：有金銀方面的材料，如各省督撫司道新舊任的交代、接收和盤查庫存各項錢糧，交代盤查驛站錢糧；庫存錢糧年終奏銷收支數目，盤查有無虧短；官員交代不清及虧短錢糧的追賠，代辦未交清錢糧；使用法碼劃一等。

有緞匹、顏料、紙張等方面的材料，如奏銷緞匹、顏料、紙張等項數目，匯報全年金銀、緞匹、顏料等項收支存儲各數目等。

⑦經費類：

A. 一般費用：有支給文職及陵寢員役俸餉、糧米、養廉及公費等項銀兩的報銷，罰俸銀兩；支給文武場考試經費及廩膳銀兩的奏銷；支給監犯及軍流人犯口糧、雜項等項銀兩的報銷；支給祭祀費用、寺廟喇嘛口糧茶價等項銀兩的報銷等。

B. 軍務用費：有支給水陸各營兵馬銀糧的報銷；支給派遣官兵、赴藏人員、進貢人員口糧盤費等項的報銷；支給屯防經費、臺站、驛站、牧廠等經費的報銷；對各少數民族用兵的兵馬錢糧的報銷；支給采買及運輸兵米價腳銀兩的報銷，動用兵米的報銷，虧欠各項軍費銀米的追賠和處分。

C. 京餉協餉：有各地派員解京捐監、地丁、關稅等項銀兩，以及報銷解銀費用；京內各衙門官員俸餉、役食銀兩的動支報銷；解報各省協餉，報銷解款用費。

⑧農業類：有題報雨水糧價、禾麥收成份數及有關農業耕作方面的材料；有開墾地畝、報請陞科、核定完糧等；因地沖刷、坍荒、捐置義地減除糧額方面的材料；有請求丈地及土地糾紛的材料；有關森林畜牧方面的材料等。

⑨倉儲類：有常平倉、義倉、社倉等倉積穀豆麥的收儲、易換、借糶、平糶和買補；倉穀年底盤查、結報和奏銷；倉穀霉變、蟲蛀的處理、改善倉廒設備；更換倉監督、交接、盤查倉穀、虧欠倉穀、題參追補；買補倉穀價腳銀兩的動支報銷；東北各地內倉、旗倉的米穀的收儲、借糶、盤查和奏銷；秸穀的收儲、出糶、價銀解部撥用等材料。

⑩工業類：有開采金、銀、銅、鉛、錫、水銀等礦廠，抽收各廠課銅；收買、解運銅鉛價腳銀兩及工食、房料、廠費等項的動支報銷；銅鉛變價、報解款項，江寧、蘇州、杭州各織造支給工料銀兩、匠役銀兩及運解用費的報銷；有關陶甍等工業的材料等。

⑪商業類：有關於茶馬貿易及有關商業事宜的材料。

⑫災害賑濟類：有遭受各種災害，發給口糧、銀米救濟，賑災用費的動支報銷，北京設立粥廠濟貧；支給孤貧口糧、發給普濟、養濟、育嬰三堂銀米的報銷；捐賑議敘等。

(3) 禮科。

①典禮類：有關元旦、冬至、帝后壽辰和登極等的慶賀；有關巡幸、行圍、頒賞、耕耤、親蠶及婚喪等禮儀；有關皇后、妃嬪及職官的冊立、冊封；有關節孝、五世同堂、男女高壽等的旌表、發給建坊物品銀兩的報銷；有關陵寢、壇廟、河神的祭祀，祭祀用費的動支報銷；收儲耕田的穀麥，寺廟修繕，僧徒補助錢糧的動支報銷；文武官員議恤等。

②學校科舉類：有府、州、縣學、國學、書院、同文館的設立，學額增減，校舍修繕、保護及費用的動支報銷；題報科試、歲試、會試和殿試情形，辦理考試人員的調派；圖書的編修、貢講、購置、查禁及刊刻經史書籍等。

③印信類：有關於印信的制鑄、換發和繳還等方面的材料。

④外交類：有關於外國及各藩屬國遣使進貢、賀壽及接待賞賜方面的材料。

⑤天文氣象類：有關於日月蝕、星異、曆法等方面的材料。

(4) 兵科。

①職官類：有武職官員的任免、陞遷調補及休致、開缺、病故；題報到任，交印、接印及護理等日期；題報出巡、回署、丁憂及復職等日期，有關土官承襲職務事項；武職官員的考選、議敘和保獎等；武職官員辦事不力、貪污、違制等處分；武職官員的疏防處分；武職官員的議處、糾參和開復；武職官員的封授、承襲官位等；武職官員的傷亡等。

②科舉類：有關於武科的鄉試、會試、殿試及考試翻譯童生等方面的材料。

③防務類：有關於官兵的駐防、換防、巡查會哨、校閱營伍及訓練兵丁等方面的材料。

④戰事類：有關於歷次戰爭事件的材料。

⑤馬政類：有關於軍用馬匹及動用買補馬匹銀兩的報銷等方面的材料。

⑥軍需類：有關於軍裝甲械歲底盤查，武職官員接任盤查軍械；發給銀兩營運生息，發給退休官員養老銀米，采買兵食及有關軍需的動支報銷；清查兵馬數目等。

⑦驛站類：有關於設置驛站、水站船及費用的動支報銷，報繳郵符、勘合大牌等方面的材料。

(5) 刑科。

①秋審朝審類：有關於秋審朝審事宜的材料。

②命案類：有因鬥毆、土地債務糾紛、婚姻奸情致死人命的各類案件。

③盜案類：有關於因搶劫偷盜而致殺傷人命的各種案件。

④貪污案類：有關於官吏受賄、犯贓及追贓、罰款等方面的案件。

⑤監獄類：有關監禁、越獄及囚犯口糧供給等方面的材料。

⑥緝捕類：有關於緝捕逃人、查緝違禁等方面的案件。

其他還有一些文字獄案件及清末殺害革命黨人和進步人士的專案等。

(6) 工科。

①建築工程類：有陵寢壇廟工程，如修建陵寢、宮苑、壇廟工程及工

料銀兩核准和報銷等；有衙署城垣工程，如修建文職衙署、公房、各城垣工程及工料銀兩核准和報銷等。有營房塘房工程，如修建營房、馬棚及武職衙署；塘房工程及工料銀兩核准和報銷；修建倉廠工程及工料銀兩核准和報銷；修築道路橋樑工程及工料銀兩的核准和報銷等。

②軍需工程類：有關於水陸軍營修造、軍裝器械、火藥鉛彈及采買硝磺等工程及工程銀兩核准和報銷等方面的材料。

③水利工程類：有河工方面的材料，如修築和疏浚各省河道、湖港、渠堰、城市溝渠工程及工料銀兩核准和報銷；題報水勢和工程情形；支給河工人員及河營官兵餉項的報銷；河庫銀兩的徵收解送、奏銷和盤查；江蘇、浙江修築海塘工程及工料銀兩的核准和報銷，以及題報海塘洪水情形等。

④造船工程類：有一般船隻修造的材料，如修造船隻工程及工料銀兩的核准和報銷，船隻人員工食等費用的動支報銷；也有軍用船隻修造的材料，如修造戰船及工料銀兩的核准和報銷等。

⑤工稅類：有關工部所屬工關徵收竹、木、葦稅及由閘稅的考核、報解和奏銷；關監督的更換、接收等方面的材料。

2. 隨本進呈的附件

隨本進呈的附件有黃冊、鄉試錄、會試錄以及各種圖、單等。

黃冊：黃冊數量較多，起於順治，止於光緒，因以黃綾封面而得名。其內容以奏銷地丁、錢糧、倉儲、經費的居多，如戶部三庫的大進、大出、四柱清冊，匯奏各省民數穀數冊，倉場衙門京通各倉收放糧斛、實存米數，到通漕糧、白糧，由閘銀米等銷算冊，通濟庫收放錢糧奏銷冊等。

鄉試錄與會試錄：清制，鄉試、會試發榜後，例須繕造題名錄，具本進呈。鄉試錄由各省呈報，會試錄由禮部呈報，皇帝覽後，存於內閣。現存的多是各省鄉試錄，會試錄較少。

3. 奏本

明朝規定，官員的章奏，公事用題本，私事用奏本。清初雖沿用明朝的題奏制度，但奏本不僅用於奏報一己之私事，而且也用於奏報公務政事。盡管雍正和乾隆皇帝曾幾次劃定題奏事宜的界限，但臣工奏事公題私奏仍然不能分別。乾隆十三年（1748）皇帝雖下令廢除了奏本，但舊習難改，以致嘉慶、同治、光緒各朝，仍有官員使用奏本。一史館現存的不僅有順治、康熙、雍正、乾隆初期的奏本，而且還有乾隆中、後期及嘉慶、同治、光緒各朝的奏本。其內容有報告軍情要務及條陳征戰方略的，這方面的奏本，尤以順治朝的居多，有奏銷兵馬錢糧的，有奏報徵收田賦、進貢新茶、新米的，還有關於職官任免獎懲及謝恩、朝見方面的奏本。每逢萬壽、元旦、冬至等節慶，臣工不少用奏本向帝后慶賀。還有一些關於賑濟、清理地方案件的奏本。

4. 表箋

清代，凡帝后誕辰及元旦、冬至三大節，臣工依例向帝后表示慶賀，各省督撫用題本，其餘官員用表、箋。進呈皇帝、皇太后的叫"表"，進呈皇后的叫"箋"，各具正副二份，其內容千篇一律，都是慶賀、歌功頌德的詞句。

內閣還有不少外國及藩屬向清朝進貢的表文，如朝鮮、琉球、南掌國、越南、緬甸、蘇祿、暹羅、廓爾喀以及俄羅斯、荷蘭、日本、英吉利等國進貢的表文及貢單等。

第二類，內閣日行公事檔案。內閣內部各機構，在日常活動中形成了不少檔案。

1. 來往文書

來往文書中有啓本、揭帖、塘報、申報、移會、手本、移付、片行、咨、知照、知會等文件，這些都是各機關為辦理公務給內閣的來文，或內閣各廳、房之間互相的行文。各機關來文多是辦理國家庶政的，其內容有政治、經濟、軍事、文化等各方面的材料。內閣各廳、房之間來往文書，多是辦理內閣內部庶務的，其內容有內閣各廳、房官員任免獎懲、俸餉、飯銀、值班考勤、請假銷差等。

2. 匯鈔存查和登錄記載的各種檔簿

專鈔錄皇帝"聖旨"的，有滿漢票簽處合辦的摘記題本事由、全錄批紅的"絲綸簿"，滿票簽處專辦的鈔錄特降諭旨的"上諭簿"（雍正七年叫"上傳檔"），由漢票簽處專辦、鈔錄奏摺的"外紀"（乾隆六年前叫"別樣檔"）。此外，還有道光朝的"綸音"、"上諭"。

史書：起自順治，止於光緒。順治六年至九年（1649—1652）間叫

"六曹章奏"，順治十年（1653）改爲"六科史書"，簡稱"史書"。清制，六科每五日派員赴內閣領取題本，傳鈔於各衙門後，摘錄兩份，一份存科，以備編纂，叫"錄疏"。一份纂錄成冊，按日送內閣，以供史官記注，叫"史書"。史書的內容都是鈔錄題本，部本摘其事由，通本鈔其貼黃。但其詳略不同，順康時期幾乎是鈔錄題本全文，且滿漢合璧；同治以後則很簡單了，有的僅鈔作者及批紅。

大記事：係滿票簽處鈔錄由軍機處每天呈辦的奏摺之硃批、作者、事由、件數，其中以滿文爲絕大部分，光緒朝中期以後始有漢文。

3. 記錄各廳房日常活動的檔簿，以及收發文檔冊

記錄各單位活動的檔簿，種類繁多。僅以專辦皇事的北典籍廳，就有鈔錄發文全文的"行移檔"，登記奏摺件數的"上諭摘由檔"，登記鈔上諭數量和鈔寫作者姓名的"錄發散班輪流鈔上諭呈送檔"，登記堂官批示的"堂諭簿"，每天領出滿文上諭道數及登明當事人的"請上諭檔"，爲出席太常寺等單位，主持祭祀等事登記復文的"堂行檔"，登記所收到文件之文種和件數的"收文簿"，洗"寶"時借用用具時所登記的"印領"，登記每天辦文摘由的值班"日記檔"，登記對內閣各單位通知的"知照"，警衛值勤登記的"護軍營官弁值班職名檔"，記載每次皇帝出巡時請、接"寶"人姓名地點的"請寶檔"，記載收掌官每天收文及辦理情況的"記復檔"，鈔錄內部行文全文的"移付檔"，登記通知的"知會檔"。登記六科上交紅本的"紅本冊"，各館各科清查紅本的"紅本檔"，又稱"清理清查紅本檔"等，共達二十九種之多。

各種底稿，其中有由大學士劃行和大學士批閱的堂諭、堂稿、閱稿，有向皇帝奏事的題稿，奏稿、奏底，還有祭祀文稿等。

4. 內閣保管的皇冊及八旗世襲譜檔

王公世爵皇冊（滿文），由宗人府纂修，存於大內，由內閣保管。凡王公世爵有應增注者，各該衙門於年終奏請，咨明內閣，由內閣學士同該衙門官，赴保和殿取出，由中書增注畢，再交大內存貯。

八旗世襲譜檔，各旗每十年修一次，送內閣交內閣滿本房存庫。如世爵官有遺忘世系，或所得佐領緣由不明，須查家譜者，奏請允准後，內閣同該旗官赴庫驗看。

5. 科舉考試文書

清代的科舉考試分文武兩途，分童試、鄉試和會試、殿試。會試由禮部主持，每三年在京城考試一次。殿試是皇帝在保和殿對貢士親發策問的考試，殿試考中的叫進士，殿試揭曉的榜示叫金榜。大金榜，文科掛東長安門外，武科掛西長安門外，三日後繳內閣存貯。同時，內閣另繕小金榜一份，以進呈皇帝閱覽。在內閣檔案裏，有會試卷、殿試卷、大金榜、小金榜以及殿、會試的試題。另外還有很多考試官員的試卷、供事考卷以及四譯館及俄羅斯館試卷等。

第三類，官修的史籍。

清朝對纂修史籍十分重視。早在入關之前，就設文館及內國史院負責編纂史書。"滿文老檔"是清朝用滿文編纂的一部編年體史書。所記史事，起於明萬曆三十五年（1607），止於清崇德元年（1626），反映了努爾哈赤和皇太極時期的政治、經濟、文化、民族及滿族社會等各方面的情況，是研究清入關前歷史的重要史料。"內國史院滿文檔案"，是清初內國史院用滿文編纂的另一部編年體史書，其中天聰朝十八冊，崇德朝二十九冊，順治朝七十四冊。所記歷史由天聰元年（1627）至順治十八年（1662），是研究清朝入關前後歷史的第一手材料。

清朝統一全國後，爲纂修實錄、聖訓、會典等書，分別開館纂修，除以內閣大學士任監修總裁官外，內閣員司亦兼辦纂修事宜。

實錄、聖訓：清制，皇帝死後，例由嗣君開館纂修前朝實錄，並編纂聖訓。現存的實錄館纂修的實錄、聖訓，有天命、天聰、順治、康熙、雍正、乾隆、嘉慶、道光、咸豐、同治、光緒各朝，另有《宣統政紀》四十三卷。每朝實錄用滿、漢、蒙古三種文字書寫，分大紅綾、小紅綾、小黃綾三種版本。分別存於大內、皇史宬、內閣和盛京四處，另外還有不少實錄、聖訓的稿本。

會典：清會典是清代典章制度的匯集，每隔一定的時期，清朝都要開館編纂會典。現存的有會典館纂修的會典稿，以及爲修會典各地報來的材料及來往文書等。

起居注：清代起居注館始設於康熙九年（1670），主要記注皇帝的言行，並據此編纂起居注冊。一史館現存的起居注冊始自康熙十一年（1672），迄宣統三年（1911）。凡記注，先載起居，次諭旨，次題奏，次官員引見。凡編記各檔，上諭簿、絲綸簿、外紀簿、軍機處檔、宗人府檔、理藩院檔、各寺監檔等，所有諭旨及官員引見除授，起居注官也要摘鈔載入。起居注每月分作二冊，每年二十四冊。正本存於內閣大庫，草本由起居注館收藏。其他，還有三禮館、八旗志書館、明史綱目館、一統志館等修書各館的一些來往文書和檔簿等。

（三）分類與目錄

內閣檔案經過七十多年的整理，編有檔案目錄二百三十多冊，可供檢索。

1. 詔令、奏章、文移目錄

（1）羅氏庫籍整理處編制的《大庫史料目錄》，分甲、乙、丙、丁四編。檔案按文種分類，有詔書、敕諭、硃諭、會試硃卷、內閣雜檔、清文雜檔、計籍、黃冊、清冊、雜冊、題本（通本、部本）、揭帖、奏本、啓本、塘報。各文種之下，文件按朝、年、月、日排列，逐件標題、編號、登目。

文獻館編制的《內閣大庫制詔誥敕目錄》、《祭文、祝文目錄》、《內閣大庫漢文絲綸簿目錄》、《內閣黃榜目錄》。

（2）題本目錄。

①題本分科目錄，如《吏科題本目錄》、《戶科題本目錄》、《禮科題本目錄》、《兵科題本目錄》、《刑科題本目錄》、《工科題本目錄》。

每一科的題本，依朝、年順序排列，各朝、年的文件再分類如下：

吏科

    A. 職官任免類。

    B. 考績獎敘類。

    C. 糾參處分類。

    D. 封贈襲蔭類。

    E. 撫恤類。

    F. 其他類。

戶科

    A. 戶籍類。

    B. 田賦類：a. 地丁；b. 屯賦；c. 旗租。

    C. 漕糧類。

　　　　D. 稅課類：a. 關稅；b. 鹽務；c. 雜稅。

　　　　E. 貨幣類。

　　　　F. 庫存類：a. 金銀；b. 緞匹顏料等。

　　　　G. 經費類：a. 一般費用；b. 軍務費用；c. 京餉協餉。

　　　　H. 農業類。

　　　　I. 倉儲類。

　　　　J. 工業類。

　　　　K. 商業類。

　　　　L. 災害賑濟類。

　　　　M. 其他類。

禮科

　　　　A. 典禮類。

　　　　B. 學校科舉類。

　　　　C. 印信類。

　　　　D. 外交類。

　　　　E. 天文氣象類。

　　　　F. 其他類。

兵科

　　　　A. 職官類。

　　　　B. 科舉類。

　　　　C. 防務類。

　　　　D. 戰爭類。

　　　　E. 馬政類。

　　　　F. 軍需類。

　　　　G. 驛站類。

　　　　H. 其他類。

刑科

　　　　A. 秋審朝審。

　　　　B. 命案類：a. 鬥毆；b. 土地債務；c. 婚姻奸情。

　　　　C. 盜案類。

D. 貪污案類。

E. 監獄類。

F. 緝捕類。

G. 其他類。

工科

A. 建築工程類：a. 陵寢壇廟；b. 衙署城垣；c. 營房塘房；d. 倉房；e. 道路橋樑。

B. 軍需工程類。

C. 水利工程類：a. 河工；b. 海塘。

D. 造船工程類：a. 一般船隻；b. 軍用船隻。

E. 工稅類。

F. 其他類。

②題本分類目錄，如北京大學文科研究所編制的《順治朝題本目錄》等。其檔案分類有：貪污、叛逆、屯墾、刑罰、河工、糾參、漕糧、灾荒、鹽務、隱匿、賊匪、敷陳、田賦、差派、驛遞、征伐、賬恤、明藩、茶馬、俸銀、遺民、倉穀、科舉、考復、糧餉、例行、銓敘、輿馬、奏銷、鼓鑄、推薦、織造、圈地、進貢、通商、采買、雜課、邊防、關稅、戶口、錢法、蓄髮、庫藏、撫綏、印信、其他，共四十六類。

③題本編年目錄，如羅氏庫籍整理處編制的《前三朝題本目錄》、北京大學文科研究所編制的《道光朝題本目錄》等。

(3)《報銷冊目錄》，有順治、康熙、雍正、乾隆、嘉慶、道光、咸豐、同治、光緒各朝分冊目錄。

《漢文黃冊目錄》，起於順治，迄於光緒，按吏、戶、禮、兵、刑、工六部及宗人府、太常寺、理藩院等機構分類，各類依時序排列，逐冊登目。

《重囚招冊目錄》，分地區、按時序排列。

《內閣雜冊目錄》。

(4)《揭帖目錄》、《移會目錄》、《移付目錄》。揭帖目錄中有《揭帖分類目錄》和《揭帖編年目錄》。

2. 檔冊史籍目錄

內閣實錄、聖訓目錄：分滿、漢文兩種，以小黃綾、小紅綾、大紅綾版本分冊編製。

《內閣滿文本紀、實錄、聖訓目錄》。

《內閣滿文本紀目錄》。

《內閣漢文本紀目錄》。

《內閣漢文外紀目錄》。

《內閣史書目錄》，分吏、戶、禮、兵、刑、工六科編製。

《光緒會典漢文稿本目錄》。

《起居注目錄》。

《內閣大庫鄉試錄、鄉試題名錄》。

《內閣大庫重複試錄目錄》。

《內閣大庫鄉試闈墨目錄》。

《內閣大庫武鄉試題名錄》。

《內閣大庫題名錄、會試錄、殿試登科錄目錄》。

《重鈔滿文卷檔細目》。

《內閣大庫滿文俄羅斯檔目錄》。

《內閣大庫俄羅斯來文原件目錄》。

《內閣大庫八旗世職譜檔目錄》。

《內閣滿文檔簿目錄》含《國史院檔》、《秘書檔》、《密本檔》、《內三院檔》等。

二、軍機處檔案

（一）機構概況

軍機處設立於雍正八年（1730），開始專辦軍務。乾隆以後，即總攬一切國家機要政務，直到宣統三年（1911）纔廢止。

（二）檔案狀況與內容

軍機處檔案共有八十二萬五千三百五十八件（冊），大致分以下三類。

1. 軍機處錄副存查的奏摺

分漢文、滿文二種，共七十二萬件。奏摺是京內外官員奏報政事的文書。皇帝硃批以後，軍機處均鈔錄一份存案，然後將原摺封發具奏人。

軍機處錄副奏摺，按年月包存，故又名"月摺包"。內容包括清代政治、軍事、經濟、文化以及社會狀況等各方面的材料。共分十八大類，有內政、外交、軍務、財政、農業、水利、工業、商業貿易、交通運輸、工程、文教、法律、民族事務、宗教事務、天文地理、鎮壓革命運動、帝國主義侵略、綜合。現將各類檔案內容介紹如下。

（1）內政類。

①有關職官制度，行政區劃，官員任免獎懲撫恤。

②保甲編制，戶口稽查，治安警政。

③皇帝登極，三大節朝賀，帝后婚、喪、筵宴以及祭天地祖宗等禮儀。

④灾荒賑濟。

⑤戊戌變法，其中有康有爲第三次上光緒帝書原件。

⑥籌備立憲。

⑦洋務運動。

⑧文書檔案工作。

（2）軍務類。

①軍隊營制，新軍編練，設立海軍等。

②武職官員的任免、獎懲撫恤。

③軍隊訓練校閱，地方團練。

④邊疆防務、調遣。

⑤軍需糧餉、軍械馬匹、軍事工程等。

（3）財政類。

①土地田賦，漕糧運輸。

②水陸關稅。

③兩淮、長蘆、河東鹽務產銷。

④茶課、參課、礦稅、牙帖、厘金、煙酒稅、木植、棉花等各類雜稅的徵收。

⑤旗地、官房租金的管理徵收。

⑥捐監銀兩以及軍務、海防及河工的捐輸。

⑦庫儲倉儲。

⑧京餉、協餉，各類經費的預算、開支、報銷。

⑨貨幣金融管理。解運銅鉛，鑄錢，使用銀幣，發行銀票。

⑩借款賠款。

（4）農業類。

①盛京、吉林、熱河、直隸、蒙古、新疆等地屯墾耕作的管理。

②各地雨雪糧價的奏報、管理。自康熙至宣統，形成二百多年全國各地的雨雪分寸及糧價清單，極爲珍貴。

③蠶絲、木植、棉花、人參、蘆葦、畜牧、漁獵生產管理。

（5）水利類。

①黃河、長江、運河、永定河、會通河以及海塘渠堰等水利工程。

②全國水文、災害材料。

（6）工業類。

①外海內河有關戰船、浚柳船、漕船、駁船、驛船的制造修理。

②熱河、蒙古、新疆、東北、直隸、雲貴、北京、西北等地，有關煤、金、鉛、硫磺等礦的開采、管理。

③江西景德鎮等地的陶瓷制造、運輸。

④江寧、蘇州、杭州三織造有專爲宮廷生產、解運各類綾羅綢緞並奏銷銀兩。

⑤在洋務運動中，有關湖北鐵廠、貴州青谿鐵廠以及金陵、上海、山東、四川、天津、湖南、湖北等地興辦機器局，制造軍火槍械的材料。

（7）商業貿易類。

有少量關於邊疆地區茶馬貿易的材料，大量的是光緒新政以後興辦的商業，如各地開設商埠，成立公司以及相應的保商局、董事會的成立等。

（8）交通運輸類。

①驛站、臺站的管理。

②清末有關興建新奉、長吉、京漢、盧漢、津盧、柳太、正太、粵漢、津浦、川漢等鐵路，以及中外關於鐵路的交涉等。

③清末興辦郵電。

（9）工程類。

①修建宮殿苑囿、陵寢壇廟、城垣衙署等建築工程。

②京城溝渠、街道工程，山西修理棧道工程等。

(10) 文教類。

①文武科舉考試，以及清末停科舉辦學校的材料。河南、陝西、兩廣、貴州等地選派學生赴日留學，貴冑學堂、游學章程。

②編纂四庫全書、各朝實錄、會典、方略以及經史各書。

③各種文字獄，如嚴鴻達日記等書案、陸生楠綱書通鑒論案、丁文彬大夏大明新書案、李雍和潛遞呈詞案、李堅仁謠詞案、錢謙益《初學集》、《有學集》案、呂留良案內李蟄著書案、黃檢私刻其祖父黃廷桂奏疏案、祝庭靜續三字經案等，計有一百多案。

④各地瘟疫及防治情形，清末設立中西醫院。

⑤有關音樂戲曲的材料。

(11) 法律類。

①關於律例的修訂，如清末修訂法律、禁煙章程、滿漢通行律例等。

②秋審朝審材料。

③各類命、盜案件。

④審辦貪污、受賄案。

⑤有關監獄管理、犯人發遣解護。

⑥禁煙案件。

(12) 外交類。

記錄了清政府與各國的外交關係，其中有印度、錫金、不丹、尼泊爾、緬甸、俄國、法國、美國、德國、朝鮮、琉球、日本、越南、老撾、泰國、菲律賓、馬來西亞、印度尼西亞、波斯、意大利、梵蒂岡、西班牙、葡萄牙、挪威、瑞典、丹麥、荷蘭、奧地利、奧匈帝國、比利時、加拿大、古巴、墨西哥、巴西、智利、巴拿馬、秘魯、危地馬拉、澳大利亞、剛果等。這部分檔案起於雍正三年（1725），迄於宣統三年（1911），反映一百八十多年中外交聘往來，通商貿易、邊界交涉、戰爭簽約等活動，是清政府由一個封建大帝國轉變爲半封建半殖民地社會的真實寫照。

(13) 民族類。

有瑤族、黎族、傈僳族、傣族、景頗族、儂族、佧佤族、哈尼族、阿昌族、納西族、怒族、拉祜族、彝族、羌族、僮族、苗族、布依族、鄂倫春族、索倫族、高山族、藏族、哈薩克族、維吾爾族、回族、撒拉族、土族、蒙古族等文書，反映清王朝是一個統一的多民族國家的歷史事實。

（14）宗教類。

有佛教、道教、天主教、基督教的材料。

（15）天文地理類。

主要有歷法的修訂，日、月食，星異、地震等記錄。

（16）鎮壓革命運動類。

清統治者鎮壓農民起義及清末民主革命運動的記錄，其中有：

①捻軍項，反映清政府鎮壓捻軍起義的全過程。其中有張樂行出兵北征與太平天國共創基業的檄文，並張樂行被俘自供。李秀成爲議定攻打清軍致捻軍首領的書信，以及關於苗沛霖、李昭壽等人的文件。

②太平天國項，反映了太平天國的興起、發展以至失敗的全過程。包括金田起義，定都南京，北伐與西征，天京保衛戰，石達開出走，李秀成、陳玉成、李進賢、汪海洋後期與清軍作戰情況，檔案中也記錄了清政府勾結英、法、美等外國侵略者鎮壓太平軍的活動。

③辛亥革命項，反映了辛亥革命過程中革命黨人的活動及清政府勾結帝國主義鎮壓革命、南北議和、清帝遜位等方面的情況。重要的有鎮壓自立會、鎮壓惠州起義及萍、瀏、醴起義，反映孫文、徐錫麟革命活動及訊辦秋瑾的材料。反映武昌起義、四川保路運動、各省宣布獨立、南北議和、清帝遜位、優待條件的材料，也很豐富。

④義和團項，最早的是嘉慶朝處理山東曹州義和團的文件，同治朝的文件反映義和團在山東興起情況，光緒朝的文件反映了義和團與清軍同侵略軍作戰的情況，以及慈禧、光緒帝西逃，八國聯軍入侵北京，清政府與八國聯軍議和等情況。

⑤秘密結社項，是清政府鎮壓各種會、教活動的記錄，其中鎮壓的秘密結社有白蓮教、在理教、先天教、大乘教、清茶門教、紅羊會、一炷香教、八卦教、天地會、三合會、三點會、小刀會、嘓嚕黨、哥老會、青蓮教、黃陽教、紅蓮教、大刀會、龍花會、少林會、金錢會、上帝會、紅黑會、清水教、青紅幫等一百五十多個，其中以白蓮教、八卦教、天地會的材料最多。在關於白蓮教的文件中，有乾隆三十九年清政府鎮壓山東王倫起義的文書。乾嘉時期，川陝楚白蓮教大起義以及被鎮壓的全過程的文書。

在八卦教的文件中，主要反映了清政府鎮壓李文成在滑縣起義和林清在京城暴動的情況，其中有關緝審林清、李文成、馮克善等教徒的供詞和繳獲教軍的布告、旗幟，極爲重要。有關天地會的檔案，主要有乾隆五十一年至五十二年鎮壓臺灣林爽文起義的文書，其中有清政府劫獲的林爽文的告示、軍令，以及"天運輔德王委任潘阿總兵、吳國想將軍辦理各處軍務兼管糧餉"的執照、"天運庚辰年開國先鋒戒子江遵札選練兵戰將以保明伐清"的命令等。

（17）帝國主義侵略類。

①第一次鴉片戰爭的文件，起於道光十八年，止於道光三十年，反映了清政府禁煙，英軍武裝入侵與清軍的抵禦，清廷被迫與英國簽訂了我國近代史上第一個不平等的《南京條約》。

②第二次鴉片戰爭的文件，起於道光三十年，止於同治六年。記錄了清政府抗擊英法聯軍以及列強強迫清政府簽訂了一系列不平等條約。其中有關英法聯軍攻陷北京、焚燒圓明園、清政府設立總理各國事務衙門、列強在北京設立使館，以及開埠通商、開闢租界等材料，對研究列強侵華極爲重要。

③中法戰爭項，文件起於光緒六年，止於光緒十六年，反映了清政府抵禦法國入侵越南、侵略中國及議和簽約的全過程，其中有關黑旗軍劉永福抗擊法軍的材料，十分珍貴。

④中日甲午戰爭項，文件起於光緒二十年，止於光緒二十四年。其中有朝鮮東學黨起義、中日在朝鮮的戰爭、日本侵入中國東北、清廷被迫簽定《馬關條約》的材料。

⑤日俄戰爭項，反映了清政府在辦理日、俄在我國東北爭權奪利戰爭的情況，文件起於光緒三十年，止於光緒三十三年。

⑥租界項，其中有葡萄牙租借澳門、英國拓展香港界址並租威海，及要求長江一帶的權利，英美租借九江、漢口，法國租廣州灣，俄欲占大連灣，德國強租膠州灣的檔案。

錄副奏摺是清代檔案中最系統、歷年來利用率最高的一項文件。

2. 軍機處分類匯鈔的關於國家庶政的檔案

分漢文、滿文兩種。按其性質，又分爲目錄、上諭、奏事、專案、電報、記事六類。

目錄類有摺諭目、電報目、專案事件目，其中最重要的有《隨手登記檔》，爲軍機處每日收到奏摺及所奉諭旨的摘由目錄，也是所有摺諭之總目。

上諭類有四種，載明發上諭（由內閣宣示）的爲《明發檔》，載軍機處寄發諭旨的爲《寄信檔》，載電報拍發的諭旨爲《電寄檔》，兼載各項上諭的爲《上諭檔》（又名《現月檔》）。

奏事類有兩種，載一般官員奏摺的爲《奏摺檔》，載軍機大臣等議奏的爲《議復檔》。

專案類以事爲綱，兼載摺、諭等文件，按內容又分爲洋務、藩屬事務、軍務、典禮、引見、行圍、巡幸、考績八類。洋務類有《洋務檔》、《俄羅斯檔》等。軍務類有《剿捕檔》等，大部分是清廷鎮壓農民起義與少數民族的記載。典禮檔有《謁陵成案》、各帝后萬壽慶典檔案。《引見檔》記官員引見事宜。《行圍檔》爲皇帝圍獵活動的記載。《巡幸檔》記載皇帝出巡事宜。《考績檔》記載官員履歷與選補任用等事。

電報類，自光緒十年（1884）開始，迄於宣統三年（1911），有《收電檔》、《發電檔》，兼載收發電的名《電報檔》，專案的有《教案收發電》、《商約收發電》、《東事收發電》等。

記事類爲當時經辦政事的記載，有《早事檔》（早朝事務）、《官員銜名檔》、《密記》（官員繳銀贖罪事）、《留京辦事檔》等。

3. 軍機處進呈文書和日行公事文書

軍機處進呈的文書，有奏摺、表章、輿圖。表章，主要是一些少數民族頭目及廓爾喀等進貢的表文。輿圖分輿地、江河湖渠、水陸路程、軍務戰爭、行宮、寺廟、礦廠、建築、陵墓、其他十類，其中以中國與四鄰各國分界圖，各省、府、州、縣圖，沿海口岸圖和河道堤工等圖最爲重要。

軍機處日行公事文書，分外來文件與本身文件兩項。

外來文件有咨文、函札、電報及隨文咨送的清冊、照會等。咨文是京內各衙門及各省咨報經辦各事的文書。函札，是京內外官員與軍機大臣商辦要政的書信。電報，是光緒庚子、辛丑（1900—1901）及辛亥革命（1911）時各省官員致軍機處的電報原件。清冊，是京內外各衙門及各省隨本進呈黃冊之外，隨咨文呈送的冊籍，可視爲黃冊之副本。照會，是咸豐至光緒年間（1851—1908）各國駐華使節給清廷總理各國事務衙門的文書，總署辦理交涉以後，照例將原照會送軍機處存案。此項照會，內容主要是與各國交涉事件，是研究中外關係與帝國主義侵略歷史的極好材料。

軍機處本身的檔案，有記事的各項檔簿與奏稿、咨稿等。檔簿名稱很多，按其性質又分爲目錄、考績、經費、記事四類。目錄類有檔案目、文移目等，考績類有議敘履歷冊、考勤簿等，經費類有領發飯銀賬、各省津貼簿等，記事類有交事檔、發報檔等。

（三）檔案目錄

1.《軍機處錄副奏摺目錄》

（1）軍機處漢文錄副奏摺目錄，有漢文錄副奏摺外交、民族、鎮壓革命運動、帝國主義侵略各類案卷目錄。各卷文件均逐件摘由登目，查找頗便。有漢文錄副奏摺內政、軍務、財政、農業、水利、工業、商業貿易、交通運輸、工程、文教、法律、宗教事務、天文地理、綜合等分類分項目錄。

（2）滿文月摺包登記目錄。從雍正八年（1730）迄宣統三年（1911），按朝、年、月、日時序排列。每半月一包。

2.《軍機處清冊分類目錄》

以年代爲序，將清冊分吏政、戶政、禮政、兵政、刑政、工政、洋務七類。

《清季各國照會目錄》首按國別分類：英、美、法、俄羅斯、布魯斯、德意志、日本、意大利、奧斯馬加、大西洋、日斯巴尼亞、丹麥、荷蘭、巴西、比利時、秘魯，各國聯銜。各國之下，按時序排列，逐件登目。

《軍機處函札目錄》以時爲序，逐件標題登目。

《軍機處來文目錄》，按內政、外交等十八類分類。各類之下按朝年排列、捆包，編號登目。

《軍機處講義目錄》。

《光緒、庚子、辛丑電報目錄》。

《宣統朝電報目錄》。

3. 專案目錄

《地震史料目錄》。

《軍機處籌辦夷務始末稿本目錄》。
《黃河水文災情史料目錄》。
《清末憲政史料目錄》。
《清末洋務運動史料目錄》。

三、宮中各處檔案

（一）檔案狀況與內容

紫禁城內的乾清宮是清帝處理政務的主要場所之一，因此，當時辦理的一些主要公文都存放在這裏。1925年故宮文獻部在清理這些檔案時，認爲這些檔案"系統雖異，地點均在內廷"，故名"宮中各處檔案"。

宮中各處檔案大致分以下三類：

1. 官員繳存的硃批奏摺及諭旨等

（1）奏摺，是清朝高級官員向皇帝報告政務的一種文書。它由清初的奏本而來，始用於康熙，雍正時進一步擴大使用範圍。因奏摺可密封直達御前，辦事既密且速，所以乾隆以後，臣工奏事多采用奏摺。這樣，奏摺就成爲政府的一種重要公文。

奏摺經皇帝用硃砂紅筆批閱以後，叫"硃批奏摺"。硃批奏摺在康熙時都發還給本人。雍正登極後，出於政治鬥爭的目的，諭令"所有皇考硃批諭旨"及"朕親批密旨"，"俱著敬謹封固進呈"。以後歷朝相沿，繳回硃批諭旨成爲一種制度，這樣從康熙至宣統，二百多年間形成了大批的硃批奏摺。中國第一歷史檔案館現存硃批奏摺五十六萬八千多件，其中漢文硃批奏摺四十八萬件，滿文硃批奏摺八萬多件。

硃批奏摺由於是經皇帝親自批閱的原件，所以價值十分珍貴，其內容也十分豐富，和錄副奏摺一樣，也分十八大類。如外交類有：

①清朝與亞洲各國關係的文書，包括與印度、錫金、不丹、尼泊爾、緬甸、朝鮮、日本、琉球、越南、老撾、泰國、菲律賓、印度尼西亞、蘇祿、阿富汗等。檔案真實記錄清朝與四鄰國家交聘往來的活動，特別是反映中國與朝鮮、越南、琉球、南掌、暹羅、蘇祿等國的宗藩關係，如進貢冊封活動。關於中外邊界海域的勘查與劃分，如中印、

中緬、中朝、中越邊界的糾紛與勘定。關於中外戰爭，如乾隆時期進兵廓爾喀、緬甸等。

②清朝與歐洲各國關係的文書，包括與英國、俄羅斯、法國、西班牙、德國、意大利、葡萄牙、挪威、瑞典、荷蘭、奧地利、比利時等國關係。檔案記載了清朝前、中期與這些國家交聘、貿易往來活動，也翔實記載着近代列強侵略中國的歷史，包括中法戰爭、中英戰爭、中德戰爭以及八國聯軍侵華等，隨之清政府割地賠款，簽訂一系列不平等條約。

③清朝與美洲各國關係，包括與美國、古巴、墨西哥、巴西、秘魯、哥倫比亞等。檔案主要反映清朝與這些國家交聘往來與通商貿易的活動。

如民族事務類，其中有蒙古、藏、回、維吾爾、哈薩克、瑤、黎、傈僳、傣、景頗、佤、哈尼、阿昌、納西、怒、拉祜、彝、羌、僮、苗、布依、鄂倫春、索倫、赫哲、高山等二十多個民族的材料。

再如農業水利方面的文件，有屯墾耕作，雨雪糧價，河湖、海塘、渠堰工程，水文災情的材料。天文地理類有日蝕、月蝕、星異、地震、歷法等方面的材料。

（2）諭旨，即皇帝的命令。由於下達的方式不同和文件形式的區別，分別爲諭、旨、廷寄、硃諭、電旨等。諭和旨一般都通過內閣"明發"。各臣工接摺奉諭後，定期把所奉諭旨按月匯奏呈覽，叫"諭旨匯奏"。廷寄又叫寄信，是皇帝通過軍機處"密發"的一種命令。廷寄起於雍正六年（1728），止於光緒十二年（1886）。內容多是處理軍機要務、誥誡臣工、指授方略方面。如有關指揮對各地少數民族用兵，進剿廓爾喀，鎮壓太平軍、捻軍、白蓮教、八卦教等秘密結社，以及緝拿盜匪奸細和任免懲處官員等。

硃諭，是皇帝親筆起草的命令，內容多爲機密要務，如皇帝密派某人刺探情報、防奸查私、緝拿異己等。

電旨，是皇帝用電報拍發的命令，內容都是清末處理內政、外交、戰爭中的機密要務。

2. 官員履歷單、片及進呈詩文

（1）官員履歷引見摺，是清廷考驗月官時所形成的職官文書。清沿明制，實行月選官制度，凡除班、陞班於每年二、四、六、八、十二月開選。凡補班於每年正、三、五、七、九、十一月開選，稱單月急選。凡京官郎中以下，外官道員以下，除規定的選缺外，都參加月選。屆期，吏部傳齊各官到天安門外會同掣簽。月官掣簽得缺以後，皇帝還要派九卿詹事科道官會同吏部進行驗看。驗看時，還要考驗履歷。各官繕寫履歷，以三百字爲限，若政治確有所見，准其據實條奏，附於履歷之後。月官經驗看以後，吏部會同驗看大臣具摺請旨，然後帶領引見。經皇帝允准後，方授官給憑赴任，履歷引見摺便是這樣形成的。這些履歷引見摺經皇帝審閱執行後，一直秘藏宮中，完整地保存至今。這些檔案記錄了清代三萬多中下級官員的履歷及任免情況，是我們研究清代官制和編史修志的第一手珍貴史料。

（2）履歷單。清制，凡一些較高級官員的陞遷調補，照例由吏、兵二部奏請引見，並呈該官員的履歷，皇帝審閱批准後，纔能正式赴任，這部分履歷單便是這樣形成的。履歷單詳細記載了官員的姓名、年齡、籍貫、出身、任職及生平履歷等，其中一部分還有皇帝的批語和硃筆圈點。特別是清末一些官員的履歷單更有價值。如郭嵩燾、容閎、張蔭桓、梁誠、羅豐祿、楊樞、陸徵祥、施肇基、劉式訓、李盛鐸、鹿傳霖、戴洪慈、張人駿、李經羲、伍廷芳、袁世凱、徐世昌、嚴復、那桐、蔭昌、唐紹儀、梁敦彥、柯蓬時、方碩輔、程儀洛、瑞澂、岑春煊、延社、端方、楊士琦、唐烱、張百熙、盛宣懷、呂海寰、增祺、景星、張謇、趙爾巽、趙爾豐、王人文、鄭孝胥、蔣廷黻等人的履歷，不但真實記錄了他們的生平，而且還反映了近代史上的一些重大事件，是我們研究近代人物和有關歷史的珍貴史料。

（3）履歷片，是一種紙牌，上面簡單地記載了官員的履歷及皇帝的硃批，是任用考察官員的一種備用卡片。

（4）硃批缺單，是皇帝批點過的吏部、兵部、都察院等衙門奏請補缺官員的名單。

（5）進單，是京內外官員向皇帝進貢物品的清單。

（6）進呈詩文，是各臣工遇有重大武功事件或皇帝誕辰、出巡及節慶時，呈給皇帝的詩詞頌文，還有一些御製詩文稿。

3. 奏事處的檔案

奏事處掌接遞奏摺、傳宣諭旨等事，是皇帝內宮的機要文書機構。奏事處的檔案，絕大部分是簿冊，也有少部分咨文摺件。

（1）收發奏摺、管理印信之登記簿冊。

《奏事檔》、《奏事略節檔》，爲奏事處收發在京各衙門、王公大臣的奏摺登記簿。

《夾板檔》、《夾板報匣檔》，爲奏事處收發各省督撫、將軍奏摺的登記簿。

《硃批檔》、《底簿》、《日記賬》、《軍機處陸續交來硃批等項》，皆爲繳回硃批之登記簿。《交鈔檔》、《日記交鈔檔》，記載由內閣發鈔之摺件。

《捷報檔》，記載軍事奏摺。

《蒙古事宜檔》，記載蒙古王公喇嘛、理藩院、俄羅斯、駐藏大臣所呈奏摺及進貢物件。

《印花檔》，記載各省督撫、將軍奏摺匣、夾板鈐用之印花。

《用印檔》，記載各省督撫、將軍奏摺匣、夾板鈐用之印信。

《軍機處印出入日記》，軍機處印例放於宮中，由內奏事處保管，用印時由軍機處會同奏事處取用，此簿即爲記載取用印情況。

（2）各部院衙門來文及來文登記簿冊。

咨文，是各部院衙門爲呈遞奏摺給奏事處的來文。

《來文登記簿》、《來文掛號簿》、《登文簿》等，都爲登記各部院衙門來文的簿冊。

（3）奏事處辦理各項事務的簿冊。

有《貢檔》、《進貢底簿》、《賞外國回頭賬》等。《依都檔》是宮中值班日記。《交班檔》、《卓欽該班檔》是奏事處值班日記。《召見檔》是引見召對官員的記載。《雜錄檔》、《和圖禮檔》爲記載貢物之收發領存、皇帝宴席、拈香祭祀等事宜。

另外，還有《上諭檔》，是奏事處記載有關呈遞奏摺規則之上諭。《事宜便覽》是奏事處所編有關內奏事的工作細則，奏事處便是根據這些上諭和工作細則來辦事的。

此外，宮中檔案中還有一部分各宮殿陳設檔和帝后壽事、紅事、白事檔。

（二）宮中各處檔案主要目錄

1.《宮中廷寄上諭目錄》（雍正六年至同治十二年）、《宮中諭旨匯奏目錄》、《宮中各朝硃諭登記目錄》、《宮中電報電旨目錄》、《宮中滿文廷寄、上諭目錄》

2. 宮中硃批奏摺目錄

（1）宮中漢文硃批奏摺目錄：有漢文硃批奏摺外交、民族、鎮壓革命運動、帝國主義侵略各類案卷目錄。各卷文件逐件摘由登目，查找頗便。還有漢文硃批奏摺內政、軍務、財政、農業、水利、工業、商業貿易、交通運輸、工程、文教、法律、宗教事務、天文地理、綜合等分類、分項目錄。

（2）宮中滿文硃批奏摺目錄。

3.《宮中履歷引見摺案卷目錄》、《宮中官員履歷單案卷目錄》、《宮中官員履歷片案卷目錄》、《宮中詩文目錄》、《宮中進單目錄》

4. 宮中各項檔簿目錄，有依都檔、召見檔、卓欽該班檔、捷報檔、貢檔、印花檔、用印檔、交班檔、雜錄檔目錄等

宮中各宮殿庫貯陳設檔目錄，如《自鳴鐘庫收差貢檔》、《自鳴鐘口分折項銀兩檔案》、《尚袍檔》、《尚冠檔》、《尚帶檔》等。

《宮中壽事、紅事、白事檔案目錄》：壽事如《慈禧皇太后六旬萬壽慶典檔》、《崇慶皇太后八旬萬壽慶典檔》、《高宗純皇帝八旬萬壽慶典檔》，紅事如《清同治大婚典禮紅檔》、《壽安固倫公主下嫁紅事檔》、《清光緒大婚典禮檔》，白事如《清高宗純皇帝大事檔》、《清仁宗睿皇帝大事檔》、《清宣宗成皇帝大事檔》、《清德宗景皇帝大事檔》、《清孝欽顯皇后大事檔》等。

5.《宮中夾板檔目錄》、《奏事節略檔目錄》

四、會議政務處及憲政、法律編修機構的檔案

（一）會議政務處檔案

會議政務處最初叫督辦政務處，設於光緒二十七年（1901）三月，是

統匯辦理新政的機關。其檔案不僅有辦理各臣工條陳及議復摺件，而且還有大量的各有關衙門咨送的文件副本。這些檔案的內容有：

（1）憲政：中央和地方各衙門關於立憲事宜的條陳、說帖、呈文等，以及各地紳士請開國會的請願書，中央各衙門及地方設立籌備立憲機構、辦理籌備立憲事宜，還有關於實行新政、預備立憲的章程、條例和辦法。

（2）官制：有不少關於官制改革的章程，如《京察變通例章》、《變動滿蒙漢軍人員章程》、《官俸章程》、《變通內閣中書舊制章程》、《考核警道屬官任用章程》、《考試法官任用施行細則》，各省制定的《幕職分科辦事章程》等，還有一些各地、州、縣、旗盟行政轄區變動的材料。

（3）官員任免：主要是職官陞遷調補及獎懲撫恤等方面的材料。

（4）外交：有《各國與中國通商條約》、《中瑞通商條約》等有關中外貿易方面的材料，有清朝駐英、德、荷等國大臣接任的報告，有關保和會、農業公院開會派員赴會的文書，還有關於賞各國教士、教員及在華辦鐵路、輪船的洋員勛章、寶星的材料。另外，還有一些舊金山、域多利（今譯為維多利）、日惹、合厘、緬甸等地設立中華商會的檔案。

（5）民政：有京師及各省設立巡警機構、巡警學堂及配置各種警察的材料。有《巡警章程》、《稽查章程》、《巡警統計表》、《巡警服裝》、《辦理車捐辦法》等。民政部制定的《調查戶口章程》、《禁止買賣人口辦法》以及關於調查戶口的奏報，這些檔案是研究我國人口學的珍貴資料。還有不少工程方面的材料，如永定河歲修工程、武烈河石堤工程、黃河歲修工程、海塘工程、山西李綽堰工程、黑龍江、山東等省河流堤壩工程等。此外，還有關於興建北京自來水工程、昭西陵工程等方面的檔案，還有憲政編查館核定的《禁煙條例》及各省制定的《禁煙辦法》。有各地旱澇、蝗蟲等災情報告，各省蠲免錢糧、捐款救濟、開辦粥廠、成立習藝所、紅十字會、防疫以及辦慈善事業、賑濟災民的材料。

（6）財政：有各省地丁錢糧及漕糧的奏銷。各地倉儲數字，鹽課徵收，各海關的關稅及百貨厘捐、土藥膏捐、鋪捐等各種雜稅。有京餉、協餉、軍費、各衙門經費、內務府經費的籌解撥運。有籌解賠款、匯借洋款、銀行幣制改革，造幣廠出入款項，以及清理財政章程、辦法。全國及各省歲出歲入預算等材料。

(7) 教育：有鄉試、會試、殿試等科舉方面的材料，也有關於教育改革、學制改革、籌捐教育經費、編制教科書等方面的資料。關於各地興辦學堂的材料很多，如興辦大學堂（山西）、女子師範學堂、南洋水師學堂、高初等實業學堂、法政學堂、法律學堂、陸軍學堂、宗室學堂、八旗學堂、蒙養學堂、財政學堂、貴胄法政學堂、高初等巡警學堂、英文專修館（江蘇）、農業教育講習所（順天）、中等蠶業學堂（福建）、高等醫學堂（浙江）、半日學堂、中俄學堂（新疆）、速記學堂（資政院）。還有關於派遣考試游學生及管理游學章程等文件。

(8) 實業：包括工礦業、商業、農業、僑務。

工礦業：在興辦工業方面，有北洋、江南、上海、四川、山東、山西、河南等省設立機器局，太原、甘肅、安徽等各省設立工藝場、工藝局或農工傳習所，京師設立勸工所、陳列所、南洋勸業會、博覽會，上海、湖北設立毛呢廠等。還有度支部《印刷章程》、《造幣廠章程》等。在興辦礦業方面，有山西、廣西、山東、安徽等省開辦煤礦、烏里雅蘇臺金礦、湖南鉛礦，以及農工商部變更續定《礦務章程》等材料。

商業：四川、河南、甘肅、湖北、張家口、青島等各地成立商務總會，各省成立勸業會、開賽會、博覽會，農工商部訂《度量權衡劃一制度》等。

農業：有各省的雨雪糧價、收成份數的逐年報告，各省成立農務總會、農業公司、墾務公司、蠶業講習所的材料，還有關於興修水利、屯田、實業、整頓棉業、蠶業等方面的材料。

僑務：有華僑投資開礦辦廠、興辦工業及保護、獎勵華僑，有華僑在蘇門答臘、日麗、把東、萬里洞、望加錫、安班瀾、雪蘭莪、霹靂埠、小呂宋、暹羅、大阪、神戶、橫濱、海參崴、溫哥佛等地成立商會請頒發關防的文書。

(9) 司法：有變通現行律例的材料，如《變通秋審復核舊制》、《刑律分則草案》、《變通任用法官辦法》、《各省提法司辦事劃一章程》，新訂報律、著作權律，還有各級檢察廳、審判廳的設立及審理的各種案件。

(10) 軍政：有八旗、綠營、各新軍的營制設置、軍事訓練、教育及軍政考察，有各省籌解軍餉以及購置軍火、軍裝、拴養軍馬，有籌建海軍開辦軍事測繪、軍事圖書館、軍事官報等。

（11）交通：有粵漢、京漢、川漢、津浦、同蒲、正太、汴洛、洛潼、張綏、吉長、萍潭、西北、蒙疆及各省鐵路的勘查、修建和管理方面的材料。有各省架設電綫、制定密碼、裁減驛站、設立郵政方面的檔案。郵傳部第一、第二次交通統計表及四政沿革表，這是研究我國郵政史的珍貴材料。

（12）典禮：有元旦、冬至、萬壽三大節慶賀文書，有慈禧、光緒喪葬事宜儀節，宣統登極、監國攝政王禮節，帝后加封徽號、謚號、廟號、玉牒告成及千秋禮儀，還有關於節烈旌表、爲捐賑、捐學官紳及已故功臣建坊祭祀方面的文書。

（13）旗務：京師各地駐防八旗籌辦旗丁生計，八旗官兵的任免、挑補及請假丁憂，軍隊的操練、教育，官兵領發錢糧、借支銀兩，挑選秀女以及化除滿漢畛域的條陳等。

（14）藩務：主要是關於西藏、青海、新疆及蒙古、東北等地少數民族事務方面的材料。

（15）鎮壓革命運動：主要有雲南、廣東、廣西、浙江等地督撫對拿獲"會匪"出力官員請獎以及報告"匪亂"情形。較大的會黨案有雲南河口案、山西文水案、浙江仙居案、粵省廣欽案、河南上蔡案、哈密山纏民案等。

（16）天文科技：欽天監每年進呈時憲書，纂修三元甲子萬年歷，以及關於日、月食的報告。浙江巡撫逐年逐月報告海塘沙水情形。學部關於創設醫學研究會的奏摺等。

（17）文圖庶務：有呈遞公文、調閱檔案、啓用關防印信等方面的材料，有學部擬定的京師及各省圖書館章程，浙江、山西等省創設圖書館，民政部奏請設圖志館以備修一統志，以及編纂《實錄》、《光緒政要》、《縉紳錄》等方面的材料。

會議政務處檔案目錄：

（1）《會議政務處編年目錄》。

自光緒二十七年（1901）至宣統三年（1911），全部文件按朝、年、月、日排列，逐件標題、編號、登目。

（2）《會議政務處檔案分類目錄》。

按檔案內容分：①憲政；②官制；③任用；④外交；⑤民政；⑥財政；⑦教育；⑧軍政；⑨司法；⑩實業；⑪交通；⑫典禮；⑬旗務；⑭藩務；⑮綜合。

（3）《會議政務處檔案作者目錄》。

檔案作者有內閣、軍機處、吏戶禮兵刑工六部，大理院、都察院、國子監、翰林院、太常光祿鴻臚三寺、步軍統領衙門、外務部、民政部、度支部、學部、陸軍部、法部、農工商部、商部、郵傳部、巡警部、順天府、奉天府以及各省督撫、各地將軍、都統、辦事大臣和出使各國大臣等。

讀者可根據自己的需要，從文件不同的特徵來檢索查閱這部分檔案，使用頗便。

（二）憲政編查館檔案

憲政編查館是負責考察國內外政治、編纂憲政法規的機構，原叫考察政治館，光緒三十三年（1907）七月改爲憲政編查館。其檔案起於光緒三十三年（1907），迄於宣統三年（1911），檔案內容有各地籌設咨議機構，選舉議員，各地自治章程，籌備立憲的情況，有官員對籌備立憲的奏議條陳，有憲法大綱草稿、編譯各國的立憲法規，有考察學務、籌辦各種學堂章程，有核議訴訟章程、結社集會律、陸軍獎懲章程、官員陞遷調補章程。還有核議預算經費、地丁錢糧、土地丈放、善後賠款等事宜的文件，還有一些本衙門的文書檔案簿冊等。

憲政編查館檔案目錄，祇有檔案分類案卷目錄一種。檔案分籌備立憲、職官官制、司法、軍務、學務、財經、文書檔案、其他等八類。

（三）修訂法律館檔案

光緒三十二年（1906）設立修訂法律館，任務是調查起草民、刑、商等各種新法，修改舊律，編譯各國書籍和各項章程等。其檔案起於光緒三十一年（1905），迄於宣統三年（1911）。檔案內容有，修訂法律大臣沈家本關於滿漢通婚律奏摺，關於派員赴日考察法律，聘請法學博士，翻譯《民事訴訟法論》，編寫《法律學概論》等。有各單位咨送法律館審擬的滿漢通行刑律、商業公司和合股商號的律例、職官律例、犯奸律文、違警律、民律、粵省懲治賭博專章等。

修訂法律館檔案經整理編有案卷目錄一冊，因檔案不多，故不分類。

五、資政院、責任內閣、弼德院檔案

（一）資政院檔案

光緒三十三年（1907）八月諭令設立資政院，以立議院基礎，籌備實行憲政。宣統元年（1909）七月頒布資政院章程，宣統二年九月正式開院。資政院掌取決公論，並議決國家預算、公債、稅法、法典章制及奉旨交議事件。其檔案起於宣統二年（1910），止於宣統三年（1911）。檔案內容有資政院召開會議前後制定的旁聽規則、議事日程及議員的提案、說帖、憲法草稿，及資政院章制等，有地方咨議局章則、條例，以及選舉地方議員規則、當選議員執照、議員票式、議員名冊等。

檔案目錄有《資政院檔案案卷目錄》一冊，因檔案數量不多，故不分類，案卷按整理流水程序排列。

（二）責任內閣、弼德院檔案

宣統三年（1911）四月成立責任內閣，同時成立顧問機關弼德院。責任內閣是仿君主立憲制而設立的最高行政機關，設總理大臣、協理大臣各一人，處理國政，對國會負責。國務大臣十人，由各部大臣兼充。弼德院設立院長、副院長各一人，顧問大臣十三人，掌參預機密事務，審議"洪疑大政"，實際是要制約責任內閣。

責任內閣的檔案有奏底檔、交議檔、擬旨檔、俸銀檔、收文檔、夾板收文簿、咨稿簿、行文簿等各種檔冊；有臣工議論改革官制、劃一印制、劃一度量衡，接辦川漢、粵漢鐵路，接管郵政事宜的奏稿；有各衙門為內政、軍務、外交、財政、農業、水利、工業、商業、交通運輸、工程、文教、法律、民族、宗教等問題送交責任內閣的來文，其中有反映與英、美、俄、法、日、荷等國為通商、邊界、遣使及在中國建立教堂、學堂、醫院等事宜交涉的文件。

責任內閣檔案經整理編有檔案簿冊目錄和來文目錄等，來文分類有：

1. 內政：①官制；②職官；③保警；④禮儀；⑤賑濟；⑥籌備立憲；⑦其他。

2. 軍務：①營制；②人事；③訓練；④防務；⑤調遣；⑥馬政；⑦軍需；⑧軍事工程；⑨海軍；⑩其他。

3. 外交：①中英；②中美；③中俄；④中日；⑤其他各國；⑥教案；⑦借款。

4. 財政：①地丁；②漕糧；③關稅；④鹽務；⑤雜稅；⑥房租地租；⑦捐輸；⑧庫儲；⑨經費；⑩倉儲；⑪金融貨幣；⑫其他。

5. 農業：①屯墾耕作；②雨雪糧價；③其他。

6. 水利：①河工；②水文災情。

7. 工業：①紡織；②礦務；③機器局。

8. 商業

9. 交通運輸：①水運；②驛站；③鐵路；④郵電。

10. 工程：①建築工程；②都市溝渠。

11. 文教：①圖書；②科舉；③學校；④留學；⑤醫藥衛生。

12. 法律：①審辦；②命案；③盜案；④貪污；⑤監獄解護；⑥發遣；⑦禁煙；⑧一般案件；⑨其他。

弼德院的檔案分兩大類，一是漢文簿冊，如《奏行稿號簿》、《收文簿》、《片行簿》等。二是各衙門為呈送各種章程法令，給弼德院的咨文，也有弼德院章制、任命官員等文件。

弼德院檔案不多，編有檔案目錄一種，檔案不分類，按整理流水程序排列。

第三節　清各部院衙門及有關機構的檔案

一、掌管文職官員任免的吏部檔案

吏部是管理文職官員事務的機關，設於天聰五年（1631），下設文選、考功、稽勛、驗封四清吏司及清檔房、本房、司務廳、催促所、當月處等機構，以辦理各項事務。其檔案內容主要有：

（1）官制的增裁變通。如吏部及各部院衙門機構增裁，官員設置以及官制的變通等。吏部議定的官員陞遷補放章程，官員品級章程，考驗外官章程，官員保舉、獎懲章程，官員捐輸章程等。

（2）官員的陞遷調補獎懲考績。如官員的陞調委署、到任卸任、丁憂起復等事宜的文件，辦理官員蔭襲、封贈問題的文書，官員京察、大計事宜的文書，獎懲官員的奏稿、文移，還有全國各省、府、州、縣官缺一覽表，各省選報的官員考績表以及吏部奏摺匯簿。

吏部檔案經整理編有案卷目錄一冊，其檔案分為：官制、選調、襲勛、考課、獎懲、其他六類。

二、管理財政金融機關的檔案

（一）戶部——度支部檔案

戶部設於天聰五年（1631），光緒三十二年（1906）改為度支部，它是掌管全國疆土、田地、戶籍、稅收、俸餉、倉庫、漕運、公債、貨幣、銀行、會計等事宜的機關。戶部——度支部檔案共二千四百五十五卷，計三萬四千六百三十一件，包括乾隆以至宣統的各朝檔案。主要有：

（1）財政經費：有各部院、各省預決算，經費收支。如江河水利撥款、鐵路收支、電報電話官費、郵政收費、學堂用費、軍餉、邊防費等。還有本部的奏銷匯冊，以及頤和園、熱河修建工程費用等。

（2）貨幣金融：有設立銀行，整頓幣制，鑄造銀圓，發行錢票、債券，官錢局表報，各地銀價及各種銀號、錢莊注冊領照等。

（3）戶籍地畝：有土地管理、劃分地界、額徵地畝、陵寢旗地、墾荒、屯田、戶口清冊等。如全國各省人口數目及倉米數目清冊，各地八旗官兵戶口清冊等。

（4）稅務徵收：有釐金制度，國家稅、地方稅之規定。關稅、厘牙稅、貨物過境稅、煙酒稅、土藥稅、雜稅、地賦、丁賦、鹽課等。

（5）倉儲：有籌辦倉庫，存儲穀米，漕運糧米，各省倉場錢糧收支清冊等。

（6）俸餉：有各衙門，八旗官兵，差役支領俸銀俸米的文件。

（7）債務：有債務合同，賠款辦法，發行公債等。

（8）賑濟：有孤寡、陣亡官兵恤賞銀兩，各粥廠、育嬰堂柴米清單等。

（9）鹽務、路礦：有鹽務制度，改革鹽務，各地年產數，收歸官辦條例。鹽包錢賬，銷鹽月報表。開平礦案。英、法開采銅官山礦，簽訂川省煤、油、鐵礦合同。修建津浦、滬寧、浙滬鐵路等。

（10）書籍資料：有改革貨幣辦法、內債、財政說明書等。

戶部——度支部檔案經中國第一歷史檔案館和南京史料整理處先後三次進行整理，因而形成兩套檔案目錄。

南京史料整理處整理的檔案，分類為：戶籍地畝、賦稅徵課、俸餉經費、捐納獎敘、金融貨幣、倉儲庫存、鹽務、路礦交通、工程工業、公債外債、俸餉經費、文書事務、其他。

中國第一歷史檔案館整理的檔案，分類為：

(1) 戶部。
  甲 重要檔案
    ①戶籍地畝；②賦稅；③礦務。
  乙 一般檔案
    ①俸餉公費；②經費；③捐納獎敘；④金融貨幣；⑤庶務文書；⑥其他。

(2) 度支部。
  甲 重要檔案
    ①賦稅；②外債；③礦務鐵路。
  乙 一般檔案
    ①俸餉公費；②經費；③漕糧地畝；④金融貨幣；⑤庶務文書；⑥其他。

（二）會考府檔案

會考府是雍正元年（1723）為察核動支錢糧而專設的機構，由怡親王允祥、吏部尚書隆科多總領府務，於雍正三年（1725）八月撤銷。其檔案共有六卷，計一百餘件，主要內容有：

（1）核銷工部錢糧事項的文件。如有關歷年年終各用項的核銷，有關河湖海塘工程經費的核銷，有關城垣工程費用的核銷，有關倉廠工程經費的核銷，有關火藥、硝鉛經費的核銷，有關陵寢、禮儀費用的核銷，有關熱河搭橋、墊道等經費的核銷，有關煤炭、潞綢費用的核銷。

（2）核銷禮部錢糧方面的文件。如有關陵寢祭祀費用的核銷，有關鑄造金寶、金印、銀印數目及經費的核銷。

（3）核銷刑部錢糧方面的文件。如刊刻秋審、朝審招冊板，刷印律例所用錢糧的核銷等。

（4）核銷太常寺、光祿寺錢糧方面的文件。如稽核祭祀壇廟、陵寢所用牛羊、果品的費用核銷，核銷宮內每月用豬、鵝、鴨的數目及用錢數目，核銷聖祖仁皇帝喪事所用錢糧，核銷孝恭仁皇后祭祀所用錢糧，等等。

會考檔案起於雍正元年（1723）止於雍正三年（1725）。檔案經整理，編有《會考府全宗檔案目錄》一冊。

（三）總稅務司和稅務處檔案

總稅務司掌各海關徵收稅課之事，設於咸豐十一年（1861）。該機構一直由英國人把持。

光緒三十二年（1906）設稅務處，以管理全國稅務及郵政事宜。總稅務司及各海關稅務司，統由其節制。

現存總稅務司和稅務處的檔案，起於光緒二十七年（1901），迄於宣統三年（1911）。內容有：

（1）海關規章制度：如船隻進出、物資徵稅、防護染疫、槍彈進口等方面的規章制度等。

（2）職官：有本處、總稅務司及所屬機構的官員任免、陞補、獎懲及官員名冊等。還有總稅務司赫德去世，由裴世楷代理及安格聯陞補總稅務司的文件。

（3）開埠設關：有各地自闢商埠、設撤官卡、整頓海關等材料。

（4）關稅：有進出口貨物徵稅免稅。船鈔、洋商存票單、各關卡徵稅清單、稅鈔數目冊、徵收各項土貨稅單等。

（5）貿易：有華洋貿易冊，亞東、蒙自關進出外國銀圓表，各省購運軍火冊，"通商各關華洋貿易論略"等。

（6）財經：有利用稅款還外債、支撥各項經費等材料。

（7）郵政：有推廣、整頓郵政，設立機構、發行郵票、檢查郵件、違章處罰,《郵政洋員名錄》,日、俄在東北設郵政事等文件。

總稅務司和稅務處的檔案,經整理後編有案卷目錄一冊,檔案不分類,按時序排列。

(四)清理財政處檔案

清季管理財稅的機構,還有一個清理財政處,光緒二十九年(1903)設立,光緒三十二年(1906)併入度支部。其檔案祇有一卷,是該處與戶部爲八省土膏統捐收支事宜的會奏稿及湘省試鑄銅圓請立案的文件。

(五)督辦鹽政處——鹽政院檔案

督辦鹽政處總理全國的鹽務事宜。於宣統元年(1909)十一月設立,宣統三年(1911)八月改爲鹽政院。其檔案起於宣統元年(1909),止於宣統三年(1911),共十六卷、二百零一件。內容有:

(1)鹽務經營管理:有山西、淮南、江滁等地借運蘆鹽、奉鹽。

食鹽運銷。山西購買蒙鹽,三河口等地的鹽業經營情況,山西北路鹽務籌擬官運儲倉以及鹽業緝私、劃分引岸章程等。

(2)財務經費:有陝、豫、晉等岸運至各岸鹽數報銷冊,食鹽出售價格。興挑圩等鹽河工程經費,長蘆鹽商濫借外債擬定善後辦法,以及償還中外各銀行本息銀兩的清冊等。

督辦鹽政處檔案經整理後編有案卷目錄一冊。

(六)大清銀行檔案

大清銀行又稱京師總銀行。它的前身是戶部銀行。光緒三十四年(1908)正月改爲大清銀行。現存大清銀行的檔案起於光緒三十四年(1908),止於宣統三年(1911),僅四十九卷,一千多件。主要內容有:

(1)有關大清銀行、分行機構變動、職官任免及薪俸方面的文書,有大清銀行通用錢票章程、統一國庫暫行簡章,有本行發行的公債、股票、債券、債票及存款賬目,有青島、上海、福州、江寧、重慶、九江、雲南、營口、張家口、奉天、庫倫等分行關於銀行賬目致總行的函件。

(2)有關大清銀行參加國際會議、籌解四國賠款及出使經費、大清銀行學堂經費、修建自來水經費的材料。

(3)有內務府、江南財政局等衙署借款合同、借據、借券、息摺等,有銀行代存湖北水泥廠等公司、企業的債券、股票、公債券等。

（4）有辛亥革命後，上海、北方大清銀行商股聯合會等提出整頓改組銀行，停止查賬等交涉事宜的信函，鈔錄的爲停辦大清銀行籌辦中國銀行給孫中山的呈文。

大清銀行檔案經整理後編有案卷目錄一冊，檔案不分類，案卷按整理秩序排列。

三、掌管禮儀及文教事務機關的檔案

（一）禮部及陵寢禮部檔案

禮部設於天聰五年（1631），掌吉、嘉、軍、賓、凶五禮之秩序，及學校貢舉之法。禮部設滿、漢尚書，滿、漢左右侍郎各一人，以領部務。下設儀制、祠祭、主客、精膳四清吏司，以及鑄印局、會同四譯館等機構，以辦理各項事宜。現存禮部檔案起於乾隆十三年（1748），止於宣統三年（1911）。其檔案按所屬機構分類，主要內容如下：

（1）儀制司：有關三大節慶典、監國攝政及冊封王公妃嬪禮儀並實錄、聖訓告成禮節。有關鄉試、會試及舉辦義學，以及旌表貞節婦女、壽婦、壽民方面的檔案，如川、鄂、湘、豫、皖、浙、直、閩、陝、八旗等各地旌表節孝婦女冊。

（2）祠祭司：有關帝后喪葬禮儀及日月食救護方面的文件。

（3）精膳司：關於筵宴禮節及宴請外賓用款方面的文件。

（4）鑄印局：有各部及各地咨送鑄造印信、關防印模字樣，禮部、度支部支取鑄印所需銀兩物料等文件。

（5）會同四譯館：關於筵宴、頒賞蒙古王公及前藏達賴喇嘛，西南少數民族遣使進貢，朝鮮、越南、琉球等國遣使謝恩等文件。

（6）清檔房：有禮部奏摺摘鈔、閣鈔上諭、禮部官制職掌及奏底等。

（7）禮器庫：有關禮器庫簿正請領舉人執照、祠祭司員外郎告假等文件。

（8）太常司：有關估修文廟工程，爲慈禧尊諡號祭天地，崇陵工程動工告祭山神等文件，此外還有會同四譯館、地租處、禮學館等機構的檔案。

（9）東、西陵陵寢禮部的檔案，主要有陵寢祭祀禮儀及祭品、經費等

方面的文件。

(二) 樂部檔案

樂部設於乾隆七年（1742），是管理祭祀、朝會、燕饗的演樂及審定樂器音律事務的機關。樂部檔案祇有一卷，其內容是樂部奏擬添設人員演習樂章及樂官、生人名單，關於會修欠修樂器清單、御制樂章、禁衛軍樂隊官領軍衣等物品的甘結等。

禮部、陵寢禮部、樂部檔案經整理後，分別編有案卷目錄。禮部檔案按所屬機構分類：①儀制司；②祠祭司；③精膳司；④鑄印局；⑤會同四譯館；⑥清檔房；⑦禮器庫；⑧地租處；⑨太常司；⑩奉常署；⑪禮學館。

(三) 太常、光祿、鴻臚三寺的檔案

太常寺設於順治元年（1644），是掌管壇廟祭祀禮儀的機關。其檔案起於康熙三十八年（1699），止於光緒三十二年（1906）。主要內容有：關於太常寺機構的設置，官員京察、選補及熱河隨圍官員名冊，有為祭祀壇廟、齋戒派遣祭祀官員的文件及底冊，有同治帝、后牌位的安放，告祭祝文，看版檔及有關祭祀事來文底簿，以及各壇廟、殿祠修繕等方面的文件。

太常寺檔案經整理後，編有案卷目錄一冊。

光祿寺設於順治元年（1644），是為朝廷典禮預備筵宴及供應官員食品的機關。其檔案祇有一卷，是光緒時期光祿寺辦理筵宴，給官員發胙肉票以及選補官員、調撥銀兩的文件。

鴻臚寺設於順治元年（1644），是掌管朝會與國家宴會贊導禮儀的機關，檔案祇有兩卷，是光緒時期關於鴻臚寺職官設置和外任官繳回執照及滿堂司各官應領銀兩數目等事宜的文件。

(四) 國子監和學部的檔案

國子監是掌國學政令的機關，設於順治元年（1644），置祭酒、司業等官員以領監務。國子監檔案一部分已經整理，編有案卷目錄。其內容有算學助教廳官吏、學生的補授、挑補、考試、革退等，有算學助教廳奏銷筆墨、紙張銀兩的收支情況等。此外，有國子監官員的京察、請假、選派，以及四川、貴州、廣西等地為籌餉、賑捐的貢生、監生名冊等。

光緒三十一年（1905）十一月設立學部，掌學堂教育事宜，現存有光緒三十三年（1907）至宣統三年（1911）的檔案。主要內容有：各種學堂章程，教育會章程及招考、轉學章程等，各種試題、試卷、教科書、講堂日志、功課表、各種學校教習、學生名單等，滿蒙文學堂一覽表，招考藏文學生報名冊，貴胄法政學堂、京師大學堂規則等，出洋留學章程、僑民興學情況，留學畢業生就職辦法，自費留學生履歷冊，留學生簡明表等，關於修建京師大學堂農科、工科、商科、政法科校舍工程的材料，還有一些有關學部職官任用、經費開支方面的文件。

學部檔案編有案卷目錄，其檔案分類有：①教學學務；②實業；③職官；④留學；⑤財經；⑥文圖庶務。

（五）翰林院與國史館檔案

順治元年（1644）設翰林院，掌論撰文史。康熙二十九年（1690）爲纂修天命、天聰、順治三朝的歷史，設國史館，史成遂撤。至乾隆三十年（1765）爲重修國史列傳，又重開國史館。此後，成爲常開之館。

翰林院檔案共有八卷，有該院撰擬的冊文、祭文、祝文、講章稿本，關於翰林院應變通釐定事宜說帖以及考選、引進庶吉士方面的檔案。翰林院檔案經整理後編有案卷目錄一冊。

國史館的檔案共有一千一百一十八卷，主要是乾隆三十年（1765）常設國史館以後形成的。其內容可分爲兩大部分：一是國史館編纂的各項傳志的章則凡例，以及它所修的《長編》、《本紀》、大臣、忠義、劃一、文苑、循吏、孝友、儒林、節烈各種傳，宗室王公、蒙古王公、文武職大臣等各種表，食貨、地理、選舉、職官、輿服、儀衛、河渠、天文、時憲、兵、禮、樂、刑法等各種志，和匯編《皇清奏議》的稿本、草稿、目錄等；二是國史館在編纂各項傳、記、表、志時，從各方面搜集來的各種素材和有關文書。

國史館檔案經整理後，編有案卷目錄一冊。其檔案分爲：編纂、人事、經費、庶務四大類，還編有《國史館檔立傳人名索引》二冊。這些"傳包"的人名索引，以筆畫爲序，如有丁義方、丁日昌、丁長勝、丁寶楨、八十四、七十五、廣興、廣順、廣泰、萬昇、萬清、萬斯同、三多、於陰霖、於昌麟、衛榮光、馬雲龍、馬玉昆、馬爾泰、馬齊、馬亮、馬登富、馬瑞龍、馬新貽、方友昇、方智、文豐、文會、文秀、文林、文祥、文晟、文彬、文謙、文煜、文麟、六十一、卞寶第、王文韶、王允武、王立本、王慶雲、王廷相、王有齡、王汝揆、王國安、王昌齡、王紹唐、王潗、王掞、王夢齡、王得勝、王懿榮、開隆阿、豐昇阿、豐昇額、豐紳、木塔爾、扎爾罕布、扎郎阿、長有、長順、長善、長麟、孔得彩、雙喜、雙福、鄧世昌、鄧廷楨、鄧承修、鄧茂先、巴揚阿、巴克坦布、巴哈布、陞泰、牛鑒、風山、風祥、烏蘭泰、烏爾恭額、烏林泰、烏凌阿、毛奇齡、毛昶熙、毛鴻賓、永昇、永亮、馮子材、馮桂芬、玉山、玉昆、玉麟、左寶貴、左宗棠、甘京、束昌、石玉龍、布蘭泰、龍廷貴、邊寶泉、邊曉堂、田茂遇、盧士杰、葉萬青、葉永林、葉名琛、付先宗、臺斐音、白桓、包世臣、劉昇、劉文龍、劉鳳燾、劉克仁、劉坤一、劉秉璋、劉國標、劉培元、劉錦堂、劉德潤、劉韻珂、安圖、江永、許文謨、許庚身、許煾、許景澄、訥爾金圖、訥爾經額、訥蔭、訥清額、訥穆精額、興林、興泰、慶山、慶昇、慶順、祁墳、關天培、西靈額、西凌阿、吉蘭泰、吉昌、成林、達洪阿、托明阿、同興、朱彝尊、伊里布、全祖望、多明額、多隆武、色楞額、延煦、觀保、孫論經、孫家鼐、孫毓汶、沈桂芬、沈葆楨、壽昌、勞崇光、楊昌濬、李仁貴、李光地、李國棟、李鴻章、李鴻藻、李瀚章、蘇元春、花汝納、吳士俊、何汝霖、餘步雲、餘步蟾、餘連昇、餘聯沅、佟鑒、張萬書、張之萬、張之洞、阿里袞、阿精阿、邵友濂、寶望、法式善、官文、鄭燮、范文程、松山、奇凌阿、英桂、明興、明亮、明誼、明惠、圖克唐阿、羅榮光、金順、和坤、弈山、奕經、洪承疇、洪鈞、胡林冀、趙翼、榮輝、榮祿、柏俊、哈豐阿、貴松、席寶田、夏同善、秦兆泰、秦廷業、顧炎武、袁甲三、都興阿、桂良、珠爾杭阿、耆英、耆齡、恩銘、倪文蔚、徐廣縉、徐用儀、徐壽朋、徐桐、倭仁、翁同龢、曹振鏞、章宗源、章學成、黃宗羲、黃爵滋、薩炳阿、龔自珍、梅文鼎、常順、勒保、富明阿、曾紀澤、曾國荃、曾國藩、裕祿、琦善、蔣攸銛、韓克鈞、董恂、舒明阿、程甬采、毓賢、賽尚阿、譚廷襄、僧格林沁、藩祖蔭、薛福成、穆彰阿、戴鴻慈、魏源等，共立傳人計五千餘名。

（六）方略館檔案

方略館是軍機處的附屬機構，亦非常開，方略館總裁由軍機大臣兼充。其檔案內容有：

（1）纂修方略的稿本。方略館所修之方略，分草本、清本、呈堂本、進呈本、陳設本等，現存者皆爲草本或清本，計有《平定金川方略》、《平定粵匪方略》、《平定捻匪方略》、《平定滇回黔苗方略》、《平定陝甘新疆方略》、《平定三省邪匪方略》及《盛京通志》等稿本。

（2）方略館公務活動中記載的檔簿，如《清查粵、捻匪草本簿》、《行文檔》、《移付檔》、《堂諭簿》以及各種履歷冊、考勤簿、賬目簿等。

（3）各衙門給方略館的咨文、移會、知會、知照等文書。

方略館檔案經整理後編有《堂稿目錄》（依時序排），乾隆三十一年（1766）至宣統元年（1909）。

《來文目錄》：檔案先按乾、嘉、道、咸、同、光、宣各朝分開，然後再分內政、軍務、財政、文教等十八大類。

《漢文檔簿目錄》：包括各種方略稿本，依時序排列。

《方略館書籍目錄》：著錄有《退思錄》、《武場條例》、《南山地名紀》等書籍。

（七）欽天監檔案

欽天監是掌觀測天文氣象、編制曆書的機關，設於順治元年（1644）。設監正、監副、五官正等官員以管理監事。現按全宗整理的欽天監檔案僅有九卷，起於康熙，止於光緒。主要內容有：頒領時憲書，觀測天文氣象，風占的圖冊，觀測日月食的奏底和圖表。康熙五十四年（1715）七政經緯宿度五星伏見目錄，雨雪陰晴的統計表等，還有修建觀象臺，以及國子監算學改隸欽天監等事的文件。

欽天監檔案經整理後編有案卷目錄一冊，檔案不分類，按整理流水程序排列。

四、掌管軍事及巡防事務機關的檔案

（一）兵部——陸軍部檔案

兵部設於天聰五年（1631），光緒三十二年（1906）改爲陸軍部，是掌管全國軍事及武職官員考核任免的機關。兵部設有尚書、侍郎等官員，內部設有武選、車駕、職方、武庫四清吏司及會同館、捷報處等機構。陸軍部時改設爲承政、參議兩廳及軍衡、軍乘、軍計、軍實、軍制、軍需、軍醫、軍學、軍法、軍牧十司。其檔案內容有：

（1）官制人事。有本部及各司官制、辦事章程等，清後期的變通武備章程、補官章程、武選錄用辦法等，有關綠營武職官員的陞遷調補、引見、請假丁憂、世襲封典、考勤參革、獎恤處罰等文件，以及武職人員履歷清冊，各省標、鎮、協、營等武職人員年齡、籍貫清冊，武職官員離任到任日期清冊等。此外，還有反映武生科考，籌辦各項軍事學堂，以及向外派遣留學生等問題的文件。

（2）軍制軍務。軍制的改革，大部分是兵部後期及陸軍部時整頓營務、改革營制、裁減綠營、編練新軍、裁兵加餉、試辦徵兵、各兵種官制額數等文件，還有反映籌建海軍、試辦巡防隊、警察隊、衛兵處、電信學隊等各種章程。軍務方面，主要有修築砲臺圖，虎門、黃埔等處軍港圖等；有英、俄、法入侵東北、新疆、西藏、雲南等處時清軍調防的文電及有關締約的文件，還有反映中法戰爭的文件。反映鎮壓農民運動、少數民族起義的文書中，有曾國荃圍攻江寧，在雨花臺負傷，以及獎恤捕獲李秀成、洪仁達等有關官員的材料。

（3）軍需經費。有各省籌解海防、邊防、練兵經費。軍費的預算、開支、核銷等，有辦理官員兵伕俸米、薪餉及服裝等材料，有金陵、德州機器局、廠修建製造軍器和槍支彈藥、藥品的購買、修理、調撥等，有軍隊用地清冊、物資冊及有關軍用馬廠、驛站、郵政等文件。

（4）涉外事務。有反映外國軍隊在中國販軍火，中國向德、日、美、法訂購軍火等文件，有派員出任駐外武官、參加國際會議、聘請外國教習等文件，還有反映外國資本在中國開礦、築路、辦工廠等活動的文件。

該全宗的檔案經整理，編有《兵部、陸軍部檔案分類立卷目錄》一冊。其檔案分類是：

甲　重要檔案

①邊防；②外國侵略；③外事；④鎮壓捻軍；⑤鎮壓太平軍；⑥鎮壓義和團；⑦鎮壓辛亥革命；⑧教案。

乙　一般檔案

（1）兵部：①武選；②武庫；③車駕；④司務。

（2）陸軍部：①軍衡；②軍制；③軍需；④軍實；⑤軍牧；⑥軍乘；

⑦軍醫；⑧軍學；⑨軍法；⑩承政。

（二）八旗都統衙門檔案

八旗都統衙門是滿、蒙古、漢二十四旗都統衙門的總稱，它的檔案，包括有各旗都統、副都統衙門及在京值年旗公署的檔案，內容可分爲：

（1）旗務。有清查八旗官兵戶口，編審旗丁册，各旗造報婚、嫁、生、死、過繼、承嗣等戶籍問題的文件，有挑選秀女、變通旗制等文件。

（2）職官承襲。有辦理八旗世職、世爵承襲問題的文件及家譜等，有各旗官員的陞遷調補、獎懲撫恤、休致更名等文件，還有雍正、乾隆時期的佐領名册，在這些名册中記載了有關佐領的起源和住地等情況。

（3）八旗營務。有八旗官兵駐防，在京守衛值班、巡查以及操演等情況，還有兵器及馬駝的支領、調撥、牧養等方面的文件。

（4）財經房地產。有辦理八旗官員的俸銀、俸米、養廉及紅白事賞銀等，有八旗公費報銷的材料，還有旗民及八旗衙門的房屋、地畝情況，包括勘丈租地、清查官產、官房收租等方面的文件。

八旗都統衙門的檔案，共有七百八十三卷。起於康熙朝，迄於宣統朝。編有檔案案卷目錄一册，其檔案分類是：

（1）旗務：①戶籍；②秀女；③會議旗務。

（2）職官：①陞遷獎懲；②世職承襲；③請假丁憂；④捐官。

（3）政法：①憲政；②法律詞訟；③監遣；④違禁。

（4）鎮壓革命運動。

（5）八國聯軍侵略。

（6）軍務：①駐防；②營制；③操演；④兵器；⑤馬駝。

（7）外事活動。

（8）財經：①俸銀俸米；②贍養賑濟；③經費預算；④債務買賣；⑤金融；⑥倉廠管理。

（9）實業工程。

（10）田地房屋：①田地；②房屋。

（11）教育：①辦學；②考試；③留學。

（12）禮儀：①祭祀；②帝后禮儀；③年節宴戲；④旌表；⑤日、月食救護。

(13) 綜合。

(14) 文圖庶務：①文書處理；②圖書印信；③行政庶務。

(三) 步軍統領衙門檔案

步軍統領衙門的全稱是"提督九門步軍巡捕五營統領衙門"，是京師的警察治安機關，它不僅負責京師地面的守衛、稽查、門禁、緝捕等事務，而且還有編查保甲、審理案件、監禁犯人的權力。步軍統領衙門的檔案共有四十二卷，起於光緒二十七年（1901），迄於宣統三年（1911）。主要內容有：

（1）稽查守衛：有兩翼所屬地段、鋪號巡防。旗營地面防守彈壓。探報本站來往大員、各國官兵情況，西山一帶山主姓名情況，派駐攝政王府衛隊名單，緝捕各種案犯，審理案件清冊等。

（2）鎮壓革命運動：有清政府勾結英、美、法等國搜捕義和團，密探革命黨的稟報，還有德、意租界情況的文件。

（3）行政事務：有那桐等酌擬整頓步軍統領衙門官員及兩翼五營辦法摺，創設工巡局奏摺，總司司務廳、左右司章程及辦事規則，五營軍政事宜節略，密傳信砲章程，官員考語及履歷，左右翼支領官兵米石及囚犯錢糧，各省解京餉糧入店出店出城日期、鞘匣數目，各城門上馬道砲位、器械數目等文件。

步軍統領衙門檔案經整理後編有案卷目錄一冊。其檔案分類有：①八旗步軍；②巡捕五營；③司務廳。

(四) 京城巡防機構檔案

甲　京城巡防處檔案

京城巡防處是咸豐三年（1853）五月當太平天國北伐軍逼近北京時，清政府為保衛北京而設立的戰時警備機構。其檔案起於咸豐三年（1853），止於咸豐五年（1855），共有三百六十多件。

檔案主要內容有：

（1）京城巡防處審訊北伐軍將士的口供，如林鳳祥、李開芳、黃益峰、李滌田、孟新瀅、陳亞朱、江有信、依六一等人的口供，這些口供具有很高的史料價值。

（2）京城巡防王大臣惠親王綿愉、僧格林沁等圍堵北伐軍戰況的奏底，京城巡防處關於北伐軍占領山東高唐、直隸連鎮等地的探報，拿問勝保及勝保的親供。

（3）京城巡防處關於捻軍在河南、山東、直隸活動情況的探報及清軍鎮壓捻軍情況的奏報等。

（4）清軍在天津、通州、霸州、涿州、固安、良鄉、盧溝橋、磨石口、馬駒橋、密雲、田村、雄縣、黃村等地設防，各路巡防隊報告軍情，以及從東北、熱河、山西等地調遣軍隊等方面的文件。

京城巡防處檔案經整理後編有案卷目錄一冊。

乙　京城善後協巡總局和京防營務處檔案

光緒二十七年（1901）五月，當八國侵略軍撤離北京之後，爲維持京師地面社會治安，特設京城善後協巡總局。其檔案共兩卷，爲光緒二十七年和二十八年（1901—1902）的文件。有京師地面設立善後協巡總局章程，左翼各旗協巡局巡捕段落、巡捕數目及接受各協巡局案件，軍械、傢具等物品清單，鑲白旗善後協巡局拿獲拐騙車馬人犯及分營地段等事宜的文件。

京防營務處是宣統三年（1911）武昌起義後，爲"聯絡各軍，稽查匪類"，在京師設立的一個臨時治安機構。其檔案僅有兩卷，其中有武昌起義後，北京城內巡警總廳、探訪隊、直隸提督等爲拿獲、解送、審訊在北京東安門外暗放炸彈的"可疑人犯"，及京防營務處辦理各種案件情況的文件。

（五）太僕寺檔案

太僕寺於順治元年（1644）設立，是掌管牧馬事宜的機關。現存的太僕寺檔案起於乾隆三十八年（1773），止於光緒三十二年（1906），共二十六卷。主要內容有太僕寺官員任免、京察、引見、考試、請假方面的文書；有辦理擅拼馬群、譽地丈放及各牧群駝馬數目及倒斃數目，解送馬匹，支領草料經費方面的文件；有太僕寺衙署重修，辦理關防印信等方面的材料。

太僕寺檔案經整理後，編有案卷目錄一冊。

（六）練兵處及軍咨府檔案

甲　練兵處檔案

光緒二十九年（1903）十月設立練兵處，總理督練全國新軍，下設軍政、軍令、軍學三司。光緒三十二年（1906）九月，將軍令司分出，改設軍咨府。

總理練兵處檔案共有一百四十九卷,起於光緒二十九年(1903),止於光緒三十三年(1907)。主要內容有:

(1)機構章制。有改革營制、編練新軍等條陳及章程,如練兵處簡要章程、軍咨府暫行章程,軍咨府官制清單,馮國璋軍國大計說帖,各省督練公所辦事章程、改編防營章程、常備軍退伍章程、陸軍畢業生考試授官章程、游學生章程、陸軍參謀章程,等等。

(2)人事軍學。有派鐵良、袁世凱辦理京旗練兵,委段祺瑞兼常備軍翼長並兼理武備學堂事宜,以及各省提、鎮、標、協官員的陞遷調補等文件,其中有王士珍、張懷芝、吳鳳嶺、段祺瑞、何宗蓮、王占元、王懷慶、盧永祥等人的履歷,有關於設陸軍大學、陸軍小學、測繪學堂、軍樂學校等,及有關入學、教練、經費、選補留學生赴日、美、法學軍事,留日學生花名冊等文件。

(3)軍務訓練。有關練兵、校閱的條陳、日記,邊防要塞的調查,軍馬、槍砲的購買、調撥等文件,有奏定陸軍槍砲的口徑、槍式,各省建立槍砲廠、制造局、制械廠及出洋購買機器等文件,還有派員赴日、法、德、美參觀及參加賽會的文件。

(4)經費財務。有籌撥各省添練新軍、南北洋常備軍經費,各省匯解赴日、美、法游學生川資、學費、津貼及置房屋、修衙署、購機器以及各學堂、局、所經費等文件。

此外,還有少量涉外事務和鎮壓"會匪"的文件。

練兵處的檔案經兩次整理,編有案卷目錄和文件目錄兩種。

其檔案分類爲:

軍政:組織、人事、財務、文書、練兵章則、各省練兵、練兵經費、查辦案件。

軍令:條陳、涉外。

軍學:操演、兵馬調查、軍械制造、訂購外械、興辦學堂、留學章程。

文案處:章程、說帖、庶務。

乙 軍咨府檔案

軍咨府檔案起於宣統元年(1909),止於宣統三年(1911),共十四卷,主要內容有軍咨府擬訂的陸軍參謀章程、開辦京師陸軍測地局和試辦章程、變通禁衛軍暫行章程、軍咨府大綱說帖、暫行章程和各廳科職掌、官制清單以及馮國璋關於創辦軍咨府的條陳，軍咨使及各廳、科官員調補獎賞，各邊防要塞的調查，軍隊的調遣、裁撤，軍馬、槍砲等軍需的調撥，衙署的修建，經費的開支等材料。

軍咨府檔案經整理後編有案卷目錄一冊，其檔案分官制、職官、軍務、財務經費、文圖五類。

（七）北洋督練處與近畿陸軍各鎮督練公所檔案

光緒二十七年（1901）袁世凱任直隸總督，於保定設立北洋督練處。北洋督練處爲直隸總督所轄，專司訓練新軍事宜。光緒三十二年（1906）十月，直隸總督袁世凱奏准，將新軍一、三、五、六四鎮交陸軍管轄，由正白旗蒙古副都統鳳山負責督練。鳳山於光緒三十三年（1907）五月奏准設立近畿陸軍督練公所，宣統二年（1910）八月裁撤。

北洋督練處檔案共二十九卷，爲光緒三十二年（1906）一月至宣統二年（1910）七月間形成的檔案。主要有該處對陸軍第二、四鎮委任官員，發放薪餉、津貼、伙食，官兵的獎懲、請假以及陸軍第二、四鎮選送人員入法律學堂、講武學堂等問題的文件。其中有二、四鎮官佐銜名清冊，冊內記載有段祺瑞、曹錕、陳光遠、王遇甲、吳鳳嶺、何宗蓮、周符麟、張懷芝等人的履歷，這對研究北洋系人事淵源頗有價值。

北洋督練處檔案經整理編有案卷目錄一冊。

近畿陸軍各鎮督練公所檔案共有二十八卷，主要有所轄陸軍各鎮官員的陞遷調補、考績獎懲，軍事訓練校閱，槍砲、彈藥、軍馬的購買貯備，如購買試放英國馬克沁廠陸軍過山砲、試放奧造魯勒色氏機關槍、試放克魯蘇、費開士過山砲等，軍餉的發放及經費的開支等材料。

該所檔案經整理後，編有案卷目錄一冊，其檔案分爲職官官制、軍務、政法、財經、文圖五類。

五、掌管司法監察及民政機關的檔案

（一）刑部——法部檔案

清朝是我國最後一個封建王朝，也是封建專制主義中央集權制度高度發展的時代。作爲國家意志體現的清代法律制度，不僅繼承了封建法律制度的源流，而且綜合了唐以後特別是明朝關於加強司法統治的歷史經驗，制定了完整的法律條例。清統治者爲了保證這些法律制度的執行，曾設置了龐大的國家機關。就司法機關而言，在中央設有刑部、都察院、大理寺，世稱三法司。刑部掌全國刑法之政令，都察院掌監察，大理寺掌平反刑獄。其中刑部是主要的司法衙門，爲清代全國刑名總匯之區。

清代刑罰分爲五等：一笞刑，二杖刑，三徒刑，四流刑，五死刑。凡訴訟事宜，俱由地方行政官兼轄。審判之法，隨刑罰的輕重而異。凡笞杖之刑，由各地自結。凡徒刑，由各省判結後，按季咨匯送刑部備案。三流五軍外遣案件，須經刑部核准，然後咨行兵部定地遣送。京師地方徒刑以上案件，要由刑部直接審理，謂之現審。凡死刑案件，刑部須會同都察院、大理寺會審。三法司會審後具題請旨。刑部於每年七、八月間辦理各省所報死刑案件名爲"秋審"，於霜降後審理京內死刑案件名爲"朝審"。秋審、朝審，刑部須會同九卿（吏、戶、禮、兵、刑、工六部尚書及都察院左都御史、通政史司通政使、大理寺卿）及詹事、科、道各官集議辦理。

清代刑部設於天聰五年（1631），至光緒三十二年（1906）改爲法部。刑部設有尚書、左右侍郎，俱滿、漢各一人，下設有十七清吏司，設有郎中、員外郎、主事等官員，以分別辦理各地刑名案件。此外還設有督捕司、秋審處、減等處、律例館、提牢廳、贓罰庫、贖罪處、飯銀處，以及清檔房、漢檔房、司務廳、督催所、當月處等機構，以分別辦理刑部各項事務。

清代刑、法部在長期審理全國刑名案件的活動中，曾形成大量的檔案。現存於中國第一歷史檔案館的就有三萬零七百九十四卷，計二十三萬五千零二十三件。包括康熙至宣統各朝的文件，以光緒和宣統兩朝的文件最多。從文書種類來看，有刑、法部上報皇帝的題、奏原稿，各司辦案時呈堂批畫的呈稿，總督、巡撫等地方官報送刑部的揭帖、咨文、清冊等，還有犯人的口供、甘結和仵作的驗屍圖，以及刑、法部內部各機構的來往文書和記事檔冊。這些檔案的內容，反映了清代的階級鬥爭、社會民情、司法制度等各方面的情況，是研究清代歷史和法律制度的第一手材料。

刑、法部檔案已按其所屬機構分類立卷，進行了整理編目，現將主要內容介紹如下。

1. 各司

刑部設有直隸、奉天、江蘇、安徽、江西、福建、浙江、湖廣、河南、山東、山西、陝西、四川、廣東、廣西、雲南、貴州等十七司，以審理全國各地刑名案件。刑部改爲法部後，將十七司改爲審錄、制勘、編置、宥恤等八司，司之下又按省分科，科相當於以前的各司。各司（科）檔案的內容：

（1）重大專案。

①鎮壓農民運動案件。清朝對於歷次的農民起義，除了采取大批的軍事鎮壓外，還廣泛采用了司法、警察等封建法綱，綱羅起義人民。刑部檔案中有關鎮壓農民運動的案件，便是清廷逮捕絞殺起義農民的眞實記錄。在鎮壓農民運動的案件中，有審判捻軍、太平軍、義和團等起義人員的案件。如審處捻首張洛刑（張樂行）案，審處義和團殺教戕官案件，等等。從檔案中可知張樂行是被其部下李勤邦等"誘拴"解往僧格林沁大營的，想不到這位馳騁東豫江皖，反抗清廷的勇士，竟死於叛徒之手。從有關義和團材料中可知，當時義和團在京畿等地，殺教戕官，打富劫獄，極爲活躍。直隸總督在一次奏報中說，直隸各州縣就有五百八十四名監犯被義和團劫獄放出或趁機逃脫。在農民大規模起義鬥爭的同時，各地人民抗糧抗租案件也層出不窮。如刑部檔案中河南安陽民衆抗糧案，陝西咸陽人民要求緩徵錢糧案，農安縣人民阻丈抗糧案，等等。規模或大或小，遍及全國各地。清朝對這些農民鬥爭一概采取屠殺鎮壓政策。農民武裝起義暫時失敗了，便轉入了秘密的反抗鬥爭。刑部檔案中有關清朝捕殺鎮壓的秘密結社就有白蓮教、六合拳、龍天會、信香道、天乙教、如意門、小刀會、青蓮教、哥老會、洪江會、江湖會、安清會、彌陀教、末後一著教、咽嚕黨、天地會、三點會、羅教、大刀會、劍仔會、仁義會、日心意氣會、紅簽會、富有會、哥弟會、牛八教、自立會、同仇會、伙鍋、幅軍等三十多個，這些秘密結社，有的是結會放飄，有的起義攻城，有的殺官劫富，性質雖有不同，但目標均爲反淸。

②城市罷工罷市、抗稅抗捐案件。中國自鴉片戰爭後，外國資本主義入侵，城市手工業破產，商業遭到排擠倒閉。又加清朝後期以籌備新政爲名，橫徵暴斂，苛捐雜稅繁多，以致工人失業，人民生活飢寒交迫，這不能不引起城市廣大人民的反抗鬥爭。刑部檔案中有關罷工罷市、抗稅抗捐的案子很多，較大的如江蘇吳縣油坊工人罷工案、浙江寧郡麵米工要求增加工資停工案、長春商人李洛榮等抗捐罷市案、浙江新城民眾因米貴搶城中米店鹽店案、江蘇無錫武生孫家烈等率眾闖卡案。有的痛斥老闆，逼令增資；有的殺吏戕官，搗毀稅局衙署。

③有關鴉片戰爭、中法戰爭、甲午戰爭案件。主要是審處在這些戰爭中作戰不力的官員。如英軍攻下吳淞，江督牛鑒被革案、中法戰爭中失守澎湖通判梁岳英發往軍臺效力案、中日戰爭中金州失守懲處副都統連順案、營口失守懲處提督蔣希夷案、岫巖失守懲處提督聶桂林案等。

④有關戊戌變法和鎮壓辛亥革命案件。有關戊戌變法案件如通緝康有爲和梁啟超的文件，審處自立會散放富有票案件，等等。有關鎮壓辛亥革命的案件，有審處1906年萍、瀏、醴起義人員的案件。從檔案中可知此次起義是由洪江會首姜守旦、龔春臺發起的，參加起義人數"不下數萬人"，意圖"先占萍礦爲餉源，萍醴株州鐵路爲軍道，然後分擾湘贛兩省"。清政府調集了五個省的軍隊纔把起義鎮壓下去。還有審訊革命黨人黃百生、彭克儉、鐘遠鈞等人案件，裏面並附有各人的供詞。另外還有革命黨人楊元葐等在永州組織風雨山會起義案以及懲處武昌起義時棄城逃走之湖督瑞澂的文件。特別重要的案件，如李琦被刺案、李准被轟案、徐錫麟刺殺安撫恩銘案、緝捕熊成基案、秋瑾被殺案。這些都是研究辛亥革命的第一手史料。

⑤涉外案件。在刑部檔案中有關教案的材料很多，如直隸廣宗等地景廷濱等搗毀法教堂案、河南泌陽教案、呼蘭教案、衢州民眾殺教戕官案、江西南豐民眾燒毀教堂案，等等。從這些檔案中可知，外國洋教堂深入各地，霸占田產、包攬詞訟、干涉行政、奸污婦女，甚至組織武裝、魚肉鄉民。還有帝國主義分子隨便打死華民、奸污婦女、虐待逼死華工、拐賣幼童，這方面的案件也不少。略舉一二：如曲周苦力工人朱大在鐵路做工，因洋人不給工錢被逼憂憤自盡案、印度人薩臺等拐賣幼童出洋案、英國火

車撞死乞婦案、法、意等國誘拐幼童婦女至租界奸污案。

在涉外案件中還有不少中外邊界居民越界、遭風遇難和搶掠走私的案件，洋人被盜案件也不少；外國司法機關審訊華人的案件也有一些，如美國理刑公所、德界公所監押審訊義和團人員的案件，上海會審公堂刑章變通案等，這些都是中外反動勢力共同鎮壓中國人民反抗鬥爭的證據，也是中國失去司法主權的真實記錄。

⑥少數民族專案。主要是東北、雲貴等少數民族地區發生的一些案件，如爭劃地界，爭水砍樹，以及乾隆時將雲南"夷民"解往新疆的文件。特別重要的有雲南佧佤族起義和巧家廳人民起義兩案及貴定苗民仇教抗官案，這些檔案是研究少數民族鬥爭歷史很珍貴的史料。

⑦兵變、文字獄案。有關兵變案件，如伊犁營勇因索餉兵變案、安徽砲兵變亂案、山海關旗兵聚衆鬧堂案，等等。清朝後期，兵變的案子很多。清統治者賴以生存的軍隊，竟變亂倒戈，其滅亡的命運也勢在必然了。有關文字獄共兩案，都是乾隆時期的，如興國僧人因經本有"不法"字迹治罪案等。

（2）土地房屋及錢財債務案件。

有關土地房屋糾紛的案件，主要是土地房屋的買賣，房租的收繳，房屋的修繕、轉借等案件。還有一些地主虐待打死雇工，佃戶及農民被逼起義而憤殺地主惡霸的案件。也有一些私換文契、爭當莊頭，以及爭放塘水、爭劃田宅地基、踐毀莊稼等糾紛案件。從這部分檔案中可以看出，清代末期土地買賣及兼併集中的情況，還是很嚴重的，不少農民失去土地，或淪爲乞丐、盜賊，或租地當雇工等，地主富戶對農民剝削是十分殘酷的。從檔案中可看到地租形式有糧食、金錢、服勞役等。逢年過節還要饋送雞鴨魚肉，額外勒索無奇不有。地主對於雇工更是苛刻，往往因"割麥遲緩"、丟失農具等一些小事，而打罵致死雇工，這方面案件也不少。在這種殘酷壓迫剝削之下，必然要引起農民的反抗。刑部檔案中，農民打死田主、富豪的案子也很多。如直隸獻縣雇工郝狗因地主田汝楫不給工錢，被逼無奈憤殺田汝楫一家三命案。江蘇蕭縣佃戶幼童劉滌茂因地主強行退佃母被毆死父被逼亡，起而憤殺地主徐作周案，等等。

有關錢財債務的案件也很多，如借債還錢、爭做買賣、爭分錢財、拿東借西等。特別是農民因無力還債被逼打致死的案子很多。如山東商河貧民張幅明因借人京錢三千文無力償還，屢被債主索要責罵，一日被債主強行辱罵之後，張幅明忍氣回家，適親女張小妮在炕上飢餓啼哭，一時氣極，竟提刀將其女砍死。其妻聞女啼哭趨而往救，亦被張砍傷。因債務被逼，憤極傷親，何其慘也！

(3) 偷盜搶劫及詐騙案件。

偷盜搶劫的案件特別多。一部分是屬於慣偷慣竊，如偷衣物布匹、金錢銀兩、糧食農具、牲畜等。一部分是屬於貧苦農民因生活逼迫，或"遇道貧難起意行劫"，他們多是搶的富戶財家。清朝末期，由於封建的剝削和土地兼併以及資本主義的侵略，使得廣大農民和手工業工人破產失業，一部分人由於生活所迫便流為盜賊，所以刑部檔案中，盜案特別多。當時"遍地皆盜"，"捕不勝捕"，實由於半封建半殖民地的剝削制度造成，此外還有一些詐騙案和綁票勒索案件。

(4) 婚姻奸拐及家庭糾紛案件。

封建社會婚姻不自由，所以刑部檔案中有關婚姻奸情的案件很多。如逼婚抗親，騙取索禮，拒婚傷命，殺夫同逃，等等。有不少青年男女因婚姻不自主而死於非命，過去所謂"四大奇案"之一的春阿氏案便是一例。浙江餘杭楊乃武與葛畢氏（小白菜）案，當時曾轟動朝野，至今仍廣為流傳，上演此案的戲曲、影視連續不斷。

至於奸情的案件更多，如通奸、強奸、雞奸、誘奸。有婦女因被奸羞憤而死的，也有因男女戀奸同逃的，也有妒奸殺死奸夫和丈夫殺死奸妻的，等等。

此外還有不少開設妓院、打死妓女的案件，如北京城陝西巷賽金花開設妓院打死妓女案，以及夫送妻、婆送媳去賣奸的案件，這多是由於生活所迫而致。

拐賣婦女的案子很多，多是由於天災人禍，貧苦人家婦女出外逃荒謀生而被拐賣。有的賣給富人去為奴婢，有的賣給妓院當妓女，有的賣給窮人為妻室，這說明封建社會把婦女當成商品販賣的極不合理性。

有關家庭糾紛的案件，多是婆媳不和睦，虐待童養媳，夫妻口角，妯娌爭吵或爭繼財產等方面的案件。

（5）貪污案件。

有關官員貪污案件，如挪用庫款，虧欠正、雜錢糧，假公濟私，勒索錢財，剋扣賑米賑銀，包攬詞訟，貪財受賄等案件。

（6）違禁案件。

在違禁案件中，有販賣吸食鴉片案件，私設賭場、聚衆賭博案件，私鑄小錢、銀圓和造紙幣假票案件，販賣私鹽硫礦等案件，私開班館私挖人參案件，私藏鳥槍案件等。這些方面都是清朝嚴厲禁止的，各地督撫除飭屬嚴加禁止之外，每年還循例向刑部報告查禁情況。

（7）監獄發遣事務。

有關監獄的管理、囚犯的監禁及獄囚越獄、反獄案件，案犯的發遣、逃亡及中途病故等方面的材料也很多。

（8）保甲警政。

主要是光緒末年有關編制保甲、稽查戶口、稽查流民和維持治安方面的文件。

（9）職官。

有各省司法官員的任免獎懲，及公出代職等方面的文件。特別是參劾懲處辦案不力的官員的文件很多，另外還有一些有關各地司法機構設置改革等方面的材料。

（10）財務。

財務方面的文件，主要是有關刑部經費開支奏銷、官員的俸餉俸銀、各省應解刑部飯食銀兩的解繳、囚犯囚衣口糧的報銷等方面的材料。

（11）文書檔案及書籍事務。

有辦理文書檔案的規章制度。文牘的丟失、補寫，催辦案件，調查案卷以及領《時憲書》、《大清律例》等各種官修書籍方面的材料。

（12）匯案及其他。

凡一文多案而無法按性質分類的文件都放入匯案，如匯奏稿、匯呈稿等，裏面什麼性質案子都有一些。此外，匯案中還有一些各地督撫或法司按例上報的文件，如每年各地處理的尋常徒犯，各省每年已結未結京控案件，殺過人犯數目、日期等。

其他還有一些因瘋殺人、因痰迷症傷人或口角誤傷、鬥毆玩笑致斃人命的案件，也不少。

2. 刑法部其他機構的檔案

刑部檔案中除十七清吏司所辦刑名案卷之外，還有督捕司、秋審處、減等處、律例館、提牢廳、贓罰庫、飯銀處、清檔房、漢檔房、司務廳、督催所、當月處等機構的檔案。法部檔案中，除審錄、制勘、編置、宥恤等司的刑名案卷外，還有承政廳、參議廳、舉敘司、典獄司、看守教練所、會計司、都事司、收發所、堂房、律學館、憲政籌辦處、查辦處等機構的檔案。這些檔案真實記錄了刑、法部司法活動的歷史，反映了其內部分工和辦事的情況。

刑部全宗檔案，在辛亥革命後，曾移交於北洋政府司法部。民國十八年（1929）九月，司法部又將此部分檔案移交於故宮博物院文獻館。1933年由於日寇侵華戰爭的威脅，故宮博物院為謀求文物的安全，又將此部分檔案運往南京。一直到1958年，刑部全宗檔案才由南京運回北京，由中央檔案館明清檔案部保管。明清檔案部即現在中國第一歷史檔案館前身，明清檔案部於1964—1965年對刑部檔案進行了整理編目。

刑部、法部檔案，經整理後，編有《刑部案卷目錄》、《法部案卷目錄》二種。其檔案類別：

甲　刑部

　　一、刑部堂
　　　　①清檔房；②漢檔房；③司務廳；④督催所；⑤當月處。
　　二、奉天司
　　　　①土地、房屋和債務糾紛；②偷盜搶劫；③婚姻、奸拐及家庭糾紛；④鬥毆；⑤貪污；⑥違禁案件；⑦保甲警政；⑧重大專案；⑨人事；⑩財務；⑪文書處；⑫其他。
　　三、直隸司　屬類同上。
　　四、河南司　屬類同上。
　　五、山西司　屬類同上。
　　六、山東司　屬類同上。
　　七、陝西司　屬類同上。

第三章　中國第一歷史檔案館所藏的明清檔案　　83

　　八、江蘇司　屬類同上。

　　九、浙江司　屬類同上。

　　十、江西司　屬類同上。

　　十一、安徽司　屬類同上。

　　十二、福建司　屬類同上。

　　十三、雲南司　屬類同上。

　　十四、貴州司　屬類同上。

　　十五、廣東司　屬類同上。

　　十六、廣西司　屬類同上。

　　十七、湖廣司　屬類同上。

　　十八、四川司　屬類同上。

　　十九、督捕司。

　　二十、秋審處。

　　二十一、律例館。

　　二十二、提牢廳。

　　二十三、贓罰庫。

　　二十四、贖罪處。

　　二十五、飯銀處。

乙　法部

　　一、法部堂

　　　　①承政廳；②參議廳。

　　二、審錄司　屬類與刑部各司下屬類同。

　　三、制勘司　屬類與刑部各司下屬類同。

　　四、編置司　屬類與刑部各司下屬類同。

　　五、宥恤司　屬類與刑部各司下屬類同。

　　六、舉敘司。

　　七、典獄司。

　　八、會計司。

　　九、都事司。

　　十、收發所。

（二）都察院檔案

都察院是監察機關，於崇德元年（1636）五月設立，"掌察核官常，整飭綱紀"。現存都察院檔案僅有十九卷，計二百五十三件。最早的文件是順治元年（1644）的，最晚的文件是宣統二年（1910）。內容有：議定都察院官制，建造佛山火藥局及官員陞調等方面的文件，有都察監督審議案件及五城察院傳辦審理的案件，有關於各省設立法政學堂及提倡在西北邊疆種花生等條陳文件，還有關於核銷錢糧經費及支撥口糧方面的文件。

都察院檔案經整理後編有案卷目錄一冊。其檔案分爲：①職官官制；②案件；③經費；④條陳；⑤文圖。

（三）大理院及京師高等審判、檢察廳檔案

順治元年（1644）設大理寺，光緒三十二年（1906）九月改爲大理院。大理院是全國最高審判機關。其檔案僅兩卷，都是光宣時期的，內容有：

（1）審理的各種案件。有典賣、侵占房屋、鋪產、塋地案件，有債務、詿騙、索詐案件，有爲繼承、公產分配等家庭糾紛案件，有搶劫財物、偷伐樹木、放火燒房案件，有婚姻奸情、拐騙、虐待婦女案件，有誤殺、槍殺、砍殺、自殺各種命案，還有吸食鴉片、造謠誣告等方面的案件。

（2）有關於刑事、民事方面的奏稿。有順天府屬訴訟辦法，法官免考圖結表，京師初級檢察廳月報、旬報等。

（3）有大理院、審判廳、檢察廳官員陞級、請假、到任、病故等方面的文件。

（4）有司法經費預算、撥解等方面的文件。

大理院檔案經整理後編有案卷目錄一冊。

京師高等審判廳是大理院直轄審判廳之一，設於光緒三十三年（1907），專門審理不服地方審判之上控案件。京師高等檢察廳，負責京師高等審判廳民、刑案件的檢察事務。其檔案起於光緒三十三年（1907），止於宣統三年（1911），共一百五十一卷。多是審理的各種案件，如典賣、侵占房屋、鋪戶、塋地案、債務案、詿騙索詐案、家庭財產繼承案、搶劫財物案、婚姻奸情案、拐騙、虐待婦女案、各種命案，等等。還有一部分京師高等審判廳、檢察廳官員任免、經費的撥解及各種月報、旬報等材料。

京師高等審判廳、檢察廳檔案經整理後編有文件目錄一種。

（四）巡警部檔案

巡警部設於光緒三十一年（1905）九月，掌京城內外巡警事務，並督飭各省辦理巡警。翌年，該部改爲民政部後，即行撤銷。巡警部檔案四百四十一卷，主要內容有：

（1）章制律例。有關於設立巡警部及所屬各機構的組織章程、官制、辦事規則，有該部制定和審擬的違警律、集會律、犯罪條例、拒捕治罪專條、預審廳章程、專電規則等。

（2）治安警務。有各省籌辦巡警、設立警察局、警學堂及劃定京師警察區域、舉辦習藝所等文件，有反映緝辦各種案件的文件，如京師靴鞋、成衣業工人罷工案。孫中山在南洋活動的情況，河南、直隸、江西省"仁義會"等秘密結社活動，以及袁世凱被炸等案件，有關於《鵑聲報》、《大同報》、《南洋商務報》、《軍事白話報》等立案、送報、停刊、查禁等，有巡查三海、頤和園湖牆，探報京津車站情況及各處糧價的文件。預審廳、待質所的日報等。

（3）稽查工商實業。有整頓市容，管理市場、戲院、當鋪、金融、彩票商行，保護火柴、紡織、書籍等廠商、店鋪，以及修建道路、衙署、溝渠，並徵收車捐、照稅等文件。

（4）涉外事務。有禁阻各國兵隊演練，限制在京開設商行、妓館等文件，有緝辦私運槍彈的日、美等國商人、僑民的文件，有關於上海、南昌教案情況的文件；還有聘請日人爲警務學堂監督，翻譯外國的警務資料，等等。

巡警部檔案經兩次整理，編有案件目錄和文件目錄兩種。經南京史料整理處整理的檔案，其分類爲：

（1）警政司。

行政科：組織章則、各省警政、吏治軍政、總務文書。

考績科：補調獎懲、開取堂銜、挑補巡警、派遣駐衛。

統計科：經費收支。

（2）警法司。

司法科：法律、編制、京控案件、民刑案件、工人罷工、黨會活動。

國際科：涉外事項、限制經商、違犯警章、教案。

檢閱科：報館立案、取締報刊。

調查科：各省警政概況。

（3）警保司。

保安科：保安、學運、非常保安、市政、文書事務。

工築科：官房修建、道路工程。

營業科：商埠管理、金融管理。

（4）警學司。

章則、創辦警務學堂、中外學堂、派遣留學。

（5）警務司。

（6）稽查處。

組織章程、巡邏偵查、宮廷道差、壇廟、道差、緝辦案件。

經中國第一歷史檔案館整理的檔案，其分類爲：

（1）警政司。

（2）警保司。

（3）警學司。

（4）警務司。

（5）稽查處。

（6）機務所。

（7）內城巡警總廳。

（8）外城巡警總廳。

（9）巡捕局。

（10）工巡局。

（11）消防隊。

（12）探訪局。

（13）習藝所。

（14）巡警學堂。

（15）協巡營。

（16）聽事處。

（五）民政部檔案

光緒三十二年（1906）清廷改巡警部爲民政部，掌地方行政、地方自治、戶口、警政、疆理、營繕、衛生等事務。民政部檔案起於光緒三十二年（1906），止於宣統三年（1911），共一千零七十六卷。

（1）章制治安：有核議民政、警務的章制律例，部分省區行政區劃。派員赴日考察警務等文件，有鎮壓三合會、三點會、刀會、辛亥革命、罷工罷市、新疆兵變、湘浙桂飢民暴動等文件，有查禁書刊、集會、演說、鴉片、妓館等文件，還有辦理邊務文件，京師稽巡街道、三海、五府、壇廟、車站等文件。

（2）憲政學務衛生：有關地方自治，選舉章程，設咨議局、自治區辦理憲政方面的文件，有經辦巡警、測繪、速記、警務、監獄各種學堂的文件，有管理防疫、衛生、醫院的文件。

（3）稽核工程實業：有修建陵寢、壇廟、衙署、橋樑、道路、碼頭、監、倉及核銷工料銀兩的文件。有劃一幣制，管理市場、金融、稅捐、游藝，商民開礦設廠等文件。

（4）賑濟、墾務：主要辦理官民土地、墾地，各省水、旱、風、雹、地震災情的賑濟、移民等文件。

（5）涉外事務：有各國駐華使領人員覲見、參觀的有關文件；有德、日、印、英、希、俄、奧、美、法、古等國商人私運軍火、開店、盜銀、占地、設賭、滋事等問題的文件，有英、葡在港澳勘界、侵擾，法、意、俄在中國修鐵路，上海租界會審案件，以及有關招募華工、辦理教案、參加國際會議等文件。

民政部的檔案分兩部分，經南京史料整理處整理的，編有檔案文件目錄一冊，其檔案分爲：

1. 承政廳

（1）機要科：①組織章則；②調補獎懲；③開送差缺銜名；④所守任免；⑤京內外人事；⑥吏治事項；⑦各項典禮；⑧憲政；⑨政務。

（2）會計科：①本部經費；②所屬經費；③核徵罰金捐租；④財務。

（3）文牘庶務科。

2. 參議廳

本部職掌、民治事項、憲政事項、警務事項、衛生事項。

3. 民治司

（1）地方行政科：①組織制度；②地方行政；③國防邊務；④旌表褒揚。

（2）地方自治科：①憲政自治；②興建市場。

（3）俸息科：①各項救恤；②四糧；③各省灾荒；④倉儲糧價；⑤移民實邊；⑥僑工。

4. 警政司

（1）行政警務科：①警政職制；②總務文書；③翊衛；④京師警務；⑤各省警政；⑥京內外軍政；⑦地方災害；⑧邊務；⑨風俗；⑩消防；⑪營業稽核：a. 工商實業；b. 金融；c. 當鋪；d. 戲園市場；e. 鋪戶調查與稅收；⑫交通；⑬外事：a. 對外交際；b. 交涉軍事；c. 教案。

（2）高等警務科：①非常保安：a. 罷工罷課；b. 群眾暴動；c. 會黨活動；d. 鎮壓地方暴亂；e. 倒清革命；f. 國體變革；②書報檢查：a. 報律；b. 報館立案；c. 各省官報；d. 禁登政治外交；e. 禁登倒清革命；f. 書刊審查；g. 著作權注冊；③集會結社；④國際與僑務。

（3）司法警務科：①刑警律例；②司法編制；③民刑案件；④京控案件；⑤涉外司法案件；⑥緝拿遞解；⑦監押；⑧司法報表。

（4）警學科：①警學行政；②壓制學運；③部辦警察學堂；④各省巡警學堂；⑤興辦各種學堂；⑥外人辦學。

5. 疆理司

（1）經界科：①地方建制；②改土歸流；③官地收放；④地理調查；⑤涉外界域；⑥鐵路商埠。

（2）戶籍科。

（3）圖志科：①圖籍；②核委僧道陰陽。

6. 營繕司

（1）建築科：①營繕行政；②土木建築。

（2）考工科：工程考核。

（3）道路科。

（4）存古科。

7. 衛生司

章則，會議。

8. 稽查處

巡衛稽查，宮廷道差，壇廟道差，監放警餉。

民政部檔案經中國第一歷史檔案館整理的，編有案卷目錄一冊，其檔案分類爲：

（1）承政廳。

（2）參議廳。

（3）民治司。

（4）警政司。

（5）疆理司。

（6）營繕司。

（7）衛生司。

（8）路工處。

（9）路工局。

（10）巡捐局。

（六）禁煙總局檔案

禁煙總局設於光緒三十四年（1908）三月，專管禁種禁食鴉片，並管理煙店、煙稅、戒煙等事。其檔案有四卷，計四十八件。內容有：關於禁煙、戒煙的條陳意見，統籌禁煙事宜設局立會的奏稿，禁煙辦法，禁煙大綱，戒煙人數統計表，戒煙甘結，陝西設禁煙局辦法，京師換發吸戶牌照、戒煙及煙店情況，禁煙總局收發所及所用關防的簿冊，貴州報告禁煙概況等文件。

禁煙總局檔案經整理後，編有案卷目錄一冊。

六、掌管工交農商機關的檔案

（一）工部檔案

工部設於天聰五年（1631），光緒三十二年（1906）與商部合併後即撤，是掌管全國工程及工程經費核銷的機關，設有尚書、侍郎等官以管部務。其內部設有營繕、虞衡、都水、屯田四司及制造庫、節慎庫、料估所等機構，以分理各項事務。工部檔案共二百四十九卷，主要內容有六個方面：

（1）土木工程：有爲修建衙署、城垣、倉庫、壇廟、宮殿、陵寢、祠寺、溝渠等置辦器物、核銷工料銀兩等文件。

（2）交通：有修建鐵路、公路、大道、橋樑、港口碼頭、河工，購修船隻等的文件。

（3）軍工：有修造各種兵器、戰船、衣物，解運硝、鉛、軍火、器械，核銷軍費、機器局經費等。

（4）禮儀：有制作宮廷內外各種典禮器物及核銷經費的文件。

（5）工稅：有湖北荊關稅收、江南徵解湖河灘租等。

（6）制錢：有奏銷收放銅斤數，各省稅收、運解銅鉛數，題銷收發銅鉛錢銀數，支領各項飯食銀兩，歸還欠借款項等文件。

工部檔案分兩部分整理編目：一部分是南京史料整理處整理的，編有文件目錄，檔案按機構分為制造庫、虞衡司、承政廳三類。另一部分是明清檔案部整理的，檔案按機構分為：①營繕司；②虞衡司；③都水司：河工、船政、其他；④屯田司；⑤制造庫；⑥錢法堂；⑦滿檔房；⑧黃檔房；⑨節慎庫；⑩料估所；⑪飯銀處。

（二）商部——農工商部檔案

商部設於光緒二十九年（1903），其前身是光緒二十四年（1898）成立的礦務鐵路總局。光緒三十二年（1906）工部撤銷，併入商部，改稱農工商部，是掌管全國農工商政及監督各項公司、局、廠的機關。現存農工商部檔案共有二百九十二卷，起於光緒二十九年（1903），止於宣統三年（1911）。主要內容有四個方面：

（1）庶務：有為籌備立憲而興辦農工商政統計表冊，所屬各關呈解經費，幣價表，各軍營核銷軍械、旗帳、各項制造工料銀兩等。

（2）農業：有開墾荒地，蠶桑栽種圖志，椿樹、柳樹、橡樹、柘樹養蠶法。調查歐美棉花品種及種植法，試種美棉，各省棉花種植、收數、紗廠用棉情況，各省呈送穀、棉、煙草、果品、蔬菜調查表，各地設立農會、農務公會，農品評定等級，病蟲害。參加各種農業賽會，各地興修河道、水渠，湖泊、官渡船隻工料銀兩，各江河泛濫情形，各省設立農業、茶務、蠶桑學堂、講習所、農事試驗場。購運各國籽種、新式農具、書籍，試種各類農品，展覽各種實物、標本，動物園購運德國禽獸、飼養各種動物等。

（3）工業：有各礦務章程，《古今礦政指南》，煤、金、鉛、硝磺、石油等礦開辦情形，各機器局購買物料冊，各工藝制造統計表，各商請設玻璃、織呢、皮毛、自來水、紡紗、織布公司、局、廠，上海等地設立機器麵粉、米糧、榨油、食品、卷煙等公司，各實業、礦務學堂章程，工藝局、度量權衡局、勸工陳列所、首善工藝廠的經費核銷、陳列物品、銷售產品等。

（4）商業：有各地開辟商埠、設關徵稅、奸商屯糧、茶葉運銷外國，彩票、股票、行情及請求專利。茶、木、紙、綢商人請免厘金。工商廠店倒閉情況。各地設商會，參加國際商業賽會，官商設銀行、保險、航運公司。駐外官員呈送各種商務報告書，考察外洋商務情形，各類貨物進出口及價值比較表。

農工商部檔案經整理後，編有案卷目錄一冊，檔案按機構分爲：①庶務司；②農務司；③工務司；④商務司。

（三）郵傳部檔案

郵傳部設於光緒三十二年（1906）九月，掌全國交通政令、水陸運輸、郵電、驛站等事宜。郵傳部檔案共六十五卷，計七百五十三件。主要內容有：

（1）電政：有"營口清日株式會社電燈、電車合同稿"，"電政沿革概略"，電綫分類表、電政資產、收支表、電報電話區域表、收發電報詳細表，設電局、添設備、維護綫路，各地電局收支清冊等。

（2）郵政：有郵政區劃分表，郵政局、所表，收支表，各國在北京及通商口岸設郵局統計表，西藏郵政辦法，接收驛站等。

（3）鐵路：有"路政沿革概略"，汴洛鐵路載客運貨價單，籌議浙省鐵路，商辦廣西鐵路，籌辦蒙古、江西鐵路，與日使議定收回新奉路，添造吉長路、京漢、津浦、正太路收支情況等。

（4）輪船：有"輪船招商局沿革概況"，招商局局產一覽表，船數、噸數、船本表，各省大小輪船公司注冊給照章程，購船、造船清單，疏浚運河等。

（5）學務：有關唐山路礦學堂，上海路礦、實業、電報、商船、鐵路學堂、交通傳習所、研究所等機構的文件。有聘請洋教習、核銷經費、講義、辦事規則等。

（6）交通銀行：有銀行辦事大綱、各分行存欠款項、利率、核定收支各款表格等。

郵傳部檔案經整理後編有案卷目錄一冊，其檔案分爲：①電政；②郵政；③路政；④船政；⑤職官；⑥文圖；⑦傳習所；⑧交通銀行。

另外，對郵傳部檔案還進行了分類和主題的著錄標引，並輸入計算機，打印有機檢檔案目錄，檢索頗便。

七、掌管外交、民族事務機構的檔案

（一）理藩部檔案

清初設理藩院，光緒三十二年（1906）九月改爲理藩部，是掌管民族事務的機關，設有尚書、侍郎等官員以管部務。內部設旗籍、王會、典屬、柔遠、徠遠、理刑六司，以分理各項事務。現存理藩部檔案共有七百一十七卷，文件起於同治十六年（1873），止於宣統三年（1911）。主要內容有：

（1）蒙古各盟旗事務。有蒙古親王、郡王等的襲封、過繼、死亡、進貢等文件，有蒙古各盟旗籌備憲政、改設廳縣，調查蒙古、哈、漢各族民人戶口，以及在蒙古地區辦學，勘鐵路，開辦鹽、金、銀、煤等礦的文件，還有反映中俄邊境通商、卡倫情況及沙俄侵犯我國領土，圖謀分裂我國的陰謀活動的檔案，有蒙古地區捉拿義和團人員、攤派庚子賠款等的文件。

（2）新疆回族事務。有新疆各族、各部頭目的安置、襲封、獎懲、朝貢，以及有關戶籍管理、籌備立憲等文件。

（3）川滇土司事務。主要有改土歸流、土司襲封、朝貢等文件。

（4）喇嘛、寺廟事務。有甘肅、綏遠、熱河、四川、東三省等地喇嘛、寺廟情況、喇嘛接印、繳換度牒、誦經、朝貢以及審辦喇嘛案件等文件，有雍和宮建立喇嘛學及與日人的友好交往等文件，也有安置被八國聯軍搶劫毀壞的寺廟僧眾，補放印敕，發給口糧等文件，還有將隆福寺、隆善寺改建市場等文件。

(5) 西藏事務。有達賴、班禪等僧俗人員的敕封、受戒、進貢、獎懲等事的文件，有剿辦里塘寺堪布、禁阻商上喇嘛進攻三巖等文件，有關於裁撤打箭爐、里塘臺站事的文件，還有反映英、俄帝國主義侵略西藏和錫金、不丹等內容的文件。

理藩部檔案一部分是南京史料整理處整理的，整理後編有案卷目錄一冊。其檔案分為：

(1) 總類。

政治、軍務、外務、刑律、郵政、鐵路商埠、本部組織、員司調補獎敘、管理蒙古三學、文書事務、廉俸、經費。

(2) 典禮。

體制、慶賀、喪祭、年班、洞禮經班、內廷唪經、宴賞。

(3) 蒙旗。

政務、籌備立憲、疆域口戶、會盟祭海、查核比丁、臺站卡倫、軍務邊衛、庫倫獨立、外事、教案、學堂、墾牧、公路鐵路、郵電、實業商務、承襲爵銜、揀補官缺、獎懲、致祭、請封、婚姻子嗣、調查譜系表傳、朝貢、刑律、刑罰案件。

(4) 回部。

政務、籌備立憲、哈戶管理、承襲爵銜、揀補官缺、封獎、調查譜系表傳、朝貢。

(5) 改土歸流、襲職補官、學務、朝貢。

(6) 喇嘛管理。

接署印信、度牒札付、告假、朝貢、獎賞、案件審訊、圓寂病故、制定呼畢勒罕。

(7) 寺廟管理。

雍和宮事務學務，雍和宮班第學藝、雍和宮年例唪經，京城寺廟事務，京城市場年例唪經，各地寺廟事務。

(8) 西藏。

駐藏大臣官缺、駐藏大臣經費、駐藏大臣查錄舊案、對藏政治措施、對藏軍務、學務、外事、受外侵略、敕封達賴、達賴活動與入覲進貢、僧俗官缺、獎賞、班禪受戒、攢招、祈福、布施唪經。

另一部分是明清檔案部整理的，亦編有案卷目錄一冊。其檔案分爲：①綜合；②禮儀；③蒙古各盟、旗事務；④新疆回族事務；⑤川滇土司事務；⑥喇嘛、寺廟管理；⑦西藏事務。

(二) 總理各國事務衙門及外務部檔案

咸豐十年（1860）設總理各國事務衙門，光緒二十七年（1901）根據《辛丑條約》規定："將總理各國事務衙門，按照諸國規定，改爲外務部，班列六部之上。"設有總理大臣、會辦大臣、尚書、侍郎等，總理衙門和外務部是清朝專管外交事務的機關。總理衙門、外務部檔案共有五千一百六十三卷，十一萬多件，自咸豐迄宣統，各朝的文件都有。其中有清政府與各國簽訂的條約、章程、合同，中外交聘往來的國書、照會，以及在辦理各種交涉中形成的奏稿、咨文、函電等。它反映清朝與俄國、法國、德國、意大利、荷蘭、比利時、奧斯馬加、日斯巴尼亞（西班牙）、大西洋（葡萄牙）、希臘、丹麥、芬蘭、保加利亞、塞爾維亞、黑山國、瑞士、瑞典、挪威、聖馬力諾、日本、朝鮮、越南、菲律賓、緬甸、泰國、新加坡、馬來西亞、印尼、印度、尼泊爾、伊朗、土耳其、美國、加拿大、墨西哥、危地馬拉、哥斯達黎加、巴拿馬、哥倫比亞、巴西、厄瓜多耳、玻利維亞、智利、阿根廷、剛果、摩洛哥、南非、東非、澳大利亞、新西蘭、薩摩亞等五十多個國家的交往活動。其內容分爲：

(1) 疆界租地，有中外劃界及割地租借的材料，如中俄會勘邊界、租地，中日馬關條約、中日會議東三省條約、中朝邊境陸路通商訂章及圖們江中朝界務條約等。

(2) 軍務兵器，如帝國主義歷次侵華戰爭及清廷向德、俄、英、日各國購買槍砲、軍火、戰船等。

(3) 鎮壓革命運動，如中外反動勢力聯合鎮壓太平軍、義和團、辛亥革命等。

(4) 法律交涉，如上海會審公堂案、馬嘉理案、中美商訂"公斷條約"案、修改上海會審章程案等。

(5) 交聘往來，如中外互派使、領，呈遞國書、覲見、游歷、禮儀往來，及各國駐華使節、眷屬在華參觀游覽，美國柯姑娘爲慈禧畫像的材料。

（6）經濟通商，如中外通商條約、開設商埠、各國在華修路開礦、借款賠款等。

（7）國際會議，如彼得堡萬國行船會、法蘭克福扶傷救生會、羅馬第八次萬國保險公會、萬國海關稅則公會、聖路易賽會、海牙紅十字會等。

（8）海關稅務，如赫德專卷、海關稅務章程、關稅船鈔等。

（9）華工、留學生：有法、德、荷、西等西方殖民者在華招工、販賣豬仔及虐待華工的材料，有中英《僑民條約》、中美《續訂限禁華工條約》、中西（班牙）《古巴華工條款》、《中秘廢除苛例證明書》，以及華工參加開挖巴拿馬運河和迫害華工的《古巴招工案》等材料。

留學生的檔案，主要是光緒、宣統時期，中國學生赴日本和美國留學的交涉和有關章程。其中有赴日留學的楊度、許壽裳、張宗祥、徐錫麟、汪兆銘（汪精衛）、章士釗等人的材料，有赴美留學的梅貽琦、竺可楨、胡適、李達等人的檔案。

（10）內務：有奏設外務部章程、出使章程、出使報告章程、各省交涉局章程等，有外務部機構設置、職官任免、獎懲撫恤，外務部經費、官員俸餉及文圖庶務方面的檔案，其中有《籌筆偶存》手稿一份，為山東巡撫衙門在光緒二十五年期間，所經辦的因義和團運動而引起的有關洋務交涉的文牘摘要，是研究義和團的重要史料。

總理各國事務衙門和外交部檔案是研究清季中外關係和帝國主義侵華的珍貴史料。

外務部檔案經整理編有分類立卷目錄三冊，其檔案分類是：

1. 外務

（1）各國。

①中俄關係；②中丹關係；③中國與芬蘭；④中國與保加利亞；⑤中國與塞爾維亞、黑山國；⑥中國與英國；⑦中國與法國；⑧中國與希臘；⑨中國與瑞士；⑩中國與德國；⑪中國與意大利；⑫中國與聖馬力諾；⑬中國與奧地利（奧斯馬加）；⑭中國與西班牙（日斯巴尼亞）；⑮中國與葡萄牙（大西洋）；⑯中國與比利時；⑰中國與荷蘭；⑱中國與瑞典；

⑲中國與挪威；⑳中國與日本；㉑中國與朝鮮；㉒中國與越南；㉓中國與菲律賓；㉔中國與緬甸；㉕中國與泰國；㉖中國與新加坡；㉗中國與馬來西亞；㉘中國與印度尼西亞；㉙中國與印度；㉚中國與尼泊爾；㉛中國與伊朗（波斯）；㉜中國與土耳其；㉝中國與美國；㉞中國與加拿大；㉟中國與墨西哥；㊱中國與危地馬拉；㊲中國與哥斯達黎加；㊳中國與巴拿馬；㊴中國與古巴；㊵中國與哥倫比亞；㊶中國與巴西；㊷中國與厄瓜多爾；㊸中國與秘魯；㊹中國與玻利維亞；㊺中國與智利；㊻中國與阿根廷；㊼中國與剛果；㊽中國與摩洛哥；㊾中國與南非；㊿中國與東非（莫三鼻給）；㉛中國與澳大利亞；㉜中國與新西蘭（紐絲綸）；㉝中國與薩摩亞。

在各國大類下，再分屬類：a. 疆界租地；b. 軍務兵器；c. 法律獄訟；d. 交聘往來；e. 僑務招工；f. 鎮壓革命運動；g. 開埠通商；h. 路礦實業；i. 財政金融；j. 傳教教案；k. 留學學校；l. 慈善賑濟；m. 文圖庶務；n. 其他。

（2）國際會議。

（3）海關稅務。

（4）綜合。

2. 內務

①職官；②政法；③軍務；④鎮壓革命運動；⑤民族；⑥商業；⑦實業；⑧財經；⑨教案；⑩教務；⑪慈善；⑫禮儀；⑬章制；⑭文圖；⑮其他。

第四節　管理皇族及宮廷王府事務機關的檔案

一、宗人府檔案

宗人府掌管皇族事務，順治九年（1652）設立，設有宗令、宗正、宗人等官員，以管理府務。內部設有經歷司、左司、右司、銀庫、黃檔房、空房、玉牒館等機構，以分辦各項事務。宗人府檔案共有四十二萬多件，自雍正迄宣統，各朝的文件都有，全部檔案大致分以下三類：

第一類是宗人府編纂的譜牒。凡皇族的生死、婚嫁、封爵、陞降、教養、撫恤、謚葬等事，宗人府隨時記載，分別按期匯編譜牒。生者爲紅字，死者爲墨字，分玉牒、皇册、星源集慶三種。玉牒每十年纂修一次，纂修時，成立玉牒館，由宗人府宗令、宗正、大學士等任正副總裁官，按平時檔案所記纂入玉牒。以清朝第一代皇帝太祖父顯祖本支子孫爲宗室，旁支子孫爲覺羅。各分男名女名，又分直格、橫格，有滿文、漢文。直格表示輩份，橫格表示支系。玉牒正本應存宮中，宗人府所存均爲副本，並有一份備查。皇册爲功勳官員名册，皇族功勳官員由宗人府編造，均係滿文。記載爵秩、人名、承襲子孫姓名、襲次等。宗人府繕成後，送存宮中，每屆修玉牒時，更換一份，舊本收存宗人府。星源吉慶是橫格玉牒的另錄本，每年另繕男女橫格一份，送宮收存，名爲星源吉慶（每年終領回舊本）。初爲滿文，嘉慶二十二年（1817）以後爲漢文本。

第二類是收各處咨送的檔案，大部分是各族造送的清册，有宗室的，有覺羅的。內容包括宗譜、輩分、生子女、婚嫁、陞遷、身故等，此外有一部分銷算清册，爲報銷養贍銀、恤銀等。

第三類是宗人府所屬經歷司、左司、右司、黃檔房、銀庫等機構的檔案。文種有奏稿、題稿、說堂稿及各種記事的簿册，按機構整理保管，內容都是皇族事務的。

宗人府檔案經過不同時期不同方法的整理，編有各種目錄：

（一）有宗人府存稿、題稿、來文、奏稿、說堂稿等目錄

其中《宗人府來文目錄》，檔案按機構—問題分類：

宗人府堂：恩賞、人事、土地房屋、捐輸、禮儀、考試、刑罰、陵寢、脈案、八旗生計、俸銀、其他。

左司：分類如上。

右司：分類如上。

黃檔房：文件按朝年排列。

銀庫：文件按朝年排列。

宗室覺羅學堂：文件按朝年排列。

經歷司：文件按朝年排列。

玉牒館：文件按朝年排列。

《說堂稿目錄》，檔案按左司、右司、經歷司、銀庫、玉牒館、黃檔房等機構分類。

《宗人府行稿目錄》，檔案按左司、右司、經歷司、俸檔處分類。

《宗人府存稿目錄》，檔案按左司、右司、經歷司分類。

（二）《宗人府左司簿冊目錄》

內分奏稿簿、奏稿號簿、題奏、堂諭簿、說堂、堂行、應辦、稟帖、注銷、當月、收文畫到簿、呈畫來文簿、移付、付文、傳帖、點單、四旗案件、現審、考勤、放津貼簿、四旗恩賞、值班簿、畫到簿、按月簿、王公座次簿。

另有《宗人府黃檔房簿冊目錄》（按簿冊名稱排列）、《宗人府經歷司簿冊》（按簿冊名稱排列）。

（三）《宗人府玉牒目錄》

二、內務府檔案

（一）內務府的設立及沿革

內廷官制的建置，歷代都極爲重視。殷有六府，周有天官、內宰等官，秦及西漢改設少府。至東漢起，多用宦官，以管帝后的飲膳服飾。隋唐以後，設殿內監、少監等機構，以管理帝后的起居生活。[①] 到明代，內廷機構不斷擴大，設有十二監、四司、八局共二十四衙門，僅服侍帝后的太監、宮女就達數萬人之多。宮監權勢也日益囂張，內而服食起居、庫藏、賞賚；外而軍營、廠獄、礦關、開采，無不以宦官領之，甚至皇帝閱批文件，都要秉筆太監代理，於是造成內監擅權，殘害忠良，朝政紊亂。明代宦官專權之烈，宮闈法度之亂，達於歷史的極點。

清朝鑒於明朝內監禍國的教訓，從建國伊始，就注意內廷機構的建置和限制宦官的權力。愛新覺羅氏以八旗制度興起於東北，太祖努爾哈赤命各旗主所屬之包衣佐領，專供旗主役使。滿語"包"爲家，衣爲"之"字之意，漢語可譯爲"家裏的"或"家奴"。而皇帝領有上三旗，即擁有上

---

① 《歷代職官表》卷四。

三旗包衣爲其服務。爲了統一管理上三旗包衣，便設立了內務府衙門。包衣的總管滿語稱"包衣昂邦"，內務府的堂官叫總管內務府大臣。清會典載，總管內務府大臣"掌上三旗包衣之政令與宮禁之治"①。

內務府初設，規制比較簡單，據《清史稿》載："初制，設內務府，以舊屬司其事。入關後，明三十二衛人附之，設內管領處，置內管領八人。設茶飯處，置總領各三人，飯上三十有五人，茶上十有七人，承應長十人，庖長三人。"② 這樣簡單的機構與人員，很不適應入主中原後的清王朝內廷活動的需要，加之，順治帝年幼，需要懂宮規禮儀的內監服侍左右，於是在順治十年仿照明朝內監制度，廢除內務府，設立了十三衙門。順治帝在上諭中說："宮禁役使，此輩勢難革除。朕酌古因時，量爲設置。首爲乾清宮執事官，次爲司禮監、御用監、內官監、司設監、尚膳監、尚衣監、尚寶監、御馬監、惜薪司、鐘鼓司、直殿局、兵杖局。滿洲近臣與寺人兼用。各衙門官品，雖有高下，寺人不超過四品。凡係內員，非經差遣，不許擅出皇城；職司之外，不許干涉一事，不招引外人；不許交結外官；不許使弟侄親戚，暗相交結，不許假弟侄人名色，置買田屋，因而把持官府，擾害人民；其在外官員亦不許與官互相勾結，如有內外交結者，同官覺舉，部院察奏，科道糾參，審實一併正法。防禁既嚴，庶革前弊，仍明諭中外，以見朕酌用寺人之意。"③

十三衙門設立後，內監又活躍起來，他們"廣招黨類，恣意妄行"、"恣意貪婪，相濟爲惡"。④ 順治十五年，順治帝的親信太監吳良輔受賄案發生，涉案大學士陳之遴等許多重要官員皆被處分，而獨吳良輔因受皇帝庇護而未動。順治十八年正月，福臨患痘，而猶於初二日親送吳良輔至法源寺落髮。正月初七日，福臨去世，太后即傳世祖遺詔，先誅吳良輔，而後廢十三衙門，復設內務府。順治遺詔中說："祖宗創業，未嘗任用中官，且明朝亡國，亦因委用宦寺。朕明知其弊，不以爲戒，設立十三衙門，委

---

① 《光緒會典》卷八十九。
② 《清史稿》卷一一八。
③ 《順治實錄》卷八十六。
④ 《康熙實錄》卷一。

用任使，與明無異，以致營私作弊，更逾往時，是朕之罪一。"① 這個遺詔代表了以太后、四輔臣爲首的滿洲貴族統治者的意志，即嚴禁內監擅權，保持內務府幹練、純樸的服務作風，以使最高統治者保持勤儉進取的精神，以完成統一全國的大業。內務府自復設以後，終清一代，未有更改。但隨着皇帝專制制度的加強和管理內廷的需要，內廷機構和各項規章制度卻不斷增加和完善。在十三衙門的基礎上，逐步建立起廣儲、會計、掌儀、都虞、慎刑、營造、慶豐等七司，並上駟、奉宸、武備等三院，以及御茶膳房、御藥房、內管領處、敬事房、三織造等機構。

　　設立內務府以管理宮廷事務，爲前代官制所未有，是清朝的一個創舉。凡內務府職員的選除，財用的出入，宴饗、祭祀、膳羞、服御、賞賚、賜予、刑罰處分、教習訓導之事，皆統管於內務府大臣。在內務府大臣管轄之下，設敬事房以管理太監，太監的人數由明代的數萬人減至三千人，並規定太監級最高不過四品，只許在宮中供灑掃役使，嚴禁外出幹預政治，這樣就避免了"宦官專政"的發生，這是清朝政治制度的一大特點。

　　清朝內廷機構還有一個奇特現象，就是在清朝滅亡後，它還殘存了十幾年。辛亥革命後，1912 年清帝宣布退位，但根據民國政府優待皇室條件，溥儀仍居住在皇宮內過着"小朝廷"生活。因而內務府仍存不廢，內務府官員、吏役仍照常爲皇室服務。不過由於時局變化和事務的減少，內務府機構和人員也逐步縮減。最後內務府各機構裁減爲總務、文書、會計、採辦四科。1924 年，溥儀被馮玉祥將軍驅逐出宮以後，在天津張園、靜園居住期間，又在北京、天津和奉天，分別設立清室辦事處。清室駐津辦事處設立總務、庶務、收支、交涉四處，任命了一批官員，繼續爲皇室服務，這種局面一直維持至 1931 年，溥儀到東北出任僞滿洲皇帝爲止。

　　（二）內務府的組織機構與職掌

　　1. 內務府堂

　　內務府總管大臣由皇帝特簡，無定額，有清二百年來，一般爲四至六人，最多時爲九人，最少時爲二人。內務府總管大臣"掌上三旗包衣之政

---

① 《順治實錄》卷一四四。

令與宮禁之治"。① 凡皇帝家的衣、食、住、行等各種事務都由内務府承辦。内務府總管大臣通稱爲堂官，其辦公之處，爲内務府堂。設有坐辦堂郎中一人，他是内務府中最主要的辦事官員，上可代總管大臣處理一切事務，下可指揮群僚，查七司三院題本、堂稿、黄藍册以及文職銓選等事。主事二人，秉承堂郎中之意旨，辦理行政事務。主事之下，設筆帖式若干人分掌各項具體事務。

2. 廣儲司

爲内務府庫藏及出納總匯之所，掌"庫藏出納之政令"。② 初名御用監，康熙十八年改爲廣儲司。設有郎中四人，以總理司務。四人中，以二缺補用本府人員，以二缺由六部郎中（滿）兼理，以資牽制。下設主事、委署主事、筆帖式等若干人，以辦各項具體事務。廣儲司設有六庫，即銀、瓷、緞、皮、茶、衣六庫。每庫設員外郎二員，一用本府人，一用六部人員。員外郎之下，還設有司庫、無品司庫、委署司庫等，分掌庫藏之事。

廣儲司之下，設有銀作、銅作、染作、衣作、綉作、花作、皮作等七作，另設帽房、針綫房，各設司匠、領催、匠役，以承做各項活計。

3. 會計司

掌"徵三旗莊賦、園賦而稽其出納，凡選宮女太監則掌其政令"。③ 凡内務府的莊園、地畝、户口、徭役等事，都由它管理。會計司初名内官監，順治十七年改爲宣徽院，康熙十六年改爲會計司。其職官設有郎中、員外郎、主事、筆帖式等職以管理司務。

4. 掌儀司

"掌内廷禮樂之事，考太監之品級，凡果園之賦覆焉。"④ 凡皇室的祭祀、筵宴、禮儀、樂舞等事，都由它經管。

掌儀司初名禮儀監，順治十七年改爲禮儀院，康熙十六年改爲掌儀司，其職官設有郎中、員外郎、主事、筆帖式等職以管理司務。

---

① 《光緒會典》卷八十九。
② 《光緒會典》卷九十。
③ 《光緒會典》卷九十四。
④ 《光緒會典》卷九十二。

5. 都虞司

掌"府屬武職官之銓選,覆官兵之俸餉、賞恤。凡山澤采捕之事皆掌焉"。① 凡三旗禁旅之訓練、調遣,及供應漁獵之事都由它掌管。

都虞司初名尚膳監,後改采捕衙門,康熙十六年改爲都虞司,其職官設有郎中、員外郎、主事、委署主事等職。

6. 慎刑司

掌"獻三旗之獄"。② 凡審擬罪案、議處官員、太監治罪、官員降調開復處分、行取囚糧等都由它管理。凡徒罪以上,及杖一百以上,枷示刺字,須交刑部辦理。

慎刑司初名尚方司,順治十二年改爲尚方院。康熙十六年改爲慎刑司。其職官設有郎中、員外郎、主事、委署主事等職。

7. 營造司

掌"宮禁之繕修,率六庫三作以供令"。③ 凡繕修工作及炭薪陶冶等事都由它管理。據會典載,凡二百兩以上工程,則歸工部或總理工程處,營造司所掌祇是零星小工程。

營造司所屬有六庫三作:木庫、鐵庫、器皿庫、柴庫、炭庫、房庫。鐵作、花爆作、油漆作。

營造司初名惜薪司,順治十八年改爲內工部,康熙十六年改名營造司,其職官設有郎中、員外郎、主事、委署主事等職。

8. 慶豐司

掌"牧牛羊之政令"。③ 凡宮中所用牛羊肉和奶酪的供應都由它負責。所屬有牛圈四個:內牛圈、圓明園牛圈、南苑牛圈、做奶餅牛圈,及豐臺六羊圈。

慶豐司於康熙十六年歸併掌儀司管理,康熙三十二年設慶豐司,不隸內務府,雍正元年歸併內務府管理。

其職官設有郎中、員外郎、主事、委署主事等職。

---

① 《光緒會典》卷九十一。
② 《光緒會典》卷九十五。
③ 《光緒會典》卷九十四。

9. 上駟院

掌"御馬之政令"。① 凡皇帝、皇子等皇室所有馬匹，都由它飼養牧放和訓練。

上駟院初名御馬監，順治十八年改爲阿敦衙門，康熙十六年改爲上駟院，以內務府大臣一人兼管，後定爲卿二人，下設堂郎中、主事、委署主事等官員。

上駟院設有左右二司。左司掌內外群廠、游牧馬駝數目及定議賞罰之事，右司掌員役俸廩、馬駝草豆、稽核奏銷之事。司各設員外郎、主事、委署主事等職。

上駟院所屬馬廠，在京城有皇帝專用馬廠、東安門鵁馬三廠、西安門鵁馬二廠、駕車騾二廠、小馬廠、饗山鵁馬廠，口外馬群有大凌河牧群、上都達布遜諾爾牧群、達裏岡崖牧群，各設有總管、翼領、牧長、牧副等官，以管理飼養牧放事宜。

10. 武備院

爲御用軍需之所，掌"備器械以供御，官用皆給焉，掌工作之禁令"。①

武備院初名鞍樓，以侍衛三人暨員外郎等官掌理，順治十一年改爲兵杖局，十八年改爲武備院。康熙五年隸內務府，十五年分爲鞍庫、甲庫、氈庫，三十七年分鞍庫爲北鞍庫、南鞍庫。雍正三年侍衛三人定爲正三品卿職，乾隆十四年定爲卿二人。

武備院在內務府裏邊，是另具系統的機構，故武備院卿亦稱堂官。因而專設郎中、主事、委署主事等官，辦理行政事務，堂官掌理本院題奏事件、核銷錢糧、總理四庫收發文移之事。

北鞍庫掌供奉上用鞍轡傘蓋幄幕之事，所屬有傘房帳房處、鞍板作，設有員外郎、庫掌、庫守等職。

南鞍庫掌官用鞍轡，各項皮張纓緌帶之事，所屬有熟皮作，設有員外郎、庫掌、庫守等職。

甲庫掌盔甲刀仗旗纛器械之事，所屬有盔作，設有員外郎、庫掌、庫守等職。

----

① 《光緒會典》卷九十六。

氈庫掌弓箭靴鞋氈片之事，所屬有鶻骨頭作、靴皮作、氈作、帽作、雜活作，設有員外郎、庫掌、庫守等職。

11. 奉宸苑

掌"苑囿之禁令"，① 總理苑囿事務及本苑職官遷授陞除等事。清初景山、瀛臺事務屬尚膳監，康熙十年以內務府總管管理，十六年歸併都虞司，二十三年設立奉宸苑，仍以內務府總管管理印信，雍正六年設奉宸苑堂官，定爲三品卿職，乾隆十四年定爲卿二人。

隸屬於奉宸苑的苑囿計有：景山、瀛臺、長河、玉泉山稻田廠、南苑、圓明園、暢春園、清漪園、靜明園、靜宜園等處所。

奉宸苑設有郎中、員外郎、主事等職。

南苑，初屬內監管理。順治十八年屬采捕衙門，康熙二十三年歸併奉宸苑。職官設有郎中、員外郎、主事等官，掌理南苑官職陞除，分管九門草甸圍牆樹木牲獸之事，苑丞、苑副掌看守住宿陳設器皿諸事。

圓明園、暢春園、清漪園（光緒時改名頤和園）、靜明園、靜宜園等分別設有郎中、員外郎、主事、苑丞等職，掌理園庭內外事務。因爲這些園都是皇帝臨時居住的地方，所以在一般職員之上，並專設管理大臣。

御船處，管理各園河道所用船隻事務。成立於乾隆十六年，至道光二十三年裁撤。熱河行宮、湯泉行宮、盤山行宮、黃新莊行宮，各設總管、苑丞等職管理行宮陳列等事。各行宮亦設有千總武職，任守護之責。

12. 掌關防管理內管領事務處

亦名內管領掌關防事務衙門（俗稱關防衙門）。內管領、副內管領掌承應內庭灑掃糊飾，供應宮內酒菜及各種器皿，並管理該管領下戶口、田產、官員俸餉，及兵丁錢糧之收管出入。清會典載內管領的職掌："供大內之物役，凡宮中之事率其屬而聽焉。"②

清初設內管領四員，順治間增十六員，康熙二十三年每內管領下增設

---

① 《光緒會典》卷九十七。
② 《光緒會典》卷九十五。

副内管領一員，所屬有官三倉、酒醋房、青菜庫、內外餑餑房、車輛庫、傢伙倉、蠟備倉、冰窖、蘇拉處等處所。

13. 管理三旗銀兩莊頭處

簡稱爲錢糧衙門，掌三旗各莊之糧稅徵收，治其賞罰與優恤之事。

清初各莊頭事務由三旗各佐領管理，康熙三年設員外郎六人專管，十六年隸屬會計司，雍正元年另設衙門，置郎中一人。

14. 官房租庫

掌內外城官房之租課，按月徵收，以供營造司之用。清初屬營造司管理，康熙六十一年定租庫各員額，乾隆三十六年以內務府大臣值年管理。

15. 御茶膳房

掌備皇帝及宮內茶品、飯食及供應賜茶筵宴，並收發進貢食物。清會典載其職掌："供大內之食飲膳饈。"① 所屬有茶房及膳房。茶房又分清茶房、御茶房，膳房分內膳房、外膳房，內膳房之下分四局：葷局、素局、點心局、飯局，後又添設餑餑局，並附設乾肉庫，設有尚膳正、尚膳副、尚茶正、尚茶副、尚膳、尚茶等職。

16. 御藥房

掌供應內庭應用藥材和丸散之事。順治十年設，以總管首領太監管理，康熙三十年改歸內務府。職官設有員外郎、主事、庫掌等。

17. 御書處

掌刊御筆裱褙之事。初爲文書館，康熙二十九年改名御書處，道光二十三年歸併武英殿。

18. 武英殿修書處

掌繕刻裝潢各館書籍及宮殿陳設書籍之事，設於康熙十九年，雍正七年改爲修書處，稱武英殿造辦處。

19. 造辦處

掌製造一切器用。初設於養心殿，掌造內庭各項活計，康熙十九年移出。附設有如意館、金玉作、鑄爐處、造鐘處、砲槍處、鞍甲作、弓作、琺瑯作、玻璃廠、銅盆作、輿圖房、匣裱作、油木作、燈裁作、盔頭作、

---

① 《光緒會典》卷九十八。

並設有活計庫以儲存制成物品。設有郎中、員外郎、主事、委署主事、庫掌、委署庫掌等職。

20. 寧壽宮

設郎中、員外郎、主事等官，掌稽查看守陳設、輪流值宿、造具檔冊之事，其檔冊鈐用廣儲司印。乾隆四十年以寧壽宮地方重要，派內務府大臣二人專管，並設置郎中等員額。

21. 雍和宮

雍和宮原爲胤禛做皇子時的府邸。他做了皇帝，在雍正三年改名雍和宮。乾隆九年改爲喇嘛廟，歲時不斷去點香拜佛，所以特派大臣管理，並設司員掌管陳設等事。

22. 中正殿

設員外郎等官，掌理喇嘛唪經並有關唪經需用供品物料等事。康熙三十六年設，並特派大臣管理。

23. 犧牲所

掌餵養祭祀需用牲畜等事。初隸太常寺，乾隆二十六年歸併內務府，以內務府大臣輪流值年管理之，下設兼管司員等職。

24. 文淵閣

設提舉閣事一人，掌四庫全書之守藏。初文淵閣歸奉宸苑派苑丞管理，乾隆五十三年改歸內務府直轄，設兼管司員四人。

25. 御鳥槍處

掌御槍之承應。

26. 養鷹鶻處

掌飼養鷹狗隨圍進哨，以供狩畋之事。清初設立鷹房、鴉鶻房，乾隆十一年改爲養鷹處、養鴉鶻處，三十七年裁養鴉鶻處，其員額轉補鷹上養狗處。

27. 景山官學

掌教育內務府三旗子弟，康熙二十四年設立。

28. 咸安宮官學

凡內務府三旗及八旗滿洲子弟選擇優秀者每旗十名，入官學讀書，教以清漢文及步射，雍正七年設立。

29. 蒙古官學

凡八旗蒙古每旗三名，入官學讀書，其學習着重蒙文翻譯，學生待遇同於前者，故附於咸安宮官學，乾隆十三年增置。

30. 長房官學

教育太監學習清漢蒙古文字，以粗辨字畫爲目的，康熙三十五年設立。

31. 江寧蘇州杭州三織造

每處各設監督一人，分掌所駐地方供應皇帝和皇族及官用緞匹，皆監視而督理之，歲終奏銷造冊呈內務府，以副冊送廣儲司察核。

順治初年設三處織造官監督、筆帖式、庫使等官，三年一代，十八年定爲一年更代。光緒三十年五月裁撤江寧織造。

32. 關監督

粵海、淮安、張家口、殺虎口、崇文門各稅關，照編制隸屬於戶部，而各關監督（崇文門特設副監督）皆由內務府司員外放。因爲各關的收入，一部分需繳納內務府廣儲司。光緒三十年五月裁撤粵海關、淮安關兩監督。

33. 管轄番役處

掌緝捕之事，雍正四年設立。

34. 織染局

掌織造皇室所用綢緞染彩繡繪之事。順治十八年設，原隸工部，康熙十二年改爲內務府管理，乾隆十六年移織染局於萬壽山，道光二十三年裁撤。

35. 總理工程處

凡宮殿之修理費用在二百兩以上者，歸工程處或工部，總理工程處設有勘估大臣、承修大臣、查驗大臣、辦事司員，除設委署主事一人，其餘皆由各司院臨時派員兼辦。設於乾隆二十六年。

36. 三旗參領處及三旗包衣各營

清代內務府的組織除供應皇帝家務，凡宮禁守衛的官兵皆在其編制之內，計有三旗包衣驍騎營，備紫禁城之宿衛；三旗包衣護軍營，司守宮門及扈從等事，並在護軍營內另設前鋒營，演習解馬（舊名解馬營）以備皇帝閱看馬技。關於兵丁之管理，設三旗參領處，掌戶口錢糧文移訓練等事。

37. 盛京內務府

盛京爲清代陪都，又是福陵、昭陵所在地，故設有盛京內務府。總管大臣一人，以盛京將軍兼充，掌盛京三旗包衣之政令，其下設佐領、主事、委署主事等，以管理各項事務，並分設廣儲、會計、掌儀、都虞、營造各司，置庫使、催長等職，分任宮殿陳設、物品儲藏、營造諸務，並各陵祭祀守護等事。

38. 陵寢內務府

清代帝王墳墓在關內者有二處：一在薊州，二在易州。在薊州者設東陵總管內務府大臣，以馬蘭鎮總兵兼充，並在各陵設司員、管領等職。在易州者設西陵總管內務府大臣，以泰寧鎮總兵兼充，並在各陵設置司員、管領等職。兩陵各駐有包衣三旗兵丁，備供各陵祭祀守護等事。

39. 敬事房

是管理太監、宮女及在宮內服役的機構，具體任務是管理帝后的生活，負責宮內陳設、打掃、守衛，傳奉內務府方面的諭旨。敬事房設於康熙十六年五月，設有大總管、總管、副總管、首領等宦官。道光二十二年統計，宮內、圓明園等處共設二千二百十六名太監。① 他們分別編入內務府三旗各內管領下，其陞遷調補、獎懲、錢糧都由內務府大臣裁定，可見有清一代對太監管制之嚴。

40. 昇平署

昇平署爲清代供應奏樂演戲的機構。順治初沿明舊制設教坊司供應宮中奏樂演戲等事，雍正七年改教坊司爲和聲署。自乾隆朝在南府排戲，嗣後關於奏樂演戲遂由南府任之，道光七年改稱昇平署，職官設有兼理事務郎中、員外郎、筆帖式等職。

內務府除設有上述機構之外，或因時因事設置了一些臨時機構，如大婚禮儀處、慶壽處、恭辦喪禮處、統計處、辦理捐輸助賑事宜處、督理六當處、查覆處、憲政籌備處、會典館、則例館、圖志館、專任報告事件處、署名處等。這些機構因辦某事而設，事完即撤。

內務府初設時，內部機構和人員還比較精練，以後隨着清朝政治制度

---

① 《欽定宮中現行則例》卷四。

日益腐敗，內務府的機構和職官吏役也不斷膨脹，至清末，內務府的直屬機構有十一個，附屬機構四十個，臨時機構十三個，總計有六十四個，職官吏役約數萬之衆。

（三）內務府檔案的內容

現存於中國第一歷史檔案館的內務府檔案，共有一百八十九萬多件（冊）。文件起於順治十一年（1654），迄於宣統三年（1911），包括清代十朝二百五十八年形成的檔案。

內務府堂和七司三院等直屬機構的檔案，大致可分四類：

第一類，內務府上奏文書，主要有題本和奏摺兩種。題本為內務府大臣向皇帝報告府事的文書之一。內務府的題本，照例不存內閣，而存內務府廣儲司庫，所以現存內務府的題本中大都是原件。按照當時文書處理制度規定，內務府也存有大量的題稿。題稿是經內務府大臣簽畫的稿本，內務府的題本、題稿有七千多件。題本的內容，主要是內務府例行向皇帝報告的錢糧刑名事宜。如題銷官三倉一年出入存米、雜糧、蠟支、豆草數、孀婦孤子領糧數，莊頭園頭一年應交錢糧數目，掌儀司一年辦買乾鮮果品數及所領銀兩數，內務府官員京察、陞遷調補事宜，廣儲司六庫、官房租等出入銀兩數目，宮中祭祀、禮儀等常用項目錢財物的報銷等。

奏摺亦是內務府報告府事的文書之一，有奏案、奏底、奏稿，約五萬多件。奏案是內務府具奏的楷體原案，按朝年月日排序，以事由組卷。奏底、奏稿是奏摺的副本和內務府大臣簽畫的稿本。內容有：①內務府官員陞遷、調補、京察，挑選秀女，太監蘇拉的管理。②內務府官莊田畝地租徵收、關稅鹽課解交、宮中費用奏銷等。③祭祀、禮儀、巡幸事宜。④宮中苑囿修建工程。⑤八國聯軍搶劫宮中陳設物品清單。⑥外國貢使的接待、賞賜。

第二類，內務府匯鈔的各項檔冊，有漢文的和滿文的兩種，主要檔冊有：

《紅本檔》，是內務府所題紅本的摘鈔登記。康熙十七年規定，內務府各司等處具題紅本發出時，該處官員交堂登記檔案，即將原本交廣儲司庫收貯。《紅本檔》多為滿文，內容都是錢糧刑名事務。

《奏銷檔》，是內務府大臣奏銷宮中所用錢糧及辦結事項文書的匯鈔，反映有清一代宮廷財政費用及經辦事情的實況。

《上傳檔》，是皇帝傳辦各項事務諭旨的匯鈔，內容涉及內務府的官員陞遷、關稅鹽課的繳進、賞賜貢使及傳辦的各項事務。

《上諭檔》，是內務府逐日鈔錄的諭旨檔冊，內容主要是內務府官員調補獎懲，工程修建，懲處太監，地租、關稅、鹽課支銷，帝后的食宿、巡幸、穿戴等。

《奏事鈔檔》，是奏事處口傳諭旨的鈔件，內容多是關於宮中筵宴、拈香行禮、賞賜王公大臣福、壽字等。

以上爲內務府題、奏文書和有關諭旨的匯鈔。

《來文檔》，是各衙門給內務府來文的匯鈔。《行文檔》，是內務府給各衙門行文的匯鈔。《呈文檔》，是內務府所屬司院呈送內務府堂文件的匯鈔。《轉文簿》，是內務府堂給下屬各機構行文的記錄。《交鈔檔》，是內務府堂交所屬各機構辦事堂諭的匯鈔。

以上檔冊爲內務府與各衙門來往文書的匯鈔，其內容反映了內務府職能活動狀況。

第三類，內務府日行公事檔案，主要有：

1. 呈稿，是內務府所屬各司處呈送給內務府大臣核辦的文稿，主要內容有：各莊頭、園頭呈交地租、雜差銀兩及欠銀數目，官兵、雜役、孀婦米石的領放、奏銷，呈報京內各圈及口外各牧場每年出入存留牛羊數目，承辦各項活計、各種用品所需銀兩，宮中買辦茶葉、香料、顏料、紙張、皮硝、棉花、白蠟、銅、錫、鉛、柴、煤等物品，三織造解辦緞匹，御茶膳房買辦食品、蔬菜及每年用過酒、醋、醬、菜數目，官員的考核及太監、雜役人員的管理，等等。

2. 咨文，爲內務府與各衙門的互相往來文書。文件從康熙至宣統，約五萬件。已按問題分類整理，共分人事、禮儀、財務、外事、民族、土地房屋、修建工程、刑罰、進貢、織造、關稅、鹽務、工業製造、牲畜管理、陵寢、教育、巡幸、行宮、軍務、農業水利、其他等二十一個類。其中外事、關稅、民族、宗教等類文書，關係國家政治、經濟活動，其他各類文書都是內務府職能活動的記錄。

3. 月摺，記載了廣儲司銀庫、皮庫、緞庫、衣庫、瓷庫、茶庫等每月進出銀兩、各項物品及庫存數目。

4. 事筒，是內務府值班官員收辦京內外各衙門的來文。辦文之後，每日將文件收入筒內，是爲事筒。事筒按內容分爲人事、禮儀、財務、庫儲、倉儲、捐輸、外事、民族事務、土地房屋、修建工程、刑罰、織造、鹽務、牲畜管理、陵寢、巡幸、行宮、軍務、帝國主義侵略等十九類。

5. 領、結，領是內務府各機構領取銀兩、米豆、鹿肉、工程物料、物品、車輛、馬匹、紙墨等錢物的收據，結是領取物品的印結，分人事、財務、土地房屋、建築工程、物品、文書等類。

6. 簿冊，爲內務府所屬各機構日常記事的檔冊，有廣儲司各庫、都虞、慶豐、會計、營造各司，以及上駟院、奉宸苑、造辦處等二十三個機構的檔冊，共二萬四千三百三十冊。內容有：①人事類，如官員及匠役人員花名冊等。②財務類，如發放銀兩、財務賬目等。③文移類，如咨、移、禀、札等各種來往文書底簿、底稿。④登記類，如收發文書登記簿冊等。⑤雜記類，爲辦理各種事情的記錄，其中，有廣儲司的銀、皮、瓷、緞、衣、茶各庫的檔冊。造辦處的內外活計房、圓明園活計房、金玉作、畫裱作、鑄鐘作、燈裁作、盔頭作、油木作、銅錢作、鞍甲作、玻璃廠、砲槍作、琺琅作、如意館的檔冊，史料價值較高。

第四類，輿圖。內務府的輿圖，一爲中外臣工繪製進呈，皇帝覽後批存內務府造辦處輿圖房，二是造辦處輿圖房繪製的輿圖。這些輿圖，秘藏禁廷，外間很少流傳，價值珍貴，內容豐富。清宮輿圖，根據《天下輿圖總摺》和乾隆帝命阿里衮等人編制的《蘿圖薈萃》中載，當時輿圖房所藏輿圖共六百八十四種，分十三大類：

1. 天文。如《天盤星斗圖》等。

2. 輿地。如天下總圖、直隸、盛京、江南等各省地圖。康熙三十三年在法國巴黎出版的《坤輿全圖》等。

3. 江海。其中有海防圖，如《明徐必達海防圖》等，還有營汛圖，如《江海墩臺營汛圖》等。

4. 河道。如《星宿海圖》、《運河圖》等。

5. 武功。如《大兵平吳應麒圖》等。

6. 巡幸。如《西湖行宮圖》等。

7. 名勝。如《五臺山圖》、《四川峨嵋山圖》等。
8. 瑞應。如雍正七年貴州巡撫張廣泗進的《嘉谷圖》等。
9. 效貢。爲外國使臣入貢禮品的圖式，如《荷蘭車圖》等。
10. 鹽務。如《兩淮產鹽行鹽分合十圖》等。
11. 寺廟。如《南嶽廟圖》、《泰山廟圖》等。
12. 山陵。如《泰陵圖》、《孝陵圖》等。
13. 風水。如《勝水峪吉地圖》等。

清宮輿圖中，較爲重要者，如康熙《皇輿全覽圖》、《乾隆十三排圖》以及《西域圖志》等，都是經過中外人士實地測量後繪制的，是當時最好、最精確的中國和亞洲地圖。

清宮輿圖經過嘉、道、咸、同、光各朝不斷積累，至清末共有二千五百多件，這些輿圖現在都完好地保存在中國第一歷史檔案館。

內務府所轄機構和臨時機構檔案數量也很多，內容也很豐富。其中較爲重要的檔案，如昇平署檔案中南府事件檔、昇平署事宜檔、旨意檔、恩賞檔、日記檔、知會記載檔、差事檔、承應戲檔、戲月檔、內外花名檔、學藝人進宮年分檔、帶戲賬、戲譜等。御藥房檔案中的黃藍冊底簿（爲每年奏銷進用藥味的稿簿）、咀片藥味檔、丸散藥味檔、收用四項月冊檔、交藥檔、經藥檔、催藥檔（催同仁堂交藥的催票底）、光緒三十四年八月各省藥味出入記載賬、上傳檔（爲同治帝傳用藥味檔）、脈案檔（爲慈禧、光緒及王公等看病診脈的記錄）、配方檔、藥庫用藥檔等。御茶膳房檔案中的御茶膳房花名冊、帝后進膳手掐、節次照常膳底檔、江南照常膳底檔、山東照常膳底檔、盛京照常膳底檔、四季供應檔等。

內務府臨時機構的檔案有：
①大婚禮儀處檔案，記載同治、光緒大婚事宜。
②慶辰處檔案，爲辦理帝后壽辰的檔案。
③恭辦喪禮處檔案，爲辦理帝后喪事的記載。
④辦理捐輸助賑事宜處檔。
⑤督理六當處檔，記六當鋪生息銀數。
⑥憲政籌備處檔。
⑦則例館檔案，爲修內務府則例的記載。

此外，在內務府檔案中，還有江寧織造繳回檔，約有一萬多件，爲光緒三十年十月江寧織造裁撤後交回內務府的。溝渠工程史料，有一百多件，爲修挖宮內溝渠工程中形成的文件。文件從乾隆五十年至宣統元年。這些檔案都有極高的史料價值。

（四）內務府檔案整理編目狀況

內務府檔案經過不同時期、采用不同的方法進行了整理，編有各種檔案目錄。

1.《內務府奏銷檔目錄》、《內務府紅本上傳檔目錄》、《內務府奏案目錄》、《內務府奏、題稿目錄》、《內務府題本目錄》、《內務府月摺目錄》。以上目錄，檔案按內務府堂、會計司、廣儲司、掌儀司、營造司、都虞司、慶豐司、關防衙門、錢糧衙門、慎刑司等機構分類。

2.《內務府呈稿目錄》，檔案按內務府堂、廣儲司、掌儀司、會計司、營造司、慶豐司、慎刑司、三旗銀兩莊頭處、官房租庫、造辦處等機構分類。

3.《內務府來文目錄》，檔案按來文機構分類爲：廣儲司、都虞司、掌儀司、慶豐司、會計司、營造司、慎刑司、關防衙門、莊頭處、官房租庫、造辦處、武英殿、御茶膳房、中正殿、犧牲所、織染局、三旗參領處、圓明園檔房、粵海關監督、靜明園、懋勤殿、督催欠項處、京察處、造佛事務處、滋生銀兩處、敬事房、護軍營、園寢工程處、景運門檔房、恭理處、萬壽慶典處、則例館、大婚典禮處、廣通寺福禪林工程處、籌備處、尚衣處、禁煙大臣公所、辦理車輛處、總理查倉處、昌陵工程檔房、交泰殿、察辦餘平銀兩處、管理城工大臣、承修祭器大臣、欽派督理查工處、辦理兵丁起程事務處、熱河總管衙門、材料房、寧壽宮、御史衙門、管理滋生銀兩處、內殿。

4.《內務府簿冊目錄》，按內務府堂、廣儲司、綺華館、都虞司、御茶膳房、昇平署、中正殿、莊頭處、關防衙門、營造司、上駟院、奉宸苑、御藥房、造辦處承修祭器處、大婚禮儀處、慶辰處、恭辦喪禮處、統計處、則例館、會典館、辦理捐助賑事宜處、圖志處、督理六檔處、查覆處、憲政籌備處、署名處、專任報告事件處。

另有《三織造繳回案卷目錄》、《內務府溝渠工程史料目錄》。

5.《新整內務府檔案目錄》，檔案分類爲：

內務府堂：禮儀、人事、政務、民族事務、土地房屋、修建工程、刑罰、東北參務、織造、稅關、鹽務、工業制造、牲畜管理、陵寢事務、巡幸行宮、文化教育、軍務、農村水利、陳設物品、文圖庶務、其他。

廣儲司、織染局、都虞司、掌儀司、御茶膳房、中正殿、雍和宮、昇平署、會計司、管理三旗銀兩莊頭處、關防衙門、營造司、官房租庫、總理工程處、制造庫、慶豐司、犧牲所、慎刑司、番役處、上駟院、武備院、奉宸苑、圓明園、三園、寧壽宮、交泰殿、壽皇殿、御藥房、文淵閣、武英殿工程處、御書房、養心殿造辦處、御鳥槍處、官學、敬事房、飯銀處、雜件、景運門檔房、稽查內務府。

（五）內務府檔案的特點

1. 完整、系統

內務府檔案較現存其他清代中央機關的檔案，比較完整而又系統。文件起於順治朝，繼之康熙、雍正、乾隆、嘉慶、道光、咸豐、同治、光緒，以迄宣統朝，共有一百八十多萬件。1911年辛亥革命後，溥儀小朝廷還繼續存在。如加上小朝廷時期的內務府檔案三十九萬八千多件，那麼內務府檔案總數應爲二百一十九萬八千多件，其中尤以乾隆和光緒兩朝的文件爲最多。一個朝代的內廷機構留存下來如此大量的檔案文獻，在中國歷史上是空前的，在世界歷史上也少見。

內務府檔案不僅數量浩大，而且比較系統。從內務府的歷史來看，不僅有初創時期的文獻，而且有中期發展和後期衰敗時期的檔案，還有內務府在民國延存時期的材料。從內務府的機構來看，既有內務府堂及直屬的七司三院的檔案，又有內務府附屬的機構，如三織造處、昇平署、雍和宮等四十多個機構的文書，還有內務府臨時機構，如大婚禮儀處、慶辰處、恭辦喪禮處、會典館、則例館等十三個機構的檔案，所以，內務府檔案系統地反映了內務府各個時期、各個機構的職能活動情況。從文書的種類來看，有內務府大臣上奏的文書，如題本、奏摺；有皇帝下達的詔令，如上諭、敕諭、口傳諭旨等；有內務府與各衙門的來往文書和內務府內部機構的來往書函，如咨文、移會、知照、照會、禀文、函札、領、結等，還有大量內務府各機構日常辦事所記的檔冊以及編匯存查的檔簿等，這些檔案是研究皇朝內廷文書辦事制度的唯一材料。

2. 內容豐富

在皇帝專制統治時代，內務府可以說是國中之國。清會典載，內務府"掌上三旗包衣之政令，與宮禁之治，凡府屬吏、戶、禮、兵、刑、工之事，皆掌焉"。①《清史稿》載，內務府總管大臣"掌內府政令，供御諸職，靡所不綜"。② 內務府檔案反映了內務府全部職能活動情況，其內容是十分豐富的，大致可以分為三個方面：

第一，帝后的衣、食、住、行、樂、婚喪嫁娶、節慶禮儀等材料；

第二，府內吏、戶、禮、兵、刑、工等各方面的史料；

第三，關係國家政治、財賦、外交、民族、宗教等方面的史料。在皇帝高度獨裁統治的清代，"朕即國家"，所以管理皇家事務的內務府，也管理一些有關國家的事務，即所謂"國中有府，府中有國"。內務府檔案中有關國家事務的材料：

（1）政治方面。

如內務府檔案有關於皇帝上朝、巡幸、禮儀方面的記載。內務府匯鈔、存查的皇帝的諭旨檔冊及內務府呈稿中，有關於戊戌變法、籌備立憲、義和團、回鑾等專案的材料，這些檔案都反映了國家部分的政治活動。

（2）財賦方面。

如內務府關稅、鹽務方面的檔案，反映了淮安關、宿遷關、龍江西新關、滸野關、鳳陽關、臨清關、九江關、粵海關等海關稅收和長蘆、兩淮、河東等鹽務的情況。

（3）外事方面。

如內務府檔冊中的《賞各國物件檔》、《日記檔》、《交鈔檔》、《閣鈔奏案檔》，呈稿中的外事類等文書，反映了朝鮮、越南、暹羅、緬甸、琉球、南掌、廓爾喀、蘇祿、荷蘭、英國、大西洋國等進貢活動，以及貢物查收存放、恩賞物品的領發等。內務府活計檔中，記載了西洋人如郎世寧、王致誠、蔣友仁、艾啓蒙等在宮中為皇帝服務情況。

---

① 《光緒會典》卷八十九。
② 《清史稿》卷九十三。

(4) 民族、宗教方面。

內務府檔案中反映了部分蒙古、藏、回等少數民族頭目及各地土司朝見、進貢及皇帝賞賜封贈的情況，有關帝后信奉佛教、唸經、在傳心殿造佛等方面的材料也很多。

所以，內務府檔案不僅是研究宮廷史的重要材料，而且也是研究清代國家歷史的珍貴史料。

3. 價值珍貴

內務府檔案是內務府各機構在實施其職能活動中直接形成的文書，是帝后在宮中活動最原始的記錄，反映了宮廷歷史的原貌，所以它是研究清代宮廷史的第一手材料。研究清代宮廷史史料很多，如《國朝宮史》、《實錄》、《聖訓》、《內務府則例》等，但這些書籍都是後人使用文書檔案事後編寫的，較之內務府檔案已是第二手材料了。內務府文書由於是當時在辦事過程中形成的，所以它的內容比較客觀，較之其他史料更具有真實性和可靠性。

內務府的各類滿、蒙、漢文字的文書，那特有的質地和格式、鮮明的印章、精美的裝潢，使它不僅具有史料價值，而且具有珍貴的文物價值，也是我國文化遺產中一批重要的文物。

三、鑾儀衛、尚虞備用處檔案

(一) 鑾儀衛檔案

鑾儀衛是掌管皇帝車駕儀仗的機關，其檔案共有五百一十五卷、二萬六千六百八十九件，起於乾隆，迄於宣統。主要內容有：皇帝登極、陞殿、頒詔、閱兵，帝后、親王等婚喪嫁娶及各個節令的儀衛禮儀和領取陳設物品等事宜的文件，還有關於蒙古王公、西藏班禪等進京所用車輛等物件的規章制度，及有關辦理老撾、越南、尼泊爾、泰國、緬甸等贈送象隻，和儀象的采辦、飼養等事的材料。

鑾儀衛檔案經整理後，編有案卷目錄一冊，檔案分類：①儀仗；②職官；③財政經費；④文圖庶務。

(二) 尚虞備用處檔案

尚虞備用處又名粘竿處，是扈從皇帝出巡釣魚娛樂的機構。現存檔案祇有一件，是光緒三十三年（1907）憲政編查館爲奏派修訂法律大臣事給該處的咨文。

四、侍衛處、禁衛軍訓練處及京師各旗營檔案

侍衛處是皇帝的宿衛扈從機構，其檔案祇有一卷、十六件，爲光緒、宣統時期，進班大臣及侍衛的銜名單及內務府爲宣仁廟辦道場知會侍衛處派員行禮的文件。

禁衛軍訓練處是光緒三十四年（1908）攝政王載灃專門爲訓練警衛皇族禁衛軍而設立的一個機構，其檔案僅有三卷，有載濤等所擬的禁衛軍訓練處官制、營制餉章及禁衛軍徽章、射擊徽章、服色章程等，還有一些禁衛軍訓練的日報表及探報等材料。如武昌起義後，保定工巡局爲檢查北上火車人員情況給禁衛軍總統馮國璋的呈稟等文件。

現存各旗營的檔案有神機營、健銳營、火器營及管理前鋒護軍等營事務大臣處的一些文件。

神機營建立於咸豐十一年（1861），由八旗驍騎、前鋒等營中最精銳的兵丁組成，專門守衛紫禁城三海一帶。其檔案起於同治七年（1868），止於光緒三十三年（1907），共二十八卷，主要內容有神機營官員的任免獎懲，兵丁挑補，槍支彈藥、馬匹等軍需的配備，軍餉及經費的開銷等，還有一些有關清理被八國聯軍搶、毀、埋、扔的槍械兵器及德兵劫去的觀象臺、古銅儀器等材料，是揭露帝國主義侵略的重要證據。

神機營檔案經整理後，編有案卷目錄一冊，其檔案分職官、軍務、經費、禮儀、工程、文圖六類。

火器營是一支專門掌握鳥槍火砲的軍隊，設於康熙三十年（1691），其檔案僅有一卷，爲光緒時內外火器營官員襲職加級及病故出缺的名單。

健銳營由雲梯兵組成，建於乾隆十四年（1749）。除操雲梯外，還操演馬步射、鳥槍等，常任靜宜園守衛及扈從等事。其檔案祇有一卷，爲清末翼長、前鋒等官員病故記名冊。

管理前鋒護軍等營事務大臣處，是宣統三年（1911）三月爲整頓兩翼前鋒營、八旗護軍營及內務府三旗護軍、驍騎等營事務而設立的。宣統三

年（1911）十月即歸併內務府大臣管理。現存該處的檔案共二十五卷，主要內容有前鋒、護軍等營官兵額缺數目，有關官兵挑補獎懲方面的材料。還有攝政王用硃筆點選各旗參領的名單等。

五、清遜帝溥儀檔案

（一）溥儀其人

愛新覺羅·溥儀是清朝的末代皇帝。光緒三十二年正月十四日（1906年2月7日）生於北京醇王府。其祖父是醇賢親王奕譞，是道光皇帝的第七子。溥儀的父親是醇親王載灃，是光緒皇帝的弟弟。溥儀的母親是蘇完瓜爾佳氏，爲大學士榮祿的女兒。光緒三十四年十月二十一日（1908年11月14日）光緒皇帝病故，慈禧太后以"繼承同治，兼祧光緒"的名義，立溥儀爲嗣皇帝，其父載灃爲監國攝政王，年號宣統，定己酉年爲宣統元年。

溥儀登極之際，正值我國資產階級革命進入高潮時期。他當皇帝不到三年，1911年10月10日便爆發了武昌起義。清廷爲垂死掙扎，一面起用袁世凱爲湖廣總督，節制水陸各軍，向革命軍猛撲，一面急忙下《罪己詔》，宣布解除黨禁、赦免革命黨人、解散皇族內閣等，並命袁世凱組織責任內閣，以欺騙革命人民，企圖挽回危局。但隨着革命形勢迅猛發展，各省紛紛宣布獨立，溥儀被迫於宣統三年十二月二十五日（1912年2月12日）宣布退位，並下《退位詔》、《優待條件詔》和《勸諭臣民詔》。公布了清室與民國議定的《關於清帝遜位後優待之條件》、《關於滿、蒙、回、藏各族優待之條件》、《關於清皇族優待之條件》。根據優待條件，"大清皇帝辭位之後，尊號仍存不廢，中華民國以待外國君主之禮相待"；"皇室歲用四百萬兩，由中華民國撥用"；"暫居宮禁，侍衛人等照常留用"；"宗廟陵寢，永遠奉祀"。這樣，溥儀仍然在皇宮過着"小朝廷"的生活。

1917年7月1日，在清朝親貴遺老的策劃下，"辮帥"張勳率兵進京，與康有爲等擁立溥儀登極，復辟清朝。當天，溥儀由張勳等副署發表"復辟諭旨"，宣布於宣統九年五月十三日（民國六年七月一日）"臨朝聽政，收回大權，與民更始。自今以後，以綱常名教爲精神之憲法，以禮義廉恥收潰決之人心"。諭令在中央設議政大臣和內閣，地方各省督軍改稱"巡撫"或"總督"，授張勳爲"議政大臣、直隸總督兼北洋大臣"，康有爲爲"弼德院副院長"，等等。溥儀復辟的消息傳出以後，立刻遭到全國人民的強烈反對，結果這場醜劇只演了十二天，就以失敗告終。7月12日，張勳兵敗，逃入荷蘭使館。溥儀在段祺瑞政府的庇護下，仍居皇宮。1919年4月，由清室和民國商量聘請英國在威海衛的殖民官員莊士敦，教溥儀英文。1922年12月1日，溥儀和婉容、文綉結婚，"冊封"婉容爲"皇后"，文綉爲"淑妃"。1924年第二次直奉戰爭期間，溥儀被陸軍檢閱使馮玉祥驅逐出宮，暫住北府。11月29日，在日本駐華公使芳澤謙吉的策劃下，溥儀潛往日本使館。1925年2月23日在日本控制下移住天津，先後在日租界張園和靜園居住。溥儀在天津七年間，不斷與軍閥吳佩孚、張作霖、段祺瑞、張宗昌、畢翰章、劉鳳池、劉文輝、龍雲等聯絡，經常和保皇分子康有爲、鄭孝胥、陞允、羅振玉、王國維、陳寶琛、朱益藩等密謀，進行復辟活動。特別是他還頻頻與日本帝國主義分子芳澤謙吉、土肥原、吉田茂、板垣、頭山滿等勾結。1928年，在他指使下，"直魯聯軍總司令"張宗昌與白俄謝米諾夫簽訂了一個《中俄討赤軍協定》，規定"共同討赤"，"互相幫助"，企圖借日、俄等帝國主義力量，以實現其復辟帝制的迷夢。

1931年"九一八"事變後，日本帝國主義在東北一手炮製了一個"滿洲帝國"，溥儀又出任了僞滿洲帝國的皇帝。1945年日本投降時，溥儀在逃日途中被蘇軍逮捕，押拘蘇聯。1950年蘇聯將溥儀押還中國，禁於旅順戰犯管理所，1959年被特赦釋放，1960年分配在中國科學院植物研究所北京植物園工作，1961年被聘爲政協文史資料研究委員會專員，1964年被薦爲全國政協委員，1967年在北京病逝。

（二）溥儀檔案的狀況和內容

一史館所保存的溥儀檔案，包括溥儀在故宮"小朝廷"時期和在天津居住期間所形成的檔案。文件從宣統三年十二月二十五日（1912年2月12日）清帝宣布退位開始，至1931年溥儀離開天津爲止，共五千四百六十六卷，計三十九萬八千五百一十四件。

清帝退位後，根據民國政府優待皇室條件，溥儀仍在皇宮過着"小朝廷"生活，原管宫廷和皇族事务的内务府、宗人府等仍存不废，各机构的官员、吏役等照常供职活动。1924年溥仪出宫，在天津张园、静园居住后，又在北京、天津和奉天分别设立了清室办事处。清室驻津办事处设立总务、庶务、收支、交涉四处，任命了一批官吏，以管理溥仪的起居和张园、静园事务。溥仪居京、津期间，形成大量的档案。1924年溥仪出宫后，"小朝廷"的档案由清室善后委员会接收。1925年故宫博物院设立后，由文献部管理这些档案。溥仪居津时期的档案，1931年在溥仪去东北后存于溥修宅所，1946年由故宫博物院接收，当时共接收物品文件二百一十八箱，又小提箱四件，其中档案二十余箱，这些档案一直完好地保存至今天。

为了更好地保存和利用这些档案，档案馆曾先后两次进行了整理编目。鉴于1911年辛亥革命后清政权已不复存在，所以溥仪"小朝廷"和居津时期形成的档案应视为溥仪个人档案，名为"清逊帝溥仪档案"。溥仪档案的内容十分庞杂，既有溥仪个人从事政治、外事以及生活方面的文件，也有为其和皇室服务的内务府、宗人府等各机构的档案，现分别介绍如下。

1. 溥仪个人文件

溥仪个人文件包括政务、外事、财务、礼仪陵寝、生活习读等五大类。

（1）政务方面的文件。

①溥仪与旧臣遗老密谋复辟帝制活动的文书，如张勋复辟时期的一组谕旨和奏章。1917年7月1日，安徽督军张勋率辫子军入京，拥戴溥仪重新登极。当时由张勋等副署发表了若干道复辟谕旨，宣布已被推翻的宣统帝"于宣统九年五月十三日临朝听政，收回大权与民更始"。改民国六年为"宣统九年"，下谕授张勋为议政大臣、直隶总督兼北洋大臣，康有为为弼德院副院长，梁敦房为外务部尚书，张镇芳为度支部尚书，王士珍为参谋大臣，雷震春为陆军部尚书，朱家宝为民政部尚书，贡桑诺尔布为理藩部尚书……还下谕任命了两江总督、两广总督及各省的巡抚等一批地方官员。

张勋复辟的消息一传出，立即遭到全国人民的强烈反对。段祺瑞见有机可乘，于是在马厂誓师讨伐张勋，在档案中有《讨逆告示》一份。7月

12日張勳的定武軍與段祺瑞的共和軍在北京交戰，砲火曾傷及太廟，檔案中有太廟首領報告太廟各處被砲火毀壞的情形。張勳復辟失勢後，清室爲掩人耳目，逃避罪責，急忙於1917年7月11日，以內務大臣世續的名義，致函段祺瑞政府說："六載以來，謹居深宮，不聞外事。……乃本年七月一日黎明，忽有謀變國體之事，殊非初衷所能料及。……所有七月一號以前諭旨，自應一律撤銷。"段祺瑞復信說："大憝據京，演此奇變，幸早撲滅，漸復原狀。敬當視力所及，以盡保護之責。"隨後總統馮國璋宣布，繼續維持優待清室條件。

還有不少溥儀在天津時期與軍閥吳佩孚、張作霖、張宗昌、閻錫山、畢翰章、劉鳳池、劉文輝、龍雲等相互勾結，進行復辟活動的文件，以及清朝王公遺老如商衍瀛、陞允、蕭丙炎、溫肅、陳寶琛、朱益藩、康有爲等爲復辟或效忠清朝給溥儀的奏摺。

②溥儀與民國總統、總理的來往文書。在優待清室條件中規定，中華民國以外國君主之禮對待清遜帝溥儀，所以每逢元旦、春節、端午、中秋、帝后壽辰等慶典節日，民國政府都向清室贈送禮品並派員致賀。如1913年元旦，袁世凱曾派禮官朱啓鈐前往皇宮向溥儀賀年。隆裕皇太后去世時，袁世凱親自臂戴黑紗致哀，並通令全國下半旗一天，文武官員服喪二十七天。1913年10月6日，袁世凱被選爲正式大總統後，還特別致信溥儀說："此皆仰荷大清隆裕皇太后及大清皇帝天下爲公、唐虞揖讓之盛軌，乃克臻至，我五族人民感戴慈德，如日月之照臨，山河之涵育，久而彌昭，遠而彌摯。"袁世凱就任大總統時，清室派了御前大臣貝勒銜固山貝子溥倫賫書前往致賀。1915年12月12日袁世凱正式稱帝，清室去信表示："凡我皇室極表贊成。"

其後，溥儀和民國總統徐世昌、黎元洪、馮國璋、曹錕等也有不少往來文書。

③有關優待清室條件的文書

1911年10月10日武昌起義爆發，1912年2月12日宣統皇帝宣布退位，頒《退位詔》、《優待條件詔》和《勸諭臣民詔》，根據民國與清室的商定，清帝退位後，民國政府優待清室條件有三：

甲　關於大清皇帝辭位之後優待條件，共八款。

乙　關於清皇族之待遇之條件，共四款。

丙　關於滿、蒙古、回、藏各族待遇之條件，共七款。

檔案中這三個優待條件都是鈔件。按照優待條件，溥儀仍居皇宮，照舊以皇帝的名義頒發諭旨，受理舊臣的奏章。內務府、宗人府等一套宮廷、皇族機構照常活動，仍沿"宣統"的年號，並且不時有違反民國的法律制度的事情發生。對此，民國總統曾派內務總長朱啓鈐、司法總長章宗祥與清帝內務府進行交涉，要求清室遵守民國法律，奉民國正朔。經過協商，於1914年12月26日制定《善後辦法》七條，其中規定："清皇室應尊重中華民國國家統治權，除優待條件特有規定外，凡一切行爲與現行法令抵觸者，概行廢止。"等等。《善後辦法》制定以後，溥儀小朝廷不但不認真執行，反而於1917年趁憲法會議召開之際，策動了一次請願活動，要求把優待條件加入憲法。現存的檔案中，有內務府官員簽名的請願書，各保皇組織如京師總商會等向衆、參兩院上的請願書。清皇室還四處活動，要求保障皇室的地位和待遇。後經1917年4月20日憲法會議第十八次會議決定，以"不必再議"結束。

1924年馮玉祥發動北京政變之後，決定將溥儀驅逐出宮，再次修改優待皇室條件。修正後的優待皇室條件共五條，其中規定"永遠廢除皇帝尊號"，溥儀"即日移出宮禁"，等等。從此，溥儀結束了"小朝廷"的生活。

（2）外事方面的文件。

主要反映了溥儀與日、俄等帝國主義勾結和進行復辟賣國的活動，如溥儀與日本天皇來往電函，溥儀與日本駐華公使芳澤謙吉以及吉岡安直、吉田茂、崗本武三、小田、山口裕康等來往文書，爲派家庭教師遠山猛雄赴日活動復辟事致黑龍會首領頭山滿的黃絹信底，派張宗昌與白俄謝米諾夫訂立《中俄討赤軍協定》，俄皇密使呈溥儀書。溥儀英文教員莊士敦勾結英皇、軍閥進行復辟活動的文件和溥儀在津期間與各國官員、社團的來往文件，還有英、美、法、德、俄、日等國使臣、紳士參觀游覽頤和園、景山、三海方面的材料。

（3）財務方面的文件。

①故宮"小朝廷"時期的檔案，有：

A. 內務府、宗人府等各機構經費報銷，官兵、宮女、太監俸餉津貼銀兩的發放，內務府傳辦各項事務的月摺，各種財物單據等。

　　B. 雍和宮、三旗銀兩莊頭處、昇平署、圓明園等處徵收地租數目。清理皇帝私產，舊臣遺老進貢的各類物品記載，陵寢土地的開墾，開辦教養工廠等材料。

　　C. 修建監國攝政王府第、儲秀宮工程以及德日新、中正殿失火案的材料。

　　②溥儀在天津居住時期衣、食、住、行、玩樂等費用方面的賬簿，如《皇上述賬》、《現金出納》、《交出分類》，還有不少房租水電、變賣古董、字畫，發放屬下人員薪水等方面的材料。

　　（4）禮儀陵寢方面的文件。

　　其內容有祭祀各陵寢壇廟，辦理隆裕皇太后喪禮，德宗景皇帝、孝定景皇后、珍妃、端康皇貴妃安葬事宜，守衛東西陵以及東陵工程、東陵盜案等，各王公、大臣、福晉去世呈遞的遺摺及撫恤祭奠事宜，溥儀大婚的材料，各王公生子命名及給官頂並纂修玉牒事務的文書，元旦、冬至、萬壽等節慶，各王公舊臣上的慶賀表文，及溥儀賞賜字畫、匾額等方面的文件。

　　（5）生活習讀等方面的文件。

　　有記載溥儀生活起居的《內起居注》、每日用飯的膳單。有溥儀結婚及與文繡離婚的文書，還有溥儀打網球、在宮內騎自行車、養狗、養貓、尋醫治病、求神唸經、看戲看電影等方面的材料，溥儀讀書、習字、作詩作畫以及練習滿、漢、英文字的各種功課、仿本等也很多。

　　其他還有漢、英、法文各種剪報及《秉熹日記》、《韞穎日記》、《梁鼎芬日記》等資料。

　　2. 內務府檔案

　　內務府是管理宮廷事務的機構，根據《皇室優待條件》，內務府從1911年一直保持到1924年溥儀被驅逐出宮纔停止活動，在此期間，內務府形成大量文件。這部分檔案是按機構整理的，包括內務府堂、各司、三院及其他機構的文件。

　　（1）內務府堂方面的文件。

　　有關於辦理《皇室優待條件》善後辦法的文件，有關於裁減內務府機構、人員及調補、獎懲等問題的文件，有溥儀與民國官員往來禮儀問題的文件，有陵寢守護、經費核銷、各殿陳設、保管珠寶等文件，有溥儀與蒙古、藏王公喇嘛的來往文件及外人參觀景山、頤和園以及典當房地的文件。

(2) 各司方面的文件。

內務府原有七司，1924年溥儀裁去慎刑司。1924年溥儀將各司、院均行裁撤，改稱總務、文書、會計、采辦四科。這部分文件主要是關於各司、處人事、經費，三旗護軍人事、俸餉與地產、佃戶管理；祭祀、典禮，挑選秀女，徵收地租，修建工程；管理牛、羊、豬等問題的文件。

(3) 三院方面的文件。

內務府原有上駟、武備、奉宸三院（苑），1915年溥儀分別改爲上檔房、武檔房、奉檔房。檔案的主要內容是管理馬騾、武備官員調補及制作鞍轡靴只，管理園囿，修浚河道，三海工程等文件。此外，還有造辦處、莊頭處、房產租庫、御茶膳房、野意蕃菜膳房、中正殿、雍和宮、昇平署、頤和園、三大殿、寧壽宮、大高殿、慈寧宮、激桶處、太醫院、御藥房、壽藥房、文淵閣、武英殿、景山官學、回子官學、三旗參領處、景運門檔房、乾清門值班處、精捷營、皇史宬、制造庫、敬事房、大婚典禮處、喪禮處、奏事處、鑾輿衛等機構的文件。

3. 宗人府檔案

宗人府是管理宗族事務的機關。1911年辛亥革命後，根據民國政府與清室簽訂的《關於滿族待遇之條件》規定，宗人府機構得以保留，至1924年溥儀被驅逐出宮纔停止其活動。在此期間，宗人府形成大量檔案，主要內容是：管理皇族王公土地財產、皇室經費、俸餉的籌解報銷，籌辦旗人生計，宗族加入民國參議院和京都市民自治會活動，以及關於皇族生死婚喪、纂修玉牒，祭祀、值班、官員陞補等方面的文件。

清遜帝溥儀檔案經整理後編有溥儀個人部分文件目錄、內務府部分檔案及宗人府部分檔案目錄、奏事處部分檔案目錄。其檔案分類如下：

(一) 溥儀個人文件

①政務；②外事；③財經；④禮儀陵寢；⑤生活習讀；⑥其他。

(二) 內務府

①內務府堂；②廣儲司；③都虞司；④掌禮司；⑤慶豐司；⑥會計司；

⑦營造司；⑧慎行司；⑨上駟院（後改上檔房）；⑩武備院（後改武檔房）；⑪奉宸苑（後改奉檔房）；⑫關防衙門；⑬管理三旗銀兩莊頭處；⑭造辦處；⑮官房租庫（後改房產租庫）；⑯御茶膳房；⑰御藥房（壽藥房）；⑱太醫院；⑲武英殿；⑳昇平署；㉑三旗參領處；㉒三旗護軍營；㉓圓明園；㉔雍和宮；㉕慈寧宮花園；㉖激桶處；㉗中正殿；㉘敬事房；㉙大婚典禮處；㉚恭辦喪禮處。

（三）宗人府

①宗人府堂；②左司；③右司；④黃檔房；⑤經歷司；⑥銀庫；⑦玉牒館；⑧清理王公田產調查所；⑨八旗生計處。

（四）奏事處

①奏遞文書；②如意貢物；③侍衛值日；④賞賜撫恤；⑤人事；⑥財務；⑦其他。

現編有檔案文件目錄和案卷目錄，查找頗便。

六、醇親王府檔案

醇親王府，是清代後期兩代醇親王居住的地方。

第一代醇親王奕譞，於道光二十年（1840）九月二十一日出生，是道光皇帝的第七子。道光三十年（1850）正月咸豐皇帝即位時，奕譞被封為醇郡王，但仍以皇七子的身份住宮中。咸豐九年（1859）三月從宮中分封出來，居住於北京西城太平湖的新府。同治三年（1864）七月加封親王銜。同治十一年（1872）九月晉封醇親王。光緒十四年（1888）九月因光緒帝生於太平湖醇親王府內槐蔭齋而移居什剎海後海北岸，光緒十六年（1890）十一月二十日病死。

第二代醇親王載灃，光緒九年（1883）正月初五日出生於北京西城太平湖醇王府內。翌年十月，因慈禧五旬整壽，封不入八分輔國公。光緒十五年（1889）晉封奉恩鎮國公。光緒十六年（1890）十一月承襲醇親王爵位。光緒二十八年（1902）和瓜爾佳氏結婚，光緒三十二年（1906）生長子溥儀。光緒三十四年（1908）十月光緒皇帝死，溥儀入嗣皇帝（宣統），載灃被命為監國攝政王入朝理政。宣統三年（1911）武昌起義後，載灃退歸藩邸。民國期間，先後居住在北京、天津，1951年病死。

醇親王府檔案共二百一十五卷（約一千多件），起於光緒元年（1875）迄於1926年，主要內容有：

（1）有關職官官制方面，如整頓地方吏治、御史趙炳麟奏請議定司法人員官階終身挨次陞轉、新疆學務公所設員額數及府、廳、州、縣之官員的調補等。

（2）有關政法方面，如籌備立憲，光緒三十年（1904）新疆辦結就地正法各案、查辦葉城知縣王錦銘挾嫌刑斃事、拿獲王雲龍等人案犯審訊事、新疆辦理禁煙等方面的文件。

（3）有關經濟方面，如開辦津通鐵路、采煉鉛礦、停鑄制錢、稅收、經費開支、藩庫收支銀兩糧草數目、收成分數、雨雪糧價及蝗、雹、水灾，賑濟等。

（4）河工方面，如江西巡撫德馨等陳明勘修黃河堤埝、江蘇省黃河故道工程、鄭州河防工程情形及內閣鈔發左宗棠奏復履勘畿輔河工情形的文件。

（5）有關軍務方面，如訓練軍隊、軍隊調動、布防、操演，籌辦餉項經費，神機營人事更動及派員赴天津武備學堂學習、購買槍彈、砲雷、輪船、機器以及有關海軍方面的文件。

（6）涉外事件方面，有駐外使臣陳報關於朝鮮在日活動之自由黨人被查拿、日本袒護金玉均併日廷更動官制的稟啓，關於建議在南洋群島等埠設駐領事以便保護華僑的稟啓，關於帝俄在東北活動情形的稟啓，交涉移讓北堂法教會地基及與總稅務司赫德交涉香港四廠貨稅仍歸常關經理事，巴黎詢問在華開設銀行發給憑照事的文電，天津外商美利司公司加入門頭溝煤礦股份的有關文件，辦理商約事務大臣呂海寰略陳與各國議約困難情形之文件，醇親王與各國使館外事往來活動及同外國人的來往信件。

（7）帝國主義侵略方面。

①中法戰爭方面的文件：蔡鈞在南洋各埠、港廈、上海等地偵探情況的呈摺，駐防龍州之官員為法國占據福建鷄籠砲臺主張中國決戰的稟啓，宗室溥馔等陳明對法作戰辦法，自制水雷和水輪機以及籌餉、察看海口布

防情形的禀呈，《申报》登载中法和议进程等。

②八国联军入侵北京方面的文件：袁世凯护理直督、周馥关于慈禧太后、光绪皇帝由汴启銮回京日期的电文，光绪帝自荥阳行在发布的优恤李鸿章及著袁世凯署理直隶总督充北洋大臣、张人骏调补山东巡抚的上谕电，员外郎世奎等陈报八国联军侵入北京后毁坏园庭、殿宇、陈设及老百姓逃避情形的禀函，奕劻乞求瓦德西保护西陵的函件，派专使载沣赴德国谢罪的有关文电等。

（8）有关王府及皇室事务方面，有王府修缮、礼仪、追缴庄园地租，清皇室否认参加张勋复辟，清皇室与北洋军阀政府相互勾结等方面的文件。此外，还有吉林通省舆地全图、顺属东路形势图、满文舆地草图等。

清醇亲王府档案经整理，编有档案目录一册。

档案分类为：①王府事务；②宫廷资料；③各省奏本、批本；④立宪；⑤吏治；⑥边务；⑦灾荒；⑧河工；⑨路矿；⑩财务；⑪外事；⑫中法战争；⑬有关庚子、辛丑事件；⑭军备；⑮神机营禁卫军；⑯海军；⑰日本观操证。

七、舆图

有清一代，所绘舆图甚丰，主要藏在内务府、内阁大库和军机处。内务府舆图原藏造办处舆图房，数量最多。乾隆时曾编有《萝图荟萃》两编，将图分为天文、舆地、江海、河道、武功、巡幸、名胜、瑞应、效贡、盐务、寺庙、山陵、风水等十三类。内阁大库所藏图，为会典馆编纂会典图之稿本及其参考品。除舆地图外，尚有礼、乐、冠服、舆卫、武备、天文六类图。军机处舆图，多为随摺进呈之附件。当时摺件和附图多分开保管，其图分为舆地、江海、河道、武功、巡幸、寺庙、山陵等七类。以上为清代舆图保藏情形。

1925年故宫博物院文献馆整理这些图籍时，除尽量保持当时存放的原貌外，还有相当一部分图已混乱，无法归入上述三个机构中。另外，自1930年以来，又陆续从社会上征购来一批舆图进馆，合计共七百多件，单独存放，作为一个全宗管理。经整理后，著录有卡片目录一套。按其内容分爲以下類別。

（1）輿地圖：包括世界、全國及各省、府、州、廳、縣、鎮、村等輿地圖。如蔣友仁繪呈的《坤輿全圖》、康熙《皇輿全圖》、《雍正十三排圖》、《乾隆十三排圖》、康熙《直隸圖》、《盛京城闕圖》、乾隆《京城全圖》等。

（2）江河湖渠圖：如黃河、長江、山東運河、直隸河流以及河工工程及水情等圖。其中康熙《星宿海河源圖》、《全國沿海圖》、乾隆《金沙江上下兩游圖》，極爲珍貴。

（3）水陸路程圖：如新疆各地問路程圖、東三省鐵路圖等。

（4）軍事戰爭圖：有軍隊營房、砲臺、戰陣等圖。如《湖南省駐紥營勇圖》、《東三省軍隊營房圖》、《長城居庸關一帶煙墩圖》、《南京各門砲臺圖》、《威遠臺鎮遠臺砲臺圖》等。

（5）礦廠圖：如湖北當陽煤鐵山圖、黑龍江各處金礦界地圖、新疆和闐金廠分布圖等。

（6）外國輿圖：如俄羅斯全國圖以及亞西亞、歐羅巴洲圖、亞非利加洲圖、亞墨利加洲圖等。

此外還有不少中外陸疆海域分界和一些名勝、慶壽、建築、陵墓等圖，如乾隆《熱河行宮圖》、《嵩山寺廟圖》、《南嶽廟圖》、《泰山寺廟圖》、《西嶽華山寺廟圖》、《普陀栴檀林圖》、《孔林圖》、《萬壽山頤和園圖》等，都是極爲珍貴的歷史圖籍。

第五節　地方機關及官員的檔案

一、順天府檔案及山東巡撫衙門的檔案

（一）順天府檔案

順天府，順治元年（1644）沿襲明制設立，爲京畿地方的行政機關，所屬有五州、十九縣，分四路廳督管。

順天府檔案共有三百三十三卷，一萬三千多件。自同治至宣統，各朝

文件都有。主要内容有：

（1）職官官制：擬定官制改革章程，官員陞遷調補、襲蔭、請假、丁憂、病故等。

（2）政法：憲政方面，有籌辦憲政、地方自治、設立機構等事宜。法律訴訟方面，有刑部頒發的訴訟案例、刑律、辦理秋審、審理各種民事和刑事案件以及法部時期辦理司法統計等文件。警務方面，有籌設巡警隊，辦理槍械、服裝，招募警兵，整頓、調查警務，擬定章程，舉辦團練、保甲及籌辦保衛社等事宜。此外，還有調查順天府屬戶口、人數，籌辦順天府教養局、習藝所、養濟院，統計犯罪人數、限滿開釋，禁煙，等等。

（3）鎮壓革命運動：有關在武昌起義後加強京畿防務，防範革命黨人以及鎮壓傳習江湖會、無爲教、"馬賊"、"回匪"、太平軍等內容的文件。

（4）軍務：有辦理吉林、黑龍江、密雲等地駐防，查勘各汛交界巡防的文件，有訓練官弁，巡閱營伍，演習槍砲，購買馬匹、軍械、彈藥，武職官員的陞補獎勵、官弁履歷、官兵俸餉等文件。

（5）財政金融：有順天府等編制的歲出歲入預算表，整飭京畿錢法、限制票幣、查禁私鑄、銀錢市價的管理，辦理各項稅務、鹽務和查禁差徭，辦理肅王府、巴林王府圈地、收租及官員公費、衙署經費開支等文件。

（6）路礦實業：有關鐵路占地，辦理礦務，紳商請辦繭辦公司，籌辦自來水管道，興辦城工、浮橋，官荒種林，勘丈荒灘等。

（7）商務：有關推行統一度量衡制度，辦理私開集市和南洋勸業會展品，查禁買空、賣空硝磺等。

（8）外事往來：有關英、德、法、日、土等國學者、紳士爲前往直隸等地游歷辦理護照事，朝僑回國、查辦德商井陘公司、奧商私開磚窑、英商赴內地采購土貨等事宜文件。

（9）傳教教案：有關報告各屬州縣教堂、教民數目以及查辦洋人傳教、辦理教案等文件。

（10）禮儀：有關辦理帝、后婚喪，修造陵寢，辦理京師地區月食救護事宜的文件。

（11）文教衛生：有關籌辦中、小學堂、法政學堂、醫學正科，辦理紅十字會、婦孺防護會，擬定報館條規，創建游藝運動場等問題的文件。

順天府檔案經整理後編有案卷目錄一冊，其檔案分爲：①職官官制；②民政警務；③憲政；④法律詞訟；⑤鎮壓革命運動；⑥軍務；⑦財政金融；⑧工業交通；⑨農業商務；⑩外事往來；⑪傳教教案；⑫禮儀；⑬文教衛生；⑭其他。

（二）山東巡撫衙門檔案

山東巡撫衙門，順治元年（1644）設於濟南府，是清代山東省最高行政管理機關。

山東巡撫衙門檔案，尚未整理完畢，有三百多件，主要內容有：

（1）實業商務：有光緒三十年（1904）山東創辦鐵路及濟南等處商埠的文稿。有咸豐四年（1854）至咸豐八年（1858）整頓山東鹽政章程等文件。

（2）農田水利：有挑浚河淤、增培堤埝經費的清冊以及奏辦漕運、旱災蟲災、銀糧完欠、雨雪情況的摺稿。

（3）關稅稅務：有海關撥解銀兩、東海關常稅報銷、商船百貨稅、洋藥釐金及徵解山東省賦稅情形等文件。

（4）政法：有巡警局報銷所用之銀兩、薪餉，各分局的月報，審讞刑殺案件的摺稿，禁煙稽核章程嚴定考成辦法的條文等。

（5）涉外事務：有奏報押送駛入劉公島的英船出境等問題的摺稿。

（6）職官：有奏報任卸撫篆及簡補山東、兩廣巡撫的奏稿和上諭電。

（7）軍務：有軍隊營制、官員兵勇數目及南刑房、北刑兵馬房等總名冊。

（8）教案：有奏報官弁鎮壓"叛匪"情形的文件。

二、黑龍江將軍衙門、寧古塔副都統衙門、阿拉楚喀副都統衙門、琿春副都統衙門檔案

這些東北地方的檔案，在光緒二十六年（1900）八國聯軍入侵我國時，被帝俄劫走。1956年9月由蘇聯政府交還我國，由明清檔案館保存。

移交時已經蘇聯整理過，編有俄文目錄，基本上按朝年—機構的原則整理，即按朝年順序分開，在一年之內再按兵、刑、戶、工等機構分類排列編目。

（一）黑龍江將軍衙門檔案

黑龍江將軍衙門建立於康熙二十二年（1683），是清代黑龍江地區駐防八旗的軍事組織，並兼爲地方行政機關。最初設在璦琿，康熙二十九年（1690）移往墨爾根，康熙三十八年（1699）又移往齊齊哈爾。

黑龍江將軍是黑龍江地區的最高軍事長官，管理黑龍江地區的旗兵事宜，統率本地區之副都統、協領等以下八旗官兵，其職權與中央各部並列，不相統屬，直接對皇帝負責。光緒三十三年（1907）改將軍制爲行省制，裁撤將軍改設巡撫，黑龍江將軍衙門至此結束。

黑龍江將軍衙門檔案包括康熙二十三年（1684）至光緒二十六年（1900）時期的文件，共一萬四千八百零四卷。主要內容有：

（1）軍事：有將軍下屬鎮邊軍、齊字營、火器營、水師營等的報告和表冊，將軍的命令、札飭等；軍隊訓練、布防、剿捕、偵察敵情，邊卡設置及人員配備；修造軍械，制造火藥，領取糧餉、飼料的報表、清冊、底冊；官員陞遷調補、獎懲撫恤、承襲世職、喪葬、請假；挑補兵丁，支發餉銀，優撫恩賞；軍馬、騾等數量及護養情況的報告等。

（2）司法：有兇殺、搶劫、奸拐、盜竊等刑事案件的審訊記錄、口供、驗屍和案情報告，轉解、押送案犯，緝拿逃犯的通告，復審記錄，報告案犯在獄死亡情況等。

（3）旗務地畝：有旗丁戶籍統計，挑補旗丁，承襲世職，撫恤、賑濟、褒獎、戶口冊、屯戶冊、佃戶冊、齊齊哈爾三代冊及家奴比丁冊，屯墾及清丈田畝的表冊、存根等。

（4）礦務實業：有發現煤礦、煤苗的報告，查禁私挖金礦的命令和報告，黑龍江金礦各把頭花名清冊；電報局架綫動支清冊，總管衙門進山伐木、修造渡船的報告，修造船隻和修理電綫電杆的費用報銷等。

（5）財政經濟：有地丁解欠，牛馬豬羊捐稅和鋪戶雜稅的徵收；官兵廉俸、津貼、糧餉等支出，官員借支、出差費用，紅白事賞銀；街市、糧價的報表，倉穀牌價之類的經濟情報等。

（6）禮儀：有節婦的調查統計及褒獎節婦的規章細則等。

（7）中外交涉：包括反映清朝與俄國、朝鮮、法國、英國、意大利等五國交往活動的檔案。其中中俄關係的檔案占絕大部分，主要是有關邊界交涉、修改條約等問題的文件。中朝關係有甲午戰爭時期清政府派兵入朝、邊境清丈土地及添設卡倫等。中法關係有禁止法國傳教士入境的命令及法傳教士獨占教堂事件等。中英關係有通商方面的文件。中意關係有意大利入境游歷請發護照的文件。

（8）鎮壓革命運動：有義和團起義時期的教案，清政府鎮壓義和團情況以及河南、山東捻軍活動和寧夏回民起義的文件。

（9）氣象：有光緒十七年（1891）綏化廳及上廠集兩地全年晴雨情況的報告及墨爾根城降雹報告等。

（10）文書檔案：有明令各機關建立、檢修檔案房，規定按時清理文書檔案並妥爲保管、遺失處分以及嚴格規定公文格式、用語等。

（二）寧古塔副都統衙門檔案

寧古塔（今黑龍江省寧安）副都統衙門於康熙十五年（1676）設立，是清代駐防八旗的軍事組織，又是地方行政機關，受吉林將軍的領導，宣統元年（1909）撤銷。

寧古塔副都統衙門檔案，共有一千二百六十八卷，包括康熙十四年（1675）至光緒二十六年（1900）時期的文件。其內容：

（1）內政：有職官的增派、陞遷調補、裁撤、開缺休致、獎懲及官員的花名冊、履歷冊，有撫恤、旌表貞烈、婚喪賞銀、對鰥寡孤獨的贍養以及旗民的三代檔冊、人丁戶口冊、雇工名冊等。

（2）司法：有發遣罪犯、緝拿逃犯、獄犯名冊及產權糾紛、命盜案等。

（3）軍事：有軍需、調遣、人事、訓練、防務等方面的文件。

（4）涉外活動：有中俄邊界事務，如界址、卡倫里數的造冊，增加臺站、設防等文件，有關與朝鮮貿易方面的文件。

（5）財政經濟：有地丁錢糧、稅務、經費開支、倉儲、倉庫、義倉、房契號簿、供銀墾耕的收支賬簿以及雨雪糧價、災情、收成情況等方面的文件。

（6）鎮壓革命運動：有咸豐至同治年間挖金人民的起義及光緒年間捻軍起義的有關文件。此外，還有日月食、雷電的記載，設立"中俄書院"、培養俄文翻譯人員，派遣留學生以及嘉慶年間禁止信教等方面的文件。

（三）阿拉楚喀副都統衙門檔案

阿拉楚喀（今黑龍江省阿城）副都統衙門，是清代的地方軍事組織，也是吉林將軍衙門的派出機構，屬吉林將軍領導。雍正三年（1725）阿拉楚喀設協領一人，佐領、驍騎校、防禦各五人。乾隆二十一年（1756）設立阿拉楚喀副都統，宣統元年（1909）裁撤。阿拉楚喀副都統衙門檔案，共有四百三十四卷，文件起自同治五年（1866），迄於光緒二十五年（1899）。主要內容有：

（1）財政經濟：有劃定圍場、占土地、催收地租、墾荒等地丁錢糧方面的文件；有收納、減免捐稅的文件，如日捐、厘捐、牛馬騾驢豬羊稅、洋土藥稅及煙酒課稅等；有支出官兵俸餉的花名冊，八旗官兵及其家屬應領的俸餉和賑恤銀兩簿冊，醫官的藥費開支、辦公津貼等；有義倉銀動存數目的簿冊和文件；有紅白事賞銀、孤寡孀婦的贍養銀兩、獄囚柴米銀兩等文件。

（2）工農商業：有辦鐵路、開礦，雨雪糧價，行市及公價銀兩等文件。

（3）軍事：有關軍官陞任調遣、獎懲、選擇、考試、陣亡官兵補缺；軍隊的調遣、練兵；糧餉、火藥開支，制造軍器槍支；修建城圍衙署工程等。

（4）禮儀：為慈安、慈禧等生日上呈的賀表，各旗婦建貞節牌坊，各地進貢給朝廷的物品清單及壇廟齋戒日期的通知等。

（5）中外關係：有中國與比利時、俄國、朝鮮等國簽訂的通商條約、稅則，有法國傳教士在境內賣書、傳教士占地等，有英、法、俄、日、美、德等國官員、傳教士、商人及其船隻游歷過境、通知保護、離境日期等文件；有俄人在東北勘探鐵路的情況報告，有關與秘魯新訂增添保護華工條款的照會，有中國留學生出洋留學的文件。

（6）民政司法：有報告偷設賭局、吸食鴉片、販賣奴僕等，有命案、盜案、霸地、賴婚、越界私墾等案件及秋審表册等。

（四）琿春副都統衙門檔案

琿春副都統衙門是清代駐防八旗的軍事組織，康熙五十三年（1714）始設琿春協領，隸屬於寧古塔副都統。光緒七年（1881）在琿春地方增設了副都統衙門，受吉林將軍領導。宣統元年（1909）撤銷。琿春副都統衙門檔案，共五百七十五卷，文件起於乾隆二年（1737），止於光緒二十六年（1846）。內容有：

（1）財政經濟：地丁錢糧方面，有旗丁、大租徵解、土地旗丁稅收報告及土地稅收簿册。捐稅方面，有徵收山海關稅、木植稅、東捐房租等稅務厘捐清册及各種鋪戶稅收賬本等。此外，還有琿春庫存和經費開支報告，申請解決經濟困難、官兵俸餉開支報告及報銷公差銀兩清册等。

（2）軍警：有記載駐軍人數及增添情況、官兵花名册、軍費開支、餉銀清册，有打仗陣亡、獎懲報告以及邊防設施、武裝配備、預防外侵等文件。

（3）旗務：有各旗戶口名册，撫恤、賑濟旗民的清册，寡婦守節、節操德行、建立牌坊、承襲贍養，遷移京旗人口赴東北墾荒等。

（4）涉外事務：有關與外國的邊界糾紛，訂立通商條款所簽訂的條約，及辦理交涉事務中形成的文件。

（5）司法：有命案、盜案，緝捕逃犯及通緝"匪首"，押解囚犯等。

（6）農、工、商和交通運輸，有墾務、徵收和蠲免賦稅、雨雪糧價，受災、賑濟、開礦、禁買硝磺、船運、馱運等方面的文件。

（7）鎮壓革命運動：如鎮壓捻軍、回民起義等。

此外，還有日食、月食、天文、地理的記載報告等。

三、長蘆鹽運使司檔案

長蘆鹽運使司，又稱長蘆都轉鹽運使司。清初沿明制而設。衙署原在滄州，康熙二十四年（1685）遷至天津，一直延續到1914年爲止。長蘆鹽運使司是清代專管長蘆地方鹽務的機關，歸長蘆鹽政管理。咸豐十年（1860），撤裁長蘆鹽政，改歸直隸總督管理。長蘆鹽運使司檔案，共五千零八十二卷，包括乾隆三十三年（1768）至1914年的文件。其內容是：

（1）鹽的生產運銷方面：有關產鹽、運鹽、銷鹽、課釐、改良食鹽辦法，商人轉租引地和代辦引岸、請求停運鹽引以及蘆商引岸改歸官辦等文件。

（2）財政經費方面：有徵收竈課、灘課、鹽稅，催各商完交關津、蓮池生息利錢、河工錢以及皇鹽廠、白鹽廠房租；有支撥北京、盛京等地軍餉，支撥天津、河間等處海防用費及問津、蓮池等書院經費銀兩；有報解江海關英德息款、直豫兩省新案賠款、長蘆衆商借道勝銀行銀款數目等文件。此外，還有各項款項的錢糧清冊。

（3）緝查私鹽方面：有各地緝私隊關於緝查私人製鹽、販鹽、拿獲私犯、設卡緝私、平毀鹽池及緝私組織、裝備、嚴加防範壞人搶劫等文件。

（4）工程修建方面：有關鹽灘被毀、鹽場荒廢請求撥款修復及各場借款修灘、修鹽坨、修理衙署、擴充鹽坨等文件。

（5）職官官制方面：有開辦、裁撤衙署及官員的陞遷調補、捐官、病故、開缺、丁憂、獎懲、履歷、交換關防等文件。

長蘆鹽運使司檔案經整理後，編有《長蘆鹽運使司附屬各單位卷宗目錄》一冊。該司所屬單位卷宗的分類爲：海豐場、豐財場、天津分司、永屬鹽務總局、昌黎縣官鹽分銷總局、順天各屬官運總局、高博蠡官運總局、東舊官運總局、樂亭分局、直豫各岸緝私總局、新行官運總局、京引官運總局、長蘆緝私營、祥符緝私局、順德七屬鹽務總局、高陽等處緝私分局、鄭許陳緝私局、長蘆緝私天津分局、長蘆緝私保定分局、灤州鹽務局、小直沽地批驗所、開封緝私局、衛輝緝私局、長蘆官辦鹽務轉運總局、蘆臺場、嚴鎮場、管理塘沽坨務委員（各機構檔案依時序排列）。

四、端方檔案

端方是清代光緒末年至宣統年間的一個地方官員，光緒二十七年

（1901）至宣統三年（1911），歷任護理陝西巡撫、湖北巡撫、署理湖廣總督、江蘇巡撫、署理兩江總督、湖南巡撫、出國考察政治大臣、兩江總督、直隸總督、督辦粵漢川漢鐵路大臣等要職。宣統三年（1911），清政府派端方率領鄂軍赴四川鎮壓保路運動，行至資州，被鄂軍殺死。

端方檔案共十四萬多件，起於光緒二十六年（1900），迄於宣統三年（1911）。主要內容有：

（1）帝國主義侵略方面，有在我國東北地區進行的日俄戰爭情況之文件，有英國在上海、湖南、長沙、永州、衡州設租界、教堂、通商口岸，日本侵占東沙，德艦進入鄱陽湖等方面的文件。

（2）籌備立憲方面，有關官制改革的文件，有在湖南、江蘇地區設立中小學堂的文件，有派遣留學生赴日本、德國等學習農、工、商、武備及留學生呈報學習情況的文件，還有收回中國關稅權的文件等。

（3）財政經濟方面，有向外國賠款的文件。有商辦銀行、錢莊倒閉的文件，有糧、米、鹽等貨物的運輸及收貨物出口稅的文件，還有開礦、災荒、賑濟等方面的文件。

（4）鎮壓革命運動方面，如蘇報館革命案、安慶徐錫麟案，革命黨人爲秋瑾被殺開追悼會，在日本對馬存槍運粵及在湖南組織華興會，江西南豐、浙江嘉興等地人民反教會鬥爭，江蘇海州、南京、兩淮等地人民掀起搶米運動，江浙紳商要求蘇杭甬鐵路商辦等。

（5）軍事方面，有撤換官兵、購買軍火、軍隊訓練等。

（6）職官方面，有端方任內所屬官員陞遷調補、獎懲等。

（7）水利方面，有湖北潛江等縣民因堤被水浸潰籌辦堵築事宜等。

端方檔案經整理後編有目錄一冊。其檔案分爲：①去電；②來電；③信函；④專案；⑤雜檔。

五、趙爾巽檔案

趙爾巽是清朝末期的一個地方官員，光緒二年（1876）至1917年，先後充任翰林院庶吉士、編修，福建、廣東道監察御史，貴陽知府，分巡貴東兵備道，安徽、陝西按察史，甘肅、新疆、山西布政使，湖南巡撫，署戶部尚書，盛京將軍，湖廣、四川、東三省總督等要職。民國期間任清史館館長。

趙爾巽檔案共六百二十二卷、一萬五千多件，包括光緒十一年（1885）至1912年趙爾巽在各個任期內所形成的檔案及少數閒居青島時期的私人信件等。主要內容有：

（1）日俄戰爭方面：清政府頒布《局外中立條約》及中日議訂東三省條約，日俄交戰地區中國難民困苦情況的報告，日本招募中國人充東亞義勇軍馬隊參戰，及爲招撫馮麟閣部趙爾巽與軍機處、外務部、那桐等的往來密電，曹汝霖等人對日俄戰爭形勢的分析，盛宣懷、端方等人籌議日俄戰爭對策的密陳，有關交涉日俄撤軍、向日俄索賠損失及關於東三省主權、開埠通商、路礦開采權、興辦學堂等問題的奏稿、函件，清政府與俄國會訂大連灣設關徵稅辦法，與日本簽訂中國收買日本在中國修築新民府至奉天鐵路的協議書等。

（2）鎮壓革命運動方面：趙爾巽任四川總督期間的檔案，其內容主要反映了鎮壓辛亥革命、天地會、紅燈教、義和團及搜捕革命黨人的文件，此外，還有鎮壓四川學生反對日俄瓜分東北的學生運動，鎮壓寧遠、敘州等地彝族人民反抗鬥爭的函電等，反映趙爾巽任東三省總督期間有關清政府鎮壓辛亥革命方面的內容。

①四川護路運動方面，有趙爾巽關於商辦川路借外款，引起川民抵制的來往文電，主要反映了四川護路運動的興起，軍民圍攻成都、簡州、眉州、漢州等地，清政府調兵鎮壓的情況，也反映了趙爾巽企圖阻止端方赴川處理川路問題的活動情況以及趙爾豐因處理川路問題不力被參並受到川民的制裁，趙爾巽派人爲其弟辦理喪事等情形。

②辛亥革命在東三省活動方面，有在東北地區組織急進黨、共和黨、社會黨、中華民國聯合會、大同會、共濟同樂會、民社支部、群進會、君主立憲保和會、帝國憲政實進會、宗社黨、八旗子弟敢死隊、勤王師等黨派團體的文件，有反映革命黨在東北大連、營口、大孤山、瓦房店、鐵嶺、法庫、安東等地活動及趙爾巽派兵鎮壓革命軍等情形的文件。

③有反映全國各地的革命軍活動及清政府鎮壓情形的文件，有陸軍部、

軍咨府及各省要求東三省派援兵、借調軍火及武漢、長沙、九江、南京、上海、安慶等地革命軍與清軍交戰的情況等文件，還有報告各地宣布獨立及鎮壓廣東、江蘇、遼寧獨立情況的電報。

④關於南北談判，組織議會，建國建都及處理善後問題的文件。有清政府派伍廷芳爲代表赴武昌與革命軍談判的情況。有趙爾巽組織勤王軍、主張君主立憲，各地要求迅速組織政府、建國、建都的文電及奉省參議員赴京會議情形的報告。有東三省宣布共和後與民軍代表商辦解散民軍及東三省地區迫害民軍、革命黨，處理殺害革命黨張榕事件等方面的文件。

⑤關於辛亥革命期間東三省涉外活動方面的文件，有日人在東北地區活動、暗助革命黨及有本重雄等日人在省城投彈擊斃鈴木中尉事與日領交涉情況；有辛亥革命發起後，俄國要求增兵、運兵的交涉問題。有向日、俄、德、英、法購買軍火、借款等方面的文件。

（3）關於籌備立憲方面：有光緒三十四年（1908）八月公布擬定籌備立憲八年計劃的諭旨，有川督擬辦理籌備事宜、制訂劃分行政和司法權限的奏稿，有川省成立咨議局、擬定權限、規章、辦事細則及議員的選舉、資格、分配名額並選舉資政院議員，派代表赴資政院旁聽等方面的文件。

（4）路礦實業方面：有盧漢鐵路竣工，贖回川漢、粵漢、湘省鐵路，修築川漢鐵路聘詹天佑爲工程師，安奉鐵路改良路綫，修築津浦路黃河橋等文件；有興辦漢陽、大冶鐵廠、衡山煉砂廠、萍鄉煤礦、本溪煤礦，收回山西礦務，川省開發煤、銅、銀等礦產及興辦煉鋼、制糖、麵粉等工業方面的文件；有設立川江行輪公司、宜昌轉運局、辦理購船、船運等事宜，以及四川開辦電報、電話、籌辦電務經費等文件；有川省植樹護堤，辦理鴨綠江采木公司，辦理川省墾務以及川省向美國購進玉米、菜蔬、豆類良種等方面的文件。

（5）關於商務方面：有外務部爲日本使臣催促長沙開埠事給趙爾巽的電報；有吉林開設商埠，東北地區開設工藝、豆腐、牧養、漁業等公司的文件；有川省組織商會及商事裁判所等方面的文件。

（6）涉外事件方面：有越南三宣提督劉永福呈報擇期自越南撤隊回

國的文件，有福島安正等爲留日武備學堂事致趙爾巽的信函及趙爲印刷紙幣等事給日領的復信，有英使要求派領事駐盛京、日本派獲原守一任駐奉總領事的文件及各國駐漢領事名單，有華商揭露英、荷販賣、殘殺虐待華工之罪行的文件，有奉天興仁縣知縣陶彬爲日員祖護韓民在吉林延吉墾荒事與趙爾巽的來往信件，有《謝子修游歷南非洲記》，有中朝界務會勘事宜，有中日關於中朝延吉界務的交涉，及朝鮮志士刺死日本伊滕的文件，有李提摩太、李佳白等爲在中國辦學、推銷書籍給趙爾巽的信函等方面的文件。

此外，還有反映職官、民政、法律、軍務、民族、財政金融、文教衛生等方面的文件。

趙爾巽檔案經整理後編有案卷目錄一冊，檔案分爲：

（1）貴陽知府。

（2）安徽按察使。

（3）陝西按察使。

（4）甘肅新疆布政使。

（5）山西布政使。

（6）湖南巡撫。

（7）署戶部尚書。

（8）盛京將軍：①職官官制；②民政警務；③法律詞訟；④鎮壓革命運動；⑤軍務；⑥外交往來；⑦日俄戰爭；⑧民族；⑨財政金融；⑩工業交通；⑪農林商務；⑫文教衛生；⑬傳教教案；⑭禮儀；⑮綜合；⑯文圖庶務。

（9）湖廣總督：①職官官制；②民政警務；③憲政；④法律詞訟；⑤鎮壓革命運動；⑥軍務；⑦外交往來；⑧財政金融；⑨工業交通；⑩農林商務；⑪文教衛生；⑫傳教教案；⑬綜合；⑭文圖庶務。

（10）四川總督：①職官官制；②民政警務；③憲政；④法律詞訟；⑤鎮壓革命運動；⑥民族；⑦軍務；⑧外交往來；⑨財政金融；⑩工業交通；⑪農林商務；⑫文教衛生；⑬傳教教案；⑭禮儀；⑮綜合；⑯文圖庶務。

（11）東三省總督：①職官官制；②民政警務；③法律詞訟；④鎮壓

革命運動；⑤民族；⑥財政金融；⑦工業交通；⑧農林商務；⑨文教衛生；⑩綜合；⑪文圖庶務。

（12）山東青島時期。

第三編
明清檔案介紹
(下)

第四章　我國各地及國外所藏的明清檔案

第一節　臺北"故宮博物院"文獻館及"中央研究院"歷史語言研究所藏的明清檔案

一、臺北"故宮博物院"文獻館所藏的清代檔案

1949年，原爲故宮博物院文獻館保存的一批檔案精品運往臺灣二百零四箱。先儲於臺中市郊的霧峰北溝，1965年遷至臺北市郊外士林區外雙溪新館。這些檔案中，有宮中檔、軍機處檔、內閣部院檔、國史館及清史館檔，共有四十餘萬件。根據臺北"故宮博物院"編印的《國立故宮博物院清代文獻檔案總目》及莊吉發先生所著《故宮檔案述要》一書的介紹，茲將臺灣"故宮博物院"文獻館所藏檔案的內容略述如下。

（一）宮中檔案

運臺的宮中檔案主要爲漢文硃批奏摺，其中康熙朝漢文硃批奏摺二千九百八十六件，具奏人包括王文雄、王世臣、王以謙、王度昭、王景曾、王鴻緒、王應龍、王蘭生、仇兆鰲、左世永、司九經、甘國璧、白潢、江琦、朱軾、李林盛、李煦、李發甲、李錫、李耀、杜呈泗、吳英、吳郡、宋犖、呂猶龍、佟國勷、何天培、范弘偲、范時崇、范時捷、周士元、金國正、施世綸、施世驃、胡作梅、俞化鵬、俞益謨、郎廷極、高其位、高其倬、孫文成、師懿德、馬見伯、馬進良、馬煥、馬際伯、徐元正、張文煥、張玉書、張自興、張伯行、張谷貞、張連登、張浴貞、張曾誼、張朝午、張聖佐、張應韶、陳元龍、陳尚武、陳說、曹寅、曹連生、曹頫、曹頤、梁鼐、康基田、陸有仁、麥良璽、鹿祐、黃國材、黃應纘、程漢鵬、楊宗人、楊宗義、楊長泰、楊琳、楊鯤、楊鑄、路振揚、路振聲、趙燦、

趙良佐、管源忠、蕃育龍、劉漢業、劉殿衡、劉蔭樞、閆光煒、穆和倫、謝瑛、魏廷珍、魏經國等人。

雍正朝漢文硃批奏摺，有二萬二千三百七十五件。自雍正元年至十三年（1723—1736），主要是各地藩臬、督撫、將軍、提鎮的奏摺，其他如給事中、監察御史、八旗都統、各部院尚書、侍郎的奏摺也不少。

乾隆朝漢文硃批奏摺，有五萬九千四百三十六件，其中有不少關於"十全武功"治理邊疆的材料。

清代中後期各朝的漢文硃批奏摺：嘉慶朝一萬九千九百三十六件，道光朝一萬二千四百九十三件，咸豐朝一萬七千零九十二件，同治朝一百七十六件，光緒朝一萬八千四百八十六件，宣統朝九十七件。光、宣兩朝的奏摺中，關於辛亥革命的材料頗爲豐富，如惠州之役，摺中記載比較詳細。

以上各朝的漢文硃批奏摺，共計十五萬零九十一件。

文獻館所存的滿文硃批奏摺數量不多，總計二千五百七十件，其中康熙朝約八百餘件，雍正朝約八百餘件，乾隆朝約七十餘件，道光朝約一百餘件，咸豐朝約四百餘件，同治、光緒、宣統三朝約四百餘件，這些摺件大部分是滿蒙親貴及邊疆大吏的奏疏。康熙朝滿文硃批奏摺具奏人有和碩康親王尚善、康親王傑書、九門步軍統領費颺古、奉天將軍安珠瑚、皇太子胤礽、撫遠大將軍費揚古、平北大將軍馬思喀、副都統阿南達、福建水師提督施琅、主事保住、員外郎博什希、筆帖式合色、王府長吏馬尼圖、議政大臣蘇努、杭州織造孫文成、福建巡撫覺羅滿保、古北口總兵官覺羅保住、福建巡撫陳瑸、戶部尚書趙申喬、上駟院郎中尚之遜、陝西布政使幹希布、直隸按察使全保、山西按察使何明、內務府衙門延祿，及李賓中、延世、阿喇衲、喇嘛金巴札木素、俄齊爾圖車臣汗之孫噶爾丹多爾濟、嚮導車克楚、協理旗務頭等臺吉多羅額駙阿喇卜灘、察罕臺吉、丹津旺布、策妄諾爾布、鄂彌達、盧康、那爾蘇、第巴、達賴汗等。其中撫遠大將軍費揚古關於平定準噶爾的奏摺，福建浙江總督覺羅滿保關於臺灣朱一貴起事的奏摺等，都是極珍貴的史料。雍正朝滿文奏摺的具摺者多是京內外文武大員，如各部的尚書、侍郎、各親王、大學士、總督、將軍、巡撫、都統、副都統等。其中延信、阿喇衲、年羹堯、常壽等人的奏摺，史料價值較高。文獻館所存的滿、漢文硃批奏摺，已陸續影印出版，公諸於世。

文獻館所存的宮中檔案，除奏摺外，還有諭旨、御制詩文、各類檔冊及奏摺的附單、片等。較重要的有康熙十七年（1678）三月十六日頒給撫蠻滅寇將軍廣西巡撫傅弘烈的特諭，各大臣的貢單，康熙帝親征準噶爾期間，額魯特一些頭目如紮木素、達喇什、博洛特宰桑和碩齊、多爾濟、察罕代、吳巴什、臧卜格隆、達什、齊奇爾宰桑、格壘沽英宰桑、滿濟等人的供詞，雍正時的寄信諭旨、晴雨錄、官員履歷單、各省的雨水糧價單等，都是很珍貴的史料。

（二）軍機處檔案

軍機處檔案可分月摺包與檔冊兩大類。

1. 月摺包

軍機處月摺包中的錄副奏摺，共計十八萬八千件，其中乾隆朝約四萬七千餘件，嘉慶朝六千七百餘件，道光朝二萬八千餘件，咸豐朝六千三百餘件，同治朝二萬九千餘件，光緒朝五萬六千餘件，宣統朝一萬五千餘件。月摺包原分尋常摺包與雜項摺包兩大類。尋常摺包不分何事，按月歸包，其中都是京內外文武大臣報告政務奏摺的錄副，反映清代政治、軍事、經濟、文化等各方面的情況，具有很高的史料價值。雜項摺包，按專案歸檔，如安南、緬甸、金川，及黃教、林爽文等案件。月摺包內除滿、漢文字的文書外，尚有藏文、回文、尼泊爾文、蘇祿文、俄文等各種語文的文書。

月摺包中還夾有一些中央各部院衙門和直省督撫與軍機處來往文書，如片文、咨文、咨呈、知會、揭帖、稟文等。月摺包還有一些重要的外交文書，如照會、國書、條約、地圖等。乾隆時福康安致阮光平的照會、暹羅國統攝主事鄭昭的稟文、法國鎸工柯昇爲雕刻銅版得勝圖事的來函。清朝晚期，總理各國事務衙門與各國公使的來往照會。中法戰爭期間，李鴻章《與美使楊約翰問答節略》。同治年間俄羅斯與總理衙門的照會、中俄界約等。這些都是極珍貴的中外交涉材料。

2. 檔冊

（1）軍機處檔冊依其性質，可分爲目錄、諭旨、專案、奏事、記事、電報等類。

目錄類檔冊，有《隨手登記檔》、《交發檔》、《發繕摺件檔》、《交事檔》、《內摺總目》等。其中《隨手登記檔》，即當時諭摺摘由登記目錄，是軍機處檔案的重要檢索工具之一。文獻館所存的《隨手登記檔》，自乾隆五十九年（1794）始，乾隆朝四冊、嘉慶朝五十冊、道光朝十五冊、同治朝六十四冊、光緒朝二十冊，以上合計一百五十三冊。《交發檔》是軍機處交內閣及各部院諭摺或物品的登記簿，僅有嘉慶朝的《交發檔》四十九冊。《發繕摺件檔》是發繕摺件的記錄，自同治八年（1869）八月始，同治朝六冊、光緒朝九十八冊，共一百零四冊。《交事檔》是軍機處交內閣、各部院諭摺及物品的登記簿，有嘉慶六年（1801）一冊、嘉慶八年（1803）二冊、嘉慶十七年（1812）一冊，共四冊。《內摺總目》是記載京內各部院衙門及王公大臣的奏摺及夾片的摘由登記簿。自同治元年至三年（1862—1864），共二冊。

（2）諭旨類的檔冊，有明發上諭檔、寄信上諭檔、譯漢上諭檔及兼載各類諭旨的上諭檔。

明發上諭檔，記載通過內閣明發的上諭，其中，雍正朝一冊、乾隆朝一百五十二冊、嘉慶朝三百三十三冊、道光朝八百冊、咸豐朝三百一十八冊、同治朝三百冊、光緒朝九百四十八冊、無朝年十二冊，以上共計二千八百六十四冊。

寄信上諭檔分寄信檔和廷寄檔兩種。寄信檔，乾隆朝四十八冊、嘉慶朝二十九冊、道光朝一冊，以上共計七十八冊。

廷寄檔，嘉慶朝二十一冊、道光朝一百三十冊、咸豐朝四十冊、同治朝九十四冊、光緒朝三十四冊，以上共計三百一十九冊。

剿捕廷寄檔，道光朝十一冊、咸豐朝一百三十五冊、同治朝一百九十冊，以上共計三百三十六冊。

（3）專案類的檔冊可分三類：一類是清廷用兵鄰國整理邊界的檔冊，如《緬甸檔》、《安南檔》、《廓爾喀檔》等。一類是剿辦宗教及鎮壓捻軍、太平軍等農民起義的檔冊，如《東案檔》（鈔錄有關王倫教案的檔冊）、《東案口供檔》、《林案供詞檔》、《剿捕檔》等。《剿捕檔》自嘉慶元年（1796）至同治十三年（1874），共三百三十八冊，其中有剿捕教匪檔、摺片檔、川陝楚善後事宜檔、剿辦教匪南山清檔等。再一類是平定少數民族的檔冊，如《金川檔》、《苗匪檔》、《剿滅逆番檔》、《剿捕逆回檔》等。

（4）奏事類檔冊主要有《議覆檔》、《月摺檔》等。《議覆檔》是軍機處匯鈔奉旨議奏事件的檔冊，自乾隆至光緒，共六十五冊。奏摺檔包括譯漢奏摺、議覆奏摺等，自乾隆元年（1736）至光緒二十八年（1902），共六百九十九冊。

《月摺檔》，是軍機處將發下已奉硃批或未硃批的臣工奏摺逐日鈔錄，按月分裝成冊，以便存案備查，是爲《月摺檔》。《月摺檔》自道光至光緒，共一千四百三十五冊。

（5）記事類檔冊，有《密記檔》，爲記錄京內外大員緣革獲罪、奉旨自行議罪或代奏議罪罰俸銀兩事件，共四冊。《早事檔》爲匯鈔早朝時各部院衙門具奏或代奏事件的摘由簿，自宣統元年至三年（1909—1911），共有十本。《交片檔》記載軍機處以片文送交各部院衙門的查照事件，僅有嘉慶朝的《交片檔》四冊。《引見檔》爲記載各部院帶領引見人員的檔冊，自同治至光緒，共六十五冊。《五臺圍檔》主要記載皇帝駐蹕臨幸各地賞賜有關人員銀兩及物品清單，僅有嘉慶十六年（1811）的一冊。《謁陵諭旨》是皇帝謁陵期間派員管理佩帶各處印鑰等諭旨的記錄簿，僅有嘉慶年間的一冊。《大員子弟檔》爲記載關於大員子弟的名單及交片的檔冊，僅有嘉慶時期的三冊。《永遠存記檔》爲軍機大臣奉旨存記的檔冊，僅有嘉慶二十年（1815）的檔冊一本。《應放副都統人員簿》爲軍機處奉旨存記應放副都統人員的記事簿，僅有宣統元、二、三年（1909、1910、1911）的檔冊三本。

（6）文移電報類檔冊，有方略館爲纂修方略及紀略鈔錄來往文書的檔冊，如乾隆朝《平定準噶爾文移檔》、嘉慶朝《文移檔》。清末電報類檔冊有《電寄檔》、《收電檔》、《發電檔》及各省電稿等。其中《電寄檔》自宣統元年至三年（1909—1911），每年春夏秋冬各一冊，記載軍機大臣奉旨電寄事件。收發電檔中，《收電檔》自宣統元年至三年（1909—1911），共四十二冊。《發電檔》自宣統元年至三年（1909—1911），共十七冊。各省電稿，包括四川省電稿四冊、東三省電稿八冊、雲南省電稿四冊及熱河電稿一冊。電報類檔冊中，有很多關於辛亥革命的珍貴史料。

（三）內閣檔案

1. 內閣承宣的文書

內閣承宣的文書，有詔書、敕書、誥命等，如多爾袞母子撤出廟享詔一件、崇慶太后加徽號詔兩件、冊諡孝慎皇后詔一件、安成莊惠后加徽號詔一件、宣宗遺詔三件、宣宗配享圜丘詔四件、孝慎成皇后升祔太廟詔一件、孝和睿皇后升祔太廟詔一件、孝敬皇后入祀奉先殿詔三件、文宗遺詔四件、文宗加尊諡廟號詔一件、穆宗即位詔一件、孝靜成皇后升祔太廟詔一件、慈安慈禧加徽號詔兩件、文宗顯皇帝孝德顯皇后合祔太廟詔五件、慈安慈禧皇太后加徽號詔十件、穆宗親政詔五件、冊封阿魯特氏爲后詔一件、載湉入承大統詔兩件。

2. 帝王言動及國家庶政的當時記載

《起居注》爲記載帝王言動的檔冊。現存文獻館的《起居注》有滿文本與漢文本兩種，共三千七百零一冊。康熙朝的《起居注》，滿文本多於漢文本，自康熙二十九年至四十二年（1690—1703），共一百七十四冊。康熙五十年至五十二年（1711—1713），共三十七冊，康熙朝共有《起居注》冊二百一十一冊。雍正朝《起居注》，自雍正八年至十三年（1730—1735），共一百三十七冊。乾隆《起居注》有九百五十七冊，另有漢文《起居注》草本二百四十四冊。嘉慶朝《起居注》二百二十六冊。道光朝《起居注》六百零六冊。咸豐朝《起居注》二百七十二冊。同治朝《起居注》三百二十二冊。光緒朝《起居注》七百二十六冊。

《史書》。《史書》爲紅本的摘要，以備修史之用。文獻館現存有吏科《史書》：道光十七、十九、二十二、三十等年份，咸豐八、九、十等年份。戶科《史書》：乾隆四、六、二十等年份。禮科《史書》：乾隆二十、五十三等年份。兵科《史書》：乾隆十九、二十年份，嘉慶六、二十五年份，道光十七、十八、十九、二十一、二十二、二十三年份，咸豐六、八、九、十等年份。刑科《史書》：乾隆二十年二至十二月份。工科《史書》：乾隆二十年七、八、十等月份。

3. 官修書籍

文獻館所存清代實錄自太祖朝始，以漢文本爲主，滿文本次之，蒙文本較少。太祖朝實錄，漢文本三十八冊、滿文本三冊。太宗朝實錄，漢文本二百七十三冊、滿文本七冊。世祖朝實錄，漢文本一百三十九冊、滿文本四十七冊。聖祖朝實錄，漢文本一百九十七冊、滿文本八十一冊。世宗朝實錄，漢文本一百五十冊、滿文本三十九冊、蒙文本三冊。高宗朝實錄，漢文本一千四百一十六冊、滿文本五百零六冊、蒙文本三十冊。仁宗朝實錄，漢文本三百五十冊、滿文本一百一十八冊。宣宗朝實錄，漢文本三百六十七冊、滿文本一百三十冊。文宗朝實錄，漢文本二十八冊、滿文本二百五十五冊。穆宗朝實錄，漢文本一百六十七冊，另有《宣統政紀》漢文稿本共六十七冊。

　　文獻館所存清朝諸帝的聖訓有：清太祖高皇帝聖訓，卷一至五，共兩冊。清太宗文皇帝聖訓，卷一至六，共四冊。清世祖章皇帝聖訓，卷一至六，共兩冊。清太宗文皇帝聖訓，卷一至六，共六冊。清聖祖仁皇帝聖訓，卷四十六至六十，共十五冊。清高宗純皇帝聖訓，卷二一七至二二八，共十二冊。

　　文獻館所存清代會典，有雍正十年（1732）內府刊《大清會典》二百五十卷，乾隆時內府刊《欽定大清會典則例》一百八十卷，嘉慶十八年（1813）內府刊《欽定大清會典圖》一百三十二卷、《欽定大清會典事例》九百二十卷，嘉慶二十三年（1818）內府刊《欽定大清會典》八十卷，光緒二十五年（1899）內府石印本《欽定大清會典》一百卷、卷首一卷、《欽定大清會典事例》一千二百二十卷、《欽定大清會典圖》二百七十卷、卷首一卷。另存有《大清會典》兵部稿本，及爲修會典而徵集的文書檔案材料，如江南江寧等處承宣布政司造送戶、兵等的戶口、關稅、俸餉、漕運、蠲恤、武選司例案等項清冊。

　　4. 內閣日行公事檔冊

　　內閣爲典掌綸音重地，凡記載綸音分爲三種：每日發科本章，滿漢票簽處當值中書摘記事由，詳錄聖旨爲一冊，叫《絲綸簿》；特降諭旨別爲一冊，叫《上諭簿》；中外臣工奏摺，奉旨允行，及交部議覆者別爲一冊，叫《外紀簿》。文獻館現存《絲綸簿》有乾隆、嘉慶、道光、同治、光緒各朝檔冊二百一十六本。《外紀簿》自嘉慶至光緒各朝，共五百九十九冊。《上諭簿》有雍正朝一冊、嘉慶朝六冊，其他各朝數量也很少。

　　內閣的記事檔冊，還有《題奏檔》、《奏事檔》、《軍機檔》等。《題奏檔》記載題本及奏本事件，《奏事檔》是記載臣工奏事的檔冊，《軍機檔》是漢票簽處登錄的軍機處交下來的諭旨、摺件。

5. 舊滿洲檔

文獻館所藏舊滿洲檔共四十冊，其中太祖朝二十冊、太宗朝二十冊。這是滿洲入關以前用無圈點老滿文及有圈點新滿文記錄史事的檔冊。清入關後，舊滿洲檔由盛京移至北京，乾隆時命重鈔兩份。重鈔的本子有兩種，一種是依照當時通行的新滿文繕寫並加簽注的重鈔本，一種是仿照無圈點老滿文的字體鈔錄而刪其重復的重鈔本。重鈔本一存北京大內，一存盛京。文獻館現存的四十本舊滿洲檔，是在整理內閣大庫檔案時陸續發現的，其中有的用無圈點老滿文書寫，有的用有圈點新滿文書寫，有的用高麗紙，有的用明代舊公文紙，它是研究清入關以前歷史和滿洲文字發展變化的極珍貴的原始材料。

（四）史館檔案

文獻館所存史館檔案，一是清朝國史館爲修國史所形成的檔冊稿本，一是民國初年清史館因修清史所形成的檔稿。國史館與清史館所修史書，都沿用傳統的體例，分紀、志、表、傳等類。

1. 滿、漢文本紀

文獻館現藏國史館黃綾本的滿、漢文本紀，包含自清太祖以迄穆宗的各朝本紀，清德宗本紀僅有存稿本。清史館纂修的本紀，存有太祖、太宗、世祖、聖祖、高宗、仁宗、宣宗、文宗、穆宗、德宗十朝的本紀。

2. 志書

文獻館所存各類志書，有：

（1）天文志，如清史稿天文志、清史館編的天文志稿本、清史天文志等。

（2）災異志，如清史稿災異志、災異志第二次底稿等。

（3）時憲志，如清史稿時憲志、時憲志稿、五星淩犯時憲書、五星相距時憲書、七政經緯躔度時憲歷。

（4）地理志，有清史稿地理志、皇朝地理志稿本、清史館編地理志初稿、清史館修地理志原稿、鈔本，纂修地理志長編資料以及雲南、貴州、新疆、福建、河南、山西、山東、四川、江西、安徽、浙江、江蘇、廣東、廣西、湖南、湖北、甘肅、陝西、盛京（奉天）、吉林、黑龍江、內蒙古等地理志。

（5）禮志，有清史稿禮志、古禮事迹、嘉禮事迹、軍禮事迹、賓禮事迹、凶禮事迹鈔件、凶禮事迹、世宗憲皇帝喪儀。

（6）樂志，有清史稿樂志、樂志、樂章、樂舞、樂典等。

（7）輿服志，有清史稿輿服志、輿服志、鹵簿、輿服志事迹、皇朝輿服志、帝后冠。

（8）儀衛志，有儀衛志、儀衛制事迹。

（9）選舉志，有選舉志、清史稿選舉志、選舉志事迹、選舉志門類及事迹。

（10）職官志，有職官志、職官志事迹、修正職官志、清史稿職官志、皇朝官志、皇朝職官志等。

（11）食貨志，有食貨志總目、戶口、田制、屯墾、屯墾類纂、屯墾事迹、屯墾簽本、積貯、積貯事迹、倉儲、清史食貨志倉庫、鹽法、鹽法簽檔、鹽法事迹、茶馬、茶馬事迹、清史食貨志茶法、錢法、錢法志稿、錢法事迹、銀圓、圜法、圜法京局鼓鑄、礦產、役法、賦役、賦役事迹、賦役簽檔、賦役稿本、漕運、漕運事迹、徵榷、徵榷會計、關稅、關稅事迹、海關、厘稅、祿秩、纂祿秩志事迹、祿志、公主宗室外藩俸、世爵、職俸、賞俸、京餉、各省兵餉、京官養廉、外官養廉、署官養廉、京官俸銀、外官俸銀、京官公費、外官公費、出使經費、徵餉、兵餉事迹、纂修食貨志定本凡例、纂修食貨志各類簽檔。

（12）河渠志，有清史稿河渠志、皇朝河渠志、黃河、黃河案牘、河水、淮河、各省運河事迹、南運河、北運河、江蘇運河、山東運河、運河、黃淮運河、江蘇下河、漳河、漳河事迹、子牙河、滹沱河、直省水利、各省江防、湖廣江防、江蘇江西江防、水利、海塘、江蘇海塘、浙江海塘、河渠志事迹、河渠志略稿、河渠簽本。

（13）兵志，有清史稿兵志、兵志、皇朝兵志、建置事迹冊、馬政、兵志馬政簽本、馬政簽本、兵志馬政事迹、兵志訓練、兵志訓練簽本、兵志訓練事迹、皇朝兵志軍器、兵志軍器事迹、皇朝兵志選補、兵志選補事迹等。

（14）刑法志，有清史稿刑法志、刑法志、皇朝刑法志、刑法志事迹、刑法條目、刑志事迹等。

（15）藝文志，有清史稿藝文志、清史館稿本藝文志、長編、清史藝文志等。

（16）邦交志，有美利堅、美國邦交志、美國邦交志長編、英吉利、日斯巴尼亞、法蘭西、義大里、義大里國邦交志長編、比利時、比利時國邦交志長編、荷蘭國、荷蘭國邦交志長編、瑞典、挪威、俄羅斯、墨西哥、墨西哥志長編、秘魯國、秘魯邦交志長編、巴西國、巴西國邦交志長編、日本、水陸通商口岸、外債表、萬國禁煙會、萬國保和會等。

（17）交通志，有船政、電政、郵政、路政、鐵路、電報、清史稿交通志。

（18）國語志，有滿文對照字書或譯文九十九冊。

3. 年表

文獻館所存國史館及清史館的表稿，有文職大臣年表、武職大臣年表、皇子世表、外戚表、公主表、諸臣封爵世表、恩封宗室王公表、宗室王公功績表、外藩蒙古回部表、藩部世表、交聘年表、建州表、總理各國通商事務大臣表、滿忠義表、漢忠義表、疆臣年表。在文職大臣年表中，又分內閣大臣年表、各部院尚書、侍郎、左都御史、左副都御史年表、直省總督年表、直省巡撫年表、大學士年表。武職大臣年表，分領侍衛內大臣年表、侍衛處鑾儀衛大臣表、前鋒步軍統領表、直省總兵表、直省提督表、八旗護軍都統表、直省駐防將軍都統表、八旗滿洲都統副都統表、八旗漢軍都統副都統表、八旗蒙古都統副都統表、滿洲管旗大臣年表。

4. 列傳稿與傳包

文獻館所藏清代國史館纂修的列傳可分兩大類：一類爲乾隆以來陸續進呈的朱絲欄本，一類爲傳包內所存的各種稿本。朱絲欄寫本的列傳有親王列傳、宗室列傳、大清國史宗室列傳、欽定宗室王公功績表傳、欽定外藩回部王公表傳、欽定續纂外藩蒙古回部王公傳、欽定續纂外藩蒙古王公傳、國史忠義傳、國史忠義傳正編、國史忠義傳次編、國史忠義傳續編、清史滿蒙漢忠義傳、欽定國史忠義列傳、大清國史功臣列傳、大清國史大臣列傳、清史滿漢大臣傳、清史大臣列傳、清史大臣列傳續編、國史大臣列傳正編、國史大臣列傳次編、國史大臣列傳續編、欽定國史大臣列傳正編、欽定國史大臣列傳次編、欽定國史大臣列傳續編、清史儒林傳、清史文苑傳、清史循吏傳、清史貳臣傳甲編、清史貳臣傳乙編、欽定國史貳臣表傳、清史逆臣傳、欽定國史逆臣傳、昭忠祠列傳續編等，合計一千六百餘冊，約六千餘人。

清代國史館的傳包分兩大部分：一是國史館纂修的各種列傳原稿，有初輯本、重繕本、校訂本、增輯本及定稿等，二是國史館爲纂修列傳所咨取的各種傳記資料。國史館所立列傳，有宗室傳、大臣傳、儒林傳、孝友傳、學行傳、文苑傳、循吏傳、名宦傳、隱逸傳、忠義傳等。傳包中，除傳稿外，還保存了當時爲纂修列傳而徵集來或摘鈔的各種傳記材料，如事迹冊、事實清冊、訃聞、哀啓、行狀、行述、咨文、履歷片、出身清單、奏摺、片文、祭文、年譜、文集、政績摺等。

史館檔中，還有長編檔冊。長編檔冊是國史館爲纂輯列傳而匯鈔的檔簿，包括長編總檔與長編總冊兩類。總檔是國史館長編處咨取內閣、軍機處的上諭、外紀、絲綸、廷寄、月摺等檔案，分別摘敘事由匯鈔成編。長編總冊是總檔的目錄即人名索引。文獻館現存的長編檔有乾隆、嘉慶、道光、咸豐、同治、光緒等朝檔冊，約有三千多冊。

文獻館所存清史稿列傳，包括后妃、諸王、大臣、循吏、儒林、文苑、忠義、遺逸、藝術、疇人、烈女、土司、藩部、屬國、宰輔、疆臣、儒學、孝友、隱逸、卓行、醫術、貨殖、叛臣、叛逆、四王等稿本。

文獻館所存的清代檔案，三十多年來，經過文獻館的同行們艱苦努力的工作，現已基本整理就緒，編有目錄卡片及各種索引，以供學者檢索，同時還先後編輯出版了《袁世凱奏摺》、《年羹堯奏摺專輯》三冊、《宮中檔光緒朝奏摺》二十六冊、《宮中檔康熙朝奏摺》九冊、《宮中檔雍正朝奏摺》等史料。

二、臺北"中央研究院"歷史語言研究所現藏的明清檔案

（一）史語所所藏明清檔案之由來

臺北"中央研究院"史語所現存的明清檔案約三十一萬多件，這部分檔案原藏內閣大庫，宣統元年（1909）大庫屋壞，將所藏檔案移存於文華殿兩廡。那時大學士管學部事務張之洞奏請以大庫所藏書籍設學部圖書館

藏之，即今日之北京圖書館，其餘檔案概以"舊檔無用"，奏請焚毀。當時學部參事羅振玉被派赴內閣接收書籍，見到奏准被焚之物，都是寶貴的史料，於是請張之洞奏罷焚毀之舉，將所有檔卷運歸學部，藏於國子監南學和學部大堂後樓兩處。民國初年，這部分檔案由教育部歷史博物館籌備處管理，並移於端門門洞中存放。1921年，歷史博物館因經費困難，除揀出一部分較整齊的外，將其餘檔案裝八千麻袋計十五萬斤，以四千元的價錢賣給同懋增紙店。同懋增紙店準備做造紙原料，正運往定興、唐山兩地時，被羅振玉訪知。羅氏以三倍價錢將原物買回，並招聘十餘人進行了檢理，終因財力的限制而不得不中止。後來羅振玉又以一萬六千元的價錢，將這部分檔案賣給收藏家李盛鐸。1928年歷史語言研究所成立後，以一萬八千元的價錢，將這部分檔案從李氏手中購回。當時檔案重量祇有十二萬斤，這中間損失了三萬斤。史語所購回這批檔案後，即組織二十多人進行了整理，1932年將全部檔案整理上架。同時，成立一個明清史料編輯委員會，曾編印"史料叢書"一種和《明清史料》四本。1935年由於日寇侵華平津危急，史語所將這部分檔案擇要裝一百箱，運往長沙，以後又遷存於昆明、李莊和南京，1949年運往臺灣。史語所在南港定居後，由李光濤繼續進行《明清史料》的編輯刊印工作。1981年史語所又決定通盤整理所存檔案，逐步影印出版。現在在張偉仁先生的主持下，已影印出版了《明清檔案》數十冊。

（二）史語所所藏明清檔案的內容

史語所購存的明清檔案，內容十分豐富，有關明清兩代的政治、經濟、社會、軍事、文化、天文地理，無所不包。按檔案的種類，可分如下幾大類。

1. 內閣收存的各項檔案

（1）制、詔、誥、敕等。

詔書有各帝登極詔、大赦詔、加上徽號尊謚詔，同治、光緒帝親政詔以及遺詔、哀詔等，誥有昭聖太皇太后遺誥、仁壽皇太后遺誥等，委任官員的敕諭較多，還有一些殿試金榜。

（2）題、奏、表、箋及啟本、副本、揭帖、史書、錄書、塘報等。

題本數量較多，分吏、戶、禮、兵、刑、工六科。以乾隆朝最多，嘉道次之。奏摺較少，僅存有乾隆朝硃批福康安奏摺數件。啓本有兩種，一是清初王大臣巡撫進呈攝政王的文件，但不久即行停止，現存有百餘件；二是康熙平定三藩時，所在用兵各省文武官員進呈領兵貝勒的啓本，亦有百餘件。此外，還有各衙門來往的咨文及揭帖。史書、錄書、塘報也不少。表箋爲慶賀文書，除朝鮮賀表外，計有賀本三千多件、賀表及副表七十多捆。

（3）黃冊及其他隨本進呈並繳存之件。

各部院衙門、督撫等隨本進呈的黃冊，有各處錢糧報銷冊，如在京各部院衙門支領戶部銀物冊、各省奏銷錢糧冊、錢糧文盤冊、漕運交兌冊、各倉收放米豆冊、坐糧廳歲報抵通漕白冊、鹽課奏銷冊、各戶關一年匯報冊，這些奏銷冊，都由戶科察核。官兵餉俸冊、朋樁奏銷冊、驛站奏銷冊，由兵科察核。臟贖銀穀冊，由刑科察核。工程奏銷冊、工關一年匯報冊，由工科察核。

報銷冊之外，還有事冊、文冊，如吏部有三年考察的京察冊、大計冊，兵部有郵符、火牌奏銷冊及五年考察的軍政冊，禮部有壇廟祀冊，刑部有各省招冊、匯奏命盜案冊、題駁咨駁事件冊，給事中有條奏事件冊，各部院衙門及各省有已完結、未完結冊等，以上黃冊計有兩千餘本。

隨本進呈的，還有河工工程圖、鄉會試題名錄、試錄、闈墨、欽天監時憲書式，以及各種官員名單、缺單、履歷單、祭祀單等。

（4）朝貢諸國表章。

史語所有朝鮮、琉球、越南、南掌、暹羅、蘇祿、緬甸七國的表章。

此外，史語所還存有乾隆時廓爾喀入貢移會數件，順治年間譯進荷蘭國表文，及致平南、靖南兩王文書各一件，乾隆時禮部爲西洋波爾都噶爾亞（葡萄牙）國王遣使獻表奏本一件。

2. 內閣本身的各項檔案

內閣設典籍廳、滿本房、漢本房、蒙古房、滿票簽處、漢票簽處、誥敕房、稽察房、收發紅本處、飯銀庫、副本庫、批本處等機構，以分別辦理內閣各項庶務。史語所現存有典籍北廳檔冊，如冊封慶貴妃等事宜檔、門片領付檔、日記檔、行移檔等。典籍南廳的檔案，有收文檔、日記檔、移會檔、用印檔、行移檔及各處咨文、咨呈、移會、移付等。稽察房的檔案較多，如各部院的移會。檔冊有收文檔、發鈔檔、發鈔清冊、流水檔、各部院投文檔、不入事件檔、應入事件檔、已完事件檔、未完事件檔、注銷清冊等。滿、蒙古、漢三房，滿、漢票簽處及批本處等機構的檔案較少。

3. 修書各館的檔案

修書各館的檔案可分兩種：一是修書各館本身的檔案，如實錄館、會典館、國史館、明史館等爲修書而形成的檔冊文稿等，二是爲修書而徵集來的檔案。史語所保存的四千餘件明檔，就是清初爲修明史而徵集來的。

4. 試題、試卷及其相關之檔案

現存內閣檔案中，有殿試卷、大小金榜、三傳摺、狀元謝恩摺、鄉試、會試、殿試題名錄、試錄，還有翻譯鄉會試卷、四譯館、俄羅斯館試卷等。

5. 瀋陽舊檔

史語所保存的瀋陽舊檔，有天命丙寅年老滿文誥命。天聰、崇德年間的奏疏表箋，如天聰二年（1628）八月未具名奏疏冊、天聰三年（1629）十二月敕諭巡撫白養粹稿、天聰年間高鴻中、鑲紅旗備御祝世胤、馬光遠、署遵化巡撫馬思恭、潘家口歸順游擊金有光、正紅旗固山備御臧國祚等人的奏本，還有天聰時致大明帝書、致明列公書、袁崇煥來書、毛文龍來書、清初三朝實錄稿本等，這些都是很重要的歷史文件。

第二節　遼寧、黑龍江、吉林三省檔案館及東北各地所藏的明清檔案

東北是滿洲發祥之地，瀋陽是清朝的陪都。現今東北各地所存的清代檔案甚爲豐富，其中尤以遼寧省檔案館所藏的明清檔案爲最多。

一、遼寧省檔案館所藏的明清檔案

遼寧省檔案館設於 1958 年 10 月，它是由東北區臨時檔案保管處、國家檔案局瀋陽管理處等機構遞嬗而來的。1969 年，東北檔案館撤銷後，其所存的大部分歷史檔案，併入遼寧省檔案館。遼寧省檔案館是一綜合性的

省級檔案館，館藏檔案一百四十萬一千六百四十卷、資料五萬八千三百五十五冊，總長度爲一萬七千三百一十二延長米。館藏檔案居全國省級檔案館之首。該館存有歷史檔案一百二十二萬卷（冊），內有唐代檔案六件，明代檔案一千零八十件，清代檔案二十萬卷（冊），民國和僞滿時期的檔案九十餘萬件，"滿鐵"檔案資料六萬八千餘卷。現將明、清檔案的內容介紹如下。

（一）明代檔案

遼寧省檔案館現藏明代檔案可分爲四部分：遼東都指揮使司、山東等處總督備倭署和山東都指揮使司、兵部題稿和洪武二十五年（1392）部分實錄，文件自洪武二十五年（1392）至崇禎十六年（1643），內容頗爲豐富。

1. 遼東都指揮使司部分

（1）軍務。明代在軍事上實行衛所制度，檔案中有關遼東都指揮使司在沿邊駐兵瞭望、軍隊編制、軍丁流亡、軍事裝備、修建防禦工程等方面的材料，較爲豐富。

（2）職官。有文武官員考試、襲職、役滿、候缺、考核、獎戒、陞遷、丁憂及官員生平履歷等方面的材料。

（3）賦役。各衛所呈報的有關田賦、徭役的各種清冊、細冊、報表等，如關於額田、額糧、額草、額貢、魚課銀、葦炭銀、課程銀、草豆價銀的呈報材料，還有一些反映自然災害、開荒、土地買賣方面的文書。

（4）馬市。明朝爲了與海西、建州諸少數民族進行貿易，從永樂年開始，在開原、廣寧等處設立馬市。檔案中有關馬市交易的材料較多，如各關馬市抽分清冊、馬市開市日期、參加馬市的民族和人數、貿易物品等。

（5）民族關係。有遼東都司和海西、建州及野人女真等少數民族的交往材料，如對少數民族封官召見、賞賜物品、交易買賣等，也有少數民族進貢馬匹、禮品的文書。

（6）工礦。主要有指揮使司統轄下的鹽鐵業生產、鹽鐵百戶的管理、鹽礦稅的收納等方面的材料。

（7）驛站與海運。有驛站的設立、傳遞公文、驛站的裝備、驛站人員的管理等方面的材料。海運方面的檔案，主要有嘉靖三十六至三十八年

（1557—1559），遼南地區被災，遼東都指揮使司組織船隻運糧賑濟的有關材料。

（8）科舉制度。檔案中有嘉靖四十年（1561）遼東儒學教官年甲、籍貫、到任年月及所習經書檔冊、入學生員清冊。遼東都指揮使司及廣寧衛屯對新中進士、舉人交送禮銀的牌示、犒賞教官、生員動支銀兩、買辦花紅紙張清冊，以及貧寒文武生員姓名清冊，還有嘉靖至隆慶年間的部分試題及答卷。

（9）訴訟。有遼東都指揮使司從成化至萬歷受理的各種民事訴訟案件，案卷中有審訊記錄、犯人招供書、甘結、審判書、監囚犯名簿等，檔案中有關於偷盜、房屋土地、誘騙奸拐、家庭婚姻、冒支軍糧、偽造印信等各類案件。

2. 山東等處總督備倭署部分

欽差總督山東等處備倭署、山東都指揮使司等衙門的檔案，有一百八十七卷，主要內容有：催報馬草的憲牌，押解犯人的信牌，解赴墩臺瞭哨的申文，限期告投公文的牌批，整點軍官聽候迎護操練的信牌，官軍分班入衛京師的咨文，登州衛為萊陽縣慣盜在監病故的呈文，官員、額兵、馬匹、糧布、錢糧清冊及閉關揭帖等，還有不少關於查理軍班、整飭戍邊的文書。檔案中特別珍貴的是明代抗倭名將戚繼光在嘉靖三十二年至三十四年（1554—1555）任都指揮僉事時親自簽批處理的一組文件，從中可以反映戚繼光治軍和理政的一些情況。

3. 兵部題稿及實錄

明兵部題稿有二十八卷。主要是崇禎二年至十六年（1629—1643）兵部為軍事活動及獎賞有功將領的一些題稿，還有義勇右衛、遵化、寧山等在崇禎初年呈報的千戶、百戶清冊等。

遼寧省檔案館還存有一本洪武實錄，係手鈔本。

（二）清代檔案

遼寧省檔案館所存清代檔案，自天命迄宣統，各朝的文件都有。這些檔案可分兩大部分：一部分原存於瀋陽故宮崇謨閣，如順治十八年至光緒三十四年（1661—1908）的玉牒，共有一千七十冊。《滿文老檔》重鈔本及轉鈔本各一部，共三百六十冊。歷朝的實錄、聖訓，其中大紅綾本實錄七千八百九十八册，大紅綾聖訓一千七百二十七册，還有實錄、聖訓稿本二十三册。盛京内務府檔、黑圖檔、東北各旗署檔和八旗兵丁、地畝、戶口册等。另一部分，是由原來"國立奉天圖書館"保存的清代檔案，如盛京將軍都部堂檔案、奉天交涉總局檔案、奉天交涉局檔案、奉天稅務監督署和一些縣的檔案。

在這些檔案中，滿文老檔和順治年間的一些檔案，反映了後金時期女真社會、明清關係和清初東北地區的民族、莊田、政治、經濟、軍事、邊防等各方面的情況，是研究清朝開國歷史的重要史料。盛京内務府檔案、三姓副都統衙門檔案、雙城堡及各旗署的檔案，記載了清朝中期有關旗務管理、財政經濟、屯田墾荒、邊疆事務、民族關係等各方面的情況，其中有關東北大批旗軍奉調入關、社會動亂、人民起義和帝俄入侵方面的材料，尤爲重要。盛京將軍都部堂和奉天交涉總司的檔案，反映了清末東北義和團運動、甲午戰爭、日俄戰爭、帝國主義侵略和辛亥革命活動的情況，是研究我國近代史的第一手材料。

遼寧省檔案館所藏這些珍貴的歷史檔案，除了提供給有關專家、學者查閱使用外，還先後編輯出版了《東北義和團》、《辛亥革命在遼寧》、《遼東都司檔案史料》、《編修地方志檔案選編》等史料，主動地爲社會提供檔案史料。

遼寧省一些地方檔案館，還存有一批清代檔案。如遼陽市檔案館保存遼陽州衙、遼陽州警務公所、遼陽州收捐處、遼陽州勸學公所、遼陽地方檢查廳、遼陽堡防公所、遼陽地方初級審判廳的檔案共一萬九千七百八十二卷。營口市檔案館保存有營口海關、營口縣公署及營口地方法院檔案，共四千二百八十五卷。雙遼縣檔案館保存遼源州檔案三千一百二十五卷。這些檔案是研究遼寧地方史的第一手材料。

二、黑龍江省檔案館所藏的明清檔案

黑龍江省檔案館於 1957 年開始籌備，1964 年 2 月正式成立。該館收藏有清代檔案四十一個全宗，計兩萬餘卷，文件從光緒十三年（1887）到宣統三年（1911）。較爲重要的全宗有：黑龍江將軍衙門、行省公署、全省墾務總局、省交涉總局、黑龍江鐵路交涉總局及其所屬富拉爾基、紮蘭屯、博克圖等各個交涉分局、黑龍江副都統衙門等，這些檔案的主要內容有：職官設置、建立卡倫和驛站、行政區劃、放荒和清丈地畝、移民實邊、設警清鄉、水旱災情、各種疫情、田賦事項、銀號行情、人口土地的綜合統計，以及沙俄入侵、對外交涉等事項。它反映了清末黑龍江地區政治、經濟、軍事、外交、文化等各方面的情況，是研究黑龍江歷史和邊疆民族歷史的第一手材料。

黑龍江省雙城縣、龍江縣檔案館所藏的清代檔案：

雙城縣檔案館設立於 1958 年 8 月，藏有清代檔案四萬九千零八十二卷，其中滿文檔案二千零三十四卷。這些檔案主要是委協領署和理事撫民府的文書。文件起於嘉慶二十年（1815），迄於宣統朝，其中有諭旨、奏摺、札文、禀文、照會、告示、訟狀、稅票、契約等，它記載着雙城地區屯田規劃、八旗設置、各級行政機構的設立沿革，官員任免、考核、獎懲、法令、法規、章程、條例、社會組織、縣政、賑濟、防澇、開渠、科舉、田賦、鼠疫、祭祀、慶壽、通商、禁賭、禁煙等方面的情況以及有關統計資料。

龍江縣檔案保存清代黑水廳的檔案一萬七千多件。

其他如哈爾濱鐵路局檔案館保存有中東鐵路檔二百四十七卷，黑河市璦琿區檔案館保存有黑河府、黑河商會、璦琿直隸廳的檔案二千八百九十九卷，虎林縣檔案館保存有虎林廳檔案一百三十八卷，穆棱縣保存有穆棱河分防知事廳、穆棱縣衙門檔案一百一十三卷，通河縣檔案館保存有大通縣公署檔案八百二十一卷。延壽縣檔案館保存有延壽縣公署檔案一百三十六卷。

上述檔案不僅反映清代雙城和黑水廳的歷史，也反映清末東北地區的政治、經濟、法律等各方面的情況，是研究這些地區歷史的第一手材料。

三、吉林省檔案館所藏清代檔案

吉林省檔案館成立於 1959 年 10 月，館藏檔案共一百五十七個全宗，二十六萬三千三百七十二卷（1985 年底統計）。其中有清代檔案十餘萬卷，主要是清代吉林將軍衙門及其所屬機構的檔案，有吉林將軍衙門、吉林邊務文案處、吉林分巡道、吉林勸業道、吉林交涉司、吉林全省旗務處、吉林交涉總局、吉林審判檢察廳、長春鐵路交涉分局、兵司、戶司、工司、吉林墾礦總局、吉林礦政調查總局、吉林礦務公司、礦務木植公司、吉林全省林業總局、吉林四合州林業分局、吉林清賦放荒總局、吉林全省農務總會、吉林山蠶局、吉林農事試驗場、吉林蠶桑局、吉林蠶業總局、吉林省民政司、吉林巡警總局、吉林保甲局、吉林高等巡警學堂、吉林國民保安公會、吉林防疫總局、吉林驛站、吉林提法司、吉林發審局、吉林提學使司、吉林官報局、吉林外國語學堂、吉林滿蒙學堂、吉林圖書館、吉林省度支司、吉林全省清理財政局、吉林度量衡局、吉林餉捐總局、吉林木植公司、吉林官參局、吉林全省調查局、吉林咨議局、吉林自治研究所、吉林地方自治會、吉林蒙務處、吉林武備學堂、果子樓營務處、吉林文報總局、打牲烏拉協領衙門、吉林省垣火災善後局、東南路兵備道、吉林刑司、寧古塔副督統、阿拉楚喀副督統、伯都納副督統、三姓副督統、琿春商務會、吉林工程局、吉林禁煙公所、吉林官膏局、吉林理事廳、吉林廳、吉林府、吉林市理事府戶房、永吉州戶局、總理烏拉學務處檔案等。

吉林的一些地方檔案館，如吉林市、長春市、大安市、梅河口市、洮南市、遼源市、公主嶺市、渾江市、舒蘭市、德惠縣、東豐縣、通榆縣、通化縣、長白朝鮮自治區、延邊朝鮮族自治州等檔案館都保存一些清代的檔案。

1981年以來，吉林省檔案館將其中重要的檔案以《清代吉林檔案史料選編》的形式，陸續出版公布。其中《清代吉林檔案史料選編·上諭奏摺》一輯，共公布史料一百四十五件，約二十八萬多字，分為建制、政治、經濟、軍事、學校五類。《清代吉林檔案史料選編·蠶業》輯檔案一百四十七件，約二十餘萬字，按照檔案的內容分興辦吉林蠶業，開辦局務，試放推廣桑山蠶，開辦研究所、講習所招生工徒，種桑放蠶收繭繅絲制綿數目及繅絲織染織售辦法，參加賽會展覽外省索取蒿柳標本繭種等六大類。《清代吉林檔案史料選編·驛站》輯檔案二百五十餘件，分驛務建設、驛務管理、驛站財經、驛站職分、災異舛弊等五類。《清代吉林檔案史料選編·辛亥革命》輯史料一百五十五件，分①各階層群眾的自發鬥爭；②部分革命黨人在吉林的活動；③預備立憲；④地方統治當局和沙俄鎮壓破壞辛亥革命及國民保安公會等四部分，這些史料書均已公開發行。

四、大連市圖書館所藏清代檔案

大連市圖書館是我國保存有大量珍貴古籍的圖書館之一，向爲國內外學者所矚目。由於歷史上的種種原因，有一部分原存於清宮的檔案，流存於大連市圖書館。該館所存的清代檔案，主要是清朝總管內務府的題本，共兩千餘件，殘件六百餘件，其中滿文題本八百多件，滿文殘題本五百餘件；滿漢合璧題本一千一百餘件，滿漢合璧殘題本一百餘件。此外，還有相當數量的內務府各庫的月摺，以及少量的奏本、題稿、呈文、清冊、族譜、殿試卷等，文件起於順治，迄於光緒，各朝的文件都有，尤其是順治、康熙兩朝的滿文題本，更是稀世珍品。

總管內務府的題本，經整理分如下七類：

（一）職官銓選類（職司、銓選、科舉）。
（二）獎懲撫恤訴訟類（獎懲、撫恤、訴訟）。
（三）皇莊類（糧莊、果園、打牲、畜牧）。
（四）宮廷用度類（宮廷用度、月摺、武備、皇商）。
（五）營建類（陵寢、建築、官房）。
（六）宮苑類。
（七）進貢類（外藩進貢、官員進獻）。

在這部分檔案中，較爲重要的史料有：

1. 關於曹雪芹家世的檔案史料

有數件曹寅（曹雪芹祖父）署名具奏的滿文題本。有一件滿文題本，記述了康熙二十五年（1686）曹寅任總管內務府會計司郎中一職時，曾奉命查勘畿輔糧莊遭災的情形，內容翔實具體。康熙二十六年（1687）另一件滿文題本，記載了曹寅奉命清查定南王田產並酌情編莊的詳細情節，還有蘇州織造李煦參劾其弟不法行爲並請連同自身一併治罪的滿文題本殘件，還有一組關於曹頫騷擾驛站獲罪的文件。如雍正六年（1728）六月二十一日總管內務府事務和碩莊親王允祿的題本中報告：據山東巡撫塞楞額於雍正五年（1727）十一月參奏曹頫等騷擾驛站情形，並開列了曹頫等騷擾驛站詳細情節的清單。此外，還有當時審訊曹頫等人的詳細記載。這些文件和中國第一歷史檔案館所存的雍正七年（1729）刑部關於曹頫獲騷擾驛站罪的移會等文書，對於研究曹頫獲罪的原因，是極爲重要的材料。這批關於曹雪芹家世檔案的新發現，對於推進曹雪芹家世和紅學的深入研究，具有重要的意義。

2. 有關皇莊和宮廷的史料

康乾時期總管內務府大臣有關皇莊的題本，詳細記載了山海關內外皇莊的生產、經營、管理、物價、災情處理等方面的情況。內務府的月摺詳細記錄了內務府廣儲司的銀、皮、瓷、緞、衣、茶六庫的出納情形。還有一些題本，反映了圓明園、暢春園的建築、修繕、管理及費用開支的情形，是研究宮殿建築和清宮歷史的珍貴史料。

3. 有關民族和文化方面的史料

康熙朝有關外藩進貢的滿文題本有一百多件，詳細記載了少數民族頭目進貢物品的種類、數量及清帝的賞賜。還有一部分殿試卷及有關《古今圖書集成》裝訂呈送御覽的文件，這些是研究文化史的重要材料。

第三節 四川、西藏檔案館及西南各地所藏的明清檔案

一、四川省檔案館所藏的清代檔案

四川省檔案館於 1957 年開始籌建。1963 年省檔案館籌備處搬遷雅安。1966 年 4 月正式建館。1980 年以後，隨着歷史檔案的開放，檔案館的各項業務工作得到迅速發展。1983 年在成都西幹道開始籌建新館。1988 年具有現代化設備的新館建成，該館搬入新址辦公。

四川省檔案館所藏的清代檔案，主要爲清代四川地方機構的檔案，計有巴縣、重慶府、川東道、建昌道、四川機器總局、四川籌餉報銷總局、四川布政司和川滇邊務大臣的檔案，共十一萬五千餘卷，案卷排列長度爲

五百零八米。

（一）巴縣檔案

巴縣位於四川嘉陵江和長江的匯合口，向爲川東的政治、經濟、軍事、文化中心，是歷代兵家爭奪的戰略要地。清代巴縣檔案約有十一萬三千多卷。文件起於乾隆二十二年（1657），迄於宣統三年（1911），是我國保存最完整的清代地方歷史檔案，它的內容十分豐富。

1. 內政

約四千五百卷，有吏治、保甲、團練、禁煙、禁賭、捕盜緝匪，以及清末實行預備立憲等方面的材料。

2. 經濟

約五千卷，有農業、手工業、近代企業、商業、交通、財政和金融等方面的史料。

3. 軍事

一千餘卷，有清軍征剿金川之役、出師鴉片戰爭、鎮壓甘肅回民起義、峨邊馬邊彝族起義、李蘭起義、義和團運動、堵擊太平軍、防堵滇回黔苗各族起義軍等方面的材料。

4. 文教衛生

八百七十餘卷，有巴縣設立書院、學堂的材料，如乾隆年間的東川書院，嘉慶以後的字水、三益、瀛山、歸儒、朝陽書院。光宣時期，興辦各類學堂，如洋務啓蒙學堂、求精學堂、女子師範學堂、川東公立法政學堂、重慶中等商業學堂、糖務講習所等，還有一些科舉考試、清末派遣出國留學生等方面的材料。文化與衛生方面的檔案，集中在光、宣兩朝，其中有巴縣發售的《商務官報》、《重慶商報》、《四川學報》、英文《泰晤士報》等方面的記載。還有一些種痘、防治霍亂、禁賣假藥等方面的材料。

5. 司法

九萬九千餘卷，有司法律例、章程，有命案、兇毆、賭博、盜竊、欺詐、家庭、婚姻、拐騙婦女、土地、房屋、商貿、借貸、水運等各類案件。

6. 外事

約五十卷，主要是關於洋人游歷傳教的文書，如外國公使、領事發給傳教士的執照鈔件。宣統元年（1909）《四川全省天主教暨傳教士表》、《各廳州縣從教人數表》和《四川全省教戶表》。還有不少教案的材料，如酉陽教案、黔江教案、江兆教案、重慶教案等。

巴縣檔案比較系統、完整地反映了清代該縣二百四十多年的政治、經濟、社會、文化等各方面的情況，它不僅是研究巴縣歷史的第一手材料，而且也是研究我國西南地區清代歷史的重要史料。

（二）川滇邊務大臣檔案

光緒三十二年（1906）八月清政府設立川滇邊務行政區，派趙爾豐任川滇邊務大臣。川滇邊務大臣的檔案共一千一百九十三卷計二千四百四十五件。主要內容有：趙爾豐經營川邊的軍事活動，如攻剋巴塘、鹽井、三巖以及平定波密的奏稿，定鄉兵變的史料，推行改土歸流的材料，川邊財經方面的材料，如徵租收稅、人口地畝、農牧屯墾、工礦交通、商業貿易等。川邊辦教育的材料，如設立學堂、藏漢學生入學讀書等，還有一些醫藥衛生的材料。

趙爾豐在任川滇邊務大臣期間，與朝廷和駐藏大臣聯絡的來往電報中，有一部分重要的西藏史料，如密陳西藏情形、籌辦西藏事宜。西藏設立督練公所，開辦巡警、郵政，鑄造銀圓、銅圓，開關設埠，撫恤藏民，川兵進藏，興辦學堂，開墾荒地，開采礦山等。

重慶府、川東道、建昌道、四川機器局、四川籌餉報銷總局、四川布政司的檔案較少。

四川省檔案館對館藏清代檔案進行了整理編目，並編輯出版了《四川保路運動檔案選編》、《四川教案與義和團史料》、《巴縣清朝康、雍、乾、嘉、道史料叢編》等史料。

（三）新都縣檔案館所藏清代地契檔案

四川省新都縣檔案館收集了清代地契一百九十六件，其中嘉慶十年至二十年（1805—1815）有五件，道光元年至三十年（1821—1850）有二十件，咸豐元年至十一年（1851—1861）有六件，同治二年至十三年（1863—1874）有二十一件，光緒元年至三十四年（1875—1908）有一百三十八件，宣統元年至三年（1909—1911）有六件。這些地契都是賣主所立，買主收執，是民間產權轉移的原始契據，是研究清代土地占有與兼併、賦稅情形、地價變化的原始素材。

（四）自貢市檔案館和歷史博物館保藏的清代鹽業檔案資料

自貢市是聞名遐邇的鹽都。自貢市檔案館藏有鹽業歷史檔案三萬餘卷。其中各類鹽業契約約三千件，包括從雍正十年（1732）到1949年各個時期修成的契約。契約有鑿井、買賣、租佃、借貸、合夥、分關等各種類型，生動地再現了社會經濟活動各個環節的面貌。

自貢市鹽業歷史博物館也存有一批鹽業檔案資料，已公布的契約有四十多件。自貢市檔案館還和北京經濟學院、四川大學聯合編輯出版了《自貢市鹽業契約檔案選輯》一書，供鹽業和經濟史研究者參考。

四川省南充市檔案館保存有清代四川南部縣衙檔案一萬七千八百八十二卷，計十二萬五千件。檔案形成於順治十三年至宣統三年（1657—1911），是我國現存時間跨度最長、保存最完整系統的縣級地方政權檔案。

其他會理縣檔案館保存會理州衙門檔案五百四十二卷、重慶市檔案館保存有清代檔案二百八十一件、宣漢縣檔案館保存有清代檔案一百一十四卷、廣安縣檔案館保存清代廣安州商會公會檔案五十七卷，這些檔案也是研究四川地方志的重要史料。

二、雲南省檔案館所藏的清代檔案

雲南省檔案館保存有自同治十三年（1874）以來的歷史檔案三十五萬餘件，其中舊政權檔案三十餘萬件，在舊政權檔案中藏有清代檔案約一千六百餘卷。這些檔案主要是雲貴總督、雲南巡撫、雲南布政、按察、交涉、提學各使，以及糧儲、勸業、鹽法、滇中、蒙自、騰越、思普各道及昆明關，在政務活動中形成的文書。其內容有行政、軍務、厘金、田糧、鹽務、墾殖、戶政、實業、學堂、留洋、傳教、邊界、通商、與英法交涉、開辦滇越鐵路等方面的材料，它反映了從同治至宣統期間，雲南省的一些歷史狀況。

雲南省江城縣檔案館保存有黎文檔案二十四卷，檔案中記載該縣的天文、歷法、歷史、哲學、文學、藝術、宗教、藥書、祭祀、占卜、民族風俗等情況。

雲南省孟連縣檔案館保存有傣文老檔四卷，檔案用貝葉、白綿紙制作，用傣文書寫。檔案中反映了中緬邊界地區佤族的分布，中國勐梭（現西盟縣）的歷史概略，中緬邊境、緬甸景棟地區部分村寨的分布與民族習俗的材料，中緬土司鬥爭的記錄，還有《上允下允傣族歷史》、《孟連宣撫司對其統轄之史實》，以及《佟哈》、《古巴拉和烏鴉》、《甘黛懲撒梯》、《杠帕窩檔》等神話故事。勐海縣檔案館保存傣文佛教經義、佛教理論和心理學及魔法、神俗故事等。這些傣文檔案，價值十分珍貴。此外還有中英兩國勘界的壘石圖、滇緬南段分界總圖、打洛一帶壘石地方詳細分圖等也十分珍貴。

三、貴州省檔案館所藏的清代檔案

貴州省檔案館建於 1960 年 10 月，存有清代檔案二十五卷。其中有道光、咸豐、同治年間買賣土地的契約，還有貴州地方自治籌備處的檔案，內容主要是關於貴陽府、都勻府、八寨廳、獨山州劃撥插花地和徵收錢糧方面的文書、清冊，還有貴州通省公立中學堂及各府、廳、州縣學堂的檔案等。

在雲南、貴州一些地方檔案館中，還收藏有羊皮封面的彝文、象形文字圖籍和貝葉經等寶貴文獻。

四、廣西壯族自治區檔案館所藏的清代檔案

廣西壯族自治區檔案館成立於 1960 年 8 月，藏有清代檔案二十卷，主要內容為清末的廣西全省學務款項預算決算表冊、廣西省各學堂經費調查表、全省各學堂經費預算表、全省學費報銷清冊等。

五、西藏自治區歷史檔案館所藏的明清檔案

西藏自治區歷史檔案館於 1980 年 12 月正式成立，保藏着自元代（13世紀）直至 1959 年的三百餘萬件（冊）歷史檔案，其中以明清時期的檔

案爲最豐富。這些檔案主要來源於譯倉（達賴秘書處）、攝政王辦公室、噶廈和布達拉宮下屬的各辦事機構、班禪堪廳、昌都噶廈、亞東噶廈，以及色拉寺、哲蚌寺、薩迦寺和拉薩附近的各個寺廟的文書，檔案中以藏文文件爲主，尚有漢、滿、回、蒙古、維吾爾等民族文字和英、俄、尼泊爾等文字的文書。檔案主要內容有：明、清歷代帝王給達賴、班禪、駐藏大臣的封文詔書、敕諭、諭旨，明、清王朝中央各部院給西藏地方政府的文書，噶廈向下發布的政令性文稿，下級政權機關向上呈送的各種報告、納稅清冊等，清末英、俄、法、日等國與西藏地方政府的來往文書。這些檔案記載了西藏地區政治、經濟、民族、宗教、文化等各方面的歷史面貌，反映了西藏與祖國密不可分的關係，這些檔案文獻是中國中央政府對西藏長期實行主權的有力憑證。檔案中也記述了清末以來列強侵略西藏的罪惡行徑，以及藏、漢人民合力反抗入侵的悲壯事迹。

第四節　華東、中南、華北、西北各地所藏的明清檔案

一、曲阜孔府檔案

孔子是春秋末期的思想家、政治家、教育家，儒學的創始人。自宋朝以來，孔子的後裔被封爲衍聖公。明、清兩代的統治者更爲尊孔。洪武時期詔定衍聖公爲世襲罔替的公爵，賜孔廟祭田兩千大頃，佃戶五百戶，計二千丁，孔林、孔廟灑掃戶一百一十五戶。以後各帝不斷封賞，至清朝中期，孔家已成爲擁有田土萬頃、佃戶數萬的大貴族了。清朝尊封孔子爲"大成至聖先師"，追封孔子五世先人爲王，後裔世襲衍聖公。

山東曲阜縣文物管理委員會現收藏有孔府檔案約二十多萬件，檔案起於明嘉靖十三年（1534），迄於1948年，其間以清朝時期的文件爲最多，是我國現存最豐富的貴族檔案。這些檔案經整理分爲十二大類，即襲封、宗族、屬員、刑訟、租稅、林廟管理、祀典、宮廷、朝廷、政治、財務、文書庶務。這些檔案真實地記錄了孔府與明朝、清朝政府的關係，所享受

的特權及恩賜，反映了孔府這個大地主對衆多的佃戶、灑掃戶、廟戶進行收租和高利貸盤剝的情況；更多的文書檔冊，記載着孔府的内部組織結構、典制禮儀及孔府主人尊榮華貴的生活。《孔氏族譜》、《祖訓》、《族規》記載了孔氏宗族世代繁衍襲替的情況。孔府檔案自1956年開始整理，共整理出八千九百多卷。1980年中國社會科學院歷史研究所和曲阜文管會合編出版了《曲阜孔府檔案史料選編》，1982年中國社會科學院近代史研究所中華民國史研究室亦同曲阜文管會合編出版了《孔府檔案選編》。

二、山東省檔案館所藏的清代檔案

山東省檔案館1958年11月開始籌備，1963年1月正式成立。該館所藏的明清檔案有：明嘉靖年間山東總督備倭署、山東都指揮司的檔案複製件，包括山東都司及所屬衛所戍邊、操練、軍紀、糧餉、官員任命等方面的材料。有光緒時期山東善後厘稅總局駐守海防各州、縣營官、哨官、兵丁處所清冊及口糧、銀兩清冊。山東督糧道在道光和光緒年間各州、縣的戶數、銀兩清冊。山東布政使司道光、光緒、宣統年間各州、縣銀米清冊。山東河防總局關於黃河中下游防汛收支銀兩清冊。山東運河兵備道光緒年間關於治理運河沿微山湖、魚臺、汶上、東平、壽張、陽谷、聊城等地段修堤、清淤治理的銀兩清冊等。

另外，青島市檔案館存有清代膠海關檔案一百四十五卷、青島自來水廠檔案一百七十九卷。

三、河南省檔案館所藏的明清檔案

河南省檔案館於1956年開始籌備，1959年3月正式成立。館存雍正二年至宣統三年（1724—1911）的清代檔案，共三百一十六卷。其中有河南巡撫關於賦稅、職官任免、承襲、撫恤、河務、寺廟及城垣的修繕、軍事、司法、漕糧、財政、救灾、驛站等方面的奏稿，有關於修繕龍亭、四大廟、官員專祠的工料銀清冊，有關於清末豫省興辦師範、蠶桑等各學堂的文書及官兵履歷清冊，河南各地呈報的錢糧冊也不少，還有一些誥命、咨札底稿及地契等。

另外，汝南縣檔案館存有明嘉靖五年和隆慶二年皇帝誥書兩種，十分珍貴。

四、湖北省檔案館所藏的清代檔案

湖北省檔案館成立於1959年，存有清代檔案：

（一）漢江關稅務司檔案四十八卷，其中有江漢關的法令、章則、規程、條約、合同、人事任免，以及江漢關所屬各關的稅收、航務、航道管理、港口檢疫、進出口貿易統計表，及向海關總署的請示報告和來往函件，還有江漢關樓的照片及會計賬簿等。

（二）漢冶萍煤鐵廠檔案三十五卷，主要爲光緒十九年至宣統三年期間，有關漢冶萍商辦調查史稿、廠礦發展照片、銷售礦石、生鐵價格、購進生鐵合同，開采礦石、煤炭、營運煤焦、冶煉鋼鐵、廠礦地契、賬簿以及股東名冊等。

（三）湖北省公產處理處有關乾隆至宣統時期的公有土地、房產買賣租賃契約，以及借據抵押、證券、憑票押卷等檔案共二百九十七卷。

此外，湖北沙市檔案館存有沙市海關檔案一百零八卷，其中多數爲英文檔案。

五、湖南省檔案館所藏的清代檔案

湖南省檔案館存有清代檔案：

（一）清朝道光至宣統年間，歷屆湖南巡撫關於湖南政治、經濟、軍事、財政等方面奏摺及皇帝有關諭旨，有關於軍事、國防、人事任免、兵丁獎懲方面的公文原件，清代各朝的地產契約副本及原件照片，1898年3月7日至10月15日在長沙創辦的《湘報》及《太平天國》影印本，以上檔案共九十卷。

（二）湖南私立雅禮中學、雲峰中學、新隆中學、群策中學、晉陽小學、女子善初中校在清代時期的校產契約副本、鈔本及照片，全湖南師範學校同學錄等檔案六卷。

（三）有英商太古公司購置我國房地產的中英文契約七十七卷。

湖南省安化縣檔案館存有南明永歷皇帝朱由榔敦促臣屬火速進軍及褒獎晉陞大臣尹三聘並封贈尹之父母、妻子官職名號的誥書五卷，還有平西王吳三桂簽發給向庭北等四人至騰越州接取原南明武靖侯王國璽等人家眷的路牌一卷。

湖南省寧鄉縣檔案館存有清代檔案一百五十七卷，其中有房地契、賣身契、戶籍、厘捐章程、銀錢信票、治蝗、水口山鉛鋅廠材料，有書信、告示、勸戒、挽聯、壽序、遺言、祭文、碑文及太平軍在寧鄉活動的文件，有雲山書院、寧鄉師範、寧鄉中學堂等十四個單位的檔案及《雲山書院志》等，還有光緒三十三年的《湖南全省分圖》等。

六、安徽省檔案館所藏的明清檔案

安徽省檔案館成立於 1959 年 10 月，存有明朝弘治至天啓年間和清朝順治至宣統年間一些皇牒、誥命、敕命、照會、呈文、紅白契約、族譜、稅票、執照、告示、學堂堂稿、狀紙、案件、魚鱗冊、黃冊、清田冊、易知由單、會簿、賑簿，其中雍正和乾隆時期的諭旨，光緒時期的誥命以及太平天國的詔諭等比較重要。光緒十年至二十三年（1884—1897）的南陵縣衙門刑法房和承法房辦理的案件材料比較完整，以上檔案共七十餘盒。還有一些地方志，如道光元年的《皖省略志》、康熙時期的《安慶府志》、乾隆時的《無為志》等，計二百三十九種，一千七百零二冊。該館編有《明清檔案目錄》一冊，以供查尋。

安徽省休寧縣檔案館保存有一千一百四十六卷清代魚鱗冊，歙縣檔案館保存有宋至清的一些官文書、地圖及元、明、清時期一些字畫，十分珍貴。

七、福建省檔案館所藏的清代檔案

福建省檔案館於 1959 年 10 月建立，該館藏有清代檔案五十五卷，主要是福建省各郵櫃（站）郵政代辦人及信託經理人詳情表。清末郵政總局、北京、上海稅務總署與福州、廈門等處，以及閩海關的來往文電、公函、營業情況、月報等。其中有一卷爲光緒三十三年至宣統二年（1904—1910）洋務總局美孚公司向（寧德）三都羅、鄭二家租地擬作洋油池事。

八、浙江省檔案館所藏的清代檔案

浙江省檔案館1959年籌備，1965年2月成立。館藏有清代和民國時期的海關檔案和鹽務檔案，其中有寧波、溫州、杭州三個海關咸豐十一年（1861）至1949年的檔案三千五百一十五卷。內容涉及進出口貿易、關稅徵收、查禁走私、海關人事與行政管理、港務和港口建設以及地方局勢、官員動態和一些重大事件，還有咸豐十一年（1861）至光緒元年（1875）的海關文件匯集，價值尤爲珍貴。鹽務檔案較多，僅兩浙鹽務管理局及其前身兩浙鹽運使署和兩浙鹽務稽核分所1916—1949年的檔案即達二萬三千二百六十八卷。還有一些教育和金融方面的檔案資料。這些檔案是研究浙江地方史和經濟史的第一手材料。

另外，浙江省蘭溪縣檔案館完好地保存着同治二年至七年間（1863—1868）編制的魚麟冊八百二十卷，這是全縣各農戶所有田、地、山、塘實行丈量後繪制而成的，是統治者徵收田賦的依據，是研究封建田制和賦稅的珍貴素材。

九、江蘇省泰州市博物館所藏的明清檔案

泰州市博物館收藏有明清檔案七百五十件，其中有：
（一）明代檔案。崇禎時期臣工題本鈔件，共三十八件，內容主要是有關大臣申報"賊情"官軍進剿農民起義軍以及議修邊牆、加強邊防方面的材料。
（二）清代檔案。有題奏文書，其中題本三百四十二件，內容有吏治、糾參、刑法、河工、鹽課、軍務、錢糧及工礦等方面的材料。另有殘題本

一百二十件。奏摺及錄副奏摺十三件，內容反映了乾隆時期的一些內政、職官、商業情況。有各衙門的來往文書，其中揭帖五十三件，爲順治二年至道光十年（1645—1830）的文書。移會五十八件，咨文五件。有上諭十件，是關於祭祀和賑濟方面的諭令。票簽若干張。還有表四件，會試殿試卷九件。雜檔四十五件，如太常寺祭文、奏銷冊、重囚招冊、官俸冊、雍正《硃批諭旨》刊本一冊，康熙《親征平定朔漠方略》卷二十八，《名臣傳》稿本一冊，內爲豫親王多鐸、英王阿濟格的傳記。

這部分檔案，原爲清內閣大庫的藏物，清末民初流出宮外。1925年前后，在北洋政府外交部官員袁家良家坐館授課的蘇恩培先生，偶在北京某城門樓下見一收買廢紙的小推車，發現其中竟有許多檔案文書，蘇於是買了一包，回去稍加整理，知爲清宮檔案。後來他攜帶檔案回到原籍，再移居泰州。蘇於解放前夕病死，他所遺下的檔案及書籍轉到姻親景幼南家裏。1958年泰州博物館成立，景先生將這批檔案捐贈給博物館。博物館爲保存這批檔案做出了很大的努力，現已全部整理編目，可提供學者研究利用。

十、江蘇省吳江縣檔案館所藏的清代檔案

吳江縣檔案館現藏有清末時期歷史檔案九卷，計三百六十四件，包括有籌辦自治事宜、戶口調查、辦理善舉、清田方單和執業田單、客民報墾執照、客民定租印照等方面的內容。

十一、蘇州商會檔案

蘇州商會創始於光緒三十一年（1905），初爲蘇州商務總會，以後屢次更名，1949年改爲工商業聯合會。蘇州商會檔案約有數十萬件，包括商會本身、附屬機構、分會及所屬廠礦企業、銀行銀莊、同業公會以及商團、市民公社的檔案文件。這些文件以清末和民初時期的爲最多，其中有咨、移、札、片、稟、牒、呈、略、諭、批、帖、照、單、函、圖、表、冊以及票據、狀紙、各種簿稿等九十餘種。檔案的內容可分爲：秘書行政、組

織人事、商律商法、政治活動、消防治安、財政金融、工商業務、興辦實業、交通運輸、市政建設、農田水利、賑災救濟、文教衛生、捐稅與抗爭、外事外貿、調查統計、商事調處、公益善舉、兵災戰禍、日偽物資統制、物價與民食、反帝愛國運動、勞資矛盾與工農群衆鬥爭、機關和社團、各地商會往來、重大會議、商團、市民公社、經費收支、社會生活等三十多個大類。其中有關絲綢、商團和市民公社的檔案材料尤爲珍貴，是研究近代蘇州地區民族工業發展歷史的第一手材料。

十二、廣東、天津、上海檔案館所藏的清代檔案

（一）廣東省檔案館保存有清代粵海關及其屬下的九龍海關、瓊海關、潮海關、江門海關、拱北海關、雷州海關、三水關、梧州關的檔案。這些檔案起於咸豐元年（1851）止於1949年，包括中外文字的文書材料。

還有廣東郵政管理局、廣州租界官有資產與債務委員會、私立夏葛醫院的清代時期的檔案。

（二）天津市檔案館成立於1964年1月，存有清代檔案二十一個全宗計四萬二千多卷。檔案中最早的是乾隆八年（1743）的房地契，最晚的是宣統三年（1911）的文件，主要是咸豐十年（1860）天津開埠後的檔案。如天津海關全宗，包括了天津海關康熙二十年（1681）至1949年的檔案。河北郵政管理局全宗，包括了同治十年（1877）至1949年的檔案。其他如天津廣仁堂、天津市商會、英商太古輪船公司海河工程局、英國工部局、天津電力局、天津電燈局、天津縣政府等全宗的檔案，都從清代一直延續到中華民國。

天津市檔案館利用這些檔案匯編出版了《天津商會檔案史料匯編》、《天津租界檔案史料匯編》、《三口通商大臣給天津海關稅務司札文選編》、《天津海關郵政檔案史料選編》等，共約四百萬字。

（三）上海市檔案館存有上海公共租界工部局和上海法租界公董局的檔案，還有外商在滬洋行、銀行檔案以及宗教團體檔案。這些檔案多係外文，有英、法、日、俄、意等國文字的文書，總數約十幾萬件。另外，上海市文管會存有秋瑾案原件三十六件。以上文件起於咸豐元年（1851）止

於 1943 年，這些檔案是研究清代中外貿易和帝國主義侵略的第一手材料。

此外，還有一批清代上海鐵器工業、木材工業、茶葉、綢緞、棉布、衣商、裘商、書業、煤業、炒熟貨業、海味雜貨、豆米、煙酒等同業公會的檔案，這是研究上海商業史的重要材料。

十三、北京地區現藏的清代檔案

（一）北京市檔案館所藏的清代檔案

北京市檔案館正式成立於 1958 年 4 月，是全國最早成立的省級檔案館。北京市檔案館藏有歷史檔案九十九個全宗，二十四萬九千八百五十卷，比較珍貴的有清代康熙朝的奏摺，清代獲鹿縣的編審冊，約有五百冊左右，其中完整的有二百三十多冊。這些編審冊是清政權為徵收賦役而編制的戶口冊，按戶按丁登記民間占有土地狀況和丁銀負擔。成文時間起於康熙四十五年（1706），迄於乾隆三十六年（1771），反映了獲鹿地區戶籍賦役制度和當時農村經濟的面貌，是研究清代地方經濟的珍貴素材。

此外，還有清代各省在京設立會館、永定河河道工程、北京自來水的興建、京畿地區房地契檔案，以及順天府志、宗譜、族譜、家譜等檔案材料。

（二）北京一些大專院校和研究機構所藏少量清代檔案

如國家圖書館收藏有總理各國事務衙門清檔（咸豐至光緒二十七年），共三百二十四冊。北京師範大學圖書館收藏有清代起居注，乾隆朝六冊（鈔本）、嘉慶朝四冊（影印本）。中國社會科學院近代史研究所資料室收藏有清代的電稿、奏稿、信札等，如張之洞重要摺稿十二函，胡林翼、曾國藩的信札。中國社會科學院經濟研究所，鈔錄一批清代檔案，其中有黃冊八十多本，題本一百多件。中國國家博物館藏有清朝駐美使臣梁敦彥的有關外交信件五百多封。

十四、河北省檔案館所藏的清代檔案

河北省檔案館成立於 1959 年 3 月，該館完整地保存着康熙四十五年

（1706）至宣統二年（1910）直隸省獲鹿縣、正定縣、井陘縣、寶坻縣的錢糧、戶口、賑簿清冊和地契，共一千六百零八卷。這部分檔案詳細、具體地反映了清代農村基層單位直至每個農戶的經濟狀況，對研究清代農村的生產關係，是十分難得的第一手史料。

十五、甘肅省檔案館所藏的清代檔案

甘肅省檔案館成立於 1959 年 2 月，館藏清代檔案二千二百二十五卷，約十五萬件。檔案起於咸豐五年（1855），止於宣統三年（1911），主要有甘肅省總督衙門和甘肅布政使司、提學使司、按察使司及其所屬機構如洋務局、工商礦局、統捐局、墾務局、鹽局、印書局、公支局、籌賑處的檔案資料。還有甘肅西寧辦事大臣、寧夏部堂、甘肅新疆糧臺道以及各道、州、府、廳、縣的檔案資料。陝甘駐軍的材料也很豐富，有陝甘總督督標各營，陝西提督，甘肅提督提標各營、各鎮及所屬鎮標各營、堡，新軍馬步砲各營，陸軍兵備教練三處、駐防三滿營等機構的檔案。檔案的內容有：官弁履歷、財政收支、稅收捐輸、地下錢糧、倉穀庫銀、米糧時價、養廉俸餉、工役食費、差車驛馬、驛站、刑獄、災民賑撫以及官兵編制、軍裝甲械、馬砲車數、駐紮處所、工程做法等各種清冊。上述檔案反映了光宣時期甘肅、陝西、青海、寧夏部分地區的政治、軍事、經濟、社會等各方面的歷史狀況，是研究這些地區歷史的第一手材料。

還有清代修造黃河蘭州鐵橋檔案四十三卷。

十六、甘肅臨夏回族自治州及慶陽地區檔案館所藏的清代檔案

（一）臨夏回族自治州檔案館所藏清代檔案

臨夏回族自治州檔案館藏有嘉慶二十四年至宣統三年（1819—1911）河州（今臨夏）軍政機關和有關人物形成的檔案，共四百一十四件。其中有陝甘總督部堂、陝西巡撫部院給河州守備參將的敕書，河州總鎮的諭帖，河州州署衙門公證的契約和繪製的地圖，還有私人著述的手稿等。

此外，還存有一些明清檔案的複制件，如明永樂十年（1412）成祖頒給康樂縣蜂窩寺的敕書。順治四年至六年（1647—1649）陝西三邊總督、西寧兵備道等鎮壓甘肅米剌印、丁國棟起義手稿、塘報等。道光十五年（1835）皇帝頒給寧夏朱貴夫人的誥命，楊增新任河州知州期間向清廷呈報的奏章選編。

（二）甘肅慶陽地區檔案館所藏清代檔案

慶陽地區檔案館藏有同治八年至宣統三年（1869—1911）的清代文書十八卷，約五百餘件，其中主要是涇州直隸州、直隸州鎮原縣、寧縣、陝西巡撫部院、陝西總督府、甘肅布政使司、按察使司、提學使司、蘭州府、甘肅省禁煙局、秦州直隸州等機關的來往文書，還有一些民事訴狀、鄉約和清冊等，內容包括官員補缺、革職、請獎、鄉試、公舉道士、募捐、災情、戒煙、整修倉窑、徵收銀糧、協濟馬匹、觀察日月食、案件移查等各方面的材料。

其他，西和縣檔案館藏有清代檔案三百三十七卷，禮縣檔案館存有清代檔案四十八卷，肅南縣檔案館存有清代檔案十卷，永靖縣檔案館存有清代檔案五十六卷，榆中縣檔案館還存有榆中道教檔案二百二十九卷，其中有清代中葉高道全真教嫡系、龍門派第十一代傳人劉一明著作《周易闡真》、《孔易闡真》、《孔易注略》等，及劉一明弟子張陽志撰述的《雲游記悟元子本末》，興隆山道士律條並劉一明之塔（拓片）。

另外，寧夏回族自治區檔案館存有乾隆四年至宣統三年的奏摺（照片）九百八十六卷，主要是川陝總督、甘肅巡撫、陝甘總督等關於寧夏、甘肅等地收成、糧價、自然災害等情況向皇帝的報告。

十七、陝西省檔案館所藏的清代檔案

陝西省檔案館於1958年10月正式成立，館藏有陝西布政使司等造報的光緒二十二年至宣統二年（1896—1910）的各年兵馬錢糧報銷清冊、官兵養廉銀清冊、官員履歷清冊及工料銀兩清冊等，還有一些道光、同治、光緒年間的契約文書，共三十五卷，一百五十多件，還有清代紫陽縣正堂檔案一千零五十八卷。

十八、新疆維吾爾自治區檔案館所藏的清代檔案

新疆維吾爾自治區檔案館於 1972 年正式成立，保存有近兩萬卷清代檔案。文件起於康熙五十一年（1712）止於宣統三年（1911），其中康熙五十一年（1712）、雍正七年（1729）、乾隆十六年（1751）清帝頒給新疆蒙古族土爾扈特部落首領的三件滿、蒙文合璧的敕諭，較爲珍貴。吐魯番直隸廳的檔案數量最多，有一萬九千二百一十八卷，詳細地反映了吐魯番地區的政治經濟和民族宗教等各方面的情況。中俄通商總局的檔案，反映清代新疆地區中俄貿易和交涉的情況。清朝後期的一些檔案，記載着左宗棠出兵新疆、驅逐阿古柏、改設行省和劉錦堂、饒應祺治理新疆的事跡，還有道光、咸豐、同治年間一些地契、坎井文約、功牌、護照等檔案，是研究新疆歷史的重要材料。

此外，收藏有清代檔案的還有伊犁自治州檔案館，有清代寧遠正堂檔案約計三百一十卷，塔什地區檔案館存有清代喀噶爾道檔案七十二卷。

十九、青海省檔案館所藏的明清檔案

青海省檔案館於 1958 年開始籌備，1980 年 2 月正式建館。藏有明清檔案一萬八千多卷，明朝檔案祇有三件，爲洪武、萬曆時期的誥命和天順時期的鐵卷，這件鐵卷是天順二年（1158）英宗朱祁鎮賜給右軍都督撫右都督李文的。鐵卷也叫"誓書鐵卷"，自西漢以來，它一直是封建皇帝封贈功臣的一種榮譽證書。鐵卷係"熔鐵而成"、"鏤金文字"。這件鐵卷至今字跡清晰，金光閃爍，集檔案、文物於一身，實爲稀世之珍品。清朝檔案共十個全宗，三千二百四十八卷，主要是西寧廳、循化府、撫番府等機構所形成的檔案材料。文件起於順治，迄於宣統。檔案內容有行政機構和職官的設置、官員任免考核、宗教寺廟、僧侶名冊、財政收支、田賦稅收、戶籍人口、災荒賑濟、法律訴訟、刑獄管理、官兵名冊、俸薪軍餉、民政教育、鄉規民約、禁煙禁賭、民族關係、外國人游歷以及人民反抗鬥爭等各方面的材料，真實地記錄了青海地區清朝統治時期二百多年的部分歷史

狀況,是研究青海地區歷史的珍貴史料。

其他,湟源縣檔案館存有清代檔案十一件,貴德縣檔案館存有清代檔案四件,祁連縣檔案館存有清代檔案六件。

二十、內蒙古自治區檔案館所藏的清代檔案

內蒙古自治區檔案館成立於1959年4月,藏有清代檔案共二十九個全宗,計二萬三千二百九十二卷(冊)。文件起於順治元年(1644),迄於宣統三年(1911),其中有喀喇沁左、中、右旗和伊克昭盟所屬旗衙門、呼倫貝爾都統衙門、達茂聯合旗、四子王旗、察哈爾八旗、欽差墾務大臣等機構的檔案。這部分檔案多為蒙、滿文字的文書,主要內容有王公世襲、官員俸餉、軍隊裝備、關防刑獄、行政區劃、民事訴訟、人丁戶口、移民實邊、災民救濟、修繕寺廟、增減喇嘛及邊界爭端等方面的材料,對內蒙古地方史和民族史的研究具有重要的史料價值。

內蒙古阿拉善左旗保存有從康熙開始的阿拉善王爺九朝十代的十五萬多卷滿蒙文檔案,其中有地圖、戶口分布圖以及清帝下的詔書和吏、戶、禮、兵、刑、工六部的來文等。其他,赤峰市檔案館保存有赤峰正堂檔案七百六十卷、翁牛特右旗檔案七百四十八卷。伊克昭盟檔案保存有東勝縣衙門、達拉特旗衙門、烏審旗衙門、鄂托克旗衙門、杭錦旗衙門的檔案一千三百五十六卷。

第五節　民間的契約、譜牒等檔案

現存於全國各地檔案館、圖書館、大專院校和學術研究機構的契約、譜牒、碑刻等民間檔案也很豐富,其中以安徽省徽州、四川省自貢、閩西北、山西、京郊等地的民間契約為最多。大部分是清朝時期的,也有少量是宋、元、明的遺物,還有一部分是民國時形成的。內容涉及土地買賣、典押、租佃、雇工,工商業的執照、合同和賬簿,人口的買賣、典押、贖身契紙,宗法家庭關係、分家繼承單,官府徵調賦稅、徭役的

單據，登記田土房地產業的稅契，各種借貸、典當票據，遺囑、書信、日記及訴訟文書，各種寺觀廟祠的財產和捐助冊，各種行會會館的會規、行規、會議記錄，各種族譜、房譜、宗譜等宗法譜牒，爲各種需要制作的碑刻及其拓片，等等。中國第一歷史檔案館從20世紀70年代以來，也陸續從社會上收集到各種民間田宅房屋契約和雇工、賣身契等，共二百多件，1985年又從中國書店購買民間家譜八十五種，計一千零八十一冊。這些家譜多是江蘇、上海、廣東、河北等地的，如上海倪玉家乘、江蘇齊門東匯潘氏族譜、蕭山錢清北祠潘氏宗譜、安次得勝口馬氏家譜、毗陵潘氏家譜、江蘇吳中氏家譜、山西代州馮氏族譜、朱氏宗譜、會稽張家瀝柳氏宗譜、江蘇吳趨汪氏支譜、江蘇毗陵沈氏宗譜、西遞明經胡氏壬派宗譜、張氏家譜、江蘇孫氏宗譜圖詠、慈溪鄭氏宗譜、績溪城西周氏宗譜、大港趙氏宗譜、義門陳氏大同宗譜、涪陵周氏家譜、河北延吉堂李氏宗譜、安徽錢氏家乘、廣東南海學正黃氏家譜節本、京江周氏家譜、上海葛氏家譜、姚江黃氏宗譜、汾陽韓氏支譜、錫山周氏宗譜、江蘇武進西營劉氏家譜、江蘇潯陽陶氏家譜、浙江水澄劉氏家譜、東浦陳氏懷十房宗譜、吳縣管氏家譜、文堂陳氏家譜、越州阮氏宗譜、廣東粵東簡氏大同譜、山陰白洋朱氏宗譜、遼陽吳氏族譜、南海九江朱氏家譜、丹徒倪氏族譜、餘姚縣朱氏宗譜、高陽許氏家譜、丹陽東門丁氏十三修族譜、洞庭秦氏宗譜、錫山吳氏統譜，等等。這些家譜修纂的時間，上起乾隆，下迄民國，多是鉛印活字本。這些契約、譜牒、碑刻等民間檔案是人們社會活動的最基層的記錄，對研究社會結構、經濟、人口、民族、文化具有重要的作用，歷來爲中國史學界、檔案界、圖書界所重視，1984年，中國國家檔案局與教育部、文化部聯合發出指示，要求全國各地上報現存的族譜目錄，並編纂了《中國族譜綜合目錄》。據全國大約四百個單位及一些私人所藏的族譜估計，在大陸地區約有三萬餘種。在山西太原還成立了中國譜牒學會，出版了《譜牒學研究》刊物。新世紀以來，中國文化、學術界對於碑刻及其拓片的整理利用也取得了可喜的成績，陸續出版了《明清以來北京工商會館、碑刻選編》、《明清蘇州工商業碑刻集》、《上海碑刻資料選輯》、《明清進士題名碑錄索引》、《北京圖書館藏中國歷史石刻拓本匯編》，等等。

第六節　國外流存的明清檔案

　　道光二十年（1810）鴉片戰爭以後，中國逐步淪爲半封建半殖民地社會。由於帝國主義的侵略，戰爭頻繁，中國的檔案文物也屢遭劫難。在第二次鴉片戰爭期間，咸豐七年（1857）十一月英軍陷廣州城，兩廣總督葉名琛被俘，兩廣總督衙門的檔案亦被掠走。這批檔案約二千件，初由英駐華公使所屬漢文秘書保存，後運回英國外交部，存國家檔案館。這部分檔案的內容包括乾隆三十年至咸豐七年（1765—1857）清朝中央和地方行政管理，嘉慶十五年至咸豐七年（1810—1857）清政府對外關係和對外貿易，道光十一年至咸豐七年（1831—1857）中國人民反對清政府的鬥爭，還有兩廣總督衙門編印的《督撫憲轅報》、福建巡撫編制的《福建臝報》以及《郵報》、《京報》等，內容十分豐富。這部分檔案已經整理鑒定，編有檔案目錄和檔案指南出版，並拍成了縮微膠片。現在國家檔案局經與英方交涉，已將部分檔案的縮微複制件收回國內。

　　咸豐十年（1860）英法聯軍入侵北京，圓明園檔案庫的檔案被焚劫一空。光緒二十六年（1900）英、法、俄、美、德、日、意、奧八國聯軍侵北京，清廷中央各衙門的檔案，大部分受到破壞和劫掠。翰林院的圖書檔案被毀於火。禮部和理藩院所藏的二百多年的檔案，被八國聯軍分贓肢解，至今仍流散於各國。八旗各都統衙門的檔案，或被焚毀，或被劫掠。皇家檔案庫——皇史宬典藏的《實錄》、《聖訓》，被劫去五十一函，計書二百三十卷。被污損的圖書，總計一千三百餘卷。管理宮廷事務的內務府的檔案，也慘遭劫掠，如都虞司、會計司、慶豐司、慎刑司、營造司、關防衙門、官房租庫、昇平署和大高殿等處的文稿檔冊，"均失落無存"或"間有遺失"。

　　在八國聯軍侵華期間，沙俄在我國東北地區搶走了黑龍江將軍衙門、寧古塔副都統衙門、阿拉楚克副都統衙門、琿春副都統衙門和三姓副都統衙門等地方政權的檔案。新中國成立後，蘇聯政府於1956年將沙俄掠走的一部分檔案共計一萬七千零八十一卷，連同十七冊俄文目錄交還我國，現存於中國第一歷史檔案館。

民國期間，由於政權屢次更易，內外戰爭連綿不斷，海關管理混亂，致使明清時期一些檔案文物，或被盜劫、或被購走，以各種途徑繼續流往國外。據目前片段信息得知，日本國東洋文庫收藏有一批清代滿文檔案，其中有諭旨、奏摺、傳記和家譜等，已編有目錄的就有數百件，沒有編目的清代檔案還有很多，較重要的檔案有："世管佐領執照"，如黑龍江鑲藍旗達呼爾佐領顧祿穆博承襲世管佐領執照、黑龍江佐領索其那承襲世管佐領執照、盛京鑲藍旗新滿洲佐領雅爾球承襲世管佐領執照、盛京正黃旗新滿洲河什圖承襲世管佐領執照。"鑲紅旗檔"，約有二千四百多件，檔案起於雍正元年（1723），迄於1925年，其中有一半以上是光緒朝的文件，其中有奏摺、家譜、檔冊以及來往文書，反映了鑲紅旗二百多年的歷史，不僅對研究八旗制度，而且對考察清代社會形態都具有一定意義。

美國國家檔案館、斯坦福大學檔案館，收藏有道光二十四年（1844）《望廈條約》中文本、19世紀中國政府的文書。加州大學伯克利分校東亞圖書館中文部收藏有我國西南少數民族的象形文字寫經等，美國國會圖書館中文部保存有光緒帝兩個妃子——瑾妃和珍妃的日常生活記錄，密執安大學東亞圖書館存有康有爲的信札、照片，翁文公日記，中國地方志三千多種，族譜一千五百多種。哈佛大學圖書館中文部收藏有光緒三十二年（1906）清朝駐美使臣的函電、文牘十本以及李鴻章的函電等，猶他州藏有中國族譜五千多種（複制件）、地方志五千九百多種，有的博物館還藏有太平天國的檔案、西藏地方政府與清中央政府的往來文書等。

據1993年5月中國檔案代表團訪問英國調查報告中得知：大英圖書館所屬的印度事務部檔案館藏有明成祖命解縉等編輯的《永樂大典》、清朝的《實錄》、《聖訓》等。太平天國文書，如忠王李秀成禀文、常勝軍統領戈登與李鴻章等清朝官員的來往文書。無名氏著《粵匪起事原由》，該書分析了太平軍起義的背景與原因，是研究太平天國歷史的珍貴材料。

英國東方和非洲研究院檔案圖書館保存有太平天國甲寅年刻印的《天情道理書》，該書爲太平天國各王下達詔諭文書的匯集，還有太平天國辛酉年刻印的《欽定軍次實錄》，該書爲太平天國軍人守則。光緒二十年二月二十六日總理衙門慶親王任命大英國前任山海關稅務包羅爲辦理砲臺委員的執照。清宣統帝賜給其師傅莊士敦的清代十一朝的《實錄》。此為清宮藏品，裝潢極為精美，這套《實錄》莊士敦帶回英國後交該院保存至今。該院還保存不少清末民初的照片，如義和團照片，上海、成都等地傳教士、教民的照片，等等。

本章主要參考資料

張偉仁主編《明清檔案》。
徐仲舒《內閣檔案之由來及其整理》。
徐仲舒《再論內閣檔案之由來及其整理》。
李光濤《明清檔案論文集》。
潘國華、劉玉岐、張鳳蘭《遼寧省檔案館藏明代檔案》，《歷史檔案》1984 年第 2 期。
孫景悅《遼寧省檔案館》，《歷史檔案》1981 年第 3 期。
《遼寧省檔案館建館二十五週年紀念文集》。
關維、衛民《黑龍江省檔案館》，《歷史檔案》1984 年第 1 期。
張向東《吉林省檔案館》，《歷史檔案》1986 年第 4 期。
《清代吉林檔案史料選編》。
王多聞、關嘉錄《大連圖書館藏清代內閣大庫檔案的發掘和整理》，《古籍整理出版情況簡報》第 161 期。
四川省檔案館編《四川省檔案館館藏檔案概述》，四川省社會科學院出版。
張仲仁、李榮忠《歷史的瑰寶——清代四川巴縣檔案》。
熊敬篤《新都縣檔案館館藏清代地契檔案》，《歷史檔案》1985 年第 2 期。
自貢市檔案館、北京經濟學院、四川大學聯合編輯《自貢鹽業契約檔案選輯》。
顧金龍《雲南省檔案館》，《歷史檔案》1985 年第 1 期。
《當代中國的檔案事業》附錄三。
《當代中國的檔案事業》第九章。
馮爾康《清史史料學初稿》。
駱承烈《研究族權統治的資料庫——孔府檔案》。
郭松義《曲阜孔府與明清貴族地主》。
駱承烈《孔府檔案的歷史價值》，《歷史檔案》1983 年第 1 期。
雲海《山東省檔案館》，《歷史檔案》1984 年第 1 期。
李振華《河南省檔案館》，《歷史檔案》1985 年第 2 期。
濮德祥《安徽省檔案館》，《歷史檔案》1984 年第 3 期。
羅炳行《福建省檔案館》，《歷史檔案》1987 年第 1 期。

中國人民大學檔案系研究生實習小組、泰州市博物館《泰州市博物館藏明清檔案調查》，《檔案學通訊》1982年第1期。

吳建銘《吳江縣檔案館》，《歷史檔案》1984年第4期。

葉萬忠《蘇州商會檔案概述》，《歷史檔案》1988年第4期。

張澤滔《上海市檔案館》，《歷史檔案》1987年第4期。

《檔案》1986年第3期。

張步雲、張克復《甘肅省檔案館》，《歷史檔案》1983年第4期。

王澄、新明《陝西省檔案館》，《歷史檔案》1986年第1期。

范振國《臨夏回族自治州檔案館》，《歷史檔案》1985年第2期。

陳璉《慶陽地區檔案館》，《歷史檔案》1985年第5期。

李平軍《青海省檔案館》，《青海檔案》1984年第3期。

韋慶遠《對於中國大陸各省區現存清代歷史檔案的介紹》講稿。

黃宇和（澳大利亞）《英國所藏有關中國近代史檔案簡介》。

黃光域《第二次鴉片戰爭時英軍所掠廣州各官衙門檔案的下落》。

神田信夫（日本）《東洋文庫收藏的滿文檔案》。

直言《美國一些部門收藏我國歷史檔案情況》，《歷史檔案》1984年第3期。

全國明清檔案資料目錄中心編《明清檔案通覽》，中國檔案出版社1999年。

《湖北省檔案館指南》，中國檔案出版社1996年。

《貴州省檔案館指南》，中國檔案出版社1996年。

第五章 明清檔案的價值與作用

第一節 明清檔案的價值

明清檔案是明清歷史時期國家機關和社會不同的人們在實踐活動中直接形成的文字記錄或圖表繪像，具有很高的利用價值，主要表現在：

一、憑證價值

明朝內閣大學士邱濬奏請建立皇史宬檔案庫時說："經籍圖書乃萬年百世之事"，"今世賴之以知古，後世賴之以知今也"，應"立爲案卷，永遠存照"。① 這裏邱濬所說的"立爲案卷，永遠存照"的意思，就是保存檔案，以做歷史的憑證。

明清檔案價值，首先它是明清兩朝五百多年歷史的真實憑證。明清檔案不同於其他各種資料，它是當時當事者在實踐活動中直接形成的文件，而並非嗣後爲某種目的而撰寫的著作或編制的材料。因此，明清檔案比較客觀地反映了明清的歷史，是明清歷史的可靠證據。另外，從明清檔案本身的形體上來看，無論是帝王的詔令文書或是臣工的奏章，以及各衙署的來往文書，都有一定的格式，詔書、敕諭、誥命等文書，都蓋有皇帝的玉璽，有的還是皇帝親筆書寫的諭旨或親自批閱的奏摺。臣工的題奏以及各衙門來往文書，都蓋有各衙署的印章，和有關官員的簽署。這些文書在處理過程中所形成的各種歷史標記，確鑿無疑地說明了檔案的憑證價值。例如，清代疆域遼闊，有大量的詔、敕文書和邊疆官員的奏章以及皇輿圖籍可以證明。清朝是一個多民族的國家，可以蒙古、新疆、西藏及西南等地

---

① 《明實錄》第十二函，《孝宗弘治實錄》，卷六十三。

各少數民族的王公、首領與清帝爲處理政務的來往文書爲憑。

二、知識價值

檔案不僅是歷史的可靠憑證，而且是人們獲取知識、促進歷史進步的重要手段。明清檔案記載着明清歷史時期，各階級、各行業的人們從事政治鬥爭、生產活動以及科學文化活動的情況。它是當時人們知識的結晶，文化的歷史積淀，我們可以從中獲取有益經驗和知識，以作爲今天我們建設祖國的借鑒。例如，我們從檔案中能看到明清王朝的興衰的歷史，從而獲得有益的歷史經驗，以爲當今進行政治建設的參考。明清時期欽天監觀測、記錄日月星辰的天文圖和編制的時憲書，反映清代中醫最高臨床水平的太醫院檔案，反映清代最高工藝水平的內務府《活計檔》等，我們都能從中吸取有益的知識，爲我們今天的經濟、文化建設服務。

三、信息價值

明清檔案不僅存有大量的知識，而且還記載了其他各種信息。例如清代的官制職官的文書，記載清朝的各省、府、州、縣建置數目及變化情況。清代的題本、黃冊，記載了當時全國田賦數字和全國耕地面積。清代對外貿易的檔案，記載了清代茶葉、絲綢、瓷器的出口數量。清末的人口統計簿、宗人府的玉牒，記載了當時的我國人口數字和皇族的人口變化。清代總署和外務部的檔案記載的中外設置使館、領事的數目和情況，等等。這些歷史的信息，是我們今天有關工作的重要參考資料。

四、文物價值

明清檔案不僅內容豐富，而且有着規範整肅的外形，精美的裝潢，優質的紙墨、硃砂書寫材料，反映了當時的文書制度和文化用品的工藝水平。特別是各種文書中的楷書、行書、草書、篆書等各種字體，爲明清五百多年來的書法大成，具有很高的藝術水平和鑒賞價值。明清檔案是我國豐富文化遺產中一批寶貴的財富，這些古老檔案的存在便是我們文明古國的一種象徵。明清文書計有一百多種，其中有漢、滿、蒙古、藏、回、日、緬、俄、英、法、德、西班牙、意大利、荷蘭等二十多種文字的文書，都是當世少有的珍品。明清輿圖也極為珍貴，其中《大明混一圖》，是明洪武二十二年繪制的，是我國最大的古圖之一。康熙三十三年（1694）巴黎出版的法文《坤輿全圖》，是世界著名的珍品。在天文圖中，《天盤星斗圖》是當時世界上著錄星數最多的星圖。康熙《皇輿全覽圖》、乾隆《皇輿全圖》，是我國古代最詳細的全國地圖。皇帝的家譜——玉牒，最大的長、厚各八十厘米，每冊重達三百餘斤，是我國最大的譜牒冊。殿版的《實錄》、《聖訓》及各種典籍，御制詩文、臣工進單、金冊、表文、圖書等，其鈔寫、刻印的工整，書寫的楷正，裝潢的精美，都是絕無僅有的。

在中國第一歷史檔案館館藏檔案中，還有一批被清軍繳獲的人民反帝反封建起義鬥爭所形成的文書，如太平天國的詔書、敕諭、稟文等，其中尤為珍貴的是洪秀全的親筆詔書。其他像白蓮教的布告、義和團的傳單、臺灣各族人民起義領袖林爽文的札委、女革命家秋瑾的親筆字據等，都是極其珍貴的革命文獻。

第二節　明清檔案的作用

一、編史修志的第一手材料

自古以來，我們的祖先就具有優良的傳統，即利用檔案文獻編史修志，後一朝修前一朝的歷史，一代接一代，至今不輟。卷帙浩繁的二十四史，大都是這樣根據檔案文獻編纂而成。《尚書》是我國最早的一部史書，它所包括的"典"、"謨"、"訓"、"誥"、"誓"、"命"，都是深藏官府的檔案，實際上是一部古代文獻的匯編。孔子作《春秋》也是根據魯國所保存的檔案。《左傳》、《國語》相傳是魯太史左丘明所編，在編纂過程中也使用了大量檔案。司馬遷與班固所寫的《史記》、《漢書》，利用了漢朝石渠、蘭臺、東觀等處所存的大量檔案。司馬遷不僅是一位史學家，而且也是一位檔案工作者。他在西漢武帝時擔任太史令期間，曾整理利用了大量的"金匱石室"的檔案，因而得以完成《史記》這部鴻篇巨帙。宋代司馬光利用官府架閣庫的檔案，編撰了《資治通鑑》。到明清時代，利用檔案編史修志更爲盛行。明朝利用中央和地方的黃冊庫、架閣庫、案牘庫等所藏的檔案，編修各種方志一千五百多種，超過歷史上任何一個朝代。清朝爲修國史，曾大量調閱各衙門的檔案，先將檔案編纂成史料長編，然後再纂修成書。清朝還利用檔案編纂了各朝的《實錄》、《聖訓》、《起居注》及清朝《通典》、《通志》、《通考》並各種《則例》、《會典》等。《宣統政紀》在每條下都注明出處，有的注明"摺包"。

通觀我國歷史上的史書方志，大都根據檔案編纂而成，所以欲修信史，必須先占有檔案史料。俗話說"巧婦難爲無米之炊"，我們現在研究歷史，更需要占有豐富的史料。

在史料當中，有實物史料，如文物等；文字史料，如書籍報刊、檔案文件等；口傳史料，如民間傳說、民歌、民謠等；風俗史料，如民族習慣、節日、禮俗等；聲像史料，如錄音、錄像等。檔案史料較之其他史料，具有以下特性。

（一）原始性

各機關或個人，在社會實踐活動中爲了進行生產勞動、政治鬥爭和科學文化活動，爲了互相交往、上傳下達和記錄事情，必然產生和使用許多文書，日後留存下來，就成爲檔案。它是最原始的歷史記錄，直接反映出歷史的原貌。例如，清朝各地督撫報銷兵馬錢糧的題本及黃冊，是清代經濟狀況的原始材料，是撰修清代經濟專門史的史實基礎。再如《起居注》是皇帝一生事迹的原始記錄。

（二）客觀性

檔案是人們在處理政務、經濟交往和文化科技活動中自然產生的，不是事後編寫的。它的產生和圖書不同，圖書是人們爲了傳播知識，專門寫給人看的，而檔案文件則是作爲人們交流的工具，客觀產生的。由於檔案史料的客觀性，所以較其他史料，它更具有真實性和可靠性。

（三）群體性

檔案的基本單位是文件，文件在產生和處理過程中，相互之間形成了緊密的聯繫，不僅一個機關或一個人的檔案，具有緊密的聯繫。而且文件相互之間也有這樣、那樣的聯繫。例如，清代臣工報告政務的奏摺，和皇帝批示的諭旨，具有緊密的聯繫。僅看奏摺而不看上諭檔，便不了解歷史的全貌。再如刑部提審犯人的案卷中，有向皇帝報告審理結果的奏摺，與有關衙門交涉的文移，以及犯人的口供、仵作的驗屍圖等，是一組具有緊密聯繫的文件。如果割裂它們之間的聯繫，單純從一件驗屍圖或某一件文件，是不能了解一個案件的全貌的。所以，我們在使用檔案史料時，必須注意它的群體性和聯繫性。

由上述可知，檔案是研究歷史的第一手史料，較其他史料，更爲真實可靠，能直接、系統地反映出歷史的原貌。例如研究明清史，一般都根據《明史》、《清實錄》以及官修的會典、方略等史籍，其實這些史籍都是根據檔案編纂的，較之檔案，已是第二手材料了。就拿同治十一年（1872）官修的《剿平粵匪方略》來說，共四百二十卷，歷來被歷史學家認爲是研究太平天國歷史最齊全可靠的清官方史籍，但比起中國第一歷史檔案館現存的十幾萬件清朝有關鎮壓太平天國的文書來說，這部方略，不但材料不全，而且許多重要檔案史料都被作者刪去了。中國第一歷史檔案館已利用館藏檔案編纂出一部大型的太平天國檔案史料匯編，以便向太平天國史研究者提供更多的、更可信的第一手史料。再如，清史研究者經常查用的《清史稿》，雖然經過十四年的編纂，使用了清國史館歷年來所收集的大量史料，但卻沒有使用清宮秘藏的"大內檔案"，因而《清史稿》在史實的論述和材料的引用方面，都有不少錯誤和掛漏之處。

檔案對編史修志的作用越來越被史學界所重視。例如清史研究所編的《清史》、中國社會科學院歷史研究所周遠廉著的《清朝開國史》、中國人民大學教授韋慶遠著的《明代黃冊制度》等，各省、地、縣的方志，各行各業的專業史，重要企事業單位的諸如廠志、校志等，在編寫過程中都大量查用過明清檔案。

二、印證史實的可靠憑證

歷史檔案是印證史實的可靠憑證，是考證、校正其他史料的主證史料。

如 1972 年，在山東臨沂銀雀山一號漢墓出土四千九百四十二枚簡書檔案，其中發現了兩部孫氏兵法。一部是現今流傳較廣的春秋末期著名軍事家孫武所著的《孫子兵法》，另一部是失傳了一千七百餘年的齊國著名軍事著作《孫臏兵法》。從東漢班固撰《漢書·藝文志》以後，《孫臏兵法》就不見於著錄了。後人對這兩部兵法產生種種惑疑，有的認爲《孫子兵法》和《孫臏兵法》原是一書，有的認爲根本無孫武這個人。兩部兵法簡書的發現，徹底解決了千餘年來有關《孫子兵法》的疑案。

用明清檔案印證明清歷史，用歷史檔案糾正現在歷史著作中的錯誤，越來越被史學家所重視，這方面的成績也越來越多。例如，太平軍北伐將領林鳳祥的籍貫和身世履歷問題，過去史籍記載的不但簡略，而且互有出入。尤其是關於他的籍貫問題，更是衆說紛紜：有的認爲他是廣西潯洲人，有的認爲他是廣東揭陽人，還有的人認爲他是廣西武鳴人，何者爲是，長期以來未有定論。以後中國第一歷史檔案館在整理清代京城巡防處檔案時，發現有林鳳祥供詞一件，據林鳳祥供詞中講，他"係廣西桂平縣人，在本縣新村居住，年三十一歲。父親林立春，五十四歲，母親已故。胞弟阿蠻十一歲，我並未娶妻。我向來挑擔子賣雜貨生理"。這就解決了長期爭論不休的問題。如多爾袞稱"皇父攝政王"問題，祇有蔣良騏的《東華錄》中提到，《實錄》中沒有記載，過去一直成爲疑點，後在整理清代檔案中發現，有不少奏本中都稱多爾袞爲"皇父攝政王"，這樣這個問題便解決了。再如近年來關於皇太極的嗣位問題，過去多以順治《東華錄》爲據，認爲皇太極的汗位是以權術從多爾袞手中奪過來的。根據《滿文老檔》的記載，太祖努爾哈赤生前並沒有立嗣子。皇太極繼承汗位，是天命十一年（1626）八月十一日努爾哈赤死後，由諸貝勒會議推選出來的。近年來有關曹家檔案的發現，對研究《紅樓夢》作者曹雪芹，有很大的作用。過去人們對曹雪芹的家世很少了解。後從清代檔案中查知：曹家祖籍是遼寧省遼陽市人，其先人爲漢族，後金時曾被掠入旗。後因軍功，從龍入關，隸內務府屬上三旗包衣。曹雪芹的曾祖父曹璽，康熙二年（1663）簡爲江寧織造。曹雪芹的祖父曹寅，由內務府慎刑司郎中，提拔爲江寧織造郎中，任通政使司通政並巡視兩淮鹽政，以後曹寅之子曹顒接任江寧織造。曹顒死後，經康熙帝親自批准，曹頫過繼爲曹寅嗣子。曹頫於雍正五年

(1727)獲罪，被革職抄家。其原因是什麼？曹頫的結局如何？多少年來紅學家說法不一。新發現一件刑部致內務府的移會，解決了這個問題。該移會載："查曹頫因騷擾驛站獲罪，現今枷號。曹頫之京城家產人口及江省家產人口，俱奏請旨賞給隋赫德。後因隋赫德見曹寅之妻孀婦無力，不能度日，將賞伊之家產人口內，於京城崇文門外蒜市口地方房十七間半，家僕三對，給與曹寅之妻孀婦度命。……"另外，還發現了《紅樓夢》後四十回作者高鶚的一些檔案材料，知道他是乾隆六年（1741）的進士，二等第二名，以後任過內閣中書。

再如，天地會起源問題，眾說不一。從清代檔案查知，天地會是提喜即洪二和尚於乾隆二十六年（1761）在廣東惠州創立的（見嘉慶十一年護理江西巡撫先福奏摺）。

關於同治帝之死，過去一直是個謎。不少稗說野史都認為同治帝經常暗自出宮宿娼，結果得花柳病致死。從清宮中同治帝的脈案和喫藥的配方看，同治帝是由於出天花死亡，檔案證明了同治帝死亡的史實真相。再如光緒帝之死，過去不少野史認為是慈禧皇太后於光緒帝臨死前進毒藥害死的，據清宮所藏光緒帝的脈案來看，確實死於肺病。

總之，人們在有關明清史學術討論和研究工作中遇到疑難問題，往往能從明清檔案中找到佐證材料。郭沫若生前曾多次查用明清檔案，他稱明清檔案館"是研究近代史的寶庫"，並親筆題詩贈檔案館："前事不忘後事師，自來墳典萃先知。猶龍柱下窺藏史，呼鳳輿前聽誦詩。國步何由探軌迹，民情從以識端倪。上林春汛人間滿，剪出紅梅花萬枝。"著名的歷史學家鄭天挺教授，是當代利用檔案研究歷史的一個典範。他生前曾長期從事明清歷史檔案的整理和研究工作。他說："歷史檔案在史料中不容忽視，應該把它放在研究歷史的最高地位，就是說，離開了歷史檔案無法研究歷史。"

三、外交鬥爭的重要材料

明清檔案是明清兩朝的官文書，因而具有可靠的憑證作用和行政、法律效力。

我國自古以來，就是一個疆域遼闊的多民族國家。明清時期是我國疆域最後鞏固時期，明清檔案中，有大量文書和地圖，載明我國的領土。新中國成立以來，中國第一歷史檔案館曾爲我國與四鄰國家劃分邊界海域，提供了大量的檔案材料，如中印邊界材料、中緬邊界材料、中俄邊界檔案、中越邊界材料及證明南沙群島、釣魚島歷來屬於中國的檔案材料等，爲解決中外邊界的劃分，促進我國和這些國家的傳統友誼做出了貢獻。但是一些帝國主義分子和霸權主義者，卻歪曲歷史，製造謊言，妄圖侵占我國的固有領土。但是謊言代替不了歷史事實，我們保存的大量有關檔案和圖籍，是揭露他們謊言和野心的極好材料。

四、經濟建設的參考材料

在我國進行大規模經濟建設過程中，曾廣泛利用明清檔案。例如，在治理黃河、長江、海河、永定河、金沙江、洪澤湖的工程中，都利用過清代檔案中的水文資料，查得黃河、長江歷史上最大的洪水流量和最小枯水量，成爲設計黃河三門峽水庫和長江三峽水利樞紐工程的重要依據。1992年，爲配合全國人民代表大會審議長江三峽工程的需要，水利部利用清代檔案等資料，舉辦了一個長江三峽工程有關資料展覽，全國政協副主席錢正英曾親自帶領有關專家赴一史館查閱了清代乾隆五十三年（1788）、道光二十二年（1842）、咸豐十一年（1861）、同治九年（1870）長江水患的有關檔案和地圖。特別是乾隆五十三年（1788）那次百年不遇的大水，沿江堤壩漫潰二十多處，荊江淹死一千三百多口人，乾隆皇帝爲此處分了大小官員五十餘人。這些材料對長江三峽工程審議通過很有參考作用，錢副主席和水利部領導及有關專家對檔案館提供這些材料一再表示感謝。

在發展我國農業中，曾廣泛查閱清代晴雨錄和雨雪糧價單等檔案材料，掌握了近二百多年氣候變化規律和水旱災害情況，爲制定我國農業發展規劃提供了有益的參考資料。清代的晴雨錄和雨雪分寸的檔案，是世界上最早的全國性觀測氣象的記錄。在國外，法國於1778年纔開始地區性有組織的氣象觀測，而中國在康熙二十四年（1685）就開始了全國性觀測，比法國要早九十三年。在研究制定我國歷法中，曾利用了大量清代時憲書和萬年歷書及天文圖表等。在進行基本建設中，如興修工廠、開礦、築路、架橋，也參考了清代的路礦和地震、地質方面的材料。在發展我國的醫學中，也曾利用過清太醫院和御藥房的脈案、配方。這些豐富完整的清宮廷醫案及常用方劑配方，是我國寶貴的中醫中藥學遺產。清宮醫案是帝后及王公大臣的原始診治記錄，真實地反映了有清一代的中醫臨床學術水平。不少著名的中醫專家和研究者，都利用這批檔案取得了很好的研究成果。清宮秘方和各種飲料、健身護膚的配方，被有關部門試驗應用，都取得了很好的經濟效益，如馳名中外的安宮牛黃丸，就是根據清宮配方研製的。

清宮帝后的膳單食譜，是發展我國食品工業、恢復傳統菜餚的寶貴材料。例如北海仿膳飯莊烹製的八百多種宮廷風味菜餚，不少是根據清宮膳單研究配做的，仿膳食品很受中外旅遊者的歡迎。

五、古建維修的必要依據

我國是世界四大文明古國之一，文化古迹豐富多彩。明清兩代的古迹文物更是遍及全國，成爲現在中外游客觀光游覽的勝地，特別是北京、西安、南京、洛陽、開封、瀋陽、杭州等歷史文化名城的古迹的恢復修繕，檔案更是重要的依據和參考材料。例如北京的故宮、天安門、中山公園、勞動人民文化宮、頤和園、圓明園、北海、中南海、景山、臥佛寺、天壇、地壇、香山、碧雲寺、國子監、雍和宮等。瀋陽故宮、北陵、東陵，承德避暑山莊、外八廟，清東陵、西陵，以及清帝各處的行宮等，每屆修繕和陳列展覽，都要利用大量的歷史檔案。

六、宣傳教育的生動材料

中國第一歷史檔案館利用館藏檔案，曾舉辦過紀念辛亥革命七十週年和八十週年檔案展覽、紀念鴉片戰爭一百五十週年檔案圖片展覽，以便進行愛國主義教育。爲宣傳祖國豐富的文化遺產，曾在國內外舉辦過清代檔案與歷史、帝后生活、清宮佛事活動檔案展覽，等等。觀衆受到生動、形象的教益，社會反映很好。

我國各類博物館、紀念館等,在陳列展覽中,也大量利用了檔案文件。如中國國家博物館、民族展覽館、中國郵票博物館,以及各省、市、自治區的博物館,各專業博物館,各類紀念館,如曹雪芹紀念館、詹天佑紀念館、鄭成功紀念館、戴震紀念館、太平天國紀念館等,其他如吉林長春僞皇宮陳列館、雍和宮《大佛開光文物展覽》等,都曾利用有關明清檔案,作爲對群衆進行宣傳教育的材料。

七、文學創作的重要素材

檔案史料是歷史題材文學創作的重要素材,它不僅是描寫對象的歷史依據,而且是啓發作家構思的參考材料。在創制影劇《林則徐》、《甲午風雲》、《楊乃武與小白菜》、《響鈴公主》、《海囚》、《絕處逢生》、《變法前後》、《鐵漢上疏》、《譚嗣同》、《末代皇帝》、《垂簾聽政》、《火燒圓明園》過程中,在撰寫有關努爾哈赤、順治帝、康熙帝、雍正帝、乾隆帝、光緒帝、溥儀、莊妃、香妃、慈禧太后、珍妃、李蓮英、安德海等帝后、太監的傳記文藝作品時,作家們曾查閱了《起居注》、《内起居注》、各類宮中記事簿冊、大婚檔、大事檔以及其他宮藏秘籍等大量檔案史料,這些最接近歷史人物生活的材料,是作家們創作的珍貴素材。

第四編
明清檔案分類與歷史研究

以上篇章對明清檔案按保藏單位或地區，依庫藏管理系統進行了詳細的介紹。下面就明清檔案內容的性質，進行分類論述，並介紹有關歷史研究的情況。

　　本篇檔案論述的分類，是依據國家檔案局批准的《中國檔案分類法》中《清代檔案分類表》的類目體系進行的。

　　清代檔案內容的分類，基本上可以分爲政治、經濟、文化三大部類。

　　在政治基本部類中，有"政務總類"、"宮廷、皇族及八旗事務"、"職官"、"軍事"、"政法"、"民族事務"、"中外關係"等。

　　在經濟基本部類中，有"財政"、"貨幣金融"、"農業、林業、畜牧業"、"手工業、工業、公用事業"等。

　　在文化基本部類中，有"宗教"、"文化、教育、衛生、科學研究"等。在三大部類的基礎上，共組成十八個大類。下面依十八大類，逐類論述檔案的內容和現今對檔案的整理研究成果。

第六章 政務總類（A）

第一節 清代的皇帝

清朝從1616年努爾哈赤建立後金汗國開始，至1911年末代皇帝溥儀遜位，歷經十二帝，共統治二百九十六年。

一、努爾哈赤

清太祖努爾哈赤（1559—1626）是滿族上層貴族、清王朝的開國之主，原受封爲明王朝邊將。於明萬歷四十四年（1616）在赫圖阿拉（現遼寧新賓）自立後金政權，年號"天命"。天命十一年（1626）正月，在寧遠對明王朝的戰役中受重傷，八月死於離盛京（現瀋陽）四十里的靉鷄堡，終年六十八歲。謐爲武皇帝，後改謐高皇帝，在位十一年。

二、皇太極

清太宗皇太極（1592—1643），努爾哈赤第八子。天命十一年（明天啓六年，1626）繼位稱"汗"，年號"天聰"。明崇禎九年（1636）正式稱帝，改國號爲"大清"，改年號爲"崇德"。他與其父努爾哈赤一起，爲清王朝的建立奠定了基礎。崇德八年（明崇禎十六年，1643）死於盛京宮中（今瀋陽故宮），終年五十二歲，謐爲文皇帝，在位十七年。

三、順治帝

清世祖福臨（1638—1661），年號"順治"，皇太極第九子，是清朝入主中原後的第一代皇帝。六歲（1643）即帝位，由叔父多爾袞攝政。十四歲（1650）親政，二十四歲（1661）死於紫禁城養心殿，葬於清東陵之孝陵，謚爲章皇帝，在位十八年。順治一朝忙於戰爭，政治上基本沿用明代制度，但廢止了明代的一些弊政。在順治皇帝親政的十年期間，比較重用漢族官僚，對經濟政策進行大力調整，使社會經濟得以恢復，初步建成了一個以滿族貴族爲主體、滿漢統治階級聯合專政的全國政權。

四、康熙帝

清聖祖玄燁（1654—1722），年號"康熙"，順治帝第三子，清入關後第二代皇帝。八歲登極，由四大臣輔政，十六歲親政，在位六十一年。1722年死於北京西郊暢春園，終年六十九歲，謚爲仁皇帝，葬於清東陵之景陵。康熙是一位有作爲的皇帝，在他執政期間，制訂並推行了一系列有利於社會經濟文化恢復和發展的政策，使人民得以休養生息。社會相對安定，政治比較穩定，邊疆得以鞏固，基本上完成了多民族國家的統一大業，開創了清代的"康乾盛世"。

五、雍正帝

清世宗胤禛（1678—1735），年號"雍正"，康熙帝第四子，清入關後第三代皇帝。四十五歲（1722）即帝位，執政十三年，五十八歲死於圓明園，謚爲憲皇帝，葬於清西陵之泰陵。雍正帝在位時間雖短，但他勤於政事，嚴以整飭吏治，建立了嚴格的文書檔案制度。設置軍機處，取消了諸王對下五旗的控制，形成了高度集權的封建君主獨裁統治。在經濟上推行攤丁入畝、改土歸流、廢止賤民等制度和政策，在"康乾盛世"中起了承上啓下的重要作用，是一位精力充沛，有所作爲的皇帝。

六、乾隆帝

清高宗弘曆（1771—1799），年號"乾隆"，雍正帝第四子，清入關後第四代皇帝。二十五歲（1735）即位，在位六十年，其後禪位給皇太子顒琰，自稱太上皇。嘉慶四年（1799）死於紫禁城養心殿，終年八十九歲，謚爲純皇帝，葬於清東陵之裕陵。乾隆帝是我國封建社會歷史上實際執政時間最長、享壽最高的皇帝，在他統治期間，清王朝的國力最爲強盛，政治、經濟、軍事、文化全面發展，多民族的封建國家得到空前的鞏固和統一，是"康雍乾盛世"的頂峰。乾隆時期財力豐厚，庫帑充盈，曾大興土木，廣建園林、行宮。乾隆帝才氣雄健，學識淵博，一生撰寫詩文四萬三千餘首。他敕命編纂的《四庫全書》等圖書典籍，對搜集和整理中國古代文化，做出了卓越的貢獻。

七、嘉慶帝

清仁宗顒琰（1760—1820），年號"嘉慶"，乾隆帝第十五子，清入關後第五代皇帝。三十七歲（1796）即位，但在嘉慶四年前，其父太上皇乾隆帝去世之前，大政事仍由乾隆帝決定。嘉慶帝在位二十五年，六十一歲（1820）死於承德避暑山莊，謚爲睿皇帝，葬於清西陵之昌陵。在嘉慶帝即位之初，自乾隆中葉即已潛伏的社會危機開始顯露，天災人禍，官逼民反，人民起義不斷。川楚白蓮教起義歷時九年，波及五省。林清在北京發動天理教起義，曾有百餘人直搗皇宮。他窮於應付，無所作爲，清王朝的統治基礎開始動搖，從此由盛轉衰。

八、道光帝

清宣宗旻寧（1782—1850），年號"道光"，嘉慶帝第二子，清入關後第六代皇帝。三十九歲（1820）即位，在位三十年，六十九歲（1850）死於圓明園，謚爲成皇帝，葬於清西陵之慕陵。道光帝在位期間，鴉片走私嚴重，白銀外流，財政發生嚴重危機。他提倡節儉，主張禁煙，但已難挽頹風。道光二十年（1840）鴉片戰爭失敗，西方列強相繼入侵，中國開始淪向半封建半殖民地的國家。道光帝也成爲清代第一個對外屈辱求和、割地賠款的皇帝。

九、咸豐帝

清文宗奕詝（1831—1861），年號"咸豐"，道光帝第四子，清入關後第七代皇帝。二十歲（1850）即位，在位十一年，三十一歲（1861）死於承德避暑山莊煙波致爽殿，謚爲顯皇帝，葬於清東陵之定陵。奕詝是個腐化無能的皇帝，他在太平天國起義聲中即位，又在英法聯軍侵華及帝俄強占我東北大片領土之後死去，喪權辱國，情況空前。

十、同治帝

清穆宗載淳（1856—1875），年號"同治"，咸豐帝之子，清入關後第八代皇帝。他六歲（1861）即位，由慈安太后和生母慈禧太后"垂簾聽政"，十七歲大婚，十八歲親政，十九歲（1875）病死於養心殿。在位十三年，謚爲毅皇帝，葬於清東陵之惠陵。他親政後曾想有所作爲，但在其母慈禧太后的控制下，無法施展，終於一無所成而死。

十一、光緒帝

清德宗載湉（1871—1908），年號"光緒"。咸豐帝之弟、醇賢王奕譞之次子，清入關後第九代皇帝。四歲即位，在位三十四年，三十八歲死於中南海瀛臺，葬於清西陵之崇陵。光緒帝是一個想有作爲的君主，1895年中日甲午戰爭失敗後，他爲爭得實權，實現富國強兵，起用康有爲、梁啓超、譚嗣同等維新派人士，宣布變法，但終未掙脫慈禧太后的挾制，在被長期幽禁之後，飲恨而死。

十二、宣統帝

清朝末代皇帝溥儀（1906—1967），年號"宣統"，第二代醇賢親王載灃之長子。三歲即位，由其父攝政，在位三年，辛亥革命爆發後，被迫退位,受民國政府優待,保留皇帝稱號,仍居故宮。1924年秋廢除皇帝稱號,遷出紫禁城,移居天津。1931—1945年成爲日本控制下的滿洲國的傀儡統治者。1967年病死於北京人民醫院,終年六十一歲。

　　清朝和明朝的皇帝相比,一般比較勤政,特別是開國之君,如努爾哈赤、皇太極生機勃勃,奮發有爲。奠基治世之帝如康熙、雍正、乾隆皇帝,雄才大略,勵精圖治,政績卓著。嘉慶帝雖殫精竭慮,勤勉守成,但治績平平。道光以後,由於列強侵略,內憂外患,清後期各帝多平庸無能,喪權辱國。光緒帝想有作爲,曾進行百日維新,但如曇花一現,最後只落得遺恨終天。

　　除皇帝之外,多爾衮是清朝入關時輔助年幼順治帝的攝政王,被尊封爲皇父攝政王、成宗義皇帝。他開國定基,功高權重,是大清帝國實際的創立者。清末慈禧太後葉赫那拉氏,幾度垂簾聽政,掌握清朝政權達四十八年之久,兩者都是未稱皇帝的帝王。

第二節　記載皇帝生平事迹的檔案文獻

一、影響清朝歷史進程的詔令文書

　　清朝吸取歷代封建統治的經驗,使封建的中央集權君主專制獨裁制度達到了極點。清朝皇帝的地位可以說至尊至貴,其權力可以說至高至大。大而軍國政務,小而節婦旌表,都要經過皇帝的批准纔能實行。皇言就是法律,皇帝集立法、行政、司法大權於一身,凡國家的政治、人事、軍事、財政、文化等政務都由皇帝"乾綱獨斷"。

　　然而皇帝一人的精力是有限的,必須有輔臣來幫助處理政務,內閣和軍機處實際就是皇帝的兩個秘書班子,大學士和軍機大臣就是皇帝的高級秘書,皇帝發號施令就是通過內閣和軍機處辦理的。

　　皇帝使用的文書,統稱爲詔令文書,其中有用於國家大典禮儀的制辭、詔書、誥命、敕諭、冊文、祝文等,有用於處理日常朝政的上諭、廷寄和硃諭等。詔令文書是皇帝處理國家政務的直接記錄,是現在研究清朝各個皇帝生平事迹的最直接材料，也是查用浩繁的清代檔案的綱領性文獻。

現存於世重要的詔令文書很多，其中對清朝歷史進程有影響的詔敕諭旨有：

（一）七大恨誓詔

清朝開國皇帝努爾哈赤於天命三年（1618）發布的《七大恨誓詔》，是後金政權與明朝公開決裂的宣戰書，是明清關係史上一個重要的轉折點。努爾哈赤在誓詔中說：明軍誤殺其祖、父，恨一也；明朝對建州不能和同爲女真人的海西、哈達、烏拉等九部一視同仁，偏袒其他九部，恨二也；明朝以賞還邊境明朝民命爲由，擅殺了建州前往明廷送禮的方吉納等十人，恨三也；明朝幫助葉赫與建州作戰，恨四也；明朝支持葉赫將已許給努爾哈赤的"老女"嫁給了蒙古，恨五也；明朝驅逐過居住在邊境的建州百姓，毀壞了他們的房屋禾稼，恨六也；在明廷的致書中有侮辱建州的話，恨七也。後金以七大恨爲由，起兵反明。翌年獲薩爾滸之戰大捷，兩年後，攻占遼陽和瀋陽，從此，遼河以東廣大疆土盡爲後金所統轄，爲問鼎中原、創立大清江山打下了基礎。

（二）莊妃冊文

皇太極冊封莊妃冊文中說："奉天承運，寬溫仁聖皇帝制曰：自開闢以來，有應運之主，必有廣胤之妃。然錫冊命而定名分，誠聖帝明王之首重也。茲爾本布泰係蒙古廓兒沁國之女，夙緣作合，淑質性成。朕登大寶，爰仿古制，冊爾爲永福宮莊妃。爾其貞懿恭簡，純孝謙讓，恪遵皇后之訓，勿負朕命。大清崇德元年七月初十日。"

莊妃即輔助皇太極、福臨、玄燁三代君主定天下的孝莊文皇后，她是皇太極的妃子，又是順治帝的生母。皇太極暴亡後，在清王爭奪皇位的激烈鬥爭中，她與攝政王多爾袞合作，成功地使其子福臨登上皇帝的寶座，爲此也給後世留下了"太后下嫁多爾袞"的不少逸聞趣事。

（三）剃髮令

清朝入關後，於順治二年頒發了《剃髮令》。《剃髮令》限定各地自接到諭令之後，"旬日之內，盡令剃髮，不隨者，殺無赦"，即"留頭不留髮，留髮不留頭"。從此以後，中國漢族人身後便拖起了一條長辮子，這條辮子一直拖了二百六十多年，直至清朝滅亡。這條《剃髮令》雖以順治帝的名義發出，但實際出自攝政王多爾袞之手，這是清代的一大弊政。

（四）順治帝追尊多爾袞爲成宗義皇帝詔書

該詔書頒發於順治八年正月二十六日。在此詔之前，於順治七年十二月初九日，曾頒《皇父攝政王多爾袞以疾薨詔》，詔中說攝政王多爾袞"扶立朕躬，又平定中原混一天下，至德豐功，千古無兩"。的確，多爾袞攝政的七年，是清朝歷史上關鍵的七年，作爲實際的最高統治者和決策人，他輔助幼帝，率軍入關，爲清朝定鼎中原立下了汗馬功勞，可謂是第一大功臣。

詔書下發不到一月，多爾袞即被削爵抄家，甚至被鞭屍。

（五）康熙帝親政詔書

詔書頒發於康熙六年七月初七日，從此，年僅十六歲的玄燁便開始親自處理政務了。他親政後不久，便鏟除盤根錯節、權傾一時的鰲拜朋黨，把大權牢牢掌握在自己手中。以後他采取了一系列重大軍事行動，解決了國家內憂外患問題，康熙帝是大一統清王朝的奠基人。

（六）康熙帝關於進剿吳三桂的敕諭

此敕諭頒發於康熙十三年八月初三日，此時正是清朝平定三藩戰爭緊張之際。從此以後，歷時八年，康熙帝終於將以吳三桂爲首的三藩叛亂平定下去，維護了國家的統一。

（七）康熙帝關於統一臺灣詩

"海隅久念蒼生困，耕鑿從今九壤同"，這是康熙二十二年（1683）八月十五日，康熙帝在得到施琅收復臺灣的捷報後所寫的詩句。臺灣自古以來就是中國的領土。1624年，荷蘭殖民主義者侵占了臺灣。1661年，民族英雄鄭成功收復了臺灣。但鄭成功死後，他的子孫鄭經、鄭克塽割據臺灣，搞獨立王國。清廷對臺灣鄭氏集團，一直采取剿撫兼施、以撫爲主的方針。結果康熙二十二年六月施琅率領的清軍水師攻剋澎湖，在大兵壓境的情況下，鄭克塽率領文武官員繳印降清，這樣和平統一了臺灣。康熙帝在得到捷報時正值中秋日，他激動不已，作詩一首："萬里扶桑早掛弓，水犀軍指島門空。來庭豈爲修文德，柔遠初非黷武功。牙帳受降秋色外，羽林奏捷月明中。海隅久念蒼生困，耕鑿從今九壤同。"

（八）康熙帝關於平定噶爾丹的硃諭

在清宮檔案裏，還保留一件康熙帝的親筆硃諭："立心似石，主意如鐵，必滅此賊，而後方回。"這是康熙帝爲平噶爾丹叛亂而寫下的決心。

准噶爾部是額魯特蒙古四大部落之一。1671年，野心家噶爾丹竊據了准噶爾部臺吉後，大肆侵吞其他部落，並勾結沙俄，發動叛亂。後經康熙三十五年至三十六年三次親征之後，纔徹底平定了噶爾丹的叛亂，維護了國家的統一。

（九）康熙皇帝遺詔

康熙皇帝是一位有爲的君主，他親政後，先後平定了三藩，統一了臺灣，並粉碎了西北額魯特蒙古准噶爾部上層分子的分裂陰謀，基本上實現了國家的統一。對外他抗擊了沙俄對我國東北領土的侵略，康熙二十八年（1689）中俄簽訂了《尼布楚條約》，維護了祖國領土完整和主權。他重視發展農業，與民休養生息，興修水利，使經濟得到恢復和發展。他倡導"滿漢一體"，網羅大批學者，編纂《古今圖書集成》等大量的圖書。經過康熙一朝六十多年的治理，使國家政治上統一，經濟興盛，文化繁榮，爲"康乾盛世"奠定了基礎。

康熙帝遺詔寫於康熙六十一年十一月十三日，即康熙帝臨終之前擬就。在遺詔中，康熙帝總結了他一生的統治經驗，說："從來帝王之治天下，未嘗不以敬天法祖爲首務。敬天法祖之實，在柔遠能邇，休養蒼生。共四海之利爲利，一天下之心爲心，保邦於未危，致治於未亂。……"遺詔關鍵之處，在於最後的遺囑："雍親王皇四子胤禛，人品貴重，深肖朕躬，必能克承大統。著繼朕登極，即皇帝位。"

雍親王皇四子胤禛，即後來即位的雍正皇帝。關於雍正繼位的問題，有種種議論和傳說，我認爲康熙帝的遺詔是可靠的，它證明雍正帝是合法繼承皇位的。

（十）乾隆帝關於治世需寬嚴並濟的諭旨

乾隆皇帝即位以後，鑒於雍正朝的嚴刑峻法，造成社會和官場一種緊張和恐怖的氣氛，提出寬嚴相濟的方針，以寬來糾正前朝的嚴刻。又鑒於康熙晚年的寬大政策，造成吏治腐敗及"人心玩愒"的社會風氣，提出以嚴來懲治貪官污吏和打擊朋黨。在總結其父祖統治經驗的基礎上，提出寬嚴相濟的方針。他說："天下之理，惟有一中。中者無過不及，寬嚴並濟之道也。"這就是當時社會的實際形勢，當社會穩定，吏治清明，社會矛盾緩和的時候，用不著嚴行峻法，政策應趨於寬鬆。一旦階級矛盾激化，社會混亂時，就要施以嚴厲的政策，加以整治，所以乾隆帝認爲"寬嚴相濟，一張一弛，治世之道也"。由於乾隆帝適時提出了寬嚴相濟的方針，統治集團內部自康雍兩朝以來留下的恩怨，在一定程度上得到了平息，促進了社會穩定地向前發展，使中國封建的經濟、政治、文化發展都達到了歷史的最高峰。

（十一）嘉慶帝曉諭白蓮教教徒的諭旨

"嘉慶元年四月二十三日，內閣奉上諭：湖北奸民聚衆滋事，祇係借邪教爲名，煽誘糾結，又兼焚搶逼脅，非盡甘心從逆。是以前降諭旨，令帶兵之將軍、督撫等，出示曉諭，如有能及早投出者，概予免罪。……凡賊人黨與無論被賊迫脅煽惑聽從爲逆者，一經投出，均當免其治罪。即素日誤習邪教之人，若能及早省悟，自行投出，亦概與免死。倘有能將賊首賊目斬獲擒獻者，不但不治以從賊之罪，並當優加獎賞。此皆朕仰體上天好生之德，於懲創之中，仍予以自新之路。"

這道諭旨發布之時，正是白蓮教在川、楚、陝等地發動大起義之時。清廷一方面用武力鎮壓起義軍，另一方面刊發諭旨，分化瓦解起義的教徒群衆，采取剿撫兼施的政策。但起義軍的勢力越來越大。湖北、四川、陝西、河南、甘肅等地，到處燃起了反抗清朝統治的戰火。嘉慶帝親政後，又調兵遣將，從全國十六個省調集了大批兵力，歷時九年，纔把起義軍鎮壓下去。這次軍事行動，共耗軍費兩億兩，相當於清政府四年的財政收入。這次白蓮教起義使清朝元氣大傷，從此，清王朝的統治逐漸走向衰落。

（十二）道光帝令林則徐、鄧廷楨等協力查禁鴉片的諭旨

"道光十八年十一月十八日奉上諭：朕因近年來鴉片煙傳染日深，紋銀出洋，消耗彌甚，屢經降旨，飭令該督等認真查辦，但錮蔽日久，恐一時未能盡行破除。若不清查來源，則此患伊於胡底。昨經降旨，特派湖廣總督林則徐，馳赴粵省查辦海口事件，並頒給欽差大臣關防，令該省水師兼歸節制。林則徐到粵後，自必遵旨，竭力查辦，以清弊源。惟該省窰口快蟹，以及開設煙館，販賣吸食，種種弊竇，必應隨地隨時淨絕根株。著鄧廷楨、怡良，振刷精神，仍照舊分別查拿，毋稍鬆懈，斷不可存觀望之見，尤不可有推諉之心。"

鴉片大量輸入中國，不但嚴重摧殘了中國人民的身心健康，使清朝的

吏治更加腐敗，軍隊愈益失去了戰鬥力，而且使國庫白銀大量外流，直接威脅到清朝的統治。是否查禁？在清統治者內部引起了一番激烈的爭論後，道光帝最後采取了禁煙的態度，於是連忙召見林則徐進京討論禁煙的策略，並發布上述的諭旨，命林則徐爲欽差大臣，授權兵部尚書、節制廣東水師，頒給關防，馳赴廣東禁煙。

林則徐領命後，懷着爲國分憂的一腔熱情和"若鴉片一日未絕，本大臣一日不回，誓於此事相始終"的決心，於道光十九年（1839）正月二十五日抵達廣州，立即開始調查研究鴉片走私情況。對內勸懲吸食煙民，查拿煙販，收繳煙具；對外責令商人繳交全部鴉片，並出具甘結，保證此後不再偷運鴉片來華。經過堅決反復的鬥爭，終於迫使英、美鴉片販子交出鴉片一萬九千一百八十七箱又兩千袋，二百三十七萬多斤，四月二十二日，將這些收繳的鴉片在虎門海灘上當衆銷毀。

中國的禁煙行動，引起了英國的不滿。道光二十年（1840）正月，英國以保護本國商人的利益爲藉口，對華發動了第一次鴉片戰爭。從鴉片戰爭開始，中國由一個獨立的封建大帝國，逐步淪爲半封建半殖民地社會。

（十三）慈禧太后手擬關於辛酉政變的密諭

"八月十一日，朕召見載垣等。董元醇奏敬陳管見一摺，請皇太后暫時權理朝正（政），數年後朕能親裁庶務，在（再）行歸正（政）。又在親王中簡派一二人，令其輔弼。又在大臣中簡派一二人充朕師傅之任。以上三端，正和朕議（意）。雖我朝向無太后垂簾之儀，朕受皇考大行皇帝付託之重，何敢違祖宗舊制，此所爲是（謂事）貴從權，面諭載垣等，著照所請傳旨。該王大臣陽奉陰違，自行改寫，敬（竟）敢抵賴，是（誠）何心！該大臣看朕年幼，皇太后不明國是所至（致）。該王大臣如此膽大！又上年聖駕巡幸熱河之議，據（俱）是載垣、端華、肅順三人之議。朕仰體聖心左右爲難所至（致），在山莊升遐。該王大臣誆駕壘壘（纍纍），抗旨之罪不可近（盡）數。

求七兄弟改寫。"

咸豐皇帝於咸豐十一年七月十七日（1861年8月22日）病逝於熱河避暑山莊。按照咸豐帝的遺命，由六歲的皇太子載淳繼承皇位，由怡親王載垣等八大臣襄贊政務。載淳的生母葉赫那拉氏，對八大臣輔政極爲不滿。

时逢监察御史董元醇上摺奏请皇太后权理朝政并别简亲王辅政，这正符合叶赫那拉氏的心意。八月十一日，两宫皇太后抱着小皇帝载淳召见八大臣，讨论董元醇关於太后"垂帘听政"的请求。当时两宫皇太后与八大臣展开了激烈的争论，因鬥不过八大臣，叶赫那拉氏只好暂时忍让。但却暗地裏与奕訢勾结，加紧进行政变的準备。在精心策劃下，九月二十八日，两宫皇太后及载淳等回到北京，第二天便发动了震惊中外的北京政变，因是年是辛酉年，所以又称"辛酉政变"。当时两宫皇太后在宫中召见奕訢、文祥、桂良等大臣，拿出叶赫那拉氏预先手拟的谕旨，即上面录的密谕。那拉氏的字迹歪歪扭扭，错字连篇。谕文中的"求七兄弟改写"，七兄弟即醇郡王奕譞，他是道光帝的第七子，咸丰帝的异母弟，也是光绪皇帝的生父。那拉氏草拟的上谕，经奕譞修饰润色并钞缮後，首尾加"御赏"、"同道堂"章，即时发下。随後将载垣等八大臣分别治罪惩处，任命恭亲王奕訢爲议政王、首席军机大臣。朝廷要害部门的人事也安排就绪。十月初九日载淳在太和殿登极，年号爲"同治"。

自辛酉政变後，慈禧太后一直垂帘听政，操纵清朝政权四十八年。

（十四）光绪帝明定国是谕

光绪二十四年四月二十三日，内阁奉上谕：数年以来，中外臣工讲求时务，多主变法自强。迭者诏书数下，如开特科、裁冗兵、改武科制度、立大小学堂，皆经再三审定，筹之至熟，甫议施行。惟是风气尚未大开，论说莫衷一是。或托於老成忧国，以爲旧章必应墨守，新法必当摒除。众喙哓哓，空言无补。试问今日，时局如此！国势如此！若仍以不练之兵，有限之饷，士无实学，工无良师，强弱相形，贫富悬绝，岂真能制梃以挞坚甲利兵乎？

朕惟国是不定，则号令不行，极其流弊。必至门户纷争，互相水火。徒蹈宋明积习，於时政毫无裨益。即以中国大经大法而论，五帝三王，不相沿袭，譬之冬裘夏葛，势不两存。特明白宣示：嗣後中外大小诸臣，自王公以及士庶，各宜努力向上，发愤爲雄。以圣贤义理之学，植其根本。又须博採西学之切於时务者，实力讲求，以救空疏迂谬之弊。专心致志，精益求精。毋徒袭其皮毛，毋竞腾其口说。总期化無用爲有用，以成通經濟變之才。京師大學堂爲各行省之倡，尤應首先擧辦，著軍機大臣、總理各國事務王大臣會同妥速議奏。所有翰林院編檢、各部院司員、大門侍衛、候補候選道府州縣以下官，大員子弟、八旗世職、各省武職後裔，其願入學堂者，均准入學肄習。以期人才輩出，共濟時艱，不得敷衍因循，徇私援引，致負朝廷諄諄告誡之至意。將此通諭知之。欽此。

中國自鴉片戰爭以後，逐步淪爲半封建半殖民地社會，帝國主義列強日益加緊對中國的侵略。光緒二十年爆發了中日甲午戰爭，結果以清廷的失敗並與日本簽訂了喪權辱國的《馬關條約》而告終。接着帝國主義列強又掀起了瓜分中國的狂潮，正是在這種民族危機下，光緒二十一年，代表民族資本主義和開明紳士政治要求的康有爲等，在北京發動各省應試擧人一千三百餘人上書光緒皇帝，反對簽訂《馬關條約》，以"變法圖強"爲名，組織學會，掀起了變法救國運動。光緒二十四年四月二十三日，素懷變法圖強、想有作爲的光緒皇帝，接受了康有爲等維新派的要求，頒布明定國是詔諭，宣布變法維新。光緒帝"政厲雷霆"，"令如流水"，在維新運動一百零三天中，他連續發布了關於廣開言路、改革教育、精簡機構、裁汰冗員、精練陸海軍，以及發展資本主義工商業的諭旨，以推行新政。但以慈禧太后爲首的頑固守舊勢力堅決反對變法，發動政變，幽禁光緒皇帝，取消新政。捕殺譚嗣同等六位維新人士，百日維新遂告失敗。

（十五）宣統帝退位詔書

奉旨。朕欽奉隆裕皇太后懿旨：前因民軍起事，各省響應，九夏沸騰，生靈塗炭。特命袁世凱遣員與民軍代表討論大局，議開國會，公決政體。兩月以來，尚無確當辦法。南北暌隔，彼此相持，商輟於途，士露於野。徒以國體一日不決，故民生一日不安。今全國人民心理，多傾向共和。南中各省，既倡議於前，北方諸將，亦主張於後。人心所向，天命可知。予亦何忍因一姓之尊榮，拂兆民之好惡！是用外觀大勢，內審輿情，特率皇帝將統治權公諸全國，定爲共和立憲國體。近慰海內厭亂望治之心，遠協古聖天下爲公之義。袁世凱前經資政院選舉爲總理大臣，當茲新舊代謝之際，宜有南北統一之方。即由袁世凱以全權組織臨時共和政府，與民軍協商統一辦法。總期人民安堵，海宇乂安，仍合滿漢蒙回藏五族完全領土爲一大中華民國。予與皇帝得以退處寬閑；優游歲月，長受國民之優禮，親見郅治之告成，豈不懿歟！欽此。

宣統三年十二月二十五日（蓋用御寶）

1911年10月10日，武昌起義爆發，消息傳到北京，中外反動勢力感到驚慌失措。清政府急忙派陸軍大臣蔭昌率軍前往鎮壓，但出師不利。無奈之下，清政府被迫起用兩年前被罷黜的袁世凱，授命爲欽差大臣，率兵南下鎮壓革命。同時決定解散"皇族內閣"，授命袁世凱爲內閣總理大臣，進京另組"完全內閣"。

掌握了軍政大權的袁世凱，在湖北前綫指揮北洋軍隊，不久攻占了漢口，後又攻陷漢陽，但他不想立即攻占武昌，以便利用南北對峙的局面，逐步竊取全國政權。宣統三年十一月十三日（1911年1月1日）在南京成立了中華民國臨時政府，孫中山就任臨時大總統。此時的袁世凱以逼宮退位爲代價，想獲取總統之職位。當得到孫中山同意讓權保證後，袁世凱隨即逼宮，要挾清帝退位。袁草擬了一份《優待皇室條件》，由內閣各部大臣和近支五公參加的會議上通過，並得到隆裕太后的認可。宣統三年十二月二十五日（民國元年，1912年2月12日），隆裕太後代表宣統皇帝，正式公布了宣統皇帝退位詔書。以此爲標志，清朝封建君主專制統治宣告結束，同時在中國延續兩千多年的封建帝制終於壽終正寢了。

二、《上諭檔》與硃批諭旨

（一）上諭檔

《上諭檔》是清代軍機處匯鈔皇帝諭旨的檔冊之一。

上諭，泛指皇帝所發布的各種命令和指示，亦稱諭旨。從嚴格的意義講，清代的"諭"和"旨"是有所區別的，一般情況下，皇帝主動發布的指示和命令爲"諭"，而皇帝對臣工們請示的答復和指示爲"旨"。發出諭旨的途徑一般爲兩條：其一由軍機處交內閣公布，稱作"內閣明發上諭"，其內容多爲國家重要政務需要全體臣民及至中外咸知的，例如有關宣戰、議和、大赦、巡幸、蠲賑、高級官員的任免獎懲、重大案件的處理結果，等等。其二是由軍機處直接寄發有關官員的諭旨，由於其發自內廷，亦稱爲"廷寄"，這是一種只限少數或個別大臣知道而不宜公開的機密諭旨，其內容多爲告誡臣屬、指授軍機兵略、查核政務等。

爲了存檔備查，軍機處將上諭原件按"明發"或"廷寄"封發之前，均鈔錄一份留存。其底稿、草稿之類，分別檢齊焚銷。其發出原件，除硃諭或硃筆圈點勾畫者仍需交回宮中保存外，一般均不再退回。軍機處每日所錄存的諭旨，以一月爲一册，稱爲《現月檔》；每三個月合一厚册，稱《四季檔》；《現月檔》與《四季檔》，通稱爲《上諭檔》。《上諭檔》是清朝政府所保存皇帝諭旨中唯一的一份完整的備查本。因此，雖然《上諭檔》是鈔本，但無論在當時還是今天，都依然具有與正本同樣的法律效力和史料價值。

《上諭檔》中，不僅包括明發、廷寄及硃筆等諭旨，同時還附有一部分其他文種的檔案鈔件，如試題、供詞、清單、奏片等。其內容相當豐富，包括政治、經濟、文化、外交、民族事務、宗教事務、農田水利、工程、醫藥、天文地理等各方面的史料，是研究清史及皇帝生平事迹的第一手材料。

中國第一歷史檔案館所存軍機處《上諭檔》自乾隆朝起至宣統止，共計一千七百五十一册。

爲方便讀者查閱，中國第一歷史檔案館已陸續將各朝《上諭檔》整理出版，其中《乾隆朝上諭檔》十七册，1991年由檔案出版社出版。《嘉慶道光兩朝上諭檔》五十五册，《咸豐同治兩朝上諭檔》二十四册，《光緒宣統兩朝上諭檔》三十七册，都由廣西師範大學出版社影印出版。另外《雍正朝漢文諭旨匯編》十册，亦由廣西師範大學出版社於1999年出版。

（二）硃批諭旨

硃批諭旨就是皇帝在批閱臣工的奏疏時，親自用硃筆所做的指示、命令。清初沿明制，臣工奏事，公事用題本，私事用奏本。題本須加蓋具題官員印信，奏本不用印。以後由於題、奏處理制度的繁瑣，辦事效率不高，康熙中葉，一些親信大臣奏事，逐漸使用一種密摺。密摺不拘形式，什麼秘密話都可以向皇上說。而且這種密摺，可不經過通政使司衙門的傳遞和內閣官員提出處理意見，而徑直、密封送達皇帝面前。皇帝親自批閱，用硃筆在摺面批示意見。有些比較勤政的皇帝，如雍正帝常常批閱臣工的奏摺到深夜，有時硃批的字數比大臣奏摺字數還要多。奏摺由於便捷、保密，所以到乾隆時，已成爲政府的一種正式公文。

按照清朝規定，硃批奏摺密封發下，具摺官員執行後，須將皇帝硃批的奏摺按期繳回宮中，所以在宮中存有大量的硃批奏摺。這些原存於宮中的密摺，一直流存到現在。據不完全統計，現存的漢滿文硃批奏摺共有七十一萬件，其中漢文硃批奏摺六十三萬多件，滿文硃批奏摺八萬多件，分別藏於北京中國第一歷史檔案館和臺北"故宮博物院"文獻館。

按照奏摺處理制度規定，軍機處在辦理奏摺時，須另錄一份備查，叫"錄副奏摺"。錄副奏摺上注明奉硃批日期，連同奏摺的附件如單、圖、冊等，每日捆爲一束，半月爲一包，又稱"月摺包"。同時，軍機處值日章京將本日所接摺件、所奉諭旨、所奏單片，詳細記入《隨手登記簿》，又叫"隨手檔"，它是硃批奏摺和錄副奏摺的總目錄。

現存於世的錄副奏摺共有七十二萬多件，有滿、漢文兩種，經中國第一歷史檔案館分門別類的整理，編有詳細的目錄。

這樣硃批奏摺原件和它的副本——錄副奏摺現存於世的共有一百四十三萬件。這些奏摺從康熙以迄宣統，各朝的文件都有，時間跨度爲二百三十八年。如此時跨兩個多世紀的大量皇帝親筆批閱的文件被保存下來，實爲中華古代檔案之冠，世界無與倫比。

奏摺內容豐富，反映了清代的政治、經濟、軍事、文化、民族、宗教、科技、外交、皇族宮廷以及社會各個方面的歷史情況，是清朝皇帝治理國家、處理政務詳細而又真實的歷史記錄，也是我們研究清皇帝生平事迹的真實而又珍貴的第一手材料。

硃批諭旨在清朝時，一直秘藏宮中，唯雍正皇帝出於政治鬥爭的需要，曾於雍正十年，命大臣編纂其硃批諭旨，名爲《世宗硃批諭旨》，書中共輯錄雍正帝親自批答的二百二十三名總督以下、道員以上，以及提督、總兵等地方官員所上奏摺。世宗御下嚴厲，事無巨細，皆聖心親裁，硃批少者數十言，多者每至數百言，且有多至千言者，所批諭旨無一件假手於人，均爲雍正帝親筆，內容包括對臣下的訓諭、指示。正如雍正帝所說："教人爲善，戒人爲非，示以安民察吏之方，訓以正德厚生之要，曉以福善禍淫之理，勉以存誠去僞之功。"往復周詳，連篇累牘，涉及全國各項政務，是研究雍正帝生平治績的重要文獻資料。

1925年故宮博物院成立後，其文獻館和以後中國第一歷史檔案館，及臺北"故宮博物院"，對硃批諭旨經過整理編輯，曾不斷刊布面世。較大宗者，如臺北"故宮博物院"文獻館於1973—1982年間，曾編輯出版了《宮中檔光緒朝奏摺》（二十六冊，約一千五百六十萬字）、《宮中檔康熙朝奏摺》（九冊，約二百五十萬字）、《宮中檔雍正朝奏摺》（三十二冊，約兩千萬字）、《宮中檔乾隆朝奏摺》（六十八冊，約四千一百萬字）等。中國第一歷史檔案館於1984—1996年期間，曾編輯出版了《康熙朝漢文硃批奏摺》（八冊，約三百萬字）、《康熙朝滿文硃批奏摺全譯》（一冊，二百七十萬字）、《雍正朝漢文硃批奏摺匯編》（四十冊，約二千七百萬字）、《清代皇帝御批真迹選》（三冊，約一百五十萬字）、《光緒朝硃批奏摺》（一百二十冊，約七千萬字）。

海峽兩岸的檔案館，將各自保存的硃批諭旨公諸於世，無疑給中外清史學者利用這些檔案提供了便利條件。希望今後兩岸檔案館能將嘉慶、道光、咸豐、同治、宣統各朝的硃批奏摺編輯出齊。

在硃批諭旨方面，唯一遺憾的是缺少順治朝的檔案。順治時雖然沒有硃批奏摺，但順治帝的硃諭及諭旨原件，在中國第一歷史檔案尚有保存，如順治帝的硃諭就有幾十件。當時，凡頒發各衙門的諭旨，照例由大學士擬寫並呈皇帝批准後，用硃筆謄寫於黃摺上，然後令該衙門堂官親領執行。這些硃諭在中國第一歷史檔案館編輯的《清代檔案史料叢編》第九期上，刊布了其中四十三件，硃諭內容反映了清初政治鬥爭情況。

《清世祖諭旨》滿漢文各二冊，登錄了順治八年七月初一日至順治十六年六月七十六道諭旨，內容包括賞賜作戰有功官兵，處死多爾袞胞弟英王阿濟格，令三品以上官員上書條陳天下利弊、應興應革各事，以及官員陞黜、僧道管理、大赦、圈地等事。此檔冊原存宮中懋勤殿，係乾隆元年正月初十日太監王常貴等交出。《掌故叢編》第三輯曾刊其中諭旨十二道。

三、《滿文老檔》與明清交替之際關係史料

清朝爲滿洲貴族所創建，因此滿文被定爲代表國家的文字之一，凡重要文書多是滿、漢文字合璧。中國第一歷史檔案館藏有滿文檔案二百多萬件（冊），占全館藏檔量的五分之一。清代早期的檔案滿文文書比較多。尤其是清入關以前的歷史記載，主要依據滿文檔案，其中重要的檔案文獻有：

（一）《滿文老檔》

《滿文老檔》是清代最早的一部滿文編年體史書，又稱《無圈點檔》、《滿洲老檔》。它所反映的內容，始於明萬歷三十五年（天命前九年，1607），止於崇禎九年（崇德元年，1636），記載了努爾哈赤統一女真各部，建立後金政權，而後對明廷進行戰爭，奪取遼東，建都遼陽，遷都瀋陽，到皇太極即位後，繼續進兵遼西，並數次進入關內，屢挫明軍等軍政大事。它是研究努爾哈赤和皇太極生平事迹的最系統的史料。

《滿文老檔》原檔三十七冊，保存於我國臺灣省故宮博物院，草寫本和大黃綾本保存於北京中國第一歷史檔案館，小黃綾副本保存在瀋陽遼寧檔案館。爲方便讀者利用，中國第一歷史檔案館和中國社會科學院歷史研究所等單位合作，依據一史館所存乾隆重鈔滿文老檔，重新編譯出《滿文老檔》，分上下兩冊，計九十三萬餘字，1990年由中華書局出版。

（二）《清初內國史院滿文檔案譯編》

中國第一歷史檔案館藏有清初內國史院滿文檔冊一百二十一冊，記載了清入關以前及順治一朝的歷史事迹，內容有經濟、政治、軍事、文化、工程、禮儀、官制、刑法、民族、外交、社會民俗、宮廷生活以及天文地理等方面的材料。1989年，一史館選擇其中較全的檔簿九十九冊，譯成漢文，由光明日報出版社出版，分上中下三冊。內國史院滿文檔冊，是研究清初歷史及清太祖、清太宗、清世祖生平事迹的第一手史料。

（三）明朝檔案中有關明清戰爭方面的史料

中國第一歷史檔案館存有三千六百多件明朝末期的檔案，其中有大量的關於明廷與後金關係的史料。

在明朝的官文書中，稱滿洲、後金為"東奴"、"夷"或"韃虜"。從明天啓、崇禎年間的兵部題行稿中，可以看出明末社會矛盾日益加劇，政府腐敗，興起於東北的"東奴"，不斷騷擾明朝邊界，戰爭不斷。明朝防務喫緊，軍餉匱乏。在現存的明朝檔案中，有大量關於籌備軍餉、調兵遣將以及戰爭情況的記載。

1. 明與後金大淩河城之戰史料

明崇禎四年（1631）八月至十一月間，明廷與後金在大淩河交戰，後金圍困大淩河城達三月之久。反映這方面的史料有十九件，其中有後金兵圍城的奏報，有祖大壽突圍的情形，以及大淩河城破後明軍損失情況。是役明軍一萬六千餘人幾乎全軍覆沒，守將祖大壽以允降僅得身免，大淩河城被撤毀（《歷史檔案》1981 年第 1 期）。

2. 明軍守衛松山等城堡的戰報

明崇禎四年（1631），大淩河被後金毀後，錦州成了後金主要進攻的目標。明總兵祖大壽依靠松山、杏山、塔山諸城堡互為犄角，力保錦州。崇禎十二年（1639）春，洪承疇奉調任薊遼軍務總督，指揮十三萬大軍出關與後金決戰，但在松山附近屢戰失利，被困於松山城內，最後於崇禎十五年二月因城破被俘降清（《歷史檔案》1981 年第 2 期）。

3. 崇禎七年後金對關內的騷擾材料

崇禎七年（1634）七月至閏八月間，後金皇太極率八旗兵分四路進入明王朝腹地，兵鋒及於今北京延慶、河北懷化、懷來，以及山西大同、代縣、五臺山一帶，明廷為之震動。後金兵在關內騷擾了近三個月，擄掠了大批人口、財物。這些情形記載於明兵部題行稿、咨行稿中，共三十九件（《歷史檔案》1982 年第 2 期）。

4. 明清在遼東、登州等地戰爭的材料

明朝末期的檔案還記載有崇禎十三年明清在登萊一帶戰防情形，明朝在畿南備防情形，明清在遼東錦州、松山、杏山、遼遠一帶攻守情形等材料（《歷史檔案》1985 年第 1 期、1986 年第 1 期）。

5. 明末降清大臣洪承疇、吳三桂的史料

洪承疇於崇禎七年任明朝兵部尚書，兼督河南、山西、陝西、湖廣等處軍務，鎮壓農民起義軍，崇禎十二年調任薊遼總督。崇禎十四年率八總兵、十三萬人，與清軍決戰於松山、錦州地區，兵敗後被困於松山城，翌年城陷，被俘降清。後隨清軍入關，屢建戰功。明檔中有洪承疇揭帖數十件，其中有松山戰敗降清及經疇南疆的史料。

吳三桂原爲明朝遼東總兵，崇禎十七年李自成率領的農民軍進逼北京城，崇禎帝封吳三桂爲平西伯，飛檄率所部入衛京師。當吳三桂率兵至灤州時，聞其愛妾陳圓圓爲李自成軍部將劉崇敏掠去，即回山海關，秘密遣使上書多爾袞，引清兵入關，討伐李自成，檔案中有明朝兵部爲急催吳三桂率兵入關的題行稿等文書。

四、起居注

起居注是專門記載帝王言行的冊籍，帝王的一言一行，每日都由起居注官記載下來，按月編匯成冊，又稱起居注冊。

清朝自康熙七年設起居注官，至康熙九年始設起居注館，由翰詹日講官員常侍帝左右，"聖躬一言一動，書之簡冊，以垂永久"（光緒《欽定大清會典事例》卷一〇五五）。自康熙至宣統，有清一代共形成起居注計一萬二千餘冊，其中包括滿、漢文兩種文本，又有正本與稿本之別。

清代起居注冊的記注體例，有嚴格的規定。據光緒《欽定大清會典事例》記載："凡記注，先載起居，次諭旨，次題奏，次官員引見。"並規定"所有諭旨及官員引見除授，皆全載，奉旨依議及該部議奏報聞者俱不載"，"凡選授文武各官，如教職、千把之類，不引見者俱不載，如奉特旨揀選則俱載；凡吏部、兵部推補、推陞及奉旨出具考語送部引見者不載，俟該官員引見之日，方行載入"，等等。總之，凡皇帝起居言動，包括大朝、常朝、御門聽政、祭祀、典禮、日講以及批閱題奏、頒發諭旨、官員引見、覲見、召見、請訓、陛辭、高級官員陞遷、降革等，都要記載，祇是視事情輕重，記注繁簡有所不同。

凡皇帝從事各項政務活動，日講起居注官員必須輪流在場侍值，以記言記動。起居注官每日退值後，必須將當時所見所聞照實書之於稿。起居注官在載筆之時，凡屬有檔可查的事項，必須直接查閱並照錄原檔，以免有所差誤。即所謂"載部本查略節，載通本查揭帖，有遺落即查對紅本、絲綸簿，有疑者亦查對紅本。凡載祭祀、行禮、問安、駕臨、駐蹕各項，俱查照內起居注"（光緒《欽定大清會典事例》卷一○五五）。每日所記，均由當值之起居注官簽署姓名於後，按月成冊。上年之事，於次年編定，並由編纂官作跋於後。起居注冊每頁於騎縫處加蓋翰林院印信，以防篡改。每年起居注編好後，於年終具疏奏聞皇帝后，交內閣儲存，稿本存於翰林院。

另外，還有內起居注，專記皇帝每天祭祀、行禮、問安、駕臨、駐蹕等事。

由上述可知，起居注冊是當時人直接記錄皇帝活動的史冊，所記事實都是起居注官親見所聞，而且記注時還必須與有關檔案核實，材料翔實可靠。比起《清實錄》、《東華錄》官修史籍，起居注冊可以說是研究清朝各帝生平事迹第一手史料。

清代起居注冊，現在分存於北京和臺北兩地。中國第一歷史檔案館於1981年將館藏的康熙朝漢文起居注冊三百零二冊，經整理標點後，名為《康熙朝起居注》，1984年由中華書局鉛字排印出版，分三冊，共一千八百二十九萬字。

1992年一史館又將館藏的雍正朝漢文起居注一百六十九冊，經整理成五冊，1993年由中華書局影印出版。2002年一史館又整理出《乾隆朝起居注》四十二冊，由廣西師範大學出版社出版。

臺灣所存清代起居注冊，由臺北聯合報文化基金會國學文獻館先後影印出版了《清道光朝起居注冊》一百冊、《清咸豐朝起居注冊》五十七冊、《清同治朝起居注冊》四十三冊、《清光緒朝起居注冊》八十冊。今後兩岸互相補充，能將清代起居注冊出齊，那將是清史界的一大幸事。

五、清代歷朝《御制詩文集》

清代各帝都編有《御制詩文集》以便垂訓後世。現存的御制詩文集有《清世祖聖祖御制詩文集》六冊，《清世宗御制詩文集》一冊，《清高宗御制詩》十九冊，《清高宗御制文》二冊，《清高宗樂善全集》一冊，《清仁宗御制詩》七冊，《清仁宗味餘書室全集》二冊，《清仁宗御制文》二冊，

《清宣宗御制詩》一冊,《清宣宗、文宗、穆宗、德宗詩文》一冊。

以上詩文集,由故宮博物院整理編輯,於 2000 年 6 月由海南出版社出版,向社會發行。

御制詩文集,具有重要的史料價值。如康熙帝的詩文集中,輯錄了康熙帝對中央各部、院、寺、監及文武百官、親王、公主的敕諭,對內閣、六部及皇子、大臣的諭旨及詩詞、序文、跋語等,內容涉及康熙帝親征噶爾丹以及政治、經濟、文化、民族、宗教、宮廷生活等各個方面的內容。又如雍正帝詩文集,前四卷爲雍正元年敕諭、詔書及冊文。卷一至卷三分別輯錄了胤禛登極後給文武百官的敕諭,告誡中外文武官員,要忠於職守,勤政愛民。卷四收錄有雍正皇帝的登極詔、遺詔、上聖祖仁皇帝尊諡廟號詔、追封孔子先祖冊文等。從各個皇帝的詩文中,不僅可以印證清代各重要歷史事實,而且可以看出各個皇帝的個性、愛好和情趣,是研究清代各個皇帝歷史不可缺少的材料。

六、清代歷朝實錄、聖訓

(一) 實錄

清實錄爲清代官修的編年體史料匯編。內容包括有清一代的政治、經濟、軍事、文化、民族、外交等各方面的史料。它主要根據官方檔案編纂而成,具有較高的史料價值,是研究清朝各代皇帝生平事迹的全面系統的史籍。

清代共有《滿洲實錄》八卷、《清太祖實錄》十卷、《清太宗實錄》六十五卷、《清世祖實錄》一百四十四卷、《清聖祖實錄》三百卷、《清世宗實錄》一百五十九卷、《清高宗實錄》一千五百卷、《清仁宗實錄》三百七十四卷、《清宣宗實錄》四百七十六卷、《清文宗實錄》三百五十六卷、《清穆宗實錄》三百七十四卷、《清德宗實錄》五百九十七卷,另有《宣統政紀》七十卷。

清朝繼承歷代纂修實錄的制度,每當新皇帝繼位時,下詔爲前一代皇帝纂修實錄,並開設實錄館,欽派大臣充監修、總裁官,由翰林院官員負責纂修。

實錄的纂修，先定漢字稿本，再依漢字稿本譯繕清字稿本再依清字稿本，譯繕蒙古字稿本。所有漢、滿、蒙古字稿本，均黃綾裝潢，稱黃綾本。黃綾本按期進呈御覽：先進漢字黃綾本，按日進程，每次一本；次進清字黃綾本，按月進呈；再進蒙古字黃綾本，按季進呈。皇帝閱覽定稿後，實錄館即辦理畫一事宜。依照御覽黃綾本，再繕四份紅綾本，分別藏於大內、皇史宬、內閣和盛京四處。存大內、皇史宬、內閣本的繕滿文、蒙古文、漢文各一部，藏盛京本只繕滿文、漢文本，不繕蒙古文本。紅綾本又有大小之分。大紅綾本兩份：一份存皇史宬，一份儲盛京。小紅綾本兩份：一儲大內乾清宮，一儲內閣實錄庫，御覽小黃綾本亦存內閣實錄庫。所有實錄都用三織造精工制作的織金龍明黃色包袱包裹，用紫地白花錦帶、本色雲頭牙籤捆紮。

根據中國第一歷史檔案館所存的原皇史宬尊藏（大紅綾本）爲原本，缺者用故宮、北京大學所藏的小紅綾本和定稿本配齊，1985年由中華書局影印出版了完整的《清實錄》，共六十卷，約六千餘萬字。

（二）聖訓

清代實錄館在編纂實錄的同時，還要相應編纂各朝的聖訓，以便"上彰祖德，下啓孫謀"。聖訓實際是帝王諭旨的分類匯編。例如《清聖祖仁皇帝聖訓》共分一百九十餘章三十二目：有聖孝、聖德、聖治、敬天、法祖、文教、武功、恤民、任官、廣言論、嚴法紀、理財、慎刑、重農桑、興禮樂、省方、治河、澄敘、賞賚、蠲賑、積貯、飭臣工、訓將士、褒忠節、恤舊勞、廣幅員、弘制度、弭盜、牧政、禮前代、柔遠人等。每類諭旨按時序排列，如果要研究皇帝某一方面的問題，檢索聖訓頗爲方便。

清朝實錄館纂修的有太祖、太宗、世祖、聖祖、世宗、高宗、仁宗、宣宗、文宗、穆宗等各朝的聖訓。

七、清國史館《本紀》稿本

清朝爲修國史，於天聰三年設文館於盛京。天聰十年改文館爲內三院：內國史院、內宏文院、內秘書院。內國史院"掌記注詔令，編纂史書，及撰擬諸表章之屬"（《光緒會典事例》卷十一），是清朝最早的修史機構。

康熙二十九年四月，爲了撰修天命、天聰（崇德）、順治三朝的歷史，特設立國史館，史成館撤。乾隆元年，爲修天命、天聰、順治、康熙、雍正五朝本紀和表志、列傳，復開國史館。至乾隆十四年修成，史館遂停。乾隆三十年，爲重修國史列傳，始常設國史館於紫禁城東華門內。

國史館的檔案被大量保存下來，其中有清代各帝的《本紀》稿本，計有太祖高皇帝、太宗文皇帝、世祖章皇帝、聖祖仁皇帝、世宗憲皇帝、高宗純皇帝、仁宗睿皇帝、宣宗成皇帝、文宗顯皇帝、穆宗毅皇帝、德宗景皇帝等皇帝的《本紀》稿本。各帝《本紀》稿本分漢文本和滿文本兩種，以黃綾封面的爲定稿本，其他有初輯本、初繕本、覆輯本、重繕本、排印本等。這些本紀稿本分存於北京中國第一歷史檔案館和臺北故宮文獻館。

清國史館纂修的本紀稿本，雖然代表清官方的立場和觀點，但其修史時所依的上諭、絲綸、外紀、紅本、史書、廷寄、議復檔、月摺檔以及各衙門的文書等檔案材料，對我們現今研究清帝的生平事迹具有重要的參考價值。

第三節　清朝末期的三次改革自救運動

清朝末期，由於帝國主義侵略逐步加深，和國內人民的反抗鬥爭日益激烈，清政府內憂外患，統治危機加深。清統治者亦感到不能照舊統治下去，必須進行改革自救、變法圖強，於是一部分洋務派官僚和朝野有識之士掀起了洋務運動、戊戌變法和預備立憲三次運動。在這三次運動中，形成大量檔案，至今仍完整地保存在中國第一歷史檔案館。

一、洋務運動檔案

清末洋務運動的檔案很豐富，反映了從咸豐六年至光緒二十年（1856—1894）洋務運動的全過程。主要內容：①洋務派官僚如奕訢、曾國藩、李鴻章、劉錫鴻、郭嵩燾、張之洞、薛福成、袁昶、王韜、鄭觀應等人，有關籌辦海防、造船練兵、置辦機器、開礦修路、理財通商等洋務的奏陳；②爲培養人才，議設北京同文館、京外同文西館，幼童出洋留學及考試等事宜；③籌辦海防，創設北洋水師，籌解海軍經費及采買外洋輪船砲械；④訓練八旗、綠營官兵，延請洋教習，演習陣式等；⑤設立江南制造局以及金陵、福州、山東、湖南、四川、廣東、吉林、山西、浙江、臺灣、雲南等省機器局和湖北槍砲廠，修建擴充新廠房，購買機器，仿造西洋修造輪船，制造槍砲及設局支用經費款項；⑥創造馬尾船政局，采買機器制造輪船，募僱洋人辦理船政及制造經費數目；⑦開設輪船招商局，購進美國旗昌洋行舊輪，廣招商股共同承運漕糧，兼攬商貨；⑧開辦鐵路及籌辦經費；⑨各地設立電報，備辦銅綫，購置工料及招商集股籌辦經費；⑩雲南、臺灣、鄂東、皖南、開灤、吉林、山東峰縣、貴州、漢冶萍、漠河、鎮江、句容等地開采銅礦、鐵礦、金礦，建立廠房，購備機器經費等事宜；⑪開辦蘭州織呢廠、上海機器織布局、湖北織布局，招商集股，建廠購料，購機情形；⑫籌辦鑄錢及開設火柴、糖、酒、紙廠。

洋務運動的檔案經整理後，被編入由中國史學會主編的《洋務運動》一書，共八冊，1961年由上海人民出版社出版。

二、戊戌變法與戊戌變法檔案研究

（一）戊戌變法的歷史意義

1898年，中國正處於半封建半殖民地黑暗社會之中，漫長的封建社會在中國已走到了盡頭。當時清朝的統治已腐朽不堪；帝國主義的侵略逐步加深，進而妄圖瓜分中國。中國人民在封建勢力和帝國主義的壓迫下，災難深重。正是在這種民族危機空前嚴峻的時刻，一個以愛國圖強爲號召的變法維新運動發生了，這個運動因發生在傳統的以干支紀年的戊戌年，所以史稱"戊戌變法"。

1. 戊戌變法是一次偉大的愛國救亡運動

中國自鴉片戰爭以後，逐步淪爲半封建半殖民地社會。到19世紀60至70年代，西方列強先後從自由資本主義階段向帝國主義階段轉化，對華侵略由主要是商品輸出轉變爲加強資本輸出。東方的日本在明治維新後迅速走上資本主義道路，並且瘋狂參與列強對包括中國在內的遠東地區的殖民爭奪。1895年爆發了中日甲午戰爭，結果以清廷的慘敗並與日本簽訂《馬關條約》而告終。喪權辱國的《馬關條約》草簽的消息傳到北京，群情激憤。在這民族危機的關鍵時刻，1895年5月2日，康有爲等人聯合各省應試的舉人一千三百多人，聯名上書請願，這就是著名的"公車上書"。康有爲等在上書中首先指出"塞和款而拒外夷，保疆土而延國命"，堅決反對《馬關條約》，請求拒簽和約、遷都抗戰和變法圖強三項建議。1897年，德國強占膠州灣後，俄國又強租了旅順和大連，列強瓜分中國的危機迫在眉睫。康有爲迅速從上海趕赴北京，向光緒帝上了第五書，痛言中國被瓜分豆剖的危險局面，提出"采法俄、日以定國是"、"大集群才而謀變政"、"聽任疆臣各自變法"的策略，供皇帝采擇。以後，康有爲、梁啓超、嚴復、譚嗣同等維新派在京、津、滬、粵、湘等各地，組織學會，設立學堂、報館，發行報刊，著書立說，宣傳維新思想，一個變法圖存的愛國運動，在神州大地上蓬勃開展起來。

2. 戊戌變法是中國近代第一次思想解放運動

戊戌變法期間，維新派在各地組織學會，設立學堂和報館，組織力量，著書立說，廣泛宣傳變法維新思想。據不完全統計，1895—1897年，維新派在全國共創辦學會三十三個、學堂十七所、報館九家、書局兩家，共六十一個（所），至1898年增至三百多個（《中國大百科全書·中國歷史卷》中國大百科全書出版社1997年5月第2版）。維新派的變法輿論宣傳活動，引起了封建頑固派的憎恨與恐慌。他們攻擊維新派的變法是破壞祖宗成法，離經叛道。對此，維新派與守舊派展開了大論戰。

第一，"要不要變法"。維新派以進化論批判了頑固派的"天不變，道亦不變"的形而上學思想。康有爲利用中國傳統經學的"變易之義"，作爲變法立論的根本。在他看來，"變易之義"反映了人類社會和自然界的發展規律，是不可抗拒的。他說："物新則壯，舊者老，新者鮮，舊者腐，新則活，舊者板，新者通，舊者滯，物之理也。"（《康有爲政論集》）梁啓超說："變亦變，不變亦變。變而變者，變之權操諸己，可以保國，可以保種，可以保教。"反之，"不變而變者，變之權讓諸人，束縛之，馳驟之"（梁啓超《變法通議》）。嚴復指出："天下之理最明而勢所必至者，如今日中國不變法則必亡者是已。"甚至連光緒皇帝也認識到："非變法不足以圖存。"

第二，"要不要實行君主立憲"。維新派以資產階級民權思想批判了"君權神授"的封建專制思想，指出國家是"民衆之公產，王侯將相不過是通國之公僕"，人民纔是"天下之真主"（《戊戌變法》叢刊第三册），進而闡明了改變君主專制政體的合理性，爲維新派興民權、開議院、實現君主立憲政體提供了理論依據。康有爲在《大同書》中，還提出了個人自由、平等、獨立，個人權利，個性解放等民主理論，給維新運動指明了遠大理想。

第三，"要不要改變封建教育制度"。維新派以資產階級教育觀點批判了"禁錮人心"的科舉制度。維新派指出，八股實爲牢籠之術，把士子的思想控制得死死的，造成了萬馬齊喑的局面。認爲要開民智，首先要廢除八股取士，興辦各類學堂，學習西方科學技術，以培養維新人才。光緒帝說："西人皆爲有用之學，而吾中國皆爲無用之學。"（《康南海自編年譜》）因此，他降旨"自下科爲始，鄉會試及生童歲科各試，向用四書文者，一律改試策論"（《上諭檔》光緒二十四年）。

經過大辯論，維新思想廣泛傳播，猶如在死水潭中投入一塊巨石，給死氣沈沈的中國吹進一股新鮮的空氣，使知識階層茅塞頓開，眼界開闊，思想活躍，形成了中國近代第一次思想解放的潮流。

3. 戊戌變法運動是對腐朽的封建制度一次猛烈的衝擊，開創了中國近代政治改革的先河

歷史進入 19 世紀末葉，古老的中國在封建社會中已經蹣跚地行走了兩千多年。到了清末，封建制度已經腐朽不堪，到了垂死階段。維新派代表民族資產階級的利益和進步知識分子的要求，提出通過自上而下的變法維新，以改革中國的封建國家制度，建立資本主義制度。維新派主張：在政治上彷傚外國君主立憲國家，設立議院。康有爲在上清帝第四書中，提出"設議院以通下情"。以後鑒於頑固勢力的强大，改爲"於宮中開制度局"的主張。不論設國會，還是立制度局，康有爲認爲："今欲行新法，非定三權，未可行也。"（《日本變政考》卷一）在經濟方面，維新派主張要富國養民，發展資本主義。康有爲在上清帝第二書中，提出了"富國"、"養民"和"教民"的具體措施。其中"富國"之法，"有鈔法、鐵路、機器、

輪舟、開礦、鑄銀、郵政"；"養民"之法，有務農、勸工、惠商、恤農；"教民"之法，主要是設立學校，開民智，以此達到"國不患貧，民不匱乏"的目的（《康有爲政論集》上册）。

維新派的主張，通過百日維新運動得以集中體現。如光緒帝諭令振興商務、農務、工業，獎勵工業創新，開礦築路，舉辦郵政，廢漕運，裁厘金，保護中國資本主義發展。同時諭令，廢除八股取士，廢淫祠改書院，興學校，辦報紙，以開通社會風氣，培養新式人才。

維新派主張走自上而下的社會改革道路，想通過光緒帝的力量，實行自上而下的改革，建立君主立憲政體，發展資本主義，使中國走上富強的道路。

戊戌變法運動，猶如在中國黑暗的封建社會中點燃了改革、愛國和民主的火炬，召喚着一代又一代的仁人志士爲尋求救國救民的真理而獻身。

（二）清宮所存的戊戌變法檔案

戊戌變法運動中形成的檔案文獻，完整地保存在中國第一歷史檔案館。這些檔案包括：皇帝頒發的維新諭旨，中外臣工關於戊戌變法的奏疏，以及有關衙門編纂的史籍和記事檔册，約有一千多件（册）。這些檔案依文書的種類可分以下三大類：

1. 皇帝頒發的有關變法維新的詔令文書

凡帝王用以詔告臣民、敕封官員以及處理軍國政務的文書，統稱爲詔令文書。

有關戊戌變法的詔令文書，主要有諭旨。例如：

（1）光緒帝頒布的《明定國是諭》："光緒二十四年四月二十三日，內閣奉上諭：數年以來，中外臣工講求時務，多主變法自强。……以中國大經大法而論，五帝三王，不相沿襲，譬之冬裘夏葛，勢不兩存。特明白宣示，嗣後中外大小諸臣，自王公以及士庶，各宜努力向上，發憤爲雄。以聖賢義理之學，植其根本。又需博采西學之切於時務者，實力講求，以救空疏迂謬之弊。專心致志，精益求精。……將此通諭知之。欽此。"

（2）《召用維新人士諭》："光緒二十四年四月二十五日，內閣奉上諭：翰林院侍讀學士徐致靖奏保舉通達時務人才一摺。工部主事康有爲、刑部主事張元濟均著於本月二十八日預備召見。湖南鹽法長寶道黃遵憲、江蘇候補知府譚嗣同，著該督撫送部引見。廣東舉人梁啟超，著總理各國事務衙門察看具奏。欽此。"

（3）光緒二十四年四月二十七日，罷黜翁同龢硃諭："協辦大學士、戶部尚書翁同龢，近來辦事多未允協，以致眾論不服，屢經有人參奏。且每於召對時，咨詢事件，任意可否，喜怒見於辭色，漸露攬權狂悖情狀，斷難勝樞機之任，本應察明究辦，予以重懲，姑念其在毓慶宮行走有年，不忍遽加嚴譴。翁同龢著即開缺回籍，以示保全。"

（4）任命康有爲總署章京行走的諭旨：光緒二十四年四月二十八日，軍機大臣面奉諭旨，"工部主事康有爲著在總理各國事務衙門章京上行走。欽此"。

（5）命梁啟超辦理譯書事務的上諭："光緒二十四年五月十五日，內閣奉上諭：舉人梁啟超，著賞給六品銜辦理譯書事務。欽此。"

（6）命楊銳、劉光第、林旭、譚嗣同入軍機處參與新政的上諭："光緒二十四年七月二十日，內閣奉上諭：內閣候補侍讀楊銳、刑部候補主事劉光第、內閣候補中書林旭、江蘇候補知府譚嗣同，均著賞加四品卿銜，在軍機處章京上行走，參預新政事宜。欽此。"

（7）慈禧太后命捕殺維新人士的廷寄："軍機大臣口字寄刑部、步軍統領衙門。光緒二十四年八月十三日奉上諭：康有爲心存叵測，廣結黨羽，大逆不道，罪不容誅。康廣仁、楊深秀等與之同謀。譚嗣同等於召見時語多挾制，同惡相濟，均屬罪無可逭。除張蔭桓尚未康黨，著行看管，聽候諭旨。徐致靖著監候待質外，其情節較重之康廣仁、楊深秀、譚嗣同、林旭、楊銳、劉光第六犯，均著即行處斬。派剛毅監視行刑，並著步軍統領崇禮多派弁兵彈壓。特此諭令知之。欽此。"

年輕的光緒皇帝，在百日維新期間，"政厲雷霆"、"令如流水"，"書朝上而電夕下"，有一天中竟批閱奏摺發布諭旨數十件。如《上諭檔》記載，光緒二十四年七月二十日，共閱覽奏摺二十六件，發布諭旨十五道。在維新運動的一百零三天中，光緒帝共發布諭旨二百三十多道，內容包括政治上提倡廣開言路，鼓勵軍民上書言事，裁撤閑曹冗員和選拔任用維新人士等。經濟上提倡發展工農商業，提倡民辦企業，修造鐵路，開辦郵政，命多開沿海沿江口岸，發展對外貿易。軍事上，命陸軍改練洋操，整頓編制，制造武器；制造兵船，擴大海軍；命全國整編營伍，力行保甲等。在文教方面，命設京師大學堂；廢除八股，改試策論；獎勵私辦學堂；變動武舉考試制度；令各省舉辦中小學堂，命籌辦水師、鐵路、礦務、醫學堂等；選派學生出洋留學，在京師設立報館等。

2. 臣工有關變法維新的奏摺

奏摺是高級官員向皇帝報告政務文書之一。上摺奏事代表官員的地位和權力。清廷規定，除少數翰詹科道官員外，凡文武官員四品以上的纔可向皇帝具摺奏事。因而在戊戌變法中，如康有爲、譚嗣同、梁啓超等維新人士，因品級較低，都沒有向皇帝直接奏事的權力，他們的奏疏祇有經有關衙門和大臣的傳遞，纔能上達天聽。下面我們考察一下康有爲的七次上書情況。

康有爲是戊戌變法的倡導者。1888 年康有爲到北京應順天鄉試，當時他目睹北京官場的腐敗情形，聯想到中法戰爭後"國勢日蹙"，於是他第一次上書皇帝，提出"變成法，通下情，慎左右"的建議。康有爲的第二次上書，就是在《馬關條約》草簽後，他發動的《公車上書》，書中要求皇帝，"下詔鼓天下之氣"、"遷都定天下之本"、"練兵強天下之勢"、"變法成天下之治"。

以上兩次上書，因無人爲其傳遞，未能上達天聽。

康有爲的第三次上書，是在考中了進士、授工部主事後，於 1895 年 5 月 29 日，由都察院代奏皇帝的，這次上書名爲《請及時變法富國養民教士治兵呈文》。光緒帝看後很感動，命謄鈔四份：一送慈覽，一存軍機處備考，一鈔送各督撫奏議，一存乾清宮備隨時觀覽。全文一萬三千五百字，現仍完好地存於中國第一歷史檔案館。

1895 年 6 月 30 日，康有爲第四次上書，提出政治體制改革一系列的想法，請求降旨"明定國是"，並請設立議院以通下情。第四次上書請求工部堂官孫家鼐代遞，孫看過之後同意爲其代呈，但在辦理五堂畫押手續時，一名叫李文田的侍郎拒不畫押，致使第四次上書未能上呈皇帝。1897 年 11 月，德國強占膠州灣後，列強掀起一個瓜分中國的狂潮。國難當頭，康有爲上清帝第五書，指出了時局的危迫性，不能再因循守舊，請求光緒皇帝"因膠警之變，下發憤之詔"，提出一系列政治、經濟、文化方面改革的措施。這次上書因受到工部堂官淞淮的抵制，而未能上達。

在第五次上書被拒遞之後，康有爲結識了皇帝的老師翁同龢。翁感到康是天下奇才，向皇帝推薦了康有爲。皇帝授意翁同龢、李鴻章、榮祿、廖壽恒、張蔭恒等會見了康有爲，並討論了變法事宜。會見後康擬就了《應統籌全局摺》，於光緒二十四年正月初八日交總理衙門，總理衙門於二月十九日呈上。第六次上書，系統完整地表達出康有爲變法的政治綱領。他建議：第一，要大誓群臣，以"明定國是"；第二，要光緒皇帝學習俄國和日本，變法維新；第三，在宮中設立制度局，總攬指導全國變法事宜。其下設立法律、稅計、學校、農商、工務等十二局，以處理中央日常事務，對地方官制也提出了改革的辦法。

康有爲於光緒二十四年二月二十日，又將其譯纂的《俄彼得政變記》並繕具請總理衙門代奏的呈文進呈，此即康有爲上光緒帝第七書。康進呈此書的目的，是要光緒皇帝以彼得大帝爲楷模，啓用維新人士，掙脫守舊勢力的羈絆，盡快將變法提上日程。

康有爲除了親自上清帝七次書外，在戊戌維新期間，他還爲維新派人士楊深秀、宋伯魯、徐致靖、麥孟華、王照、李盛鐸以及御史文悌、張仲忻、王鵬運等人草擬了一批奏摺。這些奏摺的內容，涉及變法維新的方方面面。1911年，康的弟子麥仲華編的《戊戌奏稿》（鉛印本）收錄康有爲的奏疏二十五篇。麥仲華講："戊戌數月間，先生手撰奏摺都六十三首，一代變法之大略在焉。"故宮博物院珍藏的內府鈔本《傑士上書匯錄》共三卷，鈔錄了康有爲從戊戌年正月到七月十三日呈遞給光緒皇帝奏疏十八件。康有爲當時進呈的《日本變政考》、《波蘭分滅記》、《列國政要比較表》、《孔子改制考》等有關各國變法書籍，皆爲康氏手定的原本，現仍完好存於故宮。

百日維新期間，新舊勢力之間，帝黨、后黨之間，展開了激烈的論戰，他們交章上奏，一日竟達數十件之多。現存一史館當時大小官員的奏摺約有五百五十三件，具摺的官員有二百九十多人，覆蓋中央和地方衙門有五十多個。奏摺的內容大致有以下十類。

①綜合類。綜論變法事宜的奏摺，如山東道監察御史楊深秀請明定國是摺。山東道監察御史宋伯魯奏爲變法有序，迄速奮乾斷，以救艱危摺。

奕劻議復主事康有爲條陳摺等。

②薦舉新政人才。例如侍讀學士徐致靖保舉通達時務人才摺，湖南巡撫陳寶箴密保所知京外賢能各員摺等。

③添裁機構及官制吏治。例如內閣學士兼禮部侍郎銜闊普通武奏爲變法自強，宜仿泰西設議院摺。總理衙門章京鄭孝胥奏爲破除習氣，以救積弊摺。

④文武科舉改制。例如總理各國事務衙門奕訢奏復文武科科舉改制事宜摺。山東道監察御史宋伯魯奏請變動科舉，改八股爲策論摺。湖廣總督張之洞奏議變通武科事宜摺。

⑤籌設文武學堂及游學章程。例如湖南巡撫陳寶箴奏遵旨設立學堂，請撥常年經費摺。直隸總督王文韶奏變通書院，創建畿輔學堂摺。江南道監察御史李盛鐸奏爲擬京師大學堂辦法大綱摺。總理衙門等議復遴選學生游學日本事摺。

⑥練新軍及辦團練。例如總理各國事務衙門奕訢奏遵議廣練兵團事宜摺，雲貴總督崧蕃奏滇省各防營勇兵改洋操情形摺，山東巡撫張汝梅奏東省辦保甲團練情形摺。

⑦農工商務。例如掌江南道監察御史曾宗彥奏急宜振興農工二務摺。詹事府少詹事王錫蕃奏振興商務，請設立總局片。總理農工商總局大臣端方等奏遵旨開辦農工商總局摺。山西巡撫胡聘之奏晉省辦理商務情形摺。

⑧銀行幣制。例如總理各國事務衙門章京劉慶汾呈爲仿照成法印造銅錢文，戶部主事王鳳文呈爲請將昭信股票一項開設銀行文。

⑨開礦築路。例如總理各國事務大臣王文韶等奏遵旨設立礦務鐵路總局摺，總理各國事務大臣奕劻奏明定礦務鐵路章程摺。

⑩設報館譯書局。例如直隸總督王文韶奏遵旨查明新聞報館辦理情形摺，督辦官報事工部主事康有爲奏恭謝天恩並條陳辦報事宜摺，總理各國事務大臣奕劻等奏爲派舉人梁啓超管理上海書局事務摺，梁啓超呈請書籍報章概准免納厘稅文。

3. 各衙門編纂的史籍及記事檔冊

（1）《起居注》。

有關戊戌變法的記載，集中在光緒二十四年四月至八月的《起居注》

中。例如：

"八月初三日，甲申，上詣樂壽堂慈禧端佑康頤昭豫莊誠壽恭欽獻崇熙皇太后前請安。奉皇太后幸頤樂殿侍早膳畢，駕還養心殿。"

"八月初四日，乙酉，申刻，上詣瀛秀園門前跪安慈禧端佑康頤昭豫莊誠壽恭欽獻崇熙皇太后還儀鑾殿。詣儀鑾殿皇太后前請安，駕還養心殿。"

"八月初五日，丙午，上詣儀鑾殿慈禧端佑康頤昭豫莊誠壽恭欽獻崇熙皇太后前請安。午刻，詣勤政殿寶座觀見各國使臣。上溫語慰問畢，駕還涵元殿。"

"八月初六日，丁亥，卯初二刻，上詣中和殿閱祝版畢，詣儀鑾殿慈禧端佑康頤昭豫莊誠壽恭欽獻崇熙皇太后前請安。駕還涵元殿。"

從以上材料，我們可看到戊戌政變期間帝后的一些真實活動情況。

(2) 簽注《校邠廬抗議》。

光緒皇帝親政後，積極主張變法圖強。光緒二十四年，他應協辦大學士孫家鼐之請，於六月初六日諭令廷臣，對詹事府中允馮桂芬所著《校邠廬抗議》，"悉心覆看，逐條簽注"。即將該書所提興革事宜，分別說明"可行"或"不可行"，逐條簽注，限書到十日內辦妥。當時直隸總督榮祿在天津將《校邠廬抗議》刷印一千部，分三批送軍機處。軍機處遵旨將該書分送宗人府、內閣、翰林院、吏部、戶部、兵部、刑部、工部、都察院、總理各國事務衙門，各四十部。理藩院、大理寺、國子監、步軍統領衙門、順天府、倉場衙門各二十部。通政司、太常寺、光祿寺、太僕寺、鴻臚寺、欽天監、太醫院、鑾儀衛，因係裁撤機構未發。各衙門遵旨將簽注後的《校邠廬抗議》，依限送軍機處，共二百餘部，每部兩冊，共四百三十七冊，現仍藏於中國第一歷史檔案館。

(3)《早事檔》。

為軍機處記載皇帝早朝事務的檔案，所記多為臣工奏摺及硃批諭旨，例如光緒二十四年四月二十日《早事檔》記："侍讀學士徐致靖、侍講學士濟澂封奏各一件。均奉旨'留'。""四月二十一日，侍讀王文韶奏查明國聞報並道員嚴復被參情形摺，奉硃批'知道了'。""給事中高燮曾封奏一件，奉旨'留'。內閣奏皇上駐蹕頤和園，不進實錄事，奉旨'知道了'。"

(4)《隨手登記檔》。

爲軍機處每日收到奏摺及所奉諭旨的摘由登記目錄，可以說是軍機處承辦的奏摺和諭旨的總目錄，以此可以查證康有爲等重要人物奏摺呈遞及處理情況。例如光緒二十一年《隨手登記檔》載："光緒二十一年五月十一日都察院摺，代遞廣東進士康有爲條陳由，附原呈。""光緒二十一年五月十五日，奏片一件，本月十一日都察院代遞康有爲條陳呈一件，恭呈慈覽由。"

(5)《穿戴檔》。

爲帝后日常穿戴的記錄，例如光緒二十四年《穿戴檔》記："八月初四日卯正，（皇上）外請至乾清宮，見大人畢，還養心殿。尋常褂下來換穿青江袖單金龍褂，戴伽倆香得朝珠掛帶褲。辦事後外名請至瀛秀園門，跪接聖母皇太后，請安畢，還涵元殿。"

(6)《知會簿》。

爲滿漢兩班軍機章京交接班的原始記錄，其中有關帝后的記載，如光緒二十四年七月二十八日記："該班供事稟，現聞二十九日赴湖，初三日辦事後還宮。"光緒二十四年八月初三日記："該班供事謹稟，本日皇上辦事後，由頤和園還宮。請老爺初四日、初五日隆宗門內入值。堂上現換單袍褂，滿二班全知會。"

上述清宮所存有關戊戌變法的檔案，是目前現存於世的唯一的清朝官方文件，較之其他戊戌變法的史料，有如下幾個特點：

①原始性。這些檔案都是在戊戌變法運動中，特別是在百日維新期間，清王朝在維新變法活動中直接形成的文書。例如光緒皇帝每天所下的維新諭旨，親筆寫的硃諭，中外大臣親自上的奏摺及皇帝的親筆批示，以及各辦事衙門隨時記事的檔簿。這些文書在辦理完結以後，按照清朝的制度，都要整理歸檔保存。這些檔案清朝時秘存於宮中，清亡後又遞嬗保存在國家檔案館，其間未經任何加工修改，是研究戊戌變法的最原始的史料。

②真實性。文書是處理政務的工具，戊戌變法的文書是隨着維新運動的產生、發展、失敗以及帝后兩黨的激烈鬥爭自然產生的，而不像其他史書記著，大都是事後編寫的，未免受作者主觀的影響而對史實記述多有偏

頗。有的史籍雖然是變法當事者的記述，如《翁文恭日記》、康有爲《戊戌奏稿》等，但由於種種原因，在事後刊布當中，多有刪改。一直珍藏在清宮中的檔案，所記錄戊戌變法的史事是比較客觀的，因而它是研究戊戌變法的比較真實和可靠的史料。

③珍貴性。形式各異、裝幀精美的諭旨、奏摺、檔冊，以及有關衙門在文書處理過程中所做的特殊標記，以其特定形式和豐富內容，不僅詳細記錄了戊戌變法的全過程，而且也是這一歷史事件的真實憑證。它們是我國目前僅存的戊戌變法運動歷史遺迹之一，其價值是十分珍貴的。

戊戌變法檔案的整理與研究，是推動戊戌變法史研究和提高研究水平的一個重要方面。中國第一歷史檔案館本着爲史學研究服務的宗旨，先後對館藏戊戌變法檔案進行了整理和編目。20世紀50年代曾向史學界提供一批戊戌變法專題檔案，供史學家研究參考。1953年，中國史學會編纂的系列近代史史料叢書之一《戊戌變法》，曾選入一史館所存的奏摺二十五件，予以公布。1958年爲紀念戊戌變法六十週年，一史館曾編輯《戊戌變法檔案史料》一書出版發行，書中共刊錄奏摺三百多件，約四十餘萬言。1995年，一史館編輯出版了《光緒朝硃批奏摺》，共一百二十冊，其中公布了部分戊戌變法方面的硃批奏摺。1998年一史館編輯影印出版了《光緒宣統兩朝上諭檔》，其中包括光緒二十四年全部百日維新諭旨。中國第一歷史檔案館是中國近代史料的大寶庫，今後還將繼續發掘、整理和出版有關戊戌變法的史料，以推動戊戌變法史研究的深入開展。

三、清末籌備立憲的檔案史料

自1900年義和團反帝愛國運動被中外反革命勢力聯合鎮壓下去之後，清政府一方面宣布推行"量中華之物力，結與國之歡心"的賣國政策；另一方面爲了苟延殘喘，宣稱仿照西法，實行新政。爲了抵制日益高漲的革命運動，清政府宣布從1905年開始，進行預備立憲。1905年底派載澤、端方、戴鴻慈、李盛鐸、尚其亨五大臣赴日本和歐美各國考察政治。1908年清統治者宣布《欽定憲法大綱》，規定預備九年以後，即到1917年，實行君主立憲。1910年10月，在革命形勢的逼迫下，清政府又宣布將九年預備期縮短爲五年，即 1913 年召開國會。但是人民從實踐中認清了清政府的政治騙局，終於在 1911 年，由孫中山領導的辛亥革命推翻了清王朝。

一史館所藏清代檔案中，比較完整地保存了有關清末立憲的大量文字記錄，爲了給史學工作者提供這段歷史的原始材料，特從館藏軍機處、宮中檔案中的錄副奏摺、硃批奏摺以及上諭檔中，選出三百七十多件約七十餘萬字的檔案，經過對每件文件的標題、分段和標點，分上下兩冊出版，名爲《清末籌備立憲檔案史料》。

該書分"清末統治集團對預備立憲的策劃和議論"及"清末籌備立憲各項活動情況"兩部分：

第一部分有：①出洋考察政治情況；②預備立憲的宣布和策劃；③統治集團內部的議論。

第二部分有：①官制；②議院；③咨議局和地方自治；④法律和司法；⑤滿漢關係；⑥教育；⑦財政；⑧官報等。

第七章 宮廷、皇族及八旗事務（B）

第一節 宮　廷

宮廷一般指朝廷所在之地，亦即皇帝施政和居住的宮殿。明、清兩代皇帝居住之地稱"紫禁城"。紫禁城建成於明朝永樂十八年（1420），坐落在北京城南北中軸綫上。宮城平面是長方形，南北長九百六十一米，東西寬七百五十三米，占地面積七十二萬多平方米，現存房屋八千七百餘間。宮城四週圍繞高約十米的城牆和寬達五十二米的護城河。先後有明朝十四位皇帝、清朝十位皇帝在這裏居住，並發號施令統治全國達四百九十一年之久。

一、紫禁城

紫禁城是依據中國古代禮制而建築起來的，據《周禮・考工記》載："匠人營國，方九里，旁三門。國中九經九緯。左祖右社，面朝後市。"以後各朝各代都基本遵循《周禮》這一原則而興建宮城。明永樂時建紫禁城仍循此制。紫禁城位於北京城正中，即"擇中立宮"，東爲太廟（今勞動人民文化宮），西爲社稷壇（今中山公園）。宮城正門午門前御路兩側廊廡，爲六部九卿朝房，皇城北門地安門後的鐘樓和鼓樓爲市場交易之處，即"面朝後市"。

紫禁城內的宮殿布局按"前朝後寢"的古制，分爲外朝和內廷兩部分。外朝以太和殿、中和殿、保和殿三座大殿爲中心，文華殿、武英殿爲東西兩翼，內廷以乾清宮、交泰殿、坤寧宮爲中心，東西各有六所殿宇相呼應，亦即"六宮六寢"。

前朝的三大殿：太和殿是皇帝舉行朝會、大典禮的重要場所，中和殿是皇帝上朝小憩之所，保和殿是舉行殿試的地方，遇有重要節日，皇帝也在此舉行筵宴。三大殿的兩翼，東部爲文華殿，是舉行經筵的地方；西部爲武英殿，康熙以後用作編印圖書的場所。紫禁城後半部，以後三宮爲主，是帝后居住之所。乾清宮是皇帝的寢宮，雍正以後改爲日常召見官員、處理政務和接見外國使臣的場所。遇有重要節日，也在此舉行內朝禮儀並賜宴百官；交泰殿是皇后在重要節日接受朝賀的地方，平時貯存皇帝的二十五顆寶璽；坤寧宮在明代是皇后居室，清代在正間及西暖閣改爲薩滿教祭神的場所，而東暖閣用作皇帝大婚的洞房。坤寧宮後面是御花園，是宮內最大的花園。後三宮東側有鐘粹、承乾、景仁、景陽、永和、延禧六宮，西側有儲秀、翊坤、永壽、咸福、長春、啓祥六宮，東西六宮均爲后妃居住之所。西六宮前面的養心殿是清帝的寢宮，前殿的東暖閣是晚清慈禧太后"垂簾聽政"的地方。

另有外東路的寧壽宮一區，是乾隆皇帝爲其退位後當太上皇時居住而建。該區前部有皇極殿、寧壽宮，後部有養性殿、樂壽堂、頤和軒等宮殿，東面還有一組以暢音閣、閱是樓爲主的觀戲建築，西面有寧壽宮花園。

寧壽宮以南爲皇子居住的南三所。

外西路爲慈寧宮一區，是太皇太后、太皇太妃、太后、太妃的居所，其中有慈寧宮、壽安宮、壽康宮等和慈寧花園。

皇宮的建築按照不同的用途，形成不同形制和室外環境，並布置相應的室內陳設。各宮殿區域之間，又互相聯繫銜接，形成一個有機的整體。

紫禁城宮殿是世界上現存規模最大、保存最完整的木結構古建築群，以其豐富深厚的文化內涵、風格獨特的建築藝術和巧奪天工的建築造型令人驚嘆！紫禁城宮殿是中國五千年優秀文化的積澱，是深沈博大、宏富的東方文化的代表，是全人類的寶貴文化遺產，1987年被聯合國教科文組織列入"世界文化遺產"名錄。

在封建社會裏，皇帝是至高無上的。他既是國家的元首，又是皇家的主宰，他獨斷"國"和"家"的一切事務，於是"國"和"家"在皇帝那裏就混爲一體了。孟子曾說："天下之本在國，國之本在家，家之本在身。"歷代皇帝把治國與治家視爲一體,恪守儒家的"修身,齊家,治國,平天下"的格言,即"心正而後身修,身修而後家齊,家齊而後國治,國治而後天下平"(《大學》)。

中國宮廷史上,最大禍害之一,便是太監專權亂國。太監又稱宦官,歷史上還曾有"寺人"、"閹人"、"奄官"、"腐人"、"中官"、"貂璫"等稱謂,是經過閹割後失去生殖能力而服役於宮中的男子。宦官制度是早期奴隸時代刑罰制度的殘酷性與君主專制政體的專制性相結合的產物,它像封建社會的一顆毒瘤,與君主專制獨裁制度相始終。太監由於在宮中服侍帝王后妃的起居生活,最接近最高統治者,所以容易發生宦官專權禍國的現象。中國歷史上宦官專權亂政的禍害,以漢、唐、宋、明爲最猖獗,其中以明朝宦禍爲最烈。黃宗羲在《明夷待訪錄·閹宦上》說:"閹寺之禍,歷漢、唐、宋而相尋無已,然未有若明朝之爲烈也。漢、唐、宋有幹預朝政之閹臣,無奉行閹臣之朝政;今有奉行閹臣之朝政,明朝是也。"

清朝入關後,鑒於明朝宦官擅權亂國的教訓,於順治十二年曾在宮中立下鐵牌,嚴禁宦官幹政:

"皇帝敕曰:中官之設,雖自古不廢,然任使失宜,遂貽禍亂。近如明朝王振、汪直、曾吉祥、劉瑾、魏忠賢等,專擅威權,幹預朝政,開廠緝私,枉殺無辜,出鎮典兵,流毒邊境,甚至謀爲不軌,陷害忠良,煽引黨類,稱功頌德,以至國事日非,覆敗相尋,足爲鑒戒。朕今裁定內官衙門及員數職掌,法制甚明。以後但有犯法幹政,竊權納賄,囑托內外衙門,交結滿、漢官員,越分擅奏外事,上言官吏賢否者,即行淩遲處死,定不姑貸。特立鐵牌,世世遵守。"

康熙皇帝曾發布諭旨說:"太監等不可假以威權,事發即殺之。"他總結明朝亡國的教訓後說:"(明朝)平時太監等專權,人主不出主聽政,大臣官員俱懼太監,以致誤事。此輩性情與常人異,祇是備宮中使令耳。天下大權唯一人操之,不可旁落,豈容假之此輩乎!"(《國朝宮史》卷二)

雍正皇帝登極不久,便發布上諭說:"爾等太監自去年十一月十三日至今,俱能循蹈規矩,不敢妄爲,小心當差,嗣後俱應如此遵守禮法。"(《國朝宮史》卷三)

二、乾隆皇帝治理宮廷的功績

乾隆皇帝是一位有作爲的君主，他在治理宮廷方面，也是功績卓著的。

乾隆皇帝是清朝入主中原後第四代君主，姓愛新覺羅，名弘曆。1711年生，1799年崩，年八十九歲，是中國歷代帝王中壽命最長的一個。他於1735年繼承皇位，在位六十年。乾隆皇帝曾說過，皇祖康熙皇帝在位六十一年，自己不敢上同皇祖，立"周甲歸政"的諾言，所以在他在位屆六十年之際，八十五歲的乾隆皇帝，決定禪位於皇十五子顒琰。嘉慶皇帝繼位以後，他又當了三年的太上皇，實際仍獨攬大權，所以他掌握國家權力的時間，比中國所有的帝王都長。

乾隆皇帝在繼承順、康、雍三朝統治成果的基礎上，勵精圖治，孜孜不倦。他以敬天、法祖、勤政、愛民爲口號，針對當時社會的形勢，適時調整了統治政策，提出"寬嚴相濟"的方針，在他統治期間，使中國封建的政治、經濟、文化發展到最高峰，其繁榮盛況大大超過了包括漢、唐在內的所有王朝，史稱"康乾盛世"。

乾隆皇帝自稱"文治武功"爲古今天下第一人。武功方面，有十項：即兩次平定准噶爾、一次平定回部、兩次平金川、兩次反擊廓爾喀入侵，以及征討緬甸、安南和鎮壓臺灣林爽文起義。乾隆帝自詡爲"十全武功"，晚年自號"十全老人"。乾隆一朝所取得的赫赫政績，當然是由於多方面的原因造成的，其中重要的一個原因，是和他對宮廷的有效治理分不開的。

（一）纂修國朝宮史，傳爲治內之經

乾隆七年十一月，他在翻閱宮中典籍時，偶得明朝宮史一書，很有感慨。他說一般說來，明朝的滅亡，不是亡於"流賊"，而是亡於宦官。他進一步認爲，明代之亡，也並非亡於宦官，使宦官得以擅權亂政的，主要是人君的過失。他批評明代中葉以後，皇帝長期不接見群臣，致使宦官竊權禍國。他說："明代皇城以內，外人不得入，紫禁城以內，朝官不得入。奏事者至門而止，中外阻絕，判若天人。人君所與處者，若輩耳。凡監役、監軍、要地、要務，非若輩弗任也，非若輩之言弗信也。導諛縱逸，愈溺愈深。中葉以後，群臣有數十年不得望見顏色者，而鬼蜮之計得行。遂使是非由其愛憎，刑威恣其燔炙，兵事任其操縱，利權歸其掌握。倒持太阿，授之以柄，其失皆由於不與士大夫相接耳。"（《國朝宮史》聖諭）他誇耀清朝自定鼎北京後，歷經順、康、雍三朝，對太監管束極嚴，"從無一人能竊弄威福者"。

　　他總結治理內廷的經驗有四：第一，君上要勤政親賢。他說："朕恪承丕緒，罔或敢怠。自朝以至日中，視事者十數刻，召對廷臣者十數刻，披閱本章者十數刻。若乾清宮，若弘德殿，若養心殿，皆大內禁廷，大學士、九卿日接迹其間，咨詢延訪，外至末僚微弁、外藩遠使，人人舉得進見。明目達聰，燭幽遐而決壅蔽，雖欲窺伺，其何隙之乘？"（《國朝宮史》聖諭）

　　第二，宮中務歸省約。他說明朝宮中揮霍浪費，巧立名目，廣受賄賂，橫索豪奪，"我朝則錢穀兵刑，若內若外，各有專司，修其職業。下至薪蒸蔬果，悉入月奏，隨時裁汰，務歸省約"（《國朝宮史》聖諭）。

　　第三，限制太監的品級和數量。明代內監多至萬餘人，他們廣植黨羽，爲非作歹。他說，清朝"定宮殿監侍等官，名秩不過四品"。太監數額定以二千餘人，以後不得增額。（見《國朝宮史》上諭）

　　第四，要健全宮規法紀，嚴格執法，違者必須嚴懲。

　　乾隆帝認爲，以上四條經驗應使後世子孫永遠遵守，所以令內閣大學士鄂爾泰、張廷玉等撰修宮史，以爲治內之經。他說："不有成書，奚以行遠。"（《國朝宮史》上諭）

　　《國朝宮史》三十六卷，乾隆七年令鄂爾泰等編纂，乾隆二十四年，又令蔣溥等詳細校正，重加編輯，至乾隆二十六年十二月，全書告成。內分"訓諭"、"典禮"、"宮殿"、"經費"、"官制"、"書籍"六門，記載了乾隆二十六年以前的宮闈禁令、宮殿苑囿建置、內廷事務和典章制度等。嘉慶五年，顒琰又命大學士慶桂、王傑、董誥等編纂《國朝宮史續編》一百卷，仍分六大門，子目有所增加，記載了乾隆二十七年以後至嘉慶十一年四十餘年的宮廷制度的建設。《國朝宮史》及其續編，是清朝前期宮規法制及文化典籍的大匯集，是乾隆時期治理內廷的經驗總結，也是乾隆皇帝主要政績之一。

（二）采取有力措施，防止宦官竊權禍國

乾隆皇帝治理內庭的中心是裁抑宦官勢力，防止太監擅權亂政。清朝鑒於歷史上宦官專權的現象，特別是吸取了明朝宦官竊權亡國的教訓，從建國伊始，就對宦官采取抑制措施。順治十二年命工部在交泰殿立下鐵牌，嚴禁宦官幹預朝政。康熙、雍正時期，皇帝曾不斷降諭，要嚴格管理太監。乾隆帝在遵循"祖制家法"的基礎上，制定了一系列關於太監的管理制度。他敕命編纂的《國朝宮史》中，首列"訓諭"一門，輯錄了從順治至乾隆有關"永禁內監不得幹政"的上諭。在"官制"門裏，輯錄了《欽定宮中現行則例》七條、《宮殿監處分則例》十一條、《各處首領太監處分則例》十六條、《宮殿監凡例》四條。規定："宮內等處太監官職，以四品爲定，永不加至三品以上。"又詳細規定各處太監的額數及職掌，對太監的違規犯法，定有嚴格的處分則例。乾隆時期對宮中太監的管理已走上法制的軌道，乾隆皇帝說："我朝列聖家法，事事超越往古，而內廷法制尤爲嚴密。"（《國朝宮史》卷一）又說："煌煌聖訓，實萬世所當遵守；我朝家法相承，太監止備內廷灑掃供役，不令幹預政事，從無似前代內監假竊威福、任意妄行之秕政。"（《乾隆朝上諭檔》）

（三）宮殿苑囿建設，蔚爲大觀

乾隆時期，生產發展，府庫充盈，財力雄厚，所以乾隆皇帝有力量對宮殿苑囿進行大規模的興修擴建。乾隆三十年飭令各省修建城牆的諭旨中說："現在軍需已罷，各省多報有收，正府庫充盈之際，而朕所念者，庫中所存者多，則外間所用者少。即當動撥官帑，俾得流通，而城工藉以整齊。"（《清高宗實錄》卷七四八）

乾隆時期除對舊有宮殿苑囿進行常年維修之外，新建擴建的工程主要有：

1. 紫禁城

清入關以後，紫禁城內悉沿前明之舊，順治、康熙兩朝僅繕飾而居，很少別有興建。至乾隆時期，始有一批新建、擴建工程：

文淵閣。文淵閣在文華殿之後，明時已毀於火，乾隆三十九年諭令重建。乾隆四十年二月內務府大臣奏報文淵閣修建費用摺中說，文華殿添建文淵閣一座、水池一座、碑亭一座，樓後成堆山石等，估銀二萬兩。文淵閣修成後，貯藏第一份《四庫全書》。

寧壽宮。乾隆三十七年至四十一年建成，爲乾隆帝歸政後起居之所。據檔案記載，寧壽宮等處上樑、寧壽宮樓後添蓋正房、宮後檐併兩山添擎檐廊、大牆外添蓋諸新房六十一間，花銀四千五百三十二兩一錢三分六厘。

雨花閣。爲宮中藏傳佛教佛堂之一，其內主要供西天梵像。乾隆十四年建造。據內務府大臣部分奏報，就銷算銀四千二百三十一兩七分八厘，赤金四百三十六兩，紅銅一萬四千五百五十五斤三兩，黃銅八千六百六十三斤七兩五錢，楠木見方十三尺七寸八分。

毓慶宮。康熙十八年始建，爲皇太子讀書之所。弘曆十二歲入居此宮，十七歲結婚後移居重華宮。乾隆五十九年至六十年擴建，主要添蓋大殿一座五間，並往挪前蓋惇本殿、祥旭門，用銀二萬一千四百六十兩五錢八分三厘。

2. 西苑

三海的修建工程，較大的有紫光閣。乾隆二十五年至二十六年改建。僅乾隆三十九年撤去前檐柱接蓋抱廈五間，就用銀一萬一千零三十兩四錢一分二厘。閣內存有功臣畫像並收藏得勝靈纛及西師俘獲軍器，皇帝常在此凱宴有功將士。

小西天極樂世界工程，是乾隆帝爲其母孝聖皇太后祝壽祈福而建。

乾隆三十二年建極樂世界，用銀二十七萬二千七百七十八兩四錢三分五厘。極樂世界安銅鍍金大寶頂一座，高八尺，徑七尺，座徑五尺，用金葉一百二十一兩二錢八分四厘。

據檔案記載，乾隆三十五年，新建萬佛樓殿宇共十八座一百一十六間，估銀二十八萬九千八百四十九兩七錢四分三厘。

乾隆四十四年，大西天西佛殿院內添蓋正樓一座計五間、抱廈一間，用銀一萬零三百七十五兩七錢六分五厘。

3. 三山五園

萬壽山的頤和園、玉泉山靜明園、香山的靜宜園和圓明園、暢春園。

三山五園主要工程有，乾隆十五年至二十九年清漪園的萬壽山工程，通共用銀五千六百三十九兩六錢八分五厘。乾隆三十二年修圓明園天地一家春二十三處工程，用銀三萬五千一百一十四兩九錢四分五厘。乾隆三十二年，靜明園內芙蓉晴照改建工程，修建樂景閣，用銀三萬九千一百六十一兩一錢二分三厘。乾隆五十年，靜宜園致遠齋等處殿宇房間游廊牌樓牆垣泊岸等處工程六十五款，淨用銀二萬四千四百四十四兩九錢三分五厘。乾隆三十九年，暢春園大廳西門外添蓋樓一座、閱武樓十五間、前接抱廈三間，用銀三萬九千六百零四兩九錢九分八厘。

4. 熱河避暑山莊

乾隆時期對避暑山莊也進行大規模的改造和擴建，乾隆八年修建青雀舫，十四年修建松鶴齋，十六年建永佑寺，十九年改建楠木殿，後又繼續新建了東宮、春好軒、文園獅子林、文津閣、戒得堂、煙雨樓、匯萬總春之廟、綠雲樓、創得齋、食蔗居、秀起堂、靜含太古山房、有真意軒、碧靜堂、含青齋、玉岑精舍、宜照齋、山近軒、珠源寺、碧峰寺、水月庵、鷲雲寺、寺姥閣、廣元宮、龍王廟、繼德堂等。避暑山莊康熙時期祇有三十六景，乾隆時又增建三十六景，共七十二景。

據檔案記載，乾隆三十三年熱河麗正門、珠源寺、安遠廟、普度殿等工程，用銀四萬五千零八十二兩七錢三分三厘。乾隆三十七年，熱河布達拉廟修四方亭、六方亭、八方亭等三座，共用鍍金葉七千六百九十二兩八錢四厘。乾隆三十三年，熱河布達拉廟都罡殿鍍飾，用頭等鍍金葉四千二百九十五兩八錢五分二厘。乾隆三十二年，熱河園內梅檀林修建殿宇樓房，用銀四萬五千零八十二兩七錢三分三厘。乾隆四十二年，鍍飾熱河布達拉廟六方亭、八方亭上銅瓦，應用頭等鍍金葉二千七百一十五兩二錢七分八厘。

乾隆皇帝性愛嬉動，他一生大部分時間不是在高牆深宮的紫禁城度過的，大量的政務活動多在外出巡幸中進行。有人統計，乾隆帝在位六十年間，巡幸活動達一百五十餘次，有"馬上朝廷"之稱。他在巡幸活動中，十分注意搜集各地園林建築的特點，使之移植於宮廷園林之中。如萬壽山的惠山園、圓明園中的安瀾園、長春園及避暑山莊的獅子林，都是乾隆帝游覽江南園林時，命畫工當場繪畫，攜回北京後仿建的。乾隆帝熱心於園林建築，他不僅將江南名勝引入御園，而且又廣采蒙古、西藏、伊斯蘭以及歐洲的建築風格，集中外建築風格於一爐，巧妙地將玲瓏秀麗的江南園林和雄健淳樸的北方園林渾爲一體。乾隆時期修建的宮殿苑囿，不僅數量多，而且造園手法多樣。特別是把嚴肅的朝政活動的場所，置於山水秀麗的自然環境之中，這是清代宮殿苑囿建築的一個創建。乾隆時期，大興土木，建造一大批雄偉的宮殿和優美的園林，曾花費了很多財力和人力，但在客觀上卻爲華夏子孫後代留下一筆價値無量的財富和優美的自然環境。

（四）修書著文，碩果纍纍

乾隆皇帝是一位風流儒雅的天子，文化素養較高，又多才多藝，能詩、能文、能書、能畫。他一生寫詩四萬三千首以上，可以說是中國歷史上最多產的一位詩人。他敕命編的《四庫全書》多達三千四百六十一種、七萬九千三百零九卷，堪稱中國歷史上最大的一部叢書。他命令編纂的《國朝宮史》一書，專列"書籍"一門，下分"實錄"、"聖訓"、"御制"、"方略"、"典則"、"經學"、"史學"、"儀象"、"志乘"、"字學"、"類纂"、"總集"、"目錄"、"類書"、"校刊"、"石刻"共十六類。《國朝宮史續編》"書籍"門裏，增加了"圖像"、"圖刻"、"圖繪"三類，共十九類。宮中所藏各類圖書，數量浩繁，內容豐富，可謂琳琅滿目，洋洋大觀，充分顯示出盛世之際，宮廷文化一派繁榮景象。

關於宮中各類書籍，學者多有介紹評論，兹不贅述，現僅就"圖繪"一類的圖籍做一簡單論述。

《國朝宮史續編》"圖繪"一門所列各類圖目，共五百多條，基本上爲《蘿圖薈萃》前後編所列圖目，這些輿圖都藏於宮中輿圖房，故列在宮史"書籍"門裏。

清帝對輿圖十分重視，康熙時期曾聘任外國傳教士，以西洋測繪方法，繪製成《皇輿全鑒圖》，在此圖基礎上，雍正時期又繪成《雍正十排圖》。乾隆時期集中外學者一起，在康、雍圖的基礎上，補充了新疆等地區的新資料，編繪成《乾隆內府輿圖》，又稱《乾隆十三排圖》。圖幅範圍，北近北冰洋，南抵印度洋，西至波羅的海、地中海和紅海，它不僅爲我國首次最完整的實測地圖，也是當時世界上最早、最完整的亞洲大地圖。乾隆帝爲宣傳這一成績，使其流傳後世，又命法國傳教士蔣友仁在法國刊刻銅版一百零四片，每片刷印百張。這一百零四塊銅版圖，至今仍保存在故宮博物院。

隨着清廷大規模測繪活動的開展以及中外人士進圖的增加，宮中的輿圖越來越多，於是清廷在宮中設立輿圖房，以專門收集和管理皇朝的輿圖。《國朝宮史續編》載："輿圖房掌圖版之屬，凡中外臣工繪進呈覽後，藏貯其中。"又載："輿圖房隸在禁廷，典守綦重。自夫金石撫傳，宣賚臣工而外，茲則珍藏什襲，卷幅充盈，實河雒觀象以來未有之秘篆也。"

爲了管好宮中的輿圖，乾隆二十五年，帝命大臣裘日修、王際華赴造辦處會同阿里衮、吉慶將輿圖房所藏輿圖進行整理。整理的結果，共查得輿圖房有目輿圖九百五十八件。沒目錄輿圖二百九十一件，其中重要的、繪畫完備的圖，共四百一十八件，編爲《蘿圖薈萃》一册，内分十三類：

①天文，如《天盤星鬥圖》等。
②輿地，如《坤輿全圖》、各省地圖等。
③江海，如海防圖、營汛圖等。
④河道，如《星宿海河源圖》、《運河圖》等。
⑤武功，如《大兵平吳應麟圖》等。
⑥巡幸，如《西湖行宮圖》等。
⑦名勝，如《五臺山圖》、《四川峨嵋山圖》等。
⑧瑞應，如《嘉谷圖》等。
⑨效貢，如《荷蘭車圖》、《利末亞洲魚圖》等。
⑩鹽務，如《兩淮產鹽行鹽分合十圖》、《運城鹽圖》等。
⑪寺廟，如《南嶽廟圖》、《泰山廟圖》等。
⑫山陵，如《泰陵圖》、《孝陵圖》等。
⑬風水，如《勝水峪吉地圖》、《五峰山風水圖》等。

乾隆六十年，王傑、福長安、董誥、彭元瑞又將乾隆二十六年以後，續貯輿圖房之各類輿圖，編爲《蘿圖薈萃續》。該圖目共分九類，列圖目五十七條。《蘿圖薈萃》及其續編，編匯了存於皇宮的有清一代輿圖的精華。以後各朝，都以《蘿圖薈萃》及其續編爲基本賬目，每年清查一次，送皇帝閱覽。例如嘉慶九年查得輿圖房實存圖二千五百四十二張。光緒二十二年，查得輿圖房實存圖二千五百四十八件。這些珍貴的輿圖，雖經歷史的變遷和政權的更易，慶幸的是基本上被完好地保存下來，如《天盤星鬥圖》、《坤輿全圖》、《亞西亞洲圖》、《歐羅巴洲圖》、《亞非利加洲圖》、《亞墨利加洲圖》、《大明混一圖》、《皇朝輿地全圖》、《大清一統天下圖》、

《天下全圖》、《皇輿方格全圖》、《乾隆內府輿圖》、明徐必達《海防圖》、《星宿海河源圖》、《荷蘭車圖》、《京城全圖》，等等。這些珍貴的輿圖現存於中國第一歷史檔案館。

三、清代宮廷的警衛制度

（一）森嚴的禁地

皇帝在封建社會裏是至高無上的，自漢武帝罷黜百家、獨尊儒術以後，歷代君主都奉行董仲舒所提倡的"君權神授"學說。皇帝自稱受命於天，以天爲父，以地爲母，君臨天下，統治萬民，所以皇帝又稱"天子"。相傳天帝居於太空中的紫微星垣，衆星環繞，位置永遠不變，於是地上天子居住的地方便稱爲"紫微禁地"，因而明清兩代的皇宮稱爲紫禁城。禁地的宮殿建設和安全設施，爲歷來統治者所重視。所謂"立國者必首隆廟社之規，崇建闕廷之制，所以象辰極，撫寰區，昭誠敬而敷化理，典綦巨也"（《欽定日下舊聞考》卷九）。

紫禁城不僅是帝后起居之所，也是全國封建專制統治的中心。這座巍峨壯麗的宮殿，不僅表現了君臨天下的威嚴氣概，而且也表現了拱衛皇室的特殊功能。

紫禁城"垣週六里，廣袤一千六十八丈三尺二寸。南北各長二百三十六丈二尺，東西各長三百有二丈九尺五寸。高三丈。雉堞四尺五寸五分。其門凡四：南曰午門，北曰神武門，東曰東華門，西曰西華門。四隅角樓各一。垣外東、西、北三面守衛房舍，共七百三十二間。皇城內河流四面環繞。其由地安門西步糧橋流入者，經景山西門而南環紫禁城，是爲護城河"（《欽定大清會典事例》卷八六三，工部，皇城之制）。

從紫禁城的建築來看，其安全防衛功能是十分顯著的。首先，環衛禁城的城牆，高七點九米，頂面寬六點六六米，非常堅固。頂部外側築堞，是禁軍防衛的垛口。城垣四隅，各矗立四座角樓，是禁衛軍的瞭望臺。紫禁城的四門建築在堅厚的墩臺之中，墩臺上建有城門樓。墩臺兩側各有礓磋路面的馬道，通達城垣的頂面，以便於禁軍交通防衛。其次，圍繞城的東、西、北面外側，建有守衛房舍七百三十二間，設朱車柵欄二十八處，駐有精銳的禁軍把守，這樣又築成了一道堅固的防綫。再次，在衛房之外，又開鑿了一條五十二米寬的護城河，深達六米，陡直的駁岸都用條石磊砌，一般的敵軍很難逾越。這樣，在皇宮之外，便構成了一道道堅固的工事和防綫，又加禁衛軍的嚴密防守，使人望而生畏，堅莫能攻。

紫禁城內的宮殿建築，雄偉壯麗，金碧輝煌，如前所述。禁城內各宮自成體系，圍以高牆。各庭院之間，有縱橫街巷聯繫。街的兩端，設有宮門和警衛值房，以便於防衛和稽查。

紫禁城之外爲皇城，"垣週十八里有奇，共三千六百五十六丈五尺。高一丈八尺。下廣六尺五寸，上廣五尺三寸。甃以磚，塗以硃，復以黃琉璃瓦。其門凡四：南曰天安門，北曰地安門，東曰東安門，西曰西安門。天安門外東西南三面垣週四百七十二丈三尺六寸。南爲大清門。東爲長安左門，門外垣週一百五十五丈。西爲長安右門，門外垣週一百六十七丈五尺一寸，各設三座門"（《欽定大清會典事例》卷八六三，工部，皇城之制）。

皇城之外爲內城，"城內週四十里。南面廣二千二百九十五丈九尺三寸，北二千二百三十二丈四尺五寸，東長一千七百八十六丈九尺三寸，西一千五百六十四丈五尺二寸。下石上瓦，共高三丈五尺五寸。堞高五尺八寸，址厚六丈二尺，頂闊五丈。設九門，門樓如之。角樓四，城垛一百七十二，旗砲房九所，堆撥房一百三十五所，儲火藥房九十六所，雉堞一萬一千三十八，砲窗二千一百有八"（《欽定大清會典事例》卷八六七，工部，城垣）。

內城之外爲外城，"外城環內城南一面，計二十八里。南面廣二千四百五十四丈四尺七寸，東長一千八十五丈一尺，西一千九十三丈二尺。下石上瓦，共高二丈，堞高四尺，址厚二丈，頂闊一丈四尺，門各有樓。城闉七，角樓六，城垛六十三，堆撥房四十三所，雉堞九千四百八十七，砲窗八十八"（《欽定大清會典事例》卷八六七，工部，城垣）。

內、外城牆外都環以深寬的濠河，各城都配有精良的器械和彈藥，"內城正陽門，信砲五，大砲十，砲車十，火藥一甕（計三十斤），號杆、龍旗、號鐙各五，撒袋二十，弓二十，矢四百，架二座，鳥槍、長槍各二十，架二座。餘八門如之。……崇文門等八門，共分儲舊砲一千八百二十七。""外城永定門鎖鑰二、雲牌一、撒袋十、弓十、矢二百、長槍十、銅砲五、砲車五，火藥二千斤，餘六門均如立。永定門烘藥二十九斤，右安門十四斤，餘五門各儲二十八斤有奇"（《欽定大清會典事例》卷八六七，工部，城垣）。

從上述材料可以看出，以紫禁城爲中心，紫禁城之外衛以皇城，皇城之外環以內城，內城之外拱以外城，紫禁城可以說是城中之城。各城濠河環繞，箭樓砲臺林立，這樣，整個北京城便構成了一個以警衛皇宮爲中心的完備而嚴密的防禦工事體系。

（二）清宮警衛制度的特點

第一，皇帝親自操縱宮廷警衛大權。

清朝是我國最後一個封建王朝，它總結了歷代帝王統治的經驗，特別是吸取了明朝宦官擅權的教訓，進一步加強了君主集權獨裁統治，制訂了嚴格的內廷法制。

清朝入主中原以後，順治帝即立鐵牌於內務府，嚴禁內監干預朝政。康熙帝也曾諭令："太監等不可假以威權，事發即殺之。……天下大權唯一人操之，不可旁落，豈容假之此輩乎！"（《國朝宮史》卷二，訓諭二）乾隆帝曾誇耀說："我朝列聖家法，事事超越往古，而內廷法制尤爲嚴密。……我列祖勤政親賢，乾綱獨攬。"（《國朝宮史》卷一）

清帝爲了獨攬宮廷大權，防止發生大權旁落的現象，在紫禁城內不設統一的警衛機構和總管大臣，而是分別設立侍衛處、護軍營、前鋒營、內務府三旗包衣各營、神機營等警衛機構，實行分區分面的警衛辦法。各警衛機構的統領大臣，互不統屬，各自對皇帝負責。而且從職務分工上，使其互相箝制，不致某一機構或某一大臣獨攬禁衛大權。各警衛大臣實行輪流值班的辦法，以統一稽查宮中的治安，並將情況隨時向皇帝奏報。這樣，皇帝自操宮廷警衛大權，以保證皇宮的絕對安全。

第二，清代宮廷的警衛表現出明顯的民族統治特色。

清朝是以滿洲貴族爲主體的封建政權，因此在宮廷的警衛制度上，表現出明顯的民族統治特色。清朝以八旗兵起家，八旗軍是清朝最基本的武裝力量，其中分滿洲八旗、蒙古八旗和漢軍八旗，以滿洲八旗最爲可靠，滿洲八旗中又以天子自將的鑲黃、正黃、正白上三旗爲最親信。皇宮的警衛軍隊就是由上三旗中的精銳力量組成的，光緒八年醇親王奕譞在奏議門禁章程中說："紫禁城內係鑲黃、正黃、正白三旗官兵輪流值班，均由景運門進班之統領督率印務章京、司鑰長，按照報單不時嚴查，其紫禁城外圍係正紅、鑲白、鑲紅、正藍、鑲藍五旗官兵輪流值班。"（《國史館檔》）

第三，郎衛與兵衛並重。選上三旗"才武出衆之子弟及各執事效力人等之可信任者，爲之分班入直。其優者擢爲御前侍衛、乾清門侍衛，而統以三旗領侍衛內大臣，即所謂郎衛也"（《清朝文獻通考》卷一八〇，兵二）。"前鋒統領所轄之護軍，掌宿衛清蹕及宮禁傳籌，內禁門之啓閉之事。內務府三旗所轄之前鋒、護軍、驍騎，掌守衛隨從。八旗都統所轄之驍騎，掌各處值班巡徼之事。步軍統領所轄之步兵，掌紫禁城汛守、外禁門啓閉，即所謂兵衛也。"（同上）《國朝宮史續編》載："我朝宮禁肅清，郎衛與兵衛並重，弗襲古制，而自與古合。"（卷四十八）

北京城八旗兵的布防，以保衛紫禁城爲中心，內務府三旗駐皇城之內，由八旗滿洲官兵分汛列柵守衛。皇城之外，層層布防，形成了一個完整而嚴密的防衛體系。《欽定八旗通志》載："世祖章皇帝定鼎燕京。分列八旗，拱衛皇居。鑲黃居安定門內，正黃居德勝門內，併在北方。正白居東直門內，鑲白居朝陽門內，併在東方。正紅居西直門內，鑲紅居阜成門內，併在西方。正藍居崇文門內，鑲藍居宣武門內，併在南方。"（卷三十、三十四）整個京城的門禁守衛、治安緝捕，由步軍統領衙門負責："掌九門之管鑰，統率八旗步軍、京營馬步兵，頒其禁令，以肅清輦轂。"（《欽定大清會典事例》卷八十七）

（三）警衛機構與官兵

1. 侍衛處

清初，選上三旗才武出衆的子弟爲侍衛，"用備隨侍宿直"（《歷代職官表》卷四十三），以勳戚大臣統領，名叫"領侍衛內大臣"。到乾隆時設立領侍衛府（乾隆《大清會典》），以後改稱侍衛處。

侍衛處的主要任務是侍衛皇帝和部分禁廷的宿衛。設有領侍衛內大臣六人，內大臣六人，散秩大臣無定員，"掌統侍衛親軍以先後宸御左右翊衛焉"（《欽定日下舊聞考》卷七十二）。又高侍衛班領十二人，署班領二十四人，侍衛什長六十人，宗室侍衛什長九人，"掌分轄侍衛"。侍衛，有一等侍衛六十人，二等侍衛一百五十人，三等侍衛二百七十人，藍翎侍衛九十人。宗室侍衛：一等九人，二等十八人，三等六十三人，四等無定額。漢侍衛也分一、二、三等，無定額，"掌環衛周廬。凡扈從，則戒其執事"（光緒《大清會典》卷八十二）。還設有親軍校七十七人，署親軍校七十七人，"掌分轄營眾"（同上）。親軍都是從上三旗滿洲、蒙古中挑選出來的。上三旗每佐領下親軍二名，共一千二百六十六名，以組成親軍營（《欽定大清會典事例》卷一一〇六）。

御前的警衛，專門設有御前大臣、御前侍衛、御前行走及乾清門行走等官員負責。另設後扈大臣二人，前引大臣十人，豹尾班侍衛三十人，"掌供先後導從之事"（光緒《大清會典》卷八十二）。為"掌禁城之宿衛"，還設值班領侍衛內大臣一人，散秩大臣二人，內班侍衛四十人，外班什長三人，侍衛親軍若干人。凡宿衛禁廷，更番輪值，各分六班，班分兩翼。

2. 護軍營

護軍營是紫禁城的主要守衛軍隊，設統領八人，"掌上三旗下五旗護軍之政令"（光緒《大清會典》卷八十七）。設護軍參領：滿洲八十人，蒙古三十二人。護軍校：滿洲六百八十一人，蒙古二百零四人，"掌分轄營眾"（同上）。另設景運門值班大臣一人，以前鋒統領、護軍統領輪值。印務章京一人。上三旗司鑰章京一人，下五旗司鑰章京一人，"掌司門禁，率直班官兵，以守衛宮闕"（同上）。

護軍是由滿洲、蒙古八旗中挑選出來的，凡年力精壯、技藝嫻熟的士兵，方為合格。滿、蒙古八旗每佐領下挑選護軍十七人，共一萬五千四十五人。

護軍營的主要任務是守衛宮廷，紫禁城內以上三旗官兵輪流守衛，紫禁城外以下五旗官兵輪流守衛。另外，朝會、燕饗、皇帝出巡，護軍營都要派官兵稽查保衛。

雍正四年，還專門設立圓明園護軍營，以負責該園的守衛並皇帝來往園中的警衛任務。

3. 前鋒營

前鋒營設前鋒統領，左右翼各一人，"掌本翼四旗前鋒之政令"（《歷代職官表》卷四十五），設前鋒參領、前鋒侍衛，左右翼各八人，署前鋒參領各四人，"掌督率前鋒警蹕宿衛"（《欽定日下舊聞考》卷七十二），每翼還設有隨印協理事前鋒參領、前鋒校、筆帖式等官員，以掌章奏文移。

前鋒營由滿洲、蒙古官兵組成，全營官兵有一千八百多人（《清史稿》卷一〇五）。前鋒營主要的任務是"警蹕宿衛"。凡皇帝出巡，前鋒營派官兵隨扈警衛。皇帝紮營，"於御營一二里外，安設前鋒旗二，以爲門戶。左右以次列帳，日則瞭望，夜則守衛"（《欽定日下舊聞考》卷七十二）。另外，前鋒營也擔負一部分宮廷警衛任務，"前鋒營護軍官兵，紫禁城內，係鑲黃、正黃、正白三旗輪流值班。均由景運門進班之統領，督率印務章京、司鑰長，按照報單，不時嚴察。其紫禁城外圍，係正紅、鑲白、鑲紅、正藍、鑲藍五旗輪流值班。均由出班之統領，於闔門後，率領闕左門直班之司鑰長，按照報單嚴查，不准一名空誤。儻有空誤，立即懲辦不貸"（《欽定大清會典事例》卷一一五〇）。

4. 內務府三旗包衣各營

內務府三旗包衣護軍、驍騎、前鋒三營，由內務府大臣統轄。

三旗包衣護軍營，設護軍統領：鑲黃、正黃、正白旗各一人。護軍參領：鑲黃、正黃、正白旗各一人。副護軍參領：三旗各一人。委署護軍參領：三旗各五人。護軍校：三旗各三十三人。藍翎長：三旗各五人。筆帖式：三旗各十人。

"選三旗包衣兵之精者爲護軍。"三旗滿洲十五佐領及朝鮮二佐領，每佐領下護軍二十五名。十八旗鼓佐領內，一佐領下護軍十九名，其餘十七佐領，每佐領下護軍十八名。三十內管領，每管領下護軍十五名，共護軍一千二百名（以上見光緒《大清會典》卷九十五）。

包衣護軍營主要"守衛宮門而稽其出入"（同上）。凡宮門派三旗包衣護軍營守衛的共有十二處。另外，皇帝到太廟、社稷壇等處祭祀，護軍營執鐙恭導。皇后、妃嬪等外出，護軍營也要派兵保衛。

三旗包衣驍騎營，鑲黃、正黃、正白三旗各設參領、副參領五人，主要掌管三旗的人丁、戶口、考試、挑甲、俸餉、襲職等旗務，也掌管一部分禁城的守衛，在禁城值班有三十一處。它還負責部分消防任務，"各佐領下共激桶一百七架，水笛二百十四副"（以上見光緒《大清會典》卷九十五）。

三旗包衣前鋒營，舊名解馬營。鑲黃、正黃、正白三旗各設委署前鋒參領二人，前鋒校二人，委署前鋒校二人，藍翎長四人。該營主"掌習解馬"，設護軍一百二十人，馬四十匹，專門練習馬上技藝，以供皇帝役使（光緒《大清會典》卷九十五）。

5. 神機營

咸豐十一年七月設立，設掌印大臣一人，於親王、郡王內特簡。管理大臣，無定員，於王公領侍衛內大臣、都統、前鋒統領、護軍統領、副都統領內特簡，掌神機營之政令。還設有總理全營事務翼長三人，掌管全營隊伍。內部設有文案、營務、印務、糧餉、核對、稿案等六處，以分別辦理各項事務。另外，還設有軍火局、軍器庫、槍砲廠、機器局，以便製造軍器彈藥。

神機營由八旗滿、蒙古、漢軍及前鋒、護軍、步軍、火器、健銳、內務府、圓明園護軍等營中挑選出來的精銳士兵組成，共一萬名。神機營主要職務是守衛禁城，"光緒八年奏准，由神機營抽派官兵一千六百員名，分作十班，日易一班，進內協巡。十四年奏准，於三海牆外，建造朱車七十二座，由本營出派官兵二百二十二員名，分住朱車二十三處。按班值宿，五日一更換，晝夜巡邏。夜則傳籌"（《欽定大清會典事例》卷一一六六）。

神機營的另一任務是帝后外出時扈從保衛，另外，在非常時期，還隨時應召進行征剿。如同治四年奏准，派撥官兵二千名，前往河間一帶駐防，又奏准酌派統兵大員帶官兵前往奉省"剿賊"。同治七年還派兵到涿州、雄縣、宿州一帶鎮壓捻軍（《欽定大清會典事例》卷一一六六）。

紫禁城的警衛軍隊，都給以精良的裝備和優厚的待遇，"紫禁城安掛器械八十一處，額設弓箭，每月輪換一次。城內各門堆額設梅針箭一萬六千八百四十支"，"紫禁城內各門、各堆撥及午門、東華門、西華門、神武門外班房內，陳列囊箭、弓矢、長槍之屬"。紫禁城的四門還設有鳥槍（《清宮述聞》卷一）。

（四）宿衛扈從制度

紫禁城的警衛，以午門、東華、西華、神武四門和景運門、隆宗門為重點，以內廷和外朝為中樞，圍繞皇帝起居，進行分工警衛。

外朝的警衛，主要由侍衛處擔任。侍衛處侍衛分六班，班分兩翼，輪值宮門。值乾清門、內左、右門為內班。派左右翼侍衛各三十人，侍衛班領各一人，委班領各一人，率侍衛親軍入值。值太和殿爲外班，派三旗侍衛什長各一人，率侍衛及入侍衛班之親軍三十人入值。宿衛中和殿侍衛什長三人、侍衛親軍三十人。每班都派領侍衛內大臣一人，內大臣或散秩大臣一人統領（光緒《大清會典》卷一一〇七及《欽定八旗通志》卷三十三）。

　　內廷的警衛主要由護軍營、前鋒營等擔負。紫禁城內以上三旗官兵值班守衛。景運門派值班大臣一員，司鑰長一員，主事一員，護軍校二員，傳籌護軍校一員，筆帖式一員，閱門籍護軍六名，護軍十八名，傳籌護軍九名守衛。隆宗門派印務參贊一員，護軍參領一員，護軍校二員，傳籌護軍校一員，筆帖式一員，閱門籍護軍一名，護軍十八名，傳籌護軍九名守衛，"後左門、後右門：護軍參領各一員，護軍校各二員，筆帖式各一員，閱門籍護軍各一名，護軍各十三名。中左門：護軍參領一員，護軍校一員，閱門籍護軍二名，護軍九名。中右門：前鋒參領一員，前鋒校一員，閱門籍護軍二名，前鋒九名。左翼門、右翼門：護軍參領各一員，護軍校各一員，閱門籍護軍各一名，護軍各九名"（《國朝宮史續編》卷四十八）。保和殿東西廊內庫：護軍校各一人，護軍各四人。中和殿：護軍校二人，護軍三人。東西廊護軍校各一人，護軍各四人（《欽定八旗通志》卷三十三）。"體仁閣、弘義閣、昭德門、貞度門、協和門、熙和門：護軍校各一員，護軍各九名。午門：護軍參領一員。左門：閱門籍護軍二名。左、右門：護軍校各二員，護軍各十三名。東華門、西華門、神武門：護軍參領各一員，護軍校各二員，閱門籍護軍各二名，護軍各十八名。蒼震門、啓祥門：護軍參領各一員，護軍校各二員。閱門籍護軍：蒼震門二名，啓祥門一名。護軍各十三名。中正殿正門、後門、東北隅、東南隅：護軍校各一員，護軍各九名。吉祥門、西北隅：護軍參領各一員，護軍校各一員，護軍各九名。文華門：護軍校一員，護軍九名。茶膳房：護軍參領一員，護軍校一員，護軍十名。箭亭：護軍校一員，護軍九名。銀庫門、內銀庫：護軍參領各一員，護軍校各一員，護軍各九名。內東小庫、西小庫：護軍校各一員，護軍各四名。壽康宮長庚門、西南門：護軍參領各一員，護軍校各一員，護軍各九名。西隅：護軍校一員，護軍九名。寧壽宮、寧壽門、皇極門、斂喜門、錫慶門、履順門、蹈和門、保泰門、茶膳房、東北隅、西北隅：護軍參領各一員，護軍校各一員，護軍各九名。紫禁城四門內礆道、柵欄：護軍校各一員，護軍各九名。北上門：護軍校一員，護軍九名。火班：護軍校一員，護軍七名。以上各委鑲黃、正黃、正白三旗官兵，按日分班。凡丑未日爲鑲黃旗首班。寅申日爲鑲黃旗二班。己亥日爲正黃旗首班。子午日爲正黃旗二班。卯酉日爲正白旗首班。辰戌日爲正白旗二班。各輪番值宿。又防範火班，遇應齊集處，由直班之護軍統領及司鑰長等，於左翼門等處護軍，每門調二人，共四十六人，協同內府值班官兵候遣。"（《國朝宮史續編》卷四十八）

紫禁城以外，由下五旗護軍輪流值班守衛，"以護軍校一人、護軍九人直闕左門。以護軍參領一人、護軍校一人、護軍九人直闕右門。以護軍參領一人、護軍校二人、護軍十八人直端門，天安門、長安左門、長安右門如之。以前鋒參領一人、前鋒校一人、前鋒九人、護軍校一人、護軍九人直大清門。西華門外北柵欄，神武門外西柵欄、東柵欄，東華門外北柵欄，各直以護軍參領一人、護軍校一人、護軍九人。又自闕右門外一堆撥起，至闕左門外十六堆撥止：內四堆撥，即以西華門外北柵欄護軍參領兼管；八堆撥，即以神武門外西柵欄護軍參領兼管；十三堆撥，即以東華門外北柵欄護軍參領兼管，仍各直以護軍校一人、護軍九人。其餘堆撥，各直以護軍參領一人、護軍校一人、護軍九人"。"凡值班二日而代。以甲乙日爲正紅旗班，丙丁日爲鑲白旗班，戊己日爲鑲紅旗班，庚辛日爲正藍旗班，壬癸日爲鑲藍旗班，凡十日而編"（光緒《大清會典》卷八十七）。

光緒末年，爲加強紫禁城週圍的警衛，按旗劃分專管段落，以明責任。當時紫禁城外圍各門各朱車柵欄共二十八處，每日派章京二十五員、弁兵三百四十四名。正紅旗在闕左門、闕右門七朱車、八朱車、九朱車、神武門東柵欄等處值班，鑲紅旗在西長安門、四朱車、五朱車、六朱車、神武門西柵欄等處值班，正藍旗在端門、十三朱車、十四朱車、十五朱車、十六朱車等處值班，鑲藍旗在天安門、頭朱車、二朱車、三朱車、西華門北柵欄等處值班（《國史館檔》）。

內務府三旗包衣各營也擔負一部分禁城的警衛，它所警衛的多是后妃寢宮及內務府各倉庫、作坊等處。三旗包衣驍騎營在紫禁城警衛的地方有三十一處："武英殿、武英殿後、南薰殿：各章京一人、披甲人五名。寧壽宮、英華殿：各披甲人五名。壽安宮：章京一人，披甲人六名。養心殿造辦處南門：副參領一人、披甲人五名。東門及錢糧處：各披甲人五名。銀庫及咸安宮宮門、咸安宮後：各章京一人、披甲人五名。御書處、兆祥所、南府錢糧處、圍房井兒上內庫：各披甲人五名。銀匠房四局：各章京一人、披甲人四名。瓷庫東門：章京一人，披甲人一名。西門：披甲人五名。衣庫、鰲山鐙庫：各披甲人四名。育喜房：披甲人六名。三所西南：副參領一人、披甲人十名。東南、西北、西南：各披甲人十名。火班處：披甲人二十名。火班處之南：披甲人五名。以上每日直班，共副參領二人、章京十人、披甲人一百八十九名。又以參領一人，值宿巡查。"（光緒《大清會典》卷九十五）

三旗包衣護軍營守衛禁廷宮門十二處："順貞門：護軍統領一人、護軍參領一人、護軍校二人、護軍十四人。順貞門西鐵門：護軍校一人、護軍九人。壽康宮正門、內左門、內右門、慈祥門四處：各護軍參領一人、護軍校一人、護軍九人。永康左門、永康右門二處：各護軍校一人、護軍九人。寧壽宮正門、履順門二處：各護軍參領一人、護軍校一人、護軍七人。蹈和門：護軍參領一人、護軍校一人、護軍九人。三所正門：護軍參領一人、護軍校一人、護軍九人。以上每日直班，共護軍統領一人、護軍參領九人、護軍校十三人、護軍一百九人。"（光緒《大清會典》卷九十五）

清末，紫禁城牆上也增派了前鋒營、護軍營官兵輪流守衛。白天由闕左門值班司鑰長、天安門值班副印務章京帶領上城巡視，均二日更換。夜間派三四品章京四員上城催查。（《欽定大清會典事例》卷一一五一）

御前的警衛主要由御前大臣、御前侍衛、御前行走、乾清門侍衛、乾清門行走等官員擔任。凡皇帝在乾清宮召見官員，各官至乾清門止，由御前大臣稽查，然後派侍衛將引官員帶至御前，引見畢，由侍衛帶出乾清門外。

凡朝會、祭祀、皇帝謁陵殿、詣皇太后宮等，皇帝出入時，侍衛官員都要依制導引扈從。凡御經筵、大閱、御樓受俘、外裔來朝賜見等，侍衛官員都要依儀列侍於皇帝前後左右，"燕饗，布席於近御"（以上見《欽定大清會典》卷八十二）。

（五）稽查制度

禁城重地，稽查極嚴。最初由領侍衛內大臣、護軍統領、前鋒統領各一人，率所屬每天入宮輪值稽查，以後值班大臣進一步增加，並規定為六班，以日夜巡查，"乾隆四十七年十一月十三日奉諭旨：紫禁城內，每日有進班之王公及領侍衛內大臣、大臣、部院大臣、都統、護軍統領等五人，自應每夜巡察所屬侍衛、章京、護軍。嗣後，著自二更起，至五更止，進班之領侍衛內大臣，不時巡察該管侍衛親軍。護軍統領不時巡察該管章京、護軍校、護軍。至外圍之各堆撥，著進六班之王、大臣等，輪流不時巡察。倘有曠班以及任意睡臥不坐更者，一經查出，即會同領侍衛內大臣參奏治罪，以示懲儆。朕仍不時派進班之御前侍衛、乾清門侍衛，暗中巡查，如查出曠班及貪眠之人，務將該管之大臣一併治罪"（《國朝宮史續編》卷四十八）。

嘉慶十八年發生了天理教攻入禁城事件後，清廷進一步嚴密了輪班值宿制度。嘉慶十九年規定："禁城值班王公內大臣、文武大臣、前鋒、護軍統領……各於辰刻至景運門內九卿朝房，面行交替接班後，仍著在景運門內外班房會集，毋許遠離。至申酉之間，始准各自散歸值宿處所。"（《欽定大清會典事例》卷一一五三）王公內大臣值班處所在景運門。設景運門檔房，以作值班大臣辦公的機構。景運門檔房設總領筆帖式、關防筆帖式、掌稿筆帖式、景運門行走等官吏，在值班王大臣的領導下，辦些稽查文案工作，並設景運門御史衙門，以便監督。凡各衙門官員出入禁門，須造花名木牌，咨送景運門檔房稽查（《欽定大清會典事例》卷一一五四）。凡蘇拉、披甲人、匠役等出入禁門，有關衙門須造清冊送景運門檔房稽查核對。凡銀兩、物件、活計等出入禁門，有關機構必須知會景運門檔房，經檢查後，始能放行。

例如，《造辦處知會景運門檔房文》："造辦處爲知會事。今由廣儲司銀庫領取菜蔬銀壹百伍拾伍兩肆錢貳分柒厘，出右翼門持赴本處。相應知會景運門檔房轉飭該衙門稽查放行可也。……咸豐八年十二月二十六日。"（《景運門檔案》四號）

對宮內私藏武器，稽查更嚴，"凡在宮內、圓明園內私藏鳥槍、火藥、金刃器械，一經發覺，照違旨例，加等問擬，即行正法"（《欽定宮中現行則例》卷四）。

（六）門衛制度

明朝時，宮禁極嚴，"紫禁城內非特召官員，不能輕至。即大臣亦只在外聽宣，不敢無事輒人。其實宮廷之內狃於宴安，廷僚召對絕少，以致內外阻隔，下情不能上達，綱紀墮壞"（《國史館檔》）。清朝吸取這個教訓，皇帝隨時可召見大小官員，即便是外來道府等官，也可親詣宮門遞摺請訓。但出入禁門，訂有嚴格的制度：

①凡王公大臣上朝，至下馬碑必須下馬、下轎。唯貝子以上王公，或賞紫禁城騎馬官員，入東華門，到箭亭旁必須下馬。入西華門，到內務府前必須下馬。

②"凡官員出入，各由其門。""領侍衛內大臣、散秩大臣、侍衛、侍衛處主事筆帖式、軍機章京、內閣、六部、提督衙門、理藩院、上駟院、武備院、奉宸苑、鑾儀衛、尚虞備用處，由景運門、隆宗門出入。宗人府王公司員、八旗、都察院科道、翰詹、侍衛處主事筆帖式，各部院衙門值日引見官員，由後左門出入。內務府各庫官員，尚虞備用處、侍衛處主事筆帖式，由後右門出入。其由午門出入者：宗室王公以下由右門，大臣官員及各衙門書吏均由左門。"（《欽定大清會典》卷八十七）

清代前期各衙門官員出入景運、隆宗、後左、後右各門，於年底造具花名木牌，移送景運門稽查，乾隆六十年改爲每門行走官員開寫職名查驗，迨後並未實力奉行。嘉慶十六年奉旨制訂《門禁章程》規定："各門王公大臣及內廷行走官員暨值班侍衛等，本係在內當差，常穿行走易於認識外，其餘各衙門文武官員，以及王公大臣之護衛跟班各員，具飭令隨身攜帶職名，於進門時交納值班之章京、護軍等收執查驗准行。出門時各該員仍自向該門領取原交職名。如查不符，即行究辦（《景運門檔案》一號）。

③王公百官進入紫禁城，隨帶從人，有一定的限制。親王、郡王十人，貝勒、貝子、公及文武一品官八人，文武二品官及文三品京堂官六人，文四品、五品、六品京堂官四人，文五品、六品、七品官、武三品、四品、五品、六品官二人，文八品、武七品以下官一人。王公以下至文三品、武二品以上官從人，進至景運門、隆宗門外階下二十步爲止，餘官從人至左翼門、右翼門階下爲止。其從人出入神武門者，具令循東西夾道，不許於附近景運門、隆宗門外停立，不許於左翼門、右翼門東西出入，不許於東華門內三所西夾道穿行，唯蒙古王公班房在三所西夾道，其從人准於夾道停立。至蒙古進湯羊者，具令於三座門外石橋以南排列，其蒙古人等，不

許入三座門內。其隨從王公大臣入景運門、隆宗門、後左門者，親王准護衛五人，郡王四人，貝勒三人，貝子二人，宗室公一人。文武大臣奏事，准帶驍騎校、藍翎長、筆帖式一二人。

王公大臣進宮隨帶隨從人數屢有變化，乾隆六十年議定，親王五人，郡王四人，貝勒三人，貝子二人，宗室一人，文武大臣隨帶驍騎校、藍翎長、筆帖式微員一二人。嘉慶十六年改爲親王隨從三人，郡王、貝勒二人，貝子一人。至文武大臣，均隨帶一人，不准例外多帶。其蒙古親王、郡王各帶二人，貝勒、貝子各帶一人（《景運門檔房檔案‧門禁章程》一號）。

④"凡官役官物，驗其門牌而放行焉。""內閣、內務府及內廷行走各處，內廷各館供事、書吏、蘇拉、皂隸、茶役、廚役、匠役等，皆由內務府給予火熔腰牌。入禁門，令巴克什護軍驗明放過。其腰牌三年更換一次。不及期而接充者，隨時更改，咨報景運門稽核。其官物出入禁門者，由各衙門預出門單，送景運門值班處照驗，飭知各衙門放過。開庫日，庫使庫丁匠役人等，由內務府司員帶進。前期造具名冊，咨送景運門查核"（《欽定大清會典》卷八十七）。

凡禁廷各門，白天開放。開放時間，初期在丑正後，後改爲子正開門，以後改以黎明辨色爲准開門（光緒八年二月兩翼前鋒統領等奏摺，見《國史館檔》）。白天由護軍執軍器、腰刀把守。另外，各門還有護軍二人，專執紅棒，坐於門外，親王以下出入，執棒護軍不起立。凡擅自入門的，護軍當即以棒撻之。各門於日入後關門上鑰，由司鑰章京巡驗並收藏鑰匙。每夕，景運門司鑰章京，自後左門、後右門、中左門、中右門、左翼門、右翼門、太和門、昭德門、貞度門以次驗視扃鐍。午門以隆宗門護軍參領驗視，東華門以蒼震門護軍參領驗視，西華門以啓祥門護軍參領驗視，神武門以吉祥門護軍參領驗視。各驗試畢，報景運門司鑰章京並各繳其鑰。端門、天安門、大清門、長安左門、長安右門由值班護軍參領驗視扃鐍，報闕左門司鑰章京（《欽定大清會典》卷八十七）。

⑤凡中夜出入禁門，須持有合符。鍍金的合符，鐫陽文"聖旨"字，外厘併鑰，藏於大內。於景運、隆宗、東華、西華、神武各門，預頒陰文合符一扇存貯。如夜間奉旨飭遣及緊急軍務，須馬上開門時，候大內持出陽文合符，值班護軍統領、參領取陰文合符，比驗相符，方能啓門。蒼震、

啓祥各門，遇陽文合符至門，護軍參領即報統領，親齎陰文合符至門，與陽文合符照驗相符，即啓門。於次日具奏（《欽定大清會典》卷八十七）。值皇帝出巡，陽文合符交留京辦事大臣輪班交替看守。候帝迴蹕還宮，即繳交大內。皇帝迴蹕駐圓明園，送御園宮門繳進（《清宮述聞》卷一）。

（七）傳籌制度

紫禁城內巡邏分內廷和外朝兩路。內廷巡邏，每夜"自景運門發籌西行，過乾清門，出隆宗門。循而北，過啓祥門。迤而西，過凝華門。迤而北，過中正殿後門，至西北隅。迤而東，過順貞門、吉祥門，至東北隅。迤而南，過蒼震門，至東南隅。迤而西，仍至景運門。凡十二汛爲一週。傳籌五"（《欽定大清會典》卷八十七）。

外朝巡邏，每夜"自隆宗門發籌東行，出景運門，循而南，過左翼門、協和門，迤而北，過昭德門，循而西，過貞度門，迤而南，過熙和門，循而北，過右翼門，仍至隆宗門。凡八汛爲一週。傳籌五"。另外，太和門院內，"自中左門發籌，過東大庫、西大庫、中右門，仍至中左門。凡四汛爲一週。傳籌三，共以十三籌遞傳"（《欽定大清會典》卷八十七）。

值班查更，向來僅只平地朱車，城上則未嘗登陟。光緒八年爲加強警衛，杜絕匪踪起見，規定城上各處也日夜巡查。原紫禁城四門左右馬道外，各有護軍五名值班。現由八旗護軍等營再增派章京一員、護軍校一名、護軍十名，均在馬道門外值班。每日初更時，每旗章京一員，帶護軍十名，各持長槍、號燈上城，傳籌巡視。其餘護軍仍在馬道外看守，由值班大臣稽查。每班巡視結果，須具單報堂。現存於一史館的數千連報單，便是宮中各處值班警衛的記錄。現舉幾件如下：

連報單　宣統三年十二月三十日

鑲黃旗驍騎營爲呈報事。於十二月三十日丑時，由西南角起，至東南角止，各朱旗人數整齊，並無事故，爲此報堂。

驍騎營官文耀　披甲永順

鑲黃旗驍騎營爲報堂事。於十二月三十日丑時，由西北角起，至西南角止。各朱旗人數整齊，並無事故，爲此報堂。

驍騎營官榮貴　披甲祥和

鑲黃旗驍騎營爲報堂事。於十二月三十日夜內丑時，由東南角查至東北角止。各朱旗人數整齊，並無事故，爲此報堂。

驍騎營官文啓　　披甲保亮

鑲黃旗驍騎營爲報堂事。於十二月三十日夜丑時，由東北角至西北角止。各朱旗人數整齊，並無事故，爲此報堂。

驍騎營官英啓　　披甲文毓

對紫禁城上巡邏，"每夕派三四品章京四員，上城催查"（《欽定大清會典事例》卷一一五一）。

（八）消防制度

紫禁城的宮殿建築都是磚木結構，明代以來，宮內建築屢遭火災。據史料記載：明永樂十九年，奉天、華蓋、謹身三殿火災。明永樂二十年，乾清宮毀於火。明正統十四年，文淵閣火災。明成化十一年，乾清門火災。明弘治十一年，清寧宮毀於火。明正德九年，乾清、坤寧二宮毀於火。明嘉靖元年，清寧宮後三小宮火災。明嘉靖四年，仁壽宮火災。明嘉靖三十六年，奉天、華蓋、謹身三殿又災。明萬曆元年，慈寧宮後舍火災。明萬曆十一年，慈寧宮火災。明萬曆二十二年，西華門城樓火災。明萬曆二十四年，乾清、坤寧宮火災。明萬曆二十五年，三大殿又災。到了清代，康熙十八年太和殿火災。乾隆二十三年，貞度門、熙和門等處火災。嘉慶二年，乾清宮、交泰殿、宏德殿、昭仁殿火災。同治八年，武英殿火災。同治九年，北五所敬事房木庫毀於火。光緒十四年貞度門、太和門火災。（以上見於倬雲主編《紫禁城宮殿》）光緒二十六年，正陽門和鑾儀殿火災。有鑒於此，清朝歷代皇帝對宮內防火十分重視。康熙十八年十二月三日太和殿火災之後，康熙帝即諭令說："宮內各處燈火最爲緊要。凡有火之處，必著人看守，不許一時少人，總管不時巡查。"（《欽定宮中現行則例》卷一）爲避免失火，宮中曾禁止喫煙。康熙二十三年十月初一日上諭，奉太后懿旨："今隆冬有風之際，各宮燈火著用心謹防。不許任意喫煙，著不時嚴察。"（《國朝宮史》卷三）爲了防火，康熙時在東華、西華門外，設有防火步軍。雍正元年，又專設火班，從步軍、護軍中挑選一百名年壯熟悉防範的士兵組成。營房初設於咸安宮前牆西隙地板房二十五間內，乾隆元年移於壽康宮西牆外。雍正五年十一月二十三日上諭："宮中火燭最要小心。日精門、月華門向南一帶圍房後，俱有做飯值房……可將圍房後檐改爲風火檐。……將宮內太監編集成隊，派頭領一名，每十隊立總頭領一名，不但救火，即掃雪、搬運什物，用人時只須總其頭領，彼自齊集所屬同往料理。"（《國朝宮史》卷三）乾隆四十八年又增設火班官兵八十二名。嘉慶時，又從內務府三旗中挑選一百名兵士練習激桶，並制訂火班章程十三條，其中規定："（一）步軍營八旗激桶，仍照向例，預備於東華、西華、神武門外候信……（二）火班尋常該班兵丁，向例由內務府發給腰牌，應再預設木牌一面，載明官幾名、兵幾名，以便出入核對。（三）紫禁城內向有朱旗房三十二處，每日值宿內務府驍騎副參領二員、章京、領催十名、披甲人一百六十九名，火班披甲人二十名。……現已飭令該營參領於下班之日，擇其年力尤爲強壯者一百名，於操演技藝後演習激桶。再於內務府三旗額設激桶一百三十架，擇其安固整齊者八架，添設於東華門內東北角閑房三間內四架，添設於西華門內筒子河舊有朱車旗房三間內四架，派撥章京、披甲人看守。（四）每二十人激桶一架。每激桶一架或副參領一員，或佐領或內管領一員，頂戴領催一名。管帶到門報明，管門大臣放人。……"（《欽定宮中現行則例》卷四）以後各朝都沿用這個火班章程。清末進一步加強火班的裝備和官兵待遇。據檔案記載，光緒時內火班備用消防器材有："激桶十二架、氈帽衣十二分、蜈蚣梯四架、大梯四架、大小水桶一百二十六個、燈籠十六個、黃蠟三十九支、火籌四分、時刻牌四分、斧鋸等項鐵器一百十三件、繩絆一百五十七根、小罐一百十四個。"火班官兵除原放錢糧額數外，自光緒八年正月起，凡官兵每日各加津貼銀二分（步軍統領衙門檔案）。

爲了防火，紫禁城內各處設鍍金海共十八口，大銅海二十二口，大鐵海四口，中銅海一百五十二口，小銅海八口，小鐵海一百四口，共三百有八口；缸內儲清水（《欽定大清會典》卷九十五）。這些銅缸、鐵缸平時由太監管理，"每小雪節該管首領太監等安設缸蓋、缸套，酌量天氣寒暄，熏火化冰，至開年驚蟄節撤收。其大銅缸一口，每日用黑炭四斤。小銅缸一口，每日用黑炭三斤。自十一月初一日起，至次年二月初一日止"（《欽定宮中現行則例》卷三）。

另外，內廷各朱旗房、值班處所還配有激桶等消防工具，以便隨時滅火。如乾清宮置激桶七十架，東華門內東北筒間房安激桶四架，西華門內筒子朱旗房三間安激桶四架（《清宮述聞》卷一）。火班官兵晝夜輪流值班，一旦發生火警，各按防範區域往救，不許慌亂。

（九）宮禁制度的廢弛

清朝定鼎北京以後，鑒於明朝宦官專權、宮內揮霍混亂的教訓，對內廷立法極嚴。自順治迄乾隆，逐步建立起一套嚴密的宮廷制度。康熙、雍正、乾隆諸帝，都是有爲的君主，親操宮廷大權，不使他人假手。對內廷治理，事必躬親，警衛官兵都能恪盡職守，所以清朝前期一百多年中，宮禁肅清，安謐無事。自嘉慶開始，嘉慶、道光、咸豐、同治、光緒、宣統諸帝，或軟弱無能，或年幼即位，不能親政，宮廷警衛制度日久廢弛，宮內事故屢屢發生。如嘉慶十年內閣中書屈鎮廷在景運門被人竊去海龍皮褂後襟。太監于進忠之姪，在外膳房居住兩個月投井身死。護軍校關靈在景運門外裝傷妄拿滋事。午門之外，本屬禁區，但"市井閒人，只圖行路方便，穿出朝門，來往自如，無人過問"（以上見《國史館檔案》）。更爲甚者在嘉慶十八年竟發生了天理教勾結太監，內迎外合，打入禁城事件。嘉慶帝在罪己詔中說："猝於九日十五日變生肘腋，禍起蕭牆。天理教逆七十餘衆，犯禁門入大內，戕害兵役，進宮四賊……"責令嚴懲有關官員，迅速整頓宮禁。及至道光，鴉片戰爭以後，內憂外患，宮廷治安，每況愈下。如咸豐三年盜犯馬廷楹擅進闕門，私往刑科，竊走印冊印封。咸豐八年內閣副本庫被竊，同治五年內閣殘稿庫被盜，同治九年"禁門以內，竟有貨賣食物人等"，同治十一年端門樓所儲軍器被盜，光緒四年景運門遺失關防，光緒六年瘋犯劉振生混入禁門，光緒七年東華門門樓盔甲被竊。是年，吸鴉片煙的太監徐志詳勾結盜犯袁大馬等人，盜去慈寧宮前殿及大佛堂瓦上銅鍊八掛。據刑部審訊徐志詳及袁大馬供出：當時禁城之內私開煙館有七十餘處、賭局七處。商賈等人隨便出入禁門，秩序異常混亂（國史館檔，山西道監察御史陳啓泰奏摺）。當時警衛官兵紀律渙散，進宮值班大臣不按時辰接交班，或委屬員代班。甚至護軍值宿，還有僱老弱之人替班的。護軍、前鋒各營不按規定進行操練，甚至武庫中刀槍生銹。當時內閣學士文碩曾奏請將宮內鳥槍換爲洋槍，醇親王奕譞奏准說："洋槍產在外夷，不合舊制，未便添設。"（國史館檔，奕譞奏摺）宮禁廢弛，直接影響帝后人身安全。爲此，慈禧太后和光緒皇帝曾先後頒發諭旨，要求嚴加整頓，命醇親王奕譞會同御前大臣、軍機大臣、內務府大臣、前鋒統領、護軍統領迅速妥議具奏。

從本質上看，清末宮廷警衛制度的廢弛，是整個清王朝腐朽沒落的一個表現，腐敗的警衛官兵焉能嚴格執行警衛制度。宮廷警衛制度，是清王朝政治制度的一部分。皇帝高度集中的政治制度，造成了宮廷警衛事權不一，各警衛大臣互不統屬，遇事互相推諉，很難進行整頓。醇親王奕譞在奏摺中說："由於事權不一，不能整頓。前鋒、護軍統領十人，每日輪值。內務府復有護軍統領，位均權分，無所統屬，互相推諉，安能實行整頓。"（國史館檔）隨着封建帝制的日趨腐敗，必然導致宮廷警衛制的漸致廢弛。

四、明清宮中后妃及宮女制度

后妃是帝王妻妾的統稱。自古以來，中國的帝王都實行一夫多妻制。《後漢書》中講："夏、殷以上，后妃之制，其文略矣。《周禮》王者立后、三夫人、九嬪、二十七世婦、八十一女御，以備內職焉。后正位宮闈，同體天王。夫人坐議婦禮，九嬪掌教四德，世婦主喪、祭、賓客，女御序於王之燕寢。頒官分務，各有典司。"（《後漢書》卷十五，皇后紀第十上）

自周以後，歷代封建帝王都沿襲周代的后妃制度，實行一夫多妻制，但后妃的多少、名號、待遇、地位、職權，各有不同。到了明清時期，后妃制度更加詳備。

（一）明朝宮中后妃制度

明朝開國皇帝朱元璋鑒於歷代的女禍，"立綱陳紀，首嚴內教"，對後宮的建制，極爲重視。他說："治天下者，正家爲先。正家之道，始於謹夫婦。后妃雖母儀天下，然不可俾預政事；至於嬪嬙之屬，不過備職事，侍巾櫛；恩寵或過，則驕恣犯分，上下失序。歷代宮闈，政由內出，鮮不爲禍。惟明主能察於未然，下此多爲所惑。卿等其纂女誡及古賢妃事，可爲法者，使後世子孫知所操守。"（《明史》卷一一三，列傳第一）可見朱元璋從穩固封建統治出發，嚴禁後宮干預朝政。洪武三年（1370）他下詔書說："皇后之尊只治宮中嬪婦之事，宮門之外毫髮事不預焉。"以後又命工部特制鐵牌，在鐵牌上刻寫戒諭后妃不許幹政之詞，懸掛宮中，永世遵守。這樣，由於朱元璋在建國之初立法極嚴，有明一代，雖偶有后妃恃寵，欲圖幹政，但終未釀成大禍，"宮壼肅清，超軼漢、唐"。

明朝規定，皇帝的祖母稱太皇太后，皇帝之母稱皇太后，皇帝之妻稱皇后。

太皇太后，祇有在其孫即皇帝位之後纔有此尊號，明代最早尊爲太皇太后的是仁宗的張皇后。皇太后，一般按慣例尊封。皇后，在太子即皇帝位或藩王入繼大統之後，冊立其妃爲皇后。由於皇帝的好惡，廢立皇后是常有的事。皇后爲後宮之主，必賢惠仁慈，有"母儀天下"的作用。

明朝皇帝的妃子，分賢、淑、莊、敬、惠、順、康、寧的位號，妃又分皇貴妃、貴妃、妃三等。妃之下有嬪，明初設有九嬪。明世宗時曾冊封方氏、鄭氏、王氏、閻氏、韋氏、沈氏、盧氏、杜氏爲德嬪、莊嬪、麗嬪、惠嬪、安嬪、和嬪、僖嬪、康嬪。冊封后妃，要舉行冊封禮儀。皇后授以冊、寶，妃嬪授冊無寶。

（二）清朝宮廷后妃制度

清代后妃制度，基本上是沿襲明代的后妃制度，不過它帶有濃重的滿洲貴族特色。皇帝的祖母仍稱太皇太后，皇帝的母親稱皇太后，皇帝的正妻稱皇后，先朝的妃、嬪稱太妃、太嬪。清代後宮的位號有皇后、皇貴妃、貴妃、妃、嬪、貴人、常在、答應八個等級，總稱內廷主位。皇后只設一人，主治內廷。設皇貴妃一人，貴妃二人，妃四人，嬪六人，貴人、常在、答應沒有定數。但實際上，因皇帝不同，除皇后祇有一人外，其餘的妃嬪並沒有固定的數額。康熙皇帝最多，有后妃五十五人，光緒皇帝祇有一后二妃三人。

后妃因其地位職權不同，所以宮分待遇也各不相同。例如皇太后，每年宮分，金二十兩，銀二千兩。寧綢、粧緞、倭緞、閃緞、金字緞、雲緞、衣素緞、藍素緞、帽緞、楊緞、宮綢、紗、紡絲、杭綢、綿綢、各色布共一百六十疋，金綫二十絡，絨、棉綫、棉花共五十六斤，二三號銀鈕共四百個，二三五等貂皮、熏貂、海龍皮共一百二十四張。

每日盤肉豬羊各一口，又豬肉十二斤，雞鴨二，雞子二十，粳米等米共六升五合，各種粉、麵共十九斤，豆折、脂麻共四合五勺，豆腐各品件共四斤八兩，糖、蜜、菜果共四斤三兩七錢，油、醬、醋共六斤十三兩，生菜十五斤，茄、瓜共四十，大小份量白黃油蠟共二十九枝，更蠟一枝（夏例五兩，冬例十兩），紅羅炭（夏例二十斤，冬例四十斤），黑炭（夏例四十斤，冬例八十斤）。

皇后，每年銀一千兩，寧綢、粧緞、倭緞、閃緞、金字緞、雲緞、衣素緞、藍素緞、帽緞、楊緞、宮綢、紗、裏紗、綾、紡絲、杭綢、綿綢、各色布共一百五十匹，金綫二十絟，絨、棉綫、棉花共五十六斤，熏貂、烏拉貂皮共九十張。

每日盤肉豬肉十六斤，羊肉一盤，又豬肉九斤，豬油一斤，雞鴨一、雞子十，粳米等米共四升六合，各種粉、麵共九斤八兩，豆折三合，豆腐各品件共三斤四兩，糖、蜜、雜果共二斤一兩一錢，油、醬、醋共二斤十四兩，生菜十五斤，茄、瓜共四十，大小份量白黃油蠟共十九枝，更蠟一枝（夏例五兩，冬例十兩），紅羅炭（夏例十斤，冬例二十斤），黑炭（夏例五十斤，冬例六十斤）。

皇貴妃每年銀八百兩，貴妃銀六百兩，妃銀三百兩，嬪銀二百兩，貴人銀一百兩，常在銀五十兩，答應銀三十兩，其他日常用品的供應各有差別（《國朝宮史續編》經費）。

后妃由於地位的不同，在住房、房中陳設（鋪宮）、服飾、役使太監、宮女的人數及年節壽辰恩賞的錢、物各有不同。清代太皇太后、皇太后住慈寧、壽康、寧壽諸宮，太妃、太嬪隨住。皇后居中宮，皇貴妃、貴妃、妃、嬪分別位東西六宮，貴人、常在、答應隨住東西六宮。

（三）后妃是如何奉侍皇帝的

中國古代的帝王妻妾之多是世界史上很少見的，具有明文記載的，如周王有皇后一人、三夫人、九嬪、二十七世婦、八十一女御，這就是說周王有妻妾一百二十一人之多。秦朝以後，有皇帝擁有"三宮六院七十二妃"之說。到了明清時期，皇帝的妻妾雖然沒有古代那麼多，但為數也不算少。皇帝妻妾的多少，要看皇帝壽命長短和身體健康情況而定，總之，祇要皇帝有精力和喜愛，他可以隨便納妃娶嬪。據不完全的記載，明朝開國皇帝朱元璋，終年七十一歲。立皇后一人，馬氏，郭子興養女。貴妃一人，徐氏，馬世熊養女。還有淑妃李氏、寧妃郭氏。另有吳光妃、達定妃、郭惠妃、胡順妃、韓妃、余妃、楊妃、周妃、劉惠妃、葛麗妃等，共有妻妾十四人。

明世宗朱厚熜，終年六十歲。先後立皇后三人，即陳氏、張氏、方氏。納妃有杜氏、閆貴妃、王貴妃、盧靖妃、江肅妃、趙毅妃、陳雍妃、趙榮妃以及九嬪，共有妻妾二十人。

清朝奠基者康熙皇帝，終年六十九歲，立皇后四人，皇貴妃三人，貴妃一人，妃十一人，嬪八人，貴人十人，常在九人，答應九人，共有妻妾五十五人。

清乾隆皇帝，終年八十九歲。皇后三人，皇貴妃五人，貴妃五人，妃七人，嬪六人，貴人三人，共有妻妾二十九人。

皇帝妻妾如此之多，皇帝如何"召幸"后妃，后妃們又如何奉侍皇帝，這些事情都發生在宮廷禁區，世人不得知曉。禁區之中的帝后隱私，更是秘中之秘，歷來稗說野史訛傳很多。據清宮檔案記載，皇帝新婚之後，皇后要和皇帝同居三個月，紫禁城內的養心殿東側有體順堂，曾是帝后的寢宮。度過新婚燕爾期之後，皇后便和皇帝分居，選定東西六宮的一處居住。除新婚期之外，平時皇帝要召幸某妃侍寢，一般都在晚飯時，皇帝親自翻后妃的名片——即綠頭牌，皇帝喜歡某妃，便把某妃的綠頭牌翻過來，隨侍太監心領神會，馬上便稟知某妃到寢宮承歡，明朝皇帝及清初順、康二帝的寢宮多在乾清宮。

清代自雍正以後，皇帝的寢宮多在養心殿後殿。寢宮內殿東間為皇后來時居住，西間為妃嬪來時居住。養心殿的西側有燕喜堂，據傳說為妃嬪被召時的臨時聽叫處。每到晚膳時，妃嬪們均到這裏等候傳喚。當傳到某妃侍寢，某妃就先到寢宮陪皇帝喫飯，晚飯後到寢宮同皇帝承歡。其餘妃嬪聽"叫散"便各回各自的住處。

這些眾多的后妃，可以說集天下的美人於一宮，每天錦衣玉食，雍榮華貴。但常年居住深宮，每天都等待皇帝召喚，有的一生中也未被皇帝召喚一次，她們就這樣消耗了美麗的青春，成了皇帝的犧牲品，真是歷史的悲劇。

有的后妃，一旦被皇帝召幸，已算是幸運的了，如果召幸後又懷孕了，更是幸運之至。后妃所生之子即爲"龍種"，這是關係皇族和國家傳繼的大事，所以朝廷對此十分重視。后妃從懷孕到分娩都要詳細地記載在檔案中，例如現存的清宮檔案《全貴妃遇喜四阿哥底簿》，記載的是道光皇帝的全貴妃懷孕生子的情況。檔案中記載，道光十年八月，全貴妃懷孕。道光十一年三月二十五日，經御醫孔毓麟、張新、蘇鈕會診，妊娠檢查的結果是："全貴妃脈息安和，係妊娠七個月。"道光帝聞喜後，特別降旨："著四月初九日添喫照額加半喫食，挑選精奇呢媽媽里。"並自四月二十八日開始，安排有御醫、姥姥等"上夜守喜"，日夜輪值，以備貴妃分娩。不久，又安排宮中總管太監郝進喜上夜守喜。

道光十一年六月初九日丑時，全貴妃分娩了，一位小皇子降臨人間，這位小皇子，就是後來的咸豐皇帝。

清宮檔案中，《懿嬪遇喜大阿哥底簿》記載得最爲詳細。懿嬪即以後的慈禧太后。慈禧於咸豐二年五月初九日入宮，最初名號爲蘭貴人。由於天生麗質，美貌無雙，又加她機敏的性格，善於迎奉皇帝，所以深得咸豐皇帝喜愛，時有召幸，終於在咸豐五年盛夏遇喜。咸豐六年正月二十四日，太醫院院使樂泰、御醫李萬清、匡懋忠，"請得懿嬪脈息和平"，認定"係妊娠七個月之喜"。三月初十日，兩位嬷嬷取脈，認爲在三月底四月初分娩。"三月二十三日巳時，懿嬪坐臥不安。""三月二十三日未時，懿嬪分娩阿哥。"隨後大方脈、小方脈（即成人內科和小兒內科大夫）"請得懿嬪母子脈息均安，萬歲爺大喜"！咸豐帝親寫硃筆諭旨道："懿嬪著封爲懿妃。欽此。"

清宮規定，皇子生下來，無論嫡庶，即由保姆抱出，由乳母餵養。皇子一生，照例須用四十人，保姆八人，乳母八人，此外還有針綫上人、漿洗上人、燈火上人、鍋竈上人等。至絕乳後，去乳母，添內監若干人爲諳達。

爲了保證乳母的奶水，規定每日用鴨子半隻，或肘子、肺頭，令乳母輪流食用。按規定，作爲生母的懿嬪不能親自哺乳，就必須使之回乳，因此請御醫診脈後開具回乳生化湯。檔案記載，御醫"請得懿妃脈息沈滑，係產後惡露未暢，腸胃乾燥之凍症，今議用回乳生化湯，午服一貼調理"。懿妃服過回乳生化湯後，果然有效。檔冊記載，四月初三日，御醫"樂泰、李萬清、匡懋忠請得懿妃脈息沈緩，諸症俱減，乳汁漸回，結核亦消"。

母以子貴，由於慈禧生下咸豐帝唯一的皇子，咸豐帝死後，皇子載淳繼承皇位，慈禧的地位和權力也扶搖直上。她活了七十四歲，經歷了咸豐、同治、光緒三朝，立過同治載淳、光緒帝載湘和宣統帝溥儀三個小皇帝，在同、光兩朝，她三次垂簾聽政，掌握國家大權四十八年，實際統治中國達半個世紀。

（四）宮女制度

1. 明宮女制度

宮女即在宮中供役使的女子，明、清兩朝宮女之制，各有不同。明朝宮內設有專門管理宮女的機構——六局一司。六局爲尚宮、尚儀、尚服、尚食、尚寢、尚功；一司爲宮正。每局領四司，共二十四司：尚宮局下屬有司紀、司言、司簿、司闈。尚儀局下屬有司籍、司樂、司賓、司贊，尚服局下屬有司寶、司衣、司飾、司仗，尚食局下屬有司膳、司醞、司藥、司饎，尚寢局下屬有司設、司輿、司苑、司燈，尚功局下屬有司制、司珍、司綵、司計。尚宮總理六局之事，戒令責罰，由宮正掌理。設宮官七十五人，女史十八人。六局的職掌是"以服勞宮寢，祇勤典守"，就是說她們要勤勤懇懇地在宮中服勞役，凡后妃們巨細衣食的費用、金銀幣帛、器用百物的供應，都由尚宮局呈報，通報內使監覆奏，再移交該管部臣領取供給（《明史》卷一一三，后妃傳序；卷七十四，職官制·女官）。

關於宮女的選充，主要來自江南女子。洪武十四年，朱元璋敕諭蘇州、杭州、嘉興、湖州等府及浙江、江西布政司："民間女子年十三歲以上，十九歲以下，婦人年三十以上，四十歲以下無夫者，願入宮備使令，各給鈔爲道里費，送赴京師。"女子備後宮，供后妃們役使，婦人充六尚局，在宮中服役。以後各朝都以此例選女充宮，每次選江南女子約三百多人。

在宮服役的女子、婦人，比較優秀的，先爲女秀才，再陞女史、宮官，以至六局掌印，按品給以俸祿。一般女子、婦人，在宮中服役五年或六年，允許出宮回家婚嫁。

2. 清宮女制度

清朝是以滿洲貴族爲主體的封建王朝，它的後宮制度具有深刻的民族特點。清王朝規定"宮中不蓄漢女"，滿漢不通婚，因此，無論是挑選妃嬪或是選用宮女，都是在八旗之內進行的。

（1）選秀女。

清朝歷代都通過選秀女來挑選后妃，選秀女每三年舉行一次，由戶部八旗俸餉處負責（光緒《欽定大清會典》卷二十一）。屆期由戶部行文滿洲、蒙古、漢軍八旗二十四都統，及直隸各省駐防並外任旗員，將應選閱女子年歲，由參領、佐領、驍騎校、領催及族長及本人父母或親伯叔父母兄弟、兄弟之妻，送至北京紫禁城神武門，依次序列，候戶部交內監帶領引閱。

遴選秀女，首先要審查旗屬和年齡。凡滿、蒙古、漢軍八旗官員，另戶軍士、閒散壯丁的女子，年滿十三歲至十七歲者，都必須參三年一次的備挑秀女活動。若在年限之內因病或其他緣故而未能參加者，俟下屆補選。凡違例不待閱選即行聘嫁者，或應選秀女於未閱之前私與宗室王公結親者，都要依例治罪。

各旗選定的秀女，按期抵京在神武門外廣場集合，按戶部編排的次序，在太監的引導下，每班五人，順序進順貞門，由皇帝閱看。凡皇帝看後滿意的，即留名牌，謂之"留牌子"。選看而不留者，謂之"撂牌子"，牌子上書某官某人之女，旗籍、年歲若干。

被選中的秀女，一是可能被皇帝召入宮中封妃嬪，但這祇是極少數。一旦有幸選入"內廷主位"，便可錦衣玉食，養尊處優。有的甚至晉陞為皇后，掌握內宮大權。如慈禧太后，由選秀入宮為蘭貴人，後來由於生了同治皇帝，不斷晉陞加封，最後當上了皇太后，掌握清朝大權四十多年。

被選中的秀女，多數由皇帝指配給皇室王公或近支宗室子孫為妻妾。

（2）選宮女。

選宮女由內務府會計司主管，選宮女每年一次，由內務府三旗，即滿洲正黃、鑲黃、正白三旗，凡三旗佐領、管領下女子，及回子佐領、健銳營番子佐領下女子，年十三歲以上至十七歲者，造冊送會計司匯總，奏交宮殿領侍等帶領引閱，每六人為一班，依次閱看。凡入選者，留宮備役使。未入選者，令其父母擇偶婚配。留宮之女，至二十五歲，都遣返回家，聽其與八旗及內務府三旗佐領、管領下人等結婚。

選宮女在官文書上也稱選秀女，但它與從八旗中選秀女是不同的。選秀女是為挑選妃嬪，是備內廷之位的，是宮內主子的身份。而選宮女，是供內廷各主位役使的，"供驅使"、"備灑掃而已"。按內廷規制，內廷主位宮女名額的分配為：皇太后十二人，皇后十人，皇貴妃八人，妃、嬪六人，貴人四人，常在三人，答應二人。

宮女雖然供各主子役使，地位低下，但個別長得美麗的，一旦被皇帝看中，便可陞入內廷主位，如果再能生男育女，便可得到封號，不斷晉陞。如康熙帝的良妃，原係內管領阿布鼐之女，由於生了皇八子允禩，被封為良妃。再如咸豐皇帝的四位美人：吉貴人、禧貴人、慶貴人、璷貴人，都是地位低下的宮女出身，由於她們容貌出眾，被皇帝看上，先納之為妻妾，後封為貴人，再晉陞為妃嬪。

多數的宮女供主子役使，日夜勞累，痛苦不堪，有的宮女被主子任意打罵，甚至被杖至死。如乾隆四十三年，惇氏、汪氏兇悍暴虐，竟將使喚女子毆打致死。有的宮女不堪主子凌辱，自尋短見。至於笨拙或因疾病不堪驅使的宮女，被驅逐出宮的，各朝各代，屢見不鮮，在內務府奏案中都有記載。

五、從清宮檔案看帝后的生活起居

皇帝一天的生活，包括御殿理政、向皇太后等長輩問安、早膳、批閱奏章、御經筵、晚膳、接見臣工、娛樂、入寢、寵幸妃嬪等。一天的活動，安排得滿滿的，而且要按規矩辦事。這在《起居注》中記得很詳細。如：

"康熙二十七年，五月初一日，壬申，辰時上御乾清門，聽部院各衙門面奏政事畢。杭州副步都統丹代、廣東副都統俄倫代奏請諭旨。……巳時，上問皇太后安。"

"初十日，辛巳，辰時，上御瀛臺勤政殿，聽部院各衙門官員面奏政事。巳時，上問皇太后安。"

"雍正四年正月十三日，丙午，早，上以孟春躬詣太廟致祭，禮畢回宮。是日上由神武門詣壽皇殿行禮畢，出西直門，幸圓明園駐蹕。"

"雍正四年四月初二日，卯時，上御乾清門聽政，部院各衙門官員面奏。……是日，上由神武門出西直門，詣恩佑寺行禮畢，幸圓明園駐蹕。"

另外，還有《內起居注冊》，專記皇帝在宮內問安、祭祀拈香、用膳、入寢，等等。

（一）皇帝御殿理政活動

清代前期的皇帝，如康熙、雍正等帝，都是比較勤政的。早期朝會的時間比較早，約在早上五點或六點鐘，許多王公大臣爲了准時到達，必須半夜起來，四五點鐘趕到乾清門。因而一些年逾七旬的大臣，飽嘗夜行寒風之苦，有的甚至跌倒於乾清門。康熙帝爲體恤臣下，於康熙二十一年九月，將御門聽政的時間改爲早上七點鐘進行。諭旨中說："朕御朝太早，各官於三四鼓趨赴朝會，殊爲勞瘁。自今以後，朕每日御朝聽政，春夏以辰初初刻，秋冬以辰正初刻爲期，啓奏各官，從容入奏。九卿、詹事、科道，原係會議官員，仍每日於啓奏時齊集午門。如有年力衰邁及患疾病，俱回本衙門說明，免其入奏時齊集。此外各衙門及部院司屬官員，俱停其每日齊集，著各赴本衙門辦事。每月常朝，仍應照舊行。"

這樣，清代御門聽政的時間，春夏兩季是在上午七點，秋冬兩季則在上午八點。如果皇帝出巡，駐蹕外地，聽政理事的時間不固定，或在上午七點，或在午時，或夜晚七點，隨情況安排。

皇帝處理政務除御門聽政之外，更多時間是批閱臣工的題奏文書。批閱奏章以雍正帝爲最勤，他平均每天要批閱數十件臣工奏摺，每摺手批數十言，甚或數百言。他白天上朝聽政，召見文武大臣，商議國家大事，衹能在夜間批閱奏摺。他在署直隸總督蔡埏奏摺上硃批道："白天未得一點之暇，將二鼓，燈下書寫，不成字，莫笑話。"雍正帝在《硃批諭旨》御制序文中說："每摺或手批數十言，或數百言，且有多至千言者，皆出一己之見，未敢言其必當。然而教人爲善，戒人爲非，示以安民察吏之方，訓以正德厚生之要，曉以福善禍淫之理，勉以存誠去僞之功。"

（二）帝后的游玩娛樂活動

1. 巡幸

康熙、乾隆二帝曾六次南巡下江南，還有西巡五臺山、東巡曲阜、盛京等地。皇帝頻頻出巡，名義上是了解下情，省方觀民，但實際上卻是大型的旅游活動。乾隆帝南巡之行，可以說是中國最大的皇家旅游團。

2. 木蘭秋獮

騎射尚武爲"滿洲根本",每年秋天,皇帝到承德圍場舉行打獵活動,屆時,蒙古、回部等少數民族王公臺吉等,要輪班入覲,扈從行圍,進獻貢品。清帝賜宴,游園玩樂。

3. 宮中娛樂嬉戲

新年節令娛樂。清代以元旦、冬至、皇帝壽誕日爲三大節,屆期舉行大朝會,進行隆重的慶典。元旦,即春節,皇帝要早早起床,先到各處祭祀,拈香拜佛行禮。清晨,即率諸王貝勒及一二品大員到皇太后處行禮,然後到太和殿接受文武百官及在京蒙古王公的慶賀,並在乾清宮大擺午宴,飲酒看戲。清宮檔案中除夕、元旦節次單,詳細記載了帝后在除夕和元旦的活動。

4. 冰嬉

隆冬時節,帝后要到西苑(今中南海北海)觀冰嬉。清朝一向注重武功,並將滑冰與習武結合起來。每年冬天,要從各地挑選上千名善滑冰者入宮受訓,從冬至至三九,在太液池上表演並比賽,供帝觀賞。故宮存有《冰嬉圖》記當時宮中冰嬉之盛。

5. 九九清寒圖

明清之際,每逢到三九寒冬,宮中流行一種紀時消遣的游戲,這便是填染九九消寒圖。每年冬至節前,宮室內部貼上九九消寒圖。自冬至開始,每過九天爲一九,共九個九計八十一天。每日由室主人按圖逐日填染消寒圖,至填滿全圖,九九也就過去了,於是春風送暖,柳綠桃紅,萬象更新。在嬉戲之中,不覺寒冬消失了,迎來了明媚的春光。

宮中這一紀時游戲活動,留下了不少的九九消寒圖和有關記載。現存的清代九九消寒圖多種多樣,形式各異,真是爭奇鬥巧,妙趣橫生。現舉幾種,以供欣賞。

"管城春滿"消寒圖。據《清宮遺聞·宮闈歲時》記載,道光初年,御制九九消寒圖,用"亭前垂柳珍重待春風"九字。每字皆九筆,符九九之數,又寓迎春之意。字由懋勤殿翰臣雙鈎成幅,題名"管城春滿"。從頭九第一天起,每日填一筆,每填完一個字便過一九。待填完"亭前垂柳珍重待春風"九個字後,也就春光滿庭了。

"陰陽符號"消寒圖。每冬從交九開始,每天畫一個陰陽符號,同時又記下當天的天氣，具體畫法是"上晴下陰，左風右雨，雪點當中"。

"寶葫蘆"消寒圖。它以中國歷史故事為內容，用漢字組成連環葫蘆，各環內再填寫"雁南飛哉柳芽待來春"九個字。這樣一張小小的消寒圖，以九九歌的形式，把中國幾千年的歷史都編了進去。但要仔細閱讀和辨認，纔能連貫地讀下來。不妨您先試讀一下，再看原文底稿。

九九歌原文：

　　頭九初寒纔是冬，三皇沿世萬物生，
　　堯湯舜禹傳桀事，武王伐紂列國分。
　　二九朔風冷難當，臨潼鬥寶各逞強，
　　王翦一怒平六國，一統江山秦始皇。
　　三九紛紛降雪霜，斬蛇起義漢劉邦，
　　霸王力舉千斤鼎，棄城歸山張子房。
　　四九滴水凍成冰，青梅煮酒論英雄，
　　孫權獨占江南地，鼎足三分屬晉公。
　　五九迎春地氣通，紅拂私奔出深宮，
　　英雄奇遇張忠儉，李淵出現太原城。
　　六九春分天漸長，咬金聚會在瓦崗，
　　茂公又把江山定，秦瓊敬德保唐王。
　　七九南來雁北飛，探母回令是彥輝，
　　黍夜母子得相會，相會不該轉回歸。
　　八九河開綠水流，洪武永樂南北游，
　　伯溫辭朝歸山去，崇禎無福天下丟。
　　九九八十一日完，闖王造反到順天，
　　三桂令兵下南去，我國大清坐金鑾。

這樣在寒冬深宮之中，既紀時消遣，又熟悉了歷史故事，真是一種有意義的活動。

6. 御園行樂

清代的皇家園林規模大，數量多，如北京的三山五園、西苑，承德的避暑山莊，山清水秀，風光旖麗，庭院林木錯落有致，清代數朝皇帝大部分時間在園內居住。宮中和各個園中，都建有戲臺，除初一、十五演戲外，每逢慶典和節令，宮中連演數天的戲。現有原存於宮中的戲本、戲單很多。看戲是帝后們主要娛樂活動之一。

其他娛樂活動，如琴棋書畫、花鳥魚蟲、鬥蛐養蟈等，每個皇帝各有所好。如故宮現存有《雍正皇帝垂釣圖》、《乾隆皇帝撫琴圖》、道光皇帝《喜溢秋圖》、《慈禧太后下棋像》等，都是當時皇帝娛樂喜好的寫照。在清宮檔案中還存有一批寵物名冊，冊中詳細記載了貓、犬、鳥類等寵物的名字，何時呈進、餵養情況以及生卒年代等，如乾隆時期的《養生底冊》中記載：

> 乾隆二年正月初五日傳奏事太監張玉交來包衣昂邦常明進灰色鷁鶉一隻。敬事房每月用紅穀子一升，本月初六日賞人用訖。
>
> 乾隆十一年閏三月十七日，漕運總督顧宗進瑞紅鳥二個（隨籠子二個），每個月用紅穀子一升。白喜鵲一個（隨籠子一個），每月用江米一升，每日用豬裏脊肉一條。阿香鳥一個（隨籠子一個），每月用江米一升。……
>
> 乾隆五十一年二月十四日，福長安進白鸚子一隻。每日用家雀六個。乾隆五十二年三月十五日，厄嚕哩傳旨：放在靜宜園。欽此。於本日交福長安領去。

在末代皇帝溥儀的養犬冊中，記述有一百多隻各種名犬，其中有中國的，也有外國的，有家犬、警犬，毛色各異。每頭都起有名字，係以牌號，如紫球、蓬頭、蝴蝶、紫獅子等。在洋犬中，有德國警犬、英國虎犬等，溥儀每天閒暇時便馴犬玩樂。

六、宮廷醫藥檔案研究

中國傳統的醫藥學，是我國人民的智慧結晶，是中華民族優秀文化遺產的重要組成部分。而宮廷醫藥學，更是祖國醫藥學發展長河中一顆燦爛的明珠。

（一）清代太醫院

中醫藥學的發展，源遠流長。中國歷代統治者都非常重視對醫藥的管理。據史書記載，黃帝時使用岐伯管理醫藥事務。周朝時設有醫師、上士、下士，掌醫務之政令。秦及兩漢有太醫令丞，主管醫藥，隋唐設太醫署，宋設太醫局，到了金代始設太醫院，以後元、明、清都相沿設立太醫院。

清入關後，依據明制，於順治元年設立太醫院，為正五品衙門，設院使一人，左、右院判各一人，御醫十人，吏目三十名，醫士四十人，醫生二十名，以上均為漢缺。乾隆五十八年，特簡滿洲大臣一人，管理院務。以後歷朝，醫官人員各有增減。

清太醫院官署仍沿明代太醫院舊址，即在正陽門內以東東交民巷內。到了清末庚子年，因八國聯軍侵占北京，以後依據《辛丑條約》將此地劃入各國駐華使館區，因此在地安門外以東，在協巡總局地址上建立了新署。

太醫院供太昊伏羲氏、炎帝神農氏、黃帝軒轅氏等先醫像，每年二月十一日上甲日，於本院之景惠殿祭先醫。另外，為了便於御醫們在宮中值班，於紫禁城東牆裏側，上駟院之北，設立"他坦"（滿語，休息處所之意）一處，為御醫在宮中值班休息之處，今已無存。

太醫院的職掌是"掌考九科之術，率其屬以供醫事"（《光緒會典》卷八十一）。太醫院主要為皇帝嬪妃、王子公主、王公大臣及宮內人員治病、施藥。

太醫院醫術分九科：大方脈科、小方脈科、傷寒科、婦人科、瘡瘍科、針灸科、眼科、口齒科、正骨科。醫官、醫士、醫生各專一科，輪班入值。

太醫入值，給事宮中者，叫宮值，給事外廷者叫六值。宮值於內藥房。六值即在寧壽宮、慈寧宮、乾清宮、鍾粹宮、壽康宮、壽安宮的外值房待值。皇帝在圓明園、避暑山莊等處，御醫都要隨行奉侍。

太醫院設有教習廳以培養醫務人才，於御醫、吏目內擇學品兼優者，充當教習。凡進院業醫及醫官子弟，均送教習廳學習。同治六年，又設醫學館，派教習廳三人，按春秋二季考試醫士、恩糧、肄業生，列定等次，按名頂補。六年一大考，除院使、院判及內廷侍值御醫以外，凡八九品吏目、醫士、恩糧、肄業等員，一律考試。太醫院堂官核其文理醫學，分別去留。

太醫院教習廳和醫學館培養人才的方法，大都以內經、脈訣、本草等書爲基本教材，這種方法因循守舊。到了光緒三十四年，太醫院院使張仲元奏請開辦醫學堂，教材中西醫兼備，同時智育、體育、德育並重，以培養醫藥通才，供職內廷。計劃先辦中學班，學制五年，續辦高等班，學制八年。中學班以中醫爲主課，兼學算學、生理、英文、理化、西醫大要等。高等班以西醫爲主課，兼學中國醫學、中醫大要等。這樣以中西醫學兼備、培養醫學通才的新方法，是太醫院歷史上一次創舉，也是中國醫學一次重要的改革。

宮中設御藥房，於順治十年設於東華門內東三所，是宮廷的醫藥機構，初由總管首領太監管理，康熙三十年改歸內務府管理，設有管理大臣、主事、委署主事等官員，以管理御藥房事務。另外宮內還設有壽藥房，是專爲同治帝瑜、珣、瑨三妃設置的藥房。御藥房、壽藥房統稱內藥房，另設外藥房即生藥庫。生藥房初隸禮部，順治十六年改歸太醫院管理。院官一人，統領庫務，設庫役十名。順治十八年定，生藥庫復隸禮部，但仍由太醫院選委醫士二人，管理藥庫，買辦藥材，兩年更換一次。

關於宮中藥材的來源，一般由下列三個渠道得來：

一是由各省出產藥材的地方徵收而來。其徵收實物者，謂之"本色藥材"，折價銀兩者，謂之"折色藥材"。《康熙十三年浙江布政使陳秉直造報各府解本折藥材數目冊》中，杭州府之白芍、白朮、台州府之烏藥、豬牙皂等爲本色，冊中所列僵蠶、蔓荆子、草決明爲折色。

二是由京城地方藥商采買而來。一般均按定例給價，令藥商采辦，由太醫官驗視，擇佳交進，令內藥房醫生切造炮制，如樂姓同仁堂即爲繳納宮中藥材商號之一。從乾隆時起，同仁堂就承擔此項任務。同治時，內藥房"專用咀片藥味，以及紙張大赤金等項，均係傳取同仁堂揀選上好純潔藥味，以備供內廷應用"。同仁堂不僅供應內廷生藥，清末，它的丸散膏丹方也被宮中鈔存。如清宮檔案中有一冊《同仁堂丸散膏丹配方　光緒十一年六月初四日，同仁堂鈔來》。其中列有"硃砂安神丸"等九十二方，另列"碧雲散"等九方，末附"益壽比天膏"一方，共一百零二方。

三是各省督撫大員就其地土特產品照例進貢而來。如雲南省之茯苓，廣東省之橘紅，四川省之冬蟲草，奉天、吉林所產人參等，都由當地軍政大員按期進貢，交御藥房使用。

（二）宮廷醫藥檔案概況

宮廷醫藥檔案主要是太醫院、御藥房等宮廷醫藥機構在其職能活動中形成的，這些檔案有：

1. 脈案

是太醫院的御醫爲皇帝、皇后、妃嬪、皇子、公主、太監、宮女及部分親信王公大臣的診病記錄，即"脈案"。脈案中詳細記錄了御醫們爲帝后嬪妃等請脈診病的時間、診脈治病的情況以及治療的處方等。現存有雍正、乾隆、嘉慶、道光、咸豐、同治、光緒、宣統諸帝及慈禧太后、恭親王奕訢，並歷朝后妃、皇子、公主、太監、宮女的脈案，這些系統的脈案是研究清宮醫案的第一手材料。

2. 用藥底簿

是皇帝、皇后、嬪妃、皇子、公主、太監、宮女及部分親信王公大臣的用藥底簿、配方密本等。例如歷朝皇帝賞賜臣工的《五食丸底簿》、《配方檔》、《乾清宮傳藥檔》、《儲秀宮傳藥檔》、《壽安宮傳藥檔》等，還有乾隆時期的《萬歲爺用藥底簿》、《惇妃用藥底簿》，道光時期《皇后進藥用藥底簿》、《琳貴妃進藥底簿》，咸豐時期《墩嬪進藥用藥底簿》、《鐘郡王進藥用藥底簿》、《孚郡王進藥用藥底簿》，同治時期《萬歲爺天花喜進藥用藥底簿》，光緒時期《老佛爺進藥用藥底簿》、《太醫院配方檔》，宣統時期《皇上進藥底簿》等。

3. 庶務檔案

是太醫院、御藥房、壽藥房等爲人事、財務和醫藥的管理而形成的庶務檔案。人事方面有太醫院、御藥房的官員、御醫、蘇拉、醫生、藥商、筆帖式等花名冊，出入紫禁城門照，及陞遷獎懲等記錄；財務方面有宮內及頤和園日用賬，官員俸餉冊，領取藥價、月例銀兩簿，各宮藥價、紙張、飯食銀兩冊等。關於藥物管理方面有《黃蘭冊底簿》，爲光宣時期每年奏銷進用藥味的稿簿。乾隆四年十月奏准，嗣後所用藥味數目斤兩，每三個月奏銷一次。奏準後，向戶部領取錢糧。乾隆五年奏准，每年進用藥味，分"舊存"、"開除"、"實在"開列數目，繕造黃冊，於次年五月具奏，

《黃蘭冊底簿》就是遵例奏銷一年內進用藥味的匯總底冊。

乾隆五年奏准，進用藥味各立專檔，每月一次將用存數目呈明存案，因此有《咀片藥味檔》，即每月進用咀片藥味的記載，《進到藥味檔》即每月購進藥味存用各數的記載，《交藥檔》記載清宮等處傳用藥物賬，《經藥檔》記各處唸經用藥情況，《催藥檔》爲藥庫催同仁堂等藥商交藥的催票底稿，《上傳檔》爲同治帝傳用藥味檔，還有皇帝出巡、謁陵隨扈備帶藥物器皿、紙張的清冊等。

《暑差檔》，記每年按例自小暑至處暑分別於紫禁城乾清門和中南海的西苑門外，及壽安宮、養心殿、頤和園等處每日安設香薷湯各一次，以備當差的王公大臣、宮中人員服用，以防暑降溫。光緒《香薷湯方》如下：

香薷一兩五錢　甘草一兩五錢　扁豆一兩五錢　赤苓一兩　黃芪二錢　厚樸二錢　陳皮二錢　菊花一錢。以水熬湯。（《慈禧光緒醫案選》）

4. 醫藥文物

御藥房檔案中，有《旨意查核藥房總檔》一冊以及有關文書，專記自雍正以後，御藥房熔化、新造、現存銀器皿以及所存人參等重要藥品數目等。現在保存下來的有當年御藥房配置丸散膏丹的銀質器皿和模具，有設計精巧、攜帶方便的藥袋、藥櫃，有當年備用的牛寶、馬寶、猴寶、狗寶、蜘蛛寶等罕見的名貴藥材，還有西洋傳教士進貢的西藥和葡萄酒，太醫院購置的西洋人體解剖模型、化驗用的顯微鏡、消毒用的蒸汽發生器、比較準確的天平。這些名貴藥材和文物，至今仍保存在故宮博物院內。

太醫院、御藥房、壽藥房的檔案，總共有四萬八千四百五十八件（冊）。這些檔案按檔案學來源原則的觀點，應劃爲太醫院全宗，集中統一進行整理編目。但這些檔案都分散於宮中各處或內務府等全宗檔案中。文獻館在最初整理中，以存放地點爲標準，分別放入"宮中檔案"及相關全宗中，進行整理編目。今後可以做《太醫院、御藥房檔案專題目錄索引》，以彌補這一缺點。

宮廷醫藥檔案，除太醫院、御藥房檔案之外，還有宮中硃批奏摺和軍機處錄副奏摺中，皇帝有關醫藥的硃批諭旨，例如康熙、雍正、乾隆諸帝有關引進西醫和西藥的硃批，有關太醫院院判及御醫的徵召任用、對御醫治療疾病的申斥或褒獎等，對研究清宮醫案也是很重要的材料。

清代各帝的起居注及御茶膳房的各項記錄等，反映了帝后的起居飲食等生活情況，亦是研究清宮醫案的不可缺少的參考材料。

下面僅就各朝脈案及宮中醫藥配方加以重點敘述和研究。

(三) 清宮脈案

太醫給皇帝及赴各宮看病，須由御藥房太監帶領前往。御醫診視皇帝疾病，須會同內監就內局合藥，將藥帖連名封記，然後具本開載本方藥性治症之方，於月日之下，醫官、內監書名，以進御鑒。凡進藥奏本既具，隨即登簿，並於年月下書名，由內監收掌，以憑稽考。煎調御藥，太醫院官與內監監視，以兩服藥合爲一服，俟熟，分入兩器，其一器御醫先嘗，次院判嘗，再次內監嘗，嘗飲後認爲無毒、正常，然後將另一器的藥送皇帝喝。

太醫在宮內爲皇太后、皇后、貴妃、妃、嬪、貴人等診治疾病，處方用藥，必須將患者姓名、醫者姓名一一登記入冊，以備查考，就是給宮中的太監、嬤嬤、宮女等看病，亦是如此。不過宮中使用人等，一般不立個人專冊，而是以某宮若干人爲一冊，如光緒八年二月十七日立《長春宮總管、首領、太監等用藥底簿》。

太醫院官除了給宮中各主位看病以外，也奉命給王公大臣看病。一般皇帝要派侍衛帶同御醫前往診視，王公大臣所患何病以及如何治療，都要明白回奏皇帝知道。

另外，軍前需醫，太醫院奉旨，也要差官馳驛前往，並由兵部官送至軍前。凡文武會試，太醫院要送通曉醫理熟諳大方脈科、外科各一員，入場供事。又診視刑部獄囚，亦由太醫院派醫生二名應差。

在太醫院醫事活動中，形成了大量的脈案，即今天病人的病歷。現存的脈案中既有清朝各代皇帝及后妃、皇子、公主、宮女、太監等人的脈案，也有王公文武大臣、藩部首領的脈案，其中有內、外、婦、幼、專科、雜病等各種病例，是今天研究中醫史的極難得的珍貴史料。

以下分述清代各朝的醫案。

1. 順治朝

滿族在入關之前，經濟、文化都較漢族落後，在診治疾病方面，還存在着濃厚的求神占卜的落後習俗。甚至到了清入關後的順治九年，對於中藥的用途效用，在宮廷中還發生過幼稚的爭論。如有的官員認爲"金石之味,不可以宜人。蓋人有老少虛實,藥有溫涼泄補,倘用不得當,則養人老反是害人"。但這些落後愚昧的意見,在實踐中逐步被善於學習先進文化的滿族統治者所拋棄。

順治時期,北京一帶天花流行。長期處嚴寒地帶的滿族,乍一入關,由於素來沒有這種免疫力,致使許多滿人染痘死亡。因此當時從宮廷到民間,經常把人們分爲出過天花和未出過天花的兩類。前者叫"熟身子",後者稱"生身子",人們往往"談痘變色"。對出過天花而僥倖活下來的人來說,猶如逃脫了一生最大的災難。當時,宮中一旦發現了天花,皇帝便迅速出宮避痘。例如順治十二年,因皇后出疹,順治帝便急忙去南海子居住避疫,有的王公也嚇得避住京城西北的鞏華城。凡遇"民間出痘者,即令驅逐城外四十里"。

順治帝在位十八年,在福臨去世前考慮繼承皇位人選時,是否出過天花,爲選擇皇位繼承人重要條件之一。因玄燁從小出過天花,有終生免疫力,所以最終選擇他繼承皇位,這就是以後的康熙皇帝。

據《湯若望傳》記載,在選擇順治帝的繼承人時,最初想從一位從兄弟中選,但是皇太后和親王的意見,要從皇子中選一位繼承人。皇帝使人問湯若望的意見。湯若望"完全立於皇太后一方面。而認爲被皇太后選擇的一位皇太子,最爲合適的繼承者","皇帝最後受到湯若望的勸促,捨去一位年齡較長的皇子(福全),而封一位庶出的、還不到七歲的皇子(玄燁)爲帝位之繼承者"。所以如此選擇,"是因爲這位年齡較幼的太子,在髫齡時已出過天花。不會再受到這病症的傷害"。

2. 康熙朝

到了康熙時期,清廷統治者已普遍認識到"種痘"能增強抵抗力的道理,提倡普及種痘免疫。康熙帝曾說過:"國初,人多畏出痘,至朕得種痘方,諸子女及爾等子女皆以種痘得無恙。今邊外四十九旗及喀爾喀諸藩,俱命種痘,凡種痘者皆得善愈。嘗記初種,年老人尚以爲怪,朕堅意爲之,遂全此:千萬人之生者,豈偶然耶!"(《庭訓格言》)

康熙帝是一位好學敏求、勇於吸收外來文化的君主,他不僅積極學習西方的天文、數學等自然科學,而且對西方的醫學也很感興趣。他親自批諭廣東巡撫楊琳:"西洋人若有各樣學問或行醫者,必著速送至京中。"

（見宮中檔案硃批廣東巡撫楊琳奏摺）康熙時在宮廷供職的西洋人，像湯若望、利類思、羅懷中、張誠、巴明多、馮秉正、烏爾達等都會西醫，而且有的有很高醫學造詣。如湯若望配制的"延生保命丹"，法國傳教士翻譯的法人皮理的《人體解剖學》，利類思、安義思和南懷仁等著的《西方要紀》等都具有很高的醫學水平。康熙帝經常請他們到宮中講解西方知識，如請法國人白晉講人體解剖學等。

這些西方傳教士不僅帶來了西方的醫學知識，而且還帶來了西洋藥材，康熙三十二年，康熙帝染上了瘧疾，西洋傳教士洪若翰（1687年來華）、劉應（1687年來華）進呈金雞納霜（即奎寧）給皇帝治病。《燕京開教略》記載，當時"皇上以未達藥性，派四大臣親驗，先令患疾者服之，皆愈，四大臣親自服少許，亦覺無害，遂請皇上進用，不日瘳瘥。……特於皇城西安門賜廣廈一所"。所賜西安門廣廈，即北堂。

從宮中醫案中記載，康熙帝中年以後，還得過唇瘤、心悸等病，都被傳教士治好。康熙帝瘧疾治愈後，他把金雞納霜作爲"聖藥"賞賜他的臣下。如賜給江寧織造曹寅，曹寅是《紅樓夢》作者曹雪芹的祖父，曾於康熙五十一年七月患上瘧疾，曾向皇上討求金雞納霜。康熙得知後，派驛馬將此藥飛遞給曹寅，並在曹寅求藥的奏摺上硃批："瘧疾若未轉瀉痢還無妨，若轉了，此藥用不得，須要認真。"可是，曹寅沒等藥送到就一命嗚呼了。

康熙帝對這些傳教士也非常關心，經常在宮中宴請他們。他們如有疾病，皇帝即命太醫院御醫給他們治病。康熙二十六年十一月，南懷仁病篤，康熙帝幾次派御醫去診脈治療。康熙三十年四月初二日，安多患病，康熙帝得知後，即派太醫孫徵百親去診治，初三日，又遣侍衛趙昌到堂慰問。並下旨道："安多之病，著王元佐醫治，須小心調理。"康熙帝的皇子也對這些傳教士非常關心，康熙五十二年陽歷五月，意大利人德理格患病，與德理格交往較深的皇三子派去太醫院高明的御醫，命其小心爲其治病，結果，德理格的病很快被治好了。

康熙朝宮廷的醫療活動，無疑促進了中西醫學和文化的交流。

3. 雍正朝

雍正帝最看重御醫的醫療水平，他曾親筆諭示各省督撫大員："可留心訪問有內外科好醫生與深透修養之人……倘遇緣訪得時，必委曲開導，令其樂從方好。不可迫之以勢，厚贈以安其家。一面奏聞，一面著人優侍送至京城，朕有用處。竭力代朕訪求之，不必存疑難之懷；便薦送非人，朕亦不怪也。朕自試用之道。如聞有他省之人，可速將姓名來歷密奏以聞，朕再傳諭該督撫訪查，不可視爲具文從事。以留神博聞廣訪，以副朕意，縝密爲之。"雍正帝當時連連下了八道硃諭，可見其尋求名醫的迫切心情。

4. 乾隆朝

（1）容妃醫案。

據宮中《人參底簿》載：乾隆五十三年三月十五日，容妃用人參珠子散一料，用過五等人參一錢。

容妃即香妃，和卓氏，回部臺吉和札賚女，乾隆三十三年晉容妃，五十三年四月十九日死，此方爲臨終前一月配用。

（2）乾隆皇帝長壽秘方。

乾隆皇帝是清朝入關後第四代皇帝，生於康熙五十年（1711）八月十三日，卒於嘉慶四年（1799）正月初三日。在位六十年，退位後又當了三年太上皇，終年八十九歲，是中國所有皇帝中壽命最長的。

乾隆一朝的文治武功可謂達於極盛，乾隆帝自稱"文治武功"爲古今第一人。他晚年對自己功業和長壽非常志得滿意，曾說："自漢以來，帝王登古稀者惟漢武帝、梁武帝、唐明皇、宋高宗、元世祖、明太祖。六帝之中，惟梁武帝、宋高宗、元世祖年登八十。而三帝之中，惟元世祖可稱賢主，然亦未能如余之五世一堂。"他於乾隆四十五年七旬萬壽時，特撰《古稀說》，刻"古稀天子之寶"玉璽，又刻"五福五代堂古稀天子寶"印。及壽至八旬時，又刻"八徵耄念之寶"，並特作"八徵耄念之寶記"。乾隆五十七年，命鐫"十全老人之寶"，並特作"十全記"，甚爲自豪和洋洋得意。

乾隆五十八年八月十三日，是乾隆帝八十三歲壽辰之日。在這一天，乾隆皇帝在避暑山莊的澹泊敬誠殿舉行了隆重的慶典。據參加慶典的英國首次訪華使團副使喬治·斯當東所寫的《英使謁見乾隆紀實》中說："皇帝說，他今年八十三歲了，身體仍然很健康，希望英王陛下也能同他一樣長壽。他看上去確實很健康，不像一個已經統治國事五十七年之久的樣子。典禮結束後，皇帝精神矍鑠地從寶座上走下，健步走上肩輿，毫無衰老狀態。"（〔英〕斯當東《英使謁見乾隆紀實》香港三聯書店1994年版）英使馬戛爾尼在訪華日記中，也記載"所見乾隆皇帝八十三歲高齡，帝威風凜然，而親愛謙讓之德流露於外，待遇余等可謂殷勤盡致，觀其風神，年雖矍鑠可以凌駕少年人，望之如六十歲人"。這些記載足以證明乾隆皇帝長壽而又健康。根據清宮乾隆帝臨終脈案，陳可冀院士研究分析，乾隆皇帝最終"係衰老而故，並無痼疾"。如乾隆六十三年十二月十五日脈案："皇上聖脈安和，心氣安寧，今止湯藥。議每日早進參脈飲內再加人參五分，共一錢五分，麥冬仍用二錢。"嘉慶四年（乾隆六十四年）正月初一日卯初一刻脈案："皇上聖脈安和，惟氣弱脾虛，議用參蓮飲。人參一錢五分，建蓮三錢，老米一錢炒，水煎。"時隔二日，於正月初三日辰時，乾隆皇帝老死。

關於乾隆帝長壽的秘訣，後世有多種記載和傳說。現在分析，乾隆皇帝長壽的因素可能是多方面的，但首要的是他經常服用的長壽醫方和養生方法。乾隆皇帝所用的長壽方有：

①龜齡集方。共三十三種藥，將上藥為末，制成紫色為度，每服五厘，黃酒送下，渾身燥熱，百竅通和，丹田微暖，委陽立興。

②龜齡酒方。將前三十三味藥，共成粗末，用燒酒三十斤，江米窩兒白酒二十斤制取。

③松齡太平春酒方。近二十種藥，用玉泉酒二十斤等三種酒。上藥入布袋內，煮一炷香。

④椿齡益壽藥酒方。連翹二兩　側柏一兩　槐花一兩　當歸一兩　地榆一兩　陳皮一兩　條芩一兩　厚樸一兩　蒼朮一兩　松仁四兩　冰糖一斤

共合一處，盛入布袋內，用燒酒二十五斤，白酒二十五斤，將藥入酒內，蒸三炷香，埋入地內，一月後為度出用。

⑤健脾滋腎壯元方。九香蟲一兩五錢　杜仲八錢（鹽水炒斷絲）　車前子三錢（微炒）　廣陳皮四錢　懷山藥一兩　鹿茸一對（去毛切片）

上藥盛裝，用甜酒五斤，燒酒五斤，煮三炷香時取起，涼水泡一夜，

取出，隨量酌飲，大有裨益。將上藥取出曬乾或焙爲末，煉蜜爲丸。每服二錢，以淡鹽湯送下後，用上酒三杯更妙。

⑥秘授固本仙方。近四十種藥，如法制作，爲末，共和一處。用金櫻子去刺皮及毛、子淨一斤，入沙鍋，換水，煮至味淡，去渣，將汁濾淨，慢火熬成膏，化入眞鹿角膠八兩，在膏內和煎末藥，再加煉蜜，於石臼內杵千餘下，爲丸如梧桐子大，每日早晚各服三錢，溫酒下。若火旺者，加龜板膠四兩、黃柏、知母各二兩（鹽酒炒），入前方中。

"以上六首長壽醫方，均多補益之品。""有的業已證明對老年的若干常見病的預防和治療有一定的實用價值，有的則尚待研究。"（陳可冀《乾隆帝長壽醫方分析》，《清宮醫案研究》，中醫古籍出版社 1990 年版）

清代御醫後裔還研究總結出乾隆帝十六字長壽秘訣：吐納肺腑，活動筋骨，"十常""四勿"，適時進補。

吐納肺腑即每天在黎明即起，到空氣清新的地方，吸入新鮮空氣，呼出體內渾濁氣體，促進身心健康。

活動筋骨：注重身體鍛煉，增強抗病能力，常年堅持運動。乾隆帝喜歡游山玩水，騎馬射箭，他曾六次南巡，晚年尚喜好狩獵，這些活動與乾隆帝的健康長壽有密切關係。

"十常""四勿"：身體的十個部位要經常活動，四件事應注意節制。

"十常"即齒常叩、津常咽、耳常彈、鼻常揉、睛常運、面長搓、足常摩、腹常旋、肢長伸、肛常提。

"四勿"即食勿言、臥勿語、飲勿醉、色勿迷。

適時進補：人到晚年，新陳代謝功能減退，適當地用一些營養豐富的滋補品，增加營養，延年益壽（以上見善浦《乾隆長壽秘訣》）。

（3）乾隆皇帝的飲食。

合理的飲食，科學的配方，是一個人健康長壽的重要條件之一，乾隆皇帝對其膳食茶飲十分重視。宮廷設有御茶膳房，是專門管理帝后飲食和內廷筵宴的機構。乾隆十五年又把御茶膳房分爲內膳房和外膳房。內膳房下設葷局、素局、點心局、飯局等機構，專管帝后妃嬪的日常飲食，外膳房承辦筵宴及爲值班大臣侍衛等備膳。乾隆帝還特命建立膳食檔案，中國第一歷史檔案館現存有御茶膳房大量的檔案，僅記載乾隆膳食檔就有二十多冊，如《乾隆元年至三年照常膳底檔》、《乾隆四十四年十月至四十五年節次照常膳底檔》、《蘇造底檔》。還有乾隆帝到各處巡游時的膳食檔案，如《盛京節次照常膳底檔》、《五臺山節次照常膳底檔》、《山東節次照常膳底檔》、《江南節次照常膳底檔》等。從乾隆帝膳食檔中，可知乾隆每天早五點左右（寅正至卯初）起床，六點至七點（卯正至辰初）早餐，下午二點左右（午、未兩時）午休和晚膳。飯後批閱奏章，或看書、作詩，或看戲、聽音樂。晚五點至七點（酉時）晚點，即小喫、水果之類，然後沐浴入寢。

從大量乾隆帝膳食底檔可以看出，乾隆帝不同的年齡段有不同的配方餐。

乾隆帝登極時的二十五歲到四十五歲之間，正處於青壯年階段。每天的飲食，如乾隆十六年五月二十五日寅正二刻，請駕侍候冰糖燕窩一品。辰初一刻進早膳：銀葵花盒小菜一品，南小菜一品，清醬茄子一品，酥訓一品，酸菜韭菜酸黃瓜一品，碎酸菜韭菜一品，肉片一品，雜碎一品，燕窩紅白鴨子一品，火熏肥雞燉豆腐一品，鹿筋煺肘子一品，點心四品，奶皮敖爾布哈四品，蜂糕一品，竹節卷小饅首一品，孫泥額芬白糕一品（御茶膳房檔案五八〇卷）。

乾隆十六年六月初四日，卯正一刻進早膳：芙蓉鴨子一品，羊肉燉窩瓜一品，羊肉絲一品，韭菜炒肉一品，清蒸鴨子額爾額羊肉攢盤一品，竹節卷小饅首一品，匙子錚錚紅糕一品，蜂糕一品，葵花盒小菜一品，銀碟小菜四品，隨送肉絲湯膳一品，豬肉餡餛飩一品，果子粥一品，雞湯老米膳一品。

未正：燕窩肥雞歇野雞一品，蔥椒肘子一品，鴨子火熏燉白菜一品。後送炒木樨肉一品，肉片炒扁豆一品，蒸肥雞燒狍肉攢盤一品，象眼小饅頭一品，白麵絲糕糜子面糕一品，豬肉餡湯麵餃子一品，腿羊肉攢盤一品，銀葵花盒小菜一品，銀碟小菜四品。隨送粳米乾膳一品。次送芙蓉鴨子一品，羊肉絲一品（御茶膳房檔案五八〇卷）。

乾隆帝四十六歲至六十五歲，中老年時期。這時期以乾隆三十五年八月初二日進膳為例。卯正進早膳：祭神肉絲一品，細肉絲一品，燕窩火熏肥雞一品，羊肉燉窩瓜一品，羊肉片一品，清蒸鴨子煺豬肉攢盤一品，竹节卷小馒首一品，匙子饽饽红糕一品，祭神糕一品，銀葵花盒小菜一品，南小菜一品，醬黃瓜一品，韭菜黃瓜一品，碎酸菜韭菜一品，蜂蜜一品。隨送稗子米乾膳進一品（御茶膳房檔案五八〇卷）。

乾隆帝六十六歲至八十九歲，老年時期。這時期飲食以乾隆六十年正月初一日進膳爲例。辰時早膳：拉拉一品，燕窩紅白鴨子南鮮熱鍋一品，鴨子火熏白菜熱鍋一品，口蘑鍋燒鷄熱鍋一品，羊肉片一品，托湯鴨子一品，鹿尾醬一品，碎剁野鴨一品，清蒸關東鴨子鹿尾攢盤一品，爛豬肉攢盤一品，竹節卷小饅首一品，孫泥額芬白糕一品，年糕一品，小菜四品，咸肉一碟，燕窩攢絲湯煮饽饽一品，果子粥，奶子、饽饽、豬肉、羊肉、鹿肉、腿鹿肉、燒野豬肉、羊腿肉、清蒸鴨子，等等。

從乾隆皇帝青壯年、中老年及晚年各個時期的食譜來看，乾隆皇帝的飲食以肉食爲主，肉食中以紅白鴨子、鹿肉居多。菜譜葷素搭配，既有各種肉食，又有白菜、蘿蔔、口蘑、冬笋、豆製品等。主食花樣頗多，五穀粗細相宜。根據各個年齡段身體狀況，"不同時期的健康情況，在飲食上調節其體内陰陽平衡，以到達陰平陽秘。各種食物有着不同的性味，不同的營養成分，合理的烹調，合理的搭配，使身體基本上處於陰陽平衡，纔能不得病，少得病"。"乾隆之所以長壽也在於食入的品種以及量上合理，食物的烹調炮制合適。這是他長壽的奧妙所在。"（朱登敏等《乾隆皇帝長壽與飲食探秘》）

乾隆皇帝是一位美食家，他喫的菜既有滿菜，也有漢菜；有北方風味的，也有南方風味的，可以說匯南北風味菜於一席。他不僅在宮中是這樣的，而且出外巡游，也要帶上會做各種菜的廚子。例如他東巡時，攜帶的廚師是做各種蘇揚菜的，即使巡游在寒冷的北方，也能隨意喫上"鴨子東坡肉"、"徽州肉白鴨子蘇膾"等江南風味菜。乾隆帝離京外出巡游，都要帶上北京玉泉山泉水，他認爲玉泉山水水質最好，長飲可以長壽。

5. 同治朝

同治帝載淳爲清朝入關後第八代皇帝，是咸豐皇帝與葉赫那拉氏（慈禧太后）的獨生子。生於咸豐六年（1856）三月二十三日，咸豐十一年十月初九日即位，時年六歲。因皇帝年幼，由兩宮皇太后垂簾聽政。同治十二年（1873）親政，時年十八歲。同治十三年十二月初五日病逝，享年十九歲。

關於同治帝的死因，社會各界有不同的說法。一說死於梅毒，說同治帝經常微服夜游，出東華門尋花問柳，結果染上梅毒，不治而亡。一說死於疥瘡，一說死於天花，可謂衆說紛紜，莫衷一是。

從清宮檔案記載，同治帝死於天花，是毫無疑問的。

現存的清宮醫藥檔案中，有一份《萬歲爺進藥用藥底簿》，詳細記載了自同治十三年十月三十日下午載淳得病，召御醫李德立、莊守和入宮請脈起，直至十二月初五日夜載淳去世止，前後三十七天的脈案、所開的處方、共用了一百零六服藥的情況。這本脈案是敬事房太監根據當時御醫請脈記錄和所開的處方，謄鈔匯輯成册的，它是我們今天了解同治帝死因的第一手真實的材料。

據這份脈案記載，同治十三年十月三十日同治帝得病臥床，當天下午，太醫院院判李德立和御醫莊守和請脈的情況是："脈息孚數而細。係風瘟閉束，陰氣不足，不能外透之症。以致發熱頭眩，胸滿煩悶，身酸腿軟，皮膚發出疹形。"御醫認爲"疹形"即出天花，於是開出了用生地、元參、牛蒡子、蘆根等十二味藥配制的"益陽清解散"，進行避風調理。此藥服後，很有療效。御醫們繼用"清解利咽湯"進行調理，服藥後療效也很好。第二天午刻，皇帝"脈息浮洪，頭面週身疹中夾雜之痘顆透出"，病情明顯好轉。皇太后令宮中供起痘母娘娘之神，並焚香頂禮膜拜。宮中之人胸前懸掛紅綢，祈祝皇帝平安。內外王公大臣奏摺要用黃面紅裏，並呈遞如意以示吉祥，然後以"幡蓋香花鼓樂"隆重的儀式，送痘神娘娘出大清門外（《崇陵傳信錄》）。

從十月三十日至十一月初七日，皇帝的痘疾經過御醫們精心治療和護理，病情"由險漸化爲平"。

但是在十一月初八日，本已體質虛弱的同治帝，又"微感風寒"，"以致咳嗽鼻塞，心虛不寐，浸漿皮皺，似有停漿不靨之勢"，從此以後，病情越來越重，到十一月十六日卯刻，又出現了一新症狀，"腎虛赤濁，餘毒挾濕，襲入筋絡。以致腰軟重痛，微腫，不易轉坐，腿痛筋攣，屈而不伸"，這時痘毒已"襲入筋絡"。御醫們急用加固腎陰的方子，如"益腎消毒飲"、"扶元清解飲"等加以治療。

皇帝的病情一天一天加重，到了十一月二十五日，載淳身上痘癬潰爛流膿不止。針對皇帝的蔓腫和串潰病症，御醫們共議用"外用熨洗"的方案進行治療。這個藥方用十二味藥配制：

木香一兩　當歸一兩　肉桂五錢　生附子五錢　川貝五錢　草烏五錢　蒼朮五錢　煅龍骨五錢　白芷一兩　山甲五錢（炙）　乳香一兩　透骨草一兩

共研粗末，分兩布袋裝藥。豬蹄二支、蔥白三支切段，熬湯兩大碗，煮藥布袋，熨洗瘡處。溫熱易回陽提毒換膿，氣血通暢。

經過幾番熨洗，不但沒有療效，而且病情日益嚴重。十二月初三日皇帝的脈案是："皇上脈息弦數。面頰紅腫見消，各處潰濃尚可。惟牙齦如昨，上唇連左腮頰紫黑硬腫，勢欲作膿。口乾食少，口噴臭氣。胸滿肋脈，溺赤便黏。"

十二月初四日脈案："皇上脈息弦數無力。上唇腫木，腮紫腫硬外敷藥，屢揭傷皮，不能作膿，時流血水。自亥至卯潰深分許。牙齦黑臭，勢恐口疳穿腮，毒熱內擾。減食少寐，理必耗傷氣血。今議用益氣消毒飲，減去茯苓、白芷，加當歸三錢，硃茯神三錢，炒棗仁三錢一帖，外敷消毒止血散，竭力調理。"結果全無療效。

十二月初五日，即同治帝生命的最後一天，這天的第一個脈案："皇上脈息弦數無力，毒火凝結，神氣日耗，上唇未消，腮頰頑腐紫黑。蔓及口角。隨未流血，亦無正膿。牙齦黑糜，臭氣仍然。嗆咳口乾，少寐減食。精神恍惚，腰間潰濃微稀。此由毒攻肺胃，正氣日形消耗所致。誠恐毒熱內陷，正氣不支生變。今議用益氣育神湯，佐解毒之品一帖。若寢食漸佳，結毒漸化，方有轉機。"然而進藥後，仍是毒未漸化，機未好轉。相反，至申刻時，"六脈散微無根"，"偶因氣不運痰，厥閉脫敗"。因此，急用"生脈飲"。到了酉刻，皇帝"六脈已絕，灌生脈飲不能下咽。元氣脫敗，於酉時崩逝"。這樣同治帝病了三十六天，於同治十三年初五日酉時（即1875年1月12日下午6時前後）病死於紫禁城養心殿東暖閣內間。

從上述同治帝脈案可見，同治帝死於天花是確鑿無疑的。

同治帝出天花，帝師翁同龢是當時的見證人。《翁同龢日記》所記看到同治帝的病情和《脈案》所記基本上是一致的。如十一月初二日，翁記"聞傳蟒袍補褂，聖躬有天花之喜"，等等。

但是社會上也有一些人士認爲，同治帝"實則爲淫創耳。太后不知惡疾，強以天花治之，愈治愈重"（蕭一山《清代通史》）。

爲愼重起見，1979年八月，中國第一歷史檔案館將檔案中發現的《萬歲爺進藥用藥底簿》送中醫研究院和北京醫院鑒定，並寫出正式的論斷材料。

關於鑒定清朝檔案《萬歲爺進藥用藥底簿》同治帝患何病病故問題，我們請本院中醫科主任魏龍驤、副主任李文瑞、呂秉仁，主治醫劉沈秋，皮科副主任周光霽，及外科主治醫於學智、李玉山、王在同等同志審閱研究。經大家討論，一致認爲：

> 清同治帝係患天花（痘疹）病故。其病程：病之初期爲天花（痘疹）；病之中期爲痘疹之毒所致"痘後癰毒"；病之後期爲痘疹餘毒所致"走馬牙疳"，最後爲毒熱內陷而死。根據：
>
> （一）天花（痘疹）：據《萬歲爺進藥用藥底簿》記載，清同治帝初期"發熱頭眩，胸滿煩悶，身酸腿軟，皮膚發出疹形。……頭面週身疹中夾雜之痘顆透出，係屬天花。……"符合《痘疹心法全書》有關天花（痘疹）"出痘形證"、"痘出五臟形症"等論述。
>
> （二）痘後癰毒：據《萬歲爺進藥用藥底簿》記載，清同治皇帝病之中期，"皇上天花二十朝……腰間紅腫潰破，浸流膿水……"符合《痘疹心法全書·痘中雜證》有關痘後"餘毒未盡，痘毒生，輕則瘡癤，重爲癰。……"的論述。
>
> （三）走馬牙疳：據《萬歲爺進藥用藥底簿》記載，病之後期"腮紫腫硬……時流血水……潰深分許，牙齦黑臭，勢恐口疳穿腮，毒熱內擾……"符合《中國醫學大辭典》走馬牙疳條"痘疹餘毒所致，初則口有臭氣，漸至齒黑，熱盛則齦爛，熱血迸出，血聚咸膿……腮漏見骨而死"的論述。
>
> 北京醫院醫務處
一九七九年八月十五日

通過對"脈案"所記載淳病的分析，同治帝生前並沒有"遺詔"。《清稗類鈔》等野史記載，說載淳死前"召軍機大臣李鴻藻，與鴻藻謀，以貝勒載澍最賢，令入承大統，口授遺詔，命鴻藻在御榻側書之，凡千餘言，所以防閑孝欽者甚至。詔草成，穆宗聞之曰'甚善'"。以後李鴻藻到孝欽處告密。孝欽大怒，令"斷御前醫藥飲食"，"移時，報上崩矣"。這些記聞沒有任何根據。以理而論，對於早已失去知覺、痘癬流膿而且筋攣的小皇帝來說，與大臣密謀寫遺詔的行動，是不可思議的。

6. 光緒朝

清光緒三十四年十月二十一日酉時，即1908年11月14日傍晚，光緒皇帝在瀛臺涵元殿去世。時年僅三十八歲。第二天，即十月二十二日未時，慈禧皇太后在中南海儀鸞殿賓天。一國之君與掌握中國實權達半個世紀的統治者，在二十四小時內相繼去世，這不能不引起時人的種種議論，加之光緒帝與慈禧太后在政治上的矛盾與衝突，更加使人惑疑這其中有不可告人之處，於是種種議論不翼而飛。

一種說法是，光緒帝是被慈禧太后謀害致死，如《清室外記》、《清稗類鈔》、《崇陵傳信錄》都持這種說法。說慈禧太后在病危期間，唯恐自己死後，光緒帝從新掌權，繼續推行新法，於己不利，所以指使太監李蓮英下毒手，先把光緒帝害死。

另一種說法是，光緒帝是被袁世凱進藥毒死的。溥儀在《我的前半生》談道："我還聽見一個叫李長安的老太監說起光緒之死的疑案。照他說，光緒在死之前一天還是好好的，祇是因為用了一劑藥就壞了，後來纔知道這劑藥是袁世凱叫人送來⋯⋯還有一種傳說，是西太后自知病將不起，她不甘心死在光緒前面，所以下了毒手，這也是可能的。"

再一種說法是，光緒帝是正常的病死，如《德宗實錄》、《光緒朝東華錄》、《清史稿‧德宗本紀》等都持這種說法。

筆者認為，當時社會種種傳說，因沒有根據，都不可信。就是末代皇帝溥儀和老太監的話，也不可信，唯一可信的是清宮光緒和慈禧的脈案及光緒帝自述的《病原》等檔案材料。

從光緒帝早年的脈案及自述的《病原》可知，光緒帝自幼多病，且有長期的遺精史，身體素質較差。他在《病原》說"遺精之病將二十年，前數年每月必發十數次，近數年每月不過二三次。……其耳鳴腦響亦將近十年"。據光緒十年、十二年之脈案，可知光緒帝經常患感冒及脾胃病，湯藥、丸藥鮮有不用之時。

光緒二十四年、二十五年初以後，病情突然加重，體質每況愈下。據光緒二十五年脈案："正月初二日，朱琨、門定鼇、莊守和、張仲元請得：皇上脈息左寸關沈稍數，右寸關沈滑而數，兩尺細弱，沈取尤甚。面青黃而滯，左鼻孔內腫痛漸消，乾燥稍減，時或涕見黑絲，鼻下又起小瘍，頭覺眩暈，坐久則疼。左邊頰頤發木，耳後項筋痠痛，腭間偏左粟泡嗆破，漱口時或帶血絲，咽喉覺攪，左邊似欲起泡，右邊微痛，咽物痛覺減輕，其味仍見發鹹，舌胎中灰邊黃，左牙疼痛較甚，唇焦起皮，口渴思飲，喉癢嗆咳，氣不舒暢，心煩而悸，不耐事擾，時作太息。目中白睛紅絲未淨，視物朦朧，左眼尤甚，眼泡時而發脹。耳內覺聾，時作轟聲。胸中發堵，呼吸語言丹田氣覺不足。腹中窄狹，小腹時見氣弊，下部較空，推揉按摩稍覺舒暢。氣短懶言，兩肩墜痛。夜寐少眠，醒後筋脈覺僵，難以轉側。夢聞金聲，偶或滑精。坐立稍久則腰膝痠痛。勞累稍多則心神迷惑，心中無因自覺發笑。進膳不香，消化不快，精神欠佳。肢體倦怠，加以勞累，腰痠腿疼愈甚。下部潮濕寒涼，大便燥結，小水頻數，時或艱澀不利等症。……"

光緒帝病情加重，實與當時的政治鬥爭有關。光緒二十四年四月至八月間，光緒帝發動了戊戌變法運動，但很快被以慈禧太后為首的頑固派鎮壓下去。隨之光緒帝被幽禁瀛臺，失去自由，精神受到很大刺激，所以脈案中有"氣不舒暢，心煩而悸"，"夜寐少眠"。醫學分析，光緒帝此時患有嚴重的神經症及關節炎或骨結核，以及血液系統的疾病。

以後光緒帝病情日益加重，直至光緒三十四年春，宮中御醫已均無良方起此沈病，於是徵江蘇名醫陳秉鈞、曹元恒來京入宮診視，但亦無療效，軍機處於當年五月又向直隸、兩江、湖廣、山東、河南等省徵召名醫。光緒三十四年八月，山東、河南、兩廣、陝甘、四川等省又根據軍機處的電旨解到丹皮、廣陳皮、甘枸杞、川續斷、蘇芡實、北沙參、苡米、桑寄生、杭白芍、茯苓等名中藥材，為光緒帝治病（見光緒三十四年八月《各省進到藥味出入賬》）。各省先後保薦有呂用賓、周景濤、杜鐘駿、施煥、張鵬年等名醫來京，但經這些名醫診治，病情不但沒有好轉，而且越來越重。光緒三十四年十月二十一日子刻，光緒帝已進入彌留狀態。當時御醫張仲元等"請得皇上脈息如絲欲絕。肢冷，氣陷，二目上翻，神識已迷，牙齒緊閉，勢已將脫。謹擬生脈飲，以盡血忱：人參一錢，麥冬三錢，五味子一錢。水煎灌服"。以後又經御醫診治無效，終於在十月二十一日酉正二刻三分，光緒皇帝"龍馭上賓"。

綜上所述，光緒帝的死因，"仍爲虛勞之病日久，臟腑功能過於虧損，心、肝、脾、肺、腎五臟俱病，陰陽兩虛，氣血雙耗，終以陽散陰涸，出現陰陽離絕而亡。以現代醫學而論，由於長期慢性消耗性疾病，導致抵抗力下降，出現了多系統的病疾。其直接的死亡原因，可能是心肺功能的慢性衰竭，合併急性感染所致"（朱金甫、周文泉《從清宮醫案論光緒帝載湉之死》）。

慈禧太后雖操軍國大事四十多年，但晚年身體仍很健康。《慈禧外紀》載："雖以七十之高年，而毫不呈衰老狀者也。然此外亦無大病，精神尚好，語言如昔，仍每日勤勞國政，太后常自言能享高壽。"

但是自光緒三十四年六月以後，慈禧太后的身體突然不適，到了九月又患腹瀉症。據慈禧太后十月初六日脈案載："張仲元、李德源、戴家瑜請得皇太后脈息左關弦緩，右寸關較前稍平。腸胃未和，寅卯辰連水瀉三次，身肢力軟。總由肺不制節，水走腸間，脾運遲慢，是以食後饍雜等症未減。"

十月初十日是慈禧太后七十四歲壽辰，連續慶賀六天，慈禧太后都親自參加，影響病情加重。

十月二十一日光緒帝病逝，慈禧太后的病情進一步加重。

十月二十一日，御醫張仲元、戴家瑜"請得皇太后六脈已絕，於未正三刻陛遐"，很顯然，慈禧太后死於老病。

綜上所述，光緒帝與慈禧太后都是因病而死，屬於正常死亡，當時社會上各種傳言，都是無根據的訛傳。

（四）清宮醫藥秘方

在清宮醫藥檔案中，有大量的醫藥配方，其中有長壽醫方、補益醫方、長髮香髮方、治眼病醫方、治唇病醫方、治牙病醫方、治面風醫方、治咽喉醫方、止咳化痰理肺醫方、治脾胃病醫方、治肝病醫方、治腎瀉醫方、清腸止血醫方、清熱利尿醫方、四肢病醫方、煖臍醫方、治皮膚病醫方、沐浴醫方、調經醫方、回乳醫方、新生兒開口方、貼肺醫方、代茶飲方、藥酒方、香肥皂方、暑藥方、單味藥方、各類效驗醫方、種子醫方、洗頭方、治眩暈醫方、漱口方、治心經病醫方、治膀胱病醫方、治遺精病醫方、治筋骨痛醫方、治腰痛醫方、撲汗醫方、治瘧治方，等等。這些醫藥配方是清代御醫在長期宮廷醫務活動中經驗和智慧的結晶，是宮廷醫術水平的標志，也是我國中醫藥文化遺產的重要組成部分。綜上所述種種醫藥配方，不外兩大類：一是長壽保健醫方，二是治療各種疾病醫方。

1. 長壽保健醫方

中國醫學的一貫思想是"上工治未病"，就是說以防病爲先。過去曾有"翰林院文章，太醫院藥方"的傳聞，意謂御醫醫術平平，開處方祇是應景而已，其實不然。清代的御醫都是應召名醫大師，這些名醫到宮侍奉皇帝總有"伴君如伴虎"之感。對皇帝治病，要崇尚實效，辨證論治，可以說慎之又慎，在醫病中如稍出差錯就要受到懲處。於是，御醫們便想方設法，使皇帝不生病或少生病，這就是要以防病爲先，於是各種長壽、養生、保健的醫方便大量產生。

皇帝至貴至尊，富有天下，長生不老是歷代皇帝夢寐以求的願望。秦始皇曾廣徵方士求仙，並派韓終、徐福耗費巨資尋求長生不老之藥。以後歷代皇帝追求煉丹長生之術不絕，直至明嘉靖皇帝，在宮中還設有煉丹房，甚至用一千多女孩的月經煉制出"先天丹鉛"，用以長生不死，結果都無濟於事。清代的皇帝追求長生之法，不在於煉丹，而在於養生或服食補益藥物。如雍正、乾隆、嘉慶、光緒諸帝后，都經常服用長壽補益之品。例如：

（1）光緒皇帝《古方長春益壽廣嗣丹》。

天冬（去心） 麥冬（去心） 大熟地（不見鐵） 山藥（炒） 牛膝 大生地（不見鐵） 杜仲（鹽水炒） 山芋 雲苓 柏子仁（去油） 巴戟 以上各五錢

水香五錢 川椒（炒） 澤瀉 石菖蒲 遠志 以上各二錢五分

菟絲子 肉蓯蓉 以上各一兩

枸杞子 覆盆子 地骨皮 以上各四錢

共爲極細末，蜜丸，绿豆粒大。每服三錢，淡鹽湯送服。

此方爲御醫莊守和、李德昌謹擬。

（2）慈禧太后《延齡益壽丹》。

茯神五錢　遠志肉三錢　杭白芍四錢（炒）　當歸五錢　黨參四錢（土炒焦）　黃芪三錢（炙焦）　野白朮四錢（炒焦）　茯苓五錢　橘皮四錢　香附四錢（炙）　廣木香三錢　廣砂仁三錢　桂圓肉三錢　棗仁四錢（炒）　石菖蒲三錢　甘草二錢（炙）

共研極細面，煉蜜爲丸。如绿豆粒大，硃砂爲衣，每服二錢五分，白開水送下。

光緒六年正月十八日，御醫李德昌謹擬。

（3）慈禧太后《令髮不落方》。

榧子三個　核桃三個　側柏葉一兩

共搗爛，泡在雪水內，梳頭。

（4）慈禧太后《令髮易長方》。

東行棗根三尺，橫臥甑上，蒸之兩頭汗出，收取塗髮，即易長。

（5）慈禧太后《沐浴方》。

精草一兩二錢　茵陳一兩二錢　石決明一兩二錢　桑枝一兩二錢　白菊花一兩二錢　木瓜一兩五錢　桑葉一兩五錢　青皮一兩五錢

此方沐浴可防治皮膚病，保護皮膚健康。

（6）慈禧太后《加味香皂方》。

檀香　木香　丁香　花瓣　排草　廣零　皂角　甘松　白蓮蕊　山奈　白僵蠶　麝香　冰片

共研極細面，紅糖水合，每錠重二錢。

此方去垢、芳香，有嫩面皮膚作用。

2. 防病醫方

（1）《平安丸》。

檀香　落水沈　木香　丁香　白蔻仁　肉蔻仁　紅蔻　草蔻　陳皮　炙厚樸　蒼朮（土炒）　甘草　神麯　炒麥芽　山楂（炒焦）　各二兩

共研極細面，蜜丸，重二錢。

光緒十年五月初九日，御醫李德昌擬，此方服之有益脾胃，有益健康。

(2)《避瘟丹方》。

雄黃八兩　鬼箭羽一斤　丹參一斤　赤小豆一斤

煉蜜爲丸，如桐子大。

3. 治病醫方

包括內、婦、兒、外、五官、皮膚等各科疾病的醫方，如：

(1)《清上止痛熏目方》。

甘菊花二錢　桑葉二錢　薄荷一錢　赤芍三錢　芫蔚子二錢　僵蠶二錢(炒)

水煎，熏洗。

此爲御醫趙文魁謹擬，爲光緒帝治眼病。

(2) 光緒帝《治耳鳴方》。

生地黃（切斷紙包塞耳數次）

(3) 光緒帝《治大便秘結方》。

叭噠楂仁　松子仁　大麻子仁　柏子仁　各三錢

共搗爛，滾水沖，蓋片刻，當茶飲。

(4) 光緒帝《治遺精驗方》。

東洋參　生口芪　茯苓　川杜仲　芡實　遠志肉各二兩　茯神一兩　懷山藥八兩　甘桔梗四兩　廣木香二錢　辰砂二錢　當門子三厘

共爲細末，煉蜜爲丸，梧子大。每服二錢，白湯送下。

(5) 慈禧太后《清熱止咳代茶飲》。

甘菊二錢　霜桑葉二錢　廣皮一錢　枇杷葉二錢(炙包煎)　生地一錢五分　焦枳殼一錢五分　酒芩一錢　鮮蘆根二支(切碎)

水煎，溫服。

(6) 慈禧太后治脾胃醫方《加味三仙飲》。

焦三仙各一錢五分　枳殼一錢五分(焦炒)　廣陳皮一錢　酒連八分(研)　細生地三錢　甘菊三錢　鮮蘆根二支(切碎)　竹葉八分

水煎，溫服。

此方爲姚寶生擬，共有八種加減三仙飲方。

(7) 慈禧太后治怔忡驚悸醫方《硃砂安神丸》。

光緒三十年八月二十四日，老佛爺硃砂安神丸：

當歸一兩　麥冬一兩　天冬一兩　元參五錢　丹參五錢　遠志五錢　茯苓五錢　柏子仁一兩　人參二錢五分　生地二兩　棗仁一兩（炒）　五味子五錢

　　共研細面，煉蜜爲丸，如綠豆大，硃砂爲衣，每服二錢。

　　以上醫藥秘方均引自《慈禧光緒醫方選議》，陳可冀等編著，中華書局1981年11月版。

　　（五）清宮醫藥檔案的開發利用與研究

　　清宮醫藥檔案，自1925年故宮博物院文獻館成立後，經過幾代人的整理與編目，已基本做到有規可循、有目可查。這些檔案雖分散於宮中各處、內務府等不同全宗之中，但不影響研究者來館查閱利用。中華人民共和國成立以後，不斷有中醫藥機構及中醫研究人員來館查用檔案，他們利用這些宮藏秘籍，取得了中醫藥研究的積極成果。特別是1980年以來，中國中醫研究院與中國第一歷史檔案館合作，對清代宮廷醫藥檔案，上自順治，下迄光、宣，進行了系統的整理和研究。以陳可冀教授爲首，由單士魁、周文泉、江幼李、徐藝圃參加編撰的《清宮醫案》並《慈禧光緒醫方選議》等論著，先後於1981年和1990年由中醫古籍出版社和中華書局出版。這批科學論著的出版，標志着我國中醫界對清宮醫案研究取得空前巨大的成果，受到國內外中醫界歡迎和好評，對推動我國中醫藥學研究起到了積極的作用。

第二節　皇　族

　　中國封建社會的宗法制度，是以家族爲中心，按血緣遠近區別親疏的制度。歷代封建統治者都把皇族視爲"天潢貴冑"，設有專門的機構和官員，以管理皇族事務和保證皇族成員在社會中享有的特權。清仿明制，設宗人府，"掌皇族之屬籍，以時修輯玉牒，辨昭穆序爵祿，均其惠養而布之教令，凡親疏之屬冑受治焉"（《乾隆會典》卷一）。

　　清朝的皇族，按血緣關係，分爲宗室和覺羅。以清太祖努爾哈赤的父親塔克世所生的子女爲本支，稱爲宗室。由其伯叔兄弟所生的子女爲旁支，稱爲覺羅。宗室和覺羅雖同屬皇族，但在政治和經濟待遇上卻有嚴格的區別。宗室腰束黃帶子，覺羅腰束紅帶子，以示區別。

一、皇族屬籍

（一）玉牒

玉牒就是皇族的家譜。順治九年規定，宗室、覺羅所生子女、繼嗣、婚嫁、封爵、授職、陞補降革、死亡等事，由王公門上及各旗造報宗人府。宗人府據此登記於冊，宗室記於黃冊，覺羅記於紅冊。順治十二年議准，十年修一次玉牒，將每年黃冊、紅冊所記，以帝係爲統，長幼爲序，按輩按行，載入玉牒。存者硃書，歿者墨書。每次所修玉牒，宗室和覺羅分別編纂，並同時分別編成直格和橫格兩種。直格玉牒又分男孫和女孫兩種，橫格玉牒只載男性，不載女性。直格男性玉牒，詳記宗支、房次、名字、生卒年月日時、封職、母氏姓、外祖職官姓名、妻室嫡庶，以及任官履歷等項。直格女性玉牒，不書名，只寫父名、第幾女、生母姓氏、生卒年月日時、外祖職官姓名、出嫁年月、夫婿官職姓名、卒年等項。橫格玉牒，只記載世系、輩分、子數、房次、名字、過繼關係，以及有無子嗣等項。

清朝規定有嚴格而又完整的皇族人口呈報制度，從現存宗人府檔案中，當時宗室、覺羅各旗、族、佐領呈報給宗人府各種人口冊中，有戶口冊（以宗室、覺羅所屬之旗分、族別爲單位，匯總登記人口的簿冊）、紅名男冊、紅名女冊（凡屬生存的男女，均用紅筆書寫，稱紅名。已故者則用墨筆書寫，稱爲黑名）、出生子女冊、病故子女冊、卒男冊、孀婦冊、婚嫁冊、娶妻冊、季度、年度人口呈報冊、九年人口報告冊等。每屆修玉牒之期，纂修官員即根據上述各項人口報告冊，依制匯纂於玉牒之中。

清代皇族的玉牒，從1661—1921年共纂修二十八次，其編修的年代是順治十七年（1660），康熙九年、十八年、二十七年、三十六年、四十五年，雍正二年、十一年，乾隆七年、十一年、二十一年、三十一年、四十一年、五十一年，嘉慶元年、十一年、二十一年，道光七年、十七年、二十七年，咸豐三年、七年，同治六年，光緒三年、十三年、二十三年、三十三年，"宣統十三年（1921）"。

玉牒有大小本，大玉牒爲尊藏本，一式三份。一部送皇史宬尊藏，一部留宗人府，一部爲禮部收藏。乾隆八年規定，將禮部收藏的一份玉牒移送盛京敬典閣恭儲。嘉慶十二年以後，皇史宬藏玉牒移到景山壽皇殿東西室尊藏，小玉牒分查考竪格本、備查竪格本和尊藏横格本三種。大玉牒規格一般爲九十厘米×五十厘米，小玉牒規格一般爲四十一厘米×二十三厘米。這些玉牒基本上被完整地保存下來，共有二千六百多冊，是研究宗室人口的第一手材料。國內外學者李中清、鞠德源、郭松義、賴惠敏、屈六生等先生，根據清代玉牒及宗人府檔案，寫出了《清代皇族人口行爲和社會環境》及《清朝皇族宗譜與皇族人口初探》、《天潢貴胄》、《清代玉牒》等論著，對清代皇族研究取得了重要的成果。

（二）星源集慶

是皇族宗譜的一種。嘉慶二十二年以前，宗人府每年將黃冊、紅冊按十六房（係指乾隆皇帝的十六個兒子的房次，不包括第十五子嘉慶皇帝）用滿文書寫，分別男女，用横排格式繕寫一份送宮內保存。嘉慶二十二年（1817）奉旨，宗人府按照每年的進十六房清字横格式樣，添寫皇上位下以及十六房漢字男女横格一份。嘉慶皇帝還在當年所修的漢字卷帙簽上寫下"星源集慶"四字。從此，每年進呈的皇上位下及十六房漢字男女横格就被稱爲"星源集慶"。"星源集慶"存宮內一份，每年添改一次，另繕新本。

（三）皇冊

皇族封爵皆載皇冊。乾隆十六年奏准："大內所藏王公覺羅黃冊、紅冊向不改繕增添，嗣後請照八旗世爵之例，每歲底與吏部同日具奏，將王公覺羅黃冊、紅冊請至保和殿改繕增添。"（《宗人府則例》卷一）從此，每年年終，吏部知照宗人府領府事王一人，會同內閣滿洲學士一人，至保和殿率同內閣中書，將皇族中新襲新封各爵職添寫，將皇族中死、降、革、更名等事記入，並將死去的人名墨書。皇冊分爲兩本：一本爲"宗室王公世職章京"，一本爲"覺羅並紅帶子、紫帶子世職章京"。待纂修玉牒之期，更繕一份隨小横格玉牒一起送入。宗人府保存每年修過的舊本。

二、天潢貴冑的特權

清朝入主中原後，鑒於明代洪武末年出現藩王兵力過大的危機，以及靖難之役後，高煦、賓墦、宸濠先後叛亂的教訓，對宗藩采取"分封而不賜土，列爵而不臨民，食祿而不治事"（《清史稿》卷二一五）的政策。一方面，嚴防藩王握有實權，影響皇帝獨裁統治。另一方面，給王公皇族以優厚的待遇和種種特權，使其忠於皇帝，爲皇朝服務。

宗室、王公封爵，分爲功封、恩封、襲封、考封四種。爵位有十二個等級：和碩親王、多羅郡王、多羅貝勒、固山貝子、奉恩鎮國公、奉恩輔國公、不入八分鎮國公、不入八分輔國公、鎮國將軍、輔國將軍、奉國將軍、奉恩將軍。嫡子之受封者分世子、長子二等。親王歲支俸銀一萬兩、俸米五百石。世子歲支銀六千兩、俸米三百石。以下各有差別。無爵位的宗室，稱閒散宗室，至十八歲，由宗人府彙題，給予四品官頂。

對一般宗室、覺羅人員，每月都可得到二兩以上的錢糧和若干米石。如遇婚喪嫁娶，發給五十至二百兩不等。

在一些重要國家機關中，如侍衛處、宗人府、六部、理藩院、都察院等，規定有宗室額缺，以保證宗室、覺羅的陞官途徑。

皇族還享有很多司法特權。凡是一般宗室涉及訴訟案件免於刑訊，笞杖用刑可以養贍銀代替，犯枷、徒、流、軍等罪，按年限月分折圈禁以抵免，有犯斬、絞、監候等罪者，以監禁空房以代監牢。

宗人府下設左、右翼宗學及八旗覺羅學，對皇族子弟進行教育培養。凡十至十三歲的宗室，八至三十歲的覺羅均可入學。宗學學生，每月發給公費銀三兩、米三斗。覺羅學生，每月發給公費銀二兩、米二斗，未食俸者加衣履費一兩。冬夏季每人按日計算發給取暖或降溫的炭或冰，還按月發給各學生紙張、筆墨等。學生學滿文、漢文及騎射，畢業後可直接考取筆帖式或侍衛、庫使等官職。用這些教育特權，以保證皇族讀書做官的途徑。

清廷還規定，皇族祇能住在京都，不得出京四十里，不得置買產業，根本不從事士農工商各業，祇能當官當差，完全依靠領取俸銀祿米和恩賞銀過生活。隨着宗室覺羅人口不斷繁衍增加，造成供應皇族俸銀祿米及養贍費用的成倍增長，給清朝財政以巨大的壓力，所以從雍乾開始，便出現了宗室人口生計的問題。嘉慶時期，爲解決宗室閒散人的生計，曾三次大遷移，將住京的閒散宗室遷往東北。以後清廷又屢屢采取措施，但閒散宗室的生計問題，始終未能得到解決。

1911年辛亥革命，清朝被推翻，這些皇族的特權被取消了。平時衣來伸手、飯來張口的寄生者，毫無謀生的技能，於是生計發生困難。一些人的家產喫光了，便流離失所，或流浪街頭，或轉乎溝壑，甚至凍餓而死，情況十分悲慘。爲此，當時由知名王公貴族六十八人發起，成立了一個宗族生計維持會，其任務是籌劃三萬餘口宗室生計問題，增進宗室成員自治自謀生計的能力，"共享共和幸福"。1919年又成立了宗人府教養工廠，"專收無業宗族入廠，學習工藝，俾出廠後，得自謀衣食，以爲教養兼施之基礎"（見溥儀小朝廷時期宗人府檔案）。以後又辦了宗人府第二教養工廠，使許多宗室成員學到一技一藝之長，能自謀生計，自立於社會。

回顧歷史，清朝興起於我國東北"白山黑水"之間，當時滿洲貴族在其領袖努爾哈赤和皇太極的領導下，個個英勇善戰，團結協助，生機勃勃。終於，以八旗鐵騎踏遍了全中國，打下了清王朝大一統的天下。想不到經過二百多年榮華富貴、驕奢淫逸的生活，竟腐化成一群"不工不農不商"的社會寄生蟲。歷史的經驗值得注意，凡是一個民族或一個國家，祇要能保持艱苦奮鬥、不驕不躁的作風，發揚團結拼搏的精神，就能興旺發達。反之，如果貪圖享受，安於榮華富貴，不思進取，就要亡國滅種，古今中外的歷史都證明了這一點，這不值得我們深思嗎！

三、明清北京太廟與祭祖文化

（一）太廟祭祖制的歷史沿革

祭祀祖先，在我國源遠流長，源於古代人有靈魂的觀念。靈魂是一種非物質的東西，是人們幻想的寓於人身而又主宰人體的觀念。恩格斯說："在遠古時代，人們還完全不知道自己身體的構造，並且受夢中景象的影響，於是就產生了一種觀念：'他們的思維和感覺，不是他們身體的活動，而是一種獨特的、寓於身體之中而在人死亡時就離開身體的靈魂的活動。'"① 因而便產生了"靈魂不死"的觀念。他們認爲人的軀體雖然死了，但靈魂仍然活着，是到另一個世界去了。因此，人們對死去的祖宗，除了有感情的懷念外，還盼望他們在另一個世界裏能夠過美好的生活，並祈求他們對本族的子孫後代能夠加以庇佑和降福，以後逐漸形成了一套隆重複雜的祭祀儀制和宗廟建築。

祭祖禮儀和宗廟建築，在我國的發展，曾經歷過漫長的歲月。在夏王朝的後期，便已出現了專門的宗廟建築。殷商晚期，宗廟制度已初具輪廓，宗廟建築的規模也相當可觀。據文獻記載，夏有五廟。我國考古工作者在偃師發現了夏代宗廟遺址，位於偃師二里頭一二號宮殿基址，可以說是我國宗廟建築的始源。殷商亦實行五廟制，即商王立考廟、王考廟、皇考廟、顯考廟和太祖廟。太祖廟又稱太廟，顯考廟奉祀高祖父，皇考廟奉祀曾祖父，王考廟奉祀祖父，考廟又稱禰廟，奉祀父親的牌位。

西周初期，仍沿用商代五廟的制度。但隨着世系的延續，至西周中期，對周朝有開國功勳的文王和武王已逾四親以上，如依舊制便不能再享廟祭，因此，周天子便爲文王和武王專門增設了兩廟，形成"天子七廟"的制度。依昭穆次序，從太祖計算世系，第二、四、六爲昭，第三、五、七爲穆。太祖居中，左邊列昭廟，右邊排穆廟。太祖廟百世不遷，七世以上的遠祖的牌位，則需移入太廟專設的夾室中，享受合祀，以便讓後來死去的人進入宗廟奉祀。

西周以後，隨着宗法制度的建立，祭祖和宗廟制度顯得更爲重要。宗廟是宗法血緣政治的標幟。主持祭祖是宗子權力的象徵，也是王權統治的精神支柱，因此，宗廟都建於皇都最尊貴的方位上。據《周禮·考工記》載："匠人營國，方九里，旁三門，國中九經九緯，經塗九軌。左祖右社，面朝後市。""左祖右社"就是把祖廟建於宮城的左前方。這個位置是天道所在，是最尊崇的地方。以後多數朝代的都城建設，都追求周禮的制度，像北魏的洛陽，隋唐的長安，宋朝的汴梁，金朝的中都，元朝的大都，明朝的南京和明清王朝的北京。雖然規模形制大小有差異，但基本都是根據"左祖右社"的理想都城而建的。

---

① 恩格斯《路德維希·費爾巴哈和德國古典哲學的總結》，《馬克思恩格斯選集》第四卷。

(二）明清時期的太廟

明、清是我國封建社會最後兩個王朝。明朝的開國皇帝朱元璋，對祭祖十分重視。1368年稱帝建國後，便建太廟於南京，奉祀德祖、懿祖、仁祖、熙祖於一廟。洪武三年，又仿宋朝建欽先孝思殿於宮中之制，在乾清宮之左，別建奉先殿，奉祖先牌位於殿中，每日焚香，朔望薦新，節序及生忌晨皆致祭，如家人禮。這樣皇帝可以"晨昏拜謁，節序告尊，以展考思"。洪武八年改建太廟，前爲正殿，後爲寢殿。殿翼皆有兩廡。寢殿九間，每間一室，奉祀祖宗牌位，爲同堂異室之制。建文帝即位後，尊朱元璋爲太祖，奉祀太廟。1399年燕王朱棣以"恢復祖宗舊制"爲名，發動了"靖難"之役。1403年，朱棣即皇帝位，改元永樂。這位以"法祖"自居的皇帝，即位之後便下詔說："凡皇考法制更改者，悉復其舊。"他強調說："祖宗之法所以爲後世也，當敬之守之，不可以忽。"因此他對祭祖十分虔誠。永樂四年開始營建北京宮殿及太廟，至永樂十八年建成，"凡廟社、郊祀、壇場、宮殿、門闕規制，悉如南京，而高敞壯麗過之"。① 太廟仍仿"周制"，建於紫禁城的東南方。前正殿九間，後寢殿九間，每間一室。永樂十九年正月，將太祖及四始祖牌位奉祀太廟。弘治四年（1491），帝令保國公朱永、尚書賈俊領建太廟後殿。弘治十七年三月，規定太廟各室爲一帝一后。嘉靖十三年六月，南京太廟遭火焚毀。皇帝認爲是不吉祥之兆，次年，命大學士李時等重建太廟。嘉靖十五年十二月建成九廟，奉德、懿、熙、仁四祖牌位於祧廟，太祖牌位於太廟。太宗以下神位放於昭穆群廟，這樣將原來的太廟合祀制度，改爲分祭制度。可是天不遂人意，嘉靖二十年（1541）太廟遭雷擊，其中八廟被毀，僅存一睿廟。君臣認爲這是祖先不願分開，通過上天來警告他們，於是決定恢復同堂異室的制度，諭令重建太廟。嘉靖二十四年六月，新廟建成。七月，奉太祖列聖牌位於太廟，太祖居中，左四序：成、宣、憲、睿，右四序：仁、英、孝、武，皆南向。德、懿、熙、仁四祖奉於祧廟，亦南向。這樣睿宗奉於太廟之左，第四序，躋武宗之上，而罷特廟之祀。萬曆三年（1575）四月至十一月，曾對太廟、社稷壇進行了一次大修。

---

① 《明太宗實錄》。

第七章　宮廷、皇族及八旗事務（B）

　　清朝興起於"白山黑水"之間一個生機勃勃的滿族，1583年滿族傑出的領袖努爾哈赤（即清太祖）以祖、父遺甲十三副起兵，先統一女真各部，繼而稱汗建國，史稱"後金"，1618年又以"七大恨"興師反明。在後金對明軍取得節節勝利的形勢下，其子皇太極（即清太宗）在瀋陽繼位，改國號爲"大清"，建元崇德，立太廟於盛京（即瀋陽）撫遠門東。前殿五室，供奉太祖武皇帝、孝慈武皇后牌位。後殿三室，供奉始祖澤王、高祖慶王、曾祖昌王、祖福王，殿內設床榻、衾枕、樺橛、帷幔，視死如生一樣奉祀。1644年清軍入關，定鼎北京，沿襲明朝的宗廟制度，將明朝朱家的祖宗牌位，移到西四牌樓羊市大街的"歷代帝王廟"裏，將清朝愛新覺羅的祖先移入太廟，並對太廟進行一次修繕，至順治四年竣工。參照明制，先後規定了四孟時享和歲末祫祭制度，依制進行祭祖。

　　清初由於戎馬倥傯，無暇對太廟進行大修。直到"康乾盛世"之際，由於國庫充盈，才對太廟進行了改建和大修。乾隆元年諭："國家式崇太廟，妥侑列祖神靈，歲時只薦明禋，典禮允宜隆備。今廟貌崇嚴，而軒樞榱桷久未增飾，理應敬謹相祝慎重繕修，以昭黽毖示新之敬。"① 隨令有關衙門對太廟進行修繕，至乾隆四年竣工。主要工程有：將前殿九間改爲十一間，三殿的五間擴爲九間，新開了二殿通往三殿的東、西兩個側門。另外，太廟殿內地面的金磚，也全部換新。金磚由蘇州岳格莊專門燒制，據蘇州巡撫許容於乾隆三年九月初八日上奏說："燒造金磚，欽工攸系。各窯戶選土、運曬、槌舂、碓磨、濾漿、澄水，然後成坯陰幹，循序燒造。如歷來造法，仲冬取土，正二月淘漿，三月曬晾，四月踏練，五月成坯，七月棚打，八月棚細，九月上護陰幹，十月入窯，十一月小燒，十二月大燒，正月出窯。迨至起解之時，又必嚴於擇取，務要色純聲亮，端正完全，方爲合式。而磚身重大，燒造艱難。火力未到，色黃質脆。火力稍過，又多損裂。熄火之後，灌水少有不勻，便致青紅色雜。而其中凹凸碎斷，更不中款。是以例造副磚，以供選擇。前明皆造一正二副。國初亦系一正二副。順治十五年准一正一副，康熙十八年准十正三副，二十九年准十正一副，俱載會典。……再查敬修太廟工程需用二尺二寸

————————
① 《日下舊聞考》卷九。

金磚，正磚需銀九錢一分，每塊副磚需銀六錢三分七厘。……再查金磚每塊重一二百斤，輓運維艱。岳格莊福地金磚一百塊，額定運腳銀六十七兩四錢八分。……太廟、奉先殿需用二尺金磚四千六百塊、二尺二寸金磚一千四百塊，已經造完。"① 乾隆皇帝看完奏摺後，硃批："該部核議具奏。"由上述奏摺可知，太廟所用金磚，選土做坯，需要六道工序，燒制需要十四個月，成品須"色純聲亮，端正完全，方爲合式"。其工序之精細，質量之精純，舉世無與倫比。

乾隆二十六年至二十八年，諭命工部尚書三和等，對太廟戟門前筒子河折做石橋，新添了筒子河的石欄杆，並將西闕門外禦河水，由午門前從東闕門外，引至太廟。需成做暗溝以及折砌大牆，鋪墁地面甬路。這一工程歷時兩年，共費銀三萬七千三百九十二兩。②

乾隆三十七年，還對太廟磚城門外南邊年久失修的舊有房七十二間，進行了修繕。當時太廟額設太監二十一名，就住在這裏，每人一間。③

清朝後期，由於內憂外患，國力日下，財政困難，無力對太廟進行增建和大修，祇有對浸漏糟朽之處不得不進行修繕的零星工程。例如，道光二十三年，太廟街門損壞，由工部領工進行了修繕。④ 咸豐十一年修補了太廟三殿外圍的慶成燈。③ 同治四年正月，太廟後殿、中殿春獸之掛練有失，電光持帶全無，太常寺行文工部，進行了修補。③ 光緒二十三年，諭命依克唐阿勘查太廟，"查得太廟正殿三間，琉璃瓦片錯落，飛檐糟朽，黃琉璃瓦墜落。油飾間有浸涇，彩繪爆裂，西北角下地基沈陷"。① 另外，東西配殿也年久失修。太廟大殿工程約需寔銀四百五十兩，東西配殿工程約需寔銀六百兩。經皇帝批准，於光緒二十四年對太廟進行了修繕。③

（三）清代太廟祭祖制度及禮儀

1. 時享

時享即每歲春、夏、秋、冬四季祭祀太廟。清代，孟春於正月上旬卜取吉日，孟夏、孟秋、孟冬於朔日舉行。即農曆四月初一、七月初一、十

---

① 中國第一歷史檔案館藏《宮中硃批奏摺》。
② 《日下舊聞考》卷九。
③ 中國第一歷史檔案館藏《內務府奏銷檔》。
④ 中國第一歷史檔案館藏《內務府來文》。

月初一，皇帝到太廟祭祖。皇帝親祭禮儀如下：

（1）祝牲：祭日前三天，派禮部尚書一人，到犧牲所祝牲。

（2）致齋：祭日當天早晨，太常寺卿率屬員進齋戒牌銅人於乾清門，皇帝在大內齋戒，王公百官亦行齋戒。

（3）書祝版：祭期前二日，太常寺官送祝版於內閣，由滿洲中書祝辭。應書御名，由大學士敬書，祝版白紙黃緣墨書。

（4）祝割牲：如同郊祀一樣。

（5）閱祝版：祭日前一天早晨，太常寺設黃案於中和殿御座之南。司祝由內閣將祝版暫放於太和殿。皇帝穿龍褂乘輿出宮，至中和殿後降輿。司祝將祝版由太和殿送至中和殿案上。皇帝閱祝版，行三拜禮，然後太常寺官員將祝版奉至太廟神庫內。

（6）設神座：其日，太常寺卿率屬員將太廟列祖列后及配享王公大臣牌位依次擺好。

（7）陳設：將事之夕，太常寺率屬員入廟燃燈，將香案、祭器、祭品，按制度依次擺好。同時工部張黃幄於戟門，鑾儀衛官員設洗於幄外，樂部設中和韶樂於殿外階上，陳武功、文德二舞於樂具之次。

（8）省齋：陳設畢，太常寺博士引禮部侍郎一人，到後殿、前殿神位前省祝牲帛齋盛及籩豆登鉶之實。畢，並到東西廡圍祝如儀。

（9）辨禮位：前殿正中為皇帝行禮拜位，北向。殿外階上東西為王以下、公以上拜位，階下甬道東西，為兩廡分獻官拜位，庭東西為百官拜位。文官郎中以上，武官參領世爵輕車都尉以上。鑾儀衛、太常寺司祝、司帛、司爵、司香等祭祀官，屆時依制各就各位。

（10）請神位：其日五鼓，鑾儀衛陳法駕鹵簿於午門外，陳金輦於太和門外。陪祀王以下、公以上，按翼集太廟街門外，候駕至，隨行承祭。司祝將祝版先後殿、次前殿，放於祝案。日出前四刻，王一人到後殿香几前上香。覺羅官分到後殿寢室前，請四室神位，奉安於殿內寶座。王一人，到中殿上香。宗室官分到中殿寢室前，恭請各神位，以次出殿中門。太常寺官十人前引，由前殿北門入，循殿左轉，至殿中，依序奉安於寶座。

（11）就次盥洗就位：太常寺卿赴乾清門奏請皇帝御祭服乘禮輿出宮，至太和門外降輿，乘金輦，駕發警蹕。午門嚴鼓，導迎樂陳而不作。駕入太廟街左門，至神路右降輦，皇帝至太廟南門，入左門，到戟門幄次，少埃。太常寺卿告奉安神位畢，奏請行禮。皇帝出次，盥洗。鑾儀衛官跪奉盥、奉巾。盥畢。入戟門左門。皇帝升東階，進殿左門，就拜位前，北向立。典儀官贊樂舞生登歌，執事官各供迺職，武舞八佾進，贊引官奏就位。

（12）行初獻禮：樂奏貽平之章。皇帝至太祖香案前跪奏，上三炷香。以次到太宗、世祖、聖祖……香案前上香，畢。皇帝行三跪九拜禮，王公百官均隨行禮，樂止。

同時，後殿祭祀官到肇祖、興祖、景祖、顯祖香案前上香行禮。

典禮讚奠帛爵，行初獻禮，奏光平之章，舞幹戚之舞。宗室司帛官奉篚，司爵官奉爵，以次進至各神位前跪獻。司祝讀祝辭畢，皇帝率群臣行三拜禮，興，樂止。

同時，後殿、兩廡亦行初獻禮。

（13）行亞獻禮：典儀贊行亞獻禮。奏敷平之章，舞羽籥之舞，司爵官獻爵，奠於左，儀如初獻，後殿、兩廡同時行亞獻禮。

（14）行終獻禮：典儀贊行終獻禮，奏紹平之章，舞同亞獻，司爵官獻爵奠於右，儀如亞獻，後殿、兩廡同時行終獻禮。

（15）受福胙撤饌：光祿寺卿二人奉福胙到神位前拱舉，退立於皇帝拜位之右。皇帝跪，右官跪奏福酒。皇帝受爵拱舉，授左官，左官跪受。右官跪進胙，皇帝受胙拱舉，授左官，左官跪受，三拜，興。皇帝率群臣行三跪九拜禮，奏光平之章，撤饌。

（16）禮成：贊禮郎贊禮畢，還寢室，奏光平之章，皇帝率群臣行三跪九拜禮。有司奉祝、帛、香至燎所，皇帝轉立西向。祝、帛過，皇帝復位。祝、帛燎畢，禮成。皇帝向殿左門，降東階，由東戟門出。

後殿、兩廡同時行禮。

（17）乘輿還宮：皇帝至太廟南門外神路右乘禮輿，奏祐平之章。午門鳴鐘，皇帝還宮。①

乾隆三十六年，大學士等以皇帝的年齡已逾六旬，宜稍節勞，經奏定，皇帝祭祖乘輦入西北門，至太廟北門外，御禮轎入左門，循東牆行，至戟

---

① 以上引自《大清通禮》卷四。

門外東階下降輿，步入左門，至幄次。追禮成後，由戟門左門出陞輿。因此，太廟的西北門，又名"花甲門"①。

2. 祫祭

即歲末祭祀祖先。歷代禘、祫分祭，禘爲五年一祭，祫爲三年一祭。清制有祫無禘，除夕祭廟，始於太宗。順治十六年定，歲除前一日大祫。先一日遣官只告後殿、中殿，移後殿、中殿神位至前殿。祭日，皇帝親詣前殿，儀如時享。

3. 告祭

舉凡登極、親政、監國、攝政、大婚、上尊號、徽號、覲廟、郊配、萬壽、冊立、凱旋、獻俘、奉安梓宮等國家大事，皇帝都要告祭太廟，舉行隆重的告祭儀式。

有清一代，奉祀太廟寢殿的帝后，依昭穆次序列下：

中　室：①太祖高皇帝（努爾哈赤）
　　　　②孝慈高皇后

東一室：①太宗文皇帝（皇太極）
　　　　②孝莊文皇后
　　　　③孝端文皇后

西一室：①世祖章皇帝（福臨）
　　　　②孝康章皇后
　　　　③孝惠章皇后

東二室：①聖祖仁皇帝（玄燁）
　　　　②孝懿仁皇后
　　　　③孝誠仁皇后
　　　　④孝昭仁皇后
　　　　⑤孝恭仁皇后

西二室：①世祖憲皇帝（胤禛）
　　　　②孝聖憲皇后
　　　　③孝敬憲皇后

---

① 《欽定日下舊聞考》卷九。

東三室：①高宗純皇帝（弘曆）
　　　　②孝儀純皇后
　　　　③孝賢純皇后
西三室：①仁宗睿皇帝（顒琰）
　　　　②孝和睿皇后
　　　　③孝淑睿皇后
東四室：①宣宗成皇帝（旻寧）
　　　　②孝全成皇后
　　　　③孝慎成皇后
　　　　④孝貞成皇后
西四室：①文宗顯皇帝（奕詝）
　　　　②孝德顯皇后
　　　　③孝欽顯皇后
　　　　④孝貞顯皇后
東五室：①穆宗毅皇帝（載淳）
　　　　②孝哲毅皇后
西五室：①德宗景皇帝（載湉）
　　　　②孝定景皇后

後殿，供奉清室入關前的四代遠祖：
中　室：①肇祖原皇帝（猛哥帖木耳）
　　　　②原皇后
東一室：①興祖直皇帝（福滿）
　　　　②直皇后
西一室：①景祖翼皇帝（覺昌安）
　　　　②翼皇后
東二室：①顯祖宣皇帝（塔克世）
　　　　②宣皇后

4. 尊諡

諡者行之迹。歷代帝王爲死去的帝王加上美好的稱號，稱尊諡。凡死去的皇帝奉祀太廟，須立廟號。如順治十八年，順治帝死後尊諡爲"體天隆運英睿欽天大德弘功至仁純孝章皇帝"，廟號"世祖"。凡尊諡，前期齋戒，遣官祭告天地、宗廟、社稷。屆期，皇帝到太廟舉行隆重的尊諡禮。

凡尊諡有冊有寶。冊長八寸九分，廣三寸九分，厚四分，冊頁不等，冊面、底鎸刻陞降龍紋。寶方四寸二分，厚一寸五分，紐高二寸七分，長四寸二分，廣三寸五分。凡太廟冊寶都用玉，色青白，冊文用驪體。寶文如諡號，如"某祖某宗某皇帝之寶"，后曰"某皇后之寶"。冊寶集中殿，分藏金匱。乾隆四十五年，以列朝冊寶玉色參差，命選工琢和闐玉重制。越二年工竣，藏於太廟。其舊藏十六分冊寶，送盛京太廟尊藏。以後帝、后祔廟，都另制冊寶送盛京尊藏。

後世皇帝為表示對祖先的孝敬和褒揚，不斷加諡美稱，因而帝后的諡號字數越來越多。所以，嘉慶四年規定，凡列聖尊諡已加至二十四字，列後尊諡已加至十六字者，不復議加。

5. 功臣配享

清沿明制，為表彰功臣，宗親郡王配享太廟前殿東配殿，文武大臣配享太廟前殿西配殿，雍正二年定功臣配享儀節。前屆告太廟，屆陳采亭，列引仗，奉主至廟西階，拜位在階下，奉主大臣三跪九拜，然後攝行還納龕位，一跪三拜。

有清一代，東廡配近支親王、郡王，由北而南，計十三位：①多羅通達郡王雅爾哈齊；②武功郡王禮敦；③多羅慧哲郡王額爾袞；④多羅宣獻郡王齋堪；⑤和碩禮烈親王代善；⑥和碩睿忠親王多爾袞；⑦和碩鄭賢親王濟爾哈朗；⑧和碩豫通親王多鐸；⑨和碩武肅親王豪格；⑩多羅克勤郡王岳託；⑪忠敬誠直勤慎廉明和碩怡賢親王允祥；⑫和碩恭忠親王奕訢；⑬和碩超勇襄親王策淩。

西廡配享滿蒙漢功臣十三位，由北而南：①三義信勇公直義費英東；②弘毅公額亦都；③英誠武勳王楊古利；④三等果毅公忠義圖爾格；⑤一等雄勇公圖昭勳賴；⑥一等忠達公文襄圖海；⑦太傅大學士三等伯文端鄂爾泰；⑧大學士張廷玉；⑨贈太保協辦大學士戶部尚書一等武毅謀勇公諡文襄兆惠；⑩太保保和殿大學士一等忠勇公晉贈郡王銜諡文忠傅恒；⑪晉贈太保武英殿大學士一等誠謀英勇公諡文成阿桂；⑫太子太保武英殿大學士銳嘉男貝子晉封郡王銜諡文襄福康安；⑬科爾沁博多勒噶臺忠親王僧格林沁。

（四）祭祖文化是中國傳統文化的一個重要組成部分

在中國，祭祀祖先，源遠流長。馬驌《繹史》引證《竹書紀年》及《博物志》載："黃帝崩，其臣工左徹取衣冠几杖而廟祀之。"這是傳說歷史上祭祖的開始，直到今天，國人每逢清明節要祭黃帝和炎帝，上下歷經數千年。在中國，不僅統治階級尊祖祭宗，有天子七廟、諸侯五廟、大夫三廟的規定，而被統治階級，即普通百姓，也把掃墓祭祖作爲生活中的一件大事。早在秦漢時代，墓祭已成爲不可或缺的百姓禮俗活動。至唐代，民間掃墓已成爲普遍現象。那時寒食，清明二節合一，有白居易《寒食野望吟》可證：

　　鳥啼鵲噪皆喬木，清明寒食誰家哭。
　　風吹曠野紙錢飛，古墓壘壘春草綠。
　　棠梨花映白楊枝，盡是死生離別處。
　　冥冥重泉哭不聞，蕭蕭暮雨人歸去。

在中國，祭祀祖先的場所和儀式也是多種多樣的。皇帝立有太廟，實行禘祭，祫祭和時享。諸侯、大夫有宗廟，實行廟祭。望族有祠堂，實行祠祭。百姓家供有祖宗牌位，實行家祭。

中國傳統的祭祖，有如下幾點意義：

①有報本返始的意思。《禮記·祭義》："聖人返本復始，不忘其所生也。"又說："祭先所以報本也。"生不忘其本，飲水思源，這是中國人重要的美德，祭祖便是不忘本思想的表現。

②祭祖是篤行孝道的一種表現。儒家特別重視"慎終追遠"，[①] 認爲祖先是人類之本，尊祖孝親乃是"天之經，地之義，民之行"。[②] 不僅歷代帝王都"以孝治天下"，主張"孝始於事親，中於事君，終於立身"[③]，而且要求普通百姓"生，事之以禮；死，葬之以禮，祭之以禮"。[④] 所謂"一舉

---

① 《論語·學而》。
② 《孝經·三才章》。
③ 《孝經·開宗明義篇》。
④ 《論語·爲政》。

足不敢忘父母,一出言不敢忘父母,君子跬步不敢忘孝也"。① 孝道是中國倫理的骨幹,是中國人傳統的美德。

③是團結宗族的紐帶。古代的中國,是一個宗法制的社會,社會組織是以家族爲基礎的。孝爲百行之本,是維繫家族之紐帶,由家族擴大而結爲宗族。每一大家族,必定建立一個宗祠,每年定期行祭祖禮,以增強內部的團結,所以說,家族、宗族是中華民族的基礎。

祭祖文化是中華傳統文化的一個重要組成部分,現在開發祭祖文化,仍具有重要的意義。

①繼承和發揚中華民族的優良傳統。中華民族有文字記載的歷史已有五千多年。在漫長的歷史發展中,中華民族爲何生生不息、不斷發展,而不被歷史淘汰呢?其中一個重要的原因,就是善於繼承祖先優良的傳統,剔除其劣習糟粕,開創新的未來。代代相傳,才形成了博大精深的中華文化,使中華民族永遠屹立於世界民族之林。

②祭祀先聖、先賢、先烈,學習他們的優秀品德和精神。中國古代有虞氏以前,祭祖是以功、德爲標準的。所謂"祖有功,宗有德"。凡有功於創業者,或造福於人群者,都可作爲祖宗奉祀,這裏祇有崇德報功的信仰關係,而沒產生血緣關係的觀念。自夏以後,以迄殷商,方始循姓氏、重血統,把血統上祖宗的祭祀看得很重要了。以後歷代都以血緣關係的祭祖爲主體,因而產生了一些家族主義的流弊。今天我們應從國家、民族的觀念來開發祭祖文化。凡是對中華民族和國家的形成及發展有貢獻的祖先,都應加以奉祀。例如古代的炎帝、黃帝、孔子、秦始皇、漢武帝、諸葛亮、岳飛等。近代的如林則徐、孫中山等,現代革命的領袖和先烈更應永遠紀念,我們要學習先聖、先賢和先烈的優秀品德和愛國愛人民的精神。

在太廟供奉有明清兩代二十七位皇帝和他們的皇后,其中如明朝開國皇帝朱元璋、成祖朱棣,清朝的康熙、雍正和乾隆皇帝等,對推動中國歷史的發展,對中國統一的多民族國家的鞏固和發展,都起過重要的作用,也應肯定和祭祀他們。

---

① 《禮記·祭義》。

③祭祖尋根，是聯繫海內外炎黃子孫的重要紐帶。祭祖文化是一股維繫中華民族共同體穩定的巨大力量，也是增強中華民族內部凝聚的心理滲透力。使得中國人有一種歸向之心，有一種強烈的國家責任感，關心同胞和種族的興旺。所以開發祭祖文化，是我們當今建設祖國，實現振興中華的"中國夢"，開創中華美好未來的一個重要因素。

第八章 職官、吏役（C）

第一節 清代政治與職官制度

一、歷史沿革

清朝政治制度的建立和職官的設置，經歷三個發展階段：

（一）入關以前（1614—1644）

滿族傑出的領袖努爾哈赤，在統一女真各部落戰爭中，創設了軍政合一的八旗制度，置八旗總管大臣、佐管大臣董統軍旅，繼而設立議政五大臣、理事十大臣厘治政刑。皇太極繼位後，於天聰三年設立文館，天聰五年又仿明朝官制，設立吏、戶、禮、兵、刑、工六部。至崇德元年改文館為內三院，即內國史院、內秘書院、內弘文院。文館由單純掌翻譯、記事的機構，一變而為初具處理國政的內三院中樞機構。天聰九年皇太極改國號為大清後，進一步增設都察院，以掌諫諍諸王、糾察百官之職。改蒙古衙門為理藩院，官制亦同六部。這樣，六部、兩院統稱為八衙門，基本上形成了一套較完備的中央集權的國家機構，取代了八貝勒理政的局面。

（二）大一統時期（1644—1840）

1644年清入主中原後，基本承襲明朝的官制，進一步加強皇帝的集權獨裁制度和民族統治。清代中樞權力機關和明代有所不同。明代的權力在內閣。清代內閣地位雖崇，而實權較小。最初，軍政大權操縱於議政王大臣會議，日常庶政歸內閣。康熙時南書房參預機務。雍正時創設軍機處，協助皇帝撰述諭旨，綜理軍國大計，軍機大臣由皇帝特簡。中央六部，分理國家行政。都察院主管監察，理藩院主管少數民族和某些對外事務。宗人府管理皇族事務，內務府管理宮廷事務。中央官制按民族分缺，一般都滿、漢復職，由滿官掌握實權。

地方官制，大體分省、府、縣三級，總督、巡撫爲省級最高長官，布政使又稱藩司、按察使又稱臬司，分掌全省民政、財政、刑法，還分設道員，作爲輔助。府設知府，統轄數縣。縣設知縣，爲基層"親民之官"，掌管全縣政務、賦役、戶籍、緝捕、訴訟、文教。少數民族地區，根據不同的情況，設立不同的軍政機構和官員。

（三）半封建半殖民地時期（1840—1911）

第一次鴉片戰爭後，英法等西方列強迫使清政府簽訂了一系列不平等條約。按照條約規定，清政府割地、賠款，開放上海、廣州等五口通商。於是清政府設立"五口通商大臣"，以專理通商交涉事務。

咸豐十年（1860），第二次鴉片戰爭後，英法等列強強迫清政府簽訂了《北京條約》，並互換了《天津條約》。清政府除再一次割地、賠款，增開通商口岸外，還不得不允許各國公使常駐北京。因此，交涉事務勢必更加繁重，於是於咸豐十一年設立總理各國事務衙門，以專辦中外交涉事務。

光緒二十六年八月，八國聯軍攻占北京，又強迫清政府簽訂了《辛丑條約》，根據條約，將總理各國事務衙門改爲外務部，"班列六部之上"，這樣對洋人辦事達到"以崇體制，以專職責"。

清朝末期，清政府內憂外患，革命運動風起雲湧。清政府宣布改革官制，實行新政，以進行垂死掙扎，光緒二十八年曾先後裁撤了閑曹詹事府和通政使司衙門。光緒二十九年設立財政處，以專統籌全國財政、劃一幣制之責。繼而設立總理練兵處，以統籌編練新軍事宜。同年又設立商部，主管商務，兼辦農工、路礦事宜。光緒三十一年先後設立巡警部和學部。光緒三十二年設稅務處，以便辦理全國的稅務。

光緒三十二年七月，載澤等五大臣出洋考察政治後，奏請統一釐定官制，認爲舊有的官制"權限不分，職任不明，名實不符"。經奏准，將太常、光祿、鴻臚三寺併入禮部；將工部與商部合併，改名爲農工商部；巡警部改爲民政部，轄內外巡警總廳；戶部改爲度支部，將財政處併入；兵部改爲陸軍部，將練兵處、太僕寺併入，初設時兼管海軍處和軍咨府；刑部改爲法部；理藩院將部分外交事務劃歸外務部，改稱爲理藩部；大理寺則提高了地位，由正三品衙門改爲正二品衙門，更名爲大理院，成爲審辦訴訟的機構，另外增設郵傳部，專司鐵路、輪船、電綫、郵政等事務。

清廷為抵制革命，於宣統元年二月宣布實行立憲。宣統三年四月成立責任內閣，同時還設立了弼德院，"與內閣相為維系"，"用備顧問"。責任內閣以奕劻為總理大臣，在十三名閣員中，皇族竟占了九名，世稱"皇族內閣"。這當然遭到革命人民的反對，宣統三年九月，清廷被迫廢除了"皇族內閣"，十月攝政王載灃被迫退位。這時武昌革命軍起義成功，隨後在南京成立了中華民國政府，孫中山先生為臨時大總統，腐朽的清王朝宣告結束。

二、清代的職官制度

清朝是我國封建社會的最後一個王朝，它集歷代封建制度的大成，特別吸取了明代皇帝專制統治的經驗，使自秦以來的君主專制的中央集權政治制度，發展到了頂峰。凡國家的行政、軍事、立法、司法、財政等大權，都牢牢掌握在皇帝手中。乾隆皇帝說過："乾綱獨斷乃本朝家法，自聖祖、皇考以來，一切用人聽言大權，從無旁假，即左右親信大臣，亦未有能榮辱人、生死人者。"（《清高宗實錄》卷三二三）皇帝是國家政治的核心，凡一切法律制度的興廢，國家機構的設置，都是根據皇權統治需要而進行的。在中樞機構設置上，清仍沿明制，不設宰相，而設內閣，以之輔助皇帝處理詔令題奏等文秘事宜。雍正時又設軍機處，簡親信大臣入值，以辦理軍政要務。在中央設有吏、戶、禮、兵、刑、工六部及都察院、大理寺等行政機構。在地方設有總督、巡撫及邊疆大臣，在皇帝直接授命下，負責管理國家各項政務和治理萬民。

國家機關是統治階級的工具，而掌握國家機關的官吏，是皇朝推行政令、賴以進行封建統治的關鍵。清朝歷代皇帝都十分重視官員的選拔與任用，康熙皇帝說過："從來有治人無治法，為政之道全在得人。"（《清聖祖實錄》卷八十三）清朝各級官員的任用，上至大學士、軍機大臣、總督、巡撫，下至司道、府縣，甚而佐雜等官，都必須經皇帝的"硃批"或"欽定"後，纔能有效。

任人大權雖然操之皇帝，但要能選拔出大批德才兼備的統治人才，還需一套得力的人事機構和系統的規章制度。清代文武官員的銓選、考課，主要由吏部和兵部來負責。吏部"掌文職官吏之政令，以贊上治萬民。凡品秩銓敘之制，考課黜陟之方，封授策賞之典，定籍終制之法，百司以達於部，尚書、侍郎率其屬以定議，大事上之，小事則行，以布邦職"（《欽定大清會典》卷四）。兵部"掌中外武職官之政令，以贊上衛萬民。凡除授封蔭之典，乘載郵傳之制，甄核簡練之方，士籍軍實之數，百司以達於部，尚書、侍郎率其屬以定議，大事上之，小事則行，以整邦樞"（《欽定大清會典事例》卷四十三）。

吏、兵二部等衙門有關人事的題奏文書，要經內閣和軍機處及奏事處呈轉辦理。內閣名爲"掌議天下之政，宣布絲綸，厘治憲典，總鈞衡之任，以贊上理庶務"（《欽定大清會典》卷二），但實際上，內閣的日常事務主要是爲皇帝辦理本章。凡吏部、兵部等衙門有關職官任免、陞轉、獎懲的題本，照例先經內閣票擬處理意見，然後送呈皇帝覽准批紅後，再發鈔有關衙門執行。凡皇帝封贈任用官員的文書，如覃恩封贈五品以上官及世爵承襲罔替的誥命，覃恩封贈六品以下官及世爵有襲次的敕命，以及外任官的坐名敕、傳敕等，都由內閣秉旨辦理發給。雍正七年軍機處設立後，凡軍國要務和高級官員的任命都由軍機處秉旨辦理。清會典載："軍機大臣掌書諭旨，綜軍國之要，以贊上治機務。"（《欽定大清會典》卷三）趙翼在《檐曝雜記》中說："爲軍機大臣者皆親信重臣，於是承旨出政，皆在於此矣。"凡高級官員，由皇帝特別簡任的，中下級重要官缺須"請旨"補放的，都由軍機處秉旨辦理執行。

清代官員的銓選制度極爲繁細，凡滿、漢士子入仕，有科甲、貢生、監生、蔭生、議敘、雜流、捐納、官學生、俊秀等。凡科甲及恩、拔、副、歲、優貢生、蔭生出身者爲正途，其餘如通過捐納等入仕當官者爲異途。異途經保舉，亦同正途，但不得考選科、道。非科甲正途，不得任翰林院、詹事府及吏、禮二部的官員，但旗人官員不拘此例。

清朝爲保證少數滿洲貴族在國家機關的統治權，規定內外官分爲滿洲缺、蒙古缺、漢軍缺、漢缺，滿洲又有宗室缺和內務府包衣缺。凡國家的一些要害部門規定爲滿洲的專缺。清代授官之法，除皇帝"特簡"之外，"大學士而下至京堂以開列，得旨則授。若太常寺、若鴻臚寺滿洲少卿，則開列以引見。不開列者有揀授、有推授。翰詹坊缺亦如之。科道皆引見。

科者通列，道則列其記名者三人以候旨。司官有留授，有調授，有揀授，皆引見，得旨則授。餘者以選授。小京官亦如之。殊者有考授，筆帖式亦如之，五城二尹所屬亦如之，外官督撫藩臬以開列。運使則請旨授焉。道府有請旨、有揀、有題、有調、有留，餘者選。廳州縣之缺有揀、有題、有調、有留，餘者選。佐雜要缺則留，餘則咨與選分缺焉，教職亦如之，鹽官亦如之"(《欽定大清會典》卷八)。

　　清代文職官員考績每三年進行一次，京官考績叫京察，外官考績叫大計，由吏部考功司負責。京察以子、卯、午、酉歲進行，各部院司員由長官考核。京察的內容爲"四格"：一守：有清、有謹、有平。二才：有長、有平。三政：有勤、有平。四年：有青、有壯、有健。根據四格，分定等第：一等爲稱職，二等爲勤職，三等爲供職。列一等者，加級記名，則加考語引見備外用。經考察表現不好的官員，糾以六法：一、不謹。二、罷頓無爲。三、浮躁。四、才力不及。五、年老。六、有疾。凡不謹、罷頓無爲者，革職；浮躁者，降三級調用；才力不及者，降二級調用；年老、有疾者，休致。三品京堂以上，由吏部開列事實，四五品官員由特簡王大臣會核，分別等第，具奏引見請旨裁定，其餘官員分別由長官考察。

　　地方文職官員的考績，叫大計，亦三年舉行一次，以寅、巳、申、亥歲進行。由州、縣至府、道、司，層層考察其屬員事績，造冊申報督撫，督撫核其事狀，加注考語，再繕冊送吏部復核，布政使、按察使由督撫出具考語咨送吏部，吏部再匯核具題請旨定奪。其他官員分別由督撫和大計官按應舉應劾具題，吏部會同都察院吏科、京畿道等詳加考核題復。大計的內容，同京察的標準一樣，分才、守、政、年四格。才或長或平或短，守或清或平或濁，政或勤或平或怠，年或青或中或老，才、守俱優者稱爲"卓異"，表現不好糾以六法，不入舉劾者稱爲平等。凡評爲"卓異"者，知縣以上官員都要引見皇帝，得旨後加一級回任候陞。凡糾以六法者，其處分與京官相同。知縣以上還要咨送吏部引見，凡屬貪官、暴吏，則指參。

　　清代武職官員的考績，稱軍政，每五年舉行一次。凡大臣，由兵部奏聞候旨定奪，其餘由各該主管官注考，造冊匯送兵部，以別其黜陟。在京武職官員，由兵部奏請欽派王大臣考驗，閱以騎射，優者舉薦，由兵部引見皇帝，候旨陞用，次者劾處。各省駐防八旗、綠營官員軍政，皆具題到部，由兵部會同都察院兵科、京畿道察核題復。舉者來京，由部引見皇帝，候旨陞用，次者劾處。軍政考核的內容，亦分爲四格。八旗官員考操守、才能、騎射、年歲，以行止端方、當差謹慎、弓馬嫻習、馭兵有律、給餉無虛爲合格。綠營官員考才技、年力、馭兵、給餉，以才技優良、年力精壯、馭兵有術、給餉無虛爲合格。考核優劣，分別舉劾。八旗世爵不入軍政，每三年由該管大臣考核騎射、清語。優者爲一等引見，准記錄二次。中平者，仍留世爵當差。騎射、清語生疏，年力尚壯，可以教育者，罰俸一年，仍留世爵。如下次考核仍無長進者，革爵另襲。

清代的職官制度可謂周全而又具體，它在清代的前中期，在康熙、雍正、乾隆等勤政有爲的君主統治下，基本上適應當代的政治形勢，滿足了朝廷對封建統治人才的需要。但隨着封建制度的日益沒落，特別到了清代末期，吏治腐敗，貪污盛行，官制吏章，均視爲具文，它和整個封建制度一樣，已屆壽終正寢了。

第二節　職官檔案分析

有關清代職官檔案不僅數量繁多，而且內容豐富，包括各級國家機關的設置、增裁、章制、沿革，各級官員選任、陞遷、調補、獎懲、撫卹、休致等，以及史館纂修大臣列傳的材料，這些檔案大致可分爲四個方面。

一、職官的一般檔案

清朝各級各衙門都設有管理人事的機構，它秉承堂官的意志，負責本衙門官員陞遷、調補、考核、獎懲、撫卹、請假銷差等事務，並保存官員的檔案。一史館現存有內閣、軍機處、六部、都察院、大理寺等七十四個全宗的檔案，每個全宗內都有一定數量的人事檔案。

吏部和兵部是管理文武官員的職能機關，其檔案是研究清代職官制度的必不可少的重要史料。

皇帝批閱的有關題、奏文書，及頒發的有關諭旨，包括存於內閣吏科、兵科的題本，及據題本匯鈔的"吏科史書"、"兵科史書"等，其中，順、康、雍時期職官檔尤爲珍貴。

存於軍機處和宮中的硃批奏摺及其副本中的職官吏役類文書，它詳細記載了乾隆以後直至清末有關國家機關的設置、增裁、改革以及高、中級官員的任免、獎懲、封贈蔭襲等方面的情況。

皇帝有關職官任免、獎懲、封贈方面的詔令諭旨，包括任命、告誡高級官員的敕諭，封贈有功王公大臣的誥命，及日常任免獎懲官員的諭旨，這些諭旨分別載於硃批奏摺、《上諭檔》、《絲綸簿》中。

二、宮中秘藏的官員履歷檔案

(一) 清代官員引見履歷檔案的形成與內容

清代官員引見履歷檔案包括清代官員履歷引見摺、宮中官員履歷單、宮中官員履歷片三部分。

1. 清代官員履歷引見摺

官員履歷引見摺是清政府在月選官時形成的文書。清代官員的任命，根據不同需要和官員不同的級別，采取不同的任命方法。乾隆時規定，京官凡郎中以下，除題缺、調缺、揀選缺、考選缺外，其餘都爲月選缺。外官道府以下，除請旨缺、題缺、調缺、揀選缺、佐雜除要缺外，其餘都爲月選缺。凡除班、陞班於每年逢雙月開選，稱雙月大選；凡補班於每年逢單月開選，稱單月急選（唯閏月不開選）。京官郎中以下，外官道員以下，除規定的題、調、揀、補等缺外，都爲月選缺。屆月選期，滿洲、蒙古、漢軍官在上旬，漢官在下旬，筆帖式在中旬舉行。先期，應選人員須按期赴吏部投供驗到，投供文書有赴選文，交代文，注冊呈結印結，咨明親老文，聲明祖籍、寄籍、商籍印結等。吏部文選司官員，接到投供文書後，詳細造冊呈報堂官審閱。然後議官掣簽。先司議，後堂議，列出月官序單。最後由堂官審定後，在天安門外封簽，傳齊各官，共同掣簽。月官掣簽以後，皇帝還要派九卿詹事科道對掣中的官員進行考驗，其中如有行止不端、出身不正、混冒籍貫、虛捏年歲，並年老衰疾，祖、父有錢糧虧空者，舉出交吏部奏聞。同時還要進行考試，令各官繕寫履歷，以三百字爲限。若政治確有所見，准其據實條奏，或自述何以居官蒞事，詳陳一二事，明白敷陳於履歷之後。月官經考驗以後，由吏部會同驗看大臣具摺請旨，報告驗看結果並帶領引見應選官員，同時呈進各官的履歷。履歷引見摺便是這樣形成的。另外一些揀補陞轉的官員，如揀選知縣、鹽大使、教職俸滿陞用、選拔生員、捐輸分發官員等，也要經驗看大臣驗看和考試履歷，附於月官之末一併進呈御覽。應選官員經引見和得到皇帝允准後，方由吏部給憑赴任。

對於中下級官員的引見，一般在大內的乾清宮、養心殿，或御門聽政時成批進行。在引見中，皇帝一方面閱看有關大臣的奏摺和官員的履歷，一方面又親自觀察和考問官員，這樣可以更准確地做出任命的裁斷。康熙皇帝說過：「引見時朕得以知悉。」若是未經引見，「朕並不認識，亦不知辦事如何，憑何陞轉」（《清聖祖實錄》卷二〇六）。乾隆皇帝把官員引見視爲常朝政事之一，乾隆三十五年四月初七日他諭斥各衙門道：「今日各部旗衙門奏事甚少，又無引見人員，必系因正在祈雨之時，見朕望澤維殷，遂不欲奏函煩瀆，殊未能深體朕意。朕勵精勤政，日以爲常。」「嗣後各該衙門遇有陳奏事件，及帶領官員引見，俱於卯正到齊。」（《清宮史續編》卷三十二）

履歷引見摺分引見摺和應選官履歷兩部分，又稱「引見履歷摺子」。引見摺由吏部主稿，摺長二十六厘米，寬十一點八厘米，摺面上書一「奏」字，清末時改爲「呈」字。奏摺開首，不寫具摺者的職官姓名，直書九卿驗看各應選官員的結果，並一一開列各應選官員姓名、籍貫、年齡、出身、履歷及簽選或揀補的官缺等。試以嘉慶十九年六月份引見月選官摺爲例。

奏（開面）

　　嘉慶十九年六月份月官，郎中一員，員外郎三員，內閣典籍一員，直隸州知州一員，通判二員，知縣三員，預備扣除遺缺簡用知縣五員，補行引見中書科中書一員，知州一員，共十八員。遵例將滿洲九卿併滿洲、漢掌科掌道各職名，開列進呈，奏請欽派驗看。奉旨：著派英和、景安、周兆基、明亮、顧德慶、寶興、熙昌、茹棻，給事中福定、宜清安、吳椿、李可蕃，御史嵩安、巴齡阿、陳鐘麟、張源長。欽此。臣英和等會同科道臣福定等，於六月二十八日，傳齊六月份月官郎中高廷標等十一員，預備扣除遺缺簡用知縣王鐘等五員，補行引見中書科中書劉燾等二員，秉公驗看，細加詢問，均無事故，相應奏聞，恭候欽定。

郎中高廷標，直隸大名府東明縣監生，年四十八歲，現任戶部四川司員外郎。論俸推陞，今簽升戶部浙江司郎中缺。

員外郎李光里，順天府寶坻縣進士，年四十七歲，原任刑部江西司員外郎。服滿候補，今簽掣刑部浙江司員外郎缺。

……

月選官考試履歷，始於康熙年間，但現存最早的月選官履歷衹有康熙六十年的。月選官履歷都是各應選官親自書寫，其形式，摺面正中下方寫明應選官簽掣或揀補的官缺及姓名，摺內直敘各官的姓名、身世及履歷，摺尾書明年月日期。各應選官將自己的履歷寫好後，外加封套密封，交由吏部及九卿驗看以後，摺面都蓋有吏部文選清吏司印。

關於考試月官履歷的制度，康熙五十三年規定，以三百字爲限。雍正三年又規定，"其初授之員，所得地方，繁簡難易。必豫爲籌畫。何以治民，何以厚俗，以及催科撫字之術，讞獄息訟之方，令各出己見，詳陳一二事，於繕寫履歷之後，切實條議，以觀其才識。其補任陞任之員，令其將舊任地方利弊，明白敷陳於履歷之後"（《光緒會典事例》卷四十四）。以後月官寫條陳時，多請人代作，而且都是歌功頌德的套語，所以雍正十三年時又規定禁用頌聖套語："嗣後月官考試履歷，如果伊等於政治確有所見，准其據實條陳，或自述其何以居官，何以蒞事，亦准其敷納。若胸中無欲吐之言，止主行繕寫履歷，其濫用頌聖套語，概行禁止。"（《光緒會典事例》卷四十四）嗣後應選官只寫履歷，不寫條陳，而且履歷也越來越簡單。茲舉清朝前、後期的官員履歷爲例：

（1）雍正八年四月份月官劉焜履歷

簽掣河南陳州西華縣臣劉焜（開面，上鈐吏部文選清吏司印）

臣劉焜順天府寶坻縣人，年四十七歲。由附生捐貢，於康熙五十七年遵戶部馬例捐教諭，並應陞先用，今簽掣河南陳州西華縣知縣缺。欽惟皇上，健合天行，厚符地載。重熙累洽，立萬年有道之弘規；輔相裁成，綜百代建中之盛軌。際豐豫而蠲租減賦，懷保彌殷；敷聲教而摩義漸仁，甄陶愈切。德洽後先疏附，小廉大法百職咸凜章程；澤流南朔東西，物阜民安萬國齊登仁壽。是以曠古未廓之區宇，重譯來朝；歷世罕見之嘉祥，應時咸備。臣草茅賤質，樗櫟庸材。讀孔孟傳書，常慕公忠之誼；誦聖朝廣訓，益生敬畏之心。仕籍初登，懼難子民之伍；官箴甫試，恐有慚父母之稱。衣食足而仁義興，農桑爲要；人心正而風俗厚，勤儉居先。聽訟務精明，亦期果斷；錢糧禁拖欠，尤戒侵欺。奸盜乃匪類之尤，先嚴保甲，以絕窩藏之迹；豪惡實善良之害，先除魁傑，以儆群小之心。游惰宜懲，貴使人皆務本；樸茂是尚，毋令俗或從奢。凡分所當爲，必本實心行實政；若職所當，盡惟期愛國以愛民。志切撫循，不敢萌圖利營私之意；力操冰蘗，豈敢存沽名市譽之心。只願勉竭犬馬之微忱，庶幾仰答高深於萬一耳。敬繕履歷，恭呈御覽。臣曷騰惶悚恐之至意。謹奏。

雍正八年四月二十九日

（2）宣統二年四月月官吳和聲履歷

簽選四川成都府同知臣吳和聲（開面，上鈐吏部文選清吏司印）

臣吳和聲，浙江舉人，現年三十四歲。由內閣中書俸滿截取，光緒三十一年九月十八日引見奉旨，著照例用。欽此。今簽選四川成都府同知缺。敬繕履歷，恭呈御覽，謹奏。

宣統二年四月

對於月選官的驗看，始於康熙五十三年。初命吏部會同九卿驗看，凡月選官內有行止不端、出身不正，並年老衰病，祖、父有錢糧虧空者，都要舉出奏聞。但九卿大臣並不認真驗看，致使有些年老衰病或行止不端者，濫充官缺。爲此，乾隆十七年，曾經嚴令訓誡："向例月選官由九卿驗看，所以澄銓敘而辨官才，典至重也。但九卿人衆，往往互相觀望，不肯實心體察，虛應故事，屢經傳旨申飭，而積習不悛，其或有託故不到者。如此，則審官量才之寄，其何賴焉！嗣後月選各官，應由九卿驗看者，該部屆期取九卿職名，奏請特派驗看。如仍蹈故習，朕惟於派出之人是問。"

同時又派出滿漢掌科道官員兩名，隨同驗看，以便監視，但是驗看大臣們虛應故事的弊端並未扭轉，老弱昏庸者濫充月選的現象還不斷發生。

月選制度是清代銓選中、下級文官的一個重要方法，它雖然減少了任補官員中的舞弊現象，但這種制度，按格擬注，憑簽掣缺，往往拘於成例，簽掣選拔出的官員多是平庸之才。所以清朝在月選的同時，又推行保薦等選官的方法，以補銓法之不足。

現在中國第一歷史檔案館所藏的官員履歷引見摺，共有一千九百一十三卷，計三萬六千六百六十八件。起自康熙六十年（1721），迄於宣統三年（1911）。其中康熙、雍正朝五千九百八十五件，乾隆、嘉慶朝二萬三千四百六十五件，道光、咸豐、同治朝三千六百八十一件，光緒、宣統朝三千五百三十七件。這些履歷引見摺具體地記錄了清代月選官的活動和發展變化，詳細地記錄了清代二百多年間三萬多中、下級官員的姓名、籍貫、出身、生平履歷和任職陞遷情況。其中有內閣、吏、戶、禮、兵、刑、工六部，都察院、大理寺、翰林院、詹事府、國子監、光祿寺、鴻臚寺等中央國家機關的官員，如郎中、員外郎、主事、都察院都事、經歷、大理寺寺丞、評事，光祿寺署正、署丞、典簿，通政司知事、經歷、部寺司庫、司務，工部司匠，太常寺博士、典簿，中書科中書，詹事府主簿，國子監監丞，內閣中書、博士、典簿，鴻臚寺主簿，翰林院典籍、待詔、孔目，京府治中、通判、經歷等，也有地方官員，包括全國各府、廳、州、縣的各級官員，如道員、知府、同知、廳同知、直隸州知州、知州、通判、知縣、直隸州州同、州判、縣丞、茶鹽大使等。

2. 宮中官員履歷單

宮中所存的官員履歷單，是清朝皇帝在考察、任命官員中形成的文書。清代凡皇帝特簡官、差人員都由軍機處秉旨辦理，《欽定大清會典》卷三"辦理軍機處"中載："文武官特簡者，承旨則進其名單、缺單，差特簡者亦如之。凡大臣之換防於西北兩路者，則稽其班、書其名以備覽。旬有五日而更之。"這裏所說的特簡的官員有：

（1）文職大學士以下至京堂，武職御前大臣以下至步軍、前鋒、護軍統領；外官將軍、總督、巡撫、布政使、按察使等。這些官員，凡有缺出，皇帝令開列應補應陞人員名單，軍機處即繕遞名單，候旨簡用。

清代對鹽業實行官方專賣制度，對鹽運使這一重要的肥缺，皇帝必親自任命官員。若鹽運使缺出，皇帝命進單，軍機處即發吏部查開俸深道員十名、知府十名，由軍機處開單呈覽，候旨簡用。

（2）凡試差、學差、關差等派遣的官員，如會試、順天鄉試主考官，會試、鄉試後復試、殿試、朝考庶吉士散館、翰林大考及各項考試閱卷官。有旨令查開應點人員，軍機處即繕遞名單。

各省學政，屆子、午、卯、酉年八月應行更換之期，有旨進單。軍機處即將各學政到任年月、出身、履歷及曾否歲考得差次數一一注明，分別開單送上。並同時將進士出身對品應調之通政司副使、大理寺少卿、太常寺少卿、太僕寺少卿、鴻臚寺卿、順天府府丞銜名另繕一單，一併呈遞候旨差遣。

清朝對重要的關口監督，也要由皇帝直接派員充任。凡內務府京察等記名之郎中、員外郎，照例得用各關監督，除山海關、張家口、殺虎口三處監督及將軍、總督、巡撫兼管之各關外，遇有關差更換之期，由戶部題本到閣後，即將內務府一等人員應用關差名單，交紅本處隨本呈遞，候旨簡派。

（3）西北兩路邊疆大吏，如參贊大臣、辦事大臣、領隊大臣等，也都由皇帝直接任命換防，其中參贊大臣有伊犁副都統接辦塔爾巴哈臺一人、烏里雅蘇臺二人、科布多一人，辦事大臣有西寧一人、西藏一人、庫倫二人，幫辦大臣有科布多一人、西藏一人，領隊大臣有錫伯一人、索倫一人、察哈爾一人、額魯特一人、塔爾巴哈臺一人。換防之班，以到任後三年爲期滿。每年十月，軍機處將各處期滿之大臣開單呈遞，更換與否，候旨定奪。

現存的宮中官員履歷單中，其中一部分便是軍機處在辦理上述三類高級官員任命、調遣中呈進的。皇帝在閱覽各官員的履歷時，或硃批評語，或硃標等級，或圈點任用，或令某月某日召見等。

軍機處記名，是清朝考核、任命官員的一個重要方法。凡京察、大計、軍政後，或在一些官員的陞遷調補中，照例由吏、兵二部帶領引見皇帝。皇帝在接見官員時，或當即在引見排單上硃圈予以任用，或令軍機處記名以備今後任用。

清會典所載軍機處的職掌中說："凡文武官記名者，遇缺則奏其名。若道府記名者，遇請旨缺，則奏焉。"（《欽定大清會典》卷三）清代官制，文職運使、道員，若記名以按察使用。武職一等侍衛、翼長、參領、協領、長史、總管、城守衛，若記名以副都統用。總兵，若記名以提督用。副將，若記名以總兵用。遇有上述缺出，軍機處將記名人員繕單呈遞，以備簡放。

關於道府請旨缺，不由銓選、保題，都由特旨簡放。遇有缺出，由軍機處請旨。其或選缺道府，在部無應選之人，由吏部請旨，又或題缺道府，該省無可題之人，由督撫請旨，都由軍機處進單。京察一等之給事中、御史、郎中、員外郎、內閣侍讀、翰林院侍讀、侍講、修撰、編修、檢討、詹事府洗馬、中允、贊善，以滿洲、蒙古人員為一單，漢員為一單，皆道府兼用。內務府郎中、員外郎為一單，以道府關差兼用。其或遇引見，或因保舉奉特旨記名者，皆各一單。知府以道用，同知、直隸州知州以知府用。京員視奉旨指明或以道用，或以知府用，或以道府兼用。道府兼用者，遇請旨道府缺皆進單。以道用者，遇請旨道缺進單。以知府用者，遇請旨知府缺進單。其漢給事中、御史、郎中俸滿截取記名以繁缺用者，除由吏部銓選繁缺道府外，遇請旨道缺，給事中一體進單。遇請旨知府缺，御史、郎中一體進單。又原任請旨道府丁憂起復者、降革離任原案開復者，到部後，由吏部知照軍機處，亦一體進單。其原任請旨道府因告病或終養開缺，其病痊及養親事畢，例應坐補原缺。到部後，由吏部知照軍機處，遇該員坐補缺出，亦一體進單。其有知州、知縣奉旨記名者，應用同知、直隸州知州，遇有同知、直隸州知州簡放知府遺缺，即將該知州、知縣名單進呈，請旨補放。

清制，伊犁章京可以用廢員補放，照例由軍機處豫行八旗查明各處廢員獲咎案由，開送清冊。軍機處大臣傳齊各該廢員揀選，將獲咎較輕、年力富強者，每次酌取數員引見，奉旨記名者，遇缺，按名補放。將次用竣，再行揀選引見。現存軍機處檔案中，即有廢員檔冊。宮中官員履歷單中，亦有部分廢員引見排單和廢員履歷單、片。

3. 宮中官員履歷片

凡皇帝引見、召見官員，如京察一等者，大計、軍政卓異者及應保舉、題補的官員，分別由吏、兵二部和有關主管衙門堂官帶領引見皇帝。先期有關衙門具疏奏請並繕各官員履歷單或引見排單，屆時皇帝在觀察官員中，在引見排單或官員履歷單上，硃批任命旨意後，負責接遞奏摺和傳宣諭旨的奏事處，即交軍機處辦理。軍機處對屬於"請旨缺"，即擬任命諭旨，奏准實行。凡交軍機處記名的，軍機處即分文武官職，按記名後應陞官缺類別，予以記錄登檔。現存軍機處檔案中，就有《軍機處記名檔》、《軍機處文職另行存記檔》、《軍機處武記檔》、《軍政卓異記名檔》、《記名總兵檔》、《記名提督檔》。在文職記名檔中，又將記名的官員，按"應用按察使"、"應用道員"等項分別排列。在軍機處記名檔中，把文武各官的姓名、族別、籍貫、年齡、現任職務、履歷、何時被引見奉旨記名等，都一一記錄清楚。同時，又備製官員履歷片一份。履歷片係硬紙做成，長二十五點二厘米，寬十一點九厘米，每片六行，上面墨筆照錄官員姓名、年齡、籍貫、履歷等，用紅筆鈔錄硃批諭旨和考核等級，以及何時引見等。

軍機處記名後，逢該官應陞官缺有名額時，軍機處即具摺並將該官的履歷片交奏事太監呈上，皇帝在該官的履歷片上，或硃批評語，或授意評定何等，或任命何官等。奏事太監隨交軍機處辦理。軍機處接到硃批履歷片後，即登錄於冊，叫"旨意"檔。同時在該官履歷片上用紅筆注明某年某月某日授何官，以後，每逢該官員的陞遷調補，或丁憂、休致、病故，都隨時記錄在該官的履歷片上。這樣，軍機處在長期的官員記名、陞補活動中，便形成了大量的官員履歷片。現經整理出版的官員履歷片，共有一萬零二百九十一張。

雍正朝官員履歷片有二千七百八十八張。例如：

（1）李英履歷片

（文眉批紅）：四年用陝西游擊。

李英，陝西人，由行伍，年五十一歲，總督岳鐘琪以才技優長、弓馬嫻熟、招撫逆番著有勞績，題補肅州鎮標左營游擊。

（批紅）：總督岳鐘琪送到題補濟南之守備。箭。人明白，去得似。人好漢子，不識字，小黑鬍子。上下。

（2）高遹年履歷片

（文眉批紅）：九年十二月內以刑部郎中用。補福建建寧府知府。

高遹年，浙江紹興府會稽縣人，年四十七歲。由監生考授州同。

雍正元年七月命往山西補用，本年九月巡撫諾岷題請委署代州知州。六年七月內奉旨補授江西臨江府知府。著來京引見，十一月內引見，奉旨：著赴新任。

（批紅）：不是浙江生長，總在陝西、河南成人的。人甚去得，着實明白。白紅臉，少像石柱。只恐太聰明，若誠實，是一人材料，好府道。上中。

（硃批）：降級回京，以部屬用。復經本部保選，用福建備補道去的。復次看不及前，試看再定。中上。

乾隆朝官員履歷片有五千二百九十一張。例如：
孫述曾履歷片

（文眉批紅）：乾隆五十八年十月內用安徽寧國府知府，不勝知府之任，奏請以部員改用。

孫述曾，浙江人，年四十三歲，由貢生遵川運例加捐知府，乾隆四十二年三月內用湖南寶慶府知府。

（批紅）：乾隆四十二年四月內引見。中平，無大出息。乾隆四十七年十二月內引見。妥當中材。

硃批：不甚滿意。

嘉慶朝官員履歷片有一千零九張。例如：
朱錫爵履歷片

（文眉批紅）：嘉慶十四年七月內用山東布政使，以六部郎中用。

朱錫爵，順天人，年四十歲，由舉人揀選知縣，發往江蘇，歷任知縣。嘉慶九年遵衡工例加捐知府，即用。十年三月內發往河南，酌量差遣。是年九月內補授江蘇淮安府知府，十一年四月內用江蘇淮安府知府。

（批紅）：嘉慶十一年四月內引見，明白可用。嘉慶十三年十二月內召見，似可。嘉慶十四年八月內召見，似可。嘉慶十七年十二月內召見，似可。

道光朝官員履歷片有七百五十五張。例如：
廖文錦履歷片

（文眉批紅）：道光八年四月內用河南衛輝府知府。

廖文錦，江蘇人，年四十四歲，由進士改翰林院庶吉士散館，授職編修。嘉慶二十一年充順天鄉試同考官，二十四年正月內補國史館纂修。道光二年京察一等，記名以道府用，本年三月內用河南南陽府知府。

（批紅）：道光二年三月內引見，似可。道光七年四月內引見，中材。

咸豐朝官員履歷片有四十四張。例如：
錢步文履歷片

錢步文，浙江人，年六十二歲，由進士以主事用，簽分戶部行走。道光二十三年奏補本部主事，二十六年二月內題陞本部員外郎，二十七年二月內題陞本部郎中，二十九年二月內俸滿，截取記名，以繁缺知府用。咸豐三年四月內揀發江蘇知府，引見，著發往江蘇，以知府差遣委用。

此外，無朝年官員履歷片四百零四張。

從以上列舉的各朝的官員履歷片中，可以看到，雍正時期，皇帝的硃批和代表旨意的批紅比較多。嘉慶以後，硃批、批紅逐漸減少，至咸豐朝則完全看不到硃批和批紅了，這反映雍正、乾隆皇帝比較勤政，嘉慶以後各帝，一代不如一代。

（二）清代官員引見履歷檔案的價值與整理出版

清代官員引見履歷檔案不同一般的清代官吏陞遷調補的史料，它的特點有：

1. 數量巨大

現已整理出版的就有五萬四千九百八十件。其中康熙朝、雍正朝八千七百七十三件，占百分之十六；乾隆朝二萬三千一百二十六件，占百分之四十二點一；嘉慶朝六千六百八十三件，占百分之十二點二；道光朝一千三百六十三件，占百分之二點五；咸豐朝二千七百零一件，占百分之四點九；同治朝一千五百四十七件，占百分之二點八；光緒朝九千三百一十六件，占百分之十六點九；宣統朝一千零五件，占百分之一點八。自康熙六十年（1721）始至宣統三年（1911）終，共有一百八十多年的官員履歷檔案被完整地保存下來，這在中國歷史上是絕無僅有的，在世界檔案史上也是罕見的。

2. 內容豐富

這批官員履歷檔案，不但數量巨大，而且內容十分豐富。例如在引見履歷摺中，不僅有官員的生平履歷，而且有有關衙門和大臣對驗看官員結果的奏摺。在康雍乾時期，各月官除寫履歷之外，還要寫一些政見、條陳之類的文字，這對研究當時的政情也有一定的參考作用。這部分檔案的主要內容是官員的履歷，在官員履歷中，詳實記錄了：

（1）官員的姓名，包括官員的姓氏、名字，以及改換的姓名等。清制，官員的姓名不能隨便更改。如有更名者須取據同鄉京官或旗籍佐領的印結，由該主管衙門或督撫批准，咨吏部文選司注冊。

（2）官員的旗籍籍貫。旗員要寫明旗籍，如係某某旗某某佐領下人。漢員要寫明籍貫，係某某省某某縣人。官員的籍貫一般要寫原籍，即祖籍。若該官因祖父貿易游幕及出仕，於寄籍地方置有產業，在二十年以上者，經寄籍官查核報吏部批准，可以填寫寄籍。

（3）官員的年齡。一般按陰歷虛歲計齡，履歷單中雖無該官出生時間，但可以根據文書的具文時間，推算該官的出生年月。

（4）官員的出身。清代官員的出身有八：

①進士，分文進士和滿洲、蒙古翻譯進士。

②舉人，分文舉人和滿洲、蒙古翻譯舉人和漢軍武舉。

③貢生，有恩貢生、拔貢生、副貢生、歲貢生、優貢生、例貢生。

④蔭生，有恩蔭生、難蔭生。

⑤監生，有恩監生、優監生、蔭監生、例監生。

⑥生員，分文生員，滿洲、蒙古翻譯生員，漢軍武生。

⑦官學生，有八旗官學生、漢學生、覺羅學生、算學生。

⑧吏員，有供事、儒生、經承、書吏、承差、典吏、攢典。

凡無出身者，如滿洲、蒙古、漢軍旗員叫閒散，漢員叫俊秀，如係捐納、保舉，亦須在履歷中寫清楚。清朝規定，入仕必身家清白，凡八旗戶下人及漢員家奴、長隨等子孫，概不准入仕籍（《欽定大清會典》卷七、十一）。

（5）官員的經歷，包括該員的職務，歷次的陞遷調補、獎懲撫恤情況，以及重要的政績和武功等。

（6）有一部分官員履歷，還繕寫了家庭、家族和社會關係。

3. 是皇帝親自用硃筆批閱過的文書

雍正、乾隆皇帝比較勤政，對官員觀察得很仔細。如雍正四年在守備李英的履歷片上，硃批"人明白，去得似"。"人好漢子。不識字。小黑鬍子。上下"。在游擊魏耉國的履歷片上，硃批"看來，兩只紅眼，似糊塗。好漢子，口齒清楚。問話，人甚明白、結實。征魯魁拿陳哈哈。上下。少識字。看下文書"。乾隆皇帝在南陽總兵馬建學的履歷片上，在乾隆二十八年五月第一次引見時，硃批"亦可"。在乾隆三十三年十一月第二次引見時，硃批"此任可將就"、"無甚出息，像明白人"等。嘉慶十一年七月，第一次引見知府盛惇崇時，硃批"似可"。嘉慶十七年七月第二次引見時，硃批"明白"。嘉慶十九年四月召見時，硃批"似可"。道光以後各帝，對引見官員多硃批等級，如"中材"、"中平"、"中上"等，或硃筆圈任命名單。這樣大量硃筆批閱的文書，不僅具有史料研究價值，而且還具有很高的文物藝術價值。

4. 是原始的第一手史料

這些文書是清朝皇帝及有關衙門在銓選、任用各級官員的活動中形成的，因而它是研究清代人物歷史的最原始材料。而一般史籍中的人物傳記材料，都是經過作者加工、取捨後編撰而成的第二手史料，所以這部分檔案，是研究清代人物的最原始的素材，也是比較客觀和真實的人物史料。

清代官員引見履歷檔案的作用有：

1. 是我們當今研究、撰寫清代人物傳記的豐富的第一手史料

經過整理的清代官員引見履歷檔案共五萬四千九百八十件，其中主要爲官員履歷，大多數爲每件記錄一個人的履歷，也有少數人物，一人有兩份或三份履歷。如引見履歷摺中，吏部奏摺中所書寫各官履歷和附件的每

個官員的履歷單，內容基本相同。據統計，這五萬多件官員引見履歷檔案中，記錄了五萬多人物的履歷。每件履歷單中，都記有該官員的姓名、年齡、籍貫、出身、職務以及一生經歷，包括歷來陞遷調補情況，重要政績戰功，並載有該員的守制、病休、休致、病故及獎懲撫恤的情況，這些材料都是撰寫每一個人物傳記的基本素材。加上皇帝對該官的評語及該員在考試履歷中所發表的政見，我們基本上可以對該官一生的事迹和功過是非進行評述，所以，它是我們當今進行清代人物研究和撰寫傳記的基本材料。

現存於世的清代人物傳記史書，有《清史列傳》，書中提供了六千二百人的傳記。《清史稿·列傳》，記載了約四千六百人的歷史。一史館所存的國史館檔案中的"人物傳記"也只五千餘人的傳記材料。其他如《清代碑傳合集》，收有五千五百餘人的碑傳文章。《國朝先正事略》正、副傳所寫一千一百零八人（馮爾康《清代引見履歷檔案的史料價值》）。這些傳記史書所寫的人物數量，尚不及引見履歷檔案中所記錄的人物數量的五分之一。而且上述人物傳多是高級官員或著名人物，而官員引見履歷檔案中所記錄的人物，多是中下級官員。如京官中的內閣辦事中書、票簽中書、中書舍人，六部的郎中、員外郎、主事，通政司的經歷、知事，大理寺的左右寺丞、寺副，國子監的監丞、博士、典簿、典籍等，翰林院的編修、檢討、待詔、典籍等，都察院的經歷、都事、筆帖式等，宗人府的主事、筆帖式等，外官中的知府、知州、知縣、同知、道員、通判、教授、教諭等，這些官員是沒資格立傳的。另外，在官員引見履歷檔案中有不少是記載中下級武職官員和旗籍官員的，在一般史籍中也很少記載他們的生平事迹，所以這部分中下級官員的履歷，正好彌補了清代人物傳記史料中的空白。

2. 是研究清代職官制度的原始素材

清代官制，雖然形式上沿襲明制，而實際上有它自己獨特的一套制度。例如中樞機關的設置，雖有內閣，而實際軍政要務則授命軍機處辦理。中央各部院及地方政權機構設置，雖然基本襲明舊制，但在內部機構設置和官缺編制方面和明朝大不相同。我們從這部分官員引見履歷檔案，可以了解到清代官制的實際設置及前後變革的情況。在官員選拔、任命和考績、封贈方面，尤其是對中下級官員的考核、任命方面，這些檔案爲我們提供了可靠的、豐富的原始素材。

清代官制的一個大的特點，就是民族歧視，在官缺設置上分宗室缺、滿洲缺、蒙古缺、漢軍缺、內務府包衣缺、漢缺，以保證少數滿洲貴族在國家政權中擁有統治地位。在官員任用方面，凡重要的國家機關和要害部門，都安排滿洲旗籍官員充任。一般滿洲旗籍官員，要比漢員陞遷快，待遇也優厚一些。這在官員的履歷中，可以得到充分的證明。

　　在研究月選官制度、引見、召見、陛見制度，軍機處記名制度，捐納制度等方面，這部分官員引見履歷檔案，給我們提供了豐富而系統的原始素材，這些素材在清代文獻上是很難找到的。

　　3. 是研究清代各專門歷史的重要參考材料

　　清代皇帝，特別是康、雍、乾三帝在官員引見履歷單上的硃批，反映了清代各位皇帝個人的特點和風格，其中也反映了朝廷中的政治鬥爭。例如雍正皇帝一上臺，即命令把其父康熙帝的硃批諭旨及其以後硃批奏摺，包括這部分硃批履歷文書，在執行後一律繳回宮中，便是出於政治鬥爭的目的。雍正帝在大量官員引見、履歷文上的硃批諭旨，真實反映了雍正一朝的政治鬥爭情況。

　　在官員履歷中，有很大一部分文字是敘述官員政績和戰功的。我們研究某一重大歷史事件，可以從當事官員的履歷單中，得到一些佐證或參考材料。例如，我們從現存宮中履歷單分析出，有參加過平定張格爾叛亂的官員，如烏淩額、索文、田大武、托明阿、烏蘭泰等；有參加過鴉片戰爭、中法戰爭的官員，如任大貴、伊克坦布、傑純、毛亮、劉永福、王孝祺、丁槐等；有抵抗八國聯軍入侵的官員，如涂國盛、沈敦和、方友昇、楊來昭等。有參加鎮壓天理教起義、凌十八起義、太平天國起義、捻軍起義、陝甘回民起義、貴州苗民起義、宋景詩起義的官員，如烏林太、林耀光、李鴻賓、富和、劉全忠、梁鴻盛、張定泰、郭大勝等。我們從這些官員履歷中，可以找到研究這些歷史事件的一些參考材料。又如我們從清末派遣出國考察的官員履歷中，獲得一些清末外交方面的史料，如段祺瑞於"光緒十一年考入北洋武備學堂，十五年派赴德國學習武備等事"。孔祥霖於光緒二十九年"四月派赴日本考察各項政要"，等等。在郭嵩燾、梁誠、羅豐祿、楊樞、陸徵祥、李盛鐸、任廷芳、唐紹儀等清末一些駐外使臣、領事的履歷中，給我們提供了研究清末外交史的珍貴史料。

在官員履歷中，還有不少官員敘述了該官承襲世職及家庭關係和社會關係，這是研究譜牒學的重要材料。

總之，清代官員引見履歷檔案，是清代官員傳記史料的寶庫，我們從這座寶庫中，會發掘出很多對研究清史的有用材料。

按照清朝的規定，凡官員收到的硃筆諭旨，辦理完畢後均需繳還宮中，否則，將受到嚴懲。所以皇帝硃批官員引見履歷摺、官員履歷單及官員履歷片以及硃圈、硃點的官員名單等，在有關衙門執行後，都按期繳還宮中。有清一代，這批機密的人事檔案，一直秘藏宮中。1911 年辛亥革命後，清朝政權雖被推翻，但末代皇帝溥儀，按照民國政府優待清室條件，仍然居住宮中，過着小朝廷的生活，直到 1924 年馮玉祥將軍發動北京政變，溥儀纔被驅逐出宮。溥儀出宮後，這批宮中硃筆檔案，爲清室善後委員會所接收。1925 年故宮博物院成立後，這批檔案同其他清代文獻，劃歸故宮博物院圖書館之下的文獻館管理。文獻館即今天中國第一歷史檔案館的前身，一史館爲將這批珍貴的硃筆人事檔案更好地提供給社會利用，自 1981 年以來，由該館管理部先後安排十餘名專家和工作人員對該批檔案進行了整理：第一步先按原存放基礎即官員履歷引見摺、官員履歷單、官員履歷片三大部分進行了分類，按朝年進行了排列。第二步進行了編號制目和編制索引工具，共編有檔案目錄四冊。在此基礎上，還編制了人名索引和職官索引兩種檢索工具，查找頗便。爲便於對外交流和利用，1984—1985 年，又將這部分檔案全部拍成縮微膠片，其中官員履歷引見摺 16mm 膠片二十七盒，官員履歷單 16mm 膠片七盒，官員履歷片 16mm 膠片六盒。1997 年承蒙華東師範大學出版社的領導和專家的重視，影印出版了《清代官員履歷檔案全編》共三十冊，書中收錄官員履歷片一萬零二百九十一件，履歷單八千零二十一件，履歷摺三萬六千六百六十八件，補遺履歷摺九百零三件，共計五萬五千八百八十三件，這一舉措實是傳播祖國文化典籍、惠及海內外學子的功德無量的好事。

三、史館檔案中王公大臣列傳及有關材料

史館檔案包括清朝國史館檔案和民國初年清史館檔案。清制，凡文官，

京官侍郎、副都御史、大理少卿以上，地方官巡撫以上，凡武官，提督、總兵、副都統、領隊大臣、辦事大臣，皆可宣付國史館立傳。現存有國史館纂修的列傳稿本，如《大清國史宗室列傳》、《欽定宗室王公功績表傳》、《欽定外藩回部王公表傳》、《欽定續纂外藩蒙古王公表傳》、《國史忠義傳》、《國史忠義傳正編》、《國史忠義傳次編》、《國史忠義傳續編》、《大清國史大臣列傳》、《國史大臣列傳正編》、《國史大臣列傳次編》、《國史大臣列傳續編》、《欽定國史貳臣傳》、《欽定國史逆臣傳》、《昭忠祠列傳續編》等。這些列傳稿分別存於臺北和北京，其中臺北故宮文獻館存的稿本中，列傳人物約六千餘人。北京第一歷史檔案館保存的列傳稿本中，列傳人物約有三千多人。

1911年辛亥革命後，民國三年（1914）北洋政府特在故宮東華門內原國史館的基礎上，設立清史館以編纂清史。

清史館編纂的列傳稿本，有后妃、諸王、大臣、宰輔、疆臣、循吏、儒林、儒學、文苑、忠義、孝義、孝友、遣逸、隱逸、逸民、卓行、藝術、醫術、疇人、貨殖、列女、叛臣、逆臣、四王、土司、藩部、屬國等各類傳稿。共有一千九百多人的傳稿。

史館檔案中，除各種列傳的稿本外，還有長編及傳包並有關材料。長編是爲纂修臣工列傳而編輯的資料匯編，國史館爲辦長編而收集大臣的事迹，上至皇帝的諭旨，下至臣工的奏章，內容詳細，整理有序。

史館傳包中包括兩大部分：一爲史館編纂的各種列傳稿本，二爲史館收集的各種傳記資料。如吏部造送的大臣履歷，以及大臣事迹的底本，包括官員陞遷調補、賞罰糾參、功績戰績及皇帝的硃批諭旨等，另外還收集有大臣的奏疏、年譜、行狀、墓志銘等，這些都是編纂大臣列傳的最基本的原始材料。

四、清代縉紳錄

清代縉紳錄是記載全國范圍職官的職掌、姓名、出身、籍貫、字號等基本情況的專書。有官刻和坊刻的兩種版本。中國第一歷史檔案館所存多是官刻本，其名稱有《大清縉紳全書》、《縉紳全覽》、《爵秩全書》、《爵秩全函》、《中樞備覽》等，對研究清代的職官制度及歷史人物，具有一定的參考价值。

由於歷史的原因，目前存世的《縉紳全書》已經殘缺不全。中國第一歷史檔案館藏有雍正至宣統各朝的本子，其中光緒朝、宣統朝較爲完整，共五百八十七冊。開列如下：

雍正	一種	一冊
乾隆	三種	三冊
嘉慶	一種	八冊
道光	四種	十六冊
咸豐	二種	十冊
同治	六種	二十一冊
光緒	三百五十一種	四百三十四冊
宣統	十二種	八十五冊

第九章 軍 務（D）

第一節 清代軍隊的一般情況

清朝的軍隊以八旗兵爲主，八旗兵是"滿洲的根本"，可以說清朝"興也八旗，亡也八旗"。八旗兵額定二十二萬人。清初，八旗兵戰鬥力很强，待遇也很優厚。但後來逐漸染上城市習氣，不習武事，逐漸喪失了戰鬥力，八旗子弟腐化墮落。

清朝入關，招降了大批明朝軍隊，稱爲綠營。綠營分駐全國各地，駐北京的稱巡捕營，又稱京營，隸屬於步軍統領；駐各省的按照地方的大小、遠近、險要、民人的多少，列汛分營。由各省總督統轄的稱"督標"，巡撫統轄的稱"撫標"，提督統轄的稱"提標"，總兵提轄的稱"鎮標"，將軍提轄的稱"軍標"，河道總督提轄的叫"河標"，漕運總督提轄的稱"漕標"。標以下設"協"，副將統之。協以下設"營"，參將、游惠、都司、守備分別統之。營下設"汛"，千總、把總、外委分別統之。兵分三種：馬兵、戰兵、守兵。戰兵、守兵全是步兵。瀕海、瀕江的地方設水師。綠營兵丁練習弓箭、鳥槍、藤牌、長矛、雲梯；水師則練習水戰。全國綠營兵在1812年統計，共有六十六萬一千六百七十一人（《清史稿》兵志二）。

八旗兵和綠營兵爲國家的正規軍隊，有一定的數額，所以又稱額設制兵。此外還有"土兵"，就是少數民族部隊。雖然也是經常設置的，但爲數不多，只在四川、甘肅、湖南、廣東、廣西、雲南、貴州、西藏、青海設有。清中葉以後，又有漢族地主自募自練的團練鄉勇，稱爲勇營，有事時招募，無事時裁撤，所謂"旋募旋散，初非經制之師"（《清史稿·兵志四》），所以不算正規軍隊。

同治以後，陸續采用新式槍械，訓練新式軍隊，於是"練軍"、"防軍"、"防練軍"、"新軍"、"自強軍"、"得勝軍"，種種軍名隨之而起。後來統一規劃爲陸軍，逐漸淘汰了綠營，成爲正規軍隊。但是新軍計劃沒有完成，清朝已經滅亡。

第二節　清代的八旗制度

八旗制度是清代一種特殊的社會制度，它實行"兵民爲一"，既是軍事組織，又是行政和生產組織。八旗從1601年正式建立，直到1911年清朝滅亡後，還殘存了很長一段時間，它比清朝建國的歷史還長。"八旗爲滿洲根本"，滿族所以能崛起東土，進而統一全國，實有賴於八旗兵的驍勇善戰和八旗的組織作用，因而要研究清朝的興衰歷史，必須研究八旗制度。八旗制度涉及清代的政治、軍事、經濟、文化等各種制度，它是清朝的一個縮影。要研究清代的各項制度，也必須研究八旗制度，本節試就八旗的設立、各項制度及其性質作用，做一些介紹和論述，以期有益於清史的研究。

一、八旗制度的建立

自古以來，中國就是一個統一的多民族國家。滿族是我國多民族大家庭成員之一，原係女真族。它具有悠久的歷史，經過漫長的原始社會和奴隸制社會，到了16世紀末和17世紀初，已經向封建社會過渡。當時的階級鬥爭異常激烈復雜，奴隸的大量逃亡和連續不斷的反抗鬥爭，迫使奴隸主不得不改變原來的統治方式，原來分散的、各自爲政的部落統治，已經不能適應日益增長着的封建經濟的發展，女真社會出現了統一的趨勢。爲爭奪統一女真的王權，當時"各部蜂起，皆稱王爭長，互相戰殺，甚至骨肉相殘，強淩弱，衆暴寡"（《滿洲實錄》第一卷）。在階級鬥爭的暴風雨中，滿族傑出的領袖努爾哈赤，以十三副遺甲起兵，從1583—1616年，經過三十三年的戰爭，終於統一了女真各個部落。在統一的過程中，努爾哈赤爲了有效地組織軍隊和管理民衆，便創設了一種軍政合一的組織——八旗。

八旗是由原來牛錄的組織發展而來的。牛錄原是滿族一種打獵的組織，長期以來，女真各部落在打獵時，每人各帶一鏃箭，每十人爲一單位，進行射獵活動，十人中設一頭領統率，這個頭領叫"牛錄額真"（"牛錄"漢語大箭的意思，"額真"漢語主的意思）。《八旗通志》在追述滿洲佐領緣起時說："先是我國凡出兵較獵，不計人之多寡，各隨族黨屯寨而行。獵時每人各取一矢，凡十人設長一領之。各分隊伍，其長稱牛錄額真。"（見嘉慶本，卷二）以後，這種牛錄的組織又逐漸用於戰爭，成爲組織軍隊的一種形式，但牛錄的組織和人數都沒有統一的規定。到了17世紀初期，努爾哈赤在統一女真各部的過程中，對歸服的人口隨時編成牛錄。隨着女真統一事業的發展，牛錄也越來越多。爲統率各牛錄，努爾哈赤於1601年便創設了黃、白、紅、藍四旗。據文獻記載："辛丑年，滿洲生齒日繁，諸國歸服人衆，設四旗以統之。以純色爲辨：曰黃旗、曰白旗、曰紅旗、曰藍旗。"（光緒《大清會典事例》卷一一一一）另外，對牛錄的組織和人數也做了統一的規定："每三百人編爲一牛錄，設牛錄額真一人。額真之下設二戴色二人，章京四人，喀山伯什庫四人。牛錄中有人觸法，由四章京分別治理。"（《滿文老檔》檔冊一）到1615年，努爾哈赤已基本上統一了女真各個部落，這時幅員人口空前增加，於是又將原來的四旗進一步擴編爲八旗，"至乙卯年，削平諸國，中外臣民歸附者衆，增設四旗。以初設四旗爲正黃、正白、正紅、正藍，增設之旗爲鑲黃、鑲白、鑲紅、鑲藍。黃、白、藍均鑲以紅，紅鑲以白，合爲八旗，以統帥滿洲、蒙古及烏真超哈諸衆"（光緒《大清會典事例》卷一一一一）。

　　在建立八旗制度的同時，努爾哈赤又設"理政聽訟大臣五員，紥爾固齊十員"（《清太祖武皇帝實錄》卷二）以管理訴訟刑名事務。這樣，努爾哈赤建立了比較完整的統治機構，隨於1616年在赫圖阿拉稱汗，國號"大金"，滿族統一的封建農奴制政權建立了。

　　後金國建立後，進一步促進了滿族封建經濟的發展。隨着後金國實力的日益增強，努爾哈赤便把統一的弓矢指向蒙古各部落，他用"征、撫"兩手策略，先後降服蒙古各部落。1635年，皇太極在打敗察哈爾蒙古林丹汗以後，仿滿洲八旗制度，編立了蒙古八旗。《清文獻通考》記載："〔天聰〕九年始設蒙古八旗……其旗色與滿洲八旗同。"（卷一七九）

继蒙古八旗编立之后，1642年，皇太极又设立了汉军八旗。汉军八旗，是由归降的辽东汉族人组成。据《啸亭杂录》记载："国初时，俘虏辽瀋之民，悉爲满洲奴仆，文皇帝悯之，拔其少壮者爲兵，设左、右兩翼，命佟駙馬養性、馬都统光遠统之。"（卷二）崇德二年（1637）正式设立汉军二旗，"旗皆皂色"（《八旗通志》卷二十二）。崇德四年（1639）又增设汉军二旗，以後由於归降的明朝官兵大量增加，在崇德七年（1642）再增设汉军四旗，共爲八旗，"其旗色與满洲、蒙古八旗同"。（光绪《大清會典事例》卷一一一一）

由上述可知，八旗分满八旗、蒙八旗和汉八旗，共爲二十四旗，但習慣仍稱八旗，下面介紹一下八旗的各種制度。

二、八旗官制

（一）八旗的組織與職官

八旗是兵民合一的社會組織。皇太極說過："我國兵民爲一，出則備戰，入則務農。"（《明清史料》丙編第一册）它是軍事組織，又是旗人的行政機構，所以它的各级官員，既是軍事统領，又是行政長官。旗的組織基本上分三级：佐領、參領和旗。八旗初設時，每三百男丁編爲一牛錄，設牛錄額真一人。五牛錄編爲一甲喇，設甲喇額真一人，領一千五百人。五甲喇編一固山，設固山額真一人，梅勒額真二人，領七千五百人。以後由於歸服日衆，生齒日繁，於是規定牛錄可以增加，但八固山不變，所以满、蒙古、漢八旗的牛錄是不一樣的。努爾哈赤時，八旗的旗主都是和碩貝勒，也稱八大王，八家各置官屬，共議國政。凡戰爭掠來的土地、人口都平均分配，所謂"有人必八家分養之，土地必八家分據之"（《史料叢刊》，天聰朝臣工奏議，卷上）。這樣八貝勒的權力越來越大，努爾哈赤怕危及他的統治，於天命八年（1634）在八和碩貝勒之外，"另設八大臣副之，以觀察諸貝勒之心"（《满文老檔》檔七）。到了皇太極時，在各旗又設總管旗務大臣，與八貝勒共議國政，這樣進一步分散各貝勒的權力。總管旗務大臣，"凡議政處，與諸貝勒皆坐共議之，出獵行師，各領本旗兵行，凡事皆聽稽查"（《清太宗實錄》卷一）。天聰六年（1632），皇太極進而取消與三大貝勒併坐受朝的儀式，改爲自己"南面獨坐"。天聰八年（1634），又明確規定："凡管理不論官職，管固山者名固山額眞，管梅勒者名梅勒章京，管甲喇者名甲喇章京，管牛錄者名牛錄章京。"（《光緒會典事例》卷一一一一）這樣逐漸削弱各貝勒王大臣的權力，加強了封建王權。

清入關後，沿襲明制，逐步建立起一套完整的封建國家政權。八旗的各級職官也都劃一和改用漢稱。順治十七年（1660），順治帝諭令："嗣後固山額眞，清字仍稱固山額眞，漢字稱爲都統。梅勒章京，清字仍稱爲梅勒章京，漢字稱爲副都統。甲喇章京，清字仍稱甲喇章京，漢字稱爲參領。牛錄章京，清字仍稱牛錄章京，漢字稱爲佐領。昂邦章京，清字仍稱昂邦章京，漢字稱爲總管。"（光緒《大清會典事例》卷一一一一）至雍正時，由於封建的君主集權進一步加強，"額眞"二字也禁止臣下使用，雍正元年（1723）雍正帝諭令："八旗都統印信，所有清文固山額眞字樣，額眞二字，所關甚巨，非臣下印信可得濫用，應行改定，以昭名分。嗣後將固山額眞字樣改鑄固山昂邦（漢名仍舊），伊都額眞改鑄伊都章京（漢字稱爲班領）。"（《光緒會典事例》卷一一一一）乾隆時，八旗官制進一步完備劃一："八旗都統滿洲、蒙古、漢軍旗各一人，副都統旗各二人，分掌滿洲、蒙古、漢軍二十四旗之政令，以宣布教養，整詰戎兵，厘治土田，稽覆戶口。八旗驍騎參領：滿洲旗各五人，蒙古旗各二人，漢軍旗各五人，副驍騎參領如參領之數。掌受都統、副都統之政令，以頒於佐領而行之。八旗佐領，滿洲六百八十人，蒙古二百四十人，漢軍二百六十六人。驍騎校每佐領下一人，掌稽所治人戶、田宅、兵籍，以時頒其職掌。印務參領：滿洲旗各二人，蒙古旗各一人，漢軍旗各二人。印務章京：滿洲旗各八人，蒙古旗各四人，漢軍旗各六人。印務筆帖式：滿洲旗各八人，蒙古旗各四人，漢軍旗各六人。隨印外郎：漢軍旗各一人，蒙古旗各一人，掌章疏文移案牘及翻譯行遣之事。"（卷三十一）以後歷朝八旗職官額數屢有增減，但官制變動不大。

八旗職官的銓選封襲，都有嚴格的規定。都統、副都統等都是皇帝任命，其他參領、副參領、驍騎參領、印務參領、佐領、筆帖式等官員，依制分別在八旗、本翼、本旗或本佐領內揀選補用，但不能世襲，唯佐領分世管佐領和公中佐領。世管佐領又分勳舊佐領和優異佐領，可以世襲，公中佐領在八旗中進行選補。

八旗內有嚴格的等級，《光緒會典》卷八十四載："鑲黃、正黃、正白，曰上三旗，餘曰下五旗。"八旗以下有包衣（包衣即家奴）。八旗包衣，不能和正身旗人編在一起，所以各旗的包衣都另編佐領。上三旗的包衣由內務府管，所以內務府的職掌是"掌上三旗包衣之政令"（《光緒會典》卷八十九）。內務府總管又叫包衣昂邦（昂邦，漢語大臣的意思）。下五旗的包衣爲王公府屬。各旗包衣的官員有參領、佐領、管領，包衣的官員比同級八旗官員的品級低一等。

另外，還有旗鼓人，也不能和正身旗人編在一起，須另編佐領以管理他們。旗鼓人遠在八旗之前就已存在。當時滿洲農奴主在戰爭中掠來大批敵軍俘虜和百姓，這些百姓多是漢人，掠來後多分配在各農奴主家服勞役，這便形成大量的包衣阿哈。俘來的敵人士兵，和一部分投充的漢人，被編成士兵，由各主人驅使作戰，這便形成旗鼓人。《八旗掌故》記載："旗鼓佐領多係國初民人投充，如見在大糧莊頭園夫之類。"以後滿洲八旗建立，旗鼓人又從各家抽出，另編佐領，分別隸屬各旗旗主。設有旗鼓佐領、參領等官。旗鼓人員，雖出身賤微，但卻屢立戰功。皇太極頗爲重視，崇德元年，曾正式規定旗鼓官名："寬溫仁至皇帝諭曰……朕之內廷旗鼓官，自此以後，不准呼爲旗鼓，若以滿語稱呼爲法衣丹章京，若以漢語呼爲旗綏衛指揮。親王邵王多羅貝勒等府內旗鼓官，亦不准呼爲旗鼓，若以滿語則呼爲法依丹達，若以漢語則呼爲長使，將此諭知禮部，傳布施行。"（《滿文老檔》檔二十）清入關後，上三旗旗鼓人由內務府管轄，旗鼓人多充當驍騎、護軍、前鋒等營兵士。各王公府第旗鼓人，由各該旗管轄，多充當王府的守衛甲兵。

八旗封爵，宗室分和碩親王、世子、多羅郡王、多羅貝勒、固山貝子、鎮國公、輔國公、不入八分鎮國公、不入八分輔國分、鎮國將軍、輔國將軍、奉國將軍、奉恩將軍十四等，功臣世爵分公、侯、伯、子、男、輕車都尉、騎都尉、雲騎尉、恩騎尉九等。八旗官員品級，從一品到九品，每品又分正、從，共十八品。

（二）八旗都統衙署與值年旗

八旗都統的職掌是"掌滿洲、蒙古、漢軍八旗之政令，稽其戶口，經其教養，序其官爵，簡其軍賦，以贊上理旗務"(《光緒會典》卷八十四)。為辦理這些事務，從雍正元年(1723)各旗設立都統衙署，以資辦公(光緒《大清會典事例》卷一一四四)。各都統衙署內又設如下機構，以辦理各項事務。

1. 印房：掌管都統印信，綜理旗務。
2. 摺房：辦理摺奏有關事宜。
3. 俸餉房：辦理官兵俸餉。
4. 銀庫：辦理領放銀兩等事宜。
5. 派差房：辦理臨時派遣差務。
6. 督催所：負責催辦文件，依限處理。
7. 戶口房：辦理兵丁人口戶籍。
8. 馬檔房：掌管馬匹、駝隻等拴養調配。
9. 檔案庫：負責收貯檔案。
10. 米局：每局給銀五千兩，遇米賤時買進，到米貴時以平價賣給旗民(以上見《八旗都統衙門全宗檔案》)。

值年旗是辦理八旗共同事務的機構。雍正元年規定，八旗輪流值月，以辦"八旗公辦事件及傳集立稿等事"(光緒《大清會典事例》卷一一四四)。雍正六年，又設值月公署，"每翼派值月官四人在署辦事，一年更代"(同上)。到乾隆十六年，改為皇帝特簡大臣值年的制度，以辦理"八旗公同議奏及應行匯辦通行知會"等事宜(乾隆《八旗則例》卷三)。

三、八旗兵制

八旗兵是清朝主要武裝力量之一，《清朝通典》載："八旗之制，實我朝開國經武肇造之始基。"(卷八十六，兵一)康熙帝也說過："滿洲甲兵，係國家根本。"(《八旗通志》卷首八)所以清朝統治的二百多年間，始終保持着這一支軍隊，給它以優厚的待遇，精良的裝備，嚴格的訓練。

八旗分京師八旗和駐防八旗。1644年，清定都北京後，留大部旗兵守衛北京，叫京師八旗。在統一全國的過程中，每攻一城得一地，總要留一定數量的旗兵駐守，這樣逐漸形成了駐守全國各地的駐防八旗。

第九章　軍務（D）

(一) 京師八旗

京師八旗的駐紮，以紫禁城爲中心，分左右兩翼。左翼：鑲黃旗在安定門，正白旗在東直門內，鑲白旗在朝陽門內，正藍旗在崇文門內；右翼：正黃旗在德勝門內，正紅旗在西直門內，鑲紅旗在阜成門內，鑲藍旗在宣武門內，"其次序皆自北而南，以五行相勝爲用。兩黃旗正北，取土勝水。兩白旗正東，取金勝木。兩紅旗位正西，取火勝金。兩藍旗位正南，取水勝火，以寓制勝之意"（《八旗通志》卷三十）。這樣的方位和次序，不僅京師這樣，在各地駐防及行軍駐紮，也都依這樣的方位。還規定，凡居北京內城的八旗官兵，不准到外城居住。居住北京的旗人，不能離京四十里。駐防的旗人，不能離駐防地二十里。

京師八旗兵，又叫禁衛兵。禁衛兵分郎衛和兵衛，郎衛就是天子親軍，是專門隨侍、警衛皇帝的軍隊，兵衛就是北京衛戍部隊。選上三旗（上三旗指皇帝親將的鑲黃、正黃、正白三旗）中"才武出衆之子弟及各執事效力人等之可任者，爲之分班入直，其優者擢爲御前侍衛、乾清門侍衛，而統以三旗領侍衛內大臣，即所謂郎衛也"（《清文獻通考》卷一八〇，兵二）。"前鋒統領所轄之前鋒，護軍統領所轄之護軍，掌宿衛、清蹕及宮禁傳籌、內禁門啓閉之事。內府三旗所轄之前鋒、護軍、驍騎，掌守衛隨從。八旗都統所轄之驍騎，掌各處直班巡徼之事。步軍統領所轄之步兵，掌禁城汎守、外禁門啓閉，即所謂兵衛也"（同上）。兵衛之中，專門警衛皇帝苑囿的，還有圓明園八旗護軍營及內務府三旗護軍營，專門演習槍砲的叫火器營，專門演習雲梯的叫鍵銳營，專備皇帝打獵的叫虎槍營，專門演練各種兵器、火器及陣法的叫神機營，專供皇帝游玩宴樂時表演摔跤和騎射的叫善撲營。除驍騎營隸各旗都統而外，其他各種營兵，都另設官員統轄。《清朝文獻通考》記載："本朝兵制，各旗之官員、兵丁，其戶口屬籍，無不隸於都統。至於簡用充補，自驍騎而外，則各該管大臣分領焉。"（卷一七九，兵一）

(二) 駐防八旗

清朝爲對外防禦侵略，對內鎮壓各族人民的反抗，凡全國重鎮要塞，邊疆沿海，都駐有八旗兵鎮守。各省省會，如盛京、江寧、杭州、福州、廣州、成都、西安等，一般設將軍一人，以統全省的旗兵。其次是各省重鎮，如錦州、山海關、京口、涼州等地，一般設有都統、副都統，以統轄該地的旗兵。再次是各地軍事關隘要地，設有城守衛或防守衛及防禦、驍騎校等官以領兵守關。駐防旗營建制，與京營大致相同，但無論騎兵與步兵都是滿、蒙古、漢軍混合編營。

八旗駐防兵的額數："畿輔駐防二十五處，兵八千七百五十八名。東三省駐防四十四處，兵三萬五千三百六十名。新疆駐防八處，兵一萬五千一百四十名。內地各省駐防二十處，兵四萬五千五百四十名。又守陵寢、圍場、盛京、吉林也有門兵二千九百六十九人。合計十萬七千七百六十八人。"（以上見魏源《聖武記》卷十一）

八旗兵除上述京師、駐防額兵以外，還有後備兵，又叫養育兵或教養兵。這是清入關以後，為解決旗人生計，而采取的一種措施。雍正二年上諭："滿洲戶口滋盛，餘丁繁多……至有窘迫……今將滿洲、蒙古、漢軍共四千八百人為教養兵，訓練技藝，每人各給三兩錢糧。"（光緒《大清會典事例》卷一一二一）凡另戶旗人，年十歲以上都可以挑選為養育兵，以後歷朝成為定制。至光緒時，八旗滿洲有米養育兵一萬二千六百六十四人，無米養育兵五千四百二十八人。八旗蒙古，有米養育兵三千二百七十四人，無米養育兵一千二百二十四人。八旗漢軍，無米養育兵四千八百十三人（《光緒會典》八旗都統）。

（三）軍訓與餉需

清朝每五年進行軍政一次。軍政之格有四：一操守，分廉、平、貪。二才能，分長、平、短。三騎射：分優、平、劣。四年歲，分壯、中、老，通過軍政對八旗官員進行考核陞降。

清統治者對旗兵的訓練極為重視，清帝屢誡臣工："八旗兵丁，訓練甚為緊要。"因此規定有分操、合操和"大閱"等制度，分別訓練步射、騎射和演放槍砲。

清入關前，八旗官兵無固定俸餉，只分給土地壯丁，"一兵有三壯丁"，"一壯丁予田三十畝"（《旗軍志》）。旗兵所用的弓、箭、刀、槍等軍器，都由士兵自備。皇太極曾說過："我國之人出而為兵，入即民也。所來之兵，皆各修造軍械，辦理家務，監視耕耘田地。"（《滿文老檔》冊十四）清入關以後，八旗兵才實行薪餉制，前鋒、親軍、護軍、領催、弓匠長，每月給銀四兩，驍騎、銅匠、弓匠每月給銀三兩，另外，每歲支米四十八斛。步軍領催每月給銀二兩；步軍一兩五錢，每歲支米二十四斛。砲手每月給銀三兩，歲支米三十六斛。教養兵月給銀一兩五錢，不給米（魏源《聖武記》卷十一）。除優厚的正餉外，清帝還以各種名義，加賞八旗官兵，清統治者企圖以優厚的待遇來保持這支軍隊的戰鬥力。

（四）八旗的軍紀與戰術

八旗軍前期，紀律嚴明，戰術靈活，曾命令：凡行軍戰獵，嚴禁喧嘩，勿離旗纛，勿毀廟宇，勿殺行人，勿私出劫掠。所俘之人，勿奪其衣服，勿離散其夫婦。賞罰分明，每"剋城破敵之後，功罪當實，有罪者即至親不貸，必以法制，有功者即仇怨不遣，必加升賞用。用兵如神，將士各欲建功，一聞攻戰，無不忻然，攻則爭光，戰則奮勇"（《圖本檔》，國史館全宗七二七號）。戰術機動靈活，努爾哈赤說："軍旅之道，則以不勞己不煩兵，智巧謀略為貴。"所以八旗兵"野戰則剋，攻城則取。故天下稱我兵曰，立則不動搖，進則不回顧"（《滿文老檔》二十四冊）。八旗軍後期，軍紀廢弛，腐化墮落，逐步喪失戰鬥力。

四、八旗田宅、戶籍及禮教

（一）旗地與房宅

旗地指清朝皇帝、王公貴族、八旗官兵所占有的土地。旗地也叫官莊，分皇莊（又叫上三旗莊田或內務府莊田）、宗室莊田、八旗官兵莊田。

清入關以前，土地為八固山所公有，凡戰爭中攻占的土地和人丁一併分給各牛錄耕種，但不許買賣。如天命六年（1621）努爾哈赤命"海洲一帶有田十萬日（日即垧，每垧六畝），遼陽一帶有田二十萬日，共三十萬日，宜分給駐紮該處之軍士"（《滿洲老檔秘錄》上編）。

清入關以後，為"藩衛"京師，將原來東北的旗人陸續遷入北京週圍地區。為保持滿洲農奴主的利益，於是實行大規模的圈地運動。從順治元年（1644）到順治四年（1647）三次進行圈地，"順治元年諭戶部：我朝定都燕京，期於久遠。凡近京各州縣無主荒田，及前明勳戚駙馬、公、侯、伯、內監歿於寇亂者，無主荒田甚多，爾部清厘。如本主尚存及子孫存在，量口給予，其餘給東來諸王勳臣兵丁人等"（光緒《大清會典事例》卷一一一七）。本來規定，只圈近京各州縣民間無主荒地及明朝親貴官員的土地，而且規定"直隸民人田地被圈者，以各州縣連界地畝撥補"（同上）。但實際上，不管有主無主土地，"凡圈田所到，田主登時逐出，室所有皆其有"（史惇《慟餘雜記》，圈田）。整村整莊的農民被逐出家園，成了"無田無家"的流民（魏裔介《兼濟堂文集》卷九）。

與此同時，各地駐防八旗，如山東、山西、四川、寧夏等地的八旗官兵也圈占了大量的土地。除圈地之外，還通過"投充"、"撥補"掠奪了大量的民田，形成了大量的旗田。如內務府莊田，在直隸有三百七十三處，在盛京有六十四處，在錦州有二百八十四處，在熱河有一百三十二處。還有吉林打牲烏拉莊五處，駐馬口外莊十五處（《光緒會典》卷九十四）。王公宗室和八旗官兵莊田，多在京畿。總的莊數沒見記載，但各王公官兵分地的數目，有着詳細的規定。如"給貝勒、貝子、公等大莊每所地四百二十畝至七百畝不等。半莊每所地四二十畝至三百六十畝不等。圈每所地六十畝至一百二十畝不等"（光緒《大清會典事例》卷一一一七）。其他公以下各官，所分圈地、壯丁各有差次，兵士只給壯丁地，每名壯丁給地三十畝。

清初規定，旗地不許買賣，所謂"旗民不交產"。到乾隆時期，旗地數目雖無變化，但八旗人口卻大量增加，"從前八旗自京之始，以及今日，百有餘年……當順治初年到京之一人，此時幾成一族，以彼時所給之房地，養現今之人口，是一分之產，而養數倍之人矣"（乾隆十年御史赫泰奏摺，《皇朝經世文編》卷三十五）。這樣便出現了日益嚴重的貧富分化現象。許多旗人由於生活所迫，不得不出賣旗地和借貸度日，所以到乾隆二十三年（1758）清帝不得不允許旗地可以越旗買賣。以後又出現了"老典"，"因旗人時有急需，稱貸無門，不敢貿然契賣，乃變名曰老典，其實與賣無二。至今而旗地之在民者十之五六矣"（《皇朝經世文編》卷三十五，戶政）。實際旗地可以買賣，而且越來越多的轉到民人手裏。

旗地是如何進行生產呢？主要是在八旗官員的監督管理下，以八旗為區劃，組織田莊進行生產。在八旗初建時期，土地分給各牛錄耕種。1613

年，由於"連歲興師，民苦苛賦，乃命各牛錄各出田丁十人、耕牛四隻，墾荒屯田，悉蠲苛賦，庶民額手稱慶，而糧儲轉豐，於是建倉廩以容之"(《滿文老檔》檔一)。以後隨着歸併的土地和人口增多，就組織起田莊(又叫拖索克)進行生產，"一莊男丁十三人，牛七頭，給地百畝，以二十畝供官用，八十畝自食"(《滿文老檔》檔十)。及至後金進入遼瀋地區後，采取計丁授田的方法，"每丁給地六日，以五日種糧，一日種棉"(《滿洲秘檔》)。清入關後，仍然以旗爲行政區劃，圈分土地，組織田莊進行生產。如內務府糧莊以十丁爲單位，選其中一人爲莊頭，給田一百三十垧，牛八頭，並給房屋、口糧等生產和生活資料。菜園的編制，以五壯丁爲單位，選其中一人爲園頭，給種菜田十九垧，牛二頭，口糧田各五垧。一般旗人的莊田，多是采用租給佃戶進行生產。乾隆時孫嘉淦曾奏言："查我朝定鼎之初，雖將民田圈給旗人，但仍係民人輪租自種，民人自種其地，旗人坐收其租，一地兩養，彼此相安。"(《皇朝經世文編》卷三十五)滿洲貴族官員，對官莊旗地農民的剝削是十分苛酷的，如在東北寧古塔地區，"每一莊共十人，一人爲莊頭，九人爲莊丁，非種田即隨打圍燒炭，每人名下責糧十二石，草三百束，豬一百斤，炭一百斤，石灰三百斤，蘆一百束，凡家中所有，悉爲官物"(《寧古塔紀略》)。官莊旗地的農民，不堪忍受這種壓迫剝削，所以不斷進行抗糧抗租，甚至舉行武裝鬥爭，以反抗滿族封建統治者。

　　清朝定都北京以後，強占大量官署民房，按品級分給親貴王公和八旗官兵。各王、貝勒、貝子、公、侯等官員的房屋，在臺基、門戶、牆垣、高度、尺寸、繪畫方面各有等差，不得逾越(光緒《大清會典事例》卷一一一九)。八旗官兵的住房，按本旗方位分配房屋。以後由於八旗人口日益增加，康熙三十四年，在"大城八門外，每旗蓋造住房二千間，共一萬六千間，無房屋旗人，每人給房二間"(光緒《大清會典事例》卷一一二〇)。乾隆二年又"賞給公產地價錢十有六萬七千餘兩，建造房屋，分給八旗貧乏旗人居住"(同上)。由於八旗住房事務越來越多，乾隆三十六年，特命"每旗各派大臣一員，專任管理"(光緒《大清會典事例》卷一一二〇)。凡分給八旗官兵的住房，不許賣給民人或戶下人，乾隆以後，始許民人典買旗人房宅。

（二）八旗戶籍

八旗戶口的編制，是以佐領爲單位進行的，各佐領的人數，歷有變化。八旗初設時，規定每三百人編一佐領。《大清會典事例》記載："國初定每壯丁三百人編一佐領。"（卷一一一三）不久又改爲每二百人編一佐領。康熙十三年又規定："八旗每佐領編壯丁一百三四十名。"（同上）乾隆時，仍以三百人爲一佐領（《清文獻通考》卷一六七）。至清末時，"每佐領編壯丁一百五十人爲率"（《光緒會典》卷八十四）。不足一百五十的，可以編半個佐領。

編審戶口，每三年進行一次。平時，凡八旗官兵、閒散人等，生有子女，滿月後報佐領注冊。到十歲時，由佐領、參領上報都統注冊。到比丁之年，各旗佐領、領催負責編審丁冊。冊內佐領、驍騎校、領催要簽名具結，然後加蓋都統印信（見清八旗都統檔案，戶籍冊）。在京丁冊，一存各旗，一存戶部。駐防丁冊，一存戶部，一咨送在京各該旗。關於人口，最初規定，凡身及五尺或年至十八歲造入丁冊。乾隆六年定"身及五尺，皆造入丁冊"，乾隆三十七年又改爲"八旗壯丁，統以十六歲造入丁冊"（光緒《大清會典事例》卷一一一三）。戶繫佐領下，丁繫戶下。每戶書某氏、某官或某閒散名，上書父兄名字，旁書子弟及戶下家奴的名字。凡八旗官員兵丁閒散，每戶叫"另戶"（見八旗都統檔案，戶籍冊）。凡戶下家奴、投充人，不能立"另戶"，祇能注於本戶主名下，叫"戶下"，戶下人要寫明"按約契買或係從盛京帶來，或係帶地投充，或係乾隆以前自契所買，俱於本名下注明"（《圖本檔》，國史館檔案四六七）。戶下家奴，因有軍功或技藝出衆的，經批准入冊爲另戶的叫"開戶"。開戶子孫可應試做官，但任外官不得至三品，任內官不得至京堂（《光緒會典》卷八十四）。奴僕可以買賣。官兵買賣奴僕時，先報本佐領鈐用圖記，再赴左右翼驗明，然後發給印照。凡正身旗人子女不許買賣，滿、蒙旗下家人，不許賣與漢軍或民人。漢軍旗下家人不許賣與民人（《光緒會典》卷八十四）。旗人犯罪，由旗署辦理，"凡旗人犯罪，笞、杖各照數鞭責。軍、徒免發遣，分別枷號"。徒以上罪，會刑部審理。旗人犯罪，可以削除旗籍。嚴禁民人、投充人、家奴混入旗籍，允許漢軍出旗爲民。凡旗人過繼、歸宗、襲官、挑選執事，都有嚴格的規定（詳見《光緒會典》卷八十四）。

八旗的封建等級制度，非常森嚴。天命七年，努爾哈赤說過："天子即朕，朕之子即諸貝勒大臣，貝勒大臣之子即民，民之子即僕。"（《滿文老檔》檔六）從階級分析，皇帝、貴族、八旗官員（包括將軍、都統、參領、佐領、驍騎校等）屬於封建統治階級，八旗正身旗人和戶下家奴及旗鼓人是被統治階級。正身旗人雖然有人身自由，但他們受統治階級的種種束縛和役使。八旗軍是職業的軍人，他們之中有少數人可能陞官成為統治階級，但多數人都是處於被奴役的悲慘境況之中，甚至有的淪為包衣阿哈。"戶下人"如包衣阿哈及旗鼓人是受壓迫最深的一個階層，他們沒有人身自由，可以被買賣，但不許殺掉。包衣之制，淵源於滿族的奴隸制社會時期，遠在八旗設立之前，就有包衣的存在，這些人多數是被俘和買來的漢人、朝鮮人等，也有一部分是由於貧富分化而淪為包衣的女真人和蒙古人。這些奴僕，有的"供田虞，並采人參，備藥物"（《碑傳集》第五卷）。有的從事家中勞役。用於家內勞動的叫包衣阿哈。用於耕田勞動的叫烏色韋力來阿哈。由於他們受壓迫最深，所以經常發生阿哈逃亡和反抗的鬥爭。奴婢由於忍受不了主人殘酷的虐待而自盡的很多，如康熙初年，"每歲報部自盡者，不下二千人"（《清朝野史大觀》卷二）。

（三）禮教

清統治者對旗人的教育非常重視，如順治帝說："文武乃治天下之極要，不可偏廢。"（光緒《大清會典事例》卷一一三五）因此，清帝經常訓誡旗人要忠、孝、節、義，遵循孔孟之道，規定旗人平時要演習清語、騎射。每月關餉時，令識字領催宣讀聖訓、廣訓一二條。並禁止旗人賭博、酗酒、宿娼、閒游、私入戲園聽戲等。為了培養封建統治人才，清入關後在八旗中設有官學、義學，以教育八旗子弟。順治元年諭令："八旗各擇官房一所，建為學舍，以教育八旗子弟。"（光緒《大清會典事例》卷一一三五）乾隆十七年，又規定於左右翼設世職官學二所，簡明一二品大臣專管教訓。凡八旗世爵內十歲以上都可以送官學，學習清語、騎射，三年為一期，學生都是貴族子弟。康熙三十年，又命在各旗設立義學一所。雍正四年，又設左右翼義學兩所，凡十歲以上幼童，學習清語、騎射，蒙古幼童兼學蒙古語。駐防八旗也設有官學、義學，如盛京設有左右翼官學二所、漢軍義學一所，綏遠城設義學一所，伊犁設滿、漢義學十四所（以上見

《光緒會典》卷八十五)。

另外，在內務府所屬的上三旗中，還設有咸安宮官學、景山官學、蒙古官學、回緬官學、長房官學（即太監官學）、俄羅斯官學、唐古忒官學等，以教上三旗子弟學習清語、騎射及蒙古、回、緬、俄、藏等各種文字。

五、八旗制度的作用與演變

（一）八旗制度的性質與作用

八旗制度是清代一種特殊的社會制度。八旗是軍事組織，又是行政和生產組織。皇太極說過："我國兵民爲一，出則備戰，入則務農。"《八旗通志》也說："其制以旗統人，即以旗統兵。"（兵志一）八旗制度具有軍事、行政和生產三方面的職能。作爲一種軍事組織，以八旗爲編制，組織起騎、步、槍、砲等各種兵營，它和綠營等兵種，共同構成清朝統治全國的工具。作爲行政組織，它把旗人編制在各旗佐之中。八旗各級衙署與州縣並存，直至清末。清朝滅亡以後，根據《清室優待條款》，京師各旗營又繼續存在一段時間，直到1924年，溥儀被驅逐出皇宮爲止。八旗有獨立的行政司法權，乾隆十年，御史赫泰說："國家定鼎以來，布列八旗，分編參領、佐領爲之管轄，猶天下之省、郡、縣爲之階第。八旗之添設佐領，亦隱然以一旗爲一省，一參領爲一府，一佐領爲一縣矣。"（《皇朝經世文編》卷三十五）作爲生產組織，牛錄屯田，官莊旗地的生產，都是以旗佐爲單位，管理和組織生產。不過在清入關後，這方面的職能逐漸縮小，但始終存在。

我們不能把八旗簡單理解爲是一種軍事組織，它雖是"兵民爲一"，但在八旗內部的組織與管理上，兵、民仍分爲二。《清朝文獻通考》和《清朝通志》都說："凡隸乎旗者皆可以爲兵，非如歷代有簽派召募補充之煩，而後收兵之用也。"其實並非如此，不是所有編在旗內的都可以當兵，也不是所有的旗人都要當兵。當兵是有條件的，挑選披甲，須是十六歲以上的正身旗人。而阿哈永遠是阿哈，"戶下人不許披甲"。除非立有軍功或有特種技藝的家奴，可以被批准當兵，其他是不能爲披甲的。即便是十六歲以上的壯丁，也不是所有壯丁都要當兵。天聰八年（1634）皇太極對漢官說："滿洲出兵，三丁抽一。"崇德六年（1641）進一步規定兵丁常數："每牛錄滿洲三人中，許一人披甲，以六十名爲常數。其中或多或少，務於三人中選一人，他牛錄披甲雖有餘，不許補不足者。"（光緒《大清會典事例》卷一一二一）至於八旗漢軍，則二十男丁纔抽一人充兵（《滿文老檔》檔四，天命六年七月）。抽出當兵的叫披甲，其餘的男丁叫"閒散"，再加老、弱、婦、幼及家奴等，兵和民的比例，在努爾哈赤時，大約是一比十（《滿文老檔》檔五），至道光時是一比十五（《伊犁巴彥岱滿營之文件》），到光緒時是一比二十（見八旗都統衙門檔案）。至於說"非如歷代有簽派召募補充之煩"，這是封建御用文人阿諛之詞。實際上旗兵的額數、挑補，都有一定的制度和繁雜的手續，只不過是軍事機構和社會行政組織合一罷了。

　　關於八旗制度的作用，我們應根據歷史唯物主義給以評價。八旗制度是清代政治制度之一，它是維護清朝封建剝削制度的。八旗軍隊，是清朝主要軍隊之一，它是清統治者鎮壓農奴和農民反抗的工具，又是清朝推行民族壓迫和歧視政策的工具。在這方面，是必須加以批判。但是，我們必須依據歷史唯物主義的精神，具體地分析和評價某一歷史問題。列寧講："在分析任何一個社會問題時，馬克思主義理論的絕對要求，就是把問題提到一定的歷史範圍之內。"（列寧《論民族自決權》）在八旗初設時期，它適合滿族社會經濟發展情況，便於組織軍事力量和管理旗人進行生產，對滿族的統一和發展、壯大起了很大的作用。努爾哈赤所以能以女真一部之首領，在不太長的時間內統一滿洲各部落，固然他順應了歷史的潮流，但是八旗的組織作用，實是很重要的一個因素。八旗組織，兵民爲一，機構精練，很適應戰爭環境。一遇戰事，八旗兵能迅即應戰，八旗組織能源源不斷地補充兵源和供應糧餉、武器。戰爭一停，則務農狩獵，休整備械。八旗兵調動靈活，戰鬥力強。所以皇太極說："朕自征明國以來，攻城野戰，所向必剋。彼明國屢戰屢敗，勢同枯朽。"（《滿文老檔》檔十五）

　　隨着滿族的統一，努爾哈赤和皇太極進而統一了東北疆域。祖國的東北，富饒遼闊，從鄂霍次克海，到貝加爾湖，包括外興安嶺以南和庫頁島在內，自古以來屬中國領土，明朝建有衛所進行管轄。努爾哈赤原是明朝建州衛的一個指揮，因不滿明朝統治，舉兵反明，最後取代了明朝統治，統一了整個東北。在統一的過程中，清統治者每降一部或得一地，便按各民族不同情況，分別"編戶入旗"，稱為"伊徹滿洲"（伊徹，滿語新的意思）。如1640年，將索倫、達斡爾部眾"均隸八旗，編為牛錄"。或者"設姓長、鄉長，分戶管轄"。（《清文獻通考》卷二七一，輿地三）在庫頁島，也設"姓長鄉長以統之"（《庫頁島志略》卷一）。八旗制度在統一東北的疆域中，起了積極的組織作用。

清朝在統一全國的過程中，把八旗兵分駐全國要地及邊疆海域，有力地保衛了祖國領土的完整，英勇抗擊了外來侵略勢力，如多次抗擊了沙俄的武裝侵略。15世紀時，駐守在東南沿海的八旗兵，多次擊退了西方殖民主義者的侵擾掠奪。在鴉片戰爭中，八旗兵丁又英勇抗擊了資本主義的侵略。如1842年，八旗兵在乍浦、鎮江抗擊英軍的戰鬥，特別是鎮江保衛戰，八旗將士浴血奮戰，最後全軍英勇犧牲，為此恩格斯曾讚揚說："清朝軍隊雖然沒有軍事技術，可是絕不是沒有勇氣和奮發精神的。那裏的軍隊總共祇有一千五百人，他們卻勇敢拼死地應戰，直到全軍覆沒為止。"（《馬克思、恩格斯論中國》）八旗兵為統一和保衛祖國領土主權的完整起了很大的作用。

另外，駐守邊疆的八旗兵丁家口，實行戍邊屯田，開墾荒地，進行各種生產活動，對開發祖國的邊疆也起了一定的作用。

清統治者雖然企圖通過一些措施，在八旗中保持滿族的特殊地位，以便利用這一制度，進行民族壓迫和歧視，但在客觀上，卻把滿、蒙古、漢、朝、回、俄羅斯等各個民族融合起來。這些民族被編在統一的八旗組織內，加強了各民族的經濟、文化、思想和技術的交流，對發展我國多民族經濟文化的交流起了積極的作用。

到清朝後期，和清王朝的腐朽沒落一樣，這些積極作用逐漸消失了，而且完全走向反面，對外屈膝投降，對內充當了鎮壓農民革命、資產階級革命的劊子手，成了歷史的逆流。

（二）八旗制度的演變與腐朽

八旗是"軍政合一"的組織，它具有軍事、行政和生產三方面的職能。入關以後，八旗軍由於實行薪餉制，八旗官高薪厚祿，八旗兵口則坐食錢糧，所以八旗組織的生產職能逐漸縮小。

八旗軍在入關前後，是很能打仗的，順治帝說過："我朝以武功開國，頻年征討不臣，所至剋捷，皆恃騎射。"（《八旗通志》卷三十二，兵志）清統一全國後，八旗軍逐漸廢弛。康熙時，"武藝遠不如前"（光緒《大清會典事例》卷一一四六）。乾隆以後，八旗軍的戰鬥力越來越下降，直至最後腐敗無能。滿洲貴族也是一樣，在入關前後，大都是能騎善射、立有功勛的將領，可是到了他們的子孫後代便不行了。由於他們是貴族子弟，可以依制繼承他老子的爵位俸祿，所以從小嬌生慣養，過驕奢淫逸的生活，不但懶於學習清語、騎射，就連專給他們辦的世職官學（又叫貴冑學堂）也不願上。教習都是三番五次地去請，要專人接送，要喫良餚美餐。結果上學校後，胡鬧一通，甚至打罵教習，然後揚長而去。《清朝野史大觀》卷二載："貴冑學堂學生，類皆王公貝勒宗室子弟，故具膳須極豐厚精美，人設一席，日需庫平銀七八兩，稍不隨意，即遭呵叱，甚者飛盆擲碗焉。總辦教習皆爲學生之奴隸，呼往喝來，惟命是聽。學生每日到堂，須由教習遣人往看，有請至四五次，至午刻始蒞至者。抵堂即索午餐，餐畢揚長竟去，並不上課。亦有偶爾興至，入講堂，高唱京調一齣者。故時人擬之爲安樂園云。"周恩來總理，曾用滿洲貴族子弟逐漸腐化的例子，教育我們的青年。1953年周總理對北京一〇一中學學生講："你們聽說過滿清的八旗子弟嗎？八旗子弟就是滿清貴冑子弟……這些貴冑都是立有戰功的滿清開國功臣，自小騎馬射箭，能征善戰，以後帶兵滅了明朝，建立滿清帝國。可是八旗子弟就不行了，他們從小嬌生慣養，不騎馬了，要坐轎，整天提着鳥籠子東游西竄，游手好閒，坐喫俸祿，不勞而獲，過着驕奢淫逸的生活，直至成了一群腐化無能的大煙鬼。後來，在帝國主義列強的侵略面前，他們束手無策，一敗塗地，屈膝投降，最後丟了天下。當然，這是一切剝削階級的必然下場！你們是無產階級的後代，那完全是另一回事。你們的父輩爲人民流過血，立過功。但他們是無產階級的戰士，既沒有什麼遺產留給你們享用，更不會留給你們任何特權。如果說他們給你們留下了什麼，那就是一副更艱巨、更光榮的革命重擔。""我們無產階級應該是一代勝過一代。"（葉茂《敬愛的周總理多麽關心青年一代呀》）周總理的這一段話，深刻提示清朝統治階級由興起到衰亡的歷史規律，指出青年一代應當借鑒的歷史教訓，其意義是十分深遠的。

第三節　清代軍事檔案分析

一、掌管軍事機構的檔案

兵部、陸軍部檔案,記載了武職官員的考選任逸、陞遷調補、獎懲撫恤情況,以及軍制改革、訓練、防務、調遣作戰、軍餉經費、軍事工程等方面的情況。八旗都統衙門檔案記載了滿、蒙古、漢二十四旗的旗營編制、職官任免、獎懲、駐防巡查、操練演習以及旗務管理的情況,步軍統領衙門檔案反映了九門步軍和巡捕五營對京師守衛、稽查、治安的緝捕、審理案件的情況,太僕寺檔案記載辦理宮廷馬駝養牧、徵解及奏銷馬價的情況。神機營、火器營、健銳營的檔案,分別反映了清末這些特種兵營務管理方面的情況。總理練兵處、軍咨府、近畿陸軍各鎮督練兵所、管理前鋒護軍等營事務大臣處、禁衛軍訓練處的檔案,反映了清末編練新軍、整頓和訓練禁衛軍的情況。京城巡防處、京營防務處的檔案,分別反映咸豐三年當太平天國北伐軍逼近京師之際,和宣統三年武昌起義後,北京緊急防備和警備的情況。

二、皇帝批閱的有關軍事的文書

有清一代,凡軍隊的調動、作戰方略、各級將領的任命,以及重要軍事工程、軍需裝備等,都要由皇帝親自批准纔能實施。皇帝處理軍務的文書,主要有皇帝的詔令諭旨以及批閱的有關大臣的題奏本章等,如存於內閣大庫的兵科紅本、兵科史書及兵科黃冊,軍機處承辦的硃批奏摺及其副本中的軍務類的檔案。這些檔案比較系統而又真實地反映了清代八旗、綠營、防軍、鄉兵、土兵、水師、海軍、邊防、海防、訓練、製造、馬政等各方面的情況。

第十章 刑 法（E）

清朝是我國最後一個封建王朝，作爲國家意志體現的清代法律制度，不僅繼承了歷代封建法律制度的源流，而且綜合了唐以後，特別是明朝關於加強司法統治的歷史經驗，制訂了完整的法律條例。清統治者爲保證這些法律制度的執行，曾設置了龐大而又系統的司法監察機關和衆多官員吏役。

第一節 清朝法律制度的建立與發展

清朝法律制度的發展經歷三個階段：

1. 在清入關以前，清太祖努爾哈赤在統一滿洲的過程中，於明萬曆四十三年（1615）曾"置理政聽訟大臣五人，紥爾固齊十人佐理"（蔣良騏《寫本東華錄稿》卷一）。同時規定："凡聽斷之事，先紥爾固齊十人審問，然後言於五大臣，五大臣再加審問，然後言於諸貝勒。衆議既定，猶恐冤抑，親加鞫問。"（《清史稿》卷一四四）天命元年（1616）七月，努爾哈赤又針對當時法治存在的問題，對各貝勒大臣下令："國人有事，當訴於公所，毋得訴於諸臣之家。""自貝勒大臣以下有罪，當靜聽公斷，執拗不服者，加等治罪。凡事俱五日一聽斷於公所，其私訴於家，不執送而私斷者，治罪不貸。"（《清史稿》卷一四四）

到皇太極時期，陸續仿照明王朝的國家體制，於天聰五年（1631）設立六部，刑部即正式作爲清朝國家機關出現。當時刑部，以貝勒一人管部務，下設承政滿漢各二人、蒙古一人，參政八人，啓心郎一人，筆帖式無定員。

關於關外時期清朝法制建立及司法機構的設置，以及審理各類案件的材料，俱見於《滿文老檔》及內三院檔案。

2. 順治元年（1644）清入關後，建立了一個大一統的清王朝。爲加強司法統治，第一，擴大了刑部官員的編制，提高刑部的地位，以大學士兼管刑部。第二，仿明三法司制，先後設立了都察院、大理寺。規定刑部主管全國刑罰政令及審核刑名，都察院管糾察，大理寺參加重大案件的最後審理和復核。第三，逐步制訂了完善的法律。順治三年五月，依照《明律》修訂成《大清律例》，同時還專門制訂了有關少數民族的法例，如《回疆則例》、《蒙古律例》、《西寧青海番夷成例》、藏族地區的《章程》等，以加強對邊陲少數民族的統治。

3. 鴉片戰爭以後，道光二十三年（1843）訂立了《中英虎門條約》，道光二十四年（1844）訂立了《中美望廈條約》，開始了帝國主義在中國的司法特權——領事裁判權的行使，規定凡在中國享有領事裁判權的國家，其在中國的僑民犯法，中國法庭無權裁判。中國的法制也開始了向半封建半殖民地化轉變。咸豐四年（1854），英、法等各帝國主義在上海租界內設會審公堂。光緒二十八年（1902），皇帝諭令要以外國侵略者的意志爲依據，修改中國的法律，即"將一切現行律例，按照通商交涉情形，參酌各國法律，悉心考訂，妥爲擬議，務期中外通行"（《清朝續文獻通考》卷一二五）。

光緒三十二年，改革官制，司法機關也進行了改革。刑部改爲法部，統一司法行政。大理寺改爲大理院，配置總檢查廳，專司審判。改革後，法部不再掌審判工作，成爲司法行政機關，各省刑名案件審判後，送大理院。都察院也不再參加會審案件，三法司制度從此廢除。

第二節　清朝司法審判制度

清代的刑罰分爲五等：一笞刑，二杖刑，三徒刑，四流刑，五死刑。凡訴訟事宜，俱由地方行政官兼轄。審辦之法，隨刑罰的輕重而異。凡笞、杖之刑，由各地自結。凡徒刑，由各省判結後，按季咨匯送刑部備案。三流五軍外遣案件，須經刑部核准，然後咨送兵部定地遣送。現存於一史館刑部檔案中，有大量是刑部復核的各省呈報的徒、流案件。

凡死罪案件，各省判結後，繕寫揭帖十三份，報送刑部及有關衙門。

同時要題報皇帝，由內閣票擬處理意見，領旨後交三法司核議具奏。對情罪不符或引律錯誤者，駁令復審予以改正。凡判"監候"案件，歸入"秋審"辦理。

一、會審

此外，無論京內外的案件，涉及有關衙門職掌的，實行會辦制度。如關係到服制的案件，由六部、都察院、大理寺、通政使司的主管官員組成的九卿會議會審。涉及婦女旌表的案件，刑部要會同禮部辦理；內外蒙古、熱河都統等處有關少數民族的案件，刑部會同理藩院辦理，但均刑部主稿。

二、現審

京畿地區案件，除由步軍統領衙門、順天府、五城察院自行審結的罪及笞、杖、枷的案件外，其他徒罪以上的案件，都送刑部審理，稱爲"現審"。凡現審案件，不論咨移送部的或奏交的，均按十七司抽籤分給各司辦理。現存的刑部檔案中，有督催所設立的《現審簿》，逐日記載抽籤分案情況及辦理結果。判結後，徒罪犯交順天府發配。職官犯徒罪，發往軍臺效力。流罪咨行兵部，定地簽發。斬、絞案件，刑部審判成招，片行都察院、大理寺。都察院派御史、大理寺派寺丞各一人，會同刑部承審司，並提犯人朗讀供詞後，令其畫押，名曰"會小法"。然後再由都察院副都御史、大理寺少卿，會同刑部堂官，提犯人復讀供詞，名曰"會大法"。如有翻異，發司復審，如無翻供，則會稿分別題奏於皇帝，判"監候"歸入"朝審"辦理。判立決，奉旨之日，押赴菜市口行刑。

三、秋審　朝審

各省判爲死刑"監候"案件，每年於八月上旬，由刑部會同九卿進行審核，稱爲"秋審"。京畿地區"斬監候"的案件，每年霜降後，由刑部會同九卿進行審核，稱爲"朝審"。

"秋審"、"朝審"案件，九卿審核後，最初分別擬定三等處理意見：情節重者定"情實"，輕者定"緩決"，可原諒者定"可矜"。雍正以後，加入"保養承祀"一等，共爲四等。

每遇"秋審"、"朝審"，刑部各司將題準的案件分別編入《秋審略節》，發交司員看詳，初看用藍筆勾改，復看用紫筆。然後送秋審處閱看，墨書勘語，呈堂核閱。朝審案件，刑部自定實緩；秋審案件，由督撫率同省司、道，提犯人到省城會勘，定擬具題。

秋審、朝審案件的處理意見，按規定需經三種會議：司議，議場在秋審處，由提調、坐辦主議；堂議，議場設在白雲亭，由滿漢尚書、侍郎主議；議定，在天安門外金水橋西南朝房，由九卿、詹事、科道主議。秋審憑《重囚招冊》審核，朝審則由刑部將監內應死犯人提至，當堂令書吏讀誦罪狀及擬定實、緩節，事畢回禁。

例如《重囚招冊》：

奉天司

一起爲呈送死犯事。絞犯壹名六十三，年貳拾陸歲，係興京正白旗水哈大佐領下閒散。該盛京刑部侍郎鍾音等題前事內開，該臣看得六十三持豬鈎子打傷壯丁陳自秀身死一案。六十三與陳自秀並無釁隙，緣六十三家種有豆地壹段，與陳自秀家相近，屢次被豬踐食。乾隆拾伍年柒月初拾日，六十三手持豬鈎前往看地，見衆豬又復踐食，遂忿恨打死壹豬。陳自秀往論，致相角口。陳自秀持鞭奔毆六十三，遂用豬鈎還毆陳自秀額顱，至夜殞命，屢審不諱。六十三依律擬絞，等因。乾隆拾伍年拾月貳拾貳日題，拾壹月拾肆日奉旨：三法司核擬具奏。欽此。該臣等會同都察院、大理寺會看得，六十三持豬鈎打傷陳自秀身死一案。據盛京刑部侍郎鍾音等審擬絞罪，具題前來。查六十三所種豆地與陳自秀家相近，屢次被豬踐食後，六十三手持豬鈎前往看地，見衆豬又復踐食，遂忿恨打死壹豬，陳自秀往論相角口，陳自秀持鞭奔毆，六十三遂用豬鈎還毆陳自秀額顱，是夜殞命。六十三合依鬥毆殺人者，不問手足、他物、金刃並絞律，擬絞監候，秋後處決，等因。乾隆拾陸年貳月初叁日題，叁日奉旨：六十三依擬應絞，著監候，秋後處決，餘依議。欽此。

咨行盛京刑部將六十三監候在案。乾隆拾陸年秋審，據盛京刑部侍郎鍾音等會審得六十三因陳自秀家豬隻踐食田苗打死起釁，陳自秀持鞭奔毆，六十三持豬鈎還毆，傷中額顱，當夜殞命，傷止壹處，事出倉卒，六十三應緩決，等因。具題。奉旨：三法司知道。

（內閣檔案，《重囚招冊》二一一號，"緩決"為一冊）

對死刑人犯勾決，最後要經過皇帝批准。人命關係重要，皇帝在勾決時，也是慎之又慎。順治帝曾諭刑部說："朝審秋決，係刑獄重典。朕必詳閱招案始末，情形允協，令死者無冤。"（《清史稿·刑法志三》）康熙二十二年，聖祖御懋勤殿和大學士、學士等一起酌定在京秋審情實重犯。皇帝取罪案逐一親閱，再三詳審，其斷無可恕者，始定情實。玄燁就此諭令說："人命事關重大，故召爾等共相商酌。情有可原，即開生路。"（《清史稿·刑法志三》）雍正十一年皇帝也曾諭刑部："此內（秋審）有一綫可生之機，爾等亦當陳奏。"（《清史稿·刑法志三》）

秋審、朝審各案核定奉旨後，凡判"情實"的人犯，刑部最後還繕具《黃冊》，呈請皇帝予以勾決，其餘案件，即可按例辦理。

《黃冊》是隨題奏進呈之件。用畫硃係欄之白宣紙，端楷正書，半頁八行，每行二十字。中塗白粉隆起，係乾隆晚年目昏，加用白粉，則字迹顯明也。用裱褙之黃綾裝訂，故稱《黃冊》。現存於一史館的黃冊就有六千六百零二冊，其中刑部黃冊有秋審類、熱審類、大獄類、五刑類、贓罰類、議駁類、稽查類。故宮博物院文獻館編有《內閣大庫現存清代漢文黃冊目錄》一冊，於1936年鉛印出版。

第三節　刑法檔案文獻分析

一史館現存刑法方面的檔案，數量浩大，內容豐富，主要有兩大類。

第一類是掌管刑法的職能機關在職務活動中所形成的檔案，如刑部、法部檔案、大理院檔案、修訂法律館檔案、都察院檔案、步軍統領衙門檔案、巡警部檔案、順天府檔案、京師高等審判廳、檢察廳檔案等八個全宗。共有三萬三千三百七十七卷，計二十四萬八千二百八十一件。其中以刑、法部檔案爲最重要，共有二十三萬五千零二十八件。刑、法部檔案中主要是審理全國各類刑名案件和司法管理、律例修訂方面的文書，在刑、法部檔案和順天府檔案中有一部分"熱審"檔案，是研究清代司法審判的最直接的材料。

第二類是皇帝閱批的有關刑法的題奏文書和秋審、朝審的檔冊，包括內閣檔案中刑科題本、刑科史書、秋審略節、重囚招冊等，宮中檔案中硃批奏摺政法類和軍機處檔案中錄副奏摺政法類。這些檔案都是清朝各代皇帝親自硃批或覽準的文書，是清朝司法審判的最終裁決，是清朝法律制度的最高審定，是研究清朝刑法制度的珍貴史料。

清朝官修的刑法方面的主要文獻有：

1.《大清律例》

大清律例自順治、康熙、雍正年間屢經纂修。乾隆五年命廷臣徐本、三泰、史貽直等在原有律例基礎上，逐條釐正，增入新例一千餘條，編成是書。所輯律文共三十門四百三十六條，例文分門別類，悉附律文之後。該書立清代之章程，示天下之法守，是我國封建社會最後一部法典。

2.《大清律例增修統纂集成》

清嘉慶時沈之奇撰，以後屢經增補。該書共四十卷，附錄二卷。主要鈔錄雍正時《大清律例集解》正文四百三十六條，加以注疏說明，或引用清代不同時期之案例，疏解律文，有同治、光緒兩種刊本。

3.《律例匯考》

清徐毅等編輯。全書共收律四百三十六條，條例一千四百五十條，續增例一百七十一條，則例十四條，欽定例七條，奏准例三十一條，比引律二十七條，處分例四百七十一條，成案一百五十四條，存參七十二條，存疑二十三條。分門別類，有說有圖，綱目清晰。

4.《刑部通行條例》

清代官修有關刑事案的匯編，共六卷，以供全國參考執行，現存有同治八年聚珍版本。

5.《駁案續編》

爲刑部編刊頒發各省遵行之文冊。匯集了刑部復核平駁刑名案件，共輯各案五十九件。現有嘉慶刊本，六卷。

第十一章　民族事務（F）

我國自秦始皇建立起第一個統一的多民族中央集權制國家以來，經過長期發展，各民族之間政治、經濟、文化、思想方面的交流日益密切，當然同時也存在着民族壓迫和鬥爭。到了清代，各民族之間的交往更加密切，互相融合和滲透，使各個民族相互依存、共同發展的關係，達到封建社會的頂峰。

清朝對各少數民族的政策是"修其教不易其俗，齊其政不易其宜"，也就是保持各民族的風俗習慣、生活方式、宗教信仰，根據各地不同的情況，采取不同的措施，以進行統治。清政府對少數民族的上層，采取各種措施，授官封爵，並規定各少數民族王公貴族輪流到北京或承德避暑山莊覲見皇帝，優加賞賜。特別是對蒙古王公尤爲重視，強調滿蒙一體，並實行聯姻政策。對於西藏，爲適應政教合一的體制，建立和完善了達賴喇嘛與駐藏大臣協同管理的噶廈機構。

清朝爲了管理蒙藏等少數民族事務，特別在中央設立理藩院。理藩院內部設有旗籍司、王會司、典屬司、柔遠司、徠遠司、理刑司等機構，以分別辦理各少數民族事務。

第一節　中國第一歷史檔案館所藏清代少數民族檔案

一、清代少數民族檔案內容介紹

清代檔案中的少數民族史料，有十幾萬件，內容十分豐富，歸納起來有十二類：

①職官：關於少數民族地區官員的增設、裁減、陞遷調補、糾參處分、開缺休致、獎懲撫恤，蒙古親王、郡王至臺吉、塔布囊、札薩克、協理臺吉，新疆回部札薩克郡王、協理圖撒拉克濟伯克以及西南各族土司的襲封、年班及獎敘等。

②財經：王公官員的俸祿，衙署的經費，各少數民族地區田賦、雜稅、倉儲、庫藏、商業貿易、捐輸等。

③戶籍疆理：蒙古旗籍、會盟、劃界、各少數民族戶籍、治安、賑濟等。

④禮儀：各少數民族禮俗儀節及進貢、覲見、三大節慶賀、賞賜、祭祀、秋獮、筵宴、旌表等。

⑤農牧礦務：牧放、屯墾、水利、挖礦等。

⑥駐防軍務：駐軍、防務、巡邊、查哨、軍需、操練、校閱番兵等。

⑦法律詞訟：各種命案、偷盜搶劫、械鬥、貪污案、監禁、發遣等。

⑧中外交涉：邊疆少數民族居住區有關中外邊界劃分及越界、貿易、搶劫等糾紛交涉。

⑨文化教育：如各少數民族興辦義學、參加科舉等。

⑩宗教事務：如喇嘛事務、宗教活動、祭祀等。

⑪滿蒙聯姻事務：如皇帝冊封蒙古王公之女爲后妃，公主、格格下嫁給蒙古王公子弟等。

⑫民族事件：如各族人民反封建剝削和民族壓迫的起義、民族戰爭、抗糧抗稅鬥爭等。

這些史料，分別存放於內閣、軍機處、宮中、理藩院等各個全宗的檔案中，尤集中於軍機處錄副奏摺、宮中的硃批奏摺內，這兩種文件，現在已按民族分類立卷，進行了整理，茲將有關各民族的史料種類和要目簡介如下。

（一）蒙古族

有關蒙古族的史料比較豐富，較重要的有：①准噶爾事件。反映這一事件的檔案，其起訖年代爲康熙三十五年至乾隆四十一年，其中有康熙皇帝親征及歷朝歷次戰役的情況，有調兵遣將、軍需供應及奏陳戰略的摺件，有准噶爾歸順、議和、遣使進京、互市貿易、進藏"熬茶"及善後事宜的材料。②咸豐七年土默特等旗發生的"老頭會"抗差抗糧案。③同治朝白淩阿起義及剿辦"馬賊"等案。④蒙藏、蒙哈糾紛案。

一般民族事務有：①各旗、盟王公、貝勒、札薩克及參贊大臣、辦事大臣、將軍、都統等任免獎懲、世職承襲、請假開缺等。②各旗、盟王公、臺吉等年班、覲見、慶賀帝后生日、祭祀及杜爾伯特、土爾扈特等處札薩克、臺吉赴庫倫、西寧、西藏、五臺山等處磕頭、熬茶及青海各旗會盟情況，蒙古王公進貢貂皮、駝馬、壽佛、哈達、奶餅等。③內外蒙古庫儲、倉貯，官署經費，王公臺吉等俸銀俸緞、捐輸獻地，蒙商貿易章程，及米、麵、茶、馬貿易情況。④蒙古地區屯墾耕作，丈量勘放土地，興修水利，及官署、監獄、廟宇、倉庫、祠堂、府第、公主園寢的修建工程。⑤駐軍的操練、巡卡會哨、軍需。⑥喇嘛事務。⑦內外蒙古劃界，清查流民、家奴、私典女子及興辦蒙古學堂等。

（二）維吾爾族

檔案中反映的民族事件有大小和卓事件、薩木薩克事件、玉素普案、張格爾事件、伊薩克案、倭裏罕入卡事件、吐魯番維吾爾內遷肅州案、西寧維吾爾案、瓜州維吾爾案、嘛噶里案、烏什起義、孜牙墩案、和闐維吾爾殺伯克案、庫車維民起事案、同治朝新疆各族人民反清大起義。

檔案中反映的民族事務有：①烏魯木齊、哈密、吐魯番、巴里坤、古城、庫爾哈剌烏蘇、喀什噶爾、喀喇沙爾、庫車、阿克蘇、烏什、葉爾羌、和闐、英吉沙爾等地將軍、正副都統以及參贊、辦事大臣的陞遷調補、獎懲撫恤，親王、郡王、伯克的襲封、覲見、俸祿、進貢。②新疆各地的倉儲、經費奏銷、貿易。③各種命盜案件，禁止鴉片案件，因旱賑濟哈密災民。④巴爾楚喀、喀什噶爾等處屯墾耕作，新疆各地雨雪、收成情況以及牧放、墾荒、修河等。⑤巴里坤、哈密、葉爾羌、喀什噶爾、喀喇沙爾等地駐軍防衛、營伍校閱、添設卡倫、辦理軍需等。

（三）哈薩克族

①哈薩克官員設置，編制戶籍及官員覲見、進貢、汗爵承襲等。②審理各種案件，如違例販羊、占人田土、越卡、搶劫牧地糾紛等案件。③中、俄邊界糾紛，緝拿越界人犯。俄人在伊犁領事官員挑撥哈薩克與蒙古人互相鬥爭，陰謀干涉中國內政等。④哈薩克地區貿易、屯墾耕作及興修水利。

（四）錫伯族

有東北錫伯族、北京錫伯族、新疆錫伯族活動情況的檔案，有旗營編制、駐防守邊、參加平叛與抗擊外侵的戰爭，屯田開荒、興修水利，與其他民族貿易往來，還有不少關於錫伯營領隊大臣調任、覲見及佐領官員的揀選、休致等材料。

（五）回族

①乾隆時蘇四十三起事案、田五案。②道光時雲南回民起義材料。③咸豐時雲南杜文秀起義。④同治時陝甘等地回民起義。⑤貴州威寧、普安回民起義，四川會理回民起義。⑥審辦各種命盜案件，回、漢械鬥案，以及舉辦回民義學、開展貿易等。

（六）撒拉族

乾隆時甘肅撒拉族人民參加蘇四十三起義和田五起義。光緒時循化等地撒拉族人民起義以及反映民族糾紛和審辦命盜案件的文書。

（七）藏族

有關藏族的文件較多。

1. 民族事件方面：①大小金川事件。②瞻對案。③郭羅克案。④歷次民族糾紛案。

2. 民族事務方面：①駐藏大臣等官員陞遷調補及番官的揀選、參處等。②各世達賴喇嘛圓寂、轉世、坐床、受戒、謝恩，以及設立"金瓶掣簽"制度。③各世班禪額爾德尼進京、圓寂、掣定、坐床、受戒。④對達賴、班禪親屬的封賞。⑤呼圖克圖掌辦商上事務，掣定、圓寂、謝恩。⑥改土歸流，土司事務。⑦法律詞訟，如審辦搶盜案件及各種命案。

（八）羌族

有關羌族的文件不多，主要是乾隆朝川撫慶復等奏報松潘羌族境內糧食昂貴，羌民困難情形。反映汶川、保茂地方情況的文件。

（九）彝族

有關彝族檔案的內容有涼山、雷波、峨嵋等處彝民大起義，及關於改土歸流、土司承襲的文書等。

（十）傈僳族

有乾隆時弄更扒、祝老四、枝花扒起義案，嘉慶時恒乍繃領導的傈僳、漢族、怒族人民起義案，其中有清官員審訊恒乍繃等人的口供。清軍鎮壓起義人民的地圖、報告等，道光朝雲南永北、大姚僳僳、擺夷（傣族）、倮儸（彝族）等族人民奪地鬥爭案，永北唐貴起義案，光緒時永北丁洪貴起義案。

（十一）納西族

有關納西族的文件較少，主要有豁免麗江納西人丁銀兩，以及委派土司和緝審水墨嚴商人被殺案件。

（十二）阿昌族

有乾隆時騰越州戶撒土司賴君愛讎殺案，以及辦理土司承襲、獎懲有關官員等材料，光宣時期阿昌族抗官起事案件等。

（十三）景頗族

有嘉慶朝多顯武殺害堂兄強襲土司案，王二貴殺害土司案，道光朝小江地方土民滋事案，芒市讎殺土司案。

（十四）佤族

主要有佤族酋長歸順清朝案及貢獻廠課，開挖銀礦，辦理土寨讎殺，安插土司回籍，緝審彎甸佧佤景星、景八焚搶案件，還有光緒時猛角一帶佤族反抗英人非法勘界鬥爭，及佤族反抗地方官和土司盤剝起事等方面的文書。

（十五）傣族

有緝捕思茅反清之士刀興國案，雍正朝查辦殺害土司刀太昌案，嘉慶朝南甸土司刀承緒聚衆殺人抗官案，道光朝思茅刀淮承反對土司刀正綜起事案，咸豐朝傣族地區改土歸流、土司間互鬥、土司承襲等方面的文件。

（十六）拉祜族

有雍正朝思茅、元江拉祜人民起義，乾隆時緬寧、瀾滄江等處李文明等人起義，嘉慶元年至十八年雲南威遠、緬寧一帶拉祜族聯合漢、傣、佧佤各族人民反抗清統治者的鬥爭，光緒時雙江、瀾滄江張登發、楊三領導的拉祜人民起義，瀾滄江石紮發起義，漢江上改心張朝文起事等。

（十七）哈尼族

有嘉慶時清政府鎮壓高羅衣餘部高老五起義的文書，並審訊有關首領的供單等。

（十八）儂人

有乾隆時中越人民越界交涉案，嘉慶時審擬高老三等參與廣西苗民畫符起事案，文山縣儂人高老定等抗租抗糧案，儂人李開甲"傳謠劫財"案。

（十九）苗族

有關苗族的文件比較多，內容多是關於苗民起義的文件，如雍正時貴州臺拱苗民起義，乾嘉時期，湘西地區石柳鄧、石三保等為首的苗民起義，丹江、臺拱一帶包利、李天保等苗民反清鬥爭，古州、永從苗民石金元等起義，銅仁、黨堆苗民起義，道光時湘西乾州石觀保、楊正富抗租鬥爭，咸豐時張秀眉、姚老敖起義，光緒時田中和起事等案，此外還有關於苗族地區改土歸流、禁止土苗宰牛祭寨，以及清地方官員向皇帝報告苗人拾金不昧的奏摺。

（二十）布依族

有雍正朝改土歸流案，嘉慶朝貴州南籠布依族王囊仙為首的人民起義案，平遠州人民起事案，以及清政府在布依族居住區維持社會治安，蠲免錢糧，賑濟灾民，安定仲苗人心的有關文書。

（二十一）高山族

有雍正年間彰化高山族人民起義案，乾隆時期新港、加志閣等地高山人民焚燒同知衙署案，同治六年美商船"羅發"號在洋觸礁案，光緒年間大科崁、三角湧、汴坑的狸冷、南澳等地高山族起事案，還有關於漢人開墾禁地案、互鬥讎殺案，以及當地官員獎懲事宜、巡查高山族情形和辦理臺灣墾務的文書。

（二十二）黎族

乾隆時安定、崖州黎民反抗封建盤剝案，五指山土司爭控案，嘉慶朝崖州韋臣五等因無法償債起事案，道光朝瓊州、儋崖等地抗糧案，咸豐朝陵水縣黎民與客民相衝突案，同治朝崖州反抗徭役起事案，光緒朝臨高、儋州黎、漢人民反封建壓迫剝削起事案。

（二十三）瑤族

乾隆時湖南城步滿寅山等地瑤人抗官起事案，道光時湖南江華瑤民趙金隴等起事案，廣西賀縣瑤民起事案，同治朝廣西象州、邵陽等地瑤民抗官案，光緒時趙良才等抗租案，還有在瑤族地區興辦義學、參加科舉及清政府制定的《撫瑤新章》等。

（二十四）壯族

有雍正、乾隆時李天保、李梅等挖窖散符起事案，黃三挖窖散符起事案，貴縣韋志剛抗官案，廣西上林抗租案，客民互相戕殺案，田州案，辦理土司田畝案，還有四川百色改土歸流、土司承襲及興辦壯族義學等方面的材料。

（二十五）赫哲族

主要爲在赫哲地區設置協領、佐領、領催等官員及貢獻貂皮、買辦布匹並請撥兵丁餉需等材料。

（二十六）鄂倫春族

有同治年間交涉、安排從俄國回到祖國的索倫人的文書，光緒時伊犁將軍金順奏請將從俄國接回後遷居塔爾巴哈臺的索倫營官兵調到伊犁駐防的奏摺，還有調補索倫營官員及獎賞官兵的文件。

（二十七）達斡爾族

有道光年間地方官員報告達斡爾貢獻貂皮困難情形及提出解決的辦法，還有光緒年間補任達斡爾官員的文件。

（二十八）土族

主要有反映洮州、岷州土司承襲和改土歸流的文書。

二、清代少數民族檔案的價值

清代檔案中有關各民族的檔案，反映了清代各民族的政治、經濟、文化習俗等各方面的情況，一般說來，具有如下的價值。

第一，它是研究清代國內各民族歷史的第一手材料。清代檔案是清統治者在政務活動中所形成的官文書，它是我們研究有清一代各民族歷史的最直接的材料。其他如《清實錄》、《東華錄》及各種官修的方略等，雖然史料也很豐富，但多是根據檔案編纂的，較之檔案，已是第二手材料。由於作者立場、觀點的限制，有不少重要史料被刪改掉，我們在整理清代檔案中，已發現有不少這方面的例子。所以我們要研究民族史，要寫一部清代各民族史事翔實的歷史，必須首先依據檔案史料。

第二，它是我們統一的多民族國家的歷史憑證。我國歷史經過了幾千年的發展，自秦始皇建立第一個統一的多民族的中央集權制國家以來，各民族之間經濟、文化交流日益密切，同時也存在着民族的壓迫和鬥爭。到了清代，各民族之間政治、經濟、文化上的交流規模超過了前代，清代檔案就是我國多民族國家在封建社會發展到這種規模的直接記錄。我國有廣闊的領土，到清代最後穩定下來，清代的官方檔案、圖籍和文物就是最可靠的憑證。例如清帝向各少數民族王公官員下達政令、封贈承襲的制、詔、誥、敕及諭令文書，各少數民族統治者向清帝報告政務、慶賀請安的題、奏、表、箋等文件，特別是有關邊疆各少數民族的地圖、戶籍、賦役清冊、行政官員的設置任免，當時中外邊界的劃分、管理及有關條約、協定，清朝邊防軍的巡卡會哨等方面的文書，是我們祖國疆域領土的最有力的憑證。

第三，它是我國珍貴的文化遺產之一。中國第一歷史檔案館所藏有關清代各族的檔案，其數量之多、內容之豐、價值之珍貴，都是罕見的。涉及各族檔案的文種很多，如制、詔、誥、敕、諭旨、硃諭、廷寄、題、奏、表、箋、揭帖、條約、合同、呈、稟、札、冊文、黃冊、清冊、玉牒、星源集慶、譜牒等，約有數十種，其中有滿文、蒙古文、藏文、回文、托忒文、俄文等少數民族文字的文書，這都是少有的珍品。清代有關少數民族的輿圖也極爲珍貴，如平定金川、鎮壓苗民、回民等作戰地圖，各少數民族地區官員呈送的府、州、縣圖，都是研究民族史的珍貴材料。還有《苗瑤黎僮衣冠圖》，生動地描繪了當時我國西南地區各少數民族的形象、服飾和特徵，共有一百多幅，繪工細巧、色彩鮮艷，不愧是傳世的珍品。還有皇帝的家譜——玉牒，長一百厘米，寬八十厘米，重約一百公斤，不但是研究清皇族的重要史料，而且也是我國最大的古書冊。《滿文老檔》是我國僅存的清入關前用滿文書寫的唯一官方撰寫的編年體史書，記載了努爾哈赤、皇太極兩朝政治、經濟、軍事、文化等各方面的情況，是研究滿族史的重要史料。它用無圈點老滿文和改進後的加圈點新滿文兩種文體寫成，也是研究滿族文字的極珍貴文獻。

上述這些珍貴的檔案，是我們中華各民族人民的共同財富，也是我國豐富文化遺產寶庫中一塊瑰麗的珍寶。

第二節　清代官修的方略

　　清朝每次對邊疆地區少數民族用兵之後，都要由方略館纂修方略，以記錄朝廷的功績，總結剿撫經驗。方略館設於康熙二十六年。方略館纂修的方略有：

　　《御制親征平定朔漠方略》，溫達、張玉書等奉敕編纂，此書記康熙帝於二十九年、三十五年、三十六年三次親征，平定噶爾丹叛亂始末。

　　《平苗紀略》，雍正十一年，貴州按察使方顯撰，記述雍正四年至雍正八年間，清廷對苗疆用兵事，書中還敘述了經理苗疆的始末。

　　《平定金川方略》，乾隆十三年武英殿大學士來保等奉敕纂修，記乾隆十三年平定金川之始末。

　　《平定兩金川方略》，乾隆四十六年大學士阿桂等奉敕編撰，記乾隆三十六年至四十一年清廷平兩金川之始末。

　　《平定准噶爾方略》，乾隆三十七年大學士傅恒等奉敕纂修，記乾隆二十年至二十二年平定準噶爾始末。

　　《欽定蘭州紀略》，乾隆四十六年阿桂等奉敕撰修，記乾隆四十六年平定蘭州循化廳回部蘇四十三等因爭立新教武裝起義之始末。

　　《欽定石峰堡紀略》，乾隆四十九年奉敕編撰，記平定陝西石峰堡回民田五等起義之始末。

　　《欽定平苗紀略》，嘉慶二年鄂輝等奉敕撰修，記嘉慶元年至二年清廷平定貴州苗民起事始末。

　　《雙城堡屯田紀略》，王履泰編，記嘉慶年間，為解決京旗閒散生計，以東北三千旗丁為開荒主力，於吉林雙城子（今黑龍江雙城区）籌辦雙城堡屯田。

　　《欽定平定回疆剿擒逆裔方略》，道光九年曹振庸奉敕編纂，記道光七年平定回部叛亂事件始末。

　　《欽定平定陝甘新疆回匪方略》，奕訢等奉敕編纂，記載清軍鎮壓陝甘新回民起義的過程。對平定阿古柏叛亂事實亦有所反映。

《欽定平定云南回匪方略》，奕訢等奉敕編纂，記載咸豐四年雲南臨安（今建水）回族與漢族紳士爲楚雄石羊銀礦發生械鬥，由此激起大規模的雲南回民起義，至同治十三年方被鎮壓下去。

《欽定平定貴州苗匪紀略》，奕訢等奉敕纂修，記咸豐五年至同治十二年，貴州苗民張秀眉、高禾在貴州東部臺拱（今臺江）起義始末。

第三節　當代對民族檔案史料的編纂與研究

《清代錫伯族檔案史選編》，中國第一歷史檔案館編纂，新疆人民出版社1987年出版。此書共收錄明萬曆二十一年（1593）至清宣統二年（1910）的滿文檔案資料三百八十九件。分爲東北錫伯族、北京錫伯族、新疆錫伯族等三編。

《錫伯族檔案史料》，中國第一歷史檔案館編。遼寧民族出版社1989年出版。該書收錄滿漢文檔案七百四十二件，其中滿文檔案六百四十七件，漢文檔案九十五件。文件按錫伯族歷史上分布在東北、北京、新疆三個地區，相應分爲三編。

《清代冕寧縣彝族檔案資料選編》，四川檔案館等編，四川省社會科學出版社1987年出版。四川省涼山州冕寧縣檔案館所存彝族檔案上起康熙下迄光緒，共三百九十二卷，既有督撫行縣的札文，也有冕寧縣的清冊、告示，還有各族人民的訴訟案。編者將這些檔案輯爲四編：①行政管理；②經濟史料；③習俗家庭；④"西番"檔案。最後附錄有四川省檔案館等以前編的《清代巴縣檔案有關馬邊彝民檔案資料》一組。

《清代前期苗民起義檔案史料》，中國第一歷史檔案館與中國人民大學清史研究所、貴州省檔案館合編。光明日報出版社1987年出版。該書分上、中、下三冊，內容包括八個方面：①雍正五年至十一年苗族人民反抗鬥爭；②乾嘉苗民起義即包利、紅銀起義；③乾隆五年廣西義寧、湖南城步、綏寧苗民起義；④貴州古州石金元、戴老四起義；⑤乾隆三十四年貴州黎平府古州黨推案香要、迫根起義；⑥乾隆五十二年湖南鳳凰廳勾補寨石滿宜起義；⑦乾嘉苗民起義；⑧乾嘉苗民起義的餘波。

《滿文土爾扈特檔案譯編》，中國第一歷史檔案館與中國社會科學院民族研究所編譯，民族出版社1988年出版。編者根據中國第一歷史檔案館所藏的《土爾扈特檔》和滿文月摺檔，選編了乾隆三十六年至乾隆四十年的滿文檔案共一百四十五件，比較集中地反映了土爾扈特蒙古返歸祖國前後的情況，內容有：①清政府獲悉土爾扈特蒙古東返消息後引起的疑慮與爭議，並特派要員舒赫德經辦此事。②清政府調撥、采購糧布、牛羊、茶葉、廬帳等物資賑濟土爾扈特蒙古部衆及調查人口戶數安置牧場情況。③渥巴錫、策伯克多爾濟、舍楞等土爾扈特首領入覲承德及受乾隆帝封賞等情況。④清政府駁斥沙俄的無理要求。⑤有關土爾扈特蒙古歷史和王公世系等的記述。

《回民起義》，中國史學會主編，神州國光社1952年出版。此書所輯史料，包括清朝官方檔案以及回民自己記述的文字和民間流傳的史料。全書四冊，前二冊是關於雲南回民起義的資料，包括道光、咸豐、同治年間的起義；後二冊是關於西北回民起義，包括順治、乾隆以及同治、光緒年間的回民起義。

《清代鄂倫春族滿文檔案匯編》，中國第一歷史檔案館與鄂倫春族研究會合編，民族出版社2001年8月出版。書中編譯滿文檔三百三十一件。主要內容有布特哈總管、黑龍江副都統、興安城總管等官員致黑龍江將軍呈文，黑龍江將軍致布特哈總管、黑龍江副都統、興安城總管等官員的札付，黑龍江將軍致理藩院、兵部、戶部等中央機構的咨文，以及黑龍江將軍、軍機處和各部院大臣等進呈皇帝的題本、奏摺，以及皇帝的諭旨等。主要反映鄂倫春族編設旗分佐領、世管佐領源流、官員挑選補放、打牲丁數目、進貢貂皮、兵丁訓練、賞給餉銀物件、奉調出征，以及興安城總管衙門的設置情況，是研究鄂倫春族歷史的第一手史料。

納西族東巴古籍入選《世界記憶名錄》。東巴古籍是納西族東巴教祭司使用的宗教典籍，用於東巴教的各種儀式。雲南社會科學院東巴文研究所藏有二萬餘卷一千多種，都是世代承傳下來的。記寫古籍的東巴文為象形文字，有兩千多個字符，其源甚古。2003年8月30日，在波蘭格但斯克閉幕的聯合國教科文組織世界記憶工程咨詢委員會第六次會議上，我國申報的納西族東巴古籍入選《世界記憶名錄》（據2003年9月29日《中國檔案報》）。

第十二章 中外關係（G）

明、清是我國封建社會的最後兩個王朝，在對外關係上，向以天朝自居。皇帝有至高無上的地位和權力，自稱受命於天，以天爲父，以地爲母，故又稱天子。天子居中土，"中土居大地之中，瀛海四環，其緣邊濱海而居者是謂之裔，海外諸國亦謂之裔，裔之爲言邊也"（《清文獻通考》四裔考一）。

在明清王朝以外的四裔國家中，大致可分爲兩類：一類是藩屬國家，如朝鮮、越南、南掌、緬甸、蘇祿、暹羅、琉球、廓爾喀等，這些國家對明清王朝稱臣納貢，奉正朔，其國王受中國的敕封和保護，在漫長的歷史活動中，形成了以中國爲中心、以封貢體制爲內容的穩定的宗藩體系。另一類是"與國"，即與明清王朝有過交聘往來或締約的國家，一般指非宗藩體系和西洋各國。

第一節 明清王朝與週邊封貢體系國家的關係

中國自古以來就是一個愛好和平的國家，它與四鄰各國和平相處、禮儀往來，在漫長的歷史活動中，形成以中國爲中心的以封貢體制爲內容的古代東方文明區。到了明清時代，以中國爲中心的封貢體制更爲發展和完備。

明太祖朱元璋在建國稱帝后，就詔諭各國說："昔帝王治天下，凡日月所照，無有遠邇，一視同仁。故中國奠安，四夷得所，非有意於臣服之也。"（《明太祖實錄》卷七十一）他還把四鄰國家，依其對華態度，分爲"不征之國"和"謹防之國"。不征之國有朝鮮、日本、琉球、安南、真臘、暹羅、蘇門答臘、三佛齊、渤泥等十五國，不征之國即不要用武力征服的國家，並且載入《皇明祖訓》，鄭重告誡後世子孫："予恐後世子孫，倚中國富強，貪一時戰功，無故興兵，殺傷人命，切記不可。"這樣，明朝在建國伊始，便制定了和平友好的國策。

清朝沿用明朝的對外政策，除保持着與四鄰各國的封貢關係外，還進一步加強了與歐洲等西方國家的交往。

先談有封貢關係的國家，如清的四鄰國家，有朝鮮、琉球（今日本沖繩）、安南（清嘉慶時改稱越南）、真臘（明萬曆時改稱柬埔寨）、暹羅（今泰國）、蘇祿（今菲律賓蘇祿群島）、緬甸（又稱阿瓦）、南掌（今老撾）、廓爾喀（今尼泊爾）、阿富汗、浩罕（今烏兹別克斯坦費爾干納）、安集延（今烏兹別克坦安集延）等。這種以中國爲中心、以四鄰各國爲藩屬的封貢體制的特點有：

①各藩屬國的内政獨立自主，但其國王繼位承襲，受明清王朝的册封方爲合法。屆期皇帝派册封使，持詔敕、册、印及賞賜禮物，前往該國舉行册封禮儀。

②各藩屬國定期向中國進貢。如清朝時，朝鮮每年四貢，琉球二年一貢，越南二年一貢，四年來朝一次，合兩貢並進。暹羅三年一貢，蘇祿五年一貢，南掌十年一貢。屆期各國王派遣貢使前往中國朝貢，貢品以當地的土特產品爲主。

③中國皇帝本着"厚往薄來"的原則，一貫優厚賞賜各國王及貢使等珍貴禮品，如綾羅綢緞、工藝品、金銀飾品等，其賞賜禮品的價值往往高於進貢禮品價值的數倍。

④藩屬國家要奉中國的正朔。凡重要節令或國喪嫁娶，照例要互派使節慶吊祝賀。

⑤在封貢體系的各國之間，開展廣泛的自由貿易，以互通有無。主要的貿易形式：一是封貢貿易，即通過貢使和册封使進行官方的貿易；二是邊界關卡貿易，如中國與朝鮮的邊卡貿易，中國與中亞各國的茶馬貿易等；三是民間貿易，如中國自康熙以後，每年暹羅產的大米大批運往中國販賣，而且經皇帝批准，永不徵稅。

⑥藩屬國如遭受外來侵略，中國有義務進行保護，以保封貢體系内的和平與安寧。

從明清近五個世紀的史實來看，這種以中國爲中心的封貢體制，是當時亞洲地區防禦性的政治聯盟。它的主旨是天下安定，共享太平。所以它不同於現代殖民主義，殖民主義者是要侵略奴役別國，傾銷其商品。以中國爲中心的封貢體系，絕不追求掠奪藩屬國的土地和財富。

第二節　明清王朝與亞非各國的關係

　　明朝和南洋各國或地區之間的交往比較多，這是因爲在永樂三年（1405）至宣德八年（1433）間，鄭和七次下西洋，所到之處，有三十多個國家或地區和明朝發生貿易和往來，如南洋馬來群島的舊港、蘇門答臘、阿魯、蘇祿（今菲律賓蘇祿群島）、南渤利、黎代、那孤兒、爪哇、渤泥（今文萊）等國，印度沿海的古里、柯枝、大葛蘭、小葛蘭、西洋瑣里、錫蘭山（今斯里蘭卡）、溜山等，還到阿拉伯沿海的忽魯莫斯、法祖兒（今阿拉伯半島阿曼西部沿岸之佐法爾）、天方等國，以及非洲東部沿海的木骨都束、麻林、不剌哇（今索馬里東南岸布臘瓦）、阿丹（今也門首府亞丁）、麻林（今肯尼亞東岸之馬林迪）等。

　　清朝和陸地中亞各國的交往比較多，如浩罕（今烏茲別克斯坦費爾干納）、安集延（今烏茲別克斯坦安集延）、瑪爾噶蘭（今烏茲別克斯坦馬爾格蘭）、塔什干、巴達克山、博羅爾（今巴基斯坦北部吉爾吉特地區）、坎臣提等。

　　這些國家和地區，或不定期向中國進貢，或進行不同形式的貿易，或承認中國是宗主國，進行一些禮儀往來等。

第三節　明清王朝與西洋各國的交往

　　明清王朝和西歐一些國家也有交往，如佛郎機（今葡萄牙）明正德十三年曾遣使加必丹末等來華，進貢方物，後占領澳門。和蘭（今荷蘭）明萬曆中期曾來華，欲通市於香山澳（即澳門）和漳州，後侵占我國臺灣。元末，拂冧（即東羅馬帝國）人捏古倫前來中國進行貿易，元滅亡後不能歸國，明太祖朱元璋於洪武四年曾召見他，命其帶着皇帝詔書告諭其國王，希望兩國建立友好關係，以後其國曾遣使來華朝貢。明萬歷時，意大里亞（今意大利）人利瑪竇曾來華，至京師獻《萬國全圖》，明神宗曾優加賞賜。利瑪竇於萬曆三十八年（1610）卒於北京，以後利瑪竇的徒弟紛紛來華。崇禎時其徒羅雅谷、湯若望等，曾與禮部尚書徐光啓等開局纂修《崇禎曆書》。

清朝除和葡萄牙、荷蘭、意大利等國交往更密切以外，俄、英、法、美、德、西班牙等西方國家相繼來華，或以進貢爲名，欲通市中國；或遣教士來華，宣傳教義，傳播西方文化。

到了清代，中國的封建經濟有進一步發展，物產豐盈，自給自足。乾隆帝說："天朝物產豐盈，無所不有，原不借外夷貨物，以通有無。"所以順、康、雍以至乾、嘉各朝，一直實行閉關自守的政策。當時的世界，東西海上交通大開，自1640年英國資產階級革命後，西歐各國已進入資本主義時代。爲了開拓中國的市場，西洋各國或以朝貢，或以通商的名義，不斷派遣使臣來華。清朝對於正常的中外交聘往來，從不拒絕。雍正帝說過："朕以萬物一體爲懷。西洋使臣及寓居中國之人，如能遵守中國的禮制，慎守法度，行止無忽，朕自惟恩撫恤。"（清外務部檔五一四四）

據清朝檔案記載，清代前期西洋派專使來華的主要有西班牙、荷蘭、葡萄牙、意大利、俄國、英吉利等國家。現依時序節錄如下。

順治三年（1646），日斯巴尼亞（西班牙）遣使由馬尼拉來華進貢，是爲西班牙首次向清朝派遣專使。

順治十三年（1656），荷蘭國王遣使航海修貢，是爲荷蘭向清朝派專使之始，進御前方物有鑲金鐵甲、鍍金馬鞍、鑲銀千里鏡、玻璃鏡、八角大鏡、哆羅絨、丁香、檀香等，進皇后方物有玻璃鏡、玳瑁匣、珊瑚珠、琥珀珠、西洋布等。清帝賜荷蘭國王大蟒緞、莊緞、倭緞、花緞、閃緞、綾紡絲羅等物，賞銀三百兩。

康熙二年（1663），荷蘭國再次遣使來華，貢獻刀劍八具、名馬四匹等，帝"詔嘉賚之"。

康熙三年（1664），荷蘭國王遣陪臣助兵剋金門、廈門，賜銀千兩，賜國王銀二千兩，又賜大蟒緞、粧緞、錦緞、彩緞等物。

康熙六年（1667），荷蘭國王遣使進貢方物有大馬鞍轡具、荷蘭絨、荷蘭地圖、琥珀、沈香、火鷄蛋、二眼長鎗、二眼馬銃、小鳥銃、白爾善國緞褥、銅砲等物，帝賞大蟒緞、倭緞、片金緞等物。

康熙九年（1670），西洋義大利國王阿豐肅遣陪臣奉表入貢，是爲清代意大利首次派專使來華。所進貢物有金剛石飾金劍、珊瑚樹、珊瑚珠、琥珀珠、伽南香、花氈等十七種，帝賜大蟒緞、粧緞、倭緞等物，另賞國王銀三百兩、貢使二百兩。

康熙十七年（1678），葡萄牙國王遣陪臣奉使來華，進貢獅子，帝賜各色緞、絲綢等物。

康熙二十四年至二十八年，中俄雅克薩之戰與《尼布楚條約》的簽訂。

清初以來，沙俄不斷侵入中國黑龍江流域，侵占雅克薩（今在漠河東、黑龍江北岸）、尼布楚等地，殺掠騷擾，清政府多次要求俄軍撤出雅克薩等地，但侵略者置若罔聞。康熙二十四年（1685），皇帝派都統彭春率三千人的軍隊，向盤踞雅克薩的俄軍猛攻。沙俄督軍托爾布津乞降，彭春准其所請，並允其退回尼布楚。但不久托爾布津背信棄義，再次乘隙侵占雅克薩。康熙二十五年，皇帝令黑龍江將軍薩布素等率烏拉、寧古塔官兵及八旗漢軍內福建藤牌兵等兩千多人，再次攻取雅克薩，托爾布津戰死。此時俄方同意談判，並派戈洛文爲大使，前來中國舉行邊界談判。清政府宣布無條件停戰。康熙二十八年七月，派索額圖與戈洛文在尼布楚進行談判。經過半個多月的談判，雙方達成協議，於康熙二十八年七月十四日正式簽訂了中俄《尼布楚條約》，條約用滿、俄、拉丁三種文字寫成。

《尼布楚條約》明確規定了中俄兩國的東段邊界，從法律上肯定了黑龍江、烏蘇里江流域的廣大地區是中國的領土，俄方將其非法侵占的領土交還中方。同時，俄國通過條約將中國讓予的貝加爾湖以東尼布楚一帶納入它的版圖，並獲得重大的通商利益。中俄《尼布楚條約》是一個平等的條約，是雙方經過平等談判的結果。

中國第一歷史檔案館現存有大量關於沙俄侵入我國黑龍江流域的史料。

侵略者在黑龍江兩岸強築城寨村屯、搶劫村莊、勒索毛皮、捕捉人質、奸淫婦女、虐殺居民、策動當地頭人歸順俄國等，這多反映在彭春、薩布素等地方官員上報皇帝的奏疏中。中俄雙方的戰況及談判過程，並最終簽訂的《尼布楚條約》方面檔案，多是滿文書寫，十分珍貴。

在中俄談判中，法國耶穌會士張誠和西班牙神甫徐日昇任譯員，《張誠日記》中比較詳細地記載了中俄談判和簽訂《尼布楚條約》的情況。

康熙二十五年（1686），荷蘭國進貢方物，除常規貢品外，還有照身鏡、江河照水鏡、自鳴鐘、玻璃燈、葡萄酒等物，帝賞國王及貢使均照康熙六年加賞例。

康熙三十二年（1693），俄皇為通商等，派欽差義茲柏朗迭思義迭思來京。康熙帝召對數次，筵宴優待。

康熙五十九年（1720），葡萄牙國王遣使臣裴拉理奉表文來朝，康熙帝在暢春園九經三事殿接見了他。

雍正三年（1725），伊達里亞國教化王伯納第多遣使奉表慶賀登極。進貢方物有：厚福水綠玻璃鳳壺、各色玻璃鼻煙壺、水晶滿堂紅紅燈、顯微鏡、火鏡、照字鏡等，帝賜該國大蟒緞、粧緞、倭緞等物。

雍正五年（1727），西洋博爾都噶爾（葡萄牙）國王若望遣使麥德樂等具表賀皇上登極，是為葡萄牙向清朝派專使之始。進貢方物有：大珊瑚珠、金法琅盆、金鑲伽什倫瓶、瑪瑙盒、自來火長槍、手槍、葛巴依油等物。帝賜人參、瓷器、緞匹、字畫等物，使臣麥德樂被召見，禮儀同康熙五十九年例同。

乾隆十七年（1752），西洋博爾都噶爾（葡萄牙）國王若瑟遣使來朝，進貢方物有：自來火鳥槍、自來火手槍、法琅洋刀、玻璃文具、綠石文具、赤金鼻煙盒、紅葡萄酒、白葡萄酒等，帝賞賜緞匹等物。

乾隆十八年（1753），西洋國（葡萄牙）使臣巴哲格等奉表來朝，令來使候於乾清宮後左門。屆時高宗純皇帝在乾清宮陞寶座。禮部堂官一人率領在京居住西洋人一人，引來使覲見，進表儀式與康熙五十九年、雍正五年例同，行跪拜禮。

乾隆中期西洋人在朝廷效力的較多，平時居住在北京各教堂內。據內務府造辦處一本《西洋人花名冊》上記載：

宣武門天主堂西洋人（係南堂）：
　　劉松齡欽天監監生（病故）。
　　傅作霖欽天監監副。
　　鮑友管欽天監監副（病故）。
　　魏繼晉素習律呂。
　　索德超熟諳內外科。
　　高慎思素習天文輿圖。
西安門內蠶池口內天主堂西洋人（係西堂）：
　　蔣友仁熟諳天文輿圖，在圓明園御花園水法上行走（三十九年九月二十日病故）。
　　錢德明素習律呂，在內閣蒙古堂潘譯哦囉嗉、臘定諾文。
　　方宋義熟諳天文，在內閣蒙古堂潘譯哦囉嗉、臘定諾文（四十五年十一月二十九日病故）。
　　韓國英熟諳水法（病故）。
　　汪達洪在如意館鐘表上行走。
　　巴□新熟諳外科（病故）。
　　趙進修素習天文。
　　金濟時素習天文水法。
　　嚴守志素習天文水法（病故）。
　　梁棟林素習天文水法，兼習律呂。
　　李俊賢熟精鐘錶，在如意館行走（病故）。
　　潘廷章善畫喜容人物、山水，在如意館行走。
　　赫清泰善畫如水、人物，在如意館行走。
東安門外乾魚衚衕天主堂西洋人（係東堂）：
　　艾啓蒙素習丹青，在如意館行走（病故）。
　　高慎思素習天文輿圖。
　　林德瑤素習天文。
　　張繼賢素習外科。
　　安國寧素習天文。

西直門內天主堂西洋人：
　　安德義素習丹青，在如意館行走。
　　華宗孝素習內科。
　　相秉仁素習天文。
海甸楊家井西洋人：
　　那永福素習律呂，
　　李衡良在如意館鐘錶上行走。

乾隆五十八年，英國派使馬嘎爾尼來朝，進貢方物有：天文地理音樂大表、火鏡、玻璃燈、自來火金鑲槍、自來火銀鑲槍、西洋船樣、千里眼等。高宗御避暑山莊澹泊敬誠殿，軍機大臣同禮部堂官帶領貢使，恭捧表文跪遞。命御前大臣恭接，轉呈御覽，帝賜該國王玉如意，各色緞匹、綾絲、杭綢等。又召見於萬樹園，又於如意洲、含清齋、清音閣賞賜貢使，回北京後，在太和門頒給敕書。

乾隆五十九年（1794），荷蘭國王遣使入貢萬年如意、八音樂鐘、千里鏡等物。

嘉慶元年，英國遣使進貢方物。

嘉慶十年，英派多林文至粵，呈國書並進方物。

嘉慶二十一年，英派斯當冬、馬禮遜賫國書來覲，因其貢使不能行三跪九叩禮，"廷議以其崛強遣之"。

一史館所存西洋傳教士在華活動的檔案，經整理編輯成《清中前期西洋天主教在華活動檔案材料》一書，共四冊，於2003年10月由中華書局出版。書中輯錄了西洋傳教士湯若望、白晉、戴進賢、郎世寧、德里格、李若瑟、高慎思、蔣友仁、劉松齡、王致誠、艾啓蒙、徐日昇、馮秉正、羅懷忠、馬國賢、巴多明、唐岱、汪遠洪等一百多人在華活動的檔案記載。如西洋傳教士湯若望為頒新曆書事上順治帝的奏本，西洋傳教士戴進賢所進西洋奇器清單，皇帝令郎世寧畫八駿圖、畫狗、畫瑞穀圖，令王致誠畫美人圖，令羅懷忠看西洋藥等記載，這些材料是研究清代中國與西洋各國關係史的第一手材料。

·專題研究·

壹　18世紀西洋人在測繪清朝輿圖中的活動與貢獻

一、18世紀西洋人在測繪清朝輿地圖中的活動

　　18世紀的中國，正值"康乾盛世"之際。康熙帝是一個有作爲的君主。他親政後，先後平定了"三藩"和統一了臺灣，接着又領導了抗擊沙俄入侵的戰爭。他三次親征，粉碎了准噶爾部上層分子的分裂陰謀，基本上完成了國家的統一大業。他積極學習西方的科學技術，任用南懷仁等西方傳教士任欽天監官員修訂歷法，並聘請學有專長的傳教士入宮任職，或在内閣充當翻譯，或在内府任職醫生、畫師，或爲皇帝、皇子講授天文、地理、數學、音樂、人體解剖、拉丁文等方面的知識。玄燁親自學習，孜孜不倦，他演算的幾何算草，至今仍保存在中國第一歷史檔案館。

　　在康熙帝統一全國的戰爭過程中，地圖起了重要的作用，但在使用地圖中也發現不少問題，如有的地圖模糊不清，有的測繪不精、内容有錯，等等。"疆域錯紛，幅員遼闊，方輿地理，又今昔互異"，他深感今後要想治理全國，沒有詳細而准確的地輿圖志，是十分困難的，所以在結束平定三藩和臺灣的戰爭後不久，於康熙二十五年五月初七日便下令纂修《大清一統志》："務求采搜宏博，體例精詳，厄塞山川，風土人物，指掌可治，畫成地圖。萬幾之暇，朕將親覽。且俾奕世子孫披牒而慎維屏之寄；式版而念，小人之依，以永我國家無疆之歷。"（《康熙御制文集》二集，卷四，第四頁）

　　康熙二十八年（1689）在中俄簽訂《尼布楚條約》中，康熙帝命進有關地圖呈覽。當時擔任翻譯的法國傳教士張誠乘機把早已繪好的亞洲地圖送上，並指圖說明中國的東北部分地區因地理知識缺乏無法繪制，請求皇帝進行一次全國大地測量，康熙帝認爲很有必要。

　　康熙三十七年（1698），法國傳教士巴多明來華傳教，沿途細察各省

地圖，發現府縣城鎮的位置與實地不符甚多，他將此事上奏康熙皇帝，再次建議重新測繪全國各省地圖，這就更加堅定了康熙皇帝測繪全國省級新圖的決心。於是命白晉返回法國，又挑選十幾位精通天文、地理和數學的教士來華，參加皇朝地圖的測繪工作。由於這次繪圖欲用西方經緯度制圖法繪制，爲了慎重從事，康熙皇帝於四十六年（1707）十二月，命白晉等傳教士先在北京附近進行小塊試驗性的測量，以與舊圖相比較。經半年的努力，地圖繪制完工，上呈康熙帝，"帝親自校勘，認爲遠勝舊圖"（《清史稿·何國宗傳》），這樣纔開始測繪各省地圖。這次測繪，康熙帝除聘用外國傳教士外，還命中國有關官員、精通算法人員和欽天監等有關機構人員，共同到各地進行測量。

康熙四十七年四月十六日（1708年6月4日），命法國傳教士白晉（Bouvet）、雷孝思（Regis）、杜德美（Jartoux）和日耳曼神甫費隱（Fridelli），從長城測起，至次年一月返回北京，繪成一圖。該圖上繪有長城三百個門口、堡壘，以及附近城寨、河谷、水流、山岡等。至於北直隸（今河北省）的測繪，因先在北京附近試測，於康熙四十六年（1707）十二月便開始，到四十七年（1708）六月完成。康熙四十八年（1709）五月十八日雷孝思、杜德美、費隱諸人開始測量東北。先從遼東入手，東南到朝鮮邊境，東北到黑龍江口，測繪了《盛京全圖》、《烏蘇里江圖》、《黑龍江口圖》、《熱河圖》等。康熙四十九年（1710）七月康熙帝命再前進到黑龍江地區，對新建城鎮墨爾根（今嫩江縣）和齊齊哈爾（今龍江縣）二鎮進行重點測量，當年十二月便完成東北地圖的測繪工作。圖送至北京後，因"鴨綠、圖們二江間未詳晰，五十年（1711）命烏喇總管穆克登偕按事部員復往詳察"（《清史稿·何國宗傳》）。

康熙五十年（1711），康熙帝命增加測繪人員，分成兩隊。一隊往山東，主要有雷孝思、麥大成（Cordoso，葡萄牙人）等，康熙五十一年（1712）繪成山東省圖。一隊出長城測定喀爾喀蒙古（今蒙古人民共和國），主要人員有杜德美、費隱及潘如（Boujour，法蘭西人）等。該隊在蒙古測量後，途經陝西、山西，於康熙五十一年回到北京，但圖未能完成，又命麥大成、湯尚賢（De Tartre 法蘭西人）同往山西、陝西（當時陝西包括今甘肅省）協助測繪工作。圖成以後，玄燁甚喜。此後，雷孝思又同馮秉正（De Mailla）及肯特雷（Kenderer），同往河南、江南（江蘇和安徽）、浙江及福建（包括臺灣）測繪，湯尚賢、麥大成合測了江西、廣東及廣西，費隱及潘如、雷孝思又測繪了四川、雲南、貴州和湖廣的地圖。

由於康熙帝親自主持這次測繪工作，並隨時發布諭旨，命各地方督撫組織好本地的測繪活動，並招待、保護好西洋測繪人員等，所以測繪工作進展很順利。如江南、河南地圖於康熙五十二年閏五月測繪完畢，遵旨隨時報上。據總理糧儲提督軍務巡撫江寧等地方張伯行奏："康熙五十二年五月十七日，准兵部咨，奉旨往河南、江南畫輿圖去的官拜唐阿、西洋人不必回來，就從彼處往浙江舟山等處、福建臺灣等處畫去。但走海時，著你等謹慎。看好天色時節行走，不必急了，須要仔細。再，下旨與他們，伊等著畫完一省將輿圖就交與該撫，著家人好生送來，欽此。臣查江南、河南輿圖已經欽差護軍參領臣陶蕃齊等經臨各府、州、縣丈量繪畫，起程北上。……於閏五月初八日抵蘇，准護軍參領臣陶蕃齊等將所畫江南、河南輿圖於初九日交臣恭進。現催江南驛道換給勘牌，前往浙、閩二省繪畫輿圖。……臣謹遵旨將所畫江南、河南輿圖，差家人謹慎齎捧赴京進呈。"（一史館藏宮中檔硃批奏摺）

康熙五十二年十二月初六日，浙江巡撫王度昭奏報，浙江省地圖繪送上。康熙五十二年十二月十二日，江西巡撫佟國勷奏報，李秉忠及西洋人麥大成、湯尚賢等所繪江西通省輿圖告成送上。康熙五十三年七月初二日四川巡撫年羹堯奏報，武英殿監視布爾賽、西洋人費隱等"於康熙五十二年六月十二日……由四川北界保寧府屬之廣元縣畫起，於康熙五十三年六月初十日至東川府畫完川省全圖。即將全圖交與臣家人魏之輝收明，布爾賽等隨由東川入滇畫圖去訖"。乾隆五十三年十二月二日，江西巡撫佟國勷奏報，江西省圖繪完上。

康熙五十四年六月二十四日，雲南巡撫甘國璧奏報，西洋人費隱、雷孝思及武英殿監視常保等繪畫的雲南輿圖畫完，遵旨差家人送京呈覽。乾隆五十八年十一月初二日，貴州巡撫劉蔭樞奏報："欽差繪畫輿圖大人、西洋歷法雷孝思、西洋歷法費隱、嚮導護軍參領英珠……於十月三十日將貴州輿圖畫畢，齎送到臣，臣謹遴選家人兼程齎送來京進呈御覽。"

（以上均引自一史館所藏宮中檔硃批奏摺）至康熙五十六年（1717）一月，除新疆及西藏部分外，測量工作全部完竣。各路測繪人員回京後，在杜德美的領導下，編繪完畢關內十五省及關外蒙古各地地圖，取名《皇輿全覽圖》。康熙五十八年（1719）進呈皇帝，帝重加嘉獎，並命內閣學士蔣廷錫示諭群臣，諭曰：「此朕費三十餘年之心力，始得告成。山脈水道，俱與《禹貢》合。爾以此與九卿詳閱，如有不合處，九卿有知者，舉出奏明。」（《清史稿·何國宗傳》）稍後九卿回奏：「從來輿圖地記，往往前後相沿；雖有成書，終難考信。……此圖誠開闢方圓之至寶，混一區夏之巨觀。」

《皇輿全覽圖》從康熙四十七年正式開測，到康熙五十七年完工，歷時十年。所反映的疆域為東北至薩哈連島，東南至臺灣，西至伊犁河，北至貝加爾湖，南至崖州（海南島）。

康熙帝在位六十一年，於1722年去世，繼位的是雍正皇帝。雍正帝對傳教士採取嚴厲的態度，沒有繼續聘用西洋人進行繪圖工作。不過他為了指揮對西北用兵作戰和管理改土歸流後的西南苗、瑤等少數民族，在康熙皇輿全覽圖的基礎上，命怡親王允祥等組織皇朝有關繪圖人員，繪製了皇輿十排圖（後稱《雍正皇輿十排全圖》）。雍正十排圖採用以北京為經、緯綫的中心的方格繪法，這不如康熙圖實地測量投影繪法科學，但在輿地的幅員廣袤方面，雍正圖卻大大超過了康熙圖。該圖北起北冰洋，南到中國南海，東起太平洋，西到地中海。

乾隆帝也是一個有作為的君主，他雖然繼續執行乃父的禁教政策，但卻仿傚乃祖的做法，大膽使用西洋各類專門人才，為皇朝服務。他在康熙《皇輿全覽圖》的基礎上先後聘用西洋人高慎思、宋君榮、蔣有仁等人，會同中國官員和測繪人員，完成了康熙時期沒有完成的對新疆和西藏地圖的測繪工作。康熙時期清朝的統治勢力猶未控制全新疆，到了乾隆時代，先後平定了准噶爾部和回疆，纔有可能測繪新疆的地圖。乾隆帝先後派西洋人高慎思、傅作霖、宋君榮及何國宗等專門人員，到新疆隨同軍隊進行測繪工作。如乾隆二十一年（1756）"上諭劉統勛會同何國宗前往，所有山川地名，按其疆域方隅，咨詢覯記，得自身所經歷匯為一集"（《乾隆朝上諭檔》第二冊）。乾隆帝對有功的中外測繪人員，隨時給予晉級加俸，如乾隆二十一年正月十一日，"內閣奉上諭：同左都御史何國宗前往伊犁等處測量之監副傅作霖，著賞給三品職銜。西洋人高慎思，著賞給四品職銜。俱准照銜食俸，其馬匹廩給亦即照銜支給。欽此"(《乾隆朝上諭檔》第二冊第八百八十二頁)。

將近一年的測量繪圖工作完竣後，乾隆帝命何國宗及西洋人回京。乾隆二十一年十一月二十三日奉上諭："前命何國宗等赴伊犁測量並繪輿圖。今大段形勢皆已圖畫，其餘處所可以從容再往，是此等已屬完竣。何國宗及西洋人等現已回至肅州閑住無事，可即令其乘驛來京，著傳諭遵行。欽此。"(《乾隆朝上諭檔》第二冊第八百九十七頁)

關於這次繪圖的情況，乾隆二十五年五月十二日允祿、傅恒的奏摺講得很清楚："臣允祿、臣傅恒等謹奏。欽惟我皇上德威遐播，武功大成。五年之間，辟地二萬餘里，准噶爾、哈薩克、布魯特及諸回部盡歸。特命何國宗、明安圖暨西洋人傅作霖等前往測量繪圖，復命臣允祿會同查辦，入時憲書，永光巨典。臣等伏查康熙年間聖祖仁皇帝命臣允祿，監制地球，維時准噶爾回部尚在版圖之外。今皇上疆圉式廓，臣允祿、臣傅恒等公司商酌，請將地球添畫新辟土宇，以成昭代典章。再查內廷尚有銅板、木板地圖，其間或有闕略，參差未能畫一，並請敕令各該處查出。臣等率同何國宗、明安圖、劉松齡、鮑友管、傅作霖、高慎思等細心查辦，稍有纖疑，再與親在軍前諸臣，細加斟酌，務期允協。辦成恭呈御覽，伏候欽定。為此謹奏請旨。"

劉統勳、何國宗、高慎思等人繪的《西域圖志》，於乾隆二十六年（1761）六月繪成，奉旨交軍機處方略館，這是當時一切新疆地圖的根據。以後乾隆帝又專派一批總裁、提調、纂修等官去纂修，經二十年之久，到乾隆四十七年（1782）纔完成《欽定皇輿西域圖志》。

乾隆十五年（1750），清朝在平息了頗羅子朱爾墨特妄圖割據西藏的叛亂後，命測繪人員對西藏地圖重新實測，繪製了新的西藏地圖。這樣在康熙圖的基礎上，加上實地測繪的西藏、新疆地圖，使得全國實地測繪的新圖——《乾隆十三排地圖》得以完成。《乾隆十三排圖》又叫《乾隆內府地圖》，全圖共一百零四塊，圖幅範圍基本上和雍正圖相似，北盡北冰洋，南抵印度洋，西至波羅的海、地中海和紅海，不僅為我國最完整的實測地圖，也是當時世界上最大的、最完整的亞洲大陸全圖。爲了宣揚這一成就，使其留傳後世，皇帝又令將圖刊成銅板一百零四片，每片刷印百張。乾隆二十六年六月乾隆帝在看到成圖後，曾題詩二首，以表達他喜悅的心情：「括地多年仰聖猷，核真今夏逮渠搜。閎誇詎類參軍注，厄塞應同主吏收。益切觀光周誥凜，匪關鑿空漢臣求，宇安歲美吾恒願，望蜀寧當意更留。乾隆丙子夏六月御題。」

「敢云擴宇藐前猷，偃伯從茲罷剿搜。厄魯馬牛無一牧，筠沖屯堡並全收。本朝文軌期同奉，昧谷寒暄重細求，無外皇清王道坦，披圖奕葉慎貽留。庚辰秋八月疊前韻再題。」

爲紀念乾隆帝在平定准噶爾與回部叛亂中所取得的輝煌成就，乾隆三十年（1765）由西洋人郎世寧、王致誠、艾啓蒙和安德義等人合作特繪一份「得勝圖」共十六幅，獻給清廷。乾隆帝令郎世寧等將其帶往歐洲，鐫刻於銅板上。後在法國鎸板印制，再運回北京。

法國耶穌會士蔣友仁，乾隆九年（1744）來華，1745年到京，爲清廷效力三十餘年，主要爲皇帝裝飾宮廷，曾在圓明園設計大水法等。特別是乾隆帝五十歲壽辰時，他進獻了一幅《坤輿全圖》。據輿圖房存乾隆二十九年福隆安續辦歸類輿圖檔中記載：「輿圖房陸續收存圖三十七件，蔣友仁進坤輿全圖一張。」

《坤輿全圖》是蔣友仁以利瑪竇的《坤輿萬國全圖》和南懷仁《坤輿全圖》爲基礎，又增補了「新辟西域諸圖」而成的。該圖爲東西兩半球圖，左邊是西半球圖，上繪亞墨利加洲。右爲東半球圖，上繪亞西亞洲、利末亞洲、歐邏巴洲。在圖的上方有文字說明，詳細介紹了四大洲的疆域，如「亞西亞洲，天下第一大洲。乃人類肇生之地，聖賢迭出之鄉。其界東至大東洋，南至赤道南約第十度，西至紅海、地中海、黑河、同河、白海，北至冰海。所容國土不啻百餘，其大者首推中國，聲名文物禮樂政教遠近所宗……」圖中的中國疆域部分，明確繪出了乾隆二十四年，清廷粉碎大小和卓的叛亂、平定回疆後的西域名稱，如烏什、葉爾羌、喀什噶爾、塔什干、阿克蘇等。除兩半球圖外，蔣友仁還在圖的四週繪制了天文地理學內容的插圖和文字說明。在這些圖、文中，明確闡述了哥白尼學說是唯一正確的，介紹了正確的開普勒三定律和一些歐洲天文學的最新發展。如說"哥白尼置太陽於宇宙中心","以太陽靜地球動爲主","地球爲橢圓形,圍繞太陽轉",等等。蔣友仁爲第一次向中國全面介紹哥白尼學說的人。

這幅圖進呈乾隆帝后,帝仔細審閱,並於乾隆二十五年八月初二日命"莊親王會同何國宗認爲如有不對之處,即傳問蔣友仁"。經過仔細察看研究,莊親王允祿等復奏皇帝道:"臣等看得蔣友仁坤輿全圖一卷與内廷地球天主堂內坤輿全圖形勢大概相同,其繪畫亦甚詳細,惟俄羅斯往東較舊圖展開四十餘度。北亞墨里利往西亦展開五十餘度,皆係舊圖所無。詢據蔣友仁云,舊圖係康熙年間西洋人南懷仁所作,彼時無人測量未入輿圖。乾隆六年有西洋人李勒等測量至其地,是以新圖添入等語,詢據劉松齡等皆與蔣友仁所說同,惟伊犁回部等處山水形勢較之明安圖、傅作霖等所畫新圖微有不合。詢據蔣友仁云,此圖係按伊犁舊圖山水形勢繪畫,今應改正等語。臣等將伊犁回部等處另繪小圖簽人,其應改之處用紅色繪畫,恭呈御覽,伏候命下,臣等遵即改正。其圖說一卷,皆係西洋舊說。西洋人戴進賢等重修考成後編,亦用其法。但文義間有未能明順雅馴之處,請一併交發。臣等率同武英殿修書翰林等,量加修飾妥協,再行恭呈御覽。爲此謹奏請旨。"乾隆帝閱摺後,批答道:"是。著另畫一張,派好中書繕寫。"乾隆三十六年《坤輿全圖》修改增繪完畢,獻給乾隆帝,帝大悅,特意嘉獎參與的中外有關人士。這兩幅《坤輿全圖》都存於內務府的輿圖房,備皇帝隨時閱覽,後一幅可以說是當時最好的一份世界地圖。

二、西洋人在測繪清朝輿地圖中的貢獻

18世紀是中西文化交流的一個高潮時期,當時大批西方傳教士紛紛來華。一方面,他們來華是爲了傳播和發展天主教,另一方面,他們也把歐洲的天文學、地理學、數學、醫藥、生理解剖學、機械學以及各種技藝帶到中國。尤其是西方傳教士傳播了先進天文地理觀念,並運用先進的測繪制圖方法,幫助清政府實地測繪了皇輿全圖,這是西方傳教士來華的最大貢獻之一。

康熙《皇輿全覽圖》和《乾隆十三排圖》，是我國首次經實地測繪而成的全國地圖。在18世紀初葉，進行如此全國範圍大面積實地測繪地圖的工作，不僅在中國是第一次，而且在亞洲也是一個創舉。英國學者李約瑟在他所著《中國科學技術史》中說，《乾隆十三排圖》"不僅是亞洲當時所有的地圖中最好的一幅，而且比當時的所有歐洲地圖更好，更精美"，這表明"中國在制圖學方面又一次走在世界各國的前列"。

當時的中國在制圖學方面所以能走在世界的前列，這和西方傳教士帶來的先進的天文地理知識和新的繪圖方法是分不開的。

西方先進的天文地理學說在華傳播，大大開拓了中國人的眼界。中國歷來認爲天圓地方，中國居天地之中，四週都是藩屬蠻夷。在中國，皇帝是至高無上的，自稱授命於天，以天爲父，以地爲母，故又稱天子。天子統馭華夏，撫綏萬方。自17、18世紀以來，利瑪竇的《坤輿萬國全圖》、艾儒略的《萬國全圖》和南懷仁、蔣有仁的《坤輿全圖》逐步在中國傳播後，中國的開明紳士開始改變天圓地方的觀念，認識到地球爲橢圓形，感到畫圖必須實地測量經緯度。康熙帝是一個思想比較開放的君主，他接受了西方的天文地理觀念，決定用西洋人測經緯度繪製皇朝輿圖。及至乾隆時期，南懷仁借着向皇帝獻《坤輿全圖》機會，介紹了哥白尼的日心學說。這些新的天文地理學說，無疑對中國的天文學地理學的發展是一次巨大的推動，也是清政府采用新方法繪製皇朝輿圖的一個前提。

西方傳教士帶來了三角測量繪圖的新方法。所謂三角測量法，是在地面上按一定條件選定一系列點，構成許多相互連接的三角形，然後在已知點觀察各方向間的水平角，並精確地測定其始邊長，以此邊長爲基準綫，推算其他各點的經緯度坐標。法國傳教士杜赫德說："從教士根據他（指康熙帝）的旨意繪成的北京地區地圖中，皇上發覺歐洲的測繪方法精度很高，乃決議以同樣方法測全國各省包括所屬之全部轄耜地區。"（J.B.杜赫德《測繪中國地圖紀事》）

采用三角測量方法，必須在天文觀察的基礎上進行，所以第一步先用天文觀察方法測出一部分點的經度。如雷孝思、杜德美觀察測定涼州爲西經$13°43'56''$。巴多明觀察測定熱河爲東經$1°30'$，緯度爲$41°6'$。哥波爾觀察測定廣州爲西經4°00′11″，緯度爲23°8′，等等。第二步是以天文觀測的點爲基本點，然後采用三角測量法推算其他點的經緯度。西方傳教士在繪皇朝輿圖時，還采用了桑遜投影法，以及邊疆與內地的地名采用滿、漢文分別記注的方法，這些都是比較先進的制圖方法。

在這次測繪輿圖時，還統一了丈量尺度。由於我國歷史上尺度的長短不太一致，從而造成地圖制作的差誤較大。康熙帝根據西洋傳教士實際測量的結果，規定以當時工部營造尺爲標準，合一千八百尺即一百八十丈爲一里。測量長度單位的統一，是中國測繪史上的一個進步。另外，把長度單位與地球經綫每度的弧長聯繫起來，這在當時世界上是一個創舉。

康乾盛世時期所以能繪出當時世界一流的中外地圖，除了西洋傳教士帶來的先進測繪方法和繪圖技術以外，和傳教士們的奉獻精神及他們艱苦而細緻的工作也是分不開的。

據清宮檔案記載，當時參加這一時期測繪活動的西方傳教士先後有二十多人。在康熙時有張誠（法國耶穌會士）、白晉（法國耶穌會士）、巴多明（法國耶穌會士）、雷孝思（法國耶穌會士）、杜德美（法國耶穌會士）、麥大成（葡萄牙人）、湯尚賢（法蘭西人）、潘如（法蘭西人）、費隱（日耳曼傳教士）、馬俠、肯特雷，等等。各省輿圖測繪之後，最後由杜德美匯集成冊。

在乾隆時，有高慎思、宋君榮（法國耶穌會士）、劉松齡、鮑友管、傅作霖、蔣有仁（法國耶穌會士），等等。

在西藏、新疆地圖測繪完成之後，由蔣有仁等在康熙《皇輿全覽圖》基礎上，匯編成《乾隆十三排地圖》，並將中國測繪地圖的新成果繪入《坤輿全圖》，進獻給乾隆皇帝。

在中國如此廣闊的國土上，進行史無前例的如此大規模的測繪活動，其困難是可以想象的，正如始終如一參加這一測繪活動的雷孝思神甫所說：“在執行這項任務的過程中，我們必須謹慎警惕之處多得不勝枚舉。皇上把對他的帝國至關緊要的任務委派給我們，爲了不辜負這位賢明君主的信任，同時也希望求得皇上的庇護，這對要在他的帝國裏弘大基督教是必不可少的。這種信念驅使我們跨越了在從事如此浩繁的工作中所不可避免的種種艱難險阻。我們出於至誠，甘之若飴，自願繼續在帝國的東西邊境和相隔適當距離的若干地點，反復進行日食觀測，測定經度，以校正繪好的地圖。"（〔法〕J.B.杜赫德《測繪中國地圖紀事》）

傳教士們在測繪活動中，兢兢業業，一絲不苟。正如雷孝思以全體傳教士的名義，在給巴黎杜赫德神甫的報告中說："我向你們保證，爲使地圖盡可能完善，我們已使盡一切手段。我們親自走遍各省各地，包括那些很次要的地點，查閱了各地官府所藏的輿圖和史書，詢問了所經各地的官吏和耆老縉紳。"爲了使地圖精益求精，神甫們對於已繪好的地圖，還要反復測量校正。

在艱苦的測繪活動中，由於水土不服和勞累的關係，有的神甫病倒了，有的神甫帶病堅持工作，有的神甫甚至犧牲了生命。如康熙四十七年，在測繪剛開始兩個月，白晉神甫由於勞累病倒了。病稍愈後他又繼續工作。康熙五十四年，費隱神甫在測繪雲南地圖時累病了，但仍繼續堅持工作，一直到測繪完雲南地圖爲止。張誠神甫到張家口附近測量時，到白河某支流源頭，突然累倒了，不停地惡心嘔吐，生命處於危急之中。他以爲很快就要死去，寫了遺書。後幸被出使蒙古的一位官員搶救了他的生命。

特別是法國傳教士蔣有仁，他於乾隆十年（1745）五月來華到京，於乾隆三十九年九月十九日病故，在華三十多年，他不僅設計修造了圓明園大水法，而且爲乾隆時皇輿地圖和戰圖的編匯及刊刻印刷，付出了巨大的辛勞。他參加匯編了《乾隆十三排輿圖》，圖成之後他又將圖稿運往法國，刊刻成銅板印刷。乾隆三十年西洋人郎世寧等所繪平定准噶爾、回部等《得勝圖》完成後，遵照皇帝的諭旨，"蔣友仁將圖寄至法國刊板。法國皇上類思第十五位，自頒庫銀，令本國巧匠名高山者，刻成銅板，賚回中朝。蔣友仁刷印二百張，復將印稿連板寄回法國以便改良。乾隆三十七年，陽歷十二月，由法國先寄回改板七片，皇上即命蔣友仁試印。友仁刷印若干張，忽患嘔血，十分危急。僅得預備善終之暇，虔領終禮而卒。時乾隆三十九年，降生後1774年，陽歷10月13日也。皇上賜帑銀百兩助葬"（《燕京開教略》中篇）。

蔣友仁爲了在中國傳教，爲了向西方傳播中國的文化與文明，來華三十多年來，可以說嘔心瀝血，鞠躬盡瘁，最後累死在刊印清朝的輿圖工作中，他爲中西文化的傳播與交流做出了傑出的貢獻。

貳　從清宮檔案看英使馬戛爾尼訪華歷史事實

1973年英國馬戛爾尼使團訪華，是中英交往歷史上的一件大事。有關馬戛爾尼使華的史料，中外文字的記載頗爲豐富，其中尤以清朝的官方檔案最爲真實可信。這些官方的檔案過去一直密藏在戒備森嚴的皇宮之內。清宮檔案中，有關馬戛爾尼訪華的文書檔冊共有七百多件。文件起於乾隆五十七年四月七日（1792年4月27日），止於乾隆五十九年十二月二十四日（1795年1月14日），最早一份文件是清政府接到並譯出的英吉利百靈的稟文。最晚的一份文件是乾隆帝有關將英吉利貢物分賞內外大臣的上諭。這些文書主要來源於下列檔案全宗和文種：

一、內閣檔案

內閣檔案中有關記載馬戛爾尼使華的文件，主要有：

（一）敕諭（稿本）

敕諭爲皇帝詔令文書之一。清帝凡敕封藩屬、諭告外國用敕諭。內閣檔案中存有乾隆皇帝給英國國王的敕諭稿本數件。

（二）外交專案

爲內閣匯鈔的有關清朝與各國重要交涉的文書。分國立案，記載了清政府與各國交涉的始末。其中，有關馬戛爾尼使華記載，共有五十多條。例如：

乾隆五十八年八月十日（1793年9月14日）"庚午，上御萬樹園大幄次，英吉利國正使馬戛爾尼、副使斯當東等入覲。賜宴賞賚有差"。

乾隆五十八年八月十九日（1793年9月23日）"己卯，現在譯出英吉利國表文，內有懇請派人留京居住一節……其事斷不可行"。

乾隆五十八年十月十三日（1793年11月16日）"甲戌，椒松筠等奏，擬令英吉利貢使等，分道啓程一摺。所辦諸凡皆妥"，等等。

（三）起居注

乾隆五十八年和五十九年的起居注中，有八處記載有關接待馬戛爾尼使團的事宜。例如：

乾隆五十八年六月初九日（1793年7月16日），"庚午。內閣奉諭旨，長麟奏：據定海鎮總兵馬瑀咨稱，五月十七日在內洋巡哨，見有夷船一隻，自南駛至內洋，並遠望有夷船三只，在外停泊。該總兵等迎上夷船，詢問係英吉利國進貢船隻。據貢使馬戛爾尼稱，因大船笨重，不能收口。二十九日即欲開行，前赴天津。……今該總兵於巡哨時，見有夷船遠來即能探詢，明確迅速咨報，尚屬留心。馬瑀著免其察議，其知府克什訥亦著一併寬免。該部知道。……是日駐蹕避暑山莊"。

乾隆五十八年八月初十日（1793年9月14日）"庚午，上御萬樹園大幄次。英吉利國正使馬戛爾尼、副使斯當東及副使之子多馬斯當東等入覲召見，上各加溫語慰問，賜英吉利國王玉如意、正副使臣如意。……是日駐蹕避暑山莊"。

（四）移會

移會爲清代中央各部、院衙門互相往來所用平行文書之一。清內閣移會中，有關馬戛爾尼使華事宜的文件不多，主要有內閣、禮部等有關衙門爲辦理頒賞英使敕書、禮品等事而互相往來的移會。如乾隆五十八年十月初五日（1793年11月8日）禮部爲八月二十九日黎明在太和門頒給英吉利國敕書事致內閣典籍廳的移會。

（五）實錄

清實錄主要是用官方檔案編纂的一種編年體史書，記事比較系統。有關英使馬戛爾尼使華的始末，實錄均有簡明扼要的記載，爲研究英使訪華事件的綱要。自乾隆五十八年一月十八日（1793年2月28日）至乾隆五十八年十一月一日（1793年12月3日），實錄共記載英使訪華事宜五十六條。如《高宗純皇帝實錄》第一千四百三十一卷記載，乾隆五十八年六月"丙戌，諭英吉利國遣使航海遠來，情殷祝嘏。茲據徵瑞奏，貢船於六月二十二日已抵天津海口。該鹽政親往照料，甚爲妥協。著賞還佐領頂戴，以示獎勵。"又如《高宗純皇帝實錄》第一千四百三十五卷記載："丁卯，諭軍機大臣等，昨因英吉利國使臣不諳禮節，是以擬於萬壽節後，即令回京，所有應賞物件，諭令留京大臣，於傳見後，在午門外頒賞。今該使臣等，經軍機大臣傳諭訓誡，頗知悔懼。本日正副使前來，先行謁見軍機大臣，禮節極爲恭順。"

（六）聖訓

聖訓爲分門別類記載皇帝言行的史籍。《高宗純皇帝聖訓》中有關英使訪華的材料共有八條，主要是乾隆帝關於如何接待英國使團及對英國的要求而發布的敕諭等。在清統治者看來，這些言行可爲後世統治者傚法。

二、軍機處檔案

英使馬戛爾尼來華覲見乾隆皇帝，主要由當時的軍機大臣和坤等秉旨辦理。軍機處檔案中，有關英使馬戛爾尼使華的文書，主要有：

（一）上諭檔

上諭檔中，自乾隆五十七年十月二十日（1792年12月3日）命令各督撫迎護英國使臣的上諭始，至乾隆五十九年十二月二十四日（1795年1月14日）令長麟將頒給英國敕諭鈔錄存案的上諭爲止，共記錄乾隆有關辦理英使訪華的諭旨一百三十七條。在皇帝高度獨裁統治下，英使訪華的每個活動，都必有皇帝指示纔能辦理。所以上諭檔詳細記錄了英使訪華的歷程以及清帝對英使接待和談判的全部指示，爲研究英使訪華事件的綱目史料。在上諭檔還記錄一些中外官員的信函以及英使進貢禮品和清帝賞賜禮物的詳細清單，這是現存於世的非常珍貴的史料。

（二）錄副奏摺

錄副奏摺中有關英使馬戛爾尼訪華的文件共有二十七件，主要爲有關督撫、大臣在迎接、護送英國使團過程中向皇帝的報告。其中有署理兩廣總督印務、廣東巡撫郭世勛、穆騰額、直隸總督梁肯堂、山東巡撫吉慶、閩浙總督伍拉納、兩江總督書麟、長蘆鹽政徵瑞、浙江巡撫長麟等人的奏摺。另外，按照當時軍機處鈔錄副本的規定，凡隨奏摺上呈的附件如有關清單、稟文等，都不鈔錄副本，而是將原件隨副本存於摺包之中。如乾隆五十八年九月初七日兩廣總督郭世勛奏摺副本中，附有譯出英國百靈稟文兩件。所以這部分副本文書中，還有隨摺進呈的文書正本。例如：

1. 譯出英吉利國字樣原稟

英吉利國總頭目官管理貿易事百靈謹呈天朝大人：恭請鈞安。

我本國國王管有牙蘭地密屯佛蘭西愛倫等三處地方，發船來廣貿易。聞得天朝大皇帝八句大萬壽，本國未曾著人進京叩祝萬壽，我國王心中十分不安。我國王說，稱（誠）懇想求天朝大皇帝施恩通好。凡有本國的人來廣與天朝的人貿易，均各相好。但望生理愈大，餉貨豐盈。今本國王命本國官員公舉輔國大臣馬戛爾尼差往天津。倘邀天朝大皇帝賞見此人，我國王即十分歡喜，包管英吉利國人與天朝國人永遠相好。此人即日揚帆前往天津，帶有進貢貴重物件，內有大件品物。恐路上難行，由水陸到京，不致損壞，並冀早日到京，另有差船護送同行。總求大人先代我國王奏明天朝大皇帝施恩，准船到天津，或就近地方灣泊。我惟有虔叩天地保佑天朝大人，福壽綿長。英吉利國一千七百九十二年四月二十七日。

2. 譯出英吉利國西洋字樣原稟

此件與上一件相同，祇是漢譯文字有所修飾，如"百靈謹呈"改爲"百靈謹稟"，"我本國國王管有牙蘭地密屯佛蘭西愛倫等三處地方"改爲"我國王兼管三處地方"，等等。

（三）隨手檔

軍機處在辦理奏摺時，將每日所接奏摺及所奉諭旨，摘由登記於簿，叫"隨手檔"，它是軍機處經辦奏摺、諭旨的總目錄。隨手檔中有關英國使團訪華的文目共二百二十七條，我們可根據隨手檔登文目錄，來查找所需要的文書，是查用檔案時一個參考工具。

三、宮中檔案

宮中檔案中有關英使馬戛爾尼訪華的文書有三種：

（一）硃批奏摺

硃批奏摺中有關英國馬戛爾尼使團訪華的文件有一百四十多件，主要有兩廣總督郭世勛、長蘆鹽政穆騰額、直隸總督梁肯堂、山東巡撫吉慶、浙江巡撫長麟、兩江總督書麟、長蘆鹽政徵瑞、江蘇巡撫奇豐額、吏部尚書金簡、新授兩廣總督、浙江巡撫長麟、護理山東巡撫、布政使江蘭、欽差大臣松筠、江南壽春鎮總兵王柄、山東兗州鎮總兵富成、河東河道總督李奉翰、浙江提督王匯、江西巡撫陳淮、粵海關監督蘇楞額、江西南贛總兵王集、湖廣總督畢沅、廣東潮州鎮總兵托爾歡等人的奏摺。這些奏摺反映馬戛爾尼使團來華、回國的經過，以及清政府迎送接待、談判和覲見乾隆帝的情形，部分奏摺和錄副奏摺有重復，兩者可以互相補充使用。

（二）廷寄

皇帝授命內廷密發的一種諭旨，其中有關處理英國使團訪華的廷寄共有十九件，都是軍機大臣和坤秉承乾隆帝的旨意，密發給有關大臣的指示。有關大臣對於廷寄必須親自拆閱，遵旨辦理。

（三）諭旨匯奏

清朝自雍正時規定，凡皇帝親筆批閱的奏摺、諭旨，必須定期繳還宮中。諭旨匯奏即各大臣定期匯繳宮中的諭旨，諭旨匯奏中有關辦理英使訪華的文件共有六件，內容多爲對有關官員的調遣獎懲的命令。

四、內務府檔案

內務府是管理宮廷事務的機關，英使馬戛爾尼訪華期間居住的避暑山莊及京城官房、圓明園等地，都由內務府管理。在圓明園及避暑山莊安設英國進呈的儀器及禮品收藏，都由內務府負責。賞賜英王及使臣的禮品，也多由廣儲司六庫中領取。

內務府檔案中有關英使訪華的材料，主要有：

（一）奏案

奏案是內務府上呈皇帝奏摺的匯存，按事立案，一事一案。內務府奏案中詳細記錄了內務府在圓明園安裝英國進呈的天文地理儀器、鐘表的經過，英國禮品數目、種類、規格並存放的情況等。

（二）月摺檔

月摺是廣儲司六庫每月進出銀兩、物品的登記總賬，其中詳細記載皇帝每次賞英國使團人員的緞疋、銀兩等，從六庫提取送交情況。

（三）活計檔

活計檔爲內務府造辦處爲皇帝製作各種工藝品及御賞禮品的登記總賬，

其中記載了乾隆帝頒賞給英國敕書、地圖的裱托裝潢情形。英國進呈的西洋鐵傢夥賞給造辦處使用。英使進貢的剪子、腰胯、刀、鈕子等，由造辦處制作紅木匣盛裝等材料。

五、外務部檔案

外務部爲清朝末期的外交機關。外務部檔案中有《觀事備查》二冊，是同治年間爲制定駐京各國公使觀見皇帝的禮節，而匯編的清代歷朝外國使臣觀見的史料。其中收錄了乾隆五十八年英使馬戛爾尼觀見乾隆帝的禮節及英國禮品清單並清帝賞賜使團及英王的禮品清單等。

綜上所述，清宮檔案中有關英國馬戛爾尼使團訪華的材料，內容十分豐富，真實而詳細地記錄了英國使團訪華的歷史事實，這些檔案價值極爲珍貴，因爲：

第一，這些文書都是當時清政府和英國使團交往活動中直接形成的歷史遺迹，從文書特有的外形和當事者處理的標記來看，如乾隆帝硃批的奏摺和硃改的敕諭以及英國使團人員的親筆稟文等，它們是這一歷史事件的真實憑證。

第二，這些檔案詳細記錄了英國使團的來華，各沿海地方官員的迎接護送，英使觀見乾隆帝的儀式，使團在避暑山莊和北京的活動，英國要求通商割地、雙方談判交涉的情況，中英互贈禮品和在沿海交易，英使團回國沿途護送情形等，無疑，它們是研究這一歷史事件的重要史料。

第三，關於英國馬戛爾尼使團訪華史料，中外人士的記載著述頗多，如英國斯當東《英使謁見乾隆紀實》、安德遜《英使訪華錄》、朱傑勒《英國第一次使團來華記》、許玄風《1793年英使馬戛爾尼來華考》等。這些論著及史料，都不是當時形成和記錄的，而是事後編著的，對於歷史描述不免帶有主觀和偏頗的地方。而這些文書則是當時在清政府與英使團交涉過程中直接形成的記載，所以它所記錄的事情是比較客觀的，因此，這些文書檔冊是研究這次中英通使歷史事件的最原始的第一手材料。

中國第一歷史檔案館爲適應中外學者研究的需要，在法國學士院院士、倫理和政治科學院院士阿蘭、佩雷菲特和中國第一歷史檔案館館長徐藝圃先生的合作策劃下，在法國電力公司、法國雅爾出版社以及法國駐華大使館贊助下，於 1996 年由國際文化出版公司出版了《英使馬戛爾尼訪華檔案史料匯編》。本書共匯集影印清宮檔案七百八十三件，並載有中法兩國學者的有關論文。

在研究史料的基礎上，該書主編秦國經先生與高換婷女士合作，撰著了《乾隆皇帝與馬戛爾尼》一書，1998 年由紫禁城出版社出版。書中關於英使首次訪華歷史背景、訪華過程、禮儀之爭及失敗原因等，都有獨到精辟的論述。

叁　清代中國與琉球王國關係研究

一、中國第一歷史檔案館所藏清代中琉關係檔案論述

中琉歷史關係，源遠流長。據文字記載，早在 6 世紀，即我國的隋朝時期，彼此就有了文化和經貿的往來。到了明清時代，雙方交往更多，特別是到了清代，兩國關係得到進一步發展。清朝的順治、康熙、雍正、乾隆、嘉慶、道光、咸豐、同治、光緒各帝與琉球國尚質、尚貞、尚敬、尚穆、尚溫、尚灝、尚育、尚泰各王，不僅政治上關係密切，通過封貢活動，兩國長期保持着和睦友好的關係，而且在經濟貿易、文化交流方面也更加頻繁。中琉在長期的交往活動中，形成了大量的文書和記錄。值得慶幸的是，這些文書和文獻記錄被大量保存下來，僅中國第一歷史檔案館就有數千件中琉交往的文書。這些文書當時作爲兩國交往的工具，現在來看則是兩國和睦友好的真實記錄和憑證，也是當今我們研究中琉歷史關係第一手的寶貴史料。

（一）清代中琉關係檔案文獻的形成

清朝負責琉球等國交涉事務的機關，主要有禮部及閩浙總督和福建巡撫衙門。其他有關衙門有內閣、軍機處、內務府、兵部、工部以及江蘇、山東、直隸等督撫衙門。

中琉關係的文書，主要圍繞着封貢活動而形成的。

1. 關於琉球朝貢事宜的行文辦事制度

（1）琉球國二年一貢，凡貢使到閩，由閩浙總督等具題報告皇帝。

（2）題本經通政使司送內閣，內閣票擬後，呈皇帝閱覽。皇帝欽定的票簽發下後，由批本處把諭旨以滿、漢字用紅筆寫於本面，是為紅本，然後交六科鈔發禮部執行。

（3）禮部將科鈔題本咨送閩浙總督等遵照辦理。

（4）閩浙總督、福建巡撫接禮部咨文和科鈔題本後，即護送貢使至京。沿途江蘇、山東、直隸等地派官兵接送。護送貢使至京的情況，各督撫隨時以奏摺報告皇帝。

（5）貢使至京後，先於禮部大堂依儀進表。所進貢物，硫磺等預儲福建藩庫，由禮部咨閩浙總督，聽工部於應用時取用。其餘貢物，禮部題報後交內務府存藏。

（6）由禮部奏准，凡三大節，貢使可隨班朝賀。如召見，由禮部奏明儀節擇日召見，並賞賜禮物，禮品由內務府供給。

（7）貢使離京回國，例具奏本謝恩，由禮部咨有關督撫派官兵護送。

（8）貢使到福州後，由督撫派官兵護送出洋，隨即向皇帝奏明護送貢使回國的情形。

2. 關於清廷冊封事宜的行文辦事制度

（1）凡敕封琉球國王，照例頒給詔書一道、敕諭一道。詔敕由內閣撰擬，封送禮部，交封使帶往該國，宣付中山王領受。

（2）敕封琉球國王，賞賜國王及王妃禮品，如緞匹等物，均由內務府移取，照例將禮品數目寫入敕書，交封使帶往，頒給琉球國王領受。

（3）冊封正、副使銜命出使，應持節往封，所有節及節衣由工部移取，送禮部轉授封使，迴日繳還工部。

（4）詔敕前用黃蓋一柄、龍旗一對、御仗一對，欽差牌一對、肅靜牌一對、迴避牌一對，均由工部咨取，回京時仍交納工部。並取前行牌一面，於封使起行前期交兵部飭發沿途飛遞至福建，轉遞琉球國，以便預備。

（5）冊封正、副使臣向例賜正一品蟒緞披領袍各一件、麒麟補掛各一件，行文工部辦給，仍許其自備正一品頂戴。事畢回京，仍用本品服。

（6）向例正、副使遠涉海洋賜給諭海神文二道，帶往福建致祭。諭祭海神祈報文由內閣撰擬，交封使齎往致祭，其香帛祭品由該地方官備辦。

（7）頒賜外國詔敕例應齎回繳送內閣。向來琉球每請為傳國之寶，經正、副使驗明允留彼國，仍令其於謝恩表內聲明。

（8）冊封正、副使官帶詔敕、恤賞等項，自京起程，沿途撥護送官兵。其過海登舟，行該督撫遴委幹弁二員、幹兵二百名護送，並酌派修船匠役帶往。

（9）冊封正、副使許自帶諳曉醫術醫生二名隨往，至家人跟役，正使許帶二十名，副使許帶十五名，兵部給予勘合，沿途支取夫馬船隻廩給口糧。

（10）冊封正、副使依照伊品級預支二年俸銀，迴日扣還。

（二）清代中琉關係文書及文獻的種類、格式

1. 文書

（1）詔書。

在清代凡大政事，須布告天下官民用詔書。如皇帝嗣位頒即位詔，以宣布自己的施政綱領。太上皇傳位嗣皇帝，有傳位詔或親政詔。皇帝臨終時總結一生統治經驗，以遺言告誡臣工，有遺詔。國家有重大興革，也用詔書布告全國，如清光緒時的維新詔和立憲詔等。凡清帝頒發的重要詔書，通過冊封使也都傳達到琉球王國。

詔書的格式，起首以"奉天承運皇帝詔曰"開始，接敘詔告事由，最後以"布告天下，咸使聞知"，或"布告中外，咸使聞知"結束。文尾書明下詔的年月日，並加蓋"皇帝之寶"。

頒詔是國家大事，所以要舉行隆重的典禮，詔書須在天安門前宣讀，然後用儀仗導從至禮部，由禮部刊印副本，稱為謄黃，然後分送內外各衙門。各省接到謄黃本的詔書，也要舉行隆重的儀式，然後再次刊印謄黃，分發所屬衙門宣讀、張掛。

清朝每次封冊琉球國王，照例頒給詔書一道，詔書由內閣侍讀等撰擬，經大學士修定，呈皇帝批准。

(2) 敕書。

敕書是帝王任官封爵和告誡臣僚的文書，清代敕書分敕命和敕諭兩種。《光緒會典》卷二載："敕封外藩，覃恩封贈六品以下官，以世爵有襲次者曰敕命。諭告外藩，及外任官坐名敕、傳敕曰敕諭。"凡朝貢諸國遇有國王嗣位時，清帝照例要遣使敕封，用敕諭。凡藩屬遣使入貢，清帝也用敕諭嘉獎並頒賞禮物。敕諭的格式，敕文以"皇帝敕諭"開始，接敘所敕事由，最後以"特諭"或"俾爾聞知"結束，末書發敕年月日。

(3) 諭旨。

諭旨爲皇帝日常處理軍政事務所發布的命令。清代的諭旨分兩個渠道發布：一是通過內閣鈔發的，稱明發諭旨，二是通過軍機處直接遞發的稱寄信諭旨。

(4) 諭祭文。

爲皇帝祭祀天地、神祇、太廟、歷代帝王、先聖先賢、忠烈名臣的文書，祭文以"維某年某月某日，皇帝遣某某諭祭某某"開始，按敘祭諭內容，末以"謹告"或"尚其歆格"結束。

(5) 奏本。

清初，臣工奏事，凡屬公事用題本，須加蓋官印。凡屬私事用奏本，不用印信。後因使用混亂，乾隆十三年（1748）清廷下令廢除了奏本，但琉球、越南、朝鮮等朝貢國家國王爲謝恩致書於清帝時，一直使用奏本，並加蓋國王印信。奏本的格式：封面正上方寫一"奏"字，奏裏每幅六行，一行二十四格，抬頭二字，平寫二十二字。奏文首寫具奏官員姓名並所奏事由，接敘全案事由，最後以"謹具奏聞"或"右謹奏聞"結束。奏文之後用大寫數字寫明全文的字數和紙張數，以防被人篡改。

(6) 題本。

明、清時代臣工向皇帝報告政務文書之一。題本作爲上奏文書，始於明代。明初，臣民言事，只用奏本。永樂二十二年（1424）規定，諸司有急切機務不能面陳的，許具題本投進。這樣題本、奏本並行，並進一步規定了題、奏本章的使用界限：凡京內外各衙門，一應公事用題本，凡官員私事用奏本。到了清朝，臣工奏事仍沿用公題私奏的制度。雍正、乾隆時期，皇帝曾反復諭明題、奏文書使用的範圍：凡錢糧、刑名、兵丁、馬匹、地方民務，所關大小公事，概用題本，用印具題。凡屬官員到任、陞轉、加級、紀錄、寬免、降罰或降革留任，或特荷賞賚謝恩，或代屬員謝恩等事，應用奏本，概不鈐印，但當時官員對公私事務很難區分，以致上奏文書往往用錯。爲此，乾隆帝於1748年曾下令，停止使用奏本。他說："究之同一入告，何必分別名色。著將用奏本之處，概用題本，以示行簡之意。"（《光緒會典事例》卷一〇四二）這樣，題本作爲政府主要公文，一直通行了四百七十多年。到了清末，由於"簡速易覽"的奏摺普遍使用，清政府鑒於題本"繁複遲緩"，以整頓庶政爲名，於光緒二十七年（1901）決定廢止題本，改用奏摺，"以歸簡易"。

明、清兩代題本的款式基本相同：題本的外形爲用紙折疊的摺子。每幅六行，每行二十字，抬頭二字，平寫十八字。首幅上方正中寫一"題"字，是爲本面。自第二幅起爲正文，首書具題者官銜姓名及題報事由，接敘所報事情的緣起、情節及處理意見，文尾以"謹題請旨"或"謹題奏聞"結束。末幅正中寫具題年月日，月日下列具題者官銜姓名，封面及文尾俱加蓋官印。

題本文字雖要求詳明暢達，但由於不限字數，所以文字越來越長。明代奏章之沈濫，至萬曆、天啟達於極點。崇禎帝即位後，命內閣作貼黃式樣，令進本官員自撮本中大意，不過百字，粘附本尾，以便皇帝閱覽，從此，便產生了題本的貼黃制度。

明、清兩代凡高級文武官員才具有題奏的權力，如清代的總督、巡撫、將軍、都統及各部院尚書、侍郎等，少數負有言責的科道官也可具題諫言。凡地方官員的題本，須先送通政使司點查驗收，同時具題者要備揭貼送關係衙門。揭貼爲題本的鈔件，內容與題本相同。在清代，凡地方官員通過通政使司投遞的題本叫通本。在京各部、院、寺、監衙門的題本，可逕送內閣，叫部本。無論通本、部本都要先經內閣票擬，然後再呈皇帝裁定。所謂票擬就是內閣大學士對題本中所奏事情，提出處理意見，寫於小紙票上，這種寫有批簽之詞的小紙條，時稱票旨，又稱票簽，按清朝票擬的程式，可分單簽、雙簽、三簽、四簽四種類型。所謂單簽，即擬具一種處理意見。凡事涉兩可，便擬具兩種處理意見，即雙簽。凡關係兩請之事，可擬三種或四種處理意見，即三簽、四簽。票簽擬好後，夾於本中進呈。經皇帝裁定後，由批本處和內閣照皇帝認可的票簽文字，用硃筆照錄於本面上，此稱批紅，經過批紅的題本，又稱紅本。

題本經過皇帝閱批以後，內閣即轉送六科，由六科發鈔關係衙門施行。紅本發鈔後，由六科別錄二通，分別成冊，一送內閣供史官記注的，叫"史書"；一儲本科以備編纂的，叫"錄書"（亦稱錄疏）。凡題本批紅的聖旨，內閣滿、漢票簽處的當值中書，都要逐件匯鈔成冊，取"王言如絲，其出如綸"之意，名"絲綸簿"。紅本是以六科的發鈔件施行的，原本存於六科。六科於年終匯交內閣，存於紅本庫。另外，為防止檔案遺失或被人篡改，清朝自雍正時起，還建立副本制度，每件紅本都另錄一副本。如本章正本系紅字批發，副本則批墨筆存案，以備日後查對之用。由於清朝文書檔案制度的完備，使得大量的題本及其副本、史書、錄書並黃冊等附件得以保存下來。清朝滅亡後，雖經改朝換代，幾經流轉損失，但現今尚存於世的題本，仍為數甚巨，僅中國第一歷史檔案館就存有清代題本二百多萬件。這些題本都是封建統治者處理國家庶政的記錄，它反映了清代的政治、經濟、軍事、民族、文化等各方面的情況，是研究清史的第一手材料。這些題本經過檔案工作者幾十年來的潛心整理，現已全部分科別類，編有檔案目錄及檢索工具，查閱使用頗為方便，得到中外專家、學者的歡迎與好評。

（7）奏摺。

清朝高級官員向皇帝報告政務文書之一。奏是進的意思，在中國古代凡人們言情於上，都可稱奏。《書經·舜典》有"敷奏以言"的記載，並非專指人臣上書帝王，秦初改書為奏，從此，奏才成為臣僚上書皇帝的專用文書。漢代以來以迄明朝，上奏文書有不同的稱謂，如奏議、奏疏、奏章等，但"奏摺"這一文書的出現，卻始於清朝。

清代奏摺制度，創始於康熙時期。當時清朝已基本上統一全國，需要進一步加強君主集權專制制度，以便有效地統治全國。皇帝為了了解政情，查劾官吏，除了通過例行的題奏渠道外，還往往命一些親信奴才，用密摺報告一些官場隱私和民間動態。這種密摺，不拘形式大小，字數長短，以反映實情為準，並要求具摺官員必須親自書寫，不得假手書吏。奏摺繕好後，即密封送往宮中，由皇帝親自拆閱，並規定所奏內容及皇帝的批示不許別人知道。這種密摺制度，既避免了題奏的繁瑣處理程序，又不假手通政使和大學士等官員之手，辦事既保密又迅速，所以，到雍正時，進一步擴大了奏摺的使用範圍。當時規定，除了督、撫、提、鎮等高級官員可用奏摺外，其他科、道官員，甚至同知也可密摺奏事。乾隆時停止奏本，奏摺隨成爲政府的一種正式公文。臣工奏事，除錢糧、刑名、兵丁、馬匹等例行公事用題本外，其他軍政要務都用奏摺。到了清末，清廷爲提高施政效率，對文書制度進一步改革，於光緒二十七年規定，凡臣工向用題本具報之事，一律改用摺奏。這樣奏摺作爲臣工上奏文書，一直通行了二百多年。

奏摺成爲政府正式公文後，清廷對奏摺的使用範圍作了嚴格的規定，凡文官，京官自三四品京堂以上和翰詹科道官員，地方官按察使以上，或負有特殊使命的欽差官員，如學政、海關監督、織造等官。武官須總兵以上官員，才可使用奏摺。

奏摺的格式，摺件爲紙質折疊形式，一般摺長二十三厘米，寬十厘米。每扣六行，每行二十字，平寫十八字。摺面正中書一"奏"字，不加蓋任何官印。奏文開首寫具摺者官銜姓名及奏報事由，接敘所奏事情的主要情節及處理意見。文尾總括全案事由，請皇帝裁斷。最後以"謹奏"二字結束，文後寫具奏年月日。奏摺繕後，如另有事上報，可另附片。片的格式比較簡單，首尾不用列寫官員姓名和具片時間。片文以"再"字起頭，直書其事，結尾以"附片具奏"結束，片一般附於正摺之後上奏。

奏摺文字要求簡練、準確、通順，最忌"晦、澀、亂、復"，要使皇帝閱摺時，一目了然，心無疑惑，不必再閱。繕摺中，凡遇帝、後及其祖宗的地方，一律抬寫，抬一格，或二、三格不等。

奏摺的處理制度，不同於題本、奏本。具摺官員繕好摺後，或裝摺匣、或用夾板密封後，派專差或通過驛遞，直接送到宮內的奏事處，由奏事太監呈皇帝拆閱。皇帝親用硃筆將批答之詞寫於摺上，此稱硃批奏摺。經硃批的奏摺，由奏事處封發，或徑交原遞摺官吏領迴施行。經軍機處處理的奏摺，凡硃批"另有旨"、"即有旨"及未經硃批的摺件，軍機大臣須再請示皇帝，依帝意再擬諭旨。所以諭旨經皇帝閱定後，再由奏事處發下軍機處。軍機處在辦理奏摺時，都要另錄副本存案，該副本稱錄副奏摺，每日爲一束，每半月爲一包，時稱"月摺"。同時，軍機處將每日所接奏摺及所奉諭旨，摘由登記於簿，叫《隨手檔》。

硃批奏摺錄副之後，將原摺發還具摺官員執行。雍正帝登極後，出於政治鬥爭的需要，諭令"所有皇考硃批諭旨"及"朕親批密旨"，俱定期繳回宫中，以後歷朝相沿，形成了繳回硃批奏摺制度。

（8）表文、箋文。

清代凡元旦、冬至、萬壽三大節及其他慶典，中外臣工照例要上表、箋慶賀，給皇帝、皇太后的稱表，給皇后的叫箋。藩屬國進貢，也用表文。表文的格式，賀表以"某官某某等，誠歡誠恐稽首頓首上賀"語句開始，繼用"伏以……恭惟皇帝陛下……"等套語分擬文句，末以"臣等無任瞻天仰聖歡忭之至，謹奉表稱賀以聞"語句結束。賀箋的格式結構和賀表基本相同，只將表改爲箋。表箋的文體都是駢四儷六，華而不實，多是歌功頌德之詞。琉球國王表文，分進貢表文和謝恩表文兩種。表文格式：長三十四厘米、寬十三厘米。黃色封面，封面上方寫"進貢表"或"謝恩表"三字，並加蓋"琉球國王之印"。表文爲白紙折疊形式，每扣五行，每行平寫二十二字，遇有"皇帝"、"聖朝"抬寫一二格不等。表文開首以"琉球國中山王某某誠惶誠恐稽首頓首謹奉表上言"開始，接用駢體文字表以慶賀或謝恩之意，末以"謹奉表進貢以聞"結束，最後書明上表年月日，並加蓋"球國王之印"，表文一般滿、漢文字合璧。

封面、封底有滿、漢文字的批紅諭旨。

（9）咨文。

官署平行文書之一。各省總督、巡撫、都統、將軍等與中央各部院衙門來往行文用咨文，各省督、撫、將軍、提、鎮等相互行文用咨。各省督、撫、將軍、提、鎮等相互行文，亦用咨文，琉球國王與有關督、撫及部院堂官行文也用咨文。咨文的用途有咨行、咨會、咨請、咨復、咨送、咨商、咨明、咨解等。咨文的格式爲白紙折疊形式，封面上方寫一"咨"字。摺中每扣四行、五行不等，每行二十字不等。咨文首以"某某爲咨會事"或"某某爲何事"開始，接敘咨會的事由，末尾以"右咨某某"結束，文後寫明具文年月日，並加蓋官印。

（10）移會。

爲清代各部、院衙門常用平行文書之一，如各科、道、典籍廳、稽察房、中書科等單位，與各部、院往來行文時都用移會。移會爲白紙折疊形式。封面寫"移會"二字，加蓋官印，摺內每扣四行，每行十三字不等，移文以"某某官署爲移會事"開始，按敘移會事由，文尾以"須至移會者"結束，最後寫明"右移會某某官署"並寫明具移年月日。

（11）符文、執照。

符文、執照都是憑證文書。符文在南北朝時爲非直屬機關之間在交往時使用的一種文書，明代有符驗，爲出差人員使用驛站的憑據，清代的符文、執照都是有關官署發給外出人員的證明，相當於今天的介紹信。

2. 檔冊文獻

清代各衙門編記的有關中琉關係的檔冊文獻有上諭檔、史書、起居注、實錄等。上諭檔，是軍機處匯鈔皇帝諭旨的檔冊。每日錄存的諭旨，一月編爲一冊稱《現月檔》，每三個月合一厚冊，稱《四季檔》。一史館現存有乾隆至宣統各朝的上諭檔一千七百多冊，其中有不少清帝關於接待琉球貢使和派冊封使事宜的諭旨。

史書，爲內閣六科題本的摘要錄存的檔冊。一史館存有順治至光緒各朝的史書，其中有些關於中琉關係的題本如果短缺，可查史書以補充之。各朝史書中，以順治、康熙、雍正三朝史書中有關中琉關係的史料尤爲可貴。

起居注冊，爲記載帝王言行的檔冊。康熙九年設起居注館，以專門負責記載清帝的言行，自此以後，直到清朝滅亡，在二百多年間，除康熙五十七年至六十一年起居注館一度被撤外，其他時間，始終記注未停，現存於世的起注冊約有一萬二千餘冊。起居注冊中有關琉球貢使覲見皇帝及清帝召見冊封使等方面的活動，記載頗多。

實錄，爲用編年體的形式記錄帝王一生的大事記。清代，每屆嗣君即位之初，即降敕編修大行皇帝的實錄。有清一代共纂修了太祖、太宗、世祖、聖祖、世宗、高宗、仁宗、宣宗、文宗、穆宗、德宗十一朝的實錄，一史館存有滿、蒙古、漢三種文字的清實錄，以及大紅綾、小紅綾，小黃綾各種版本。清實錄也是用官方文書檔案編纂的，材料比較系統，有關中琉兩國交往的大事，實錄均有記載。

上述的清代檔案文獻，在清朝時一直密藏於皇宮之內，外人很少得以窺見。1911年清朝滅亡後，這些檔案仍由溥儀小朝廷所占有。1924年溥儀被驅逐出宮後，清宮檔案文物由清室善後委員會所點收。1925年故宮博物院成立後，清代檔案文獻交由院下所設的圖書館文獻部管理，而後一直流傳至今。

清宮中琉關係的檔案文獻，目前存於中國第一歷史檔案館的，約有五千多件。台北故宮博物院也存有一部分檔案，如宮中檔硃批奏摺，軍機處的錄副奏摺、內閣的起居注、史書等檔冊，其中有不少關於中琉關係的史料，價值也極爲珍貴。目前中國第一歷史檔案館已將清宮原存的奏摺與錄副奏摺及題本、題副等文書整理出版。在編輯出版這部分史料時，曾得日本沖繩銀行振興沖繩文化基金會的大力資助，使得這批史料得以順利出版。在此，向沖繩銀行振興沖繩文化基金會及熱情支持一史館工作的日本朋友們，再次表示感謝。

1993年和1994年由中華書局影印出版的《清代中琉關係檔案選編》與《清代中琉關係檔案續編》二冊，共輯清代檔案一千一百五十二件。第一冊收錄硃批奏摺四百件，錄付奏摺四百六十三件，共錄奏摺八百六十三件。檔案起自乾隆二年（1737），迄於光緒二十四年（1898）。

第二冊主要收錄我館所藏內閣題本中有關琉球的文書，共二百八十九件，起於乾隆二年（1737），迄於光緒十六年（1890）。第二冊所錄的題本，主要爲禮部、閩浙總督、福建巡撫以及浙江、山東、廣東等地方官員爲辦理琉球事宜而上報的本章，主要有七個方面的內容。

（1）琉球國向清朝派遣進貢使、接貢使、請封使、接封使及謝恩使方面的材料。

（2）清朝政府派遣冊封使冊封琉球國王的材料。

（3）琉球國向中國派遣留學生及入監學習的材料。

（4）中國福建、江寧、山東、直隸等地方官接待、護送琉球國使臣進京和回國的材料。

（5）琉球進貢物品及清帝賞賜琉球國王、貢使等禮品方面的材料。

（6）中國與琉球國政府及人民互相搶救海上難民並撫恤護送回國方面的材料。

（7）清政府對在中國沿海劫掠琉球船隻的海盜，進行緝捕處理方面的材料。

今後我們還將陸續影印出版清代中琉關係檔案史料，以服務於中琉關係歷史的研究。

（三）清代中琉關係檔案的內容與價值

清代中琉關係的檔案文獻，真實而詳細記錄了整個清代中琉兩國交往的歷史。檔案文獻中所記史實，起於順治三年（1646）止於光緒二十四年（1898），反映二百多年來兩國政治、經濟、文化交往活動的情況。

1. 冊封活動

清朝官方的檔案文獻，較系統記載有清一代冊封琉球國王的活動。

1644年清軍入關，定都北京後不久，琉球國王即認宗清朝，遣使請封。清朝對琉球藩屏十分重視，順治帝特派兵科副理官張學禮爲正使、行人司行人王垓爲副使，齎捧詔印，往封琉球國中山王。從此以後，"琉球國凡王嗣位，先請朝命，欽命正副使奉敕往封，賜以駝鈕鍍金銀印"（《清史稿》列傳三一三，屬國）。有清一代共派冊封使八次，除上述順治帝第一次派冊封使敕封尚質爲琉球王外，康熙二十一年（1682）康熙帝派翰林院檢討汪楫，內閣中書舍人林麟焻爲正副使，冊封尚貞爲琉球國王。康熙五十八年（1719）欽派翰林院檢討海寶、翰林院編修徐葆光爲正副使，冊封尚敬爲琉球國王。乾隆二十一年（1756）乾隆帝派翰林院侍講全魁、翰林院編修周煌爲正副使，冊封尚穆爲琉球國王。嘉慶四年（1799）嘉慶帝派翰林院修撰趙文楷、翰林院編修李鼎元爲正副使，冊封尚溫爲琉球國王。嘉慶十三年（1808），欽派翰林院編修齊鯤、工科給事中費錫章爲正副使，冊封尚灝爲琉球國王。道光十八年（1838），道光帝派翰林院修撰林鴻年、翰林院編修高人鑒爲正副使，冊封尚育爲琉球國王。同治五年（1866），同治帝派詹事府右贊善趙新、內閣中書舍人於光甲爲正副使，冊封尚泰爲琉球國王。

關於冊封事宜的文書較多，如詔書、敕書、諭旨、題本、奏本、表文、奏摺中均有記載。例如，道光十八年十二月初八日福建巡撫魏元烺爲琉球國王世子尚育被封爲中山王謝恩題本內記載："琉球國中山王尚育咨開，竊照敝國彈丸小國，僻處海隅，仰沐皇上鴻慈，允臣嗣封藩服。於道光十八年欽差正使翰林院修撰林鴻年、副使翰林院編修高人鑒，持節齎捧詔敕御書幣帛，隨帶員役人等駕船二隻，於本年五月初九日按臨敝國。臣育率領臣庶於迎恩亭恭請皇上聖躬萬安，即敬迓詔敕御書幣帛奉安天使館內。擇吉於六月二十四日先蒙諭祭臣父王臣灝，續於八月三日荷蒙宣讀詔敕封臣育爲中山王，優齎臣及臣妃蟒緞彩緞等物。臣育恭設香案，望闕叩頭謝恩訖，隨援照成例，請於天使懇留詔書敕爲傳國之寶。蒙天使查驗前封卷軸，特允所請，付臣一併珍藏。復蒙頒賜御書"弼服海隅"匾額，臣育及臣庶瞻仰歡忭，叩頭祗領。……臣育曷勝感激，特遣陪臣法司王舅翁寬、紫金大夫楊德昌、使者馬維興、都通事魏學源、通事鄭思恭、梁大章等，齎奉表章，率領官伴梢役坐駕船隻，裝載土儀金鶴形一對、鶴踏銀嚴座各全、盔甲一領、護手護臁各全，金靶鞘刀二把、銀靶鞘刀二把、黑漆靶鞘鍍金銅結束腰刀二十把，黑漆靶鞘鍍金銅結束槍十把、黑漆靶鞘鍍金銅結束袞刀十把、黑漆灑金馬鞍一座、轡銜絡頭前後牽鞦屧脊障泥鐙俱全金彩畫圍屏二對、精製摺扇五百把、土絲錦二百束、練蕉布三百匹、土苧布一百匹、白鋼錫五百斤、紅銅五百斤。再蒙頒賜御書，另具金鶴形一對、鶴踏銀嚴座各全，前來赴京，叩謝天恩。"

2. 進貢活動

清代，琉球國每二年一貢。自順治朝至光緒朝，琉球中山王共進貢一百次。除正貢外，凡逢清帝登極，或恭謝冊封及御賜書匾禮物等，琉球國也往往派使進謝恩貢。琉球國每次進貢船二艘，接貢船一艘，貨物免稅。進貢來華人數，順治時規定一百五十名，康熙以後增至二百名。正副使二員，帶從人十五名進京，其餘人員留閩待命。每次進貢，實際是一次大的貿易活動。初期貢物有瑪瑙、烏木、降香、象牙、錫速香、丁香、檀香、黃熟香等，清朝認爲，這些貢品皆非土產，免其入貢。以後常進的貢物有熟硫磺、紅銅、白鋼錫及海產品等，如咸豐四年十一月十九日，福建巡撫呂佺孫爲琉球貢船到閩題報：琉球國中山王世子遣紫巾官向邦棟、正議大夫毛克進等率二百員，駕船二隻，分載貢品及謝恩禮品有：煎熟硫磺一萬二千六百斤、紅銅三千斤、煉熟白鋼錫一千斤，金鶴形一對、鶴踏銀座嚴各全、黑漆嵌螺五爪龍蓋碗三十個、黑漆嵌螺玉爪龍圓盤三十個、細嫩沈香色織花蕉布十匹、細嫩織花蕉布四十匹、精熟土黃色織花蕉布十匹、精熟織花蕉布四十匹、細嫩濃茶色素光蕉布十匹、細嫩素光蕉布四十匹、精彩畫圍屏一對、圍屏紙五千張、護壽紙五千張、精制摺扇二百把、金粉匣一合（重八兩）、銀粉匣一合（重七兩三錢）、精熟淡黃色土夏布二十匹、精熟土夏布二十匹、細嫩土蕉布四十匹、精制摺扇八十把。

　　反映琉球進貢的文書較多，如乾隆十四年五月二十四日，禮部尚書海望題報琉球國中山王尚敬遣耳目官向永成等二百名、貢船二隻抵閩進貢。嘉慶十七年十月二十四日，福建巡撫張師誠題報琉球國王尚灝遣耳目官向謹、正議大夫毛廷器等計二百名，貢船二隻，抵閩進貢。道光十二年十月初四日，福建巡撫魏元烺題報，琉球國王尚灝遣耳目官向永昌、正議大夫鄭擇中等二百名、貢船二隻，抵閩進貢。咸豐十年六月初五日，福建巡撫瑞璸題報，琉球國中山王世子尚泰遣耳目官向志道、正議大夫鄭德潤、都通事毛發榮等二百名、貢船二隻，抵閩進貢。同治八年四月十六日，福建巡撫卞寶第題報，琉球國王尚泰遣耳目官向文光、正議大夫林世爵、都通事孫得才等二百名、貢船二隻，進貢抵閩，等等。

　　每逢清帝登極或駕崩，琉球國照例要遣使慶賀或祭奠，如道光元年八月十六日，琉球國王尚灝為慶賀道光皇帝登極，遣王勇向廷謀、正議大夫鄭文洙等附帶土產前來敬賀。咸豐元年正月十二日，琉球國世子尚泰差使臣夏超群等慶賀咸豐帝登極，並附帶慶賀物品，懇請賞收。同治三年十二月二十二日，琉球國王世子尚泰差使毛克述等慶賀皇上登極大典，並進貢文宗帝香品銀兩。乾隆四年二月七日，琉球國王尚敬遣陪臣王舅向啟猷、正議大夫金震等，為世宗憲皇帝進香燭祭品，代儀白銀一百兩。道光元年八月琉球國王尚灝遣王舅向廷謀、正議大夫鄭文洙等帶香燭祭品、白銀一百兩，祭奠先皇仁宗。

　　清朝皇帝一貫本著厚往薄來的原則，每次對琉球國進貢回賞比較優厚，一般賞賜物有絲綢緞匹、衣物和各種工藝品。如康熙二十四年，琉球國進貢時，賞該國王蟒緞四匹、青藍彩緞六匹、藍素緞六匹、衣素緞六匹、閃緞六匹、錦四匹、綢六匹、羅六匹、紗六匹，賞正副使彩緞表裏各四匹、羅各三匹、絹各一匹，賞都通事彩緞表裏各一匹、毛青布四匹，賞從人毛青布各四匹。其留邊通事，賞彩緞表裏各一匹、毛青布四匹。從人賞毛青布各四匹。其福建伴送官及土通事賞彭緞袍各一件，筵宴二次，回至福建筵宴一次。道光二十二年十月二十七日中山國陪臣耳目官向國鼎、正議大夫林常裕奉表朝貢，清帝賞剋食羊肉、饅首、奶餅，又加賞正副使、都通事、官生等絨帽、綢棉袍、綢夾襖、綢夾褲、綢夾套褲、綢夾襪、緞靴、絲帶領衣及領等件，又賞從人等絨帽、綢棉袍、綢夾襖、布夾褲、布夾套褲、布夾襪、布靴、布帶領衣及領等件，等等。

琉球國每次進貢，除清帝賞賜物品以外，還要購買大批貨物，如乾隆三十年三月十九日，閩浙總督蘇昌等題本內記載，琉球國懇請配買綢緞，共購絲綢物品八千斤，其中包括緞帶、緞冠、緞衣等。乾隆四十一年正月二十日，福州將軍永德奏報，琉球貢船回國時隨帶兌買絲綢布匹雜物約計一百二十五種，其中包括緞、絹、綢、錦、呢、棉、茶、麻、紙、墨、瓷器、糖、漆香、牛筋、胭脂、壽山石、藥材等，此外，內地一些違禁物品，清政府也特予優惠准其購買，如乾隆五十年三月二十七日，魁倫等奏報，大黃爲違禁私買物品，不得出洋，但其系中藥要品，爲琉球療疾所必須，於是委官代爲購買三百斤。

3. 琉球官生入監學習

琉球國爲學習中華文化，不斷派官生來華入國子監學習。自康熙二十三年（1684），迄同治十二年（1873），琉球國中山王先後九次派遣陪臣子弟來華入監讀書。一般每次派三四人不等，九批共來華琉球官生四十九人。這些官生歸國後，都受到琉球中山王的重用，成爲琉球經邦濟世之才，他們爲促進清琉友好關係的發展，做出了重要的貢獻。

檔案中記載琉球官生來華入監學習的材料比較豐富。茲舉數例：如乾隆二十四年五月九日，琉球中山王遣官生梁允治等四人赴京入監讀書。嘉慶十年四月十二，琉球國遣官生毛邦俊、向邦正、梁文翼、楊海昌等四人入監肄業，另有隨伴孫國棟、紅泰熙、伯恢緒、榮祉祐四人亦屬官員子弟，琉球國王懇請孫國棟、紅泰熙二人同官生毛邦俊等一同入監肄業，伯恢緒、榮祉祐二人入太醫院學習醫理。嘉慶十九年十一月，閩浙總督汪志伊題報，琉球國王爲嘉慶十五年遣官生陳善繼、馬執宏、毛進輝、梁元樞等入監讀書已過三年，懇請遣發其回國，等等。

4. 救護海上遭風難民活動

關於這方面的材料很多。其中有：

（1）外國人漂風到中國沿海的救護。清帝諭令，凡外國被漂泊之人船，著該督撫率有司，加意撫恤，動用存公用銀兩，賞給衣糧，修理舟楫，並將貨物查還遣歸本國。又規定，凡漂流難民，每人日給米一升、鹽菜銀六厘，回國之日另給行糧一個月。例如乾隆二十一年正月十五日，琉球國夷船一隻，遭風漂至彰化縣獲救。內載難夷多良間親、雲上等四十名及搭被風台灣難民徐萬興等二十名，照例撫恤。乾隆二十二年六月十九日，琉球中山國難番石川等五人，駕船一隻，出口砍柴遭風，於八月初六日漂至寧海石浦地方被救，照例撫恤。乾隆二十四年五月十一日，琉球難民知太峰等五人，駕船一隻，由該國那霸府開赴馬齒山販賣柴薪遇風，漂至崇明縣獲救，照例撫恤。乾隆三十八年清政府為撫恤琉球國漂風難夷當間仁等大小男婦共一百一十四名，給鹽菜口糧賞賚並給附搭貢船先回番女一十六名，應給行糧一個月，共銀二百八十一兩四錢二分九厘。道光八年八月，有日本人德治郎等十一名，駕裝運粟米棉花船一隻及琉球國金平、金六二名，駕捕魚船一隻，出洋遇風獲救，並護送至省，照例撫恤。

（2）中國人遇難漂至外國事件也很多，如乾隆六年十二月十七日，同安縣商船戶王國興等二十一名，因貿易被風漂入琉球後，該國王解送到閩。乾隆七年五月初四，江南徐惟懷等往東洋貿易遭風，漂至琉球葉壁山地方獲救，經番目數起撈拾貨物，安插館驛，日給口糧，該國王差阮為標等護送其回閩。乾隆十五年正月間，閩縣難商吳永盛並佗水客民吳順等二十八名，在錦州遭風漂至琉球北山地方獲救，該國王解送到閩。又二月同安縣商船戶陳得昌等二十名，莆田縣商船戶黃明盛等三十名，通州商船戶彭世恒等十四名，漂至琉球獲救，該國王解送至閩。乾隆十八年十一月二十四日，江南通州船戶崔長順等二十三名，往膠州裝載客貨遭風，漂至琉球後獲救，該國解送回閩。乾隆二十七年五月二日，興府浦田縣商民林四官、胡八官等往泉州置貨遭風，漂入琉球麻姑山、浦底濱地方獲救。同時有泉州府同安縣商民陳天相駕船往廣東置貨遭風，漂至琉球國大島地方獲救，被解送回閩。乾隆四十五年五月十七日，福州閩縣林攀榮等三十三名，錦州府置貨返回時遭風，漂至琉球大島獲救，被解送回閩。嘉慶十四年十一月四日，江蘇通州商人莊蔚廷等二十名，到山東青口貿易遭風，漂至琉球國屬島久高地方獲救，被解送回閩。

中琉兩國互救海上難民，表現了兩國人民患難與共、互救互助的友誼之情。

此外，檔案還記載一些海盜事件的處理情況，如乾隆六十年間，署閩浙總督長麟奏報：琉球國通事蔡世彥供稱，奉王世孫令，送還內地代雇商船一隻，跟本國貢船，於五月三日駛至外洋，被盜船數只圍住，所坐商船劫去。乾隆六十年八月十三日，浙江巡撫吉慶奏報：查出琉球國貨船被劫一案，係盜首林發枝、蔡大及已獲盜犯林玉頂等所致，劫得琉國貨船上銀四百餘兩、衣箱、海參、牛皮並鳥槍、腰刀等械，其中盜犯林玉頂已被拿獲審明後斬決梟示，盜首等已逃回閩洋。

嘉慶七年二月，閩浙總督玉德奏報：嘉慶五年閏四月海壇鎮總兵許廷進、參將麥鷹楊護送琉球難番船被盜匪擄劫，後查得盜首系董泳、補綱、羅汗波乃盜犯陳湯等所致。董泳、補綱等已被槍炮打傷落海身死，陳湯等七名盜犯被拿獲綁赴市曹分別凌遲斬梟。

5. 琉球人在華病故，撫恤瑩葬事宜

清朝規定：凡外國貢使在途病故，禮部給棺價二十兩，內閣撰給祭文，所在布政司備祭品遣官致祭一次，仍置地瑩葬立石封識。若同來使臣，自願帶回骨灰者，聽從其便。自嘉慶六年開始，外國使臣凡在內地身故之事，除賞棺價銀二十兩外，又加賞銀三百兩，交付該家屬承領。

琉球來華人員，在途病故的也時有發生。琉球進貢耳目官毛光潤，乾隆元年十月二十三日在琉球國登舟，至海中驚濤沾得風寒病症，延醫調治不痊，於乾隆元年十二月十二日酉時在福建省城柔遠驛身故。琉球國副使正議大夫鄭秉和，於乾隆三十一年七月二十一日染患痢疾，延醫調治，於乾隆三十一年七月二十三日巳時在館身故，其棺柩於七月二十七日安葬於南關外張坑山。琉球國副使正義大夫阮大鼎，於乾隆三十二年十一月進京時，在蘭山縣青駝寺地方染患痰症，半身不遂，至京後蒙恩遣醫診治無效，於乾隆三十三年三月初五日辰時，在卑州城南蘿白屯地方病故。乾隆四十五年正月，琉球國副貢使正義大夫蔡煥因受風寒痰嗽，球醫調治未愈後，於四十五年四月二十九日回浦城縣途次病故，自備棺衾收殮，五月初三日在浦城縣本隅四鄰地方安葬。琉球國進貢副使正義大夫毛景昌事竣回國，乾隆四十七年四月二十日至浦城縣途次病故，二十三日在該縣地方安葬。琉球國副使正義大夫蔡懿，於乾隆四十年七月二十四日得沾瘧疾病症，隨經球醫湯善紹、渡慶次調治不痊，於四十年八月二十日病故，八月二十四日將棺柩埋葬於閩縣所轄上渡陳坑山地方。琉球國副使阮廷寶，於乾隆五十三年二月十八日酉刻，行至平原縣稱喉痛，當即就寢，迨至三更痛勢較重，經醫生稻福診視，係患喉閉急症，用攜帶紫金鈴調服不效，十九日辰時病故，並請就近埋葬。琉球國正使王舅翁寬得沾中風病症，球醫調治不痊，於道光十九年十一月初二日在館病故，自備棺衾暫停館驛。琉球國副貢使正議大夫林常裕沾得霍亂吐瀉疾病，球醫調治不痊，於二十一年八月二十日在館病故，自備棺衾收殮，其骸骨已據該夷官自行擇地，在閩安葬，立石封識。琉球副貢使正議大夫梁學孔沾得瀉痢病症，醫治無效，於道光二十六年十一月二十二日身故，其該使臣骸骨已據夷官自行擇地在閩安葬。琉球國正使王舅馬文英，染患瘧症，經該國醫生調治服藥無效，於同治三年七月二十一日身故，琉球國附搭貢船入京國子監讀書官生毛啟祥，沿途患病。同治九年六月初三日行抵浙境，經該縣與委員等延醫調治不效，於六月四日戌刻在江山縣病故。尚有該官生跟伴雍廷基亦因患病，醫藥無效，於六月十五日未刻，舟抵建德縣地方身故。二縣先後備辦衣衾妥爲棺殮，官生靈柩暫停，妥爲照料，跟伴棺木擇地埋葬。

綜上所述，清代中琉關係的檔案文獻，不但種類較多，而且內容亦很豐富，其價值十分珍貴。

第一，這些文書都是當時清朝和琉球王國在交往活動中直接形成的歷史遺迹，從文書特有的外形和當事者處理的標記以及文書中所記錄的歷史事實，證明了有清一代中琉兩國政府和人民和睦共處、友好交往的歷史，它是清朝和琉球歷史關係的真實的憑證。

第二，這些文獻記錄了清代中琉兩國互派使臣進行交聘的活動、兩國商業貿易、文化交流的情況，以及發生海難互相救援、撫恤護送的情況，琉球派遣官生到中國學習的情況，等等，無疑，它是研究中琉關係歷史的重要的史料。

第三，研究中琉關係的歷史，史料很多，如歷代冊封使和貢使所著的使錄、記述，明清王朝、琉球王國官修的書籍等，但這些史料都不是當時形成的，而是事後編著的。中琉關係的文書及各類檔冊則是當時兩國爲進行交往活動直接形成的記載，所以它是研究中琉關係歷史的最原始的第一材料。

二、清代國子監的琉球官學

（一）琉球官學的設立

1. 清代的國子監

國子監是清代的最高學府，它是仿中國古代的國學制度設立的。國子監最早叫國子學，始設於晉武帝咸寧二年（276），是專門爲貴胄子弟設立的大學。南北朝時或設國子學，或設太學，或兩者同設，北齊改名國子寺。隋文帝以國子寺紛轄國子、太學、四門等學，煬帝時改國子寺爲國子監。唐宋亦以國子監總轄國子、太學、四門等學，元代設國子學、蒙古國子學、回回國子學，亦分別稱國子監。明僅設國子監，爲教育管理機關，兼具國子學性質。清沿明制，於順治元年（1644）設國子監，一應事宜，由禮部掌行。順治十五年（1658）改由本監自行辦理。康熙二年（1663）仍歸禮部管理。康熙十年（1671）一切應行應題事宜又改歸本監掌行，這一體制直至清末。光緒三十一年（1905）設立學部，國子監遂被廢除。

國子監是"掌國學政令"①的機關，清統治者對它十分重視，順治帝曾親自視察國子監，以後歷代相沿，稱爲"臨雍視學"。康熙時重修國子監，清聖祖親自爲國子監題寫"彝倫堂"匾額。乾隆帝命在國子監彝倫堂南面建辟雍殿，乾隆帝親臨辟雍殿舉行隆重的講學典禮。國子監設管理監事大臣一人，由大學士、尚書、侍郎內特簡，以下設有祭酒、司業、監承、博士、典簿、典籍、助教、學正、學錄、教習、筆帖式等官員。監內設有繩愆廳、博士廳、典簿廳、典籍廳、六堂、八旗官學、琉球官學、俄羅斯學、算學、檔子房、錢糧處等機構，以分別負責教學和各項事務。

在國子監入學的主要有貢生和監生，"貢生凡六：曰歲貢、恩貢、拔貢、優貢、副貢、例貢。監生凡四：曰恩監、蔭監、優監、例監。蔭監有二：曰恩蔭、難蔭。通謂之國子監生"。② 率性、修道、誠心、正義、崇志、廣業六堂是監生學習之所，國子監生在監肄業稱爲"坐監"，坐監日

---

① 《大清光緒會典》卷七十六。
② 《清史稿》卷一〇六，《選舉志》，《學校》。

期，長短下一。

國子監的課程仿照宋代胡瑗將經義、治事分齋的辦法。經義，主要學習《四書》、《五經》、《性理》、《通鑒》兼及各家學說。治事，主要學習歷代典禮、賦役、律令、邊防、水利、天官、河渠、算法之類。國子監定有嚴格的教學、考試制度，以便培養出合格的封建統治人才。

2. 琉球官學的設立與學舍

中國和琉球的交往歷史，源遠流長。據史籍記載，隋大業元年，隋煬帝曾派羽騎尉朱寬至琉球。此後數百年來，雙方不斷往來，至中國明太祖即位，琉球中山王察度主政後，中琉間的交往日益頻繁。

明洪武二十五年（1392），中山王察度請求送王子日孜每、闊八馬等來華入監學習，洪武帝允准並詔令工部在南京國子監前，專門建一所王子書房，以做王子學習、生活的處所。此次隨王子入學的還有中山王察度之舅仁悅慈，山南國寨官之子突他盧尾、賀段志等。

自此以後，遂爲定例，琉球中山王不斷派官生來監學習。如嘉靖五年（1526）遣官生蔡廷善等四人入學，嘉靖十一年（1532）歸國。嘉靖十七年（1538）遣梁炫等四人入國學，至嘉靖二十三年（1544）學成歸國。嘉靖二十九年（1550）琉球來華貢使偕陪臣子弟五人入國學學習，等等。①

清朝沿襲明代的制度，繼續接納琉球陪臣子弟來華入監讀書。康熙二十三年（1684）冊封使汪楫、林麟焻自琉球返國後，根據中山王尚貞的請求，奏請皇帝允准琉球陪臣子弟四人赴京受業。康熙帝很快就批准了中山王尚貞的請求，中山王尚貞隨後於康熙二十五年（1686）派遣了梁成楫、鄭秉均、阮維新、蔡文溥四人隨貢使耳目官魏應伯一同進京入監學習，此爲清代首批入監學習的琉球官學生。康熙帝爲此曾諭令禮部："琉球國送到陪臣子弟三人入監讀書，著安置得所。尋選取肄業貢生一人令其教習，博士一員專司董率。祭酒、司業時爲稽查，俾之講習有成焉。"①禮部和國子監根據皇帝的諭令，在國子監內專門設立了琉球官學，選派了得力的教習、助教等官員，負責琉球官生的教學和管理。自此以後，有清一代，每遇清帝冊封中山王后，琉球新王照例請派陪臣子弟入監讀書，

---

① 以上見《欽定國子監志》卷十八。

成爲定例。

琉球官學設於今北京安定門內的國子監街。在國子監內敬一亭西廂，學舍有正廳三間：正廳有匾額爲"海藩受學"，兩旁對聯是："所見異，所聞異""此心同，此理同"。中一間爲公座，是國子監堂官稽查之所，東一間是董率各員的住宿之處，西一間是教習居住的地方。正廳之後還有一所五間，中爲講堂，左右四間爲琉球官生居住，正廳東西廂房是跟伴、廚役居住的地方。

（二）琉球官學生的派遣

1. 琉球國第一批來華入監的官生

琉球國中山王第一批派遣來華的官生有梁成楫、蔡文溥、阮維新、鄭秉均等四人，這批官生來華的緣起，見於康熙二十三年禮部奏稱："據差還琉球國翰林院檢討汪楫、中書舍人林麟焻疏言，中山王尚貞親詣館舍云：'下國僻處彈丸，常慚卑陋執經無地，向學有心。稽明洪武、永樂年間，常本國生徒入國子監讀書，今願令陪臣子弟四人赴京受業。'事下臣部，臣部咨國子監。據國子監咨復，查太學志載，洪武二十五年秋琉球國王遣其子日孜每及陪臣之子入監。自是以後，至於隆萬之際，凡十四五次來學，向慕文教。琉球於諸國爲最篤國家，待之以爲最優。臣等復查史載，唐貞觀中興學校，新羅、百濟俱遣子弟入學，琉球自明初始内封。會典載大琉球國朝貢不時，王子及陪臣子弟皆入太學讀書，禮待甚厚。又載，洪武、永樂、宣德、成化以後，琉球官生俱入監讀書。今該國王尚貞以本國遠被皇仁，傾心向學，懇祈使臣汪楫等轉奏，願令陪臣子弟四人赴京受業，應准所請。其遣陪臣子弟入監讀書，俟命下之日，知會該國可也。奉旨：依議。欽此。"① 琉球官生來華，得旨允准後，梁成楫等四人於康熙二十五年（1686）動身來華，不幸鄭秉均在海途中遭風遇難。其他三人入監後均能勤奮讀書，最後圓滿完成了學習任務。康熙二十九年（1690），中山王尚貞遣使入貢，並請官學生歸國。得旨允准後，梁成楫等三人於康熙三十年（1691）隨貢使回國。

---

① 潘相《琉球入學見聞錄》。

2. 琉球國第二批來華入監學習的官生

第二批來華的官生有蔡用佐、蔡元龍、鄭師崇等三人，康熙五十九年冊封使翰林院檢討海寶、編修徐葆光冊封事竣返國後上奏稱："臣等奉旨冊封琉球禮畢宴語。王令通事致詞云：'本國僻處海外，荒陋成風，於康熙二十五年奉旨許遣官生阮維新、蔡文溥等三人入學讀書。今得略知文教，皆皇上之賜，自此三十年來無從上請。今天朝遣使臣至國，求照前使臣汪楫代請入學讀書舊例，陳遠人向化之意。倘蒙諭允得照前例，再遣官生入學讀書，則皇上之教益廣矣。'臣等理合據辭繕摺代奏。奉旨：'該部議奏。'禮部得旨後，於康熙五十九年八月初三日具題：'應如所請，准其官生等赴京入監讀書。'八月初五日奉旨：'依議。'"①

中山王尚敬得旨後，隨於康熙六十一年（1722）遣官生蔡用佐、蔡元龍、鄭師崇三人同貢使毛弘健等一同來京入監讀書，不幸，這批官生俱於海途中船沈遇難。

3. 琉球國第三批來華入監學習的官生

琉球國派遣的第三批官生有鄭秉哲、蔡宏訓、鄭謙等三人。雍正二年（1724）中山王尚敬再遣官生鄭秉哲、蔡宏訓、鄭謙三人同貢使王舅翁國柱等赴京入監讀書。鄭秉哲到國子監後，自陳願學八股文字，國子監為此專門挑選了文行兼優的拔貢生李著為教習。雍正二年十二月十五日禮部奏稱："據國子監祭酒宗室伊爾登等疏稱，禮部札送琉球國陪臣子弟鄭秉哲、蔡宏訓、鄭謙等到監。臣等詢其聲音，粗通漢語。問其欲習何業，皆欲願學八股文字。臣等謹遵舊例選取貢生李著，俾之朝夕講解，學習文芸。臣監現今博士員缺未補，今派學正一員，暫行董率。博士到任，仍照舊例令博士專管，臣等不時稽察……雍正二年十二月十七日奉旨：'依議。欽此。'"①

是年，官生蔡宏訓不幸病故，皇帝特賜白金三百兩，以二百兩交貢使附歸其家，以一百兩交禮部官於近京地方塋葬。為此，禮部行文戶部和工部，給發好棺木一口，圍棺紅綢一匹，並槓夫扛繩等物，送至張家灣

---

① 潘相《琉球入學見聞錄》。

埋葬。①

官生鄭秉哲等學習四年之後，例應歸國，爲此琉球中山王尚敬奏稱："據琉球國肄業官生鄭秉哲、鄭謙呈稱，秉哲等雍正元年奉旨入監讀書，於二年到京就館。四載以來，荷蒙聖澤優渥，賞給飯食衣服、器用，虛糜無數。秉哲等向化敬業，沾被日深，當聖天子文教覃敷，愚蒙漸啟。從事經書，固欲竊其奧旨，傾心制義，略已學爲成篇。……近緣貢使毛汝龍等來京，接有家信，知雙親益表倚閭迫切。……叩祈太宗師恩准題請歸養，俾得奉侍晨昏。"② 事得允准後，官生鄭秉哲等於雍正六年（1728）歸國。

4. 琉球國第四批來華入監學習的官生

第四批來華的官生有鄭孝德、梁允治、蔡世昌、金型等四人。乾隆十九年（1754）琉球世子尚穆遣使入貢，兼請襲封，乾隆二十年命翰林院侍讀全魁、編修周煌充正副使，往封琉球國世子尚穆爲王。乾隆二十二年冊封使全魁、周煌自琉球還，上疏奏言："臣等奉使將旋，中山王臣尚穆詣館設宴送臣，令陪臣通事向臣等致辭，懇請許其遣陪臣子弟入學。"② 事下禮部，部議應如所請。得旨允准後琉球國中山王尚穆於乾隆二十四年（1759）遣陪臣子弟鄭孝德、梁允治、蔡世昌、金型入監學習。乾隆二十五年鄭孝德等四人隨貢使毛世俊到京，並隨進圍屏紙三千張、蕉布五十疋。國子監選派拔貢生潘相爲教習，派博士張鳳書、助教林人魁董率。乾隆二十五年三月十六日，官生金型不幸病故，是年四月二十日，官生梁允治也不幸病故。

乾隆二十六年（1761），逢孝聖憲皇后七旬萬壽聖節，官生鄭孝德等隨國子監肄業諸生進呈詩冊，並隨班迎聖駕，十一月二十五日乾隆帝親奉安輿由圓明園還宮。當時孝德等隨國子監官生於西直門內迎駕，得乾隆帝"齊顏顧問"。聖駕還宮後，特賜孝德等緞疋。爲此，鄭孝德等曾寫詩以志盛，詩云："辛巳十一月十五日，皇上恭迎皇太后自圓明園還宮，恭慶萬壽。詔許陪臣孝德等用本國衣冠，隨班接駕，恭紀一首：溫綸特許附鵷班，

---

① 清內務府檔案，來文外交類。
② 《欽定國子監志》卷十八。

繡陌恭迎慈駕還。自喜頻年叨聖澤，旋欣此際仰天顏。春明紫廚暉光速，日麗金鞭指顧間、夾道虞弦歌復旦，陪臣揮舞效呼山。"① 鄭孝德、蔡世昌"在學三年頗知文芸，所作性理論並駢體文俱有可觀，書法端楷"。② 乾隆二十九年（1764），中山王尚穆遣耳目官馬國器、正議大夫梁煌等齎表請旨，令官生鄭孝德、蔡世昌歸國。事得允准後，於當年回國。

5. 琉球國第五批來華入監學習的學生

琉球國第五批來華官生是中山王尚溫所派，他們有向尋思、向世德、鄭邦孝、周崇鎬、向善榮、毛長芳、蔡戴金、蔡思恭等。③

乾隆五十九年，琉球國中山王尚穆去世，嘉慶三年世孫尚溫遣使入貢，兼請襲封，嘉慶四年清帝命翰林院修撰趙文楷、編修李鼎元充正、副使，往封琉球世孫尚溫爲王。嘉慶五年冊封使返華後上疏稱，中山王尚溫願陪臣子弟入學讀書，得旨允行，於是尚溫於嘉慶七年派了向尋思、向世德、鄭邦孝、周崇鎬、向善榮、毛長芳、蔡戴金、蔡思恭等八人來華學習③。

6. 琉球國第六批來華入監學習的官生

琉球國第六批來華官生有毛邦俊、向邦正、梁文翼、楊海昌等四人。

嘉慶十年（1805），琉球國王世孫尚灝請求增加入監學習官生名額，還要求派陪臣子弟到清朝太醫院學習醫術，以敷國內的需要。尚灝詳稱："歷屆遣送官生四人入監讀書之外，更有隨伴四人，只供役使。今生齒日繁，若祗令四人學習遣回本國，不敷分教。現照歷屆奏准名數，謹遣官生毛邦俊、向邦正、梁文翼、楊海昌等四人，隨同貢使毛廷勤等進京入監肄業外，更有隨伴孫國棟、紅泰熙、伯恢緒、榮祉佑四人亦屬同官子弟，意欲仰懇皇上恩施，格外俯准孫國棟、紅泰熙二人同官生毛邦俊等一同入監學業。其伯恢緒、榮祉佑二人求入太醫院學習醫理。"④ 尚灝的請求，經禮部和國子監議復奏准，琉球官生入監名額仍限四人。至於官生入太醫學習醫術，向無此例，亦不允行。這樣尚灝只派了毛邦俊、向邦正、梁文翼、

---

① 潘相《琉球入學見聞錄》。
② 《欽定國子監志》卷十八。
③ 《大清會典事例》卷一一〇二。
④ 內閣檔案，專案類。

楊海昌四人入監學習，其他四名只作爲書僮，以便官生役使。這四名官生於嘉慶十一年（1806）二月到京。國子監選派優貢生、福建人陳夢蓮爲教習，派滿洲博士慶齡、漢博士嵩梁董率，並派助教烏什杭阿、德楞額等二員料理一切。經過三年學習的毛邦俊等官生，於嘉慶十四年（1809）隨貢使王舅毛光國、紫金大夫鄭章觀等一同回國。

7. 琉球國第七批來華入監學習的官生

第七批來華的琉球官生有陳善縱、馬執宏、毛世輝、梁元樞等四人。

嘉慶十二年七月命翰林院編修齊鯤、工科給事中費錫章往封世孫尚灝爲王，事畢返華後疏稱，中山王尚灝願遣陪臣子弟入監讀書。得旨允行。嘉慶十六年（1811）十月琉球國王遣陪臣子弟陳善縱、馬執宏、毛世輝、梁元樞來華至監，國子監選派副貢生黃景福爲教習，派博士慶齡、助教金特赫、博士陳世昌、董率。官生陳善縱等於十六年入監學習，至嘉慶十九年應三年學習期滿，但貢使尚未來華，禮部爲此奏准："琉球官生到監三年期滿，其未回國以前，所有一切銀米食物等項照舊由監支領。俟該國有貢使來京奏請回國，再行辦理。"①

嘉慶二十年（1815）二月陳善縱等四名官生及跟伴隨琉球貢使耳目官向斌、副使正議大夫鄭嘉訓等一同歸國。

8. 琉球國第八批來華入監學習的官生

第八批來華的琉球官生有阮宣詔、鄭學楷、向克秀、東國興等四人。

道光二十一年（1841）琉球國中山王尚育遣陪臣子弟阮宣詔、鄭學楷、向克秀、東國興等四人來華入監學習。國子監選派貢生教習，派博士生、助教董率，國子監堂官不時稽察，一切按定制進行。道光二十五年（1845），阮宣詔等學習期滿，照例隨貢使一同回國。②

9. 琉球國第九批來華入監學習的官生

第九批來華的琉球官生有葛兆慶、林世忠、林世功、毛啟樣等四人。

同治五年，清帝遣詹事府右贊善趙新、內閣中書於光甲往封琉球世子尚泰爲王，尚泰請冊封使耺奏皇帝，願派陪臣子弟入監讀書。事得允准。

---

① 以上見《欽定國子監志》卷十八。
② 清內務府檔案，來文外交類。

同治六年（1867）中山王尚泰遣陪臣子弟葛兆慶、林世忠、林世功、毛啟祥等四人入監讀書。照例跟伴蔡光地、衡向輝、茄行仁、雍廷基等一同來華，供官生役使。① 不幸，毛啟祥在入京途中，行至江陰縣於同治八年六月初八日因病去世，跟伴雍廷基亦因患病於是年六月十五日舟抵建德縣地方身故，官生葛兆慶、林世忠也不幸病故。② 同治十一年琉球中山王尚泰遣耳目官向德裕等入貢，官生林世功等在監讀書已逾三年，於同治十二年（1873）照例隨貢使一同回國。

有清一代，自康熙二十三年（1684），迄同治十二年（1873），共一百九十年間，琉球國中山王先後九次派遣陪臣子弟來華入監學習，一般每次派四人，也間或有三人或四人以上的。現在所見諸檔案文獻記載的，這九批來華琉球官生共四十九人。

（三）琉球官學的課程與教規

琉球官學主要課程是孔子、孟子、朱熹等儒家的經典。琉球官生一般先讀《小學》。《小學》為宋朝朱熹等編纂，輯錄了儒家有關倫理道德的言行。共六卷，分內、外二篇。內篇包括《主教》、《明倫》、《敬身》和《稽古》，外篇包括《嘉雷》、《善行》，是中國封建時代兒童啟蒙教育的必讀課本。讀完《小學》進而學習《近思錄》。《近思錄》也是朱熹等編撰的，共十四卷，摘錄北宋周敦頤、程顥、程頤和張載等人的言論，得六百二十二條，分"道體"、"為學"、"致知"、"存養"等十四門。以後，清代的張伯行又仿其體例，摘錄朱熹言論，作《統近思錄》十四卷，共六百三十九條。學完《近思錄》後，開始學習主要課程——四書、五經。四書，即《論語》、《孟子》、《大學》、《中庸》，以朱熹編撰的《四書章句集注》為標準課本。《論語》是孔子弟子及其再傳弟子關於孔子言行的記錄，是研究孔子思想的主要資料，共二十一篇。《孟子》記載亞聖孟軻的政治活動、政治學說以及哲學思想、倫理道德等，《大學》主要講格物、致知、誠意、正心、修身、齊家、治國、平天下的道理，為南宋以後理家講倫理、政治、哲學的基本綱領。《中庸》主要講"中庸"是道德行為的最高標準，

---

① 內閣檔案，專案類。
② 內務府檔案，來文外交類。

提出"誠者不勉而中，不思而得，從容中道，聖人也"，把"誠"看成是世界的主體。五經，即《詩》、《書》、《易》、《禮》、《春秋》。《詩》又稱《詩經》，是中國最早的詩歌總集，編成於春秋，共三百零五篇，分爲"風"、"雅"、"頌"三大類。它對中國二千多年來的文學發展有深廣的影響，而且是很珍貴的古代史料。《書》又稱《書經》，即《尚書》，中國上古歷史文件和部分追述古代事迹著作的匯編，相傳由孔子編選而成。《易》又稱《易經》，即《周易》，內容包括《經》和《傳》兩部分，它通過八卦的形式推測自然和社會的變化，認爲陰陽兩種勢力的相互作用是產生萬物的根源，提出"剛柔相推，變在其中矣"等哲學思想。《禮》又稱《禮記》或稱《小戴記》或《小戴禮記》，爲秦、漢以前各種禮儀論著的選集，有《曲禮》、《檀弓》、《王制》、《月令》、《禮運》、《學記》、《樂記》等四十九篇。《春秋》爲編年體的春秋史，孔子編纂。起於魯隱公元年（前722），終於魯哀公十四年（前481），記述了二百四十二年的歷史。官生學習課程由淺及深，先學《小學》以啓蒙，次學《近思錄》以爲學習《四書》的階梯，再學《四書》，以作學《五經》的階梯。

琉球官生入學後，一般先進行入學教育後，才能學習正課。入學教育包括講明當時的形勢，中國和琉球的地理位置：端正入學的目的，不能"以取利祿爲急務"，要以修身、齊家、治國、平天下爲目標；教以學習方法，讀書要辨正僞，要有本原、有次序、有綱領，循序漸進。①

琉球官學很注重對學生如何爲人的道德教育，要首明正教之目，即父子有親，君臣有義，夫婦有別，長幼有序，朋友有信。次明爲學之序，即博學之，審問之，慎思之，明辨之，篤行之。第三爲修身之要，即言忠信，行篤敬，懲忿窒慾，遷善改過。第四爲處世之要，即正其誼，不謀私利，明其道，不計其功。第五爲接物之要，即己所不慾勿施於人，行不得反求諸己。第六爲學習項目：一曰學禮，二曰學坐，三曰學行，四曰學立，五曰學言，六曰學揖，七曰學誦，八曰學書。

琉球官學的學規：

①每月朔望，早起沐浴，正衣冠。候大人拜廟後，隨班拜孔廟，行三

---

① 潘相《琉球入學見聞錄》。

跪九叩首。首次拜後殿，三跪九叩首。次謁文公祠，一跪三叩首。已畢，隨詣彝倫堂，上堂打三躬。退出講堂，打三躬。

②未領清朝衣冠時，穿琉球冠服。已領之後，即穿所賜清朝冠服。

③每日早起沐浴，正衣冠，到講堂聽講《小學》數條，《小學》完，講《近思錄》，午飯後講經書數條，然後臨帖寫字。晚上，燈下講四六古文各一篇，詩一首，次日背誦。

④講書之時，諸生以齒序立，專心聽講，若有語言不通、意義未曉者，必須再三問明。

⑤聽講之後，各歸本位學習。衣冠必肅整，出入必恭敬，行步必端莊，不得笑語喧嘩。

⑥逢三日作詩一首，不拘古律。逢八日作四六一篇，或論序等類一篇。

⑦跟伴各自約束，不得恣其出入，聽其傲慢，有乖禮法。

⑧官生出入務須稟請該教習，不得聽其任意游蕩。①

（四）琉球官學生的待遇

琉球官學生來華學習，清政府從衣、食、住、行及學習用品方面，都給以優厚的待遇，使其有舒適、安定的生活，俾能圓滿完成學習任務。

官學生的廩給制度，創始於康熙，完備於乾隆。康熙二十七年琉球官學生梁成楫等入學，康熙帝諭令禮部，凡官生、從人照進貢都通事之例，發給衣帽、食物及生活用品並由國子監撥給十餘間房屋，為居住之所，"著安置得所"，"俾之講習有成焉"。② 到了乾隆時期，對琉球官學生的衣、食、住、用等物品的種類、數量、領發制度都有詳細的規定，這一完備的廩給制度，一直實行到清末。

1. 口糧食物

官生口糧：每名每日給白米二升，跟役每人每日給白米一升，由國子監每季核算人數，移咨戶部領官倉白米。

官生食物：每人每日給鷄一隻、肉二斤、茶葉五錢、豆腐一斤、花椒五分、清醬油四兩、香油四錢、醬四兩、黃酒一瓶、菜一斤、鹽一兩、燈

---

① 以上見潘相《琉球入學見聞錄》和《欽定國子監則例》卷八。
② 《大清會典事例》卷一六〇二。

油二兩。跟役每人每日給肉一斤、鹽一兩、菜十兩。每月三、九之日，由國子監出具印領赴光祿寺領取，國子監博士廳查照發給。

2. 衣服、鞋帽

冬季，官生每人給貂皮領袖官用緞面細羊羔皮襖、羊皮褂、紡絲綿襖中衣各一件，染貂帽一頂、鹿皮鞋、連毯襪各一雙。

春、秋二季，每名官生給官用緞面杭綢裹棉袍、官用緞面紡絲裹棉褂、紡絲衫中衣各一件，線纓涼帽一頂，官用緞靴一雙，馬皮靴一雙，另給棉布袍、褂各一件，布棉被褥、頭枕各一分。

夏季，每名官生給硬紗袍褂、羅衫中衣各一件，綢被褥一床，馬皮幫牛皮靴、布棉襪各一雙，另給單布袍、布衫各一件，雨纓涼帽一頂。以上衣服鞋帽等物，由國子監按例移咨禮部轉行內務府廣儲司，每年二月、五月、十月出具印領，由內務府廣儲司照數遣官送給，國子監博士廳查照發給。

跟伴，每年冬季每人給布面老羊皮襖、棉布襖、中衣各一件，貂皮帽各一頂，馬皮幫牛皮靴、布襪各一雙。春、秋二季，每人給布棉袍、褂各一件。夏季，每人給單布袍衫、布衫、中衣各一件，雨纓涼帽各一頂，布被褥各一床。①

3. 住房

琉球官學後院一所五間爲官生住房，中間爲講堂。左右四間，官生各住一間。正廳東西耳房：西耳房二間爲廚房，住廚役、伙夫各一名。東耳房各從人跟役居住，另設有浴室、廁所，生活十分方便。

每年四月初一日，國子監行文內務府，內務府派官員在琉球官學館院內前後高搭涼棚二座，以便防暑，秋天八月底由內務府撤除。

4. 紙筆墨銀

爲保證琉球官生學習用品，每名每月給紙、墨、筆銀一兩五錢，由國子監移咨戶部關領，國子監博士廳查照發給。②

---

① 以上見清內務府檔案，來文外交類。
② 《欽定國子監則例》卷八。

5. 生活用品

官生的生活用品，最初由禮部行文工部給發，以後改由國子監行文內務府，由內務府廣儲司辦理發給。發給官生的雜物有：

席子十領，白毯子八條、高桌六張、滿桌四張、椅子八張、板櫈六條、錫燭臺四個、錫燈檯四個、錫茶壺二把、錫酒壺二把、茶盅十六個、酒盅十個、大甆碗二十個、小甆碗二十個、小盤十個、箸子兩把、木盤二個、甆碟十六個、廣鐵鍋二口、小甆盆六個、水缸四個、連鉤扁擔水桶一副、連繩柳罐一個、瓢四個、笤三把、竹掃箒三把、鐵通條一根、鍋蓋二個、砂鍋子四個、棉布門簾六個、竹門簾四個、洗面銅盆四個、木杓二把、盛書豎櫃四頂、火盆四個。① 各朝視官生的多少，什物數量有增有減。木器、甆器等物，如有損壞，由國子監隨時咨明內務府，內務府隨派匠役修理。

6. 炭火供給

康熙時每名官生每日送給煤二十斤、白炭三斤。乾隆時改為每名每日給硬煤十五斤、木炭五斤。同治時每人每日供應硬煤十一斤四兩、木炭三斤十二兩、蠟燭二斤。①每年冬季十月至五月，每人每日加送烤炭、白炭各五斤。每年十月二十六日開始由國子監行文內務府，由內務府煤炭局每月遣役送給煤炭一次。

（五）琉球官生學成歸國

琉球官生入監學習，一般以三年為限。在三年學習期間，一般都能用功讀書，勤學好問，尊師親友，有不少官生學習成績優秀。如乾隆時來學的鄭孝德、蔡世昌等，不僅對經書有較深的研究，而且也寫得一手好的詩文。鄭孝德作了很多好詩，現舉一首以見一斑。

　　接家信志喜　鄭孝德

　　海外一颿渡重洋，舌耨筆耕傍六堂。回憶離家經四載，思親何嘗一日忘。年年空作登樓賦，雁飛曾不到炎荒。有客忽從榕城至，遺我平安書一囊。開緘驚視眶旋淚，捧誦一過喜欲狂。天相蓬廬常迪吉，慈母康寧晚景昌。從知萬金何足寶，置書懷袖樂無疆。孤身遠道雖未

---

① 清內務府檔案，來文外交類。

返,懼心何異到家鄉。①

在官生畢業之時,皇帝照例要厚加賞賜,賞賜的綢緞都是皇宮內所存的珍品。康熙二十八年十月康熙帝曾諭令:"凡賞外國應沾實惠,以見柔遠之意。戶部庫緞不如內庫緞匹。此賞琉球國王緞匹向內庫取賞。"② 以後成爲定例,凡賞琉球國王及官生的綢緞都從內庫領取。是年賞鄭孝德等畢業官生,每人大彩緞二匹、裏綢各二匹、毛青布各六匹,賞跟伴每人毛青布六匹。頒賞事宜由禮部主客司辦理,一般禮部先具題奏准後,由禮部行文內務府,內務府緞庫將應賞緞匹送至紫禁城午門前,屆時在午門舉行隆重的頒賞琉球使臣及官生的儀式。

官生回國之前,禮部還照例要筵宴官生一次,然後發給職令,同貢使一塊歸國。

官生學成歸國都十分感謝皇帝和眷戀中土,如同治七年官生林世功呈稱:"入監肄業三載有餘……荷蒙聖澤優渥,教之以節義文章,耳提面命,一之以聲音點畫,口誦心維。又賞給飯食、衣服、器皿,虛糜無數……"③ 官生歸國後,還要請貢使代爲具表謝恩,並附進嫩熱蕉布一百匹、圍屏紙五千張,以表謝意。

琉球來華官生,多數學成畢業,豐收而歸。但也有少數官生,不幸因病死亡。對於死亡的官生,清朝都厚加撫恤,一般都賞白金三百兩,以二百兩交貢使附歸其家,以一百兩交禮部官員,置棺木葬於北京附近通州張家灣地方。例如雍正二年官生蔡宏訓在監病故,國子監即時呈報禮部,禮部隨即行文戶部和工部,給發好棺木一口,圍棺紅綢一匹,並擡夫扛繩等物,送至張家灣埋葬。

(六)琉球官生來華入監學習制度的作用與影響

琉球官生來華入監學習,始於明洪武二十五年,終於清同治十二年。這一制度實行五百多年來,爲琉球國培養了大批安邦治世的人才,傳播了中華文明,在琉球宣傳、普及了儒家思想文化,對促進當時中琉友好關係

---

① 潘相《琉球入學見聞錄》。
② 清內務府檔案,來文外交類。
③ 內閣檔案,題本禮科。

的發展起到了重要作用。

　　第一，琉球官生入監學習制度，是中琉交往關係的一個重要方面，也是中琉封貢制度一個重要組成部分，這種封貢制度是保證兩國政治關係穩定、經濟互通有無、文化互相交流的一種行之有效的制度。每屆冊封或琉球特別需要時，中山王照例請派陪臣子弟入國子監讀書，清政府從維護中琉宗藩關係出發，則每次有求必應。清政府給琉球官生以優厚的待遇，選拔最好的教師教課，每逢節令典禮和官學生畢業時，都優禮相待，厚加賞賜。這種官生留學制度，進一步豐富了封貢制度的內容，使中琉的友好關係更爲密切。

　　第二，有清一代，自康熙二十五年，迄同治十二年，歷時近二百年，琉球國共派九批官生來華入監學習。這九批官生共四十九人，這些畢業官生歸國後，都受到中山王的重用，或聘爲國師，爲國王或世子講儒家經典；或任爲官員，以治國安民；或充貢使、通事，以與中國友好往來。如雍正時來國子監學習的鄭秉哲被聘爲國師，康熙時來華學習的蔡文溥、阮維新，道光時在監畢業的阮宣詔、東國興等被任爲紫金大夫或正議大夫，先後充任來華進貢使臣，等等。他們都成了經邦濟世之才，是琉球國的精英，爲琉球國在歷史上的發展與進步做出了重要的貢獻。

　　第三，在琉球傳播了中華文明，宣傳、普及了孔孟儒家思想和文化。琉球官生在國子監主要學習四書、五經等儒家經典，回國以後便成爲儒家思想文化的主要傳播者。據史籍載，明代時琉球尚無學校，到了清代，由於儒學的逐漸傳播，於康熙十三年（1674）在久米泉崎橋北建立了孔廟，塑孔子像於廟內，並設孔子神位，左右列四配，從此，孔廟便成爲琉球人學習儒學及尊孔禮儀的中心。康熙五十六年（1717）紫金大夫程順則奏准建明倫堂，以便久米子弟入學學習儒家經典，此後琉球各地又相繼設立了鄉學，儒家書籍普及全國。在當時的琉球，儒家思想已深入人心，成爲教民建國的指導思想和準則。表現在政治上，歷代中山王都信崇德政仁治，尊賢納諫。在經濟方面，國家實行儒家重農與節用政策。在倫理道德方面，倡導三綱五常，"正名"、"守分"，以建立以禮爲本的祥和社會。數百年來，琉球在儒家倫理思想教養薰陶下，社會安定，無武力，無警察，政簡刑錯，可以說是儒家理想的一個文治之邦，所以中國皇帝親書"守禮之邦"四字匾額，以賜琉球國王。中華文化和儒家思想在琉球傳播與普及，不僅爲清代中琉關係發展，而且爲以後中琉人民友好往來，奠定了深厚的思想基礎。

三、乾隆時代的中琉關係

琉球王國和清朝的交往，始於順治朝。順治十年（1653），琉球國中山王世子尚質，遣使表貢方物，並繳故明敕印。順治十一年（1654）四月，順治帝賜中山王世子尚質及其妃蟒緞、彩緞、閃緞、纖錦、紗羅等物，亦賞來使馬宗毅、蔡祚隆等緞匹銀兩等物有差。順治十一年七月，清朝遣兵科副理事官張學禮、行人司行人王垓爲冊封正副使，出使琉球。康熙二年（1663），封琉球中山王世子尚質爲中山王。從此，清朝與琉球王國的封貢關係正式開始。以後，經康熙、雍正兩朝，清、琉間的封貢制度，進一步健全。至乾隆朝，中國和琉球之間關係得到全面和深入的發展，是明清以來中琉關係史中最輝煌的時期。

乾隆皇帝所處的時代，正值18世紀。在這一歷史時期，世界正處於一個大動蕩、大變革、大發展的時期。18世紀的下半葉，歐洲發生了兩種影響世界的大革命，一是英國的產業革命；一是法國的大革命。從此，資本主義制度在西歐確立了統治地位。美國的獨立戰爭的勝利，爲資本主義在美洲建立掃清了道路，從此，世界進入了一個新紀元。

18世紀的中國，正處於漫長封建社會的末期。乾隆皇帝是一個有作爲的君主，在他統治的六十多年間，王朝的政治、經濟、軍事、文化及和周邊國家的關係，得到全面和長足的發展，達到我國封建時期的最高峰，史稱"康乾盛世"。當時國家強盛，社會穩定，經濟發展，國庫充盈。乾隆六十年全國人口已增至二點九七億，乾隆五十一年國庫積存已是乾隆帝即位之初的兩千四百萬兩的三倍。在經濟發展的前提下，乾隆一朝的文化事業也有長足的發展。除大量編修各種經說、方略、官書、續三通以及十三經刻石、翻譯佛藏經書外，還用了十五年的時間，編纂了我國歷史上最大的叢書——《四庫全書》。全書共收錄書籍三千四百多種，近八萬卷，實爲我國古代思想文化遺產之總匯。

長期以來，中國和周邊國家保持着傳統的宗藩封貢關係，這種關係使得這一地區長期保持社會穩定和經濟、文化發展。到了清代乾隆時期，中國和周邊國家政治、經濟、文化關係更爲密切，其中中琉關係堪爲這一時期的典範。

（一）乾隆時代，中琉兩國的政治關係更爲和諧和密切

乾隆皇帝在位六十年間，與琉球國王尚敬、尚穆的關係十分密切。乾隆帝繼位以後，即詔告於琉球國王，國王尚敬特派陪臣向啓猷等奉表赴京祝賀皇上登極。乾隆帝熱情召見了來使，並溫語慰問了國王尚敬，同時詢問了琉球年景、收成如何及百姓生活狀況，對琉球十分關心。召見之後，除厚賞中山王、王妃蟒緞、彩緞之外，皇帝還特書"永祚瀛壖"匾額，交使臣帶回琉球。尚穆繼王位以後，乾隆帝再次親書"海邦濟美"匾額，交貢使帶往琉球，並多次賞尚穆及王妃玉器、甆器、緞匹及御筆"福"字、如意及《平定金川圖》等物。

中山王尚敬於乾隆十六年（1751）正月二十九日去世，乾隆皇帝聞訊後十分悲痛。乾隆十九年世子尚穆上表奏請襲封，表文中說："臣父敬於康熙五十七年，叨蒙冊封爲中山王。嗣爵以來，夙夜惟寅，矢勤矢慎，虔輸忠誠，恪恭匪懈，於乾隆十六年正月二十九日薨逝。念臣小子穆恭循典例，以嫡繼統。謹遣陪臣耳目官毛元翼、正議大夫蔡宏謨虔齋奏請，伏乞聖恩體循臣父事例，差選天使，按臨蛟島，俾臣穆拜綸音於海表，永守藩疆；膺詔命於波區，代供貢職。"（周煌《琉球國志略》）乾隆二十一年五月初七日，皇帝諭令"侍講全魁充正使、編修周煌充副使"前往琉球冊封國王。全魁系滿洲鑲白旗人，乾隆十六年辛未進士，乾隆二十四年曾任國子監琉球官學祭酒。周煌字景垣，四川涪州人，乾隆二年進士，改庶吉士，散館授編修，其人博學多識，尤精史學。

全魁、周煌領命後，於乾隆二十一年六月初十日由福建五虎門乘舟放洋，十四日抵琉球之姑米山，但突遇大風，經中山王遣舟營救，始於七月初八日到那霸。全魁、周煌至琉球後，先奉命致祭先王尚敬，然後依儀冊封新王尚穆。冊封儀式爲，先宣詔書："奉天承運皇帝詔曰：朕恭膺天眷，統禦萬方。……茲以中山王世子尚穆序當纘服，奏請嗣封。朕惟世繼爲國家之常經，爵命乃朝廷之巨典。特遣正使翰林院侍講全魁，副使翰林院編

修周煌，齎詔往封爲琉球國中山王。……"接著頒宣敕諭："皇帝敕諭琉球國中山王世子尚穆：惟爾遠處海隅，虔修職貢，屬在冢嗣，序應承祧，恪遵典制，奉表請封。朕念爾世守藩服，恭順可嘉。特遣正使翰林院侍講全魁、副使翰林院編修周煌，齎敕封爾爲琉球國中山王，並賜爾及妃文幣等物。爾其祇承寵眷，克懋先猷，和輯臣民，增修德政，永延宗社之嘉庥，長作天家之屏翰。"

冊封儀式完竣後，全魁、周煌於乾隆二十二年正月三十日自琉球啟航回國，二月十三日到達福建五虎門。二月十九日全魁、周煌具摺向皇帝報告此次冊封的全過程："竊臣等蒙皇上天恩，簡使琉球，於乾隆二十一年二月初四日奏請聖訓。本月初九日出京，四月二十四日抵福建時，海舟事宜俱已辦理完備，遂以六月初二日登舟，初十日由福建之五虎門乘風放洋，十四日抵琉球之姑米山。詎意風勢旋轉東北，不得已下。候至二十四日夜，颶大作，碇索十餘一時頓斷，舟身觸礁致損。仰賴皇上洪福，天妃效靈，神光見於桅頂。臣等得出驚濤之中，齎捧節詔倚山登岸，隨封二百餘人皆慶生全，中山王隨遣舟來接。臣等於七月初八日進抵彼國，擇吉恭行典禮。海邦臣民感戴天朝厚恩，歡呼雷動，恭順逾常。臣等原船損壞，該國王命工造船及其報竣。臣等即以十月二十六日登舟候風，至十一月初七日出海，值風暴又起，仍回停泊。至十二月十二日，護送之二號船始報入港。臣等以今年正月三十日同由琉球國放洋，於二月十三日入福建五虎門。一路風恬浪靜，險阻無虞。今荷皇上天威遠播，得登祚席之安。"皇帝覽摺後，硃批"知道了"。

周煌歸國後著有《琉球國志略》十六卷，《琉球國志略》不同於以前各冊封使所寫的使琉球錄。據周煌解釋說："但'錄'系使臣一人之事，而'志'則關一國故事所存。方今中外一統，琉球被化尤深且久，似宜從中國諸道郡縣之例，故以志擬錄，庶益堅其向化悃忱。""今臣所纂，擬薈萃前使諸錄，互相考證，訂其偽舛；並參前使，旁及百家紀載有關琉球事實者，兼收匯輯。質以親所見聞，爰成《琉球國志略》。"（周煌《琉球國志略》）

乾隆二十二年十二月十八日，周煌將《琉球國志略》及繪琉球國地圖二幅並《銜恩紀事韻語》二冊，呈上御覽。乾隆皇帝硃批"留覽"，以後奉旨將"志略"以武英殿聚珍版本印行。周煌所繪的《琉球國圖》和《琉球國都圖》二幅，過去一直藏於皇宮中，現在藏於中國第一歷史檔案館。此二圖皆以絹質彩繪，兩圖大小相同，長一百四十七厘米，寬八十一厘米，這是我國僅存的最珍貴的兩幅古代琉球地圖。

琉球向清朝進貢，每二年一次。乾隆六十年間，例應進貢三十次。中山王尚敬說："切臣敬僻居海隅，世沐天朝鴻恩，遵依舊典，二年一貢，自高曾祖父以及臣身，從無敢愆期，已歷百有餘年矣。"每屆貢期，中山王照例差遣貢使攜帶表文方物，於進貢年的歲末，約十一月或十二月間，由琉球開船放洋，於第二年初，即一月或二月間，到達福建。貢使到閩後照例由福建督撫具題上報皇帝，同時將琉球貢使由國起程日期、方物、官伴人數，分進京、摘回、存留三項造冊揭報禮部。例如：

例1

  福建巡撫臣定長謹題，爲禀報事。該臣看得琉球國，向例兩年一貢，今屆乾隆二十九年應行入貢之期。該國中山王尚穆，遣耳目官向廷器等齎捧進貢表文方物，坐駕海船二隻來閩。行據布政使顏希深呈詳，琉球船二隻，統領官伴水梢共一百九十九員，解運硫磺、紅銅、白鋼錫。又遣回入監官生謝恩，附進蕉布、圍屏紙。於乾隆三十年正月二十三日在彼國一齊開船。二月初一日到姑米山。初九日放洋，十九日到亭頭怡山院地方灣泊。於二月二十三日帶進內港，於閏二月初二日驗明執照方物及帶來銀兩土產，安頓館驛，分別進京，摘回，存留三項造冊詳送請題等由前來。臣復查無異，除冊送部外，謹會題請旨。

  乾隆三十年三月初三日題。四月十一日奉旨：該部知道。

琉球進貢事宜經禮部奏准後，貢使團除留福州柔遠驛外，正、副使及從人十五名，於當年七八月或十月初進京，照例福建督撫派一官員伴送。貢使到京後，禮部擇日先在禮部大堂舉行進表儀式，然後將琉球國王表文呈上御覽。凡三大節，貢使可隨班朝賀。如皇帝召見貢使，由禮部奏明儀節，擇日召見。

琉球進貢的禮品，除硫磺一項留存福建外，其餘如紅銅、白鋼錫等交內務府收存，皇帝賞賜琉球的羅紗、彩緞等禮品，照例在午門頒給。

例2

　　協辦大學士署禮部尚書事務果毅公臣阿裏袞等謹題，爲琉球國具表進貢兼謝恩方物事。該臣等議得琉球國王尚穆，遣陪臣耳目官向廷器、正議大夫鄭秉和等，恭進乾隆二十九年分正貢方物。除將硫磺一萬二千六百斤，照例交與福建巡撫收貯藩庫，臣部移咨工部，於應用處取用。其現進到煉熟白鋼錫一千斤、紅銅三千斤，所進數目與例相符，應交送總管內務府照數查收。再官生鄭孝德等歸國，該國王進到謝恩方物：嫩熟蕉布一百匹，圍屛紙五千張。查雍正九年官生鄭秉哲等歸國，該國王恭進謝恩方物，嫩熟蕉布一百匹，圍屛紙五千張。經臣部議准，收受在案。今所進謝恩方物，亦應照雍正九年之例，交送總官內務府照數查收可也。臣等未敢擅便，謹題請旨。

　　乾隆三十一年正月二十八日題。本月三十日奉旨：依議。

例3

　　協辦大學士署禮部尚書事務果毅公臣阿裏袞等謹題，爲頒賞事。該臣等議得琉球國中山王尚穆，差正使耳目官向廷器、副使正議大夫鄭秉和等具表進貢前來，應仍照加賞之例，賞賜該國王蟒緞六匹、青藍彩緞十匹、藍素緞十匹、衣素緞十匹、閃緞八匹、錦六匹、紬十匹、羅十匹、紗十匹。請敕下內閣，將賞賜緞匹數目撰敕交付來使齎回。其正使耳目官向廷器、副使正議大夫鄭秉和，照例賞彩緞各六匹、裏各四匹、羅各四匹、紡絲各二匹、絹各二匹。都通事阮超敍賞彩緞二匹、裏一匹、絹一匹、毛青布六匹。從人十七名，賞毛青布各六匹。再，查此次並無留邊員役，應毋庸給賞。其福建伴送官典史周兆新及土通事謝瑚，照例賞彭緞袍各一件。所有賞賜物件，俱於內務府移取，在午門前賞給。臣部照例筵宴二次，回至福建亦照例筵宴一次，遣回可也。臣等未敢擅便，謹題請旨。

　　乾隆三十一年二月初三日題。本月初六日奉旨：依議。

貢使進京禮畢之後，由禮部派官員伴送貢使至閩，與此同時，中山王照例派接貢船到福建，迎接貢使回國。

琉球進貢除正貢之外，如遇皇帝登極或謝賜御書匾額和福字等，還要加進禮品。如乾隆五十八年，爲慶祝皇帝壽辰，中山王特別進金龜形一對銀座各全、銀攢匣二具、漆彩畫盆各全、銅火鍋十個、漆彩畫座各全、銅水罐一十個、染花土綢五十匹、綢嫩素光蕉布五十匹、精彩畫圍屏大小二對、護壽紙五千張、精制雅扇二百把。

乾隆五十四年，中山王爲謝賜御書"海邦濟美"匾額，特遣使臣進謝表文禮物：金鶴形一對鶴蹈銀嚴座各全、黑漆嵌螺五爪龍蓋碗三十個、黑漆嵌螺五爪龍圓盤三十個、細嫩沈香色織花蕉布十匹、精熟織花蕉布四十匹、細嫩濃茶色素光蕉布十匹、細嫩素光蕉布四十匹、精彩畫圍屏一對、圍屏紙五千張、護壽紙五千張、精制雅扇二百把。

乾隆皇帝根據"薄來厚往"的原則，對每次琉球進貢，都回賞大量珍貴的禮品。如乾隆二年，中山王尚敬差王舅向啟猷、正議大夫金震等具表慶皇帝登極並進例貢來京，乾隆帝賞賜中山王尚敬：蟒緞六匹、青藍彩緞十匹、藍素緞十匹、衣素緞十匹、閃緞八匹、錦六匹、綢十匹、羅十匹、紗十匹，共八十匹。賞正、副使向啟猷、金震，彩緞各六匹、裏各四匹、羅各四匹、紡絲各二匹、絹各二匹，共各十八匹。使者夏瑞龍賞彩緞二匹、裏一匹、絹一匹、毛青布六匹，共十匹。都通事楊大壯賞彩緞二匹、裏一匹、絹一匹、毛青布六匹，共十匹。王舅通事魏開祖，賞彩緞二匹、裏一匹、絹一匹、毛青布六匹，共十匹。從人二十名，賞毛青布各六匹。留邊通事鄭師穀賞彩緞二匹、裏一匹、絹一匹、毛青布六匹，共十匹。從人十三名，賞毛青布各六匹。以上賞賜禮物，於戶、工二部移取，在午門前賞給。

琉球進貢，中山王每次派正、副貢使二名。正使一般由王舅或耳目官或紫巾官充任，副使由正議大夫或陪臣充任。都通事一員，留邊通事一員，官伴水梢一百五十名至二百名之間。據清宮檔案記載，乾隆朝各例貢年分的正、副使臣及通事如下：

乾隆元年例貢，貢使爲耳目官毛光潤、副貢使爲鄭國柱，毛光潤不幸於乾隆元年十二月十二日來閩後病故。

乾隆三年例貢，貢使爲向維豪，副貢使爲蔡塝，接貢使爲都通事鄭秉哲。

乾隆五年例貢，貢使爲紫巾官翁鴻業，副貢使爲正議大夫蔡其棟，蔡不幸在閩病故。都通事爲蔡宏謨，留邊通事蔡元鳳，接貢使爲通事鄭士綽。

乾隆七年例貢，貢使爲耳目官毛文和，副貢使爲正議大夫蔡用弼，都通事鄭國觀，留邊通事鄭餘慶，接貢使爲都通事林永隆。

乾隆十一年例貢，正貢使爲耳目官毛允仁、副貢使爲正議大夫梁珍，都通事鄭師穀，留邊通事金安，接貢使爲都通事鄭佑。

乾隆十三年例貢，貢使爲耳目官向永成，副貢使爲正議大夫鄭秉哲，都通事梁煌，留邊通事蔡光祖，接貢使爲都通事阮大鼎。

乾隆十五年例貢，貢使爲耳目官毛元烈，毛因痰病於乾隆十六年六月初五日在館驛病故，副貢使爲正議大夫阮爲標，都通事毛世定，留邊通事鄭文龍。

乾隆十七年例貢，貢使爲耳目官向邦鼎，副貢使楊大壯，接貢使爲都通事陳以箴。

乾隆十九年例貢，貢使爲耳目官毛元翼，副貢使正議大夫蔡宏謨。

乾隆二十一年例貢，貢使爲向全才，副貢使正議大夫阮超群，留邊通事蔡熙，接貢使爲都通事阮超敘、鄭允迪。

乾隆二十三年例貢，貢使爲耳目官毛世俊，毛於乾隆二十四閏六月初五日在館驛病故，副使爲正議大夫鄭士綽，都通事魏獻芝，留邊通事林邦哲。

乾隆二十七年例貢，正貢使爲耳目官馬國器，副貢使爲正議大夫梁煌，都通事鄭鴻熟，留邊通事蔡永胤，同時補進乾隆二十五年貢，接貢使爲都通事紅秉毅。

乾隆二十九年例貢，貢使爲耳目官向廷器，副貢使爲正議大夫鄭秉和，鄭於乾隆三十一年在福州病故，都通事阮超敘，接貢使爲都通事梁增。

乾隆三十一年例貢，貢使爲耳目官阿必振，副使爲正議大夫阮大鼎，留邊通事蔡世昌，接貢使爲都通事毛廷秀。

乾隆三十三年例貢，貢使爲耳目官毛德儀，副貢使爲正議大夫毛維基，都通事毛景成，留邊通事梁廷樞，接貢使爲都通事林邦哲。

乾隆三十五年例貢，貢使爲耳目官毛自煥，副貢使爲正議大夫魏獻蘭，都通事蔡世昌，留邊通事阮廷寶。

乾隆三十七年例貢，貢使爲耳目官向宣謨，副貢使爲正議大夫毛景成，都通事蔡熙，留邊通事王三德，接貢使爲都通事梁國琬。

乾隆三十九年例貢，貢使爲耳目官向崇猷，副貢使爲正議大夫蔡懿，蔡不幸在閩病故，都通事毛景昌，留邊通事陳宏澤，接貢使爲都通事毛景裕。

乾隆四十一年例貢，貢使爲耳目官翁宏基，副貢使爲正議大夫鄭鴻勳，都通事金策，留邊通事鄭永功，接貢使爲都通事程容光。

乾隆四十三年例貢，貢使爲耳目官金有華，副貢使爲正議大夫蔡煥，留邊通事王三秀，接貢使爲都通事楊文煥，蔡煥由京回閩途中病故。

乾隆四十五年例貢，貢使爲耳目官向翼，副貢使爲正議大夫毛景昌，毛景昌由京回閩途中病故。

乾隆四十七年例貢，貢使爲耳目官毛廷棟，留邊通事鄭天眷，接貢使爲都通事鄭維翰（在船病故）。

乾隆四十九年例貢，貢使爲耳目官向猷，副貢使爲正議大夫毛景裕。

乾隆五十一年例貢，貢使爲耳目官翁秉儀，副貢使爲正議大夫阮廷寶。

乾隆五十三年例貢，貢使爲耳目官向處中，副貢使爲正議大夫鄭永功。

乾隆五十五年例貢，貢使爲耳目官馬繼謨。

乾隆五十七年例貢，貢使爲紫巾官毛國棟，副貢使爲正議大夫毛廷柱，接貢使爲都通事鄭國樞。

乾隆五十九年例貢，貢使爲耳目官向文鳳，副貢使爲正議大夫鄭作霖。

（二）乾隆時代，中琉間的貿易更加發展

乾隆時代中琉間的貿易，在康、雍兩朝的基礎上，無論在貿易數額上或是易貨品種方面，都有很大的發展。

乾隆時期的中琉貿易，仍然以冊封貿易和朝貢貿易爲主要形式，所謂冊封貿易指清朝冊封使隨封舟所帶的貨物在琉球進行的貿易，又稱"封舟貿易"或"冠船貿易"。冊封使赴琉球的目的，雖然是爲了冊封琉球國中山王，但爲了彌補船戶水腳及兵役川資的不足，政府允許隨封官兵攜帶一定數量的貨物，赴琉球貿易。據乾隆二十二年五月初八日閩浙總督喀爾吉善爲查處隨封兵役勒索滋事一案的上奏中說：二號封舟"所帶貨物因被水淹浸，該國不允承買，賠給出入關口報稅三千兩"。據俞玉儲先生的研究，"每次冊封使船赴琉的貿易總額，多則將近四十三萬兩，一般約二十萬兩，最小不會低於十二萬兩（指番銀）"（俞玉儲《乾隆二十一年隨封兵役勒賞滋事案摺》）。

所謂進貢貿易，指二年一次的正貢船和封賞謝恩、賀登極等加貢船以及每次接貢船所帶貨物，在華進行的貿易。除此以外，琉球護送華人難民船，甚至一些琉球遭風難船，也隨船攜帶不少貨物在中國沿海一帶進行貿易。

清政府對琉球船隻來華進行的貿易，一律實行免稅。除此之外，對嚴禁出口的物資，如土絲、大黃等，清廷也特別撫惠琉球，如乾隆三十年批准，"准其歲買土絲五千斤，二蠶絲三千斤"。乾隆五十四年奉旨"准其歲買大黃三千斤"。

乾隆時代中琉之間的貿易十分繁盛。其特點有二：

1. 交易的貨物品種繁多。據清宮檔案記載，琉球來華的貨物有：硫磺、紅銅、白鋼錫（以上為例行進貢貨物）、銅器、海帶菜、石鮔、淡鰻、焦蘇魚、目魚乾、鮑魚、魚翅、海參、燒酒、紙扇、金漆圍屏、腰刀、刀石、牛皮、木耳、麥醬、大酒、茯苓等二十多種。

中國向琉球出口的貨物有：

①紡績品類：各色綾羅綢緞，如中緞、土絹、中花綢、春綢、上羅、上綾、中片錦、中綾、西機、縐紗、絲棉、蟲絲、棉布、粗毯、苧麻綫、絲綾、粗夏布、織絨、嘩嘰、斜紋布。

②瓷器類：粗瓷器、細瓷器。

③紙張類：毛邊紙、大油紙、紅紙、甲紙。

④食品類：茶葉、冰糖、胡椒、蜂蜜、白糖、橘餅、蜜浸糖料、兒茶。

⑤日用品類：白紙扇、金扇、油傘、鐵針、油紙扇、胭脂、漆箱、生漆、錫器、篦箕、銀朱、水銀、獐皮、白皮箱、皮箱、梳箱。

⑥文化、工藝品類：壽山石、小鼓、漆厘、玳瑁、土墨、紙畫、宜興罐、徽墨、石硯、周漆大圍屏、土漆茶盤茶盒。

⑦藥材類：沈香、木香、冰片、紅花、砂仁、大黃、丁香、粗藥材、蘇木、速香。

上述出口貨物有七十多種。

2. 中琉交易額數量大。乾隆十二年四月十八日閩浙總督喀爾吉善等奏陳琉球國貢船在閩貿易情形："凡進貢船隻准帶土產貨物銀兩，在閩貿易。建設柔遠驛，撫恤安置，委員監看交易，其出入關稅悉行寬免。……茲乾隆十二年二月初五日，該國貢船到閩。查進口冊內，據夷官報稱，兩船共帶銀一萬兩置買貨物。臣等遵即安插館第，委員照看，飭給薪水養贍之資。復行細加察訪，其所帶銀兩竟十倍於所報之數。臣等隨行司確查議稟冊報銀不過萬數，其官伴水梢人等所帶之銀，聞有十餘萬。即就上屆乾隆八年貢船來閩，每船亦止報銀五千。而查其返棹貨冊，約計不下十萬兩，今次情形大約相同等語"。從閩浙總督查實的情況來看，每次進貢船二隻，帶貿易銀十萬兩。加上接貢船一隻，帶銀五千兩，那麼每次進貢的貿易額應是十萬五千兩。

琉球每二年一次的正貢，有進貢船二隻，接貢船一隻。船上貨物進出閩海關時，福州將軍必須將琉球船進出口貨物免稅數額，上報皇帝。下面我們看一看福州將軍歷次的奏報：

乾隆二十三年六月二十五日，福州將軍新柱奏報：琉球接貢船都通事鄭允迪等兌回布帛、藥材等物，核免出口稅銀五十二兩七錢零。

乾隆二十四年三月二十二日，福州將軍新柱奏報：琉球貢船二隻，攜帶鮑魚、海帶菜並零星貨物，核免進口稅銀一百四十一兩七錢零。

乾隆二十四年九月初四日，福州將軍明福奏報：琉球頭號貢船帶回布帛、藥材等物，核免稅銀二百二十兩零。二號貢船兌回貨物，核免稅銀二百九兩零。

乾隆二十五年正月初六日，福州將軍杜圖肯奏報：琉球接貢船一隻進口，都通事毛允恭隨帶海帶菜、鮑魚、海鰻、鹽魚等物，核免稅銀六十六兩九錢三分二厘。

乾隆二十八年五月二十三日，福州將軍福增格奏報：琉球國貢船二隻進口，都通事楊文煥等隨帶土產雜物，核免稅銀二百二十六兩四錢五分五厘七毫五絲。

乾隆二十八年十月初七日，福增格奏報：琉球國貢船二隻回國，隨船兌回布帛、藥材雜物，核免稅銀二百九十七兩零。

乾隆三十一年三月二十五日，福州將軍明福奏報：琉球國接貢船一隻进口，都通事蔡光君随带土产杂物，核免税银八十三两二钱三分六厘八毫。

乾隆三十一年十一月初四日，明福奏报：琉球国接贡船回国，都通事等兑买丝绸、布匹、药材杂物，核免税银二百八十九两七钱二分一厘五毫一丝五忽。

乾隆三十二年四月初四日，福州将军明福奏报：琉球贡船二只进口，所带货物核税银二百一十两九钱六分五厘。

乾隆三十二年十月二十四日，明福奏报：琉球国贡船回国，随船兑买货物，核免税银五百九十七两八钱三分。

乾隆三十四年四月二十四日，福州将军增海题报：琉球贡船进口货物，核免税银二百二十一两八钱七分五厘。事竣回国，兑买丝绸、布匹、核免税银五百二十六两一钱七分五厘。接贡船一只，带进土产杂物，核免税银一百八两四钱三分一厘。接贡船回国，兑换丝绸、布匹、药材杂物，核免税银二百九十七两一钱五分五厘。

乾隆三十六年五月十四日，福州将军弘晌奏报：琉球贡船随带货物，核免税银二百四十九两二钱四分三厘。事竣回国，所买丝绸、布匹，核免税银八百十九两三钱六分。接贡船进口货物，核免税银二百八十四两九钱四分九厘。接贡船回国，兑换丝绸、药材，核免税银四百六十四两二分。

乾隆四十年五月二十日福州将军萨哈岱奏报：琉球贡船货物，核免进口税银二百七十八两六钱三分三厘。事竣回国，兑买货物，核免税银一千二百一十五两八钱三分八厘。接贡船一只，进口货物，核免税银六十六两五钱九厘。接贡船回国所带货物，核免税银三百四十一两二分六厘。

根据福州将军的奏报，以下各次正贡进出口货物免税情况如下：

乾隆四十一年分正贡：琉球贡船货物进口，核免税银二百二十七两九钱四分八厘。贡船货物出口，核免税银一千八十八两三钱九分一厘。接贡船货物进口，核免税银一百七两九钱一分四厘。接贡船货物出口，核免税银一千二百八十九两一钱七分八厘。

乾隆四十五年正贡：琉球贡船货物进口，核免税银二百八十八两八钱一分六厘。接贡船货物进口，核免税银三百十两九钱零。

乾隆四十七年分正贡：琉球贡船货物进口，核免税银二百八十两五钱五厘。接贡船货物出口，核免税银五百五十二两八钱九厘。

乾隆四十九年分正貢：琉球貢船貨物進口，核免稅銀二百九十九兩九分四厘。接貢船貨物進口，核免稅銀四百二十七兩二錢六厘。接貢船貨物出口，核免稅銀一千二百八十九兩一錢七分八厘。

　　乾隆五十一年分正貢：琉球貢船貨物進口，核免稅銀三百十六兩九錢九分。貢船貨物出口，核免稅銀一千五百四十三兩三錢二分三厘。

　　乾隆五十三年分正貢：琉球貢船貨物出口，核免稅銀一千八百一十一兩九錢七分四厘。接貢船貨物進口，核免稅銀三百三十五兩六錢一分九厘。接貢船貨物出口，核免稅銀一千四百九十兩三錢一分四厘。

　　乾隆五十五年分正貢：琉球貢船貨物進口，核免稅銀二百七十九兩四錢九分五厘。接貢船貨物進口，核免稅銀一百五十一兩四錢二厘。接貢船貨物出口，核免稅銀五百三十兩三錢。

　　乾隆五十七年分正貢：琉球貢船貨物進口，核免稅銀二百八十兩六錢九分二厘。貢船貨物出口，核免稅銀九百七十兩八錢七分五厘。接貢船貨物進口，核免稅銀二百一兩九錢一分三厘。接貢船貨物出口，核免稅銀六百七兩六錢二分一厘。

　　乾隆五十九年分正貢：貢船貨物進口，核免稅銀三百九十兩六錢三分六厘。

　　根據上述不完全的記載，乾隆朝，琉球貢船、接貢船所帶貨物進口稅總計爲三千八百九十九兩一錢三分，出口稅總計爲一萬一千七百七十三兩九錢六分三厘，出口稅是進口稅的三倍。可見琉球來華貿易，對於中山王國的國計民生是至關重要的，也可以理解以後琉球爲什麼不願意由二年一貢改爲四年一貢的原因。

　　琉球國爲護送難民來華的船隻，也隨船攜帶不少貨物，到福建等地進行貿易，如：

　　乾隆十五年三月初二日福州將軍德敏奏報：琉球國護送難船進口照例免稅摺中説：船戶林任興等六十四名等在洋遭風，漂至琉球，經救由都通事阮超群護送回閩，隨船攜帶土產物，核免稅銀十三兩四錢三分零。

　　乾隆十五年四月，琉球國護送難民船到閩，都通事等隨帶土產海白菜、螺乾等物，核免稅銀八兩四錢零。

　　乾隆十五年七月，琉球國護送難民船二隻，都通事阮超群等隨帶貨物，核免稅銀二十九兩六錢零。

乾隆二十七年十二月二十四日福州將軍福增格奏報：琉球國護送華商難民船，隨帶土產物件兌回布匹藥材，核免稅銀五十九兩五錢八分一厘四毫三絲二忽。

琉球船隻在海上遭風，漂流到中國沿海，船上所帶貨物，也都在華進行交易。如：

乾隆二十四年十月二十一日，福州將軍明福奏報：琉球難民一隻所帶米粟、牛皮、棉布、棕片等，核免稅銀三兩七分七厘。

乾隆三十五年九月初六日，有琉球國八重山島難番宰領西表首裏大屋子等，附搭中山頭目任良才等，一船共載四十人，裝運米粟、棉布、布匹等物赴國王處繳納。途中遭風，漂至浙省沿海，護送來閩。船內有棉花二百斤、棉布六百三十七匹，核免稅銀二兩二錢三分一厘。

（三）乾隆時代的中琉文化交流十分活躍

乾隆時期，中琉文化交流很頻繁，琉球官生在國子監學習等情況前文已述，此不贅言。

乾隆時期，中琉科技方面的交流也很多。如中醫中藥從不同途徑傳入琉球。琉球經常派人來華學中醫，如乾隆八年（1743）晏孟德來中國學習口腔疾病的治療方法，回國後積極爲國人治療口腔疾病，馳名全國，成爲琉球名醫之一。由於用中醫治療疾病的需要，琉球國每年從中國購入大量中藥，從清宮檔案中所存的乾隆朝三十二份琉球船隻出口貨物免稅清單中，全部都有中藥材。如乾隆三十二年十月二十四日，琉球貢使帶回中藥材三萬零四百二十斤；乾隆三十九年正月初八日，貢使帶回中藥材十一萬八千零二十斤；乾隆四十一年正月二十日，貢使帶回中藥材十四萬一千七百一十八斤。琉球進口的中藥材有寒、熱、涼、平性藥物及各類成藥，約有二百多種（謝必震《琉球與中國》）。從上述琉球進口中藥材的數量之大、品種之多，可見中醫在琉球已普遍推行，成爲人民防病治病的主要手段之一。

乾隆時期，中國的不少科學技術也傳入琉球，例如救火水龍傳入琉球，便是一例。

據檔案記載，乾隆九年七月，琉球接貢船使官溫思義來閩後，定做救火水龍一架，約重七八十斤，外係銅制木箱，內皆用錫鑲。溫思義講，該國地方茅屋居多，常被火患。因見天朝救火水龍易於救滅，故向銅匠定造，意欲帶回本國，預備救火。

福建巡撫周學健查驗後，奏報皇帝說："惟是琉球一國最爲恭順，且救火器具意在禦災……並無夾帶違禁鉛鐵，似應准其帶回一次。"乾隆皇帝硃批"知道了"，同意該架救火水龍帶回琉球。

中琉間的文物和手工藝的交流也很多，在歷次進貢貿易中，琉球的不少手工藝品被帶到中國。如乾隆三十四年四月二十日，福州將軍增海奏報琉球船進口貨物免稅清單中，有銅水火爐四十三斤、金漆小圍屏二架、油紙扇一千把、銅煙袋三十一斤。乾隆三十九年六月二十五日，福州將軍薩哈岱奏報琉球接貢船進口貨物免稅清單中，有銅水爐三十三斤八兩、銅罐十五斤、油紙扇八百把、細甆器一百斤、銅煙吹六斤。

中國向琉球出口的物資，除大批絲綢、布匹、藥材之外，文物、手工藝品也占有一定的比重。如乾隆三十九年正月初八日，福州將軍薩哈岱奏報琉球貢船回國，在出口貨物免稅清單中有：頭號船，粗甆器三千三百八十五斤、粗油紙扇三千五百把、徽墨二百五十斤、白紙扇一千九百把、細甆器三百七十五斤、漆匣一千四百個、宜興罐三百斤、小鼓三十五面、金扇四十把、油紙扇一千四百把、壽山石器九百斤。二號船，粗甆器三千三百八十斤、徽墨二百五十斤、白紙扇二千把、宜興罐二百五十斤、小鼓三十五面、金扇四十把、壽山石器八百斤。乾隆四十年二月初九日，署理福州將軍閩浙總督鍾溫奏報，琉球國接貢船回國，在出口貨物免稅清單中有：金扇二十把、徽墨三百七十斤、粗甆器四千六百五十斤、油紙扇五百把、粗紙扇三千八百把、細甆器一千九百斤、小鼓五十面、宜興罐四百斤、白紙扇一千五百把、壽山石器三百斤、雕漆大圍屏二架、石硯四十斤、紙畫二十張、漆匣三千一百四十個。

四、中琉在海難方面的互救互助

乾隆皇帝對於漂流到中國沿海的琉球難民很關懷。乾隆二年六月，琉球國所屬之小琉球國有粟米、棉花二船，遭風漂至浙江象山，閩浙總督曾筠資給衣糧遣還。乾隆皇帝得報以後發布上諭說："朕思沿海地方，常有外國船隻遭風漂至境內者。朕胞與爲懷，內外並無歧視。外邦民人既到中華，豈可令一夫之失所。嗣後如有似此被風漂泊之人船，著該督率有司加意撫恤，動用存公銀兩，賞給衣糧，修理舟楫，並將貨物查還，遣歸本國，以示朕懷柔遠人之至意，將此永著爲例。"從此建立了動用公款撫恤難民的行政制度，以後各朝都沿用遵行。

皇帝的諭令發布以後，有關督撫對救助琉球難民更加重視並采取了有效措施，因而奏報救助琉球難民的本章也日益增多。在中國第一歷史檔案館編輯出版的《清代中琉關係檔案選編》中，所收錄的宮中硃批奏摺和軍機處錄副奏摺共二百零四件，其中奏報琉球海難事件的奏摺就有八十五件，約占百分之四十二。對此，莊吉發先生曾有一個詳細的分析統計。現將莊表轉錄如下。

乾隆朝奏報琉球船隻遭風時間地點分布表

遭風日期	啟航地點	遭風地點	上岸港口	船別	人數	選編頁次
二年六月十六日	小琉球大平山	大琉球	浙江定海縣青龍港	大鳥船	36	1
二年六月二十四日	大琉球	宮古山	浙江象山縣南盤塗	差船	10	1
三年六月六日	中山國	宮古島	浙江海門關	運輸船	29	4
十年十二月十八日	琉球	麻姑山	台灣淡水金包裏	運漕船	40	14
十三年八月十五日	浙江平陽縣	浙江	福建連江縣北發東洛	接貢船	118	21
十六年三月十五日	大琉球	太平山	福建銅山營虎頭山	差船	19	37
十八年六月十七日	福建南臺	福建	福建連江縣長門海面	貢船	171	41
二十年十一月二十七日	琉球大平山	大琉球	福建廈門	雙篷差船	36	43
二十二年八月六日	中山國	大琉球	浙江象山縣石浦港	小船	5	58
二十四年四月六日	那霸	大琉球	江蘇羊山島	梭子式小船	5	65
二十四年閏六月六日	小琉球大平山	大平山	浙江臨海縣關頭	差船	41	67
二十四年閏六月二十六日	琉球	麻姑山	浙江坎門教場頭海濱	運輸船	13	67
二十四年閏六月二十八日	那霸	八重山	江蘇阜寧縣	差船	8	73
二十四年閏六月二十八日	那霸	八重山	浙江平湖縣	運輸船	3	77
二十四年十二月十二日	琉球太平山	大琉球	廣東潮陽縣	差船	36	72
二十四年十二月二十三日	琉球太平山	大琉球	廣東香山縣澳門	差船	46	75
二十五年十月三日	琉球中山	琉球	廣東香山縣澳門	運輸船	17	83

續表

遭風日期	啟航地點	遭風地點	上岸港口	船別	人數	選編頁次
二十五年十一月二十六日	琉球太平山	琉球	浙江定海縣	差船	42	80
二十六年七月十二日	那霸	宮古島	福建霞浦縣梅花港	運輸船	9	87
二十六年七月十三日	琉球中山泊村	麻姑山	浙江定海縣	運輸船	9	90
二十六年七月十三日	琉球中山泊村	琉球太平山	浙江平潮縣	差船	15	90
二十六年七月十三日	琉球中山泊村	八重山	江蘇寶山縣	運輸船	11	92
二十六年七月十三日	琉球	麻姑山	江蘇寶山縣	運輸船	10	92
三十四年十月九日	琉球八重山	大琉球	廣東雷州府徐聞縣	運輸船	22	118
三十五年六月二十八日	那霸	八重山	浙江象山縣石浦港	席草風篷差船	27	124
三十五年六月二十八日	那霸	大琉球	浙江台州府太平縣	商船	19	125
三十五年六月三十日	八重山	琉球	浙江嘉興府三盤	運輸船	40	126
三十五年十月二十五日	八重山	琉球	廣東電白縣	差船	27	134
三十七年二月十七日	那霸	八重山	福建亭頭怡山院	差船	22	143
三十七年八月二十三日	宮古島多良間	宮古島	台灣淡水南坎港	運輸船	117	147
三十八年六月二十七日	琉球中山	那霸府	浙江象山縣石浦港	差船	29	152
三十九年三月二十四日	那霸	馬齒山	浙江溫州	差船	21	162
四十一年二月十四日	那霸	八重山	浙江溫州	運輸船	24	183
四十一年六月二十二日	琉球太平山	琉球	浙江奉化縣	差船	47	179
四十四年九月二十四日	久米島	琉球	台灣淡水石汕	差船	25	195
五十年一月二十一日	琉球太平山	太平山	台灣東北海岸	差船	15	205
五十五年五月十四日	那霸港	那朝	江蘇昭文縣白茆港	商船	9	219
五十五年六月十一日	那霸	宮古島	江蘇通州陳七甲港	差船	14	218
五十五年六月十三日	琉球中山	太平山	山東青州府諸城縣	運輸船	16	223
五十五年六月十三日	那霸港	那霸	浙江定海縣	差船	10	221
五十五年七月十六日	琉球泊縣	八重山	江蘇贛榆縣青口鎮	差船	23	221
五十五年十一月八日	那霸泉崎村	那姑呢	台灣	差船	16	238
五十六年七月十八日	太平山	太平山	江蘇太倉州崇明縣	差船	18	226
五十六年八月六日	那霸	北山德島	福建霞浦縣三沙澳	差船	45	230
五十七年八月六日	與那島	八重島	浙江太平縣蠔頭洋	運輸船	24	242
五十七年十一月七日	那霸	那霸	廣東潮陽縣	差船	38	246
五十八年四月六日	麻姑山	麻姑山	江蘇通州	差船	23	244

續表

遭風日期	啟航地點	遭風地點	上岸港口	船別	人數	選編頁次
五十八年七月二十日	八重山	琉球	浙江鎮海縣	差船	9	253
五十九年六月十七日	八重山	八重山	江蘇東臺縣	差船	27	265
五十九年七月六日	琉球北山恩納泊縣		浙江象山縣	商船	5	270
五十九年七月八日	八重山	八重山	江蘇東臺縣	差船	23	264
五十九年七月十一日	八重島	與那島	朝鮮海邊	差船	11	270
五十九年八月十六日	泊縣	琉球砂川	浙江象山縣	商船	8	268
六十年四月二十一日	那霸	大島	浙江平陽縣琵琶洋	差船	51	274

有關督撫上報琉球海難事件的本章，不僅有奏摺，還有題本。已編輯出版的《清朝中琉關係檔案匯編》第四輯中，共選乾隆時期有關督撫報告琉球事宜的題本二百三十六件，其中有關琉球海難事件的題本就有六十件，約占百分之三十九。

清代高級官員奏報政務的文書，主要有題本和奏摺兩種。奏摺自康熙中葉開始使用，至乾隆時成爲政府正式公文之一。有關督撫報告琉球海難事件何事用題本、何事用奏摺，並沒有明文的規定。筆者經調查研究，一般琉球海難事件發生後，有關督撫爲及時報告皇帝知道，多用奏摺上報。因奏摺可直達御前，辦事既快且密。及至海難事件處理過後，琉球難民已遣送回國，有關督撫爲奏銷錢糧和總合匯報處理海難事件的情況，多采用題本上報。奏摺多爲一事一報，題本多爲數案或年終匯報。茲舉例如下：

總督廣東廣西等處地方臣李侍堯謹題，爲匯報發遣難番歸國日期事。該臣看得外番洋船被風漂至內地，發遣歸國，例應年底題報。茲據署理廣東布政使司印務按察使來朝詳稱，乾隆二十五年份，查有一起琉球國太平山難番麻支宮良等五十名，駕白艕船一順，於乾隆二十四年五月二十一日，從太平山裝載大米，赴中山王府貢納，至十二月初八日開船回太平山，在洋遭風折桅。於乾隆二十五年正月十三日，飄泊至香山縣屬澳門洋面。經該縣查驗該船，委系遭風折去桅木。二條船內篷索俱被風吹去，並無攜帶軍器貨物。訊據該番人等供稱，船桅甚大,難以購買,兼之海道不熟,情願將船就地變賣,由內地咨送至福建省城琉球館,另行搭船等情。當日按日賞給口糧,並將該船變價銀三百五十兩,交付各難番收領。資給口糧,雇覓商船,由水路裝送,於乾隆二十五年三月二十七日,逐程護送前進福建琉球館。並請移咨閩省,飭令代爲覓船回國在案。

又一起,琉球國太平山難番山陽西表等三十七名,坐駕海船一隻,於乾隆二十四年五月初十日裝載糧米,由太平山開行前赴中山王府繳納,明白購買新桅鐵釯,隨帶藥材、茶葉、鹽糖等物。於十二月初九日駛回太平山,在洋陡遭颶風。於乾隆二十五年正月初二日,漂至廣東潮陽縣地方。有水手高江洲即高口例一名,於正月十三日在船病故,尚存難夷三十六名。經該縣查明,支給口糧菜薪,及修整船隻,同閩省撥來通事馮長藻,帶引該難番等於乾隆二十五年四月初五日,由潮陽縣開行,逐程護送至福建省琉球館,另行發遣回國。

又一起,廣南廣義府難番陳文餕,自置雙桅船一隻,雇覓舵手黎文明等,並家屬婦女黎氏、阮氏共十名,於乾隆二十五年正月初十日,由廣義港空船駕至廣南嘉定府港口裝載農夫並黎文汝等並婦女鄭氏、武氏共二十名,及稻穀四百石,於五月初四日開行,前赴廣義府屬會安坡地方猝遇狂風大浪。該番人等誠恐載船沈將穀丟去一半,隨風漂流,於六月初四日收入瓊山縣屬白沙海港。經該縣查驗船隻完好,尚存穀石約二百餘石,當即加意撫恤,並抛將穀石自行變賣收價。嗣因水土不服,陳文體、阮文林二名因病身故,尚存難番二十八名,雇林壽與船隻乘送及自駕原船,於乾隆二十五年十月十八日開行回國,等由前來。臣復查無異。相應循例題聞。

乾隆二十六年二月二十日題。四月初九日奉旨:該部知道。

兩廣總督臣李侍堯謹題,爲匯報發遣難番歸國日期事。該臣看得外番洋船被風漂至內地,發遣歸國,例應題報。茲據署廣東布政使阿揚阿詳稱,乾隆三十四年份,查有一起琉球國難番石垣爾也等共二十二名,駕船一隻,赴該國納糧,被風折帆,漂至徐聞縣地方。經該縣恤給口糧,並訊明該番等情願將船變賣,搭船回國。護送至省安頓。

內除山戶等七名先後病故外，尚存一十五名，於乾隆三十四年四月十八日逐程送至福建閩縣查收，覓船回國。

又一起，沒來由國難番呵哆呢等共十一名，在本國裝載檳榔等貨，赴廣南貿易，在洋被風損壞桅篷，漂至電白縣地方。經該縣驗明，船隻難以修理，將船隻、貨物變賣，護送至香山縣，飭交澳門夷目領回安置，俱於乾隆三十四年十一月初十日開往回國。

又一起沒來由國難番鄭那石一名，在本國駕船前往東坡寨買檳榔，駛至港外洋，被風打爛船隻，鄭那石一人抱板漂流登岸。該縣盤獲，恤給口糧，護送南海縣訊明移交香山縣，飭交澳門夷目收領。於乾隆三十四年十二月二十一日，附搭洋船回國，等由前來。臣復核無異，相應循例題報。謹具題聞。

乾隆三十五年三月十四日題。四月二十六日奉旨：該部知道。

福建巡撫臣餘文儀謹題，爲奏聞事。該臣看各琉球國難番須樣智等二十九人，漂風浙江，護送到閩，經臣具奏。嗣據前署布政使廣德詳報，該難番須樣智等，不諳海道，派撥接貢船內水梢喜屋武新垣二名代爲引導，駕回離驛登舟，批准遣發。

續有另案漂風之難番比嘉子等男婦共二十一名口，原船年久難修，思歸念切。撥出五名搭須樣智船內載回。亦經奏咨，並批令遣發，各在案。茲據布政使錢琦詳報，須樣智等船隻，於乾隆四十年三月十五日，由浙江大鹿山外洋，長行回國等由，詳請具題前來。臣復查無異，謹具題聞。

乾隆四十年五月十五日題。六月二十日奉旨：該部知道。

琉球船隻海難事件，多發生在六、七、八月間，這主要是由季節性的颱風造成的，遭風的地點主要在宮古島（太平山、麻姑山）、八重山、馬齒山等大小琉球各島嶼洋面。琉球海難番船隻漂流靠岸的地點，多在廣東、浙江、江蘇、福建等沿海各地。

海難船隻的救助也是相互的。乾隆時代也有不少中國船隻遭風，漂流到琉球，琉球國王也是優加撫恤，資給衣糧，修理船隻，並遣人護送回華。

如乾隆五年，華人徐惟懷在江蘇置貨，租用李永洋的洋船，於乾隆五年六月，往廣東貿易。途中屢遭風暴，至乾隆七年正月十二日，漂入琉球葉壁山地方。經琉球官員救起，撈拾貨物，安頓館驛，日給口糧，中山王特差阮爲標等護送徐惟懷等五十三人至閩，乾隆帝聞報後，命禮部尚書傳旨，嘉獎琉球國王及有關官員。乾隆十五年，中山王尚敬遣都通事阮超群等送回十四年被風失舟之華商吳永盛等四船九十二人，又華商林士典等六船一百三十人，亦被中山王撥給桅木廩餼送回國。乾隆帝對此，令禮部賜給中山王緞匹等物，以示嘉獎。

中琉兩國海難船隻的相互救助，表現了高尚的人道主義精神，反映了兩國人民和平往來、有難互救的高貴品德。也是兩國人民不畏風暴、並肩與天抗爭的英勇表現。

綜觀18世紀的中琉關係，也即乾隆皇帝和尚敬、尚穆國王統治的時代，兩國關係十分密切，政治、經貿和文化的交流都達到歷史的最高峰。在封建的宗藩封貢體系下，兩國經濟繁榮、國泰民安。乾隆在位六十年，依其繼位時許下的只在位周甲的諾言，1795年，禪位於皇太子，即嘉慶皇帝。其時中山王尚穆已於五十九年去世，其子尚哲先於乾隆五十三年去世，世孫尚溫權署國事。乾隆皇帝即將禪位之際，仍念念不忘琉球國王，於乾隆六十年十二月二十七日，給世孫尚溫一道敕諭說："爾中山國王世孫尚溫，授領疆隅，恪循世守。值朕紀念周甲，來歲丙辰元旦，傳位皇太子，改爲嘉慶元年。朕稱太上皇帝。……自丙辰年以後，凡有呈進表文，俱書嘉慶年號。至朕傳位後，凡軍國大政及交涉外藩事件，朕仍訓示嗣皇帝。一切錫齎綏懷，悉循恒典。爾其承恩賜，益勵蓋誠，以副寵眷。"乾隆皇帝傳位以後，仍然掌握着軍政大權，他希望現行的中琉友好關係永遠保持下去。但歷史的發展並不像他想象的那樣，他只當了三年多的太上皇，於1799年去世。這位世紀的老人去世以後，歷史的車輪已進入19世紀。在19世紀，由於世界資本主義到處擴張，中琉兩國相繼遭到列強的侵略，中國自1840年淪爲半封建半殖民地社會，琉球王國也於光緒五年（1879）被日本吞併滅亡，從此，中琉間的宗藩封貢關係也被迫中斷了。乾隆皇帝希望保持的中琉友好關係再也不會出現了，但乾隆時代的中琉友好關係卻給歷史留下一頁美好的篇章。

第四節　1840年以後西方列強對中國的侵略及中國逐步淪爲半封建半殖民地社會

1840年鴉片戰爭後，由於西方列強的侵略，中國由一個封建大帝國逐步淪爲半封建半殖民地社會，清朝後期的中外關係，主要是帝國主義對中國的侵略和中國人民英勇反抗侵略者鬥爭的歷史。我們依據檔案中記載的列強侵華的重大歷史事件，分爲第一次鴉片戰爭、第二次鴉片戰爭、中法戰爭、日俄戰爭、中日甲午戰爭、租界、教案等項，下面依次介紹各項的檔案情況及當今對這些檔案的研究成果。

一、第一次鴉片戰爭

在清政府和各地人民抗擊英國的侵略中，形成了大量檔案，這些檔案主要記錄以下史實。

（一）禁煙運動

自19世紀初，以英國爲首的西方資本主義國家，爲急於打開中國的市場，不惜以大量對華輸入鴉片爲手段。鴉片的大量輸入，不僅損害吸食者的健康，造成白銀外流，而且引起銀貴錢賤，直接破壞社會生產，進一步腐蝕統治階級。爲此，清朝官員中的有識之士紛紛具摺上奏，請皇帝下令嚴禁鴉片。如道光十八年，鴻臚寺卿黃爵滋等上奏道光皇帝，痛陳鴉片的禍害，主張嚴禁鴉片，這個主張得到一些開明官僚的支持。如湖廣總督林則徐奏稱，鴉片爲害巨大，若不認真查禁，"數十年後，中原幾無可以禦敵之兵，且無可以充餉之銀"。經過中央和地方官員反覆討論，道光皇帝最後下決心頒旨禁煙，並派林則徐爲欽差大臣，馳赴廣東禁煙。

林則徐領命後，於道光十九年正月二十五日抵達廣州，立即開始調查研究鴉片走私的情況。對內勸懲吸食煙民，查拿煙販，對外令商人繳出全部鴉片。在鄧廷楨等人的配合下，迫使英、美鴉片販子共交出鴉片一萬九千一百八十七箱又二千袋，計二百三十七萬斤。四月二十二日，將這些收繳的鴉片在虎門海灘當衆銷毀，禁煙運動獲得初步勝利。

（二）戰爭過程

鴉片貿易被嚴厲取締後，英國立即策動對華侵略戰爭。有關戰爭情況的檔案數量最多，其中有清軍與入侵的英軍在廣東作戰情況，及廣州人民抗英鬥爭情形，中英軍隊在福建作戰情況，及福建人民怒毆英人包圍夷館的材料；中英軍隊在浙江作戰情形，英軍攻占定海、鎮海、寧波、慈溪等地及清軍防堵、收復的材料，中英軍隊在江蘇作戰情況，包括上海、吳淞、寶山、鎮江、江寧等地防堵的材料，還有清政府在安徽、山東、直隸、天津、奉天等地籌辦防務的材料。

（三）《南京條約》的簽訂

鴉片戰爭以清廷的失敗告終。道光二十二年七月二十四日（1842年8月29日），清廷派耆英爲欽差大臣在南京與璞鼎查議和，結果簽訂《南京條約》，又稱《江寧條約》。條約共十三款，主要内容有：中國割讓香港；清政府向英國賠款兩千一百萬銀圓；開放廣州、福州、廈門、寧波、上海等五口對外通商，英國可派駐領事等。以後又簽訂了《中英五口通商章程》、《虎門條約》，在《虎門條約》中，英國取得了領事裁判權和片面的最惠國待遇等特權。

《南京條約》簽訂後，美國和法國趁火打劫，於1844年分別強迫清政府簽訂了《望廈條約》和《黃埔條約》。

《南京條約》簽字文本，現在不知流落何處，中國第一歷史檔案館保存有《南京條約》的稿本及有關的上諭和奏摺等，從中可以看出清政府在條約談判時提出修改之處，但最後還是屈從了侵略者的要求。

《南京條約》、《虎門條約》與《望廈條約》、《黃埔條約》一起，成爲中國近代史上外國侵略者強迫清政府訂立的第一批不平等條約，從此，中國社會性質開始發生根本的變化，由一個獨立自主的封建社會，逐步淪爲半封建半殖民地社會。

二、第二次鴉片戰爭

咸豐六年至十年（1856—1860），英、法在俄、美支持下又聯合發動了對中國的侵略戰爭。

繼第一次鴉片戰爭之後，英、法侵略者得寸進尺，大肆侵略中國。1856年10月，英國制造"亞羅號事件"，發動對華戰爭。1857年，法國藉口"馬神甫事件"，與英國聯合侵華。檔案中記載了英法聯軍攻占廣州，及廣東鄉團抗擊侵略者的情況，英法軍艦駛抵大沽，強迫清政府重新訂約，並進犯天津、直逼北京的情況。1858年6月，清政府被迫與英、法、美、俄分別簽訂了《天津條約》，檔案中有議訂條約諭旨、奏摺及條約修訂的草稿等。

英法侵略者並不以簽訂《天津條約》爲滿足，1859年6月，英、法重啓戰端，幾經戰和，到1860年8月，英、法聯軍攻陷大沽，占領天津，9月攻陷通州，咸豐皇帝逃往熱河。10月13日，英、法聯軍攻入北京安定門，控制了北京城，隨之火燒圓明園，這座經清朝長期營造的、被稱爲"萬園之園"的珍貴文物與金銀財寶被焚劫一空。10月24日、25日，奕訢分別與額爾金、葛羅交換了《天津條約》，並訂立了中英、中法《北京條約》。根據《北京條約》，清政府開放天津爲商埠，割讓九龍司給英國，並賠英法聯軍大批軍費。俄國以"調停"有功，迫使清政府簽訂了中俄《北京條約》，割占烏蘇里江以東約四十萬平方公里的中國領土。1864年，俄國又強迫清政府簽訂了《中俄勘分西北界約記》，又割占巴爾喀什湖以東以南四十四萬多平方公里的中國領土。

※　※　※　※　※　※　※　※　※

爲滿足史學界研究的需要，中國第一歷史檔案館曾從館藏檔案中整理出版了《鴉片戰爭檔案史料》（第一冊）。此書收集嘉慶十五年（1810）至道光十九年（1839）檔案史料五百八十八件，反映了鴉片戰爭爆發前夕的政治、軍事、經濟乃至社會現象等各方面的情況。

故宮博物院明清檔案部（一史館前身）與中國史學會合作編輯了《第二次鴉片戰爭》，全書共六冊，其中第三冊至第五冊爲記載第二次鴉片戰爭的清官方檔案，共有一千四百餘件，此書由上海人民出版社於1978年出版。

沈雲龍主編的《咸豐條約》，匯集了咸豐朝與俄、英、法、德等國訂立的條約及有關上諭和奏摺，其中有中俄伊犁塔爾巴哈臺通商章程、中俄璦琿和約、中俄天津條約、中美和好條約、中英天津條約、中法天津條約、中英、中法、中俄續增條約、中法續議印花布加長納稅章程、中德和好通商條約等，該書由臺灣文海出版社出版，全二冊。

　　1990年6月爲紀念鴉片戰爭一百五十週年，中國第一歷史檔案館在北京軍事博物館舉辦了大型的鴉片戰爭檔案圖片展。展出的檔案原件有：道光帝任命林則徐爲欽差赴廣東禁煙的上諭、道光十九年五月林則徐奏報虎門銷煙摺、道光十九年十月林則徐奏報擊退入侵廣東英船摺、道光二十年六月浙江巡撫烏爾恭額等奏英軍侵占定海摺、道光二十年七月琦善奏報英船到大沽呈遞公文摺、道光二十一年正月怡良奏報英人強占香港摺、道光二十二年五月兩江總督牛鑒奏報淞口失守及陳化成陣亡摺等，以及南京條約簽訂圖、廣東海面的英國鴉片走私船隻圖等大量圖片。展覽受到社會各界的歡迎與好評。

三、租界與租借地

　　帝國主義列強根據和清政府締結的不平等條約，以居住和經商爲名，在中國一些大城市和通商口岸租用一些地方，形成在中國土地上的"國中之國"，成爲列強侵略中國的據點。檔案中有北京、上海、天津、漢口、九江及沿海通商口岸租界問題交涉的文書，還有列強爲瓜分中國而割占或租借中國的土地，檔案中有葡人租借澳門案，英國擴展香港、九龍租界及租威海案，並要求長江一帶的權利，法國租借廣州灣案，俄欲占大連灣案，德國強租膠州灣案等。

·專題研究·

壹　清代外國使臣覲見皇帝的禮節

　　中國是世界文明古國之一，與各國的交往，不僅有着悠久的歷史，而且素重文明禮儀，向有"禮儀之邦"的美稱。清朝是我國最後一個封建王朝，它積歷代封建禮儀典制之大成，詳訂了吉、嘉、軍、賓、凶五禮之秩序。凡外國使臣來朝，均以賓禮相待。《清史稿》卷九十一載："無論屬國、與國,要之,來者皆賓也。我爲主人,凡所以將事,皆賓禮也。"

在1840年鴉片戰爭以前,屬國的貢使,或與國的使臣,凡覲見皇帝,一般都行跪拜禮節。

一、藩屬國貢使覲見禮節

各藩屬國朝貢,由禮部接待。貢期不一,朝鮮每年一貢,琉球兩年一貢,安南六年一貢,暹羅三年一貢,蘇祿五年一貢,南掌十年一貢。每屆貢期,各貢使具表文、方物至京,一般在禮部大堂設案,舉行呈表納貢儀式:

是日,引貢使至禮部。正使奉表文,先由四譯館卿接受,再轉授給禮部侍郎,然後陳於案上,使臣對案行三跪九叩禮。禮成後,禮部將表文送內閣轉呈御覽,貢物存有關衙門。如值大朝常朝,允許貢使列西班末,隨朝臣行禮如儀。非朝期,由禮部先奏,若皇帝召見,是日帝御殿,禮部尚書引貢使入,通事隨行,至丹墀西行禮畢,升自西階,通事復從之。及殿門外跪,帝慰問,尚書承轉,通事轉諭,貢使對詞,通事譯言,尚書代表。禮畢,退下。如果皇帝特示優異,貢使在丹墀行禮後,即引入殿右門,立右翼大臣末,通事立少後。帝賜茶、賜座,均隨大臣跪叩,飲畢,帝慰問傳達如初。出朝所,賜尚方飲食,禮畢,退。第二天,貢使赴午門謝恩。①

二、西洋使臣來朝覲見禮節

清代前期,封建經濟有進一步發展,物產豐盈,自給自足。乾隆帝說:"天朝物產豐盈,無所不有,原不借外夷貨物,以通有無。"所以順、康、雍以至乾、嘉各朝,一直實行閉關自守的政策。當時的世界東西海上交通大開,自1640年英國資產階級革命後,西歐各國已進入資本主義時代。爲了開拓中國的市場,西洋各國或以朝貢或以通商的名義,不斷派遣使臣來華。清朝對於正常的中外交聘往來,從不拒絕。雍正帝說過:"朕以萬物一

---

① 《清史稿》卷九十一,山海諸國朝貢禮。

體為懷。西洋使臣及寓居中國之人，如能遵守中國的禮制，慎守法度，行止無愆，朕自惟恩撫恤。"①

據清朝檔案記載，清代前期西洋派專使來華的主要有西班牙、荷蘭、葡萄牙、意大利、俄國和英吉利等國家。這些使臣來華，一般由禮部接待，將表文、貢物轉呈皇帝。如蒙召見，覲見時須按清朝的禮制行跪拜禮。如康熙五十九年（1720）西洋國（葡萄牙）使臣裴拉理奉表來朝，康熙帝在暢春園九經三事殿接見了他。覲見禮節如下：

"是日，設表案於暢春園九經三事殿階下正中，聖祖仁皇帝御殿陞座。禮部鴻臚寺官引貢使奉表陳案上，退，行三跪九叩禮。仍詣案前奉表，進殿左門、陞左陛，膝行至寶座旁恭進，聖祖仁皇帝受表，轉授接表大臣。貢使興，仍由左陛降，出左門，於陛下復行三跪九叩禮。入殿，賜座、賜茶。畢。謝恩，退。"①

雍正五年（1727）西洋博爾都噶爾王若望遣使麥德樂具表進貢。乾隆十八年（1753）西洋國遣使巴哲格奉表來朝，麥德樂和巴哲格覲見皇帝時，也都行跪拜禮。

乾隆五十八年（1798）英吉利國遣使臣馬戛爾尼等來朝，覲見乾隆帝時仍行跪拜禮儀。據檔案記載："英吉利國遣使臣馬戛爾尼等入貢，高宗純皇帝御澹泊敬誠殿，軍機大臣同禮部堂官帶領貢使恭捧表文跪遞，命御前大臣恭接轉呈御覽。"①又據《陳康祺郎潛紀聞》云："乾隆癸丑，西洋英吉利國使者當引對，自陳不習拜跪，及至殿上，不覺雙跪俯伏，故管侍御韞山堂詩有'一到殿廷齊膝地，天威能使萬心降'之句也。故嘉慶時代，英國第二次使臣來華朝覲，當討論禮節時，華官謂必依馬卡特尼伯爵之例，叩頭而已，且報明馬卡特尼伯爵每次覲見，皆有叩頭之舉。此次執意不從，致被駁回。不獨此也，俄籍譯員維特金（Vedikin）者，其時正在北京，及其他躬逢盛會之人，皆斷斷謂英國大使行其三跪九叩之禮，人言籍籍，要非無因。"②

覲見禮儀關係到國家的地位和元首的尊顏，到了19世紀初期，清朝國

---

① 清外務部檔案五一四四號。
② 轉引自朱傑勒《中外關係史論文集》第五一四頁。

力日衰，而西洋各國正處於資本主義發展上陞階段，國力日進。西洋使臣來華覲見皇帝，有的已不願遵行清朝的跪拜禮儀。例如嘉慶二十一年（1816）英國使臣斯當冬、馬禮遜賫國書來覲，因其不願行跪拜禮而返。李元度纂《國朝先正事略·孫玉庭事》："英吉利入貢，其使不能行三跪九叩禮，廷議以其崛強遣之。"爲英使入覲不能跪拜一事，嘉慶帝十分生氣，曾敕諭英吉利國王說："爾國遠在重洋，輸誠慕化。前於乾隆五十八年，先朝高宗純皇帝御極時，曾遣使航海來廷。維時爾國使臣恪恭成禮，不愆於儀，用能仰沐恩寵瞻觀筵宴錫賚便蕃。本年爾國王復遣使賫奉表章，備進方物。朕念爾國篤於恭順，深爲愉悅。循考舊典，爰飭百司，俟爾使臣至日，瞻觀宴賚，悉仿先朝之禮舉行。爾使臣始達天津，朕飭派官吏在彼賜宴。詎爾使臣於謝宴時，即不遵禮節。朕以遠國小臣未嫻儀度，可從矜恕，特命大臣於爾使臣將次抵京之時，告以乾隆五十八年爾使臣行禮，悉跪叩如儀，此次豈容改異。爾使臣面告我大臣，以臨行期遵行跪叩，不敢愆儀。我大臣據以入奏，朕乃降旨於七月初七日令爾使臣瞻觀，初八日於正大光明殿賜宴頒賞，再於同樂園賜食。初九日陛辭，並於是日賜游萬壽山。十一日在太和殿頒賞，再赴禮部筵宴。十二日遣行，其行禮日期、儀節，我大臣俱已告知爾使臣矣。初七日瞻觀之期，爾使臣已至宮門，朕將御殿。爾正使忽稱急病不能動履。朕以正使猝病，事或有之，因只令副使入見。乃副使二人亦同稱患病，其爲無禮莫此爲甚！"①

三、各國公使覲見禮節

1840年鴉片戰爭以後，中國逐步淪爲半封建半殖民地社會，列強不僅在華各通商口岸設置領事，而且要求遣使常駐北京。根據1858年中英《天津條約》，中、英兩國可"交派秉權大臣，分詣大清、大英京師"。② 各國依照"利益均沾"的原則，也紛紛要求遣使駐京，並要求覲見皇帝，親遞國書，如咸豐九年五月十八日英使卜魯斯照稱："恭奉御筆國書，親呈大皇

---

① 清外務部檔案五一四四號。
② 《中外舊約章匯集》。

帝展覽。"清廷認爲各公使入京覲見有傷天朝尊嚴，且會危及清廷的統治，所以一拖再拖。直到1860年中英、中法《北京條約》簽訂後，纔被迫接受各國公使常駐北京。各公使駐京之後，再次要求入覲，親遞國書。清廷答復："如親遞國書，必須按照中國跪拜如儀，方可允行。"① 咸豐八年八月十五日英使再次照會清政府："我大君主親筆國書……除親遞之外，別無他議可議！"覲見一事，終咸豐一朝，始終因儀節未定，事不果行。

同治帝沖齡繼位，兩宮太后垂簾聽政。當時各國公使又以其國元首接見清朝使臣蒲安臣爲例，反復要求覲見皇帝，親遞國書。英使阿禮國威脅清政府說："此事貴國多延一日，則怠慢外國之意多甚一日。"而清廷一直以皇帝沖齡爲藉口，堅拒不允。此時西方報紙也大肆宣傳："英法布各國駐京使臣愈以不得朝觀爲恥，屢求入觀，而以皇上未成冠禮，未親庶政爲辭。"②

在各國公使強烈要求覲見的情況下，清廷內部也展開了一場辯論。一種意見，考古論今，謂覲見必行跪拜之禮，如直隸總督官文上摺奏稱："查覲者，諸侯見天子之禮，所以考禮正刑一德以尊於天子也。曲禮曰，天子當宸而立，諸侯北面而見天子曰覲。諸以古者諸侯分茅胙土各君其國，以時來見天子而述其職，所以明君臣之義也。今各國以阻其入覲，謂以不以客禮相待，不知覲乃臣禮非客禮也。……未有覲而不行跪拜禮者。"③ 守舊派認爲跪拜之禮是"列祖列宗二百餘年之舊制，又安可輕易乎"。④ 另一種意見認爲，覲見不必強行跪拜之禮，如總理衙門奏稱："查覲見之事，載在咸豐八年所訂條約。即'覲見'二字而論，自係尊崇中國之意。……各國使臣每謂該國向無跪拜。……各國凡臣下見君，以免冠俯首立而叩爲敬。"⑤ 洋務派曾國藩、李鴻章、左宗棠、李瀚章等都認爲"強行跪拜之禮，恐有所難"，應"斟酌時勢，權宜變通"。④

同治十二年皇帝親政，俄、德、美、英、法各國使臣趁機聯銜照會總

---

① 以上見清外務部檔案五一四四號。
② 清外務部檔案五一四四號。
③ 軍機處錄副奏摺·同治六年十二月二十二日官文奏摺。
④ 同治朝《籌辦夷務始末》卷八十九。
⑤ 軍機處錄副奏摺一四〇〇號。

理衙門："恭逢大皇帝親裁大政，今希奏請降旨召見。"清帝仍要求覲見須行跪拜禮。各公使復聯銜照稱，"有礙國體之禮"，斷不肯行。① 這時總理各國事務衙門王大臣恭親王也提醒說："咸豐十年，請覲未就，因而啓釁。"

在各國強烈要求和威脅下，清帝不得已於同治十二年五月二十日發布上諭："現在賫有國書之住京各國使臣，著准其覲見。"前此總理各國事務衙門與各國公使就覲見一事達成如下協議：

1. 接見之禮，君上坐立自便，或賜茶酒，或別用榮異，均爲君恩，自非必應討請。

2. 使臣入朝見上之際，有請安奏賀數言，未問及不能首先論及事務。蓋凡公務，國主若肯首，應聽主張。奏對之後，使臣如欲續奏，抑或於國主未問之先，遽然奏陳，國主亦可以禮卻謝。

3. 此次使臣入覲，以在華資深之員領班，代各同僚奏對。如詢問他臣，恭候請問。

4. 中外禮節不同，如有礙國體之禮，不得勉強。各使出見本國君上，均三鞠躬，此次覲見改爲五鞠躬，以昭格外誠敬。

5. 各國實任出使大臣，奉有本國國君之書，初來住中國者，始覲見大皇帝，以便面遞國書，其餘不在請覲之例。

6. 覲見禮節言詞，應先期繪圖演習。

7. 覲見處所及何年何月何日入覲，恭得大皇帝諭旨遵行。

8. 定議後，將來無論何國幾等使臣，初次來住中國，如有本國國書，必應親遞者，均照此次五國大臣覲見禮節，不得稍有參差。

9. 覲見大典，不宜輕舉。且日後初次來華之各國大臣，既住中國，爲日正長。當照此節略所言五國使臣同見之例，遲早恭候諭旨遵行，不能一人隨時請覲，用昭鄭重。②

這樣同治十二年六月初五日，同治帝在中南海紫光閣首次接見了各國駐華公使，被接見的使臣有日本使臣副島種臣、俄國使臣倭良嘎哩、美國

---

① 以上見軍機處檔案·各國照會。
② 同治朝《籌辦夷務始末》卷八十九。

使臣鏤裴迪、英國使臣威妥瑪、法國使臣熱福理、荷蘭使臣費果蓀。德國使臣李福斯因病回國，未能入覲。這次接見的情形，《清史稿》卷九十一記載："其年夏，日本使臣副島種臣、俄使臣倭良嘎哩、美使臣鏤裴迪、英使臣威妥瑪、法使臣熱福理、荷蘭使臣費果蓀瞻覲紫光閣，呈國書，依商訂例行事。接見時，帝坐立唯意，賜茗酒，恩自上出。使臣訊安否，謹致賀辭。未垂問，勿先言事。西例臣見君鞠躬三，今改五鞠躬。使臣初至始覲見，餘者否，嗣後親奉國書者仿此。其禮式先期繪圖試習，覲見某處所，某月日，並候旨行。"

依照同治十二年成案，以後覲見禮節，都實行鞠躬禮，但鞠躬次數可酌情變化。光緒前期接見各國公使，一般都在紫光閣。具體儀節如下：是日，總署大臣帶領使臣由紫光閣東階進殿。進殿東第二門，使臣一鞠躬，向前數步一鞠躬，至龍柱間向上正立一鞠躬。使臣致詞，翻譯譯文，各畢。使臣向前至納陛中下捧國書，由總署大臣接受，陳於御案，使臣一鞠躬，皇帝答以首肯，表示收到國書之意，使臣退回龍柱間原立處。皇帝用滿語傳諭慰問，總署大臣漢語傳宣，使臣聽畢一鞠躬。皇帝答以首肯，總署大臣帶領使臣後退數步一鞠躬，至殿門一鞠躬，仍由原路帶下，禮畢。①

四、清末覲見禮節的變化

1900年八國聯軍侵陷北京，帝國主義列強強迫清政府簽訂了喪權辱國的《辛丑條約》。條約中還特別規定了覲見禮節：

1. 諸國使臣會同或單行覲見大清國大皇帝時，即在大內之乾清宮正殿。

2. 諸國使臣覲見時，來往乘轎至景運門外，在景運門換乘椅轎至乾清門階前降輿，步行至乾清宮皇帝前。禮成後，諸國大臣一體回館。

3. 每值使臣呈遞敕書或國書時，大皇帝必遣加用黃襻如親王所乘之綠轎到館，將使臣迎入大內。禮成後，仍一體送回。往來之時，必派兵隊前往使館迎送。

---

① 軍機處錄副奏摺·外交類一三六八號。

4. 每值呈遞敕書或國書時，其書在使臣手內，必由大內之各中門走進，直到駕前，禮成後即由已定諸國使臣覲見禮節所議各門而回。

5. 使臣所遞敕書或國書，皇帝必親手接收。

6. 如皇帝願款宴諸國使臣，現已議明應在大內之殿廷設備，皇帝亦躬親入座。

7. 總之，無論如何，中國優禮諸國使臣，斷不致與彼此兩國平行體制有所不同。①

這樣，列強駐華公使儼然以主宰的身份，清廷必須以最優崇的禮儀相待。這時的清政府已成"洋人的朝廷"，唯洋人的意志爲是，上列各條，都一一照行。例如光緒二十七年十二月皇帝在乾清宮接見各國使臣，覲見禮節如下：

屆時，大皇帝遣加用黃襷如親王所乘之綠轎，並派兵隊（哨官一名，步兵八名）迎使臣進大清門，至天安門外，換坐椅轎，進端門、午門、太和門、中左門、後左門至乾清門階下下椅轎，進乾清門，至上書房少憩。再引至乾清宮駕前呈遞國書。大皇帝親手接收。禮畢。使臣出乾清門，坐椅轎至景運門外，換乘黃襷綠轎出東華門回館。其參隨等由東華門步行至景運門外朝房，候使臣至乾清門，隨同入覲，禮畢回館。②

清朝末年，帝國主義各國爲了進一步瓜分和掠奪中國，不僅增加了駐華使、領等外交人員，而且一些達官顯貴及工商各界人士也紛紛來華。清廷在革命運動日益高漲的威脅下，也加緊了和帝國主義的勾結，這樣中外交往日多，覲事活動也日益頻繁。據清宮檔案記載，光緒末期，每年覲事僅四五次，到宣統時，一年竟達二十二次之多，③ 覲見的禮儀也應時做了一些變化：

1. 公使入覲呈遞國書，儀式如往。地點略有變化，除大多數在乾清宮外，也有少數在皇極殿和養心殿。如光緒三十年十月和十二月，奧、美、德、俄、比、英、日、法、荷、義、葡等國使臣，曾分三批在皇極殿覲見皇太后，呈遞國書。④ 宣統時，監國攝政王代表皇帝，常在養心殿東暖閣

---

① 《國際條約大全》卷二。
② 清外務部檔案四三一五號。
③ 根據宮中硃批奏摺外交類和清外務部檔案統計。
④ 宮中硃批奏摺·外交類三九九號。

接見各國公使，接收國書。①

2. 公使入覲非呈遞國書，屬於一般性覲見，進大內不必由大清門入，而由東華門進出即可。

3. 各國親王入覲，皇帝可與握手。如光緒二十九年三月初五日，德國巴宴國親王祿佩希特在乾清宮的覲見禮節：是日，巴宴國祿王及戈親王乘內務府所備之綠呢黃襷大轎，使臣率隨員、翻譯等乘轎馬同行。外務部派弁導引並派兵隊護從至大清門，兵隊止於大清門外。巴宴國祿王暨戈親王、使臣、隨員、翻譯等進大清門、天安門、端門各中門，至午門外，祿王暨戈親王、使臣降輿，換乘內務府所備之椅轎，隨員、翻譯下轎馬步從，進午門、太和門各中門、中左門、後左門至乾清門階下，下轎步行，進乾清門中門，至上書房少坐。候屆九點半鐘時，皇太后陞殿，外務部王大臣帶領祿王暨戈親王、使臣、隨員、翻譯等進中門一鞠躬，進殿數武一鞠躬，至納陛前一鞠躬。祿王暨戈親王、使臣、翻譯一貢上納陛，祿王口奏頌詞，翻譯譯畢。皇太后答詞，翻譯恭譯。祿王立，聽畢一鞠躬，退向右行至西暖閣外，向上一鞠躬。皇上御西暖閣，外務部王大臣帶領祿王暨戈親王、使臣、隨員、翻譯等進西暖閣一鞠躬，進前數武一鞠躬，至御案前一鞠躬。皇上起，握手，賜祿王座。祿王口奏頌詞，翻譯譯畢。皇上答詞，翻譯恭譯。祿王聽畢，皇上起，握手。祿王告辭一鞠躬，退後一鞠躬，禮如前。由殿右門出，回至上書房祗候皇上駕臨慰勞。皇上還宮，祿王暨戈親王、使臣、隨員、翻譯等少憩，出乾清門中門階下。祿王暨戈親王、使臣坐椅轎，隨員、翻譯等步從。仍出後左門、中左門，由太和門、午門各中門出至午門外，祿王暨戈親王、使臣下椅轎乘輿，隨員、翻譯等上轎馬出端門、天安門、大清門各中門，兵隊接護回館。②

4. 凡覲見爲賀年、游宴、祝壽等，儀式更趨簡化。每屆中國新年，各國公使及參隨人員照例入覲，向皇帝賀年，接着各使臣夫人及眷屬入覲，向皇太后賀年。

慈禧太后爲與各國修好，每年春、秋二季，當春光明媚、秋高氣爽之時，照例要邀請各國使臣、夫人及參隨、眷屬等，至頤和園游玩、宴樂。

---

① 清外務部檔·宣統二年各國使臣及游歷人員覲見表。
② 宮中硃批奏摺·外交類三九九號。

游宴觀見儀式一般在頤和園仁壽殿進行。首先由領銜公使代表各公使眷屬等致頌詞，然後皇太后、皇帝致答詞。觀見畢，至樂壽堂用飯畢，乘船至涵虛堂少坐，用茶畢，乘船至清晏舫，用茶畢，乘轎上山，由智慧海至景福閣少坐，用茶畢，還樂壽堂，少坐，至水塢乘船，各還使館。①

宣統帝年幼登極，由監國攝政王代表皇帝接見各國公使或來華游歷人員。公使呈遞國書，或在乾清宮，或在養心殿，觀見禮節更趨與各國一致。例如，宣統元年四月二十六日，美使柔克義請求觀見。監國攝政王載濤代表皇帝在養心殿東暖閣接見了他，其儀節如下：

是日，外務部派弁導引公使進東華門至上駟院換椅轎，參隨步從。進景運門至乾清門階前下椅轎，進乾清門，在上書房少坐。候屆十點鐘時，外務部大臣帶領公使經月華門、遵義門至養心殿，進東暖閣，向監國攝政王一鞠躬。監國攝政王答禮，握手。監國攝政王與公使寒暄，從容酬答，翻譯均侍立傳達。攝政王、公使及各官皆起，公使向攝政王一鞠躬。攝政王答禮，握手。公使退出東暖閣一鞠躬，出殿門回至上書房少坐，酒點畢，出乾清門、景運門、東華門，回館。②

宣統二年十一月十日，英公使朱爾典請求觀見，監國攝政王在乾清宮接見了他，其儀節如下：

是日，由外務部預備黃襟綠呢大轎，並派禁衛軍赴使館引公使乘坐大轎，參隨從。進大清門、天安門、端門至午門外，公使換椅轎，參隨步從。進午門至乾清門階下下轎，進乾清門中門。先至上書房少坐，候屆九點半鐘時，外務部大臣帶領公使賫國書至殿中門一鞠躬，監國攝政王起立。公使進殿數武一鞠躬，至納陛前一鞠躬，恭進頌詞。翻譯譯畢，監國攝政王親述答詞，翻譯恭譯，公使聽畢一鞠躬，上納陛呈遞國書，監國攝政王代接收，置於御案上。公使向監國攝政王一鞠躬，監國攝政王答禮。公使下納陛一鞠躬，退至殿門一鞠躬。出殿左門，仍至上書房。酒點畢。出乾清門中門乘椅轎出景運門，換乘黃襟綠呢大轎。參隨至上駟院上轎，出東華門，回館。③

---

① 宮中硃批奏摺四-三九九-二九號。
② 清外務部檔案三二二九號。
③ 清外務部檔案五四七號。

由上觀之，覲見禮節雖是皇帝接見各國使臣的行爲細節，但它卻代表着接見雙方的地位和尊嚴。1840年以前，清朝是一個國力强盛的封建大國，外國使臣覲見時都能遵行中國的跪拜禮。迨1840年以後，列强侵略，清朝割地賠款，喪權賣國，逐步淪爲"洋人的朝廷"，外國使臣覲見時自然不願行中國的跪拜禮，而强行改用代表其國體的禮節。這一變化反映了清代由封建社會逐步淪爲半封建半殖民地社會的歷史事實，所以，對覲見禮儀的研究，有助於我們對清代歷史發展的認識和研究。

附清末各國使臣及游歷人員覲見一覽表

覲見時間	覲見處所	國名、職名	人數	覲見事由
光緒二十七年十二月十三日	乾清宮	德使穆默、英使薩道義、法使畢盛、鮑渥、俄使格爾思、雷薩爾、日使内田康哉、葡使白朗谷等及參隨人員	56	呈遞國書
光緒二十七年十二月十九日	乾清宮	奥使齊乾、美使康格、德使穆默、法使鮑渥、俄使雷薩爾、日使内田康哉、義署使羅瑪訥、西署使買思理、比署使買爾牒及各使館參隨人員	74	呈遞國書
光緒二十七年十二月二十三日	寧壽宮養性殿	奥使齊乾帶領美、英、德、法、俄、日、義、西、葡各使臣之妻及眷屬等	30	朝覲慈禧太后
光緒二十八年正月三十日	乾清宮	美、英、奥、俄、葡、義、法等國使臣及參隨人員等	67	賀年
光緒二十八年正月二十日	寧壽宮養性殿	奥使齊乾帶領各使臣夫人及眷屬等	27	向慈禧皇太后賀年
光緒二十八年五月初五日	寧壽宮養性殿	奥使齊乾帶領各使臣夫人及眷屬等	37	朝覲慈禧皇太后
光緒二十八年九月初二日	頤和園仁壽殿	美使康格帶領各使臣夫人及眷屬等	48	游宴
光緒二十八年九月十七日	頤和園仁壽殿	各國使臣及參贊、武官、翻譯等	56	游宴
光緒二十九年正月初九日	乾清宮	各國使臣及參隨人員等	70	賀年
光緒二十九年正月十三日	寧壽宮	各國使臣夫人及眷屬等	30	覲見皇太后賀年

第十二章　中外關係（G）

續表

觀見時間	觀見處所	國名、職名	人數	觀見事由
光緒二十九年三月初五日	乾清宮	德署使葛爾士偕同巴宴國親王祿佩希特等	14	觀見皇太后皇帝
光緒二十九年三月初五日	寧壽宮養性殿	德署使領巴宴國祿王妃等	5	朝見皇太后
光緒二十九年四月十五日	頤和園仁壽殿	各國使臣及參隨、翻譯、武員等	100	游宴
光緒二十九年四月十六日	頤和園仁壽殿	美使康格帶領各國使臣之妻及内眷等	41	游宴
光緒二十九年八月十九日	頤和園	各國使臣及參贊、武官、隨員、翻譯等	106	游宴
光緒二十九年八月二十日	頤和園仁壽殿	各國使館内眷及翻譯等	42	游宴
光緒三十年正月初五日	乾清宮	各國使臣及參隨人員等	64	賀年
光緒三十年正月十九日	頤年殿	奧使齊乾帶領各國使臣夫人等	35	向皇太后賀年
光緒三十年二月二十四日	純一齋	各國使臣夫人等	7	觀見皇太后
光緒三十年二月二十七日	外務部	各國使臣及參隨人員等	52	瞻仰皇太后聖容
光緒三十年三月二十四日	頤和園仁壽殿	各國使臣及參隨、武官等	114	游宴
光緒三十年三月二十五日	頤和園仁壽殿	奧使齊乾偕各國使臣夫人等	51	游宴
光緒三十年九月初七日	頤和園仁壽殿	各國使臣、參隨、武官等	100	游宴
光緒三十年九月初九日	頤和園仁壽殿	各國使臣夫人及内眷等	42	游宴
光緒三十年十月初六日	皇極殿	奧、美、德、俄、比使臣	10	向皇太后呈遞國書
光緒三十年十月十七日	皇極殿	英、日、法、韓使臣	8	向皇太后呈遞國書
光緒三十年十二月初四日	皇極殿	荷、義、葡使臣	6	向皇太后呈遞國書
光緒三十二年正月初九日	乾清宮	德使穆默帶領各國使臣等	75	賀年
光緒三十二年九月初九日	頤和園仁壽殿	義使巴樂禮帶領各國使臣等	54	游宴
光緒三十二年九月十五日	頤和園仁壽殿	義使巴樂禮帶領各國使臣	56	游宴
光緒三十三年正月十二日	乾清宮	美使柔克義帶領各國使臣	76	賀年
光緒三十三年三月十四日	海晏堂	荷使、希特使帶領各國使臣之妻及眷屬等	22	賀年
宣統二年正月十九日	養心殿東暖閣	義使臣文吉等	3	離任陛辭

續表

觀見時間	觀見處所	國名、職名	人數	觀見事由
宣統二年二月十九日	養心殿東暖閣	美署使臣費勒器帶領美前總統之妹暨其夫羅冰孫	5	羅冰孫夫婦游歷來京
宣統二年三月初二日	乾清宮	西使臣白斯德等	3	呈遞國書
宣統二年三月十二日	乾清宮	比專使瓦樂繼等	6	呈遞國書
宣統二年三月十二日	乾清宮	美使臣嘉樂恒等	6	到任呈遞國書
宣統二年三月二十三日	養心殿明殿	日本海軍中將島村速雄等	14	游歷來京
宣統二年四月二十五日	養心殿明殿	法水師提督賈德禮等	18	游歷來京
宣統二年四月二十五日	養心殿明殿	日本使臣伊集院彥吉帶領商人松方幸次郎等	7	來京觀光
宣統二年四月二十五日	養心殿明殿	奧阿雷安親王等	2	游歷來京
宣統二年五月初八日	乾清宮	義使臣巴厘辣理等	10	呈遞國書
宣統二年六月十五日	養心殿東暖閣	比署使臣博賚爾等	3	呈遞寶星並國書
宣統二年七月初七日	養心殿明殿	義海軍提督嘎薩納瓦等	14	游歷來京
宣統二年八月十八日	乾清宮	美陸軍大臣狄金生等	18	呈遞國書後復至養心殿
宣統二年八月二十四日	乾清宮	英署使臣麻穆勒等	12	呈遞國書
宣統二年九月初六日	養心殿明殿	美使臣嘉樂恒帶領商團領袖布甫等	27	實業團游歷來京
宣統二年九月十六日	乾清宮	比使臣賈爾牒等	5	呈遞國書
宣統二年九月十七日	養心殿東暖閣	英香港總督盧嘉駐津提督庫巴等	6	游歷來京
宣統二年十月初二日	養心殿明殿	德海軍協都統莒樂等	8	游歷來京
宣統二年十月初六日	乾清宮	墨使臣巴哲格等	3	呈遞國書
宣統二年十月初九日	養心殿東暖閣	德前殖藩部大臣德仁保等	4	游歷來京
宣統二年十月二十日	養心殿東暖閣	德膠澳辦事大臣都沛祿等	6	游歷來京
宣統二年十一月初十日	乾清宮	英使臣朱爾典等	8	回任呈遞國書

說明：①此表根據清軍機處錄副奏摺外交類、宮中硃批奏摺外交類和清外務檔案編制而成。

②此表從《辛丑條約》後編起，時間自光緒二十七年至宣統二年。因檔案不全，光緒三十一年、三十四年，宣統元年、三年均缺。

貳　總署和外務部的設立與中外使領的遣駐

一、總理各國事務衙門的設立

1840年鴉片戰爭後，英、法、俄、美等資本主義國家，先後強迫清政府訂立了一系列不平等條約，清廷不但割地、賠款，而且還開放廣州、福州、廈門、寧波、上海爲通商口岸。以後交涉日益繁多，爲此，清帝特設"欽差大臣"管理五口通商事務。第二次鴉片戰爭後，咸豐十年九月（1860年10月）英、法聯軍侵占北京。清廷先後與英、法簽訂了《北京條約》，互換了《天津條約》，除再次割地、賠款外，還特別規定了各國公使常駐北京。侵略者早已不滿意只在通商口岸辦理交涉的辦法，要求設立新的外交機構。於是，恭親王奕訢於咸豐十年十二月三日（1861年1月13日）奏請設立總理各國事務衙門。1861年1月20日咸豐帝正式批准，原上諭說："京師設立總理各國通商事務衙門。著即派恭親王奕訢、大學士桂良、戶部左侍郎文祥管理，並著禮部頒給'欽命總理各國通商事務衙門'關防。"（咸豐朝《籌辦夷務始末》卷七十二）這樣，這個爲列強服務四十多年的外交機構，於咸豐十一年三月在北京東堂子胡同鐵錢局正式開張了。

總理各國事務衙門的職官分：①管領大臣：設有總理各國事務親郡王、貝勒，大臣，幫辦或會辦大臣，大臣上行走或學習行走，名額不定，多是兼職，由皇帝特簡。②司員，都是從各衙門調來的章京，有總辦章京滿漢各二人爲章京之首領，有幫辦章京滿漢各二人，章京滿漢各十人，額外行走章京滿漢各八人，此外還有到署當差章京和兼行章京等。章京最初是分署辦事，以後改爲分班辦事，同治三年定爲分股辦事，當時分英國股、法國股、俄國股、海防股，還設有司務廳及清檔房等機構。

總理各國事務衙門的職掌，清會典中說："掌各國盟約，昭布朝廷信德。凡水陸出入之賦，舟車互市之制，書幣聘饗之宜，中外疆域之限，文譯傳達之事，民教交涉之端。"（《光緒會典》卷九十九）所以總署不僅管外交，而且還管海關稅務、鐵路礦務、郵政電報及海防船務等。總之，凡與洋人交涉的一切事務，它都管理，所以又叫"洋務衙門"。

二、總署改爲外務部

19世紀末，資本主義已發展到帝國主義階段。自甲午戰爭後，各帝國主義國家對中國的侵略，便以資本輸出爲主了。它們除在中國辦工廠、修鐵路、開礦產、設銀行、進行政治貸款等，壟斷了中國的經濟命脈外，還進而劃分勢力範圍，租借海港，割占土地，妄圖瓜分中國。帝國主義的侵略行徑，必然引起中國人民的反抗，所以1900年爆發了轟轟烈烈的義和團反帝愛國運動，沈重打擊了帝國主義妄圖瓜分中國的陰謀。侵略者終於認識到"瓜分一事，實爲下策"（瓦德西《對海辣特訪員談話》），不得不采取"以華治華"的策略，扶植清政府，作爲侵略中國的工具。所以光緒二十七年七月二十五日（1901年9月7日），列強與清政府便簽訂了《辛丑條約》。《辛丑條約》共十二條，其中重要的一條便是"將總理各國事務衙門，按照諸國酌定，改爲外務部，班列六部之上"（《辛丑條約》第十二條，《國際條約大全》卷二）。實際上，在條約簽字前一個多月，即六月九日，清帝已根據列強命令，將總署改爲外務部。

爲什麼帝國主義列強要清政府將總署改爲外務部呢？

一是總署體制不崇。總理各國事務衙門是在洋槍洋砲逼迫下的產物，它始終是一個臨時機構。侵略者認爲總署對外有鄙視的觀念，曾多次要求改革。所以《辛丑條約》中規定將總理各國事務衙門改爲外務部，班列六部之前。

二是總署的大臣職責不專。總署的大臣多是兼職，而且人數太多。最初僅三人，到總署撤銷前夕增至十二人之多，甚至在光緒二十四年，上諭"各直省將軍督撫均著兼總理各國事務大臣"（見宮中硃批奏摺外交類五〇二）。這樣多的總署大臣"好像委員制的委員"，辦事互相推諉，因循拖拉（劉芝城《清朝總理各國事務衙門》），引起侵略者的不滿。1875年英使威妥瑪辱罵總署說："自咸豐十一年到今，中國所辦之事，越辦越不是，就像一個小孩子活到十五六歲倒變成一歲了。"叫嚷"非先換總署幾個人不可"

（《李文忠公全集》卷三）。光緒二十七年三月，領銜公使葛絡干代表各國公使意見照會清政府："將總理各國事務衙門改爲外務部，冠於六部之首，管部大臣，以近支王公充之。"並且要求管部大臣必須專職，不能多設，以避免過去發言盈廷、遇事推諉的現象。（《李文忠公全集》卷三）清政府當然唯命是從。改制以後，外務部的大臣祇有五人，而且均係專職，這樣完全達到了侵略者的要求。這時，整個清政權已變成了帝國主義的馴服工具。

外務部的職官，最初制定時，有總理外務部事務王大臣一人，會辦大臣一人，尚書一人，左右侍郎各一人。宣統三年四月，責任內閣成立，改革外務部的職官，裁撤總理及會辦大臣，改尚書爲外務大臣，裁撤左右侍郎，改設外務部副大臣一人，另外設左右丞各一人，"掌機密文移，綜領衆務"（《清史稿》職官志六），設左右參議各一人，"掌審議法令"（《清史稿》職官志六）。外務部的機構有：

（一）辦理外交事務的四司

1. 和會司："掌各國使臣覲見、會晤，請賞寶星，奏派使臣，更換領事，文武學堂；本部員司陞調，各項保獎。"（《奏定外務部章程》外務部檔案五一二六號卷）

2. 考工司："掌鐵路，礦務，電綫，機器，制造，軍火，船政，聘用洋將洋員，招工，出洋學生。"（同上）

3. 榷算司："掌關稅，商務，行船，華洋借款，財幣，郵政；本部經費，使臣支銷經費。"關稅、郵政兩項，光緒三十二年劃歸稅務處管轄。（同上）

4. 庶務司："掌界務，防務，傳教，游歷，保獎，償恤，禁令，巡警，詞訟。"（同上）

各司設郎中、員外郎、主事各二人，額外行走各六人。這些司員分別擔任不同的職務，如掌印，主稿；幫掌印，幫主稿；掌印上行走，主稿上行走；額外幫掌印，額外幫主稿；幫掌印上行走，幫主稿上行走，等等（吳成章《外交部沿革紀略》）。

（二）掌編譯、新聞及儲才的機構

1. 翻譯處：原分英、法、俄、德、日本五股，光緒三十二年統爲翻譯處，但仍分股辦事，各股設股長一人，專管翻譯東西洋各國文件並傳達語言。翻譯官分頭、二、三等及翻譯學生，均無定額（外務部檔五一二六號）。

2. 清檔房：專管清檔編輯事宜，宣統元年二月增設秘書股，專司機要文件的擬稿及編輯事宜。

3. 機要股：宣統元年八月設，專管收集機密消息，發布新聞，相當於現代外交部的新聞司。另外，宣統元年清朝駐比參贊王慕陶在北京創設了一個"遠東通訊社"，以後在倫敦、巴黎、柏林、聖彼得堡、維也納、海牙等處設有分社，是一個半官方性質的新聞機構（見外務部檔）。

4. 儲才館：光緒三十二年閏四月設，任務是訓練和儲備外交人才。設提調一員，總理館事，幫提調一員，助理館事。調館受訓人員都是在職的或譯學館畢業的學生，學員一面在館學習，一面在部實習（見外務部檔案）。

（三）掌管文檔及內部事務的機構

1. 司務廳：專管收掌文件，領用印信及一切雜務，設司務二人。宣統三年八月又增設收文處，相當於現在的收發室，不隸屬於司務廳。

2. 電報處：專司電報翻譯傳達事宜，處內分常電、密電二班。總署時已設電報處，光緒三十二年定由丞參堂直接管轄。

3. 銀庫：總署時已設，由丞參堂直接管轄，儲存一些現金，備部隨時取用。

4. 文報局：光緒二年設，專管寄遞各駐外使領與外務部的來往公文。在上海設"總辦駐滬出使文報局"，在天津設"北洋文報局"。

5. 統計處：光緒三十三年九月設，專門統計各省外事數字，如各國駐各埠領事、商人，聘用洋員，各地教堂、洋商數目，等等。設提調、幫提調各一人，辦事員二人（外務部檔四六〇八號卷）。

三、中外使領的遣駐

（一）中外使臣的遣駐

以前，中國與外國不斷互派使臣，或辦交涉，或觀光、考察，但都不是常駐。以國家關係互派常駐使節，則開始於1858年中英《天津條約》。該條約第二款規定："大清皇帝、大英君主意存睦好不絕，約定照各大邦和好常規，亦可任意交派秉權大員，分詣大清、大英兩國京師。"但清朝對公使駐京，總認爲有傷"天朝尊嚴"，所以一拖再拖，直至1860年，在英、法武力逼迫之下，簽訂了中英、中法《北京條約》後，纔被迫接受各國公使常駐北京。繼英、法之後，俄、美、德、瑞典、挪威、荷蘭、日斯巴尼亞（西班牙）、比利時、意大利、奧斯馬加、日本、秘魯、巴西、葡萄牙、墨西哥等先後和清廷訂約遣使。各國公使常駐北京，是帝國主義控制清朝政權、侵略中國的一個重要手段。特別是1901年《辛丑條約》簽訂後，各國駐京的使館區又加以擴大，使館區駐有外國軍隊，設有外國行政司法機構，猶如"國中之國"。中國人不准住在使館區內，中國政府無權管轄使館區。這些帝國主義使者，蠻橫干涉中國內政，對清廷發號施令，就像"太上皇"一樣。

中英《天津條約》雖然規定互相遣使對方首都，但腐朽昏庸的清廷，並不想派遣常駐駐外使臣。直到光緒元年（1875），因瑪嘉理案，英國要求清廷必須派使前往英國道歉，因而總署纔提及此事："查出使各國一事，本屬中國應行舉辦，現在威妥瑪既以瑪嘉理被戕一案，力求中國派員到彼國，以爲修好起見，臣等公同商酌……派使不妨先期允辦……相應請旨派出使英國正使一員，此外尚須副使一員。"（《清季外交史料》卷三）旋經批准，光緒元年清廷派候補侍郎郭嵩燾爲正使、補用道許鈐身爲副使，旋改劉錫鴻爲副使，出使英國。郭、劉於光緒二年十二月始抵倫敦。但郭嵩燾所持國書爲謝罪國書，英皇不承認有常駐之權，後又補發了常駐國書。以後因劉錫鴻與郭嵩燾意見不合，奏准撤去副使一職，調劉錫鴻爲出使德國大臣。光緒元年十一月，清廷派三品京堂陳蘭彬、同知容閎爲正、副使，出使美國兼使日（西班牙）、秘兩國。光緒二年十二月派翰林院侍講何如璋、候選知府張斯桂爲正、副使駐使日本，光緒四年正月上諭郭嵩燾兼使法國。同年五月爲交涉收回伊犂，派吏部左侍郎崇厚出使俄國，以後清政府在奧斯馬加、荷蘭、比利時、意大利、墨西哥等都先後派遣了使臣。

各國駐華使館都叫公使館，當時一般國際慣例把使臣分爲三等：第一等是大使。大使不但代表國家元首交涉政務，而且代表元首的個人尊嚴，所以，得出入宮廷，直接覲見君主。第二等是公使。公使只代表國家交涉政務，但不代表元首的個人尊嚴，尋常只與外交部打交道，無請求覲見之權。第三等是代辦。代辦是一國外長派駐另一國的代表，更無權要求覲見（陳休強《中國外交行政》）。清廷准許各公使駐京，只與總署打交道，免得清帝接見，有傷"尊嚴"，可是各國所派使臣都叫"欽差全權大臣"，屬於大使一級，當然可以要求清帝接見。清朝駐外使臣，一般叫出使大臣，又稱"星使"。光緒三十二年奏定出使大臣分三等：頭等出使大臣，秩一品，月薪一千四百兩。二等出使大臣，秩二品，月薪一千兩。三等出使大臣，秩三品，月薪八百兩（《丙午交涉要覽》）。駐外使館也分三等：①英、法、俄、美、日、德六館，交涉事務較多，設參贊、通譯官、書記官、商務委員共七人。②奧、意、比、荷四國事務較簡，設參贊、通譯官、書記官、商務委員共四人。③日（西班牙）、葡、秘、古、墨五國係兼使設分館，只設參贊、通譯官、書記官共三人（光緒三十二年外務部奏准變通出使章程，《丙午交涉要覽》）。另外，還有不少使館聘用洋員做翻譯傳達事宜，如駐美使館聘用美律師科士達做翻譯，駐意使館聘用意人畢梯蓬做翻譯等（見外務部檔）。

（二）中外領事的派遣

外國在中國設領事，開始於1842年中英《江寧條約》，該條約第二條規定：開設廣州、福州、廈門、寧波、上海五處為通商口岸，"且大英國君主派設領事、管事等官住該五處城邑，專理商買事宜"。以後美、法、俄、德等先後和清廷訂約，在各通商口岸設了領事。隨着資本主義侵略日益加深，通商口岸由沿海到內地，遍及全國。這些領事，名為辦理通商交涉事務，實際上策劃侵略陰謀，干涉中國內政，收集中國情報，幹盡了壞事。尤其是1843年中英《虎門條約》規定領事裁判權後，侵略者可以在中國任意行兇殺人，中國無權審訊，祇能由外國領事審理裁判，中國的主權已喪失殆盡！

中國在外國設置領事，開始於光緒初年，當時主要為管理華僑事務而設。光緒三年駐英使臣郭嵩燾奏稱新加坡等處華民流寓數十萬，請設領事，以資統轄（光緒朝《東華續錄》）。光緒三年八月二十九日清政府正式任命當地僑商胡璇澤為駐新加坡領事，這是中國在外國設置的第一個領事。隨着僑務招工及通商交涉事務的增多，清廷先後在世界各地共設總領事十二人，設副領事二人。昏庸的清廷，還在世界各地設名譽領事，以外國人充任。如光緒三年（1877）總署任命美國紳士付列秘爲中國駐金山領事。此外，清廷在外國還設有理事官和商務委員等名目。

※ ※ ※ ※ ※ ※ ※ ※ ※

爲了給近代中外關係史研究提供方便，中國第一歷史檔案館和福建師範大學歷史系合作編《清季中外使領年表》一書，1985年由中華書局出版，1996年再版。

此書主要依據清代檔案和各國外交年鑒編纂而成。全書分清朝駐外使臣年表、各國駐華公使年表、清朝駐外領事年表、各國駐華領事年表四部分，均分國按年排列，逐年列出使者姓名和任卸時間，清朝駐外使者還特別注明原職銜及皇帝諭令和實際到任時間，清朝駐外領事年表按駐地依次列出領事的姓名、原職銜及任期起訖年月，外國駐華領事則按國分口岸依次列出各領事姓名及到任年月。編輯時以清代紀年爲主，附以公元紀年。所錄人名均係他們自己使用過的，全來自清代檔案和海關原檔。爲查閱方便，書後還附有總理各國事務衙門、外務部大臣年表、外國在華設置領事地名檢索表、中文人名索引、外文人名索引。

《清季中外使領年表》出版以後，得到中外歷史、學術界的稱贊，如美國著名學者費正清教授和柯文教授來信說："在每一個研究晚清中外關係史治學嚴謹的學者書架上，都應擺着《年表》這本書。"暨南大學著名中外關係史學家朱傑勤教授評價說："是書出版後反應甚佳，我置之座右，經常參稽，解決不少疑難，反恨出書之晚。"等等。

叁　清季中國與新加坡及南洋的關係

中國第一歷史檔案館保存着一批清季中國與南洋地區關係的檔案，其中有關於新加坡、檳榔嶼、婆羅洲、爪哇、蘇門答臘、菲律賓、緬甸、越南、暹羅等與中國交往的史料，內容十分豐富，價值極其珍貴。本專題主要介紹中國與新加坡及南洋關係的檔案史料，並對有關歷史進行論述。

一、外交往來

在中國與南洋各國關係史中,尤以與新加坡的關係最爲密切。新加坡一名,出自梵文 Singanura,意爲獅子城,舊爲柔佛國的一部分,1824 年淪爲英國海外殖民地。19 世紀末葉,新加坡等地的華僑已達數十萬人。清政府爲了有效地管理這些僑民,處理中外交涉事宜,采納了出使英國大臣郭嵩燾的建議:"臣隨查明英國屬地新加坡等處,中國流寓經商人民共計數十萬人,應分別設立領事,以資彈壓。"光緒三年(1877)九月,在新加坡正式設立領事館,這是清政府在海外設立的第一個領事機構。郭嵩燾還推薦當地僑商、道員胡璇澤說:"廣東人胡璇澤爲其地人民推服,數年前廣屬人民與各屬互鬥,亦經胡璇澤解散,英國官商皆倚信之,臣以新加坡領事非胡璇澤無可充者。"[①] 經清廷批准,英君認可,胡璇澤正式被任命爲清朝駐新加坡第一任領事,並頒關防一顆。

清廷敕諭之式:

> 皇帝敕諭駐紮英國新加坡領事□□□。現在新加坡僑寓華民人數甚衆,稽查保護責任宜專。特派□□□充領事,以資照料。所有華商及內地人民,自應隨時保護,勿令失所。遇事秉承出使大臣悉心籌劃,務使在外商民,各安生業。爾其殫竭智慮,勉盡厥職,毋負委任。特諭。

英君認可胡璇澤爲中國駐新加坡領事文書之式:

> 英國大君主維多里亞奉上帝意旨,爲大英及愛爾蘭合國君主維多里亞誠心保護曉諭忠愛百姓事。中國國家頒發文憑一道,派胡璇澤爲駐紮新加坡領事官。本君主允胡璇澤爲中國國家領事。今特申諭新加坡百姓遵照。從此,爾等應皆認胡璇澤爲領事官,其任內事務即優爲協助,並應享權利,一切得以自主。一千八百七十八年,本君主在位

---

① 軍機處錄副奏摺·郭嵩燾奏片光緒三年七月初一日。

之第四十二年，於賢真穆宮頒。①

按照清朝出使章程規定，新加坡領事館每年薪俸公費銀四萬八千零八十兩。正領事每月薪俸銀五百兩，領館設隨員一人爲蘇淮清，每月薪俸銀一百二十八兩。領館辦公處極簡陋，館門外掛一尺許小銅牌。辦公處設在樓上，共三間，其中兩間辦公，一間爲會客室並發護照，屋內設備極爲簡略，樓下爲商店，房租一年九百兩。②

清朝駐新加坡領事館，爲中國近代第一個駐外領事機構，它的設立開中國外交派駐機構之先河。隨後，清廷在橫濱、漢城、小呂宋、舊金山、紐約、南非洲、澳洲等地也設立了領事。③

胡璇澤（號瓊軒）於光緒六年（1880）二月十七日去世，清廷優加撫恤，英國駐華使臣威妥瑪也無限惋惜地說："其員平日居官恪盡禮儀，爲人忠厚，處事公正。襄理本處地方大有裨益，現在病故，官民人等無不悼惜。"④

胡璇澤去世後，暫由隨員蘇淮清署理領事職務。⑤ 不久，清廷派五品銜都察院學習都事左秉隆⑥任領事。隨着南洋地區華僑華工日益增多，僅新加坡、馬六甲、檳榔嶼、丹定斯等地的華人就有三十餘萬人，中外交涉事務也日益繁重。光緒十七年（1891）七月，經出使大臣薛福成奏准，將新加坡領事改爲總領事，兼轄檳榔嶼、馬六甲及附近英屬各島交涉事務，任命二品銜分省補用道黃遵憲爲駐新加坡總領事。黃至光緒二十年六月卸任，繼由三品銜候選知府張振勛署理總領事。至光緒二十一年張振勛卸任，由分省補用道劉玉麟署理。至光緒二十五年四月劉玉麟卸任，由駐英三等參贊官布政使銜候選道員羅忠堯任總領事。至光緒二十七年十二月羅忠堯卸任，由吳世奇署理總領事職務。至光緒三十一年十二月，清廷又派候選

---

① 轉引自饒宗頤《新加坡古事記》第五十三頁，中文大學出版社。
② 見宋薀璞《南洋英屬海峽殖民地志略》民國十九年薀興商行發行。
③ 見故宮博物院明清部與福建師範大學歷史系合編《清季中外使領年表》第七十三頁，中華書局1985年版。
④ 軍機處照會，英使威妥瑪給總署照會，1880年5月3日。
⑤ 蘇淮清，號玉川，職銜爲鹽提舉銜布政司經歷。
⑥ 左秉隆，號了興，駐防廣州正黃旗漢軍忠山佐領下人，同文館學生出身。

知府鳳儀任總領事。至光緒三十三年九月鳳儀卸任，由廣東候補知縣孫士鼎接任。至光緒三十三年九月孫士鼎卸任，清廷又派左秉隆任總領事。至宣統二年九月左秉隆卸任，由候選道蘇銳釗接任，直至宣統三年清朝滅亡爲止。

二、商務往來

在南洋地區，來自閩粵的人民以喫苦耐勞、精明能幹著稱，他們從事商業，開礦修路，經營種植和漁業等，其足迹無所不至。由於華人的經營開發，所以南洋地區的經濟迅速發展。19世紀佛蘭克在他所著《東印度之航海及軍事紀實》一書中說："蓋無論何種事業，有華人參加，均可飛黃騰達也。"① 華人經營的商業，掌握了南洋地區的經濟命脈。清農工商部右侍郎楊士琦，在考察南洋商務後，向皇帝奏報說："商務以新加坡、檳榔嶼爲最繁，物產以小呂宋、爪哇、西貢、暹羅爲最富，而經營墾辟全恃華人。故志南洋者，輒謂西人雖握其政權，而華人實擅其利柄。"②

當時中國與南洋地區的貿易，處於較爲重要的地位。例如光緒元年，中國出口新加坡的貨值有七十九萬餘兩。③ 光緒二十八年僅華僑往國內匯款就有一點五億元國幣以上。④ 清政府對南洋地區十分重視，光緒十二年曾派總兵銜副將王榮和、鹽運使銜候選知府余瓈赴新加坡等南洋二十餘埠進行考察。光緒十六年七月，海軍提督丁汝昌巡歷南洋群島。光緒二十二年至二十八年間，在清政府支持下，候選同知吳桐林以保商委員的名義，自備資斧先後四次赴南洋考察商務，勸捐勸學。光緒三十年，廣東嘉慶人、縣丞吳廷棟，自備路費赴南洋各島考察商務。同年，商部還派曾任駐新加坡領事的張振勛及商部郎中時寶璋赴新加坡等地考察商務。光緒三十一年，商部左參議王清穆及商部員外郎王大貞、單鎮等，前往新加坡、檳榔嶼、婆羅洲、爪哇、三寶壟、小呂宋、馬六甲、蘇門答臘等地考察商務。

---

① 軍機處錄副奏摺，農工商部右侍郎楊士琦光緒三十三年九月二十日奏摺。
② 轉引自陳序經《南洋與中國》第五十四、五十五頁。
③ 見薛福成《出使英法意比四國日記》。
④ 陳序經《南洋與中國》第六十二頁。

南洋地區華商衆多，生意日隆，但商號渙散，不通信息，有礙商業進一步發展，光緒三十二年五月，在考察外埠商務大臣張振勳等人的支持下，閩商吳世琦等聯絡各界華商，在新加坡正式成立中華商務總會，並向清廷商部申請立案給憑。爲此，商部向慈禧太后和光緒皇帝奏報說："新加坡南洋巨埠，閩粤華商較多，市面素稱極盛。而邇來貿易未臻進步者，皆緣平日商情渙散，鮮認共謀公益，遂致難操勝算，此商會所以不宜不設也。"商部的奏請，很快得到清廷的批准，並頒給"新加坡中華商務總會之關防"一顆，俾昭信守。按照商會章程，衆商公推閩商、廣東試用知府吳世琦爲正總理，粤商、刑部候補主事陳景仁爲副總理。吳世琦不僅在商務方面成績卓著，而且還熱心教育，曾創辦道南學堂一所，他於光緒三十四年十二月病故後，清廷曾優加撫恤旌表。

清政府對南洋地區除一般商務考察並鼓勵、保護僑商以外，還進一步采取向僑商募捐集資、合作辦實業的政策。光緒三十二年至三十三年，候選道徐銳自備資斧赴南洋募股集資，擬辦輪船、銀行和保險三大公司，總部設於上海，南洋各埠設分部。他向農工商部報告說："輪船利戀遷而救濟之道寓焉，銀行通貨市場而儲蓄之意存焉，保險期防衛而漏庖之塞更隱於無形焉。……期於商業前途得其要領，藉以改良，而中國商務不難日上矣。"① 徐銳先後到小呂宋、新加坡、檳榔嶼等各埠，連連開會、演講和游說勸股，得到僑商的歡迎與認可。結果小呂宋認股有二十餘萬元，星坡有七十餘萬元，檳嶼有五十萬至一百萬之譜。吉隆坡、大小吡叻兩埠招股本四十萬元。總共招得股本二百四十多萬元②。徐銳於光緒三十三年五月回上海後，招得內地股本二百萬元，加上其後新加坡僑商又認股一百萬元，總共集股已達五百多萬元。

南洋僑商踴躍出資與內地合辦實業，振興商務，興辦實業。清廷遂進一步派農工商部右侍郎楊士琦，委以欽差出洋考察商務大臣的名義，去南洋各埠考察，並派海圻、海容兩兵艦一同前往。緣海圻、海容二兵艦，根據北洋大臣袁世凱奏准，於光緒三十三年五月由滬啟航，赴南洋巡查。由

---

① 農工商部檔案·徐銳稟文，光緒三十二年九月初六日。
② 農工商部檔案·徐銳稟文，光緒三十四年四月初十日。

何管帶督率，委員蔡廷幹爲宣撫使。但在西貢因颶風大作，又駛回上海待命。此次載楊士琦等，於光緒三十三年九月二十日再次啟航赴南洋，隨員有工務司員外郎柏銳、農務司主事楊壽桐以及外務部郎中嚴璩等。楊士琦一行歷經南洋各埠，每到一埠，都到商會、學堂會所等處發表演說，宣布朝廷德意，撫慰華僑，以期勸集巨資回華，振興大宗商務。南洋各地華僑、華工觀覽欽差大臣及祖國的兵艦，都非常感動，"家設香案，戶懸國徽，結彩張燈"，歡迎祖國的使者。楊士琦回國後，於光緒三十四年二月十六日，報告考察南洋華僑業情形：

飛獵濱群島大小千餘，以呂宋爲最巨。其地西連閩粵，北枕臺澎，距香港、廈門均不過二千餘里。土產以煙、糖、麻、米爲大宗。轉售行銷，皆操自華人之手。貿易則閩商最盛，粵商次之，商會、學堂、醫院、銀行規模具備，惟商稅既重，工禁又嚴，來者日形減少。前此華僑不下十餘萬人。現在統計戶口不滿四萬，而市面亦因之減色。美官紳漸知非策，始議設法招徠。本年正月間，在本埠特開賽會，凡華人來埠者一律優免進口稅。名爲賽會，意在招商。臣晤美督時，亦彼此推誠商榷，以期互收利益。業經函知臣部，酌核辦理。

西貢爲越南沿海巨埠，上通瀾滄江，內連南圻各省。水陸輻輳，商貨流通。華僑約五六萬人，其散處各省者，共二十餘萬。距海口十二里有巨市曰堤岸，係華人貿易舊街，尤爲富商所萃。土沃宜稻，播種於田，不煩耘耨。故產米之富，甲於海南。運銷出口者，歲約一千二百餘萬石。未經墾辟者尚多。碾米公司九家，而華商居其七。米市利權，幾盡歸掌握。惟人心渙散，因省縣之異，分爲五幫：曰閩幫、廣幫、潮幫、瓊幫、客幫，各立公所，互分畛域。經邀集各幫商，勸令聯絡一氣，迅設商會、學堂，並助法幣二千爲之提倡。該商等咸感激樂從，不久可期成立。

暹羅爲南洋大國，北接滇徼，東西介越南、緬甸之間。越蹣於法，緬剪於英，獨暹羅尚能自立。近歲采用西法，外交、內政均極講求。惟民貧財殫，於海陸軍備尚未能擴充整頓。其都城曰曼谷，居湄南河下游。民物殷賑，產米豐賤埒於越南。象牙、犀角、礞瑠、燕窩，尤稱珍品。全國華僑約三百萬人，氣誼團結，過於西貢。暹政府間歲課華民身稅一次，恃為入款大宗，此外尚無苛待情形。現閩、粵各商，正在籌設商會，復經臣手札勸諭，商情益形鼓舞，俟訂章程後，即呈報臣部奏明立案。

爪哇全島大於和兰本國四倍，分為二十三府，環海而治。西部五府，以巴達維亞為都會。中部九府，以三寶壟為都會。東部九府，以泗水為都會，日惹、梭羅則為內地著名都會。其地在赤道以南，與澳洲相近。氣候炎燠，土脈膏腴，物產最富。東部以糖業為大宗，西部以米業為大宗。瀕海則擅魚鹽，近山則饒林礦。華僑散居全島，約六七十萬人。和官選其才者，為腰甲必丹等官，專理華民事務。各埠現已設立商會七處、學堂四十餘所，頗能講明大義，愛戴君親，民氣最為淳樸。惟和官稅重政苛，事事箝制華人，不以平等相待，殊違公理。汶島屬蘇門答臘，在爪哇之西北，地富錫礦。礦工五萬餘人，均系粵籍華工。入境後即受和人束縛，食以粗糲，居以茅茨，驅策鞭箠，視同奴隸。臣道經該島，停輪撫慰，並派員往視附近礦場。華工數百人，環求拯拔，情殊可憫。亟宜設法保護，以衛民生。

暹羅之西南海岸，有地如股鬥入海中，內多亞來由部落，昔皆羈屬暹羅，稱為地股。今歸英人保護，統名曰海門屬部。地股之極南有島曰新加坡，幅員甚小，農產亦稀。自英人開埠後，免稅以廣招徠，由此商舶雲集，百貨匯輸，遂為海南第一巨埠。華僑二十餘萬人，工商而外，擅陂沼園林之利。商會成立最早，勢力甚雄。英官頗假以事權，而海外各商會亦以此為樞紐。學堂四所，課程規則，悉遵學部定章，宗旨純正。英人法令較為寬簡，商民尚得自由。惟五方雜處，良莠不齊，奸宄之萌，尚難盡絕。

地股之西岸有島曰檳榔嶼，商務亞於新加坡，而農產過之，果品、海產尤為出品大宗，華僑二十餘萬人。自商會成立以來，公訂條約，自相約束。游惰者貲之回籍，貧窶者教以營生。英官頒行新例有不便商民者，商會得援律駁阻，故華人權限以此埠為最寬。中華學校一所，為前太僕寺卿張振勛等所設，經臣部奏明立案。蒙恩賞給匾額一方、圖書集成一部，宸翰褒題，規模遂為各校冠。從前商人子弟肄業英校者，僅以律師、醫生起家，今者講求政學，研究中文，商智漸形發達。

由檳榔嶼東渡海峽，登大陸逾山南行而至大小霹靂，亦海門屬部之一。四山皆礦，產錫最饒。華人往往以赤手致富。所產之錫，歲值九千餘萬元，由檳榔嶼出口運銷東西洋。近歲錫價低賤，年甚一年，業此者頗多折閱。若礦業一停，則華工二十萬人，皆虞失所。而新、檳兩埠商務，亦視此為盛衰，關係至為巨要①。

楊士琦還附片奏請，在法屬之越南和荷蘭屬地爪哇等地，設立領事，以維持商務，保護僑民。② 同時，還積極保薦南洋華僑人才：如閩商胡國廉，籍隸福建永定縣，在新加坡等埠以農礦致富，敦尚氣誼，見義勇為。光緒三十三年曾集股二百萬元，開辦福建安溪縣礦務。在興建福建鐵路中，該商認股最多。又如候選道吳梓材，福建海澄縣人，在南洋經商數十年，為商界之"耆宿"，"厥功甚巨"，楊士琦懇請朝廷給他們以破格錄用。奏請得到了朝廷的恩准，光緒三十四年三月初八日，內閣奉上諭："花翎鹽運使銜胡國廉，著賞給三品卿銜。花翎候選道吳梓材，著賞給四品卿銜。"③ 清廷借此以籠絡人心，鼓勵僑商回國興辦實業。

在派員出洋勸商集資的同時，清廷進一步在國內開辦試驗場、博覽會，以便招商集資，興辦實業。光緒三十三年，農工商部奏准在京興辦農事試驗場，"意在勸農必先為之考地質、辨物宜、求嘉種、審肥料，非多為研究不足以擴見聞，非廣為搜羅不足以資比較"。因此，"凡五穀、蠶桑、花草、果瓜諸類，品匯甚繁，皆屬場中應備之物。並擬選舉各種禽獸羽毛珍異，及水族之品類新奇者，先行陳列，為動植物院之基礎"。④ 農工商部通過新加坡中華商務總會，收集新加坡等南洋地區的名優產品入展。

三、文化與僑務

中國與新加坡等南洋地區，有着悠久而深厚的文化淵源關係。南洋地

---

① 軍機處錄副奏摺·楊士琦奏摺，光緒三十四年二月十六日。
② 軍機處錄副奏摺·楊士琦片，光緒三十四年二月十六日。
③ 外務部檔案·吏部致外務部知照，光緒三十四年三月十三日。
④ 新加坡總商會致農工商部稟文，光緒三十三年六月十九日。

區的華族及華僑，素有崇儒重教的傳統。19世紀後期，南洋各地紛紛建立孔廟，成立中華學堂，設立勸學公所，如雨後春筍。如1897年在新加坡設立的養正學校，1899年在菲律賓設立的中西學校等，都是比較早的。光緒三十一年，兩廣總督岑春煊曾派兩廣學務處查學員、廣西知縣劉士驥前往南洋視學。光緒三十二年九月，學部又派法政科舉人董學譓，以總理南洋華僑學務的職務，前往新加坡、檳榔嶼、爪哇各埠考察學務。目的在於通過考察，"立整齊劃一之規，以期維持於不蔽"，① 從而收拾人心，以沐浴朝廷的聖化。當然，世紀之交，思想多元，流亡海外的維新人士和革命黨人也在南洋留下了宣教的足跡。戊戌變法失敗之後，康有爲等維新派亡命南洋，曾積極倡導教育。革命先行者孫中山先生，在新加坡成立同盟會分會，進行籌備槍械和募捐經費等革命活動，也往往利用學校以宣傳革命的道理，因此也十分重視教育，成立新學堂，培養新人才。

故國難捨，血濃於水，旅居南洋的廣大華僑關注祖國的命運。清朝末期，內憂外患，災禍頻仍。例如，光緒三年山西、陝西、河南等北方五省大旱災。"饑民遍野"，"餓殍塞途"，總計死亡人數有一千萬人以上。② 光緒十年黃河在山東齊東等縣決口，災民達百萬人。光緒三十二年江蘇大水災，災民不下二三百萬人。③ 對於中國的水旱災荒，南洋地區的官民各界及華僑，接連不斷地向中國捐款，以賑濟災民。

光緒四年，新加坡、小呂宋等處華商爲山西、河南災荒捐款三萬餘元，巫來由國王捐銀千元。④ 光緒十四年，柔佛國王、白臘國王、碩蘭莪國王及議政局，捐東賑巨款。新加坡總督施密司、倫敦府尹捐蘇皖賑銀三萬二千六百五十四鎊，合庫平銀十三萬兩。新加坡華商捐蘇皖賑銀一百萬九千零六十七兩。⑤ 光緒二十七年新加坡同濟醫院值年經理、振和美煙公司、玉豐和、鼎和昌、錦和等商號，捐陝西賑款一萬二千一百一十九元。光緒二十五年，新加坡潮州僑民因捐助東賑銀，清廷特頒新加坡天後廟區額

---

① 軍機處錄副奏摺‧學部片，光緒三十四年。
② 李文海《世紀之交的晚清社會》第三百九十三頁，中國人民大學出版社，1995年。
③ 李文海《世紀之交的晚清社會》第三百九十三頁，中國人民大學出版社，1995年。
④ 《德宗景皇帝實錄》卷七一，光緒四年四月乙酉。
⑤ 《德宗景皇帝實錄》卷四三五，光緒二十四年十二月癸巳。

"曙海祥雲"。這些捐款賑濟活動，充分體現了中外共濟抗災的深厚友誼與廣大華僑的愛國熱忱。

四、"販賣豬仔"

19世紀末期，荷蘭等西方殖民主義者，由於在南洋開礦修路及拓展種植業，需要大批的勞動力，希望招徠能喫苦耐勞的華人，但他們名爲招工，實爲販賣豬仔。當時販賣豬仔曾形成一個嚴密而龐大的市場網絡，以新加坡的新、舊豬仔館爲中心，密派爪牙於福建、廣東沿海一帶。華工經誘騙後，分別集中於汕頭、廈門和香港等口岸，再由輪船運至新加坡，然後由新加坡再販賣到汶島等南洋地區，"操此業者，其勢力之宏大，其布置之周密，其聲息之靈通，其誘拐之工巧，非筆墨所能盡者"。①

關於販賣豬仔的緣起及情形，據代理新加坡總領事官孫士鼎向外務部的報告說：

> 查新加坡埠計有新客館六間、舊客館七間，俗呼爲豬仔館，初次騙拐來爲新客，曾來各埠者爲舊客，而尤以舊客爲可恨，蓋豬仔之來皆由舊客回華勾引而羅致也。以粵之廣惠潮嘉瓊，閩之漳泉福各屬，實爲大宗。潮嘉由汕頭，漳泉福由廈門，廣惠瓊各屬皆由香港。新歸各館密布爪牙於內地，而於各口岸皆設棧以接應之，或甜言誘拐，或設局迷騙，或有偶失而見惡於父兄，或有獲罪而不容於宗國，一經游說，鮮有不墮其術中者。載運來坡，轉賣各埠，其變幻凌虐各情不一而足。以南洋群島而言，香港、汕廈爲販賣豬仔之區，坡埠實轉運豬仔之地也。渣甸鴨家洋行輪船，七日移至大艙，搭客者多者千餘人，少亦七八百人不等，折中計算，每船約一千二百人。其餘直放廈門、汕頭、海口者，以年計數亦相等。核計每年大艙客來者約十數萬人，而以此項豬仔居十之七。蓋稍能存活，皆不搭此等艙，因其千數百人困於一處，海航十餘日，其穢氣沸騰，無可方擬，此則領事前以查視

---

① 見新加坡領事致外務部申文，光緒三十三年七月六日。

驗疫時所親歷見之。至若飲食粗糲，視同牛馬更無問焉，此豬仔來源之大略情形也。既至坡埠驅入客館，狀如囚牢，稍不服從，橫加鞭笞，聲達街巷，亦領事所得耳聞。詰責客館，據稱管轄人多，英政府授以格殺勿論之權，客館死斃，不問善終屈死，均無庸洋醫相驗，便可埋葬等語。客館賣成之後，由買主帶赴華民政務司，問話簽字立約，每名收費一元四角。立法之初，原定如不甘願，准由本人籌給盤川十六元，向客館取贖。但內地來者，以言語不通，又受左右逼協，固不能言，亦不敢言，傳話之人，遂得顛倒上下，故絕鮮取贖者。問話之不足據，其一。既名豬仔，係粗人，不能執筆者居多，客館請於政務司，令本人手拈筆管名曰拈筆頭，由客館代簽名於約上。初來之人不知，一經拈筆即算畫押，簽名之不足據，其二。約由英官所訂定，習久相沿，雖寫明工資若干，半年期限滿後任便自由，無如日用所需疾病醫藥，咸由工頭代辦，抽抵工資。工頭任意開銷，務使半年之中所費逾於應得之數，不得脫離而後已。良由工頭向業主包工承辦，工之勤惰多寡，工頭利益系焉。礦山植地人迹皆束，工頭不遵合約，雖吁地呼天，亦無聞見。合約之不足據，其三。此豬仔去路之大略情形也。①

　　華工到南洋後，受迫害最殘酷的地方，莫若汶島。汶島為荷蘭所屬殖民地。該島屬邦加部，內分八港，汶島是其中之一港口，其地以產錫著名，也種植椒類。殖民者開礦種椒，需要大量的勞力，所以每年從中國買豬仔數千名。華工在這裏做工最苦，而工價又最低，每月每人二十六個工作日，足者給荷銀十盾，不足者按日計扣。豬仔到汶島後，由豬仔頭帶領交由荷官驗看。有不服驗看者，荷兵即棒打腳踢，甚至槍擊刀砍。如光緒三十二年四月，豬仔頭林阿八，親喝荷兵槍擊刀砍豬仔，當場斃命者三名，負傷八名，病死者七名。錫礦的豬仔都是在藤鞭的監督下，強迫挖礦。酷暑天熱，又禁飲水，稍事休息，動輒私刑，私刑未了，又加公刑之打藤鞭，或用大繩縛在柱上，打得頭破血流。不少華工不堪忍受這些虐待，有懸樑自盡的，有自刎或投水而死的，有的詐病在病房等死，但求速死，不願再生，

---

①　外務部檔案・光緒三十二二年八月孫士鼎稟文。

種種慘情，不能盡述。更有甚者，甲必丹（captain，即領袖之意，專理華民政務。這裏指豬仔的工頭）和吧力頭（即錫壺之大工頭）勾結荷官，橫行無忌，竟令新來的豬仔自食其屙的糞便。有以將豬仔的辮子係在馬車之後，縱馬奔走，以致手足折傷，甚而斃命者，有以四肢用繩懸起而拋擊致斃者，有以洋槍彈斃命者，有以抱疾無醫致斃者。種種慘刑，目不忍睹。①

被拐賣去南洋做勞工的，不僅有普通的勞動人民，還有一些讀書文人。例如秦朝英一例。秦朝英爲廣西一個附生，年三十九歲，廣西柳州府柳城縣人。自幼居鄉讀書，從未外出，於光緒丙戌年科考進學。家中有父母俱古稀，三子髫齡，嗷嗷待哺。緣因癸卯年柳州遭亂，家財焚劫一空，爲謀生計托玉林州人李鑒泉介紹，於光緒三十二年五月赴新加坡。據其禀文說：

　　生於五月初六日由香港下船，十六日到新加坡廣福泰棧，即投李書於周清，詎料周清佯爲不知，而棧主立刻監禁重樓。後二日叫生去華民政務司報名，並囑此地例規，報名時要拈筆頭不可反抗。生料中必有怪，不聽其言。蒙洋官吩咐，既不肯拈筆頭，須另立一旁。棧內有一工伴甘言勸生，略拈筆頭，不須親自掛號，何妨之有，我仍寫信一函薦汝去汶島當筆墨事，不然今夜定被打罵，又且指天指地爲誓。生於是屈從，於二十一日棧主叫生下船。生向工伴問取薦書，工伴說問棧主，棧主辭以不知。生即愕然，不肯下船，棧主乃呼工伴前拉後擁，不由不從。五月二十二日到汶島，二十四日到雙溪烈港錫興公司巴力鄉內要做苦工。生言自幼讀書，無力做工，而工頭魏吉榮即將生痛罵毒打，復帶生至和官公班衙處，而公班衙將生毒打一頓，次日還押去做苦工一十一天。忖思和官固酷，而林八記尤爲貪狠，凡是受慘受苦者，均系林八記托張秀傑在本坡督販人口。但華人來到新加坡者，張秀傑即以高價買之，運入汶島，盡數交與林八記。而林八記只貪圖厚利，不論人文學士，概行分派各港。一到各港公司內，如入黑暗地獄，飯則朽米，菜則鹽頭，半饑半飽，鞭撻時加。每日每人限定開土擔泥之額：長七尺、寬四尺、深三尺。力之強者，用盡死力始得完工。

---

① 見光緒三十二年新加坡僑民陳其願等人禀文。

力之弱者，或擔及一半，或擔未及三分之一者，則罰爲無工，更扣除伙食錢十二仙。每月只許每人停歇四天，如多歇一二天，即帶至公班衙處毒打藤鞭。血流方止，又罰去做咕哩。咕哩者終日有兵看守，空做無工之苦工，或一二禮拜，或三五禮拜不等，寸步不許離，半刻不許息也。甚至如有稍不得工頭意者，即以毒棍指凶險處亂毆。如實不合工頭意者，即暗行銷滅，不使露迹，反以逃走復命和官，數年來不知暗滅若干人命。況且額要做滿三百六工始准脫身，而平時無分文可取，直至年終方有可給，或向工頭處支茶煙支衣物價銀，則實貴於鋪戶，而且行息加五，似此莫言三百六十工，即七百二十工亦不能脫身。往往逼而無計，有服毒者，有懸樑者，有投水者，有刎頸者，所以華人一到汶島各港，雖生亦作死論，少得回華。或問以某哥到此幾久？則曰七八年，亦曰十年、二十年。問以何故？則曰無盤費回華，故久於此也。其中之刻薄殘忍，難以言數。以上各情，俱系生親目經睹，未敢虛設一辭。噫！虐我華人何至於如此其極也！傷哉！痛哉！①

類似秦朝英遭遇的，還有湖南寧遠縣禀生譚書麟、湖南藍山縣庠生梁脯、廣東新會縣文童歐月秋、貴州都勻縣禀生金一清、廣東信息縣文童李星等。

對汶島華工被虐慘死之狀況，新加坡華僑醫生梁柘軒曾有詩志之：

丁未上元節再至汶島，路經八港華工義山感賦八首。
痛煞同胞到此鄉，半歸殘斃半消亡。
逢人莫再談汶島，一度重來一慘傷。
血肉橫飛類戰場，屍山遙指淚汪洋。
幾時買盡人間紙，爲寫民冤百萬張。
何乃奸民到處多，百端欺騙奈之何！
只因末吏全蒙蔽，萬衆同歸入綱羅。
私刑雲酷又公刑，狗肺狼心虐不停。
死亦自哀生自哭，生生死死總悲零。

---

① 清外務部檔案·廣西附生秦朝英禀文，光緒三十四年九月初六日。

或填丘壑或懸樑，或葬江魚或自戕。
萬種含冤言不了，有誰能雪有誰償。
汝顧形單我亦單，人人相顧只相看。
恨泡殘酷思相避。彼處何曾那樣寬。
異族欺淩尚有言，同胞慘殺更何論。
爲牛爲馬猶非甚，意欲殘亡不少存。
學書學劍愧無寸，更值天公不阜財。
忍視含冤莫能雪，哀人還覺自先哀。
嘉應民籍僑寓星坡醫生梁柘軒擬草。①

　　殖民主義者販賣豬仔的罪惡行徑，引起廣大愛國華僑的強烈反對，他們紛紛上書清政府及粵閩等地方大員，要求清廷與荷蘭等國交涉，嚴禁販賣豬仔，提出"豬仔辱國、絕種、竭財，叩請奏呈嚴禁；毀窩穴，斷根源，全國體，存入種，籌生計而圖富強"。② 國富民強，這一直是近代中國人孜孜奮鬥的目標，但在清政府腐敗統治下，是根本做不到的。

---

① 外務部檔案·梁柘軒詩，光緒三十三年上元節。
② 趙爾巽檔案·南洋英荷各島華衆商稟文（無具文時間）。

第十三章　鎮壓人民鬥爭活動（H）

明清王朝是我國封建社會最後兩個王朝，由於封建制度已到腐朽沒落階段，所以社會矛盾和階級鬥爭異常尖銳，人民群眾反對階級壓迫和民族壓迫的鬥爭，從未間斷過，大規模的農民起義代有發生。

第一節　明末農民起義史料

明代檔案現存於中國第一歷史檔案館的有三千六百多件，主要爲明朝兵部和內閣大庫的檔案，其中，反映明末農民起義的材料相當豐富。如明題行稿、科鈔題本、奏本中，有大量記載李自成領導的農民起義軍在陝西、河南、山西、安徽、湖北、四川、湖南、江西、甘肅、河北等地活動的情況，尤其是農民軍在攻剋襄陽等地後，殺藩王，建立地方政權的情況，記載得尤爲具體。這些材料，經著名清史專家鄭天挺先生整理後，編成《明末農民起義史料》一書，1954年由中華書局出版。書中選錄內閣大庫所存明檔二百二十件，主要是記述李自成和與他有關聯的農民起義運動的史實，其涉及當時社會背景的也一併收入。所有文件皆按時間順序排列，起於明崇禎元年（1628），迄於清順治三年（1646），書末附有《農民起義軍大事年表》。

中國第一歷史檔案館編輯的《李自成張獻忠起義史料》，收錄明清檔案七百七十六件，其中明崇禎七年至十六年（1634—1643）間的明代檔案五十三件，清順治元年至康熙三年（1644—1664）間的清代檔案一百二十一件。這些檔案記錄了李自成、張獻忠率領農民起義軍反明、抗清鬥爭的情況，李自成、張獻忠相繼犧牲後大順、大西軍餘部先後聯合南明君臣及其他武裝力量共同抗清的情況，爲研究明末清初的階級鬥爭、民族鬥爭情勢，農民軍的各項政策和策略，農民軍活動的情況和最後失敗的原因等，提供了一些具體的第一手史料（《清代檔案史料叢編》第六輯，中華書局1980年8月版）。

第二節　清政府鎮壓人民鬥爭活動

　　清朝是滿洲貴族聯合漢族地主階級而建立的一個封建政權，這個政權實行民族壓迫和階級壓迫的政策，也必然導致人民反民族和階級壓迫的鬥爭，從清初到清末一直不斷。

　　清朝入關後，實行圈地令，嚴定逃人法，強迫漢人剃髮易服，多次下達剃髮令，所謂"留髮不留頭，留頭不留髮"，激化了民族矛盾，抗清鬥爭如火如荼地開展起來。其中著名的有順治二年四月的"揚州十日"，順治二年閏六月的江陰人民"八十日戴髮效忠，十萬同心死"的壯舉，順治二年七月的"嘉定三屠"，農民起義軍大西軍孫可望、李定國等在雲南等地的抗清鬥爭，鄭成功與張煌言在長江一帶的抗清鬥爭。順治十八年鄭成功為建立持久的抗清基地，率軍攻打被荷蘭佔據的中國領土臺灣。康熙元年荷蘭軍力竭投降，鄭成功收復了臺灣。

　　清宮檔案中有關鄭氏集團的材料很多，其中有鄭成功之父鄭芝龍於順治九年請旨搬取家眷入京的揭帖，揭帖中稱堅持反清活動的鄭鴻達（其弟）、鄭森（其子，即鄭成功）為"叛逆"，有順治七年至順治十八年清廷給鄭成功的敕諭，有鄭成功"不受招、不剃頭"的題本等。一史館與廈門大學臺灣研究所合編的《鄭成功檔案史料選輯》匯集了順治四年至康熙元年，有關清政府與鄭成功之間關係的檔案史料，共一百八十六件，是研究鄭氏集團的珍貴史料。還有大量鄭成功之子鄭經、孫鄭克塽抗清的史料，以及清廷招撫鄭氏集團的秘密檔案，如鑲黃旗下同安侯鄭芝龍的揭帖，兵部尚書褚哈、福建招撫總兵孔元章的密本，鄭經致孔元章書；鄭經致其舅父董班捨啟文，藩前督理行營禮官蔡政、工官柯平復孔元章咨文，等等。這些檔案記錄了順治時期和康熙初年清廷對鄭經招撫活動的經過，反映清廷希望在不勞師糜餉的情況下，用和平的方法統一臺灣。

　　清朝中期，由於土地兼併日益嚴重，大地主田連阡陌，廣大貧苦農民無地可耕，淪爲佃農、雇農，社會矛盾日益尖銳。農民抗租抗糧的鬥爭，遍及全國各地，這在檔案中有大量的記載。乾隆三十九年山東臨清的王倫起義，揭開了清中期農民起義的序幕。乾隆四十六年，甘肅爆發了蘇四十三、田五起義，參加者多爲撒拉族、回族人民。乾隆五十一年，臺灣爆發了天地會的林爽文起義。清宮檔案中有《臺灣檔》專門記載這一事件的始末。嘉慶元年爆發了川楚白蓮教起義，這次起義歷時九年，波及湖北、四川、陝西、河南、甘肅，清王朝從全國十六個省調集了大量兵力，共耗軍費二億兩，始將起義鎮壓下去。

更爲甚者，嘉慶十八年，北方天理教在李文成、林清領導下發動起義，起義教徒由西華門攻入紫禁城。嘉慶皇帝非常震驚，曾垂淚下《遇變罪己詔》，說這是"漢、唐、宋、明未有之事"。清軍機處檔案《剿捕檔》詳細地記錄了清廷鎮壓白蓮教起義、天理教起義、太平天國起義、捻軍起義及鎮壓回民起義的情況。

1840年鴉片戰爭後，由於外國資本主義的武裝入侵，清政府對外屈膝求和、割地賠款，對內殘酷剝削和鎮壓人民，造成國家內憂外患、民不聊生，社會矛盾和民族矛盾更趨尖銳，終於在道光三十年（1851）爆發了洪秀全領導的太平天國起義。咸豐三年（1853）太平軍攻剋南京，定都於此，改名爲天京，接着北伐與西征。咸豐三年五月，當北伐軍以銳不可當之勢，由河南進入直隸以後，清廷大爲震驚，京師"幾有鼎沸之勢"。於是清廷命設京城巡防處，命惠親王綿愉爲奉命大將軍，總理巡防事宜。北伐軍由於孤軍深入，最後彈盡糧絕而失敗，林鳳祥、李開芳被俘。現存京城巡防處的一批檔案中，最重要的有林鳳祥、李開芳、黃益峰等人的口供，具有很高的史料價值。

在太平軍進行北伐的同時，分兵西征，溯長江而上，占領安慶，圍攻南昌，進入武漢。但在咸豐四年進入湖南時，遭到曾國藩湘軍的頑強抵抗。最後兩軍大戰於江西湖口，在石達開指揮下，擊敗了湘軍。咸豐六年，太平軍又擊破了圍困天京的清軍江北大營和江南大營。

正在太平天國鼎盛時期，由於內訌，軍力逐步削弱，最終在同治三年六月，清軍攻破天京，太平天國農民起義遂告失敗。

清宮所藏的清廷鎮壓太平天國的文書，反映了太平天國自興起、發展以至失利、失敗的全過程，這方面的檔案共六千餘件。

在太平天國起義期間，全國範圍都爆發了反清起義，如上海小刀會劉麗川的起義，福建小刀會黃得美、黃位等的起義，廣東天地會陳開、李文茂起義，皖北捻軍張樂行的起義，並與太平軍聯合作戰，屢敗清軍，包括清朝倚爲長城的僧格林沁軍隊，還有廣西、貴州、陝西、甘肅、新疆等地的少數民族起義。反壓迫、反剝削的戰火，燃遍了全國。

繼兩次鴉片戰爭之後，帝國主義又對中國發動了一系列侵略戰爭，其中有光緒十年的中法戰爭、光緒二十年的中日戰爭、光緒二十六年的八國聯軍入侵。特別是中日甲午戰爭，《馬關條約》簽訂後，形成了帝國主義瓜分中國的狂潮，在民族危機日益嚴重的形勢下，爆發了大規模的反侵略鬥爭，這便是義和團運動。清宮檔案記錄了義和團運動的整個過程，以及清政府勾結帝國主義共同鎮壓這次農民起義的情況。

全國人民持續反帝反封建的鬥爭，最終導致辛亥革命的爆發。清宮檔案記載了清政府鎮壓惠州起義、萍瀏醴起義，清廷探得的孫文、徐錫麟進行革命活動的情況及訊辦秋瑾案件等情況。宣統三年八月十九日（1911年10月10日）武昌起義爆發，接着各省響應，宣布獨立。翌年元旦（民國元年，1912年1月1日）在南京成立中華民國臨時政府，孫中山就任臨時大總統。民國元年二月二十日，隆裕太后代表清室接受優待皇室條件，發布退位詔書，統治中國二百六十八年的清王朝宣告滅亡。

第三節　清朝鎮壓人民鬥爭活動的檔案文獻

清統治者爲總結和吸取鎮壓人民反抗鬥爭的經驗和教訓，曾命軍機處建立《剿捕檔》，以專門記錄每次鎮壓人民鬥爭活動的情況。軍機處的《剿捕檔》共五百二十四冊，起於乾隆二十年，迄於光緒七年（1755—1881），記載了其間一百二十多年間的鎮壓農民起義和少數民族起事的情況，其中有乾隆年間的"平定金川檔"、"剿滅逆番檔"、"石峰堡檔"、"臺灣檔"（記鎮壓林爽文起義等），有嘉慶時期鎮壓川、楚、陝等地白蓮教起義檔，嘉慶十八年鎮壓李文成、林清等領導天理教起義檔，嘉道時期平定張格爾、蘇蘭奇叛亂和新疆回民起義檔，道、咸以後鎮壓太平天國、捻軍、陝甘新回民起義、貴州苗民起義軍檔等。

在記錄和搜集有關鎮壓人民鬥爭材料的基礎上，清廷專門設立方略館（屬軍機處）以纂修各種方略。方略館編纂有：

《欽定平定臺灣紀略》，記錄了乾隆五十一年平定臺灣林爽文起義的事迹。《平定臨清紀略》記載了乾隆年間平定白蓮教王倫起義的事迹。《欽定平定三省邪匪方略》，記載了嘉慶年間鎮壓川、楚、陝等地白蓮教起義的事迹。《欽定剿平粵匪方略》，記載了清政府鎮壓太平天國起義的全過程。《欽定剿平捻匪方略》，記載了清政府鎮壓捻軍起義的全過程，等等。

※ ※ ※ ※ ※ ※ ※ ※ ※

1949年新中國成立後，檔案界和史學界十分重視有關人民反抗鬥爭活動檔案的整理和出版。一史館和人民大學清史研究所等單位合作先後編輯出版了《清代農民戰爭史資料選編》、《天地會》檔案史料、《康雍乾時期城鄉人民反抗鬥爭資料》等。一史館編輯的《清政府鎮壓太平天國檔案史料》，輯錄有關檔案六千餘件，共二十六冊，所收錄文件的數量、內容、篇幅（全文公布）方面都大大超過清官方纂修的《剿平粵匪方略》，太平天國歷史專家羅爾綱生前對此書曾給予高度的評價。一史館編的《宋景詩檔案史料》，輯入有關奏摺、諭旨、咨文及函札檔案二百八十八件，文件起於咸豐十一年二月，迄於同治二年十一月，主要記述了宋景詩參加山東西部的白蓮教起義，率領黑旗軍出入山東、直隸交界地區，英勇抗擊清軍，及其被圍投降後，協助清軍鎮壓白蓮教起義軍，後又從陝西鄠陽駐地脫離清軍回鄉，並於同治二年六月再次率眾抗擊清軍，直至失敗後化名潛逃的活動始末。

一史館編輯的《義和團檔案史料》包括初編、續編，共四冊。輯錄檔案起自光緒二十二年，迄於光緒二十九年，記錄義和團運動的全過程，包括義和團運動興起階段的史實，義和團運動高潮和慈禧出逃及"回鑾"的史實，清外務部及一些地方當局議結發生在各地的庚子教案和義和團運動的餘波史實。共輯錄一史館所藏奏摺、上諭、電報、咨文、通告、國書、照會、信函等文件計三千二百六十七件。1959年由中華書局出版發行。

《籌筆偶存》是山東巡撫衙門在光緒二十五年四月至二十九年二月期

間，因經辦的義和團運動而引起的有關洋務交涉的文牘摘要，是研究山東義和團運動的重要史料。該稿本原存於外務部全宗，由一史館和中國社會科學院近代史所等整理編校後，1983 年由中國社會科學出版社出版。

有關辛亥革命的檔案史料，1957 年故宮檔案館等編有《辛亥革命》一書。1985 年一史館和北京師範大學歷史系合編出版了《辛亥革命前十年間民變檔案史料》，內容包括：①捻軍、義和團餘黨的聚眾抗清鬥爭；②各地會黨組織的民眾抗清鬥爭。③景廷賓領導的抗糧鬥爭；④各地鄉民、會黨拆毀教堂、焚燒衙署、抗擊官兵的情形；⑤官紳苛派捐稅、侵吞積穀、索詐鄉民，激起民眾抗官鬥爭；⑥商民聚眾抗捐、罷市毀關的活動；⑦清廷在一些地方駐兵嘩變的情形；⑧熱河地區鄧萊峰聚蓄軍火、結眾抗清的活動；⑨東北楊毓林等各股勢力聯合反清鬥爭；⑩廣東劉思裕、雲南周雲祥、貴州李老幺、四川余俊臣等人領導的反清鬥爭；⑪浙江地方鄉民聚眾鬧漕；⑫湖南萍瀏會黨組織的反鬥爭活動；⑬雲貴川陝甘新等少數民族的仇教抗官的抗清鬥爭。選自軍機處、宮中、外務部等全宗檔案四百八十三件。

《徐錫麟革命史料》，選自清光緒三十三年（1907）七月十三日兩江總督端方、安徽巡撫馮煦的電奏，內容爲清方於九江拿獲徐錫麟弟徐偉並審訊馬宗漢、徐偉口供，供出徐錫麟謀殺安徽巡撫恩銘舉行起義等。清方下令將馬宗漢就地正法，將徐偉嚴行監禁（《文獻叢編》第二十輯）。

一史館還保存有安徽巡撫恩銘的遺摺，是恩銘受傷後生命垂危之際，口授屬下寫的，摺中敘述了徐錫麟起義的情況。摺中說："詎本月二十六日巡警學堂甲班學生畢業之時，奴才於辰刻率同司道親往考驗，方整齊行列之際，突見徐錫麟率外來死黨數人，皆手持雙槍，向奴才連環轟擊，相距不及五尺，聲稱今日起革命軍。奴才受傷甚多，隨同之文武員弁死傷各數人，奴才當即回署。"遺摺於光緒三十二年五月二十六日繕呈，不久他便一命嗚呼了。

秋瑾革命檔案。1907 年 5 月 26 日，徐錫麟在安慶起義失敗後，清廷按照名單大肆搜捕革命黨人。6 月 4 日清軍包圍秋瑾主持的紹興大通學校。秋瑾臨危不懼，英勇抗擊，但終因寡不敵衆，經激戰後被捕。檔案中有調補江蘇巡撫、浙江巡撫張曾敭向皇帝奏報審訊秋瑾的情形："據紹興府守貴福來省面稟，據紳士密報，大通體育會女教員革命黨秋瑾及竺鉛康、呂風樵等均欲起事。""該府縣親提秋瑾,查訊詰明匪黨共有幾人",秋瑾"堅不吐實","惟稱論說稿是我所做,日記、手摺亦是我物,革命黨之事,不必多問!"

清末汪兆銘被捕後的供單及有關史料。宣統二年(1910)二月二十三日,喻雲紀、黃復生等人,受同盟會東京機關的派遣,在北京設立守真映相館做掩護,企圖用炸彈轟擊清攝政王載灃,但事敗暴露,黃復生、羅世勛及汪兆銘(號精衛)被捕。汪、黃被判永遠監禁,羅被判監禁十年。翌年十月,因清廷開黨禁,遂被釋放。此專題共選有關檔案四件,即:將汪兆銘等永遠牢固監禁之上諭、司法大臣紹昌等奏為開釋汪兆銘等人摺、司法大臣紹昌等奏為鈔錄汪兆銘親供事片及鈔錄汪兆銘親供清單,此單比較系統地闡述了革命黨人推翻清廷統治的革命理論(《歷史檔案》1983年第2期)。

第十四章　宗教事務（J）

第一節　明清統治者的宗教政策

中國自宋朝以後，儒、釋、道三教互相吸收和融合，已成爲發展的趨勢。儒家視宇宙爲一個有情有義的生命和合體，是一個天人合一、萬物和生、生生不息的生命世界。在這個世界中人居於核心的地位，主張以人爲本，人間互愛。孔子說："仁者愛人。"韓愈說："博愛之謂仁。"倡導仁、義、禮、智、信，主張社會和諧安寧。

道教站在人生邊緣，帶着超越的眼光審視人生現實的矛盾與荒謬，批判人類理智的淺薄與愚蠢。崇尚對大自然的熱愛，對自由個性的暢揚，對個體感性生命的珍重，主張修煉今生。

佛教用超人的眼光識別人間的種種假象，揭示人生悲劇的根源，把人的心靈引渡到潔淨的境界——涅槃世界，主張修煉來世。

儒、釋、道三教是中國傳統文化的最基本的構成要素，以儒養德，以道養生，以佛修心，是中國傳統文明智慧的結晶。

明清歷代皇帝仍然采取三教並用的政策，不過各有側重，明代皇帝多崇信道教，清代皇帝多崇信佛教。

明清王朝爲管理佛教、道教事務，在中央機關都設僧錄司和道錄司。僧錄司管理全國僧徒考試、給牒之事，道錄司管理全國道士考試、給牒之事。現存於世的如明朝永樂年間皇帝敕諭剌麻失家攝聶文。

大明皇帝敕諭剌麻失家攝聶：

　　朕惟佛氏之興，其來已遠，西土之人，久事崇信其教，以空寂爲宗，以普度爲心，化導善類，覺悟群迷，功德之著，無間幽顯，有能尊崇其教以導引夫一方之人，去其昏迷，嚮慕善道。強不至凌弱，大不至虐小,息爭鬥之風,無侵奪之患,上下各安其分,長幼各遂其生,同歸於仁壽之中,同安於泰和之世。上足以陰翊皇度,下足以勸善化俗。其功德所及,豈不遠哉!今剌麻失家攝轟演如來之教法,悟大乘之真詮,以慈悲導一方,以善行化衆類。所在土官軍民人等,聽從本僧從便修行。益弘願力,丕闡宗風,爲一方之人祈福。並不許侮慢欺淩,生事沮壞。敢有不遵朕命者,必罰無赦。故諭。

永樂八年九月十六日

(年月日上,蓋"敕命之寶")

此件原藏內閣大庫,原文黃地金龍箋書,漢藏文書寫,前爲漢文,後爲藏文。縱六十九厘米,橫九十厘米。

明宣德二年,明宣宗朱瞻基給某州朝定寺及西寧鈕爾溝寺喇嘛的兩道敕諭,要求該地人民等尊崇其宗,不許侵占騷擾寺廟(《明清史料》庚編)。

第二節 道 教

· 專題研究 ·

明世宗崇信道教與大高玄殿的修建

道教是中國土生土長的宗教,具有悠久的歷史。自宋朝以後,儒、釋、道三教互相吸收和融合,已成爲發展的趨勢。明朝開國皇帝朱元璋在奪取政權後,立即制訂了儒、釋、道三教並用的宗教政策。在他著的《三教論》中說:"三教之立,雖持身榮儉之不同,其所濟給之理一,然於斯世之愚人,於斯三教有不可缺者。"[1] 他認爲,儒、釋、道三教對於教化民衆,缺一不可,但他首重儒教,說:"仲尼之道,祖堯舜,率三王,刪詩制

---

[1] 明代姚士觀等編校《明太祖文集》卷十,臺灣商務印書館影印本《文淵閣四庫全書》第一千二百二十三冊第一百零八頁。

典，萬世永賴。"① 朱元璋制訂的以儒學爲主，以釋、道爲輔的宗教政策，雖對後世具有一定的影響，但他的繼任者多崇信道教，其中尤以明世宗爲甚。

一、世宗崇信道教

明世宗朱厚熜，是憲宗之孫，興獻王朱祐杬之子，於正德十六年（1521）繼位，次年改年號爲嘉靖，爲明朝第十一代皇帝。

興獻王封國安陸（今湖北鐘祥縣），這裏是道教盛行的地方，朱祐杬一生篤信道教。年幼的朱厚熜在家庭環境的影響下，對道教產生了濃厚的興趣。他於正德十六年入京繼皇帝位後，年輕有爲，一心勵精圖治，除奸任賢，革故鼎新。因忙於政務，一時無暇從事道教活動。他體質較弱，又不適應北方寒冷的氣候，加之大婚以後，縱慾過度，致使他多次生病，有時甚至不能上朝理事。此時身居九五之尊的朱厚熜，可謂富貴人極，但如何健康長壽，是他的最大追求，於是他迷信了方術。正如谷應泰在《明史紀事本末》中說："世宗起自藩服，入纘大統，累葉昇平，兵革衰息，毋以富貴吾所已極，所不知者壽耳。以故因壽考而慕長生，緣長生而冀獮舉。惟備福於箕疇，乃希心於方外也。"② 他聽信太監崔文的話，在宮中搞起齋醮活動，如在"乾清、坤寧諸宮，西天、西番、漢經諸廠、五花宮、兩暖閣、東次閣，莫不有之"。③ 禱祀活動"或連日夜，或間日一舉，或一日再舉"。② 後來由於內閣首輔楊廷和等大臣的勸諫，宮中的齋醮活動有所收斂，但不久，他徵召龍虎山上清宮道士邵元節進京，命其在顯靈宮居住，專門掌禱祀之事。後因邵元節"祈雨有功"，封其爲"清微妙濟寧靜修真凝玄衍範志默秉誠致一真人"，賜金、玉、銀、象牙印各一，總領道教事務。邵元節死後，世宗又依賴邵元節推薦的方士陶仲文。由於陶仲文施展的法術

---

① 明代姚士觀等編校《明太祖文集》卷十，臺灣商務印書館影印本《文淵閣四庫全書》第一千二百二十三冊第一百零八頁。
② 《明史紀事本末》卷五十一、五十二，"世宗崇奉道教"，《歷代紀事本末》第二冊第二千三百二十八頁。
③ 《明史》卷二〇六，鄭一鵬傳。

驅逐了宮中的"黑氣",又祈禱太子袪病靈驗,以及陶在嘉靖帝南巡保駕有功,被封爲"神霄保國弘烈宣教振法通真忠孝秉一真人"。嘉靖二十一年四月,嘉靖帝又聽從陶仲文等人的意見,在西苑建大高玄殿以作宮中演習科儀、進行禱祭的場所。是年秋,又聽從陶仲文言,於太液池西,修建祐國康民雷殿。當時工部員外郎劉魁諫阻道:"頃營享殿、大高玄殿,工費以億萬計。土木衣文綉,匠作班朱紫,道流所居擬於宮禁。國用已耗,民力已竭,而復爲此不經之事,非所以示天下後世。"① 嘉靖帝聽言後大怒,令"杖於廷,錮之詔獄"。

嘉靖二十一年十月宮婢之變後,嘉靖帝從大內移居西苑,從此不再上朝,一心修玄。在陶仲文的引誘下,他整天講道修玄,煉丹制藥,以求長生不老。他爲煉"先天丹藥",竟三次徵選八至十四的幼女七百六十多人入宮,以便用這些幼女的月經煉制長生不老的仙藥。

嘉靖帝信奉道教已經到癡迷的程度,他二十多年不理朝政。爲了在西苑舉行日益頻繁的齋醮活動,特命把西苑無逸殿賜給應制大臣作爲直廬。所謂"應制大臣",就是專門給皇帝寫青詞的班子。青詞又稱綠章,是在齋醮時把皇帝的意念獻給天神的奏章祝文,因用硃筆寫在青藤紙上,因此名叫"青詞"。夏言、嚴嵩和徐階等人,都因善寫青詞,不但擢入內閣,而且成爲首輔,時稱"青詞宰相"。

內閣首輔大臣夏言有《雪夜召詣高玄殿詩》以記其事:"迎和門外據雕鞍,玉蝀橋西度石闌。琪樹瓊林春色淨,瑤臺銀闕夜光寒。鑪香縹渺高玄殿,宮燭熒煌太乙壇。白首豈期天上景,朱衣仍得雪中看。"②

嘉靖帝奉玄日深,甚至把軍國大事與修玄聯繫起來。嘉靖二十三年十月,大同邊將擒獲叛卒王三,嘉靖帝認爲"叛惡被擒,固義勇之效力,實神鬼有以默戮之"。③ 爲此,竟加陶仲文少師仍兼少傅少保,"一人兼領三孤,終明世,惟仲文而已"。④ 嘉靖二十六年十一月,大高玄殿火灾,嘉靖

---

① 《明史》卷二〇九,劉魁傳。
② 吳長元《宸垣識略》卷三,北京古籍出版社1982年版。
③ 《明史紀事本末》卷五十一、五十二,"世宗崇奉道教",《歷代紀事本末》第二冊第二千三百二十八頁。
④ 《明史》卷三〇七,陶仲文傳。

帝急忙在露臺祈禱，火光中好像聽到有呼喊楊爵等三人爲忠臣的聲音，事後立即傳旨，將楊爵等三個忠臣釋放出獄。

針對嘉靖皇帝崇道修玄、荒廢朝政，時任戶部主事的海瑞，於嘉靖四十五年直言上疏勸諫："陛下即位初年，敬一箴心，冠履分辨，天下欣然望治。未久而妄念牽之，謬謂長生可得。一意修玄，二十餘年，不視朝政。""今乃修齋建醮，相率進香，仙桃仙藥，同詞表賀。""自古聖賢垂訓，未聞有所謂長生之說。陛下事師陶仲文，仲文則既死矣，彼不長生，而陛下何獨求之。"①

嘉靖帝看到海瑞的奏疏，十分惱怒，把疏文扔於地上，令左右趕快把海瑞抓起來下獄，身邊的宦官黃錦上前說："聞此人上疏時，市棺、訣妻子，待罪於朝，童僕亦奔散無留者，是不遁也。"嘉靖帝聽後，沈默了一會，又取過疏文閱讀，深爲感動，"留中者數月"。①

世宗一朝崇道修玄已到登峰造極的地步，突出的表現在爲其父母和本人加封道號。據《明史紀事本末》卷五二"世宗崇信道教"載：嘉靖三十五年上皇考道號"三天金闕無上玉堂都仙法主玄元道哲慧聖尊開直仁化大帝"，皇妣號"三天金闕無上玉堂總仙法主玄元道德哲慧聖母天后"，自號"靈霄上清統雷元陽妙一飛玄真君"，後又加號"九天弘教普濟生靈掌陰陽功過大道思仁紫極仙翁一陽真人元虛玄應開化伏魔忠孝帝君"，再號"太上大羅天仙紫極長生聖智昭靈統三元證應玉虛總掌五雷大真人玄都境萬壽帝君"，儼然成了道教皇帝。

嘉靖四十五年十月，帝疾病纏身，而且病情越來越重。一天，他帶病去萬法壇祈禱上天，突遭雨淋，回宮後就口吐白沫，胸中憋悶。十一月，又服用了方士王金所獻丹藥，因服丹藥中毒而昏迷不醒，病情更加嚴重。據王圻《續文獻通考》卷二十稱："世宗晚年鬚眉脫落，乃至大漸，丹毒並作。"十二月駕崩，享年六十歲，葬昌平陽翠嶺永陵。

世宗一生崇信道教方術，追求長生不老，結果是枉費心機，反爲方術所害。在他的遺詔中有"只緣多病，過求長生，遂至奸人誑惑"② 的自我

---

① 《明鑒》卷六，北京市新華書店 1985 年 3 月版。
② 《明世宗實錄》卷五六六。

檢討的話，但爲時已晚，也無濟於事，因爲生老病死，乃是人生不可抗拒的一個規律，不管是帝王將相，還是百姓平民，其結果都是一樣的。

二、大高玄殿①的興建與維修

從上文可知，正是在明世宗崇信道教、齋醮活動日益頻繁的情況下，諭命修建大高殿的，同年秋天又命修祐國康民雷殿。

據《明世宗實錄》記載：嘉靖二十一年四月"庚申（初十日）初，上於西苑建大高玄殿，奉事上玄，至是工完，將舉安神大典。諭禮部曰：'朕恭建大高玄殿，本朕祇天禮神，爲民求福，一念之誠也。今當厥功初成，仰戴洪造，下鑒連沐玄恩，矧直民艱財乏，災變虜侵之日，匪資洪眷，罔盡消弭，所宜敬以承之，豈可輕忽！爾百司有位，務正心修己，贊治保民。自今十日始停刑止屠，百官吉服，辦事大臣各齋戒至二十日止。'仍命官行香於宮觀廟，其敬之哉。因遣英國公張溶等，分詣朝天等宮及合祠廟行禮"。②

嘉靖二十一年九月癸亥，"新作祐國康民雷殿，命工部署郎中趙愈和、署員外郎朱文質督理工程。虞衡司員外郎劉魁因奏，'頃者營建泰享殿、大高玄殿等工尚未告成，今復有雷殿之役，財力無從措辦，宜且並工廟建以寬民力'。疏入，上怒其沮撓欺慢，命錦衣衛執而杖之，仍錮於詔獄"。③

大高玄殿建成後，於嘉靖二十六年十一月遭受火災，命工程修復之。明萬曆年間，又修繕一次。清代雍正、乾隆、嘉慶、道光和光緒年，曾不斷進行過修繕。現存的建築，爲光緒年間大高殿遭八國聯軍破壞後清廷再修繕的原貌。

大高玄殿是一組輝煌雄健的宮殿式建築，也是我國目前僅存的最大的皇家道觀。大高玄殿位於明代的西苑，即今紫禁城外的西北方，今在北京西城區景山前街路北，東南隔街與景山相望。總建築面積約爲一點三萬平

---

① 大高玄殿：明稱"大高玄殿"，清改稱"大高殿"。
② 《明世宗實錄》卷二六〇。
③ 《明世宗實錄》卷二六六。

方米。面向南，南北呈長方形，觀內主要建設有三座門、正殿、後殿和一座象徵天圓地方的二層樓閣。

大高玄殿的第一、第二重山門，均爲綠琉璃瓦蓋頂的仿木結構的券洞式大門，各有門洞三座。在第一道山門前，原有高大雄偉的木牌樓三座，與紫禁城角樓相似的地面角樓兩座，除向南的一座牌樓自然損壞以外，其餘均在 1955 年因擴建街道被拆除。第二座山門的後面，爲一座過廳式的大門，門上高懸"大高玄門"四個大字，大高玄門的前面，原有旗杆一對，現已不存。

在大高玄門的後面，是這座道觀的主體建築，即大高玄殿。這是一座重檐廡殿頂式的建築物，面寬七間，黃琉璃瓦頂，氣勢雄偉。殿前有月臺，殿的兩側各有配殿五間，布局非常嚴整、壯觀。

大高玄殿的後殿是一座面寬五間的高大建築物，殿前高懸"九天應元雷壇"六個大字，十分雄偉。

大高玄殿的最後，爲象徵"天圓地方"的兩層樓閣，上層名"乾元閣"，四週有迴廊，圓形攢尖屋頂，覆以藍色琉璃筒瓦，象徵"天"；下層名"坤貞宇"，呈方形，覆以黃琉璃瓦檐頂，象徵"地"。① 乾元閣和坤貞宇的匾額，是清代乾隆皇帝御筆。

大高玄殿和九天應元雷壇，氣勢雄偉，構思奇巧，布局嚴謹，反映了道教的思想和風格。其自建成後，成爲皇室、宮官婢女演練道教科儀的場所。當時大高玄殿供奉有三清像及嘉靖帝修玄御容，三清像即天寶君、太上道君、太上老君三位尊神。《萬曆野獲編》卷二載："今西苑齋宮，獨大高玄殿以有三清像設，至今崇奉尊嚴，內官宮婢習道者，但於其中演唱科儀。且往歲世宗修玄御容在焉，故亦不廢。"② 文中的"科儀"指道教的法規制度與禮儀，可見當時宮中的官員、宮女、太監等，都奉命在這裏學習、演練道教做道場的程式與禮節儀式等，所以大高玄殿是當時皇宮中做道場最大的殿堂。

九天應元雷壇是皇帝祈求雨雪和告天祭祀的地方，明、清兩代的皇帝，

---

① 參考羅哲文等主編《中國名觀》，百花文藝出版社 2002 年 1 月版。
② 明代沈德符撰《萬曆野獲編》。

每逢天氣大旱和大澇，都在這裏舉行隆重的儀式，祈禱上天，求雨祈晴。

自從大高玄殿建成以後，凡帝后誕辰、忌辰，禱晴求雨，禳災祛禍，按照皇帝的需要，隨時在大高殿舉行齋醮祈禱。尤其在嘉靖時期，世宗"不齋則醮，月無虛日"。據《世宗實錄》記載：嘉靖三十三年正月壬寅，"建元旦吉醮於大高玄殿，停封事二十八日"。①

嘉靖三十三年九月乙卯，"舉秋報典於大高玄殿六日，命有司停刑禁屠，遣文武大臣、定國公徐延德等祭告各宮廟"。②

嘉靖三十四年九月甲寅，"建秋報大典於大高玄殿七日，停刑禁屠如例"。③

嘉靖三十九年六月甲寅，"建天保大典於大高玄殿等壇，停常封至八月二十日止"。④

嘉靖四十二年六月甲子，"設醮於大高玄殿，自是日至八月終止，停常封"。⑤

嘉靖四十三年閏二月甲申，"舉歲折典於大高玄殿，停常封，命公張溶等分祭宮祠"。⑥

當時世宗在大高玄殿設醮禱祭，隨時召內閣大學士寫青辭祭天，明楊四知有《高玄殿詩》以記其事："高玄宮殿五雲橫，先帝祈靈禮太清。鳳輦不來鐘鼓寂，月明童子自吹笙。"⑦

三、建造大高玄殿的歷史原因之分析

我國的道觀濫觴於遠古，形成於漢代，發展於宋、元。到了明代，道觀建築發展到了頂峰，其重要的標志，是大高玄殿皇家道觀的建成。

大高玄殿的興建並不是偶然的，它有着深刻的社會政治背景，在足夠

---

① 《明世宗實錄》卷四〇六。
② 《明世宗實錄》卷四一四。
③ 《明世宗實錄》卷四二六。
④ 《明世宗實錄》卷四八五。
⑤ 《明世宗實錄》卷五二二。
⑥ 《明世宗實錄》卷五三一。
⑦ （清）吳長元《宸垣識略》卷三。

的財力和高水平的建築技術條件下，始得以構築這組輝煌的皇家道觀建築群。

明代是道教發展最昌盛的時期之一，特別到了明世宗統治時期（1522—1566），朱厚熜一反過去儒、釋、道並用的政策，大力扶植道教，對道教的崇信如癡如迷，對道教的崇拜達到登峰造極的地步。當時道教與皇權緊密結合起來，大高玄殿便是這種結合的產物。

大高玄殿的建成，皇帝的決斷固然是至關重要，但還要有一定的經濟基礎。明嘉靖時期，正是明代的中期。明朝自1368年朱元璋建國以來，到了嘉靖時期，經過一百多年的治理，社會穩定，經濟發展，財政有豐厚的積累，例如"光祿寺庫金，自嘉靖改元至十五年，積至八十萬"。① 戶部太倉庫，嘉靖七年進銀一百三十萬兩左右，到嘉靖二十八年進銀增至三百九十五萬七千一百一十六兩。②《明史》食貨志說："世宗營建最繁。十五年以來，名爲汰省，而經費已六七百萬。其後增十數倍。齋宮秘殿，並時而興。"嘉靖十五年五月工部尚書蔣瑤在奏疏中說："今內外工程用銀六百三十四萬七千八百九十餘兩。"如果國家財庫沒有豐厚的積累，是不可能建造大高玄殿等那麼多宮殿建築的。

明代，是中國古代宮殿建築最輝煌的時期之一。永樂年間建造紫禁城，是明朝宮殿建築高潮之一，明嘉靖時期是明宮殿建築的第二高潮期。嘉靖帝在位四十五年間，大興土木，興修的範圍，從宮殿亭閣、壇廟道觀到陵寢城垣，較大的工程近二百多處，如修建大高玄殿、太廟、皇史宬，重修三大殿，建天、地、日、月壇，建造永陵，增修京師重城等。這些輝煌的宮殿建築，都是由工匠們設計和建造的。例如永樂時期，以蒯祥和蔡信爲首的能工巧匠們，建造了巍峨的紫禁城。這些工匠的技術世代相傳，到了嘉靖時期，工匠們的技術和技藝水平進一步提高，當時宮殿建築者最傑出的代表要算是郭文英和徐杲。郭文英，陝西韓城人，木工出身。嘉靖初期和中期的宮殿壇廟建築，例如太廟、歷代帝王廟、朝日壇、夕月壇、方澤壇、皇史宬以及天壇的改建，大高玄殿的建造，大部是由郭文英設計並參

---

① 《明史》卷二一四，劉體乾傳。
② 《明世宗實錄》卷三五六，臺灣影印本第六千四百五十九頁。

加施工營建的。《韓城縣志》卷五載："世廟欽崇醮典……營宮孔棘，匠師濟濟，然擘畫圖克當帝衷者，則推郭文英焉。"

徐杲是嘉靖中葉以後的重要建築師，他先後參與指揮了不少重大工程，如皇史宬、太廟、京師外城、太玄都殿等。嘉靖三十六年紫禁城前朝三大殿第二次被燒，奉天門也被燒，由徐杲躬自操作，不數月而復建竣工。嘉靖三十八年重建三大殿，徐杲主工。嘉靖四十一年，完工後，復建的三大殿竟和原來一模一樣，"三大殿規制，自宣德間再建後，諸匠作皆莫省其舊。而匠官徐杲能以意料量，比落成，竟不失尺寸"。① 他因此得到明世宗的寵信，被破天荒地提拔爲工部尚書。

如果沒有像郭文英、徐杲這樣高超的設計規劃師，如果沒有衆多工匠們的高超技藝和充足精良的建築材料，很難想象能在短期内建造起那麼多輝煌雄偉的宮殿建築。所以，精細的設計，高超的工藝，也是大高玄殿得以很快建成的重要條件。

第三節 佛 教

・專題研究・

清帝崇信佛教與宮中佛事檔案研究

一、清宮秘藏的帝后佛事活動檔案

在中華文化形成和發展的歷史長河中，佛教文化曾起過重要作用，並遺留下豐富的佛教文獻和大量珍貴的佛教文物。在大量的佛教歷史文獻中，真實記錄着佛教歷史活動的檔案文件尤爲珍貴；在宏富的佛教檔案中，帝王宮廷佛事活動的檔案堪稱精華。在中國第一歷史檔案館所存的一千多萬

---

① 《日下舊聞考》卷三十四。

件明清檔案中，有相當一部分檔案爲清朝帝后在宮廷從事佛事活動的記載，大致可分如下幾類。

①皇帝有關佛教的詔敕諭旨。如清帝有關册封藏傳佛教達賴、班禪、哲布尊丹巴、章嘉等四大活佛的詔敕，有關賜封漢傳佛教三十一位國師封號的詔旨，有關傳佛布道、修建寺廟及對僧尼管理的諭旨等。雍正帝關於佛學的諭旨，不但量多，而且精辟（已於《文獻叢編》第三輯刊出面世。《文獻叢編》共四十六冊，由故宫文獻館編，由故宫印刷所於1930—1943年出版）。此外，還有御筆《般若波羅蜜多心經》、御筆《妙法蓮華經》以及雍正帝的《御選語錄》序並乾隆帝御筆《佛學論說》等。這些文獻實際是清廷對佛教的政策法規，對研究清代佛教史具有重要的意義。

②帝后在宫中佛事活動的記載。如帝后在坤寧宫、養心殿、雨花閣、咸若館佛前，進行拈香禮佛的文件，在慈寧宫等處誦經活動的記載，番經、禪宗經輪流奉誦日期單，及祝康熙帝壽辰和尚喇嘛誦經圖，后妃"賜壽長生咒語"、"去疾延年咒語秘方"，以及"老佛爺心經寶祥"、"皇太后用長壽尊經"、"皇太后祈求佛保佑還願願文"等。

此外，還有記載宫中各處誦經喇嘛的數目、各朝收存宫中的佛器、佛經的登記，宫中各處佛堂法器陳設，以及宫中造佛處爲造無量佛等事宜的奏摺等，這些檔案真實地記錄了帝后在宫中的佛事活動及宫中佛堂、佛器、佛經的陳設管理情況。

③皇帝與禪僧、國師及有關王公的來往文書。如雍正帝與文覺禪師僧元信、永覺禪師超盛等的來往文書，雍正帝與福彭的奏批及與張廷玉、鄂爾泰、允祿、天申、圓壽等人的《禪機問答》等。

④清廷對蒙藏地區政教事務管理的文書，其中有歷代皇帝敕封達賴、班禪活佛的文書，如順治帝册封五世達賴爲"西天大喜自在佛所領天下釋教普通瓦剌喇怛喇達賴喇嘛"並頒給金印的敕諭，康熙帝册封五世班禪爲"班禪額爾德尼"並賞賜金印、金册的詔敕，康熙時西藏達賴汗、諦巴擁護清政府平定噶爾丹的奏章，乾隆時"金奔巴掣簽制"的頒行文書，有關十世達賴喇嘛掣定、披剃、坐床等事的奏摺，道光帝賜給十一世達賴喇嘛金册的文件，十三世達賴喇嘛恭請慈禧太后聖安奏書及進貢清單，等等。

清廷通過對蒙藏喇嘛教的控制，以達到穩定邊疆、維護國家團結統一的政治目的。

⑤清廷對全國寺廟及僧尼管理方面的文書，其中有關全國寺廟修建、管理方面的記載，如紫禁城的雨花閣、咸若館，京城的黃寺、雍和宮、雲居寺、大覺寺、香山寺，山西的五臺山，承德的外八廟，浙江的普陀山，四川的峨嵋山，安徽的九華山，江蘇的天寧寺、金山寺，杭州的靈隱寺，浙江的天臺山，河南的少林寺等。清廷對僧尼有嚴格的管理，不許私建或增置寺院，不許私度僧尼。在京設僧錄寺，各府、州、縣設僧官，管理漢地佛教事務。在清宮檔案中有清政府給僧尼度牒、更換寺廟住持喇嘛的文書，有巡查寺廟喇嘛並全國寺廟、僧尼總數的材料，這些檔案是研究清代寺廟史及維修全國名寺顯廟的可靠的依據材料。

二、從清宮佛事檔案看清朝宗教政策的特點

清宮佛事檔案真實記錄了有清一代的佛教活動，突出地反映了清王朝在宗教、民族政策方面的特點。

（一）清朝始終如一地崇信和利用佛教，以達到加強封建統治和維護國家統一、民族團結的政治目的

清朝是以滿洲貴族爲主、聯合漢族地主階段建立起的一個封建政權。它和以蒙古貴族爲主體的元朝一樣，與以漢族地主階級爲主體的唐、宋、明王朝在宗教政策上有着明顯的不同。盡管唐、宋、明的皇帝大都信佛，但唐朝有武宗"會昌滅佛"，宋朝有徽宗崇道排佛，明朝也有世宗信道毀佛，而元、清兩朝各帝都崇佛信佛，清朝有些帝王還精研佛學，造詣很高。

清帝崇信佛教，突出地表現在它一貫對藏地佛教的支持，這也是它整個統治政策的一部分。早在清入關前，清帝已與西藏五世達賴及蒙古喇嘛上層建立了關係。順治九年（1652）五世達賴入京覲見順治帝，被清廷封爲"西天大善自在佛所領天下釋教普通瓦剌喇怛喇達賴喇嘛"，並授金冊金印，使他成爲藏蒙兩地喇嘛教的領袖。清廷特在北京修黃寺，作爲達賴的駐地。一世哲布尊丹巴是喀爾喇嘛教的首領，順治十二年（1655）一世哲布尊丹巴遣使向清廷朝貢。1688年哲布尊丹巴率漠北蒙古喀爾喀部歸

清，康熙帝冊封他爲"大喇嘛"，正式承認了哲布尊丹巴總領喀爾喀喇嘛教的地位，使其成爲清廷統治外蒙古的主要支柱。雍正元年（1723）諭准哲布尊丹巴呼圖克圖轉世不替，並賜金冊金印，世世掌領喀爾喀喇嘛教，從此，哲布尊丹巴活佛系統正式法定下來。章嘉活佛是清代四大活佛之一，一世章嘉紮巴俄色，是青海紅崖子溝張家村人，所以由他開始的轉世活佛系統稱張家活佛。康熙帝以"張家"二字不雅，改爲章嘉。1693年康熙帝封章嘉爲呼圖克圖。康熙帝在擊敗噶爾丹之後，在蒙古多倫多召集蒙古各族王公會盟，建匯宗寺，於1706年封章嘉呼圖克圖爲"灌頂普善廣慈大國師"，主持匯宗寺，總管內蒙古佛教事務。雍正時，在匯宗寺附近，建善因寺，作爲章嘉三世的居住、焚修之所。從此，歷代章嘉活佛夏住多倫諾爾善因寺，冬居北京嵩祝寺，成爲慣例。康熙五十二年（1713）清廷封五世班禪爲"班禪額爾德尼"，並頒賜金冊金印，另樹一個喇嘛教領袖，以便分權統治。四大活佛由清中央確立，四大活佛轉世須經清中央批准。清廷通過對喇嘛教上層的控制，維系與統治邊疆地區。乾隆帝曾說："興黃教即所以安衆蒙古，所系非小。"（《清高宗實錄》卷一四二七，乾隆五十八年四月）

在崇信佛教的清代歷朝皇帝中，尤以順治和雍正帝爲最突出，順治帝癡迷禪宗，雍正帝對禪宗很有研究，創立了雍正禪學。

順治帝福臨，爲清朝入主中原後第一代皇帝。他於順治元年尚不滿六歲時繼皇帝位，順治九年親政。他成年之後，性格愛好開始發生變化。順治十四年，他到南苑打獵時，聽說海會寺香火旺盛，便到海會寺見了住持僧憨璞性聰。順治帝非常欣賞憨璞性聰的言談舉止，回宮後不久，便在西苑召見了他，請求佛法大意，以後又請性聰多次講佛論法。性聰也竭力諂媚順治帝，說"皇上即是金輪王轉世，夙植大善根、大智慧，天然種性"。此後，福臨就成了佛教徒。福臨曾說過："朕雖尊象數，而未知有宗門耆舊，知有宗門耆舊，則自憨璞始。"（《天童弘覺忞禪師北游集》卷六）福臨還通過性聰了解到江南禪宗的情況及有名的禪師，如玉琳通琇、茆溪行森和木陳道忞等，下令將他們請至宮中，並將西苑的崇智殿改名爲萬善殿，爲他們下榻之處。福臨和這些名僧在這座大佛堂裏不僅談禪說法，而且詩詞歌賦、琴棋書畫，無所不涉，關系十分密切。玉琳通琇爲福臨取法名

"行癡"，號"癡道人"。道憨稱福臨爲"承願亦生"、"光顯吾宗"的"佛心天子"。順治帝爲表示對這些名僧的敬慕，敕封玉琳通琇爲大覺國師，封木陳道憨爲弘覺禪師，封憨璞性聰爲明覺禪師。順治帝通過和這些名僧禪師的交往，一方面可以籠絡人心，以緩和江南一帶的民族矛盾，另一方面想利用這些禪師以整頓佛教。例如福臨於順治十五和十七年，兩次詔玉琳通琇入京，讓其主持京城戒壇，通過整頓，使僧尼守戒奉法，納入穩定清朝統治的體系。

福臨是一個很有個性的皇帝，順治十七年八月，福臨寵愛的董妃去世，他十分悲痛，爲求得精神上的解脫，整天沈迷於釋道之中，甚至想出家當和尚，後來由於玉琳通琇勸阻而未果。福臨問玉琳："朕思上古，惟釋迦如來捨王宮而成正覺，達摩亦捨國位而爲禪祖，朕欲效之何如？"玉琳通琇答以："若以世法論，皇上宜永居正法，上以安聖母之心，下以樂萬民之業；若以出世法論，皇上宜永做國王帝主，外以護持諸佛正法之輪，內住一切大權菩薩智所住處。"（轉引自《清代皇帝傳略》第九十七、九十八頁，左步青主編，紫禁城出版社 1991 年版）

雍正皇帝胤禛勤於政務，勵精圖治，對"康乾盛世"的形成，起了承前啓後的作用。雍正帝不僅通曉《四書》、《五經》等儒家經典，而且喜讀內典，深通佛理。他自號圓明居士和破塵居士，特別是對禪宗有深入的研究，創立了雍正禪學。

在胤禛未當皇帝之前，鑒於諸皇子之間爭奪皇位的激烈鬥爭，他深居雍和宮，請教名禪，坐禪修煉，一方面用崇尚超脫的禪修，以安靜自己的心態，另一方面使用僧衲爲自己爭奪皇位出主意。胤禛年輕時曾雇人代替自己出家，同時與僧侶來往密切。他與章嘉活佛結識較早，章嘉對他的開示較大，影響較深。他曾說過："章嘉呼圖克圖國師喇嘛，實爲朕證明恩師也。"（《歷代禪師後集序》）大覺寺住持性音禪師，與雍親王來往密切，曾密參帷幄。雍正登極後怕性音門徒泄露藩邸機密，曾削去性音封號，其語錄亦被撤出藏經，令其門徒不許"將朕當年藩邸之舊迹私記存留，違者重治其罪"（《文獻叢編》第三輯《清世宗關於佛學之諭旨》）。永覺禪師超盛曾奉侍世宗於宮中，參預議論國家最機密的要務，雍正帝在處理年羹堯、隆科多、允禩、允禟的案件中，他都出了主意，成爲雍正帝的高級參謀。

雍正朝後期，朝廷對江南禪宗的重大決策措施，都有超盛的參與。雍正十三年閏四月，超盛由蘇州到杭州，協助辦理聖因寺事務，並巡視天目山報恩、崇福、圓照等寺的教務。超盛到杭州時，受到當地有關官員盛情歡迎與接待。現一史館尚保存有蘇州織造海保奏報超盛染病並在織造署養病情況的奏摺，以及超盛報告自己病情的奏摺。在超盛得瘧疾後，雍正帝特賜人參及專治瘧疾的金雞納丸藥。超盛在謝恩摺中說："惟有銘心矢志，益加慎重，必待真參實悟，以心印心，庶仰報皇恩高厚於萬一。"

（二）清朝對中華民族傳統的儒、釋、道三家文化采取了三教一家、圓融一體的看法，堅持了三教平等對待的政策

宋代以後，儒、釋、道三教已開始出現互相融化的趨勢，到了清代，三教一體已成爲朝廷的治教政策。清帝一貫尊孔崇儒，自順治時制定祭孔制度以來，歷代沿用不衰。康熙帝尊孔是最虔誠的，對佛教也很重視。他多次南巡都參禮佛寺，延見禪僧，賜額題辭。尤其是尊重喇嘛教，封二世章嘉阿旺洛桑卻丹爲國師。同時，對道家也不排斥，他曾聽從吏部尚書富寧安的安排，令道士李慶安"以神法訓練軍士"，參加平定策旺阿拉布坦的戰鬥，並賞給寶刀一把（《康熙朝滿文硃批奏摺全譯》第一千三百四十頁）。他的繼任雍正皇帝是推行儒、釋、道一體理論的集大成者。雍正帝曾說過："三教之覺民於海內也，理共出於一原，道並行而不悖。"（《御製文集》卷十七）《天竺寺碑文》又說："三教之道，原不過勸人爲善，夫釋道之設，其論雖無益於吏治，其理也無害於民生。至於勉善警惡亦有補於世教，何必互相排壓，爲無容量之舉。……朕向來三教並重，視爲一體。"（《雍正朝漢文硃批奏摺匯編》第一冊，第五百二十一至五百二十五頁）他甚至把道家紫陽真人張伯瑞語錄也編入佛家的《御選語錄》之中。

紫陽真人（987—1082），即張伯瑞，字平叔，號紫陽。北宋天臺人。曾長期研習丹書，著有《悟真篇》，與《道德經》、《陰符經》齊名。他同時交結禪僧，閱讀內典。《悟真篇》外集爲紫陽真人專論禪宗的詩文，稱《禪宗詩偈》，被雍正帝選入《御選語錄》正集。在雍正帝看來，紫陽真人是不世出的大禪師，雖以仙俊名世，但真言句句真徹了證，直指妙圓，實不多見。紫陽真人認爲，在最高境界上，禪道是相通的，明心見性即體道歸真。但在具體修持方法上，禪道各有長短。在養神修性方面，道教自遜

禪教一籌；而在煉精修命方面，禪又不及道。雍正十一年紫陽真人被敕封爲"大慈圓通禪仙紫陽真人"。

雍正帝對於禪宗造詣很深，除親自編纂《御選錄語》外，還撰制《御制揀魔辨異錄》，不惜以帝王身份，出面干預當時禪宗內部派系之爭，打一派，扶一派，以期消除外魔知見，弘揚正法。雍正帝主張習禪者要真參實悟，沒有實際的修持功夫，即便講得頭頭是道，天花亂墜，也不能於日常行止中得到真實受用。他奉勸天下宗徒，以擔荷如來家業、續佛慧命爲己任，"參則實參，悟則實悟"，但求覺悟，莫計名利。

雍正帝還同道徒張太虛、王定乾等講求修煉，用道士賈士芳治病，他是既做佛爺，又要成神仙。他所以要糅合三教於一體，自己既做統治萬民的俗王，又兼權威僧徒的法王，目的是使政權與神權高度結合，以強化清朝封建專制主義統治。

三、清宮佛事檔案擷萃

（一）禪機問答

在清宮檔案中，有一批禪機問答記錄，名爲《雍正朝各朝臣禪機奏對摺片》，共一百二十一件，是現存於世的佛教檔案珍品。

雍正帝爲探訪禪理，在處理政務之暇，常在宮中舉行法會，與有關王公大臣探討禪機、禪理。經常參加禪機問答的有大學士張廷玉、鄂爾泰、多羅平郡王福彭、內務府大臣允祿、果親王允禮等。一般，禪宗公案或機鋒對答是無法評論的，所以本文只按原貌節錄十七件，以饗讀者。

第一件

> 歷代佛祖中有一個超佛越祖，且道是那一人？
> 臣張廷玉答：是佛。
> 且道海底如何窮？空際如何到？
> 臣張廷玉答：要窮便窮，要到便到。
> 古人道，道得的三十棒，道不得的三十棒，且道是賞那個罰那個？
> 臣張廷玉答：本無言說，賞罰皆教誨之恩。

第二件

　　歷代佛祖中有一人超佛越祖，且道是那一人？
　　臣鄂爾泰答：無名氏。
　　且道海底如何窮，空際如何到？
　　臣鄂爾泰答：當下窮到了也。
　　古人道，道得的三十棒，道不得的三十棒，且道是賞那個罰那個？
　　臣鄂爾泰答：太沒分曉，當人自辨。

第三件

　　歷代佛祖中有一個超佛越祖，且道是那一人？
　　臣福彭答：土塊。
　　且道海底如何窮，空際如何到？
　　臣福彭答：海底日輪紅。
　　古人道，道得的三十棒，道不得的三十棒，且道是賞那個罰那個？
　　臣福彭答：世法平等，無有高下。

第四件

　　歷代佛祖中有一人超佛越祖，且道是那一人？
　　臣允祿答：一手指天，一手指地，道不遠人。
　　且道海底如何窮，空際如何到？
　　臣允祿答：百尺竿頭重進一步。如海底可窮，如空可到。
　　古人道，道得的三十棒，道不得的三十棒，且道是賞那個罰那個？
　　臣允祿答：賓主口然，道不著一字者賞。

第五件

　　歷代佛祖中有一人超佛越祖，且道是那一人？
　　一個鼻孔者是。
　　且道海底如何窮？空際如何到？

窮即無底，到即不空。

古人道，道得的三十棒，道不得的三十棒，且道賞那個罰那個？

栽者培之，傾者覆之。

臣允禮

第六件

歷代佛祖中有一個超佛越祖，且道是那一人？

無佛祖二字，就是超佛越祖。

且道海底如何窮，空際如何到？

海底也是我，空際也是我。到就是窮，窮就是到。

古人道，道得的三十棒，道不得的三十棒，且道是賞那個罰那個？

道不得的賞他，本來無一字。

臣天申

第七件

歷代佛祖中有一個超佛超祖，且道是那一人？

饒他釋迦老子一按指海印發光也。只得向他道，這老漢不識好惡。

且道海底如何窮，空際如何到？

住在海底空際，空也到也。

古人道，道得的三十棒，道不得的三十棒，且道是賞那個罰那個？

賞道不得的，罰道得的，賞罰不作賞罰用。

臣圓壽

第八件

星月普印一潭，且道以那個為主？

臣福彭答：招商店。

大海汪洋滔天波浪，為何不見一滴水？

臣福彭答：一滴原是大海。

人人的掌上有一物，腳心上有一物，試舉拈看？

臣福彭答：掌上是天，腳下是地，如是持如是行。

第九件

星月普印一潭，且道以那個爲主？
臣張廷玉答：無潭何處印，承露盤。
大海汪洋滔天波浪，爲何不見一滴水？
臣張廷玉答：只因大海汪洋滔天波浪，所以不見一滴水。若添一滴水，恐致泛溢。
人人手掌上有一物，腳心上有一物，試舉拈看？
臣張廷玉答：容臣再讀指月錄。

第十件

星月普印一潭，且道以那個爲主？
臣鄂爾泰答：爲有叢林在禪人可寄包，一枝花半輪月，暫許紗作主人。
大海汪洋滔天波浪，爲何不見一滴水？
臣鄂爾泰答：我不見我。一滴水波浪滔天卻見大海，又不見大海，我心我做，我妄我故，非習非妄故，本自十分具是，誰能更添一點。
人人手掌上有一物，腳心上有一物，拭舉拈看？
臣鄂爾泰答：即手即腳，彈指碎虛空，湧泉通大海。

第十一件

星月普印一潭，且道以那個爲主？
潭底若無水，星月不能沈，都是主都不是主。
大海汪洋滔天波浪，爲何不見一滴水？
三知爲己任，不掛一絲毫。色即是空，空即是色。
人人手掌上有一物，腳心上有一物，試舉拈看？
掌上腳心盡有紋。
臣天申

第十二件

星月普印一潭，且道以那個爲主？

地皮上不見星月正不知潭中以何爲主，分明道破。

大海汪洋滔天波浪，爲何不見一滴水？

自己還見自己麼，如如。

人人手掌上有一物，腳心上有一物，試舉拈看？

拈着空踏着實，切不可作拈空踏實看，只得因物譬物曰螺。

臣圓壽

第十三件

天上一月，水中一月，鏡中一月，身中一月，且道那個是真月？

臣鄂爾泰答：暗處覓真入時自得。

平伸兩空掌，一手有物，一手無物，且道卻是爲何？

臣鄂爾泰答：見即有見，無物無空。

《金剛經》內有第一義字，包括全經之旨，且道是那一個字？

臣鄂爾泰答：金。

三千大千，色空明暗，萬有諸法，總是一個字，且道是何字？

臣鄂爾泰答：如。

第十四件

天上一月，水中一月，鏡中一月，身中一月，且道那個是真月？

臣福彭答：時月不見月，觸目自瞭然。待月落後再道。

平伸兩空掌，一手有物，一手無物，且道卻是爲何？

臣福彭答：這手不見掌，那手自分明，放下這手看那手。

《金剛經》內有第一義字，包括全經之旨，且道是那一字？

臣福彭答：無，如。

三千大千，色空明暗，萬有諸法，總是一個字，且道是何字？

臣福彭答：空，我。

第十五件

天上一月，水中一月，鏡中一月，身中一月，且道那個是真月？
臣允祿答：這一個是。
平伸兩空掌，一手有物，一手無物，且道卻是爲何？
臣允祿答：有無。真空妙相。
《金剛經》內有第一義字，包括全經之旨，且道是那一字？
臣允祿答：經字。
三千大千，色空明暗，萬有諸法，總是一個字，且道是何字？
臣允祿答：如。

第十六件

天上一月，水中一月，鏡中一月，身中一月，且道那個是真月？
認起那一月，那一月就是真月。
平伸兩空掌，一手有物，一手無物，且道卻是爲何？
一手是手，一手不是手。
《金剛經》內有第一義字，包括全經之旨，且道是那一個字？
臣觀《金剛經》三十二分後有如如不動一語，想來如字就是。
三千大千，色空明暗，萬有諸法，總是一個字，且道是何字？
見那個就是那個字。
臣天申

第十七件

天上一月，水中一月，鏡中一月，身中一月，且道那個是真月？
那個不是真月切不可認性爲己。
平伸兩空掌，一手有物，一手無物，且道卻是爲何？
無一物非我身無一物是我己。
《金剛經》內有第一義字，包括全經之旨，且道是哪一字？
觀字
三千大千，色空陰闇，萬有諸法，總是一個字，且道是何字？

名字。

臣圓壽。

(二) 金奔巴瓶掣籤

向來西藏活佛轉世都由吹忠作法指定，行之既久，難免有妄指之弊。爲防止大貴族勢力操縱其間，加強中央政府對西藏政教的控制，乾隆五十七年確定頒發兩金瓶，分別藏於北京雍和宮及拉薩大昭寺內。在雍和宮者由理藩院尚書監臨，掣籤拈定章嘉呼圖克圖與哲布尊丹巴呼圖克圖轉世靈童。藏於大昭寺者，例由駐藏大臣監臨，主持達賴與班禪額爾德尼及大呼圖克圖轉世掣籤之事。遇達賴喇嘛和班禪額爾德尼圓寂後，先行呈報所選送靈童數人姓名、生年月日，用滿、漢、藏三種文字寫於牙籤之上，貯於欽頒金奔巴瓶內，揀選熟悉經典喇嘛，誦經七日，屆期由駐藏大臣親臨大昭寺，焚香頂禮，從瓶內掣籤。掣得者，即爲轉世活佛，申報朝廷請封。

在清廷制定金奔巴瓶掣籤制度時，曾形成一批檔案文件，現存於中國第一歷史檔案館。現將乾隆五十七年十月二十三日，福康安、孫士毅、惠齡、和琳關於設立金奔巴瓶拈定呼畢勒罕以興黃教事奏摺，摘錄於下：

> 查達賴喇嘛、班禪額爾德尼爲黃教之宗，自宗喀巴流傳至今。凡達賴喇嘛、班禪額爾德尼圓寂後，不迷本性，俱有呼畢勒罕出世，以衍其教。向係令吹忠等作法降神，秉公指認，是以化身示現，僧俗人等悉皆信以爲真。歷輩以來，仰蒙天朝衛法興教，恩禮優隆，各蒙古部落以及各處大小番族，俱憑吹忠作法指定，誠心敬奉，遠近皈依，是達賴喇嘛、班禪額爾德尼轉世後必有實在根基。向來遠近番民數萬衆，總以作法降神爲敬信，竟成相沿不改之習。然行之既久，其中妄指之弊（硃批：竟多），定所不免。即如藏內各呼圖克圖內，仲巴爲前輩班禪額爾德尼之兄，哲卜尊丹巴呼圖克圖爲達賴喇嘛之侄，而丹津班珠爾之子，即係三巴呼圖克圖之呼翠勒罕，族屬姻婭，遞相傳襲。誠如聖諭竟與世職無異。各呼畢勒罕即出於一家親族，不能使人無疑，恐將來達賴喇嘛、班禪額爾德尼之呼畢勒罕，若亦指認未真，於事殊不關係。仰蒙聖主振興黃教，頒發金奔巴瓶一件，令將吹忠四人所指之呼畢勒罕姓名及

生年月日，各寫一簽，貯於瓶內，對眾拈定，實足以防弊竇而愜眾心。奉到節次諭旨，仰見我皇上釐定正教，撫馭外番，於因勢利導之中，寓循名責實之意，臣等實深敬佩。並敬向達賴喇嘛、班禪額爾德尼、濟龍呼圖克圖、大喇嘛及吹忠等宣示聖諭，無不感激悅服。

　　茲復欽遵訓示，公同籌議，嗣後藏內吹忠拉穆、內吹、噶瓦東、薩穆葉等四人，俱令其熟習經典，誠演降神之法。設遇達賴喇嘛、班禪額爾德尼示寂後，令吹忠等四人認真作法降神，尋覓實有根基之呼畢勒罕（硃批：目前只可如此定。另有旨。令汝等公同試看吹忠等，若當眾前試出其不足信，成笑話，更當永不用，用斷去葛藤。汝等勉之），指出若干，將其姓名、生年月日，各寫一簽，貯於欽頒金奔巴瓶內。揀選熟悉經典喇嘛，虔誠誦經七日，傳知各呼圖克圖喇嘛等，齊集佛前，駐藏大臣親往監視。凡達賴喇嘛、班禪額爾德尼之呼畢勒罕，即仿互為師弟之義，令其互相拈定。如吹忠四人所指皆同，祇有一呼畢勒罕出世者（硃批：亦不能無弊），擬寫名簽一枝，另加空簽一枝入於瓶內，如法誦經，若對眾製掣出空簽，則名簽之呼畢勒罕並非確實，是以不為佛佑，即別尋呼畢勒罕，另行簽掣，以杜吹忠等串通妄指之弊。簽上須兼寫清、漢、唐古特三樣字，使大眾一望而知，不致為所朦混。至前後藏各大呼圖克圖之呼畢勒罕，亦令駐藏大臣監同達賴喇嘛照例掣簽，方可定准。其餘如察木多、類烏齊等處呼圖克圖廟宇，距藏較遠，所出之呼畢勒罕，非大呼圖克圖可比，向來不由藏地吹忠指認，仍應照舊令其徒眾自行尋覓。……

乾隆五十七年十月二十三日

福康安等奏供奉金瓶於大照佛樓及八世達賴喇嘛歡欣情形摺：

　　竊臣等前奉諭旨，令御前侍衛惠倫、乾清門侍衛阿爾塔錫第恭賫金奔巴瓶來藏。惠倫等於十一月二十日敬謹賫到，臣等率同官員、官兵，及濟龍呼圖克圖率領各寺呼圖克圖、大喇嘛及噶布倫以下番目，遠出祗迎；達賴喇嘛感激聖恩，先期下山大昭寺等候，派喇嘛等各執番花幡幢導引。臣等與惠倫等恭送金奔巴瓶於向來諷誦伊羅爾經之昭佛樓上宗喀巴前，敬謹供奉。達賴喇嘛率領僧衆，梵唄齊宣，極爲誠肅。……

乾隆五十七年十二月初一日

（三）名寺古刹的修繕與整頓

清廷對寺廟的管理極爲嚴格，不許私建或增置寺院，一些重要的寺宇往往由皇帝欽定住持，捐資擴建，御題匾額。皇帝每次出巡，都要親臨禪寺，焚香禮佛。

1. 少林寺

位於河南登封嵩山五乳峰麓。始建於北魏太和十九年（495）。北魏孝昌三年（527），古印度僧人達摩在此面壁，傳禪宗於中國，所以少林寺被奉爲中國禪宗祖庭。唐初，少林寺僧以佐唐太宗有功，受到唐室重視，規定少林武僧可以弘傳武功和食葷壯體。少林武功自成一派，負有盛名。

清代皇帝對少林寺也崇禮有加，現存山門匾額上"少林寺"三字，即康熙皇帝的御筆。雍正帝對禪宗祖庭少林寺優加眷顧，現將雍正十三年春，河東總督王士俊關於奉旨估修少林寺工程的奏摺鈔錄如下：

河東總督臣王士俊謹奏，爲遵旨估修少林寺工程，仰祈睿鑒事。

竊臣前奏復南陽忠禪師敕封並致祭摺內，恭奉硃批："此寺暫可不必過於照看也。豫省少林乃祖達摩之首刹，聞頗廢不堪。此寺可應修建一大叢林，即動用一二萬金，亦不爲多。可詳細酌定，繪圖請旨。欽此欽遵。"臣敬讀諭旨，仰見聖慈普照，福國庇民。初祖開震旦宗支，少林居嵩高勝境。少室山拱峙於前，五峰環繞其後。岡巒擁護，林林蔚森其中；殿閣七層，形勢聳秀。寺則剏始於北魏孝文之時，祖則駐錫於明帝正光之歲。自此九年面壁，遂稱第一叢林。續經歷代重修，今實多圮陋。恭逢聖人首出，大沛恩綸，佛地重光，法輪宏展。臣敢不恪恭襄事，仰體聖懷，隨檄調署南汝道南陽府知府程秉禮到省。臣面宣訓旨，專委親自少林寺，敬謹相度，務期崇麗堅固。該署道於三月十四日起程，於四月十六日來省稟稱，少林寺歲久失修，今僧衆士民恭聞恩旨，悉皆踴躍歡慶，莫可名伏。隨率同各項工匠，細籌確估，其應新建拆修者，約一十九處，補修增舊者約五大處。殿堂門廡，務極巍森。丈室僧寮，各期整肅。圓光寶相，仍備莊嚴。滿月金容，悉還璀璨，垂萬年之久。不徒粉飾爲華，矢寸丹之誠，求副尊崇實意。先定規模，次加細核。其成料大木，本山左近尚足采取。琉璃瓦片，本山空地可以磚燒，並於寺中蔭脈無礙，約共費銀一萬九千二百餘兩。一應工費價值，臣再加意核實減省，不使絲毫浮冒。其經費所出，臣查上年有漕運節省米價銀共九千七百七十四兩零，已經臣奏明，現貯司庫，可以動支。尚有不敷銀兩，即於豫省所積公項銀兩內支用，不必動及正項與耗羨也。至在工人員，臣謹派署南汝道南陽知府程秉禮、河南知府劉兆幾，爲總理之官。支放銀錢，綜核一切。……再，查現在僧眾，除寺外門頭二十五房，一百七十二人，原不在此寺之內。其中現存僧人，因寺坍頹，僅四五眾。方丈常住之地，僅一頃六十畝。臣現查明常住地少之由，其係豪強侵占者，臣飭地方官清厘還寺。其經僧人別售者，臣捐銀轉贖還寺。仰慰聖天子重輝佛日、普躋春臺至意。從此大雄覺路，重開一花五葉之祥；峻極名山，頻上萬歲三呼之慶。除敬謹繪圖及細分清摺，恭呈御覽，臣謹差標把總毛選，齎捧奏摺敬請訓旨，伏乞皇上睿鑒施行。謹奏。

雍正十三年四月二十六日

王世俊爲欽奉上諭事奏摺：

臣王世俊謹奏，爲欽奉上諭事。本年閏四月十三日，臣齎摺把總回豫。臣敬謹啓匣，接得大臣鄂爾泰、張廷玉、內大臣海望寄字。內開雍正十三年閏四月初五日，奉上諭"據河東總督王世俊奏稱，豫省少林寺歲久失修。今委員相度確估，重加修建，繪圖呈覽等語。朕覽圖內有門頭二十五房，距寺較遠，零星散處，俱不在此寺之內。向來直省房頭僧人，類多不守清規，妄行生事，爲釋門敗種。爲少林寺既行修建一叢林，即不應令此等房頭散處寺外，難於稽查管束。應將所有房屋俱拆，造於寺牆之外左右兩旁，作爲寮房。其如何改造之處，著王世俊酌量辦理。至工竣後，應令何人住持，候朕諭旨，從京中派人前往。欽此。"遵旨寄信前來，臣跪誦恭繹，仰見聖明洞照，整肅禪規至意。……

雍正十三年閏四月十八日

雍正帝硃批王士俊恭進繪圖摺：

覽。所繪圖不甚妥協，照頒來式樣修造可也。既爲此一番善事，寺中一切工程，務期堅固垂久。所委人員，可擇向來有些信心、知因果者辦理。不可令謗佛詆僧之造業輩勉強從事，令招惡報。

2. 普陀山

在浙江省杭州灣以東約一百海里的蓮花洋面上。普陀山成爲佛教聖地始於唐代。唐宣宗大中年間（847—860）天竺僧人來到此修行，"親睹觀世音菩薩現身說法，授以七色寶石"，遂傳爲觀音顯聖地。佛經有觀音住南印度普陀洛伽山之說，"普陀洛迦"之名即由此而來。① 後梁貞明二年（916）日本高僧慧萼從五臺山迎奉觀音像乘船回國，途經蓮花洋面爲風浪所阻，禱而有應，便在普陀山結廬供養其像，即今不肯去觀音院。此後，普陀山就成爲觀音菩薩的應化道場，聞名於世。

雍正年間曾諭令修理南海普陀前後兩山普濟、法雨兩寺，現將浙江總督嵇曾筠奏摺摘錄如下：

竊照欽奉世祖憲皇帝諭旨，修理南海普陀前後兩山普濟、法雨兩寺一案。先經督臣李衛奏稱，臣於雍正八年十二月初七日，接奉諭旨，皇上因普陀洛伽山兩寺，乃名山舊刹，欲動帑修理，著臣密行相視籌畫繪圖以聞。臣欽遵密旨細思，寧波府知府曹秉仁，久任定海，熟悉普陀情形，老成慎重。隨密令該府即帶同料估。海神廟之工部經承張道宗及原任曲阜縣典史宋謙隨去細加丈估，明白回復到臣。普陀前後兩寺，一名普濟，一名法雨，皆於康熙二十八、三十八、四十二等年，蒙聖祖仁皇帝賜發帑金分給重修，迄今已歷多年。在御書匾額經藏碑記，喬皇輝耀，永鎮山門。而殿閣各處，或從前未經完竣，或日久應需修葺，除去僧寮屋宇之外，將聖所公堂，悉爲丈量。估計兩寺約略

---

① 任繼愈主編《宗教詞典》第一千零四十六頁。

相同。至從前曾荷聖祖仁皇帝賞給金陵城內舊黃琉璃瓦十二萬，是以普濟寺之大圓通殿萬壽亭，法雨寺之九龍殿御碑亭，共有四處，俱用黃瓦脊料成造。今照舊式，酌估添換。若外面制備，價值雖省，而不耐日曬雪凍。在京撥運，所費甚巨。通共木石磚瓦工料，連內地買運過海上山等項，腳費頗繁，約需銀八萬兩。臣復細加查核，大概不甚相遠。而鳩工庀材之時，仍當此件加意節省，以重帑項。

再，杭州天竺寺亦大士道場，祈晴禱雨，福男佑民，久著靈應。歷次聖祖南巡，俱經臨幸，頒賜御書，至今虔敬。惟正殿等處，因從前寺僧不戒祝融，尚未重建，現在搭棚供奉，已經數年。若普陀工程或能得有節省，並將天竺前後殿宇鼎新，其不敷之處，可否於鹽務盈餘存留備公項下，陸續再辦添補，則三處名山古剎咸得被皇仁而永垂於萬世矣。倘前項節省無多，則徐當再圖，不敢輕舉也。緣關欽奉密諭事理，謹將查勘過普陀兩寺應修房屋及大概約估工料數目，另繕清單繪圖，恭呈御覽。謹繕摺奏，伏乞皇上睿鑒施行。謹奏。

硃批：仍即咨明戶部，照前旨辦理。

乾隆元年七月初二日

3. 五臺山

是中國佛教四大名山之一，位於山西省的東北部。這裏五峰巍然，頂皆平廣，故有"五臺"山之名。山中歲積堅冰，夏仍飛雪，又有"清涼山"之稱。五臺山的這種形貌與氣候和佛經上描述的文殊菩薩的住所相脗合，因此被視為文殊菩薩應化說法的道場並成為著名的佛教聖地。清代康熙帝四上五臺山，並御題碑文和匾額。乾隆帝六巡五臺山，寫下多首詩詞。他對五臺山修繕保護，尤為重視。現存清宮檔案中有乾隆十年硃批山西巡撫阿里袞請修繕五臺山奏摺：

阿里謹奏為奏明請旨事。竊照晉省五臺山古剎多有傾圮，並有聖祖仁皇帝行宮亦年久未修。臣在京時面奏，帶同內務府員外郎兼管佐領事卓爾代詣五臺看估興修，荷蒙俞允，臣即帶同該員前往看估。查得五處頂臺，除中臺尚屬整齊無庸修補外，其南臺、北臺、東臺、西臺，寺宇俱已朽爛欹斜，佛像亦多露處。臣查五臺乃名勝之地，每年各處蒙古及民人等進香者甚多，觀瞻所係，未便聽其損壞，似應酌估修葺。至行宮係聖祖仁皇帝駐蹕之所，碑亭匾額，所在皆有，今亦年久損舊，自應敬謹修整。至其餘僧寺林立，皆有些小殘缺，未便概行查估，以致靡費帑金，應聽各寺僧人自行粘補。臣即告知員外郎卓爾代，令其逐細估計。今據卓爾代將行宮四所、臺頂四處，並佛像裝修等項，共估需銀一萬二千六百三十五兩九錢零。臣復細查冊工料，均係必需之項，樽節無浮。應否動支存公耗羨銀兩興修之處，臣謹繕摺恭奏請旨遵行。

抑臣更請者，五臺工程不止一處，倘蒙俞允，臣即動項派員備辦物料（硃批：正項不可，可於火耗存公內籌之）。但興修之時，必需一熟諳之員，董理其事，庶錢糧俱歸實用，而於工程有益。晉省道中無熟諳可委人員。臣看員外郎卓爾代於工程事務，明白諳練，合無仰懇聖恩准將卓爾代協同地方官董率料理（硃批：可），實於工程有裨。

再，卓爾代，臣前在內務府行走時，見其為人明白、誠實，辦事謹慎，有志向上之員。臣不揣冒昧，仰懇皇上天恩，俯准將卓爾代留晉，遇有道府相當缺出，容臣請旨補放（硃批：俟工程完竣後，另摺奏請）。不惟該員感激奮勉，而臣亦得收臂指之助。合併附摺奏請。伏候皇上睿鑒訓示。謹奏請旨（硃批：覽）。

乾隆十年四月初五日

第四節　洋　教

所謂"洋教"，一般指基督教，包括天主教、正教、新教，和其他一些較小的流派，在中國通常專指基督教新教，又稱耶穌教。基督教與佛教、伊斯蘭教並稱三大宗教。基督教聶斯脫利派，曾於唐貞觀九年（635）傳入中國，時稱"景教"。其間時斷時續，明萬歷十年（1582）天主教由耶穌會傳教士再度傳入。清雍正五年（1727）中俄簽訂《恰克圖條約》後，沙皇也派遣俄羅斯東正教傳教士進入中國。

一、康熙與羅馬使節關係文書

據《中國天主教傳教史》載，1700年在華天主教徒已達三十萬人。康熙四十四年（1705）、五十九年，羅馬教皇格勒門十一世因在華傳教士及教徒中發生"禮儀問題"，曾兩次派特使多羅、嘉樂攜帶禁約來華，向清政府提出禁止中國天主教徒祭天、祭祖、祭孔等要求，康熙帝嚴詞拒絕了羅馬教皇的要求，並禁止天主教在華的傳播。

該部分文書中有康熙帝對教皇特使多羅的硃諭，有康熙帝硃批傳教士閔明我的奏摺，及傳教士德里格、馬國賢致教皇書稿，還有康熙帝硃批過的嘉樂來華日記、羅馬教皇的"禁約"（譯件）等。

該部分文書原藏於故宮懋勤殿，1932年由國立北平故宮博物院編輯影印出版。

二、西洋人進貢案

康熙四十八年（1709）二月，江西饒州府屬居住的西洋人殷弘緒向康熙皇帝進貢西洋葡萄酒、哈爾各斯默等物，三月，再進上珠穀蠟，還有江西建昌府天主堂傅聖澤、杭州府天主堂沙守信、九江府天主堂馮秉正、贛州府天主堂畢安、南昌府天主堂穆泰來等各進貢洋酒等情況。

該專案史料於1930年由故宮博物院文獻館編《史料旬刊》第11期公布出版。

在檔案中，有不少關於辦理洋教事務的檔案，如乾嘉道三朝擬議的西洋教章程，訂立的西洋人傳教治罪專條。有關各省查拿、審辦傳教士，教士自首改悔免罪，及處分有關失察官員的材料，反映了乾嘉道三朝禁止外國傳教士傳教的情況。

1840年鴉片戰爭後，清政府被迫開放教禁，允許外國在通商口岸傳教，發還教堂舊址。咸豐八年（1858）簽訂的《天津條約》規定，准許外國傳教士進入內地傳教。外國傳教士在傳教過程中，企圖改變中國的禮俗，把佛教、道教貶爲邪教，詆毀孔子及儒家學說，干涉民間傳統禮節。更爲甚者，有的干涉中國地方行政，破壞中國司法權；有的不法教徒仗勢欺凌平民，詐取錢財，霸占田產，橫行鄉里。凡此種種，激起民衆義憤，所以各地教案不斷發生。據檔案記載，直隸、熱河、奉天、盛京、吉林、山東、山西、陝西、四川、河南、湖南、湖北、福建、兩廣、臺灣，直至蒙古、西藏、新疆等地，都發生了焚毁教堂、毆斃教士等教案，其中各地督撫上報皇帝的就有曹州、肥城、兗州、武城、延安、鳳翔、扶風、城固、南陽、武安、遵義、南昌、饒州、貴谿、鉛山、弋陽、新昌、崇義、南安、蕪湖、宜昌、麻城、武穴、永安州、鎮江、徐州、番禺、連州、古田、西安、寧海、太平、永嘉、瑞安、平陽、衢州、重慶、巴縣、華陽、江北廳、成都、新都、眉州、新津、資州、資陽、溫江、邛州、郫縣等地的教案。其中重要的教案有：

同治七年（1870）6月的天津教案，光緒十七年（1891）由哥老會領導的反洋教案，1897年11月曹州教案，1900年前後義和團領導的"滅洋"運動等。

清政府在辦理教案中，一般向洋人采取讓步妥協的政策，如道歉、賠款，對群衆采取鎮壓的政策。

※　※　※　※　※　※　※　※　※

爲給史學界提供傳教案的史料，臺北"中央研究院"近代史研究所整理出版了《教務教案檔》。該書根據總理各國事務衙門清檔選錄有關文件編纂而成。時間自咸豐十年（1860）至宣統三年（1911），主要文種有諭旨、奏摺、照會、咨文、函札、條規、告示等。文件作者除皇帝外，多爲中央和地方大員，如曾紀澤、邵友濂、文緒、崇綺、李鴻章、丁寶楨、岑毓英、張之洞、何璟文、丁日昌、許景澄、李翰章、劉銘傳、曾國藩、劉坤一、李鶴年、左宗棠、張蔭桓、黎庶昌、汪鳳藻、李秉衡等，另外還有一部分英、法、日、奧、希等國的照會。這些檔案詳細反映了清末發生在全國各地的各種教案及外國傳教士在華教務活動情況，全書共七輯，依原文影印出版。

山東師範學院近代史研究室廉立之、王守中編輯了《山東教案史料》，輯錄了咸豐十一年（1861）至光緒二十六年（1900）義和團運動爆發爲止的四十年間山東地區所發生的主要教案史料，其中以官方檔案爲主，有少部分外文資料。這些史料，記錄了當時在山東省的濟南、臨朐、昌邑、德平、即墨、德州、新安、新泰、登州、煙臺、棲霞、高唐、長清、臣野、兗州、濟寧、陽谷、蘭山，日照等地所發生教案的情況。該書由齊魯出版社 1980 年出版。

第十五章　文化、教育、衛生、科學研究（K）

第一節　明清兩代的科舉制度及有關文書檔案

一、明清兩代的科舉制度

中國的科舉制度，其淵源可追溯到隋代。隋煬帝時，開始設進士科，以考試取士。唐循隋制，在進士科外，又設置秀才、明法、明書、明祘諸科及一史、三史等科。因爲是分科取士，所以叫科舉，而以進士爲入仕資格的首選。此後歷代相沿，到了明清兩代，更是科舉制度的盛行時期，考試以四書文句爲題的八股文，成爲明清統治階級控制知識分子、選拔官吏的重要手段，因而叫八股取士。

明清兩代的科舉考試，大致分爲四級：童試、鄉試、會試和殿試，各級考試又分文、武兩科。一般士子，不論年齡大小，尚未取得生員資格的都叫童生。童生發蒙後，先讀四書——《論語》、《孟子》、《大學》、《中庸》，進而讀五經——《詩經》、《書經》、《易經》、《禮記》、《春秋》，再進而讀《孝經》、《爾雅》、《周禮》、《儀禮》、《公羊傳》、《穀梁傳》。讀完即開講，學習應試的八股文等。童生要入各地方的官學，要經過嚴格的縣試、府試和院試，這三個階級的考試，統稱爲童試。

縣試，由各縣官主考。試期多在二月，屆期，應試的童生向本縣禮房報名，填寫姓名、籍貫、年歲、三代履歷，並取得本縣廩生的保結。縣試約考五場，分別試八股文、帖詩、經論、律賦等。縣試錄取後，可以參加該縣上一級的府試，試期多在四月，報名的手續與縣試略同。經府試錄取後，可再參加各省學政主考的院試。院試正試一場，復試一場，揭曉稱爲出案。錄取的士子即爲生員，習稱秀才，分別送入各府、州、縣學校學習。

另外，各省學政還要巡迴所屬舉行考試，叫歲試。凡府、州、縣的生員、增生、廩生，都必須應歲試，以便確定學員的等第。

鄉試，在各省省城（包括京城）舉行。每三年舉行一次，就是所謂大比之年。逢子、午、卯、酉爲正科，遇慶典（如皇帝大壽）加科爲恩科。鄉試考期多在八月，故亦稱秋闈。每屆鄉試之前，各省學政要巡迴所屬舉行科試，科試合格的學員（即秀才），纔能參加本省的鄉試。除了秀才，明清兩代規定，用錢捐納監生資格後，也可以參加鄉試。鄉試共考三場，第一場考八股文三篇、試帖詩一首，第二場考五經文五篇，第三場考策問五道。

鄉試考試題目，明初以經義命題。從洪武至天順，約經百餘年間，"經義之文，敷衍傳注，或對或散，初無定格"（顧炎武《日知錄》卷十六）。成化二十三年以後，始形成八股文制度。"經義之文流俗謂之八股，蓋始於成化以後"（顧炎武《日知錄》卷十六）。清沿明制，仍用八股文考試。八股文也叫制藝、時文或四書文。八股文的段落、字數有嚴格的規定，由破題、承題、起講、提比、虛比、中比、後比、大結等八部分組成。後四部分中各有兩股排比對偶的文字，合共八股，故稱八股文，也稱八比。除八比外，還有六比或七比，以八比爲正格。其中破題共三句，道破全題的要義，如不將題破開，便爲罵題；承題或四句或五句，承接破題的意義而闡明之；起講也叫原起或小講，約十幾句，爲一篇開講之處；提比也叫提股或入手，或四五句或八九句，是起講後入講之處；虛比也叫虛股或起股，承提比之後；中比也叫中股，是全篇的中堅，長短不定；後比也叫後股，暢發中股未盡之義，長短不定；大結也叫束股，爲一篇的總結。全篇字數，順治初曾定爲四百五十字，康熙時改爲五百五十字，後又改爲六百字，超過者爲不及格。考生必須以朱熹的《四書集注》爲內容，嚴格按照八股文體應試作文，不許自由發揮。

鄉試中選名額，依各省文風高下、人口多寡、丁賦輕重而定。鄉試發榜後，有鄉試題名錄，詳載考中人數、姓名、籍貫、年歲及考官以下官職姓名並三場題目等（見清內閣檔案各省鄉試題名錄）。鄉試題名錄繕定後，一面送呈皇帝，一面分送有關衙門。

鄉試考中爲舉人，便可以進京參加會試。會試是由禮部舉行的考試，亦稱禮部試、禮闈，每三年舉行一次。逢辰、戌、丑、未年爲正科，遇鄉試有恩科，於次年舉行的會試，稱會試恩科。會試考期多在三月，故又稱春闈，也分三場考試，每場三日，以三月初九爲第一場，十二日爲第二場，十五日爲第三場。先一日領卷入場，後一日交卷出場，會試考官由皇帝簡派。試題與鄉試相仿，在清代第一場的四書三道試題，由皇帝親命。會試中式無定額，一般取四百名左右。發榜時用禮部印，張掛於禮部。清制會試中式後爲貢士，第一名爲會元。

會試錄取爲貢士後，便可踏入科舉考試最高一層的考試：到皇宮參加殿試，由皇帝親發策問。殿試開始於唐武則天時。唐時進士不分甲。自宋太平興國八年，進士纔開始分爲五甲。元順帝時分進士爲三甲並規定第一甲爲三人。明清沿宋元舊制。明洪武四年，明太祖朱元璋始策問貢士於奉天殿，賜一甲三人進士及第，賜二甲進士出身，賜三甲同進士出身。

清代自順治三年開始舉行殿試，制度與明制略同。殿試日期，清初在五月舉行，乾隆二十六年以後，定爲四月二十一日舉行，二十五日傳臚。殿試地點，清初在天安門外，順治十五年改在太和殿丹墀考試。乾隆五十四年以後，都在保和殿進行。殿試策題由皇帝親命。殿試前一日，讀卷官員在文華殿密擬策問題目，然後進皇帝閱定（見清內閣檔案，試題）。待題發下後，讀卷官員同赴內閣，由監試御史臨場監視，內閣中書用黃紙端書試題，當夜在內閣大堂傳匠刊刻印刷。印刷時，護軍統領帶領護軍校等封閉內外門，進行嚴密稽查，直到第二天早晨，印刷完畢，纔解除戒嚴。四月二十一日舉行殿試前，鴻臚寺官員預先設黃案：一在保和殿內東旁，一在殿外丹陛上正中。光祿寺官員在殿內排放試桌，編號定位，依次粘貼各貢士名簽。當天，鑾儀衛設法駕鹵簿於殿前。四月二十一日，天黎明時，新貢士袍服冠靴於丹陛排立，按中式名次，單名東，雙名西，王公百官朝服分立丹陛內外。屆時，作樂鳴鞭，皇帝親臨保和殿。大學士就殿內黃案捧策題，出授禮部官放丹墀黃案上，讀卷執事各官及貢士行禮。然後禮部官員散發題紙，貢士跪受後，按簽入座對策。到嘉慶、道光以後，殿試禮儀就多不舉行了。

殿試卷有一定的格式，卷面寫姓名，內頁第一開寫年齡及履歷三代（見清內閣檔案，殿試卷）。交卷後由彌封官訂固彌封。策文起首用"臣對臣聞"字樣，策文結尾用"臣末學新進，罔識忌諱，干冒宸嚴，不勝戰慄隕越之至，臣謹對"等語，明清時的策文多用四六駢體。殿試時，除派往大臣臨場監試外，另外派護軍統領稽查中左、中右兩門，侍衛護軍來回巡邏。

殿試讀卷官，明代爲十七人，清代多爲八人。殿試爲皇帝親策，因此所命大臣不叫閱卷官而叫讀卷官。試卷經過反復閱定以後，四月二十四日，讀卷官進呈前十本。殿試卷上貢士的姓名、履歷三代始終彌封，直到皇帝閱定名次後，纔開始拆彌封。當天，讀卷官引前十名覲見皇帝。其他十名以外的試卷，讀卷官隨即到內閣拆彌封，照閱卷時所排定的名次，於卷面硃書第二甲、第三甲第幾名字樣，據以填寫金榜。

五月二十五日在太和殿傳臚，這是皇帝宣布進士登第名次的典禮，十分隆重。屆時皇帝穿禮服坐轎，到太和殿陞座，中和韶樂奏隆平樂章，階下鳴鞭三次，讀卷執事各官向皇帝行三跪九叩禮。大學士進殿取出黃榜，交給禮部尚書放在丹陛正中黃案上，丹陛大樂作，鴻臚寺官引進士就位，就後高聲宣布："某年某月某日策試天下貢士，第一甲賜進士及第，第二甲賜進士出身，第三甲賜同進士出身。"傳臚官員唱第一甲第一名某人，隨引出班，就御道左跪。唱第二名某人，亦引出班，就御道右稍後跪。唱第三名某人，同樣引出班，就御道左又稍後跪。唱名畢，演奏韶樂。大學士至三品以上各官及新進士行三跪九叩禮，中和韶樂再奏顯平樂章。禮成，皇帝乘輿還宮。禮部官將蓋有皇帝御寶的黃榜（即大金榜）掛於東長安街，爲期三天，小金榜則進呈皇帝。傳臚後，頒上諭第一甲第一名授職翰林院修撰，第二名某某、第三名某某授職翰林院編修。第一甲第一名俗稱狀元，第二名爲榜眼，第三名爲探花。傳臚當日，還在順天府宴一甲三名，宴罷，順天府備繳蓋儀從，送狀元歸第。傳臚的第二天，還在禮部設恩榮宴，款宴諸進士。

清代於傳臚後，除一甲三名外，新進士還要在保和殿進行朝考。按朝考的成績，結合殿試的名次，由皇帝分別決定授何種官職，最優者用爲翰林院庶吉士，其餘分別用爲主事、中書、知縣等職。

武科考試，清代自順治初舉行。子、午、卯、酉年鄉試，辰、戌、丑、未年會試，如同文科一樣。鄉試中式的叫武舉人，次年九月在北京會試，中式的叫武進士。鄉試、會試俱分內外三場，首場馬射，二場步射、技勇，以上稱外場。第三場試策論，稱內場。殿試由皇帝親閱騎射技勇並試策文。中進士後，也如文科一樣，分爲三甲，分別授以武職官階。

封建統治階級對科舉考試雖頒布有嚴格的科場條例，但考生懷挾書籍、冒名頂替、官員營私舞弊等案，仍屢屢發生，不勝枚舉。道光十二年六月二十五日林則徐在江蘇巡撫任內，在給皇帝的奏摺中就曾指出：考生大都不學無術，舞弊成風，或專帶文中典故，以及經解策科，或夾帶坊刻小本成文之類，采綴成篇，或分請多人，將四書題文全行制作，攜帶入場，見題就鈔，不費思索。而以此幸獲者，頗不乏人。考官則評閱考卷不負責任，有的誤分段落，有的誤讀破句，有的竟然閱不終篇便決定棄取（詳見《林文忠公政書・江蘇奏稿》卷一）。

在科舉考試中，考官考生如對皇帝獨裁統治和儒家經典稍有觸犯，便被處以重刑，甚至殺頭的事例也不少。如明洪武十三年丁丑科會試，因取士不合朱元璋的意思，考官試子竟被殺戮多人。又如清代雍正四年丙午科江西鄉試，主考官查嗣庭出了一道"維民所止"的試題，雍正皇帝認爲查嗣庭有意要去"雍正"的頭，以大不敬罪，將他監禁致死。

科舉制度曾爲封建統治選拔了大批人才。明清兩代改用八股取士，歷時五百多年，終成爲封建制度腐朽沒落的標誌之一。形式死板、内容空泛的八股文，扼殺了很多讀書人的聰明才智。他們把八股文當作敲門磚，爲了當官發財，專門攻研八股文，一旦登上仕途，便再也不過問八股文了。很多讀書人，從儒童到白首，把一生白白浪費在毫無用處的八股文之中，如康熙時，廣東順德人黃章，從童年應試，一直到一百歲還千里迢迢進京應北闈試。《聊齋志異》中蒲松齡描寫一個叫王子安的，朝思暮想自己考中，結果做夢自己中了進士後，又殿試翰林，於是想銜耀鄉里，大呼長班（僕人）。妻子答道：何處長班伺汝窮骨？王子安纔從金榜題名的美夢中醒來。《儒林外史》所描寫的窮秀才范進，中舉之後竟一時喜歡得痰迷心竅，發了瘋。八股取士引天下人才於競取仕宦之途，竭天下智慧消磨在制藝之間，實際上成了束縛知識分子的桎梏。顧炎武說："八股之害等於焚書，而敗壞人才有甚於咸陽之郊。"（顧炎武《日知錄》卷十六）梁啓超說："故深知中國實情者，莫不謂八股爲致弱之根源。"（中國近代史資料叢刊《戊戌變法》第二冊）封建統治者也直言不諱地說："非不知八股爲無用，特以牢籠人才,捨此莫屬。"

隨着資本主義生產關係在我國萌芽,封建社會日趨沒落,具有初步民主主義思想的知識分子如曹雪芹、吳敬梓等,都在自己的作品中,對科舉制度八股取士做了揭露鞭撻。1840年鴉片戰爭後,中國逐步淪爲半封建半殖民地社會。到了19世紀末,中國處於被瓜分的狂瀾中,因而爆發了"戊戌變法"運動。康有爲等變法維新派力請廢除八股試士,改用策論。光緒帝在召見康有爲時曾感慨地說:"西人皆日爲有用之學,我民獨日爲無用之學。"於是在光緒二十四年五月五日曾下令說:"乃近來風尚日漓,文體日敝,試場獻藝,大都循題敷衍,於經義罕有發明,而譾陋空疏者,每獲濫竽充選,若不因時變通,何以勵實學而拔真才?著自下科爲始,鄉會試及生童歲科各試,向用四書文者,一律改用策論。"(中國近代史資料叢刊《戊戌變法》第二冊)但"百日維新"很快就失敗了,慈禧太后一反光緒皇帝所爲,又恢復了八股取士制度。以後在資產階級改良主義的推動下,光緒二十七年(1901)清廷再次下令廢除八股文,停科舉,興學校。但舊制難改,光緒三十年(1904)五月二十一日,清廷又舉行了最後一次殿試,共取進士一百五十名(見清內閣檔案,金榜),從此以後,在中國便永遠廢除了科舉制度。

二、一史館所藏的科舉考試的檔案

1. 皇帝的詔書、諭旨並欽命各項試題。皇帝出題考試,名爲欽命,實由內閣代擬,並刊板頒發,所以內閣檔案中有殿試、會試、順天鄉試及各省鄉試復試等試題的印本,或刊刻的底本。

2. 殿試卷、朝考試卷、會試卷、鄉試等各類試卷(見內閣檔案及徵集檔案),共有一萬七千多件,另有康熙二十二年至四十一年間各省鄉試卷選編刻印而成的《闈墨》,共五十六冊(內閣檔案)。

3. 殿試大金榜、小金榜、三傳摺及殿試金榜題名錄、會試題名錄、鄉試題名錄等(內閣檔案)。

4. 文科於殿試傳臚後,禮部以進士名冊送翰林院,掌院學士奏請御試於保和殿,謂之朝考。朝考後以文學優者及善書者爲庶吉士,庶吉士於庶常館學習，三年散館。散館又須考試，叫散館。

朝考及散館考試外，翰林院又有大考，大考無定期。詹事府自少詹事以下，翰林院侍讀學士以下，一體與試。

一史館內閣檔案中存有大量的朝考、散館試卷以及大考卷，但都沒仔細整理，這批考試卷，是研究翰林院及詹事府的重要材料。

5. 禮部尚書、欽派讀卷官、主考官及各省督撫、學政關於科舉各級考試的准備、考試情況、錄取名額、科場舞弊及經費報銷等事宜的奏疏（見內閣檔禮科題本及史書，宮中硃批奏摺及軍機處錄副奏摺"文教類"）。

6. 禮部檔案、國子監檔案、學部檔案、翰林院檔案，這些文教科舉職能部門的檔案，是研究科舉制度最原始的材料。

7. 有關科場舞弊查處案件的檔案。這類檔案很多，清朝後期大的科場案，如咸豐八年順天鄉試科場案、光緒時期的周福清科場賄賂案等。周福清科場賄賂案的案情大致情況是：周福清於光緒十九年七月致書浙江鄉試正考官殷如章，爲其子周用吉和馬、顧、陳、孫、章五名考生賄囑關節，被參革入獄，於光緒二十七年釋放回籍，以及周福清的年齡、出身、履歷等情況。周福清是魯迅的祖父，周用吉是魯迅的父親。此專題共輯有錄副奏摺、題本和上諭共十三件，對研究魯迅家世及其青少年時代的生活和思想具有一定的參考價值（《清代檔案史料叢編》第九輯）。

第二節　清代的學校教育

清代的學校有官學、義學和書院之分。

各級官府所辦的學校稱官學。京師的國子監是清代的最高學府，也是全國最大的官學，各省府、州、縣都設有官學，京師的官學還有八旗官學、宗學、覺羅學、景山官學、咸安宮官學、圓明園學、健銳營學、外火器營學、世職官學等。

義學即免費教育的學校。清代的義學，京師有八旗義學，各省、府、州、縣都設有義學。

書院，爲古代士子講學之所，清在京城及各省城都設有書院。京師爲金臺書院，直隸叫蓮池，山東叫瀠源，山西叫晉陽，河南叫大梁，江蘇叫鐘山，江西叫豫章，浙江叫敷文，福建叫鰲峰，湖北叫江漢，湖南叫嶽麓和城南，陝西叫關中，甘肅叫蘭山，四川叫錦江，廣東叫端溪和粵秀，廣西叫秀峰和宣城，雲南叫五華，貴州叫貴山，奉天叫瀋陽。此外，在聖賢名臣祠墓所在地，也多建有書院，如鄒縣尼山發祥綏麟書院、尼山誕育書院、曲阜縣洙泗講學書院，汶上縣聖澤書院等。清廷認為書院能導進人才，廣學校所不及，所以對各書院都發帑金以資膏火，並命地方官加以稽察。

　　1840年鴉片戰爭以後，由於資本主義的侵略和西學的傳入，新式的學校逐步設立。為培養翻譯與制造船械及海軍人才，設立了京師同文館、上海廣方言館、福建船政學堂及南洋水師、武備等學堂。光緒二十四年，戊戌變法時期，設立京師大學堂，即今天的北京大學。同時清廷又諭令各省府、廳、州、縣大小書院，一律改為兼習中、西學之學校。

　　一史館存有京師大學堂設立的檔案約千餘件，其中有皇帝諭旨、臣工的奏疏，各衙門來往文牘、大學堂規章與告示、工程估報單、財務賬目、電報信函，其內容從大學堂籌議創建到醫學堂、譯學館與各分科大學的增設，從大學堂負責人的任免到中西教習的延聘，從學生選招到教學與生活管理，從校舍規劃建築到圖書儀器的購置，從經費預算到收支報銷等，比較系統、完整、真實地記錄了京師大學堂初創時期的艱難歷程。為方便學者查閱利用這些檔案，一史館與北京大學合作，從中挑選出四百餘件文件，於2000年8月編輯出版了《京師大學堂檔案選編》一書。

　　1900年八國聯軍侵陷北京，慈禧太后偕光緒皇帝逃往西安。1901年兩宮回北京後，因創痛巨深，力求改章。以"興學育才，實為當今急務"，於是令管學大臣張百熙統一制定學堂章程。經皇帝批准後於光緒二十八年（1902）頒布《欽定學堂章程》。但未及施行，光緒二十九年（1904）清廷又命張百熙等又重訂了學堂章程，稱"癸卯學制"。《癸卯學制》包括《學務綱要》、《蒙學章程及家庭教育法章程》、《初等小學堂章程》、《中學堂章程》、《高等學堂章程》、《大學堂章程》（附《通儒院章程》）、《初級師範學堂章程》、《優級師範學堂章程》、《實業教員講習所章程》、《初等農、工、商實業學堂章程》、《實業學堂通則》、《譯學館章程》、《進士館章程》、《各學堂管理通則》、《各學堂獎勵章程》等，規定了各級各類學校的目標、年限、入學條件、課程設置及相互銜接關係，此學制突出體現了"中學為體、西學為用"的思想。

"癸卯學制"頒布施行後，新學堂的興辦進入了有序狀態，各式各類學校如雨後春筍興辦起來。光緒三十一年（1905）八月，經袁世凱等奏准，立停科舉，以廣學校。十一月諭准設立學部，原諭說："現在各省學堂已次興辦，必須有總匯之區，以資董率，而專責成，著即設立學部。"

在清末學部檔案、會議政務處檔案及各省督撫與學政的奏疏中，關於停科舉、辦學校都有詳細的論述，特別是有一組清政府開辦清華學堂的檔案十分重要。

1909年初，美國政府以退還庚子賠款"餘額"的名義，在中國開辦學校。6月，清政府設立游美學務處，同時籌設游美肄業館。9月經外務部、學部奏准，由內務府將皇室賜園——清華園，撥給游美學務處興建游美肄業館。次年12月，游美學務處提出，將游美肄業館改名為清華學堂。此專題史料共輯入咨文、呈文、申呈、片、摺稿等十一件，另附件四件，記載了清華園撥歸游美學務處的經過、清華園當時狀況及修繕、游美肄業館更名清華學堂的經過，以及當時訂的清華學堂章程、招生簡章等，材料選自外務部檔案（《歷史檔案》1987年第3期）。

第三節　清末出國留學熱潮及留學生檔案

鴉片戰爭後，大批西方傳教士湧入中國，他們除了傳教以外，還掀起了資助、引帶中國學生赴西方留學的活動，容閎就是此項活動中的留學生之一。同治十一年，經江督曾國藩等奏准，首批幼童三十人赴美留學，結果半途而廢。從光緒三年起，福州船政學堂學生先後四批赴歐學習輪船駕駛和兵艦制造。中日甲午戰爭後，新任出使日本大臣裕庚曾帶領十三名學生赴日留學。經過甲午戰爭和八國聯軍侵陷北京的戰爭，人們普遍認識到國勢屢弱、民族危機日益嚴重，於是知識分子紛紛出國留學，尋求救國救民的真理，形成一股留學熱潮。光緒末年，到日本留學的多達八千人，當時留學生成為傳播革命思想、進行革命活動的先導。

1908年5月25日，美國國會通過了向中國退還部分庚子賠款的議案，當天美國國務院即電告駐華公使柔克義，令其將此事通告中國政府，並說明退款必須用於興學。以後中美雙方協商，利用庚款選派學生赴美留學。

　　第一批庚款留美學生的選派，於宣統元年（1909）9月13日正式發榜，共錄取合格學生四十七名：程義法、鄺煦堃、金濤、朱復、唐悅良、梅貽琦、羅惠僑、吳玉麟、范永增、魏文彬、賀懋慶、張福良、胡剛復、邢契莘、王士傑、程義藻、謝兆基、裘昌運、李鳴龢、陸寶塗、朱維傑、楊永言、何傑、吳清度、徐佩璜、王仁輔、金邦正、戴濟、嚴家駒、秉志、陳焜、張延金、陳慶堯、盧景泰、陳兆貞、袁鐘銓、徐承宗、萬仁裕、邱培涵、王健、高崙瑾、張准、王長平、曾昭權、王璡、李進隆、戴修駒（見外務部檔案）。這批學生由外務部主事、游美學務處會辦唐國安護送，於10月乘"中國"號輪船，由上海起航，11月13日抵華盛頓，然後分赴各校學習。

　　第二批庚款留美學生於宣統二年（1910）8月2日選定，共錄取七十名學生，他們是楊錫仁、趙元任、王紹、張謨實、徐志鄉、譚頌瀛、朱鑅、王鴻卓、胡繼賢、張彭春、周厚坤、鄧鴻宜、沈祖偉、區其偉、程闓運、錢崇澍、陳天驥、吳家高、路敏行、周象賢、沈艾、陳延壽、傅鏽、李松濤、劉寰偉、徐志誠、高崇德、竺可楨、程延慶、沈溯明、鄭達宸、席德炯、徐墀、成功一、王松海、王預、諶立、楊維楨、陳茂康、朱進、施贊元、胡宣明、胡憲生、郭守純、毛文鐘、霍炎昌、陳福習、殷源之、符宗朝、王裕震、孫恒、柯成楙、過憲先、鄺翼堃、胡適、許先甲、胡達、施鎣、李平、計大維、周開基、陸元昌、周銘、莊俊、馬仙崤、易鼎新、周仁、何斌、李錫之、張寶華。

　　第二批庚款留美學生，在唐彝、胡敦復、嚴智崇等三位官員的帶領下，於1910年8月16日由上海出發，仍乘"中國"號輪船，於9月11日到達美國，然後分赴各大學學習。

　　不管當時中美雙方當政者主觀意圖如何，庚款留美學生的派遣，客觀上爲中國造就了一批科學家，對促進中國科技的進步、對中美文化交流都具有積極意義。

　　有關留學生的檔案，主要集中在外務部及學部的檔案中。在宮中硃批奏摺和軍機處錄副奏摺的文教類中，也有豐富的記載，其中多是各省督撫、學政有關留學生的選派、考試、經費並錄用、獎勵等事宜的奏摺。

第四節　清代官修的圖籍文獻

清朝爲了加強思想統治，籠絡知識分子，在康乾盛世之際曾大規模編纂各類書籍。最著名的有康熙朝編纂的《古今圖書集成》，共一萬卷。《佩文韻府》一百零六卷，《淵鑒類涵》四百五十卷，《康熙字典》收字四萬七千多字。《律歷淵源》一百卷，是清代天文歷象科學研究的里程碑。乾隆時期編纂的《四庫全書》，共七萬九千餘卷，爲我國最大的一部類書。《四庫全書》收集歷代經、史、子、集各類圖書三千四百餘種，包羅宏大，豐富浩瀚，爲中國古代思想文化遺產之總匯。乾隆帝命繕寫七部，分藏大內文淵閣、圓明園文源閣、盛京文溯閣、熱河文津閣、揚州文匯閣、鎮江文宗閣、杭州文瀾閣。《四庫全書》的編纂，從乾隆三十七年開始，以皇子永瑢、大學士於敏中爲總裁，紀昀、陸錫熊等爲總纂，參加編纂的人員有三百多人，歷時二十年始告成。其間曾形成大量的檔案。中國第一歷史檔案館曾將這些檔案整理編成《纂修四庫全書檔案》，於1997年由上海古籍出版社出版。

清代纂修的經、史、子、集各類圖書，名目繁多，琳瑯滿目，《清史稿》藝文志中列有詳細書目。見於檔案記載的，多爲官修或御制的史籍，如實錄館纂修的清代各朝實錄、聖訓。現存於一史館的不僅有大紅綾、小紅綾、小黃綾三種版本，而且有各期實錄、聖訓的稿本，另有會典館纂修的《欽定大清會典》及《欽定大清會典事例》稿本。《清會典》初修於康熙二十三年，雍正、乾隆、嘉慶和光緒曾四次重修。《清會典》爲有清一代典章制度的匯集，起居注館纂修的各期《起居注冊》。方略館纂修的各種方略稿本，如《平定金川方略》、《平定粵匪方略》、《平定捻匪方略》等草本或清本。國史館纂修的紀、傳、表、志等各種稿本等。明史綱目館纂修的《明史》稿本，以及三禮館、八旗志書館、一統志館等纂修的書籍稿本並來往文書和記事簿冊等。

第五節　清代文字獄及其研究

　　清朝對文化思想的控制十分嚴厲，發生了多次文字獄，懲治極重，株連極廣。康熙時有龐廷鑨《明史》案，雍正時有呂留良、曾靜案、查嗣庭案、唐孫鎬案等，乾隆時有僞孫嘉淦奏稿案、胡中藻《堅磨生詩鈔》案、劉裕后《大江滂書》案、朱思藻"侮聖非法"案、劉德昭書寫"悖逆"字帖案、周瑞南藏匿"妖書"案、陳邦彥藏匿"僞號"案、林時元投擲詞帖案、劉三元繕寫逆詞案、蔡顯《閑漁閑閑錄》案、齊周華文字案、李海超《立品集》案、安敬能試卷詩案、查世桂私纂《金史輯略》案等，這些文字獄獲罪的人多是下層知識分子，他們或發牢騷，或不知忌諱有犯皇帝尊嚴，或吟詩作文用字不慎，卻招來了殺身之禍。這些案件多是捕風捉影，望文生義，濫殺無辜，以淫威維護封建專制統治。

　　在清代檔案中，有關文字獄的檔案很多，多見於宮中的硃批奏摺和軍機處錄副奏摺中，經整理後，這些文字獄檔已著錄有"專案目錄"。1932—1935年，故宮博物院文獻館編印出版了《清代文字獄檔》，一函九冊，此書收入雍正、乾隆年間文字獄一百六十五案，其中有謝濟世著書案、王肇基獻詩案、胡中藻《堅磨生詩鈔》案、李紱詩文案、程鏊《秋水詩鈔》案、蔡顯《閑漁閑閑錄》案，等等。

　　現代學者對清代文字獄研究著述頗多，較有影響的有歷史檔案專家張書才、杜景華於1991年編寫的《清代文字獄》一書，全書共收錄清代文字獄八十六起，對每一案件的發生、發展、株連情況，以及處理結果都有較詳細的介紹，是深入了解清代文字獄案並有關政治、社會、經濟情況及社會風尚、民俗的一本重要著作。

第十六章 財　政（M）

第一節　清代的財政

　　明朝末年，政治腐敗，苛捐雜稅名目繁多，造成民窮財困。清入主中原後，立即着手整理混亂的賦役制度。順治元年首除明季加派三餉（遼餉、練餉、新餉），以明萬曆年間賦役額爲准，取消苛捐雜稅，歸併稅收名目，又頒發"易知由單"、"串票"，簡化徵收手續，改進納稅制度。康雍時期，實行更名田，滋生人丁，永不加賦，攤丁入畝，耗羨歸公，等等，又屢屢普免天下錢糧，與民休養生息。由於生產的發展，國庫充盈。乾隆三十一年，歲入四千數百餘萬兩，歲出三千數百萬兩（《清史稿》食貨六）。乾隆歸政之年，庫存高達七千餘萬兩。康雍乾時期，是我國封建社會繼貞觀、文景盛世後又一盛世。

　　中國歷代理財思想，不外"開源節流"四字，以積累財富爲追求的目標。但清代乾隆皇帝卻主張財富流通，有錢便要花。他說："天地之財，止有此數。與其多聚左藏，不如使茅簷蔀屋，自爲流通。故以散財藏富爲理財至計。"他又說："國家一應賦稅，無論正雜羨餘，凡徵之官府者，均係出之閭閻。究其實力乃以天下之物力，供天下官弁兵民之用。爲上者（指皇帝）不過爲之權衡調劑於其間。若經其事者稍纖毫假借，則大不可是。"（吳廷燮《清代財政考略》）因而乾隆時期大興土木，修建宮殿苑囿，這是他以工代賑、散財於民理財思想的表現。

　　嘉慶以後，清朝國力日衰。道光二十年（1840）鴉片戰爭之後，國內太平天國、捻軍等農民起義不斷發生，國外由於列強不斷發動對華侵略戰爭，因而軍需大增，河工、賑務費用甚巨。加之對外國的賠款連連增加，"道光壬寅江寧之約，二千一百萬兩。咸豐庚申之約，一千六百萬兩。光緒辛巳伊犁之約，六百餘萬兩。乙未中日之約，並遼南歸地，二萬三千萬兩。

至辛丑條約，賠款四萬五千萬兩而極。以息金計之，實九萬萬餘兩"（《清史稿》食貨六）。宣統時期，清政府財政已經到了崩潰的邊緣。

第二節　清代財政方面的檔案

清代財政方面的檔案現在保存下來的爲數甚巨，主要有兩大類。

一、掌管財政的機關的檔案

其中有戶部、度支部、會考府、清理財政處、稅務處、督辦鹽政處等機構的檔案。

（一）戶部、度支部檔案

清朝爲了管理全國的疆土、戶籍及財政經濟，於清初便成立了戶部。清末在官制改革中，於光緒三十二年九月改戶部爲度支部。戶部改爲度支部後其職能也有所變化，除原有負責全國財政、田賦、稅課、漕糧、倉儲之外，又增加了公債貨幣、銀行、會計及監督本部和調查各省財政事宜的職能。現存戶部、度支部的檔案，主要爲光緒、宣統時期的檔案，重要的有全國各省戶口、人口、地畝、穀數清冊，駐防各地八旗官兵戶口、屯政、旗地清冊，各地徵收地丁清冊、厘金清冊，各關徵收關稅及華洋貿易情形的記載。這些檔案雖不全面系統，但它們是研究清代財政歷史的第一手材料。

（二）會考府檔案

會考府是雍正初年爲察核各省動支錢糧、解決日益嚴重的官員虧空而設立的一個專門機構。雍正元年正月設立，至雍正三年八月撤銷。由怡親王允祥、吏部尚書隆科多等爲總理王大臣。其檔案有工部錢糧核銷案，包括工部歷年用款、陵寢用項、熱河用項、河湖海塘工程、城垣工程、倉庫工程的用款核銷，還有禮部、太常寺、光祿寺、刑部等部院的錢糧核銷案件等。這些檔案反映了雍正皇帝扭轉錢糧虧空、實行耗羨歸公的財政改革情況。

（三）清理財政處檔案

清理財政處是清末爲清理全國財政而設立的一個機構。光緒二十九年設立，那桐、奕劻等總理財政處事宜，其檔案反映了清末清理財政的情況。

（四）稅務處檔案

稅務處設立於光緒三十二年四月，它分擔了度支部和外務部一部分職掌，總管全國稅務及郵政，並轄總稅務司，其檔案内容有全國各地開埠設關、徵收關稅、華洋貿易等材料。其中總稅務司的材料尤爲重要，這個機構自咸豐十年成立以後，一直被外國人李泰國、赫德、安格聯等人掌握，赫德一人任總稅務司之職就達四十多年之久。他們不僅壟斷了中國的海關稅務及郵政大權，而且還干涉中國的内政，爲帝國主義侵華服務，檔案中有"赫德專卷"。

（五）督辦鹽政處檔案

清朝對鹽務的管理，初期設巡鹽御史，康熙後，改稱爲鹽政。鹽政多爲總督、巡撫的兼差，實際辦事的是各省設立的鹽運使司或鹽法道，這勢必造成事權分散、積弊叢生。所以宣統元年十一月上諭："各省鹽務，糾葛紛紜，疲敝日甚，非統一事權，修明法令，無以提挈大綱，維持全局。"遂命設督辦鹽政處，以統一管理全國鹽務。其檔案反映了清末鹽務經營管理，包括生產運銷、鹽課經費、鹽場工程，以及長蘆鹽商借外債等方面的材料，它和長蘆鹽運使司檔案，是研究清代鹽政的唯一官方檔案。

二、皇帝批閱的有關財政方面題奏本章以及有關諭旨

清代的皇帝高度集權，凡全國財政之政令都要經皇帝批准。雖設戶部，"但司出納之事，並無統計之權"。關稅是清朝財稅的主要來源之一，爲了不致專於一司，令戶部、工部分管關稅。戶部所屬的叫戶關，工部所屬的叫工關，而内務府和順天府也派員參加，以便皇帝從中操縱稅關大權。皇帝處理全國財務的文書，主要有内閣經辦的戶科題本及戶科史書，並隨本進呈的黃冊等，有軍機處經辦的錄副奏摺及宮中檔案中硃批奏摺的"財政類"文書。

（一）硃批奏摺"財政類"文書

硃批奏摺"財政類"的文件，共有一千三百八十七卷，計八萬三千四

百四十二件，從康熙以迄宣統，各朝的文件都有，反映了清代二百多年以來的財政經濟狀況。

1. 田賦

田賦是清王朝的正賦，占國家歲入中的主要部分，田賦又分地丁和漕糧兩部分：

（1）地丁。

地丁包括地賦與丁銀，"雍正初，令各省丁口之賦，攤入地畝輸納徵解，統謂之地丁"（《清史稿》食貨二）。在各封疆大吏的有關地丁的題奏中，反映了歷朝各地徵收地丁錢糧的情形，如歷年徵收地丁錢糧完欠數目，各省加徵耗羨及平餘銀的辦法，等等。還有不少關於緩徵或蠲免地丁的摺件。清代蠲免賦稅，一爲恩蠲，如遇國家慶典或皇帝巡幸，或因戰爭，皇帝多下令蠲免田賦。一爲災蠲，如因水旱、蝗蟲等，也要緩徵或蠲免田賦。在這部分奏摺中，多是各地督撫報告執行蠲緩錢糧諭旨的情況和恭謝天恩。有各省的民數谷數，勘丈地畝，查勘更名田，試行滾單催科等徵收錢糧的辦法的摺件也不少。

（2）漕糧。

漕糧是田賦的轉輸形式，是以實物繳納的賦稅。漕糧除了儲於各省倉庫之外，主要運送京師以供官俸、軍餉和宮廷靡費之用。漕糧方面的摺件，主要反映山東、河南、江蘇、安徽、浙江、江西、湖北、湖南等八省漕糧的徵收、蠲免以及改折或改徵的情形，還有關於爲運輸漕糧需用軍船、駁船以及挑浚南北運河方面的材料。1840年鴉片戰爭後，由於運河阻滯和戰爭影響，漕糧的運輸改由海運。1900年八國聯軍進犯北京，光緒、慈禧逃往西安，各省漕糧、漕折銀兩亦解赴行在，這方面的材料也頗爲詳細。

2. 關稅

清初沿明制，設關以徵稅。稅關有戶關和工關之分：戶關屬戶部，徵百貨稅；工關屬工部，徵竹、木、船鈔稅。1840年鴉片戰爭以後，通商開埠日益增加，於是設立海關以徵關稅。在這部分奏摺中，主要有淮安關、九江關、太平關、臨清關、蕪湖關、渝關、嘉峪關、山海關、殺虎口等常關以及閩海、東海、江海等海關徵收關稅並調撥經費的材料，還有部分關於各關官員任免懲處的材料。

3. 鹽務

清代主要產鹽的地區有長蘆、奉天、山東、兩淮、兩浙、福建、廣東、四川、雲南、河東、陝西等十餘區，鹽政事務由各該省督撫兼管。有關鹽務奏摺的主要內容有鹽課、引課、竈課的徵收與蠲免。鹽課、鹽厘的調撥，各鹽區的生產、運銷，如查勘河東鹽池及淮北鹽河工程，浙江等地場竈、鹽井被災復建。各地運銷，方法不一，從檔案看，以官督商銷爲主。還有一些關於鹽務官員的任免及各地鹽法志纂修的材料。

4. 雜稅

主要有徵收茶課、牙稅、匣金、魚課、淘金稅、塗稅（即塗田稅）、香稅、牛馬稅、石膏稅、斗稅、當稅、革稅、煙稅、酒稅等情況的摺件。

5. 地租房租

清代的田制，分民田、官田、官莊、屯田四類。

這部分摺件，主要反映在部分官莊、官田中徵收地租、房租的情形。如直隸京畿地區旗地、官房徵租及典當回贖事宜，查辦河南、湖北、湖南、江西、浙江等省入官地畝、房屋及收租情形，還有部分關於辦理各地駐防八旗莊田事務的文件。

6. 捐輸

捐輸又稱捐納，是清政府用授官封爵取得捐款的辦法。在各省督撫的奏摺中，有報告按常例收納捐官銀兩情況，如收俊秀、文武生員捐納貢生、監生銀兩數目，收納文武官員賣官鬻爵銀兩數目等，也有奏報爲籌備城工、河工、賑災、軍餉及海防經費等特開捐項的情況，還有各省勸捐社倉、義倉穀數及捐監銀兩調撥使用等方面的材料。

7. 庫儲

在這部分奏摺中，有奏報盤查戶部三庫及各省藩庫、臬司庫、糧道庫、河道庫、鹽法道庫銀兩情況。官員接文庫款及追繳虧欠銀兩。有報告各地開辦股票彩票的情況，如四川開辦彩票、山西商民認領昭信股票、吉林籌還股票的款項等，還有江蘇、浙江及閩海關等地區籌還匯豐借款、英德借款、俄法借款、瑞記三洋款、克薩鎊款、新約賠款等情況的文件。

8. 倉儲

清代京師及各直省都設有倉庫。有關倉儲奏摺的主要內容，有各省報的民數、穀數，各省的常平倉、義倉、社倉的積貯、買補、平糶、盤查情況，江西、河南、福建等地修建義倉、社倉等倉廠情況。京師各倉廠收貯漕糧數目，通州倉、德州、臨清等倉截留漕糧情形及倉務方面的材料。

9. 經費

清代的財政收入，主要有地丁、關稅、鹽課、耗羨數項，支出主要有京餉、兵餉、存留、協撥數事。後期軍需籌防、賠款大量增加，於是入不敷出。這部分奏摺的主要內容，有京餉、協餉的籌交調撥等事，如湖北、河南、福建等省撥解京餉數目，湖北、河南、直隸、陝西、山西等省撥解協餉和軍餉情況，還有各種經費的開支、撥解，如動支文武官員、佐雜、教職俸餉、養廉銀及文武鄉試經費銀兩。各省經費的存留動支等，支給監犯及軍流人犯口糧，支給祭祀費用、寺廟喇嘛口糧茶價，以及其他雜項開支等。

軍費，占清朝歲出的極大比例。其中有定額支給水陸各營的兵馬錢糧，有支給派遣官兵、赴藏人員、各國進貢人員的口糧盤費，支給屯防經費、臺站、驛站、牧廠的經費，支給采買及運輸兵米腳價銀兩，還有一些虧欠各項軍費銀兩的追賠和處分的文件。

硃批奏摺財政類的文件目錄，經一史館整理後，編為《硃批奏摺財政類目錄》，共五冊，計八百萬字，1990年由財經出版社出版發行，它是查用清代皇帝批閱的奏摺中有關財政經濟檔案的最好指南和得力工具。

（二）題本與黃冊

清初沿明舊制，中外大臣凡有關錢糧、刑名、兵丁馬匹等事，都繕具題本上奏。凡關係錢糧奏銷，或屬例行公務，還要繕具黃冊進呈。黃冊分舊管、新收、開除、實在四項，實際是奏銷錢糧的清冊。清初尚無奏摺文書，即便至雍乾以後，奏摺成為政府正式公文之後，凡遇重要的錢糧奏銷，一般官員先具摺奏聞，然後皇帝再命官員具本詳細奏來。戶部等衙門的題本及黃冊，是研究清代財政、尤其是清初的財政最系統而又詳細的材料。

戶科的題本經整理後分戶籍、田賦、漕糧、稅課、貨幣、庫儲、經費、農業、倉儲、工業、商業、災害賑濟等十二類，內容前文已述，不再贅言。

戶部的黃冊依內容分為十八類：

第十六章　財政（M）

1. 戶籍類

清代戶籍，八旗與各省人丁分別編審。今所存者，均爲各省造報人丁之冊，有編審丁口，丁口徵銀及民丁、屯丁、竈丁、軍丁之別，除軍丁四年一編審外，餘均五年編審一次。康熙會典卷二十三："順治十五年議准，各省編審人丁，五年一次造冊具題。"冊內分別府縣，開列各項人丁數目，或附應徵銀兩，由各省巡撫布政使等按屆造報。康熙間，丁賦以五十年編審之數爲定額，歲有羨餘，曰盛世滋生人丁，永不加賦，冊內列有康熙五十二年恩詔云："嗣後編審增益人丁，止將滋生實數奏聞，其餘徵收辦糧，但據五十年丁冊定爲常額，續生人丁，永不加賦。"故以後之冊，恒著滋生增益人丁字樣。按編審制度，初爲十年，繼定三年，後改五年，乾隆三十六年諭令停止，唯運漕軍丁仍照例舉行，今列五目。

2. 地丁類

清代賦役，爲地賦、丁賦兩種。地賦有民田、屯田之別，皆按上中下三則徵收錢糧，正賦爲糧麥豆草等項，雜徵爲顏料藥材等項，名目雖曰本折，實則多改徵折色。康熙會典卷三十一："國初，直省錢糧，應解本色物料，款目最繁。後因地方辦買起運，供應俱艱，續議酌減。凡係上用，及京城無從購辦者，仍放本色。若係緩用及易於采買者，俱令折銀解部。"丁賦計口出銀亦分上中下三則。其後以康熙五十年編審之數爲定額，增益人丁，永不加賦。至雍正間，各省丁銀漸次攤入地糧並徵，自是丁隨地起，而地丁歸一。冊由各省巡撫或布政使造報，每歲奏銷一次，分別府縣開列額徵錢糧，及起運存留支給撥協采辦等項數目，多具有督催經徵各官職名分數。康熙會典卷二十四："康熙七年題准，直省錢糧，每歲終巡撫造送奏銷冊一本，開載地丁款項數目。又造送考成冊一本，開列已完未完分數。"現存之冊，除正賦雜徵外，尚有儒戶錢糧及耗羨銀兩二種，今列四目。

3. 雜賦類

清代各省應徵錢糧，均隨地丁附徵，其不隨地丁者，如學租、地租、牙帖雜稅等項，統稱雜賦。但大宗出產，如鹽課等，由專案奏銷，或列入關稅者，則不屬於此類。光緒會典卷十八："不隨地丁者曰雜賦，雜賦有課，有租，有稅，有貢。"冊由各省巡撫或布政使造報，每歲奏銷一次，分別款項開列額徵錢糧數目，多具有督催經徵各官職名，今列三目。

4. 民穀類

本類黃冊，係戶部匯合各省民數穀數，按年繕冊進呈。冊內分別省分，開列人口及糧穀總數。光緒會典卷十七注："直省民數，督撫飭所屬，按保甲門牌冊，實在民數，歲以十月同穀數造冊送部，戶部於年終匯繕黃冊具題。"按進呈民數穀數冊之制，始於乾隆。光緒會典事例卷一百五十七載："乾隆四十年諭，直省滋生戶口，向惟冊報戶部。朕臨御之初，即飭各督撫，歲計一省戶口倉穀實數，於仲冬具摺以聞，並繕冊由部臣匯核以進。"

5. 漕運類

清制，每歲額徵田賦，除地丁額外，於山東、河南、江蘇、安徽、江西、浙江、湖北、湖南八省，徵收米豆，轉漕京師，謂之漕糧。江蘇浙江兩省，兼徵粳米糯米，謂之白糧。乾隆會典卷十三："凡歲漕京師者八省，其漕有五等。曰兌米，入京倉，以待八旗三營兵食之用。……曰改兌米，入通州倉，以待王公百官俸廩之用。……曰白糧，分入京通倉，以供內府光祿寺，以待王公百官、各國貢使廩餼之用。……曰䆉麥，入京倉，以供內府之用。……曰黑豆，入京倉，以待八旗官軍及賓館牧馬之用。"冊有徵收、完兌、起運之分，備載各項錢糧數目。其隨漕款項，謂之漕費。冊內開列各衙官丁應支俸工本折，行月錢糧等項。除起運船糧由漕運總督造冊外，其餘各種，均由通漕省分，按年造報。康熙間有淺貢銀兩冊一種，開列徵收淺船貢具銀兩數目，由浙江船政同知造報。雍正二年，裁船政同知，淺貢銀兩遂併入漕白徵收冊內，此外有軍用漕米冊，係開列截留漕米撥充兵餉數目，今列六目。

6. 水次漕倉類

清代於江寧、淮安、徐州、鳳陽、臨清、德州水次各設一倉，以便漕運，謂之水次六倉，倉出納各錢糧分別由兩江總督及安徽、山東、河南巡撫按年造冊具報。冊分實徵錢糧、收放錢糧二種，開列所屬地方額徵本折錢糧，及各倉收入支放數目。光緒會典卷二十二注："江寧、淮安、徐州、鳳陽、臨清、德州水次原設六倉，均有額徵錢糧。每年兩江總督題報徐州倉奏銷本。安徽巡撫題報江寧、淮安、鳳陽三倉奏銷本。山東、河南巡撫題報臨清、德州二倉奏銷本。"今依各倉先後，分列十一目。

7. 倉場類

清代京師設祿米、南新、舊太、富新、興平、海運、北新、太平、萬安、本裕、豐益、儲濟、裕豐十三倉，稱曰京倉。通州初設大運西、中、南三倉，乾隆十八年裁撤南倉，稱曰通倉。又設通濟庫，凡各省賚解之隨糧經費，均貯於庫，以待支用。乾隆會典卷十二："京師倉十有三，八旗三營兵食官軍牧馬豆貯焉。通州倉二，王公百官俸廩米貯焉。……凡隨糧經費，各省皆先漕賚解倉場，發貯通濟庫，坐糧廳司其出納。"本類黃冊，有京通各倉收放漕白，通濟庫收放錢糧，到通漕白，各倉米數，捐輸采買，撥運兵米等數種。冊內分別開列各項數目，由倉場侍郎按年造報，今列八目。

8. 關稅類

本類黃冊爲淮安閩浙各關者，徵收課目僅商貨及竹木等稅，浙海關復有出洋絲稅。冊內開列商人姓名，及納稅數目，並支撥解部等項銀兩。順治初，各省關稅專差戶部司員督徵，其後始改派監督。關差以一年爲一任，每屆任滿，例須造冊進呈。康熙會典卷三十四："本朝設關榷稅，歷年建革不一，有徵商稅者，有徵船料者，有兼徵船料商稅者，所收課稅，解歸戶部，間有支撥兵餉河工等項。"按清代關稅制度，有戶關工關之分，戶關隸屬戶部，工關隸屬工部。道光以降，海禁大開，各商埠陸續設置海關，歸總理各國事務衙門管轄，清末設稅務處，專司其事，今庫存道光以後之冊，只淮安關一種。

9. 鹽課類

清代鹽法，按光緒會典卷二十載："凡鹽法籍竈與商於官，令出鹽行鹽，量天下食鹽之戶而均布之。凡鹽有海鹽，有池鹽，有井鹽，有土鹽，有口鹽，皆視其產之多寡，與其運之遠近以配引，而各行於口岸。其課則別以竈課、引課、雜課、稅課，包括而榷之。"本類黃冊，雖以引目及鹽課兩種占多數，然引有額引、票引、餘引、積引、肩引、住引之稱，課有正課、雜課、引課、稅課、場課、竈課之別。此外如公費規銀等項，均因出產及行銷區域之不同，名目遂互相歧異。現存之冊爲長蘆、河東、河南、兩淮、兩浙、福建、甘肅、兩廣各省，均按所屬區域，分別開列各項引目，及徵解課費銀兩，或經徵職名分數等項。鹽差以一年爲一任，與關差同，每届任满，例由巡鹽御史或兼理鹽政之督撫造冊奏銷。康熙會典卷三十三："順治初定直省鹽課，每年巡鹽御史及兼理鹽法巡撫，開列屬官職名分數具奏。其州縣原額，並完欠細數，運司及管鹽法司道，匯造清冊送部查核。"今依鹽區次序列二十一目。

10. 錢法類

本類黃冊，僅順康間江寧錢局開鑄制錢，用過鑄本獲過鑄息一種。冊內分別開列鑄本及鑄息數目，由江寧巡撫造報。康熙會典卷三十一："順治五年議准，江寧設廠開鑄。"

11. 賑鬻類

本類黃冊，係順治十一年至十五年間，賑濟直隸貧民餓民之冊，欽派尚書、侍郎、通政等官，辦理其事。冊內分別府縣，開列花名數目，於賑濟竣事後進呈。康熙會典卷二十一："順治十一年，特命發戶禮兵工四部庫貯銀十六萬兩，並宮中節省銀八萬兩，分給賑濟直隸各府餓民。……十三年諭發宮中節省銀三萬兩，賑濟畿輔餓民。……十四年諭發內帑銀十萬兩，分給八旗兵丁及賑濟畿輔貧民。"另有一冊為康熙三十一年四川官員捐俸賑濟陝西流民數目，今列三目。

12. 俸食類

本類黃冊，有部報省報兩種。部報之冊，為春秋兩季發給在京官員之俸銀。冊內開列銜名及支領俸銀數目，由戶部造報。康熙會典卷三十六："凡在京文武官俸，俱按品級支給，其俸銀滿漢一例頒發。……每年春秋二季支給。"省報之冊，除俸銀外，並列衙役工食等項，由各省巡撫按年造報。另有河道總督造報，裁停夫食等銀一冊，今亦附入。

13. 織造類

清代於江寧、蘇州、杭州三處分設織造，承辦貢物件。冊有工料銀兩、匠役口糧二種，由各織造按年造冊進呈。光緒會典卷十九注："江寧蘇州杭州三處織造，每年戶部、工部、內務府，派辦上用官用綢緞紗羅布匹，及制帛誥軸遂衣，辦解甘肅綢緞需用工料水腳銀兩，及機匠口糧米，俱動用正項錢糧，每年造冊題銷。"另有織造衙門官役馬匹支用俸廩豆草冊一種，係由巡撫造報。按織造錢糧，順治八年，曾令工部管理，康熙三年，復歸戶部，見康熙會典卷三十一，今列三目。

14. 銀庫類

清制，戶部設管理三庫大臣，掌銀庫、緞匹庫、顔料庫三庫之政令。銀庫司銀兩之出納，凡各省歲輸田賦雜賦鹽課關稅等項，除本省存留支用外，起運至京者，均入此庫。乾隆會典卷十二："一曰銀庫，各省丁漕及關市鹽茶諸稅課輸至京者，咸入焉。"冊分大進、大出、四柱三種，分別月份，開列數目，歲終進呈，緞匹、顔料兩庫同。光緒會典卷二十四："凡庫慎其守歲，月終具出納之數以聞，越歲匯核而奏銷焉。"按順康時黃冊，亦稱金銀庫。

15. 緞匹庫類

緞匹庫司各省所輸綢緞絹布絲棉麻等之出納。乾隆會典卷十二："一曰緞匹庫，織造縑帛紗縠歲輸至部者咸入焉。"按順康時黃冊，亦稱緞匹皮張庫。

16. 顔料庫類

顔料庫司各省所輸銅錫鉛鐵硃砂黃丹沈香降香黃茶白蠟黃蠟桐油及花梨紫榆木料等之出納。乾隆會典卷十二："一曰顔料庫，銅錫鉛鐵丹青赭綠香歲輸至部者咸入焉。"按順康時黃冊，亦稱顔料紙張庫。

17. 草廠類

本類僅一冊，爲通昌草廠稅課分司造報收放草秫柴等項錢糧數目。康熙會典卷三十五："順治十六年題准，通州草廠，歲派解草八十萬束，供用會同館及通鎮各營。"

18. 稽查類

本類黃冊，爲部中造報已未逾限已未完結事件，有欽件部件之別，式如吏部已未逾限已未完結冊。

另外，盛京戶部計有三類：

旗地類：本類黃冊，爲旗地考成、餘地考成、隨缺地考成三種，均屬旗地性質。光緒會典卷十七注，"盛京十四城旗人所種之地，及近京圈地徵收旗租者"，每年例由盛京戶部分別造具考成冊，開列徵收各項錢糧數目，送京師戶部具題。乾隆會典卷七十八："凡奏銷每歲賦入米穀菽麥禾麻鹽棉……均四時冊報，歲終匯疏，聽戶部核銷。"今列三目。

旗倉類：清代盛京設內倉及城倉。官莊之類，納於內倉。旗地徵收之米豆，遼陽、開原、廣寧三城，就近在內倉繳納，各外城俱在各該城倉繳納。冊有奏銷及盤查之別，均於每年造報。光緒會典卷二十五注：“內倉各外城倉，俱由本部匯造考成奏銷等冊，送京師戶部具題。”今列四目。

金銀庫類：清制，盛京設金銀庫，貯藏金銀緞匹顏料紙張等項，供三陵祭祀及三省官兵俸餉賞賜之用。冊分奏銷及盤查二種，每年造報一次。光緒會典卷二十五注：“銀錢出入數目，每季冊報京師戶部，年終匯造考成奏銷細冊，送京師戶部具題。”今列二目。

（以上見王梅莊、單士魁《清內閣漢文黃冊聯合目錄敘錄·戶部黃冊分類》）。

第十七章　金　融（N）

清代的金融及金融檔案

清朝爲了管理錢幣事務，專門設立錢法堂。錢法堂一分爲二，有戶部錢法堂和工部錢法堂，使鑄錢這樣的大事和肥差，不致專於一司，以便皇帝從中掌縱鑄幣造錢之大權。

戶部錢法堂由本部滿、漢右侍郎經管，下設滿、漢主事各一人，兩年一更換，其所屬鑄錢機構爲寶泉局，鑄錢供全國軍餉。寶泉局歲收雲南解京銅四百十萬餘斤，貴州、湖南所解黑白鉛三百二十餘萬斤，歲鑄錢額六十一卯（卯爲各鑄錢爐座開鑄期數單位，一期爲一卯，一卯一萬二千八百八十串）。

工部錢法堂亦由本部滿、漢右侍郎兼管，所屬鑄錢機構爲寶源局，鑄錢主要供工部所管各項工程經費使用。寶源局歲收雲南解京銅三十三萬三千斤，貴州所解白鉛二十六萬四千斤。歲鑄初定七十一卯，後額定十二卯。

清宮檔案中記錄了雲南、貴州等地解運銅、鉛至京的數目、運費等，各朝開爐鑄錢卯數、鑄幣種類和名稱，還有官銀錢號、錢莊、票號一些材料，以及一些關於查禁私鑄錢文的文書。

隨着西方殖民主義侵入東方，洋錢開始流入中國。以西班牙本洋和墨西哥鷹洋爲最多。道光時期因鴉片貿易，洋商以貨易銀，以致白銀大量外流，造成銀貴錢賤的局面，對中國經濟和金融都產生重大影響。隨着外國商品和資本的輸入，外國紛紛在中國開設了銀行，如英國"匯豐銀行"、法國"東方匯理銀行"、俄國"華俄道勝銀行"、日本"正金銀行"等。由於外國在華銀行所獲優厚利益刺激，及中國近代工業的初步發展和社會貨幣資本的一定積累，中國自辦新式銀行也逐步興起。光緒二十三年四月二十六日（1897年3月27日），中國自辦的第一家銀行——中國通商銀行，在上海正式成立，它由太常寺少卿、全國督辦鐵路事務大臣盛宣懷"奉特旨開設"，資本爲五百萬兩，此爲中國自辦銀行之始。

光緒三十年正月二十八日，經財政處奏准，由戶部自試籌辦銀行，以爲財幣流轉總匯之所。經過戶部一番籌備之後，於光緒三十一年八月二十九日，戶部銀行正式開辦，並擬訂戶部銀行試辦章程三十二條，作爲該行活動之準繩。戶部銀行經營收存、出放款項，買賣荒金荒銀，匯兌、劃撥公私款項，折收未滿限期票，代人收存緊要物件，辦理戶部出入款項等，戶部銀行先後在上海、天津、漢口、濟南、張家口等地設立了分行。光緒三十二年九月戶部改爲度支部後，經度支部奏准，於光緒三十四年正月十六日，將戶部銀行改爲大清銀行。大清銀行總行的直屬機構有北京儲蓄銀行和大清銀行學堂。民國元年，大清銀行改爲中國銀行。

繼中國通商銀行成立之後，各地先後又建立十餘家銀行，反映中國資本主義金融業的興起和發展。

檔案中反映白銀外流、洋錢大量輸入中國，以及中外銀行的開辦和業務活動材料很豐富。其中尤以大清銀行的檔案最爲完整，設有"大清銀行專卷"。這些檔案是研究清代貨幣金融的珍貴史料。

第十八章 農業、水利、畜牧業（P）

第一節 清代的農業及農業檔案

清朝皇帝繼承了歷代統治者的重農思想，采取"重農務本"的政策。清朝入關伊始，即取消明末繁多的遼餉、剿餉、練餉等苛捐雜稅，並屢屢蠲免錢糧，減輕賦役，使民休養生息。特別針對經過明清戰亂後土地荒蕪的情況，獎勵墾荒，召集流民授以土地。雍正時規定："開墾水田，以六年起科；旱田以十年起科，永著爲令。"（光緒《大清會典事例》卷一六六）爲了激發農民的墾荒積極性，政府還資助農具種子。地方官的治績，以墾地多少爲衡量標準之一。所以，中原無地的人民紛紛向地廣人稀的四川、雲貴、臺灣、新疆、東北、內蒙古流動。除了民屯之外，駐邊的軍隊實行軍屯。以後還在新疆等地實行回屯、戶屯、遣屯等政策。這些屯田，有效地推進了土地開墾的發展，耕地面積不斷增加。順治中期全國耕地面積祇有五億多畝，到乾隆時已達七億多畝。在清宮檔案中，有大量關於屯墾耕作方面的臣工奏疏和皇帝批閱的諭旨，如盛京、吉林、新疆、熱河、直隸、蒙古等地的墾荒章程、墾荒數目，以及爲解決閒散旗人生計，遷移京城、熱河、盛京等地旗人赴吉林墾荒屯田的情況。

民以食爲天，百姓足食，則社會穩定，清統治者深知這方面的道理，所以要保持糧食生產和價格的穩定，實行雨雪糧價和收成情況奏報制度。這一制度起於康熙三十二年（1693），確立於乾隆元年（1736），直至清末，延續了二百多年。這一制度規定，各省督撫及邊疆大吏並巡視官員，每月都要奏報當地的糧價及雨雪分寸和收成情況，並開列清單，包括市場流通的最主要糧食品種：上米、中米、下米、大麥、小麥、黃豆，每種糧食每石的糧價，並注明係中價、貴價或賤價等。這樣便於中央政府根據年成的豐歉、糧價的高低，決定糴糶，以避免"穀賤傷農"或"穀貴傷民"

的現象出現。中國第一歷史檔案館保存有直隸、奉天、熱河、山西、陝西、甘肅、烏魯木齊、新疆、四川、雲南、貴州、廣西、廣東、湖南、湖北、河南、安徽、江西、福建、臺灣、浙江、杭州、江蘇、江寧、蘇州、山東等二十六個省或地區的雨雪糧價單，計三萬一千四百二十一件。這是我國古代留下的唯一記載全國各地糧價的官方檔案，它是研究清代社會經濟、商品流通及封建統治政策的珍貴的第一手材料。

例如：河南巡撫奏報光緒二十一年正月雨雪糧價摺：

> 頭品頂戴河南巡撫臣劉樹堂跪奏，為查明豫省光緒二十一年正月份雨雪糧價情形，恭摺仰祈聖鑒事。
>
> 竊照上年十二月份各屬得雪日期、寸數及各項糧價，經臣繕摺具奏在案。嗣據祥符等九十三州縣陸續稟報，光緒二十一年正月初八、初九、初十、十一、十三、十四、十五及十九、二十等日，得雪自一寸至八寸不等。南陽、新野、上蔡、確山、淮寧、項城、臨潁、光山等八縣，並據報於二十、二十一等日得雨一二寸。時交春令，二麥發青，雨雪普霑滋培，有益民情安謐，堪以仰慰宸懷。
>
> 至通省糧價，惟歸德府屬之小麥、高粱、黑豆，衛廣輝府屬之小麥、黑豆，光州屬之稻米、小麥、稻穀、黑豆價比十二月稍貴，其餘各屬糧價並無增減。據署布政使桂霖開摺呈送前來，臣覆核無異，相應敬繕清單，恭呈御覽。為此專摺具陳，伏皇上聖鑒。謹奏。
>
> 光緒二十一年三月初九日奉硃批"知道了"，欽此。

全國各地官員奏報的雨雪分寸和晴雨錄等氣象資料有二十一萬多件（包括大陸和臺灣所存的檔案）。清朝規定各地督撫等官員，必須隨時奏報各地的雨雪分寸。所謂"雨雪分寸"即各地雨水入土深度和積雪厚度及起訖日期，即在每次降雨過程之後測量此次降水滲到土壤的深度，如"乾隆五年五月十九日得雨三寸"，即表示這一日發生了一次降水過程，其降水入土深為三寸。這種雨雪分寸定量的奏報比較多，如直隸、山西、甘肅、河南、山東等省官員的奏報。另外一種為描述性的奏報，如"大雨滂沱"、"今秋雨水調勻"等，南方各省的奏報，多用這種定性的材料。這種雨雪分寸的奏報，從康熙以迄宣統，二百多年中一直連續不斷。這種全國性的氣象測報制度，是世界上最早的全國性觀測氣象的記錄，從中可以掌握二百多年來我國氣象變化規律和水旱災害情況，爲我國的農業發展和環境保護規劃提供了有益的參考材料。

有關我國各地收成情況的奏報，也十分珍貴。清朝規定，地方官每年兩次向朝廷奏報夏、秋兩季的收成。如閩浙總督喀爾吉善在乾隆十八年（1753）五月二十九日奏報："五月內通省二麥收穫已竣，泉州一府收成共有九分；福州、興化、漳州、延平、建寧、邵武、汀州、臺灣八府，永春、龍巖二州收成各有八分，福寧一府收成共有七分，合計通省二麥收成實有八分。"收成八分即表示豐收，收成十分即表示大豐收，收成七分即表示一般年景，六分及六分以下可以申報蠲免錢糧。最壞的收成是二分，可以說是"顆粒無收，赤地千里"的大災年景。通過各地收成分數的奏報，皇帝可掌握全國的災情及豐歉情況，以便相應采取糧食的調劑和穩定社會的措施。這些系統的農業收成分數的奏報，也給今天的專家研究我國二百多年來農業收成的變遷，提供了第一手的資料。

此外，經濟作物如棉花、種桑養蠶、茶葉、菸草、甘蔗、人參的生產以及畜牧業、漁業的生產，在檔案中亦有一定的記載。

·專題研究·

中央農事試驗場

1900年八國聯軍侵占北京，慈禧太后與光緒皇帝逃往西安。清統治者痛感家破流離之苦，深感再也不能用舊法統治下去，於是改弦更張，宣布實行新政。新政之一，便是仿行西法，興辦實業，振興商務。因此，於光緒二十九年（1903）七月設立商部。光緒三十二年（1906）九月，清廷又將工部併入商部，改稱農工商部。農工商部設尚書一人，主管農工商之政令，設左、右侍郎各一人以佐之。宣統三年時，改尚書爲大臣，侍郎爲副大臣。農工商部設有農務司、工務司、商務司、庶務司、承值所等機構，以分辨各項事務。

　　爲擴廣實業，農工商部於光緒三十二年三月二十二日奏准設立農事試驗場。光緒三十三年四月二十九日正式頒發"農工商部農事試驗場關防"一顆，由此正式開始了試驗場各項工作。經過緊張的籌備，於光緒三十四年初正式進行試驗和陳列。

　　籌建農事試驗場的目的是爲了開通風氣，意在勸農，分別試驗，廣爲研究，供人觀賞，擴充見識，以資比較，使之成爲全國農業的模範。場內建有試驗室、農器室、肥料室、標本室、溫室、蠶室、繅絲室、切桑室、鳥獸室，以及辦公室等。該場設總辦一人，由農工商部參議上行走誠璋擔任。設場長一人，由農工商部章京葉基楨擔任。場下設農林科、動物科、庶務科、會計科，有科長、司員六十八人，技師二人，桑工、花匠六人，水旱田長夫五十八人，雜夫、茶役一百一十人，巡警十八人。

　　農事試驗場附設有動物園（即今北京動物園之前身）、植物園、茶園、車廠、咖啡館及初等農業學堂。

　　初等農業學堂的宗旨，是培養懂農藝學，而且將來能經理公私農業產業及墾務的人才。學堂設堂長一人，農工商部章京任燮邦擔任，掌督率教職員，主管全堂教育；設監學二人，掌稽查學生功課，出入報告及一切起居、衛生等事；庶務二人，掌管理差役、學堂器具及各項雜務並文牘、會計等事；教司七人，義務教習十二人，掌教各科課程。學生六十人，均爲住讀生。學生分甲、乙兩班，設農業、蠶業、林業、獸醫四科。

　　初等農業學堂於宣統三年八月一日招生，八月二十日正式開學，學制三年，合格者，畢業後分別錄用。

　　農事試驗場最初由農工商部右丞沈雲沛負責興建。農事試驗場位於北京西郊，現北京動物園一帶，占地約一千零六十二畝。這裏在明代爲皇家御園，清初爲賜康親王傑書的府第，到清中期逐漸頹廢。乾隆十二年（1747）皇帝大加修葺，改名爲樂善園，它與倚虹堂一起，是帝后赴昆明湖來往休息之處。嘉慶以後，清由盛變衰，樂善園亦隨之衰落，後出租由民人種植蓮藕等作物，清末農事試驗場便選擇在這裏。

　　農事試驗場以後更名爲中央農事試驗場及萬牲園、天然博物館。1949年中華人民共和國建立後，改名爲西郊公園，1955年改爲北京動物園。

農事試驗場於光緒三十四年初正式分爲穀麥、蠶桑、蔬菜、果木、花卉五個試驗區進行試驗，對動物、植物、礦物及其標本進行陳列展覽。

中央農事試驗場先後徵集全國各地以及世界各國的植物、動物各種珍稀品種和標本，例如從德國等購買的有美洲麟、印度母象、美洲小象、虎紋馬、美洲大鹿、白鹿、黑鹿、野牛等，花了六萬馬克。從美國購置的有各種作物籽種、果木品種以及各種鳥獸，從日本長崎一次購買的花木果品就有一百六十六種之多。

農事試驗場設有博覽園，博覽園內設有動物園、植物園和博物館。動物園中陳列的品類有：禽鳥類、獸畜類、魚品類、昆蟲類。植物園展出的品種有：五穀類、果品類、植物別品類、蔬菜類、木品類、藥材類等。

博覽園對中外各界群衆開放，每天觀衆絡繹不絕，被稱爲"世界奇觀之一"。如光緒三十四年五月二十日，廓爾喀（今尼泊爾）貢使說："貢使遠在西陲，向慕中華風景。茲聞農工商部設有萬牲園一座，內中樓閣宏敞，生物具備，爲世界奇觀，貢使擬往游覽，俾開眼界，而廣知識。"（《農工商部檔案》）

農事試驗場是我國近代最早的中央政府舉辦的生物試驗場。植物園、動物園及博物館的開辦，對啓迪人們對動、植物的重視和認識，具有開拓性的作用。它是近代農藝園林和博物館事業的先驅，爲傳播近代農業科學知識起了良好的作用。

第二節　清代的水利及水利檔案研究

清代的水利建設取得了超越前代的成績，從清代官方檔案記載來看，清政府曾投入大量的財力、物力和人力，治理黃河、淮河、運河、長江、錢塘江、永定河等，努力減輕水災，保障人民的生命財產，提高農業產量，保持運輸暢通。

黃河自古以來爲害甚烈，到了明末，河患更爲嚴重，至順治年間，僅上報的重大河堤決口就有二十餘次。清代一些有爲的君主，如康熙、乾隆等皇帝對治河很重視。康乾時期曾兩次派官員到星宿海等地調查河源，並繪河源圖留存至今。康熙親政以後，曾"以三藩及河務、漕運爲三大事，夙夜廑念，曾書而懸之宮中柱上"，以治理好黃河爲座右銘。康熙二十三年至四十六年，先後六次南巡視察河務，經常與河臣討論治河方案，他任命靳輔爲河督，提拔和重用水利技術專家陳潢協助治河。以後又用張鵬翮爲河道總督。康熙帝本人，也下了很大功夫研究治河，"凡前代有關河務之書，無不披閱"。他南巡視察河務中，都親乘小舟，到險灘源頭，進行考察試驗。在張鵬翮督河時，有關治河的方案，差不多都出自玄燁之手，實際上皇帝已成事實上的工程師。經過幾十年的積極治理，治河取得了顯著的成績。幾十年中，黃河沒有重大的變動和水患。淮、揚兩郡被淹的十萬多頃土地涸出，成了沃土。下河一帶連年豐收，開中河，改進了運河航道，便利了漕運。在洪澤湖築堤建閘，蓄清以敵黃，使洪澤湖免於淤塞。康熙帝晚年仍然十分關心河務，康熙六十年四月關於治理黃河的諭旨，是他治河經驗的總結，諭旨中說："黃河關係最大，自元至明，歲有衝決，未有安瀾二十餘年如今日者。然圖治於已治，得安於已安。河工雖已告成，尤當時加巡視，不可疏忽。"雍乾兩朝繼續治理黃河，並取得明顯成績。但到清朝後期，國家内憂外患，河務廢弛，黃河屢屢決口，造成很大的災難。

現存的清代檔案中，有關治理黃河文書，包括歷代皇帝下達的諭旨，河道總督及有關官員的題奏，並呈送的河圖和水文災情材料，十分豐富。新中國建立後，黃河水利委員會從1976—1987年，先後派了十幾位工作人員，用了六年的時間，查摘複製了大量清代有關黃河的歷史資料，他們從檔案中查得黃河歷史上最大的洪水量和最小的枯水量，成爲設計黃河三門峽水利樞紐工程的重要依據。

關於運河、淮河、永定河、惠河、長江等河流的水文災情及治理情況，檔案中亦有翔實的記載。其中尤以乾隆年間荆州大水及江漢堤壩和荆州堤壩的材料最豐富，其中水文災情的材料就有百餘件，已整理成專案，查閱頗便。

乾隆五十三年（1788）入夏開始，湖北大部分地區陰雨連綿。進入農曆六月，荆州地區又連降大雨，荆江水位迅速上升。六月二十日（7月23日）酉刻，萬城堤壩被水沖毀，頃刻之間，萬城堤壩以下各段形成二十一處潰口，共寬二百餘丈。洶湧奔騰的洪水，一路勢不可當，直奔處於較低處的荊州城，洪水首先沖破西門，穿過北門而出，水過之處牆倒屋塌，水勢之大，來勢之猛，是從順治十一年至乾隆五十三年計一百二十多年來所未有過的。據湖廣總督舒長當時向乾隆皇帝奏報說："城內水高一丈七八尺不等。"當時人們形容說："江水打破萬城堤，荊州變作養魚池。"據當地官員奏報說，這次洪水沖塌了荊州城的西、西北、小北、東等四座城門，城牆倒塌二十餘處，每處各寬數丈至二十餘丈不等。城內共倒塌房屋四萬零八百一十五間，府縣倉廠、監獄等亦多被水沖毀，監獄在押人犯乘機逃跑八十八名。在這次水災中，荊州城內外共淹死有名姓的"大小男婦民人一千三百六十三名口。城東居住的滿洲駐防兵丁被淹死佐領二名、兵丁及家屬四百餘名、馬一千二百四。駐防兵火藥局庫存火藥三千餘斤，被水浸泡濕透"。

在這次洪水中，荊州府屬的公安縣、石首縣、監利縣等地，也遭受很大的損失。洪水歷時兩個多月纔逐漸退去，洪水使荊州數十萬人淪為災民，數萬人無家可歸。如此大水是"本地七八十歲老人從未經見之事"，可以說是百年不遇的大洪水。

這次荊州洪災，一方面是由於百年不遇的特大洪水，另一方面人為的因素也是重要的原因，特別是吏治腐敗，有關江防管官員瀆職失職，中飽私囊。例如引起荊江禍端的窖金洲，本是江中泥沙淤積而成的荒洲。自雍正七年至乾隆二十七年的三十餘年間，地方官員為中飽私囊，窖金洲任人賄買，在上面種植蘆葦以獲利。蘆葦種植面積隨窖金游艇洲面積漲大而擴大。葦茂固土，洲大阻水，致使這次洪水被阻，江流不暢，釀成大災。

其次是萬城等處堤壩，每年汛期前雖有維修，其中有官修和民修，官員監督不力，有的官員從中貪污受賄，致使堤工都是一些"豆腐渣"工程，洪水一沖，自然潰決。為此乾隆皇帝十分憤怒，他說，"湖北吏治亦屬廢弛已極"，"大小官員染指肥索"。他先後懲處大小官員約有五十餘人。湖廣總督舒常被革去頂戴，留工所效力贖罪，同時罰沒家產價值四萬兩。臬司李天培、荊宜施道沈祖濤、荊州府知府俞大奠等對下屬管束不嚴、河工歲修失察，分別革職或降級。湖北積弊之"始作俑者"陳祖輝之子陳崑山，被革職發往伊犁贖罪。對荊州堤工各潰口處督辦官員一一查明，分別懲處。對"豆腐渣"工程的督辦官員，不僅革職或降級，而且還要追賠修堤銀兩，即便已死了的官員，也要照數追賠。

針對上述江防和堤工中的弊病，清政府制定了歲修堤工新章，加強工程質量檢查。分工管理，明確職責。重建了荊州古城，修復了萬城堤，疏通了河道。經過這次治理，以後歷年江堤穩固，直至數十年後，道光二十二年纔又發生決堤事件。

清朝末期，清政府內憂外患，長江及其支流河渠疏於治理，相繼有道光二十八年（1848）、咸豐十年（1860）、同治九年（1870）及光緒十九年（1893）等歷次長江堤壩潰決，造成重大洪水災害。

※ ※ ※ ※ ※ ※ ※ ※ ※

1992年，正當三峽工程論證處於高潮之際，水利部錢正英部長及徐乾清等專家，曾親自查用了一史館所存的清代長江幾次特大洪災的材料，爲長江三峽工程的必要性，提供了翔實的歷史依據。

爲了充分利用歷史上的水文災情資料，爲今天的國家治河防洪和水利建設服務，國家水利電力部水管司科技司和水利水電科學院與一史館等合作，先後編纂了《清代江河洪澇檔案史料》叢書一套，其中有《清代珠江韓江洪澇檔案史料》、《清代淮河流域洪澇檔案史料》、《清代海河灤河洪澇檔案史料》、《清代長江流域西南國際河流洪澇檔案史料》等。

清代農田水利工程有修築江浙海塘工程、長江三角洲腹地水利工程、珠江三角洲的"堤圍"、"基圍"工程、畿輔水利工程，以及南北交通要道運河流域並寧夏、新疆等地的水利建設，均有一定的成績，檔案中都有具體的記載。

第十九章 手工業、工業、公用事業（Q）

清代的手工業在生產工具、技術和規模方面，較前代有很大的進步。尤其是民營手工業的生產和經營規模方面有了空前的發展。但仍是手工勞動，不是機器生產，沒有擺脫對自然能源的依賴。1840年鴉片戰爭以後，特別是清末的洋務運動以後，引進了西方的機器和生產技術，開始建立起一批近代工業，如軍事工業、輪船槍砲、築路開礦、機器制造等。清代官方檔案中關於民營工業的記述較少，大量的是關於官辦的或官督商辦的手工業、工業的記載。

第一節 紡織業

包括棉紡織業、絲織業及相關的染踹業。在官方檔案記載的主要是江寧、蘇州、杭州三織造有關每年承辦內務府、戶部派造的緞錦紗綢、絲綾各項。

清代在江寧、蘇州和杭州三處設立織造局，以生產綢緞等絲織品，專供宮廷和官員使用。由內務府派員管理，通稱織造。

三織造基本上采取"買絲招匠"的經營體制。乾隆十年三局共有機杼一千八百六十六張，匠役七千零五十五名。歷年生產量約為一萬三千匹，其中蘇州三千五百匹、杭州五千五百匹、江寧四千匹（范金民《檔案與清代江南織造的研究》，載中國第一歷史檔案館慶祝七十週年論文集）。自乾隆以後，三織造生產規模逐漸縮小。

在內務府檔案中，有《江南三織造繳回卷》專檔，詳細記載了三織造歷年向宮廷呈繳的綾羅綢緞及各項絲織品的數目，向工部和戶部領用款項以及奏銷工料銀兩，並運輸、交接緞匹事宜的記載。

三織造除負責供應宮廷絲綢緞匹外，還專門為皇帝探聽江南的官場內幕、社情民隱、知識分子情況，隨時用密摺報告給皇帝。如康熙四十八年十月初二日，康熙帝在蘇州織造李煦請安摺上硃批：「朕體安。近日聞得南方有許多閑言，無中作有，議論大小事。朕無可以託人打聽。爾等受恩深重，但有所聞，可以親手書摺奏聞纔好，此話斷不可叫人知道，若有知爾即招禍矣。」三織造官都是皇帝由內務府郎中或員外郎內點派，品級不高，但係欽差官員，可專摺奏事，在康熙時三織造官如蘇州織造李煦、江寧織造曹寅等都是皇帝的親信。曹寅是《紅樓夢》作者曹雪芹的祖父，曹家父子任江寧織造幾十年，與皇家的關係非常密切。

一史館編輯出版有《關於江寧織造曹家檔案史料》，書中輯錄曹璽、曹寅、曹頤、曹頫祖孫父子三代四人的奏摺二百件。一史館還編輯出版有《李煦奏摺》一書，書中輯蘇州織造李煦奏摺四百一十三件，這兩本史料書對研究《紅樓夢》作者曹雪芹家世歷史亦具有重要的參考價值。

第二節　礦產冶煉

清代銅、鐵、錫等礦產的開采和冶煉也有很大的發展。政府對銅及銅制品管理較嚴，而對錫和鐵的管理卻相對寬鬆。雲南的銅礦規模最大，資本雄厚，工人衆多，組織嚴密，采煉技術達到相當高水平，全省銅產量在乾隆時期，年產一千三百萬斤，所產銅斤主要用於政府鑄錢和軍事需要。雲南個舊錫礦的開采冶煉，廣東的冶鐵業，規模都很大。雍正十二年兩廣總督鄂彌達奏報：「查粵省鐵爐不下五六十座，煤山木山開挖亦多，傭工者不下數萬人，俱各相安無事。」（賀長齡《皇朝經世文編》卷五十二）冶鐵手工業以廣東南海縣佛山鎮、湖北漢口鎮、浙江桐鄉縣、安徽蕪湖鎮、湖南湘潭鎮最有名，其中又以「佛山之冶通天下」，被稱爲「鐵都」而馳名天下。

煤炭爲民用必需，各省各地小煤窑很多，在檔案中有直隸、熱河、蒙古、新疆、雲貴、東北等地方大吏，關於開采煤礦、錫礦、金礦、硫磺礦的奏報。

第三節　陶　瓷

清代的陶瓷業，以江西景德鎮爲最有名，工藝精緻，在色彩、厚度、形制、上釉方面都達到了很高的水平。景德鎮的瓷器，歷來爲宮中所用。檔案中有不少關於景德鎮瓷器燒造、傳辦、呈進及報銷承辦瓷器用過銀用的文書。

除了景德鎮陶瓷外，廣東佛山的石灣也是陶瓷手工業中心之一，其他如直隸、山東、湖南、遼寧等省的陶瓷生產亦有很大的發展。

第四節　鹽　業

鹽是人民生活的必需品，清政府將鹽定爲專賣品，實行壟斷經營。將全國劃分爲十一個產鹽區，即兩淮、長蘆、山東、浙江、福建、廣東、奉天、四川、雲南、河東、陝甘，並相應規定銷鹽的區域。政府設專門機構和官員對鹽業進行管理。一史館所存長蘆鹽運使司檔案和鹽政院檔案，便是清政府對全國鹽業管理的記錄。

我國的鹽產，可分爲海鹽、池鹽和井鹽三種。海鹽主要在沿海各產區；池鹽產於山西和陝甘鹽區；井鹽產於四川，以自貢市產量爲最大，自貢享有"鹽都"的稱號。四川自貢井鹽檔案非常豐富，是研究我國鹽業發展的珍貴材料。

第五節　造　船

清制，外海內河各船，三年小修，五年大修，八年拆造。每屆修造之期，用銀五百兩以上者，應奏明皇帝辦理。檔案中有江南河道總督，直隸、湖廣、山東、閩浙、兩廣督撫，奏請修造巡緝戰船、裝運河工物料的浚柳船、漕運船、剝船、驛船、哨船等方面的材料，清末洋務運動中成立福州船政局制造有兵艦、砲艦等近代的戰艦和輪船。

第六節　制造局

清政府於19世紀60年代至90年代中期，爲了維護封建統治，引進和學習西方科學技術，興辦了一批近代軍事工業和民用企業。

一、軍事工業

咸豐十一年（1861），兩江總督曾國藩開始在安慶設立軍機械所，仿制洋槍洋砲。次年，江蘇巡撫李鴻章設立上海洋砲局，1863年又創辦蘇州洋砲局，這些企業設備簡陋，主要以手工方式進行生產。

1865年，清政府在上海創建了江南制造總局，以後陸續興建了金陵制造局、福州船政局和天津機器局。20世紀70年代以後，各省督撫相繼在本省建立制造局（或稱機器局），其中以湖廣總督張之洞經營的湖北槍砲廠爲最大。

二、民用企業

在創辦軍用工業的同時，清政府也創辦了若干民用企業。清政府於1875年着手開發臺灣基隆煤礦，這是中國第一個使用機器開采的大型煤礦。1886年，署貴州巡撫潘爵奏准創辦貴州機器礦務總局，開采青谿鐵礦。1887年督辦雲南礦務的唐炯購置機器，開采雲南銅礦。1890年，湖廣總督張之洞在湖北經營的漢陽鐵廠，規模較大。1878年左宗棠在蘭州籌辦了蘭州機器制呢總局。1888年，張之洞在武昌設立湖北織布官局。其他官辦民用企業，還有廣東士敏土廠、白沙洲造紙廠、湖北針釘廠、奉天電燈廠、金陵電燈廠、廣東制革廠等。

中國第一歷史檔案館整理有《清末洋務運動專檔》，有關洋務運動的情況，及近代工業的籌辦、生產、經營、資金籌措等，檔案中都有詳細記載。

第二十章 建 築（R）

清代的建築工程及其檔案

清朝設工部以管理全國的工程。凡土木等工程，若在北京，一切大小工程，如工價銀五十兩以內、料價二百兩以內，由各衙門報工部勘估興修。若工價超過銀五十兩、料價超過二百兩的，要奏請皇帝批准。工料銀超過千兩者，要奏請皇帝委派大臣督修。各省工程，千兩以上者，如工部有例案可循，隨時咨報工部，年終匯奏；如無例可循，要先奏請皇帝批准，再造冊報部審核估修。工程經費有定款、籌款、借款和攤款四種，各項工程實行承修官員負責制，如未到保固期限而工程損壞者，令承修官賠修，有獨賠、分賠、代賠三種。

有清一代，對各項工程管理較前代更加嚴格，對工程做法和技術要求也更加具體。雍正十二年（1734）工部頒布了《工程做法》（共七十四卷，果親王允禮等撰），這是一部統管官式建築的技術標準。乾隆三十三年，命陳宏謀纂《物料價值則例》二百二十卷，工部會同內務府撰《內廷工程做法》八卷、《簡明做法》數卷，以及官本《城垣做法冊式》一卷。這些則例統一了用工用料和工程做法的標準，對保證清代各項工程質量具有重要的意義。

在清代官方檔案中所反映的，都是工部和內務府所管理的皇家建築和官署建築的情況。其中有：

（1）宮殿苑囿建築，包括紫禁城、盛京皇宮及西苑三海、南苑、三山五園（即萬壽山的頤和園、玉泉山的靜明園、香山的靜宜園和圓明園、暢春園）、熱河避暑山莊及各處的行宮等。

（2）北京都城及省城、府城、廳城、州城、縣城的建築。

（3）北京王公府第及地方各級衙署、倉廠營房的建築。

（4）皇家陵寢及壇廟寺觀的建築。

（5）重要的道路橋樑及都市溝渠建築。

這些工程的檔案主要來源於：

（1）工部和農工商部及內務府的檔案。工部和農工商部是工程的主管部門，其檔案爲研究清代工程的最原始材料。內務府承辦宮殿苑囿的維修和興建，在內務府的《奏案》、《奏銷檔》及有關的《呈堂稿》中，關於各宮殿及苑囿、行宮的興建、維修都有翔實的記載。

（2）皇帝有關工程的諭旨，工部尚書及各地督撫大臣的題奏本章，包括題本、奏本、工科史書及隨本進呈黃冊等，硃批奏摺、錄副奏摺及隨摺進呈的圖紙。

（3）"樣式雷"建築工程圖檔。雷姓世家，前後七代主持皇家建築設計事務，歷時達二百多年。主持設計的有都城、宮殿、園林、壇廟、陵寢、府邸、工廠、學堂等皇家建築，其中包括以"萬園之園"飲譽世界的圓明園，以及至今完好遺存的衆多著名文物建築，諸如已被聯合國教科文組織列爲世界文化遺產的承德避暑山莊與外八廟、北京故宮、天壇、頤和園、清陵寢等。

"樣式雷"建築工程圖及燙樣有一萬多件，分別藏於國家圖書館、故宮博物院及一史館等單位，它們是我國古代建築史上最豐富翔實也最直觀形象，而且大多數能與建築實物遺存相對應的珍貴的文物性資料。天津大學建築學院教授王其亨先生對"樣式雷"建築工程圖檔整理研究取得很大的成就，他稱"樣式雷"圖檔是"華夏建築工匠的傳世絕響"。

·專題研究·

壹　乾隆時期皇宮苑囿的修建

一、乾隆時期對紫禁城的維修與擴建

紫禁城是明清兩代的皇宮，建成於明永樂十八年。清朝定都北京後，順、康、雍各朝並無大的擴建，至乾隆朝始有寧壽宮、雨花閣、文淵閣、

建福宮等處的擴建。維修與拆修則是經常的事情。現據內務府《奏案》檔的記載，將紫禁城各處的修建情況錄述如下。

（一）對紫禁城四門的維修

乾隆年間對紫禁城的四門及城牆等進行了多次維修。例如，乾隆三十年（1765）五月十二日內務府大臣四格、塔克圖奏報，東西華門迤北城牆上面海墁磚塊，因年久雨水浸滲，以至地面不平塌損五處，共湊長七十五丈。奏摺稱："奴才等伏思紫禁城牆最關緊要，今海墁塌損自應及時修葺完整，若再經雨水轉滋靡費，理合奏明請旨交內廷工程處派員及時修整，以資鞏固。"

乾隆十一年（1746）、十八年（1753）分別修繕過西華門西南角樓、西華門外御河岸牆垣，二十七年（1762）東西華門樓上下檐銅幪換新幪二十處，用銅二千六百九十七餘斤，工價銀七百二十二兩六錢八分一釐。

乾隆十一年（1746）、十四年（1749）、二十六年（1761）內務府大臣分別報修過神武門樓南面添安鐵帳、北面添閘隱板和修神武門三座門琉璃磚牆的情況，以及修建用銀兩情況。

（二）外朝

1. 午門至保和殿

（1）太和門、昭德門、貞度門、左翼門、右翼門。太和門、昭德門、貞度門為紫禁城內外朝正門和東西側門，清順治時期曾修繕，乾隆二十七年（1762）十一月二十五日、三十八年十月七日，內務府曾奏報對三門的修繕糊飾情況。乾隆十六年（1751）十二月九日、三十八年二月七日，內務府大臣曾奏報左翼門、右翼門的修繕用銀情況。

（2）體仁閣。乾隆三十一年（1766）六月五日曾對體仁閣後牆進行過維修。據記載，四十八年（1783）體仁閣被毀，翌年開始重修。四十九年（1784）五月二日，內務府大臣金簡奏報此次修建體仁閣共五十四間，用銀四萬九千九百九十七兩六錢五分七釐。

（3）三大殿的維修。三大殿的維修是很重要的工程，檔案詳細記載了對三大殿的維修過程、維修用銀、用料，最後對維修用銀的查核，以及在維修之中對承辦官員失職情況進行查議等。乾隆三十年十一月十八日，內務府大臣福隆安、傅恒等，查核了太和、保和、中和三殿磚石等工，估銀三十二萬兩有餘。

乾隆三十六年（1771）十月十八日，內務府大臣奏報太和殿糊用高麗紙情況。五十四年（1789）一月七日，內務府大臣奏報太和殿門檻破損進行維修。

乾隆二十六年（1761）二月六日、三十八年十月三日、三十八年十二月五日、四十年（1775）五月十二日，內務府大臣奏報對保和殿後御路換石維修，其中四十年一次用工料估銀一千五百餘兩。

2. 午門左東華門內

（1）文華殿。據記載，李自成將此殿燒毀，康熙二十二年（1683）重建，二十五年（1686）修復。乾隆年間進行了一些添建工程。乾隆十七年（1752）七月十三日、十八年五月四日，內務府大臣奏報文華殿添配琉璃門、添砌大牆隔斷等工程，估需工料銀一千七百九十九兩四錢八分四厘。乾隆四十年二月十一日內務府大臣奏報，文華殿添建文淵閣一座、水池一座、碑亭一座、樓後成堆山石等，估銀二萬兩。在修建過程中，因草率出現的東山牆閃裂等質量問題，對該監督官員等降級並罰俸。

（2）擷芳殿。乾隆十二年（1747）四月十三日，內務府大臣奏報建造擷芳殿的情況。三十一年五月十七日，和碩親王允潞等奏報："查擷芳殿改建房間，乾隆十一年三月內興工，次年工竣，迄今二十年未加粘修。殿宇頭停配殿天溝俱有滲漏，板牆糟朽、山花坍損、油飾爆裂。尤因阿哥等於二十六年移出之後，其外圍茶飯值房等項房屋俱改為各處值房，今遵旨修理給阿哥等居住。所有應用爐竈炕鋪裝修隔斷等項，應照舊式修理，估工料用銀一千九百餘兩。"

此外，乾隆二十二年（1757）一月十七日內務府大臣曾奏報對蒙古堂的修繕。三十一年五月八日內務府大臣奏報修補國史館，用銀三百五十八兩四錢七分三厘，又分別於乾隆十四年八月、十八年六月、三十一年五月對外朝西路的武英殿、南薰殿、御書處等處進行了修繕。

（三）內廷

1. 乾清宮迄順貞門

（1）乾清門。乾隆五年（1740）閏六月，內務府大臣奏銷乾清門鋪墁金磚工程。三十年十二月二十三日，內務府大臣奏報修乾清門至大清門石道甬路海墁上所有磚石等項工程，實用銀三十二萬餘兩。

（2）景運門。乾隆三十一年七月二十八日內務府大臣三和、英廉、四格等奏，景運門內南邊方樓臺幫閃裂，據此行文總理管工大臣查勘估計修整，用銀二百三十兩三錢三分四厘。

（3）隆宗門。乾隆十一年十月二十九日、二十五年（1760）一月二十九日，內務府大臣報修隆宗門外地面。十一月十日內務府大臣奏報，隆宗門添墁甬路、散水海墁、拆砌牆垣、鋪墊黃土等工程，實銷銀一千七百二十一兩一錢三分三厘。

（4）乾清宮。乾隆四年（1739）七月內務府大臣奏報，乾清宮內鋪墁花紋之石。四年十二月，內務府大臣奏報，造乾清宮丹陛方臺勝境等處之欄杆。二十年（1755）一月修飾乾清宮。三十五年（1770）二月內務府大臣奏銷粘修乾清宮院內，用銀一萬七千二百十八兩六錢八五厘。

（5）昭仁殿。乾隆十二年三月十八日內務府大臣奏報，昭仁殿等處添建正房等項告竣。十八年七月二十九日內務府大臣奏報昭仁殿工程用銀情況。

（6）坤寧宮。乾隆八年（1743）十二月內務府大臣奏報，修坤寧宮東暖閣添建仙樓板。二十六年一月內務府大臣奏坤寧宮御路石工程。二十九年（1764）十月又對坤寧宮進行過修繕。

（7）御花園區。乾隆十三年（1748）八月內務府大臣奏報修御花園八角亭，十三年十一月二十九日內務府大臣報銷御花園工程費用。

（8）絳雪軒。乾隆四十一年（1776）四月十一日內務府大臣奏報，絳雪軒殿內明間北一縫七架樑，往後走錯寬約一寸需修，估銀一千二百九十七兩九錢八厘。

（9）欽安殿。乾隆三十二年（1767）四月二十日內務府大臣奏報，遵旨欽安殿粘補修飾見新銅佛十六尊，用銀六百七十四兩。

2. 東西六宮等處

乾隆時主要對景陽宮、玄穹寶殿、毓慶宮、永壽宮、咸福宮、建福宮、重華宮、葆中殿、浴德殿、翠雲館、漱芳齋、養心殿、長春書屋等處進行了修建工程。

（1）景陽宮。乾隆二十七年曾對景陽宮做過修繕。玄穹寶殿的夾道地溝一道出現沈陷，進行維修，用銀六百八十四兩二錢五分五厘。

（2）毓慶宮。康熙十八年（1679）始建。在乾隆五十九年（1794）有較大的添蓋。此前曾於乾隆八年十一月、十年（1745）十二月七日修繕過。乾隆五十九年三月八日內務府大臣奏報，對毓慶宮殿進行查勘修理。和珅、福長安、盛住於乾隆六十年（1795）二月奏曰，毓慶宮殿添蓋大殿一座五間並往前挪蓋惇本殿、祥旭門，估工料銀二萬一千四百六十兩五錢八分三厘，擇於二月初六日黃道吉時動土先行拆卸，一俟春融即行修建。

（3）永壽宮。爲清后妃居住之場所，乾隆二十七年曾進行過維修工程。

（4）建福宮。爲元旦開筆之處。建福宮始建於乾隆七年（1742），此後進行了多次修繕工程。內務府大臣於乾隆九年（1744）、十七年、十九年（1754）分別奏報建福宮油飾工程及用銀情況。

（5）重華宮。皇太子居住之所，內務府大臣於乾隆十年三月十二日、十年五月十四日、三十八年六月二十七日對重華宮拆墁地面等工程及用銀情況均有奏報。

（6）漱芳齋。亦爲皇太子居住之所，雍正五年（1727）時由頭所改名爲漱芳齋，乾隆時期曾對其進行修繕。乾隆五十四年修繕漱芳齋窗櫺，油飾粗糙不齊，有關官員曾受處罰。

（7）養心殿。爲明代所建，清順治帝曾在此殿居住並卒於此，康熙皇帝將其作爲內廷造辦處。雍正皇帝即位後將其作爲皇帝寢宮，亦爲皇帝處理日常事務及接見大臣之所，乾隆年間曾對此殿進行過多次修葺。乾隆四年八月內務府大臣奏報，養心殿鋪金磚。十五年（1750）一月二十九日內務府大臣奏報養心殿內後添安鼓兒板，用銀二千四百五十四兩九錢九分二厘。十五年六月一日內務府大臣奏報添蓋養心殿，用銀七千二百八十六兩五分六厘。十五年十二月三日內務府大臣奏報養心殿內修繕，用銀八千五百四十一兩六錢五分六厘。二十七年一月十七日內務府大臣奏報養心殿內修繕，用銀一百八十六兩九錢八分一厘。二十八年（1763）八月二日內務府大臣奏報養心殿內修繕，用銀九千六百十五兩九錢二分四厘。二十九年二月二十五日內務府大臣奏報養心殿內修繕，用銀一百七十兩五錢八分九厘。二十九年十二月二十七日內務府大臣奏報修養心殿拆改圍房磚牆工程，用銀二千四百五十四兩九錢九分二厘。三十二年十一月二十二日內務府大臣奏報修養心殿內兩板牆影壁等處工程，用銀九千二百八十四兩一錢五分三厘。四十二年八月七日內務府大臣奏報養心殿明柱朱油露有鉛點，係三十四年郎中英敏、員外郎喜順二人承修，該官員應賠修，並笞四十，罰俸六個月。

（8）乾隆十五年內務府大臣奏報對長春書屋修繕。

3. 景運門東

（1）奉先殿。爲供奉列聖后神牌處。乾隆二年（1737）曾重修，四年八月奉先殿鋪設金磚，十二年三月修奉先殿穿堂，十二年六月添建奉先殿門座牆垣，四十四年（1779）十二月二十四日內務府大臣奏報，五月九日奉旨，奉先殿共二十一間，於明歲油畫修理見新。

（2）蒼震門。乾隆十九年十一月十二日內務府大臣奏報門內板房工程。

（3）寧壽宮。爲乾隆歸政後起居處，並改建多次，其中乾隆五年十月十二日內務府大臣奏報寧壽宮失火，六年（1741）七月二十日內務府大臣奏報修寧壽宮，三十六年一月二十九日內務府大臣奏報歲修寧壽宮工程用銀五萬兩。由於乾隆三十七年（1772）前寧壽宮是在原明代仁壽殿、噦鸞宮基礎上改建的，三十七年後將其修葺爲皇極殿，改建新宮仍稱寧壽宮。乾隆三十七年內務府大臣奏報寧壽宮大加改作之事，並先期遵旨燙樣。乾隆三十七年九月七日、四十年五月二十四日內務府大臣奏報寧壽宮等處上樑，寧壽宮樓後東山添蓋正房、宮後簷並兩山添擎簷廊，大牆外添蓋諸旗房六十一間，估用銀四千五百三十二兩一錢三分六厘。乾隆四十五年（1780）四月十三日奏報對寧壽宮工程有功人員，按照雍正十一年（1733）修理宮殿告成之例加賞品級。

（4）養性殿。明朝爲東志齋，清改爲養性殿。乾隆十八年八月六日內務府大臣奏報，養性殿改建樓座。

4. 隆宗門西

（1）慈寧宮。爲皇太后居住之正宮，後爲太后舉行典禮的殿堂。據記載，乾隆三十四年（1769）興工改建，在此前曾進行過多次維修。乾隆元年（1736）五月二十四日、元年八月十日內務府大臣奏報修建慈寧宮及慈寧宮中路並花園內殿宇情況。元年九月、十二月內務府大臣奏報慈寧宮修繕告竣及皇太后遷移日期。乾隆十七年七月五日、二十三年十月二十三日、二十八年十二月二十二日內務府大臣奏報慈寧宮油飾彩畫、粘修牆垣等處工程及用銀情況。乾隆三十二年四月二十四日、三十二年閏七月二十九日、三十二年十二月二十六日、三十三年十二月七日，內務府大臣分別奏報了慈寧宮改建重檐大殿，挪蓋後殿，拆蓋宮門，添接後廊及徽音左、右門，拆蓋垂花門週圍轉角圍房以及月臺、丹陛、甬路、海墁散水牆垣等項工程，用銀十萬八千七百四十四兩六錢七分八厘。三十四年十月一日內務府大臣奏報慈寧宮改修重檐完竣，於本年十月初三日移請佛像。

（2）慈寧花園。爲皇后、太妃嬪們游憩、禮佛之處，乾隆期間對其進行了添建改建工程。乾隆三十年正月十三日、三十年三月四日內務府大臣奏報，慈寧宮花園添建後樓一座五間（慈蔭樓），配樓二座（寶相樓、吉雲樓）計十四間，配殿二座（含清齋、延壽堂）計十間，三卷房一座計九間，後層房三間，游廊一間。粘修大殿五間，改建抱廈三間，添建週圍擎檐廊並拆蓋牆外諸旗房五間，共支領銀三萬兩。三十年七月八日內務府大臣奏報，慈寧宮花園內添建樓座，改殿宇拆改魚池等工修理完竣。

（3）壽康宮。爲清代皇太后起居之所。據記載爲雍正十三年（1735）建，乾隆元年建成。乾隆二年六月十日內務府大臣奏報，新建壽康宮嘉名告成情況及壽康宮新添宮殿房屋事。此後乾隆十六年閏五月十九日、十七年七月五日、二十年七月十三日、二十一年二月二十八日，內務府大臣奏報壽康宮維修用銀、油飾彩畫等工程。

（4）壽安宮。明建，名曰咸熙宮。清沿明舊，雍正年間在此辦咸安官學，乾隆十六年改名爲壽安宮，爲乾隆時皇太后舉行壽典之所。乾隆十六年、十七年曾對壽安宮進行大的修繕，乾隆二十五年添建了三層大戲樓一座。乾隆三十年十月十三日內務府大臣奏報，壽安宮添建戲樓並辦造地漏金蓮開花見佛等處的情況。

（5）英華殿。清沿明舊，爲皇太后及太妃、太嬪們禮佛之地，乾隆二十一年進行過修建。

（6）雨花閣。爲宮中藏傳佛教佛堂之一，內供西天梵像，乾隆十四年建造。乾隆十四年六月、十五年四月十七日、二十五年七月八日，內務府大臣奏報了建造雨花閣的情況，共銷算銀四千二百三十一兩七分八厘、赤金四百六十三兩、紅銅一萬四千五百五十五斤三兩、黃銅八千六百六十三斤七兩五錢、楠木見方十三尺七寸八分。此後又對雨花閣進行多次維修，乾隆三十一年二月九日三和、英廉、四格奏報修雨花閣下前面接蓋抱廈三間。三十四年二月三和、英廉、四格奏報修雨花閣添蓋抱廈用銀六千二百八兩七錢三分四厘。四十年二月八日、四十一年一月四日內務府大臣奏報，修雨花閣用銀三千兩及奏報修雨花閣西鍬牆裂縫二道，東鍬牆亦有裂縫二道並責成查明。

（7）中正殿。爲清宮藏傳佛教喇嘛唪經及辦佛事主要場所，乾隆八年閏四月十九日、十三年十月十五日內務府大臣奏報修蓋中正殿宇工程。十四年四月十一日三和奏：遵旨修建中正殿三座重檐都罡樓一座，兩邊配房二座，挪蓋凝華門一座，兩邊琉璃門二座，改建諸旗房四座。成砌牆垣、鋪墁海墁、甬路散水、油飾彩畫、糊裱以及佛龕等，約需銀二萬二千三百十一兩六錢四分四厘，捶造飛金約需赤金九十六兩。此外，乾隆三十五年四月三日內務府大臣奏報，中正殿居樓兩邊角門外東、西各添蓋值房等，估用銀八百九十兩九錢一分六厘。

二、乾隆時期對西苑三海的修建

(一) 北海

乾隆八年至二十二年內務府大臣奏報，先後動工粘修白塔、修永安寺，建造樓殿、僧房，添建宮門樓、游廊亭座、永安寺白塔前新建呀們達藹佛壇用金、永安寺西邊添建歇山殿、添堆永安寺御花園土山湖石洞、永安寺游蘭堂接蓋抱廈等工程。

乾隆三十七年內務府大臣奏報，永安寺山後西北添建樓座房間游廊，堆太湖石洞、石壁、高峰山道等，用銀一萬二千兩。又，永安寺山後添建閱古堂寫妙石室，邀山亭游廊等項，用工料銀六千四百三十九兩九錢四厘。又，做洞石壁山、石走道點景等，用銀一萬二千兩。

乾隆三十九年內務府大臣奏報，永安寺引勝、滌靄二亭內添建石幢一座，用銀一千一百七十六兩六厘。

乾隆三十一年內務府大臣奏報，修閱古樓山門外泊岸板柱子階條閃裂，用銀一百五十四兩六錢二分三厘。又，閱古樓鑲砌墨刻石內閃動，用銀四十二兩二錢六分八厘。又琳光殿南邊四柱三樓牌樓一座柱木石歪閃，修理用銀一百五十二兩一錢一厘。

乾隆十八年至二十九年內務府大臣奏報，大西天添建琉璃塔、廟宇、琉璃牌樓、八方牌亭、銅塔及河泊岸工程。其中，大西天銅塔工程於乾隆二十四年完竣。乾隆四十四年內務府大臣奏報，大西天佛殿院內添蓋正樓一座計五間，抱廈樓一間，用銀一萬三百七十五兩七錢六分五厘。

乾隆十年至二十九年修闡福寺，添蓋殿宇、添建重檐房間、修板橋、修造方亭橋等。乾隆四十五年內務府大臣奏報，闡福寺油畫見新，用銀一千五百六十四兩四錢六分三厘，於本年五月完竣。乾隆四十四年內務府大臣奏報，闡福寺前四柱九樓牌樓一座柱木糟朽，估修銀一千八十二兩四錢九分一厘。乾隆三十五年內務府大臣奏報，新建萬佛樓殿宇共十八座一百一十六間，估銀二十八萬九千八百四十九兩七錢四分三厘。

乾隆三十二年十二月內務府大臣奏報，遵旨恭建極樂世界工程，用銀二十七萬二千七百七十八兩四錢三分五厘。乾隆三十五年內務府大臣奏報，極樂世界殿上安設銅鍍金大寶頂一座，高八尺，徑七尺，座徑五尺，用金葉一百二十一兩二錢八分四厘。

（二）團城

內務府大臣奏報，乾隆十一年至二十九年，修承光殿，添建東西正殿及北城牆，承光殿挪蓋昭景門樓等。

（三）中南海

內務府大臣奏報，乾隆二十年至二十三年修豐澤園。乾隆三十六年內務府大臣奏報，修豐澤園宮門五間、垂花門一座、東所正房三間、宮門東邊值房五間、圓光門兩邊值房十間、新惇敘殿五間、澄懷堂五間、惇敘殿前配殿六間、後配殿十間、遐矚樓七間、東所照房五間、崇稚殿五間、靜憩軒懷遠齋六間。

乾隆四年至十五年內務府大臣奏報，修瀛臺、挑挖瀛臺內淤泥、新建殿宇、營造山石泊岸等工程。乾隆十一年內務府大臣奏報，修瀛臺涵元殿，乾隆十五年內務府大臣奏報，修瀛臺長春書屋添建殿廡。乾隆三十二年內務府大臣奏報，修瀛臺等零星工程七十二項，用銀一千九百八十三兩六錢八分一厘。乾隆三十六年內務府大臣奏報，瀛臺殿座奉旨修理，勤政殿五間、耳房二間、游廊六間、德昌門二間、門外朝房五間、仁曜門三間，用銀九千五百五十六兩六分六厘。

乾隆二十五年至二十六年，內務府大臣奏報改建紫光閣。乾隆三十九年內務府大臣奏報，紫光閣拆去前檐柱接蓋抱廈五間等工程，用銀一萬一千三十兩四錢一分二厘。

乾隆二十三年至三十七年內務府大臣奏報，拆修萬善殿工程，估銀料八萬一千九百九十一兩九錢六分八厘。

三、乾隆時期對三山五園的興建

三山五園即萬壽山的頤和園、玉泉山的靜明園、香山的靜宜園和圓明園、暢春園。

（一）頤和園

即清漪園，乾隆十五年建，第二次鴉片戰爭被英法侵略軍焚毀。光緒十二年（1886）再次興建，改名爲頤和園。乾隆時期對清漪園的修建最主要的是萬壽山工程，據乾隆三十二年七月十七日內務府大臣奏報，萬壽山自乾隆十五年修起至二十九年工竣，通共領收過銀五百六十九萬五千六百三十九兩六錢八分五厘。

乾隆三十三年七月二日、四十五年十一月九日內務府大臣奏報，清漪園東北門西邊添做暗溝用銀八千三百四十五兩九錢三分三厘。

此外，對望蟾閣維修的情況也記載很多。乾隆三十八年七月二十八日內務府大臣奏報，清漪園望蟾閣拆修撥正挑換木植。四十年二月十七日、三月十一日內務府大臣奏報望蟾閣後海墁拱起七分至一寸二分不等，實係原修時只兩頭使用鐵捐中間兩脅並未用鐵寸屑是以走錯。將照造作不如法者笞四十律，罰俸六個月，總管大臣罰俸三個月，並將領用過銀一千七百兩令當事人劉浩賠繳。

乾隆四十三年（1778）閏六月二十七日內務府大臣奏報，三十九年、四十年拆修清漪園望蟾閣、清漪園內報恩延壽寺、清漪園內勤政殿等工程。

乾隆四十六年（1781）十一月五日內務府大臣奏報，治鏡閣東西二柱三樓牌樓一座被風刮倒修理，估銀一千二百七十一兩一分三厘。

乾隆五十年（1785）十一月二十二日內務府大臣奏報，粘修曇華閣邊圍，估用銀三萬三百五十八兩四錢二分四厘。

乾隆五十六年（1791）四月九日內務府大臣奏報，粘修寶雲閣等殿宇房間游廊三十七處，淨銷工料銀三萬二千四百四十六兩四錢三分一厘。

（二）靜明園

乾隆三十二年內務府大臣奏報，靜明園內芙蓉晴照改建樓座工程，修建樂景閣，用銀三萬九千一百六十一兩二分三厘。

乾隆三十四年內務府大臣奏報，靜明園粘修永澤皇畿龍王殿、古華嚴寺，用銀六百兩五錢九分八厘。

乾隆三十八年八月內務府大臣奏靜明園粘修面綠亭、懷煙亭、高水湖六方亭，並堆撥房、蠶戶機匠房等工項估銀八百十二兩一分二厘。

乾隆四十三年十二月英廉報，靜明園分鑒曲河底清淤，四十至四十一年完竣。

乾隆四十八年七月內務府大臣奏報，靜明園孚仁殿、昭聖殿抓換檐柱等估銀六百八十五兩九錢八分三厘，當年完工。

乾隆四十九年正月內務府大臣奏報，修靜明園賞遇樓等座殿宇、房間、游廊、亭座、泊岸，用銀七千九百六十二兩五錢七分七厘。

乾隆五十三年八月七日內務府大臣奏報，靜明園粘修樂景閣殿宇、房間、亭座、游廊、板橋、牆垣、泊岸等三十五處，用銀一萬四千九百七十七兩六錢九分七厘。

（三）靜宜園

乾隆十二年至三十六年內務府大臣奏報，靜宜園先後有添建營房、大牆進行維修、知樂濠至香山寺牌樓石道兩邊添蓋點景鋪面房，山門前添建四柱三樓牌樓一座，香山寺牌樓一座油飾見新，添堆土山一道，改堆山石等項工程。

乾隆三十四年四月內務府大臣奏報，靜宜園含清堂後新建方亭甚小，著另建週邊廊方亭一座，並栽樹，用銀四百四十八兩九錢八分一厘。

乾隆三十八年閏三月十九日內務府大臣奏報，遵旨靜宜園宮門外橋北水池開寬，橋南改做養水池等工程，用銀五千七十八兩九錢九分七厘。

乾隆四十七年（1782）內務府大臣奏報，靜宜園碧雲寺北配殿九間，頭亭滲漏後檐牆歪閃，維修用銀一千四百三十四兩九錢二分八厘。

乾隆五十年十二月並五十一年六月內務府大臣奏報，修靜宜園致遠齋等處殿宇、房間、游廊、牌樓、牆垣、泊岸等六十五款，淨用銀二萬四千四百四十四兩九錢三分五厘。

乾隆五十七年內務府大臣奏報，修靜宜園內外、羅漢堂、碧雲寺、勤政殿宮門、朝房、演武廳等項工程，於乾隆五十五年工竣。

（四）圓明園

為康熙年間始建的大型皇家園林，由圓明園、萬春園、長春園三園組成。乾隆朝對圓明園的維修工程有：

乾隆三十二年十一月十六日內務府大臣奏報，修圓明園天地一家春各處工程二十三處，用銀三萬五千一百十四兩九錢四分五厘。

乾隆三十二年十二月內務府大臣奏報，修圓明園、長春園用銀三千七百九十六兩八錢三分五厘，加二百二兩六錢四厘。

乾隆三十三年二月內務府大臣奏報，修熙春園添建樓座高臺用銀六千一百七十二兩五錢九分六厘。

乾隆三十三年七月內務府大臣奏報，圓明園內外等處粘修（大宮門外、曲院風荷、棕亭橋、含經堂等）用銀一千三百四十九兩二錢四分七厘。

乾隆三十四年十一月內務府大臣奏報，修建淳化軒工程用木植四千三百五十根，車腳銀七千八百三十四兩九分五厘；功德寺木植三百六十件，車腳銀一千六百十二兩二錢七分五厘；萬善殿木植六十八件，車腳銀二百八十五兩四錢二分九厘。

乾隆三十五年五月內務府大臣奏報，修淳化軒、淡懷堂、蘊真齋等處造氈竹簾雨搭，覓石匠工價並購辦物料共用銀三百四十七兩七分六厘。

乾隆三十五年內務府大臣奏報，四年建韶景軒，已糟朽，現應修用銀三千四百四十六兩二錢八分。

乾隆三十五年九月內務府大臣奏報，修長春園天心水面樓座着油飾見新，用銀四千二百九十一兩一錢九分。

乾隆三十六年內務府大臣奏報遵旨修圓明園、長春園等處三十處，一年共用銀二千八百九十四兩六錢八分四厘。

乾隆三十六年九月內務府大臣奏報，長春園東牆添接出水孔三個（過去四個）爲七孔閘，估銀六千六百二十四兩九錢二分七厘。

乾隆三十七年一月內務府大臣奏報，估修爐作共五十一間，玻璃廠四十二間並門樓應行緩修。估修爐作銀三千八百五十八兩九錢七分六厘，玻璃廠銀三千二百七十八兩七錢三分九厘。

乾隆三十七年三月六日內務府大臣奏報，圓明園、長春園內等處應修竹簾一百三十七架，簾刷一百三十六架，雨搭一千二十九架，大小絨繩八千六十條，用銀一千四百十八兩四錢四分六厘。

乾隆三十九年內務府大臣奏報，方壺勝境各座殿宇樓座游廊油畫見新，用銀六千九百八十兩四錢八分六厘，取戶部顏料值銀一萬一千三百二十六兩四錢八分二厘。

乾隆四十二年內務府大臣奏報圓明園、長春園、熙春園、綺春園等處陸續粘修，核准銀共用過銀六千一百十九兩九錢九分一厘，外用過官廠木植銀一千九百四兩一錢八厘。

乾隆四十三年三月內務府大臣奏報，粘修圓明園、長春園、熙春園、綺春園，用銀一萬三千九百九十三兩九分七厘。

乾隆四十九年七月三日和坤奏準圓明園、長春園內各座殿宇所掛甎竹簾、雨搭等項，准銷銀一千六百七十二兩四錢五分六厘。

乾隆五十年內務府大臣奏報，陸續遵旨修圓明園、長春園內清淨地、春雨軒、湛然室、多稼軒、映水蘭香、永春亭、五福堂十二項油飾見新，淨估銀九千三百十九兩一錢一分五厘。

乾隆五十五年（1790）內務府大臣奏報，安佑宮殿前添設銅海配安青白石座八分，又長春園修內獅子林、橫碧軒殿五間，用銀一萬八百九十六兩一錢六分七厘。

乾隆五十六年三月內務府大臣奏報，修圓明園、長春園內等處亭座廠廳七座計十七間，淨用銀八千五百三十七兩九錢。

（五）暢春園

乾隆三十三年二月七日內務府大臣奏報，暢春園內清溪書屋挪蓋殿宇五間，添修游廊三十六間、淨房二間，補蓋圍房四間，拆瓦樓座殿宇房間等項，用銀一萬二千七百六十五兩一錢二分八厘。乾隆三十九年十月十三日內務府大臣奏報，奉旨暢春園大街西門外著添建樓一座，閱武樓計五間，前接抱廈三間，用銀三萬九千六百四兩九錢九分八厘。

四、乾隆時期對熱河避暑山莊的修建

避暑山莊爲清代大型皇家園林之一，建於康熙四十二年（1703），乾隆時期曾對其大規模擴建。

乾隆三十一年內務府大臣奏報，修熱河普寧寺大雄寶殿用銀一萬七千五百七十九兩四錢三分四厘。乾隆三十一年內務府大臣奏報，熱河普寧寺粘修殿宇、房間、牆垣、泊岸、月臺、海墁等項，需用銀四千五百兩；又園內長虹飲練並雙湖夾鏡牌樓修理，需用銀二百五十兩，共用銀四千七百五十兩。

乾隆三十一年內務府大臣奏報，修理清音閣三層天花板等工程，用銀四百四十六兩七錢八分七厘。

乾隆三十二年內務府大臣奏報，熱河園內旃檀林修建殿宇樓房，用銀四萬五千八十二兩七錢三分三厘，熱河舍利塔工程於乾隆三十年告竣。

乾隆三十三年內務府大臣奏報，核查熱河麗正門工程、珠源寺、安遠廟、普度殿等工程，用銀四萬五千八十二兩七錢三分三厘。

乾隆三十三年六月軍機處奏，布達拉廟都罡殿牆有空洞另行補砌堅固，用工料銀一萬一千六百二十二兩五錢。又，熱河挖河道用銀五千九百七十一兩六錢四分。

乾隆三十三年內務府大臣奏報，熱河布達拉廟都罡殿鍍飾，用頭等鍍金葉四千二百九十五兩八錢五分二厘，布達拉廟紅臺、白臺、文殊聖境黃塔臺並千佛閣臺工程於三十一年五月十八日竣工。

乾隆三十四年內務府大臣奏報，熱河園內各處年例歲修各項工程，用銀一千五百六十三兩一錢二分。

乾隆三十四年內務府大臣奏報，熱河內清音閣戲臺添安抱柱、挖河道及阿穆胡郎圖行宮改安夾堂別別床等，用銀二千四百二十一兩三錢五分一厘。

　　乾隆三十六年內務府大臣奏報，修熱河溥仁寺、溥善寺等處工程，用銀六千九百二十五兩四錢四分三厘。

　　乾隆三十六年八月十六日內務府大臣奏報，奉旨園內清音閣戲臺地井磚幫坍塌修理，用銀九百五十六兩四錢八分一厘。

　　乾隆三十七年內務府大臣奏報，熱河布達拉廟修四方亭、六方亭、八方亭三座，共用鍍金葉七千六百九十二兩八錢四厘。

　　乾隆三十七年內務府大臣奏報，粘熱河路八處行宮殿宇，粘修工程估銀二萬六千七百二十二兩六分三厘。

　　乾隆三十七年內務府大臣奏報，熱河園內粘修旃檀殿宇房間，長虹飲練、雙湖夾鏡、永佑寺牌樓俱油畫見新，避暑山莊大宮門換安匾額、麗正門添建下馬牌、獅子園法林寺樓上簷、西山添平安平臺踏跺喀喇，用銀四萬四千四百三十七兩八錢八分八厘。

　　乾隆四十一年內務府大臣奏報，熱河布達拉廟都罡殿銅魚鱗瓦片脊料大頂等項活計著加鍍一次，用銀四千三百五十四兩八分四厘。

　　乾隆四十二年內務府大臣奏報，鍍飾熱河布達拉廟六方亭、八方亭上銅瓦應有頭等鍍金葉，用金葉二千七百兩二錢七分八厘。

　　乾隆四十三年內務府大臣奏報，熱河文廟右側添建考棚一座，計十二間，估銀二萬四千二百十三兩五錢九分。內務府大臣奏報，熱河園內添建慶元宮，於四十四年五月完竣。

　　乾隆四十六年經理藩院奏准熱河新建須彌福壽之廟。

　　乾隆四十七年內務府大臣奏報，普佑寺都罡大殿因遞年雨水，木植多有糟朽，恐頭停脫落拆修，用銀四千五百五十九兩八分六厘。

　　乾隆五十四年七月內務府大臣奏報，修理熱河南北兩路行宮，用銀一萬四百九十兩九錢三分九厘。

　　乾隆五十五年七月內務府大臣奏報，熱河普樂寺、安遠廟、關帝廟、藥王廟、德匯門等廟殿宇房間頭停滲漏，修理用銀二萬五千四百六十五兩一錢八分五厘。

乾隆五十六年內務府大臣奏報，熱河並獅子園等處工程完竣。

乾隆五十九年內務府大臣奏報，熱河南北兩路行宮等處殿座游廊房間頭停滲漏、木植糟朽、牆垣閃裂坍塌請修，用銀九千五百三十二兩三錢四分。

五、乾隆時期大規模修建宮殿苑囿的原因及評價

乾隆對宮廷園林的修建，其規模之大，工程質量之精，耗財之巨，藝術水平之高，爲歷代所不及。乾隆時期爲什麼能大規模修建宮殿苑囿呢？其原因有四：

（1）"天朝上國"進行政務活動的需要。清朝自1644年定都北京以後，長期處於統一全國和抗擊外國侵略的戰爭之中，戎馬倥傯，無暇也無力大規模進行宮室苑囿的建設，以致朝廷進行政務的一些殿堂樓閣年久失修，甚或損壞，需要修繕。在乾隆時期，由於統一的多民族的國家進一步鞏固，社會穩定，國力鼎盛，偌大的東方大帝國，引來國內外的少數民族首領及外國來使朝貢者絡繹不絕。由於朝政典禮日益頻繁，原有的宮殿等政務活動場所，已越來越不適應當時統治活動的需要。宮廷苑囿，觀瞻所係，所以乾隆帝先後擴建了圓明園、避暑山莊等山水秀麗的皇家園林，以作爲朝廷日常處理政務的地方。在圓明園中既有湖光山色的自然美景，又有正大光明殿、洞明堂以及內閣、軍機處、六部、宗人府、內務府等中央機構的值房，以便和臣工在這裏處理全國政務。山水佳秀的塞外避暑山莊也是皇帝處理政務的中心之一，在山莊的東西及北面建立的外八廟，主要爲籠絡蒙藏各部落首領。乾隆皇帝經常在這裏接見、宴賞蒙古、藏、哈薩克等少數民族首領及外國使臣。乾隆皇帝幾乎有三分之二的時間是在圓明園和避暑山莊等地方度過的，所以乾隆時期大興土木修建宮殿苑囿是"天朝上國"政治上的需要。

（2）乾隆時期，生產發展，府庫充盈，財源雄厚，是大興土木修建宮廷苑囿的經濟基礎。處於"康乾盛世"的乾隆時期，農業、手工業等都有很大的發展，到了前所未有的水平，因而國家財政狀況出現了空前良好的局面。乾隆元年，戶部銀庫實在存銀三千三百九十五萬兩，二十七年達到

四千二百九十九萬兩，二十九年達到五千四百二十七萬兩，三十年達到六千三十三萬兩，三十三年增至七千一百八十二萬兩，三十六年達到七千八百七二四萬兩。以後國庫存銀常年維持在七八千萬兩以上。① 乾隆三十年，飭令各省興修城牆的諭旨中說："現在軍需已罷，各省多報有收，正府庫充盈之際，而朕所念者，庫中所存者多，則外間用者少。即當動撥官帑，俾得流通，而城工藉以整齊。"② 正因爲國庫充盈，所以能撥出庫帑五百萬兩，對全國各省的城池普加修葺。自乾隆五年於圓明園之東南另建長春園和綺春園，不久，又重修熱河避暑山莊，至乾隆二十九年，避暑山莊的建築物已由康雍時期的十六處增加到三十八處。乾隆時期，圓明園由雍正中的二十八景擴建爲四十景，避暑山莊也由康熙時期的三十六景擴大到七十二景。此一時期，還修建了承德外八廟。

乾隆帝說："二十年以前，內務府存備之項，或因支給不敷，奏撥部帑數十萬協用者有之，今以歲會溢於舊額，尚將內務府餘銀撥貯部庫。朕雖不翔儉，而府藏充盈，實爲從來所罕有也。"③ 在府庫充盈的情況下，乾隆時期大規模的土木工程纔得以完工。

（3）乾隆皇帝熱愛宮殿園林建築，對建築藝術具有濃厚的興趣和較高的水平，這是當時大興土木工作得以實施的關鍵。乾隆皇帝性愛嬉動，他一生的政務活動，大部分不是在高牆深宮的紫禁城裏進行的，而是在外出巡幸中進行的。有人統計，乾隆帝在位六十年間，巡幸活動達一百五十餘次，其中，四巡盛京，六下江南，六巡五臺山，一次到河南巡幸，巡幸畿輔地區的明陵、盤山、天津等地十四次，到山東登泰山和祭孔八次，拜謁東西陵六十二次，巡幸熱河避暑山莊租木蘭秋獮五十二次，平均每年出巡兩次還多，有"馬上朝廷"之稱。

乾隆皇帝頻繁外出巡幸，一方面是爲了政務，或爲治河、興修水利，或爲祭祖、祭孔，或爲視察吏治民隱，籠絡知識分子，以起到安定社會、鞏固封建統治的目的。另一方面，也是爲了游山玩水，領畧秀麗山川大自然的風光。在巡幸活動中，他十分注意搜集各地園林建築的特點，使之移

---

① 《石集餘記》卷一至三。
② 《清高宗實錄》卷七四八。
③ 《清高宗實錄》卷九二零。

植於宮廷園林建築之中。例如在乾隆十六年，他首次南巡時，曾到無錫惠山的寄暢園游覽，認爲"江南諸名墅，惟惠山秦園最古"，"因喜其幽致，攜圖以歸，肖其意於萬壽山之東麓，名曰惠山園。"① 其他如圓明園中的安瀾園、長春園及避暑山莊的獅子林，都是乾隆帝南巡時到蘇州的獅子林，命畫工當場繪圖，攜圖回北京後仿建的。乾隆皇帝熱心於園林建築，他不僅積極把江南名勝引入御園，而且又廣采蒙古、西藏、伊斯蘭以及歐洲的建築形式，集中外建築風格於一爐，巧妙地將玲瓏秀麗的江南園林和雄健淳樸的北方園林融爲一體。乾隆時修建的宮廷苑囿，不僅數量多，而且造園手法多種多樣，特別是把嚴肅的朝政活動的場所，置於山水秀麗的自然環境之中，這是清代宮廷苑囿建築的一個創建。

（4）有效的工程管理，精湛的建築技術和規範化工藝做法，以及宮廷擁有一批中外名師巧匠，是乾隆時期大規模進行宮廷苑囿建設的重要條件。乾隆時期，我國的生產力和建築工程技術發展，達到了封建社會時期的最高峰。清政府設有工部以掌管全國的建築工程，工部之內設有營繕司，置郎中、員外郎、主事、筆帖式等官員，專司營建管理工作。凡修建壇廟、官府、城郭、倉庫、營房等項工程，都由營繕司管理，並掌握匠役。工部還設有估料所，專司工程估價預算。在京的工程屬工部辦理者，一千兩以下項目由工部批准，一千兩以上由欽差大臣審定。無論工程大小，俱由估料所估算所需工料銀數，並提交修建做法、工程尺寸，限二十日內完成。工部還設有節慎庫，專司工程銀兩收進和出納，設皇木廠、木廠、琉璃窰等，專管工程木料及琉璃瓦的出納、製造。清朝除設工部掌管外工以外，還在內務府中設營造司，以負責內務府管轄的工程。凡紫禁城的歲修、宮廷苑囿增修擴建以及修繕材料的供應等都由營造司管理。乾隆十六年，還設總理工程處，專司查驗圓明園、暢春園、清漪園、靜明園、靜宜園及奉宸苑所屬之各苑囿及熱河行宮等處的歲修工程，勘核後奏銷。

工部頒行了《工程做法》，對建造城垣、彩畫、建造房屋、房屋裝修、石作、瓦作以及營建通例，都做了明細的規定，② 工程技術已趨於規範化。

---

① 轉引自萬依等《清代宮廷史》。
② 參閱《大清會典事例》卷八七九至八八八。

清宮廷中集中了一批能工巧匠，如歷代相傳的"樣式雷"，其第三代和第四代雷聲徵和雷家璋等都是乾隆時宮中著名匠師。還有外國的郎世寧、蔣友仁、王致誠等一批工程技術人員，他們在宮室園庭建築方面做出了很大的貢獻。

　　對修建宮廷苑囿一事，乾隆初期曾有言官諫阻，但乾隆皇帝並未納言，到乾隆中期，再次掀起土木建築的高潮。後來乾隆帝本人也感到興建太多，曾自我檢討說："工作過多，巡幸時舉二事，朕側身内省，時耿耿於懷。""京師壇廟、宮殿、城郭、河渠、苑囿、衙署"，乃至街道市容以及帝后陵寢，如裕陵、泰東陵等項工程也無不動工修建，"工役之費不啻累百萬"。① 大興土木，耗費了大量錢財和人力，這是必然的，但在客觀上它確給後人留下了輝煌的宮殿建築和優美的園林山水，現在已成爲我國重要的文化遺產之一。當今不少著名的旅游景點，大多是乾隆時期所建。

　　另外，我們也應以歷史的態度看待這一問題。處於封建社會末期的"康乾盛世"，府庫充盈，在軍費兵餉、減稅賑災、興修水利等國用常項開支之外，國庫藏銀仍多達每年財政收入的兩倍。乾隆皇帝沒有也不可能像經過產業革命的英國喬治三世國王，把資金投入辦廠、修鐵路、造輪船，而是把富餘的資金投入了編《四庫全書》及興建宮殿苑囿等項目上。乾隆時期，土木工程用工用料，不是無償使用民工和行政調撥，而是用工皆給工值、用料由官府製造或在市場購買，所謂"物給價，工給值，絲毫不以累民，而貧者轉受其利"，起到了"以工代賑"、"散財於民"和擴大物資流通的作用。乾隆皇帝說："方今帑藏充盈，戶部核計已至七千三百餘萬兩。每念及天地生財，祇有此數，自當宏敷渥澤，俾之流通。而國用原有常經，無庸更言撙節。"② 把富餘的錢財"流通"於土木工程上，建造了這些雄偉的宮殿和優美的園林，皇帝盡情享用自不必說，客觀上也爲華夏子孫後代留下一筆價值無量的財富和優美的自然環境。

---

① 《朝鮮李朝實錄中的中國史料》。
② 《清高宗御制詩集》三集卷八五。

貳　清宮頤和園檔案叢談

中國第一歷史檔案館保存有清宮頤和園的檔案，約有一萬多件。這些檔案是在清漪園和頤和園的建設和管理過程中逐步形成的，其中有皇帝的諭旨、御制詩文，內務府大臣及有關王公的奏摺，內務府、內閣、軍機處、宗人府以及奉宸苑、營造司、造辦處等機構的相互往來的咨呈文移，有關清漪園、頤和園工程奏銷黃冊、工程清單、圖樣，以及各殿堂樓閣的陳設清冊等。這些文件分別歸宗於內務府、宗人府、內閣、軍機處、宮中、溥儀檔、醇親王府等全宗之中，按其內容性質可分如下類別。

一、諭旨類

在封建君主專制高度發展的清代，皇帝是至高無上的，大而軍政要務，小而宮閫細事，都要經皇帝批准才能實行。離宮苑囿的建設更是如此，無論是工程的選址、規劃、興建、費用、工料，或是苑囿的風格、模式及宮殿內部的裝修陳設，都要經皇帝裁定後才能進行，所以一代苑囿的修建，往往是和當代皇帝的性格、興趣和特點分不開的。清漪園建於乾隆時代，一方面當時正值盛世，國力強盛，府庫充盈，這固然是能興建清漪園的基礎，另一方面，乾隆皇帝喜愛游山玩水，熱愛園林建築，對建築藝術具有濃厚的興趣和較高的水平，這是能建成如此秀麗輝煌皇家園林的關鍵。在建設清漪園的過程中，乾隆皇帝事必躬親，發布了一系列諭旨，這些諭旨是興建清漪園的依據和準則。

上諭是研究頤和園歷史的綱領性文體。如乾隆帝為其母皇太后鈕祜祿氏六十生日祝壽，特選擇瓮山圓靜寺舊地興建佛寺"大報恩延壽寺"，於乾隆十五年三月十三日發布上諭："瓮山著稱名萬壽山，金海著稱名昆明湖，應通行曉諭中外知之。"萬壽山、昆明湖的名稱，一直沿用至今。清漪園的名稱是乾隆皇帝根據《詩經・魏風・伐檀》"寘之河之幹兮，河水清且漣漪"之意，於乾隆十六年下旨"以萬壽山行宮為清漪園"而定名的。

清漪園工程歷時十五年，至乾隆二十九年全部竣工。它以萬壽山和昆明湖爲主體框架，將自然山水和人工建築和諧地結合在一起，集南北造園藝術於一園，堪稱是皇家園林的典範。可悲的是，這座美麗的園林於 1860 年被英法聯軍所破壞。同治皇帝親政以後，於同治十二年發布上諭，要重修圓明園，以爲奉養兩宮皇太后"頤養天年"之所，但當時國家內憂外患，終因財力困難而停止。光緒時期，載湉秉承慈禧太后的懿旨，決定重修清漪園，於光緒十四年二月初一日發布上諭："萬壽山大報恩延壽寺，爲高宗皇帝侍奉孝聖皇后三次祝嘏之所，敬踵前規，尤徵祥洽。其清漪園舊名，謹擬改爲頤和園，殿宇一切亦加修葺，以備慈輿臨幸。"修建頤和園完工以後，光緒十七年四月二十日上諭："前經降旨，修葺頤和園恭備慈禧端佑康頤昭豫莊誠壽恭欽獻皇太后慈輿臨幸。現在工程將以就竣，欽奉慈諭，於四月二十八日幸頤和園，即於是日駐蹕，越日還宮。從此往來游豫，頤養沖和，數十年宵肝憂勞，稍資休息。"

諭旨類的檔案，還包括御制詩文及御題匾額、楹聯等，如乾隆《御制麥莊橋記》、《御制萬壽山昆明湖記》、《御制萬壽山清漪園記》、《御制萬壽山大報恩延壽寺碑記》、《御制萬壽山多寶佛塔頌》以及《昆明湖萬壽山御制詩》。據不完全統計，乾隆時有關清漪園的詩共有七百九十多首。

二、帝后駐蹕類

該類檔案包括帝后來園居住、聽政、游山玩水、宴飲、看戲、祝壽，以及進行政務活動的檔案材料。

清代皇家園林的一個重要特點，就是具有"宮"和"苑"的雙重功能。它既是皇帝游樂休息之所，又是處理政務的"離宮"。清漪園也不例外。它的總體規劃，分爲宮廷區和園林區兩大部分。宮廷區包括勤政殿（光緒時改爲仁壽殿），爲皇帝來園聽政之所。玉瀾堂、宜芸館爲帝后的寢宮，樂壽堂爲慈禧太后的寢宮。園林區以萬壽山的山脊爲界，分爲前山湖景區和後山湖景區。康熙和乾隆等皇帝，大部分時間是在離宮苑囿和外出巡游中度過的，清末的慈禧太后和光緒皇帝更把頤和園作爲處理政務和游樂的主要場所。記載帝后來園活動的檔案文獻，主要有《起居注》、《實錄》（御覽本）以及有關衙門和大臣的奏咨文移等。

《起居注》爲記載皇帝言行的日記體裁的檔冊。《起居注》先載起居，次諭旨，次題奏，次官員引見。《起居注》每月分作二冊，每年二十四冊，正本存於內閣大庫，草本存於起居注館。乾隆、嘉慶、道光、咸豐、同治、光緒諸朝的《起居注》冊，記錄了帝后到清漪園（後更名爲頤和園）的活動情況，尤其是光緒朝《起居注》，記載了慈禧太后、光緒皇帝在頤和園發起百日維新以及戊戌政變、慈禧太后三次垂簾聽政的活動行迹。

《清實錄》爲官修的編年體史料長編。自太祖起，至德宗止，凡十一朝，共十二部，總計四千四百零四卷，每朝實錄分別繕漢、滿、蒙古三種文字的正本四部、副本一部。中國第一歷史檔案館存有大紅綾、小紅綾和小黃綾本。小黃綾本爲御覽本。實錄中記載了乾隆、嘉慶、道光、咸豐、同治、光緒諸朝，有關興建離宮苑囿和帝后在清漪園（頤和園）游樂休息及政務活動的情況。

帝后駐蹕清漪園，尤其是光緒帝、慈禧太后，每次來頤和園居住，內務府大臣及有關王公要隨駕扈從，敬事房太監要隨身侍候，侍衛處及前鋒、護軍營要嚴密警衛，鑾儀衛要備鑾輿儀仗，上駟院備乘馬匹，御茶膳房備茶膳，昇平署備樂備戲。各衙門爲辦理駐蹕之事，互相交涉，形成了大量的奏咨文移。這些文書都被基本完好地保存下來，例如，光緒三十三年九月二十七日，內務府呈文中記載，本年八月十八日，皇太后駐蹕頤和園。九月二十六日還海，各項費用共用銀七千兩。

關於慈禧太后在頤和園祝壽、筵宴以及看戲娛樂的情況，宮中《萬壽慶典檔》、筵宴王公大臣檔及昇平署檔案等，記載得頗詳。

三、建築與經費類

這一類的檔案，有清漪園、頤和園時期，各宮殿樓閣的建築，及昆明湖、長河等水系堤閘工程的興建、疏浚等材料，其中包括所用經費、工料、施工、工程清單、圖樣等。

清漪園修建主要由總管內務府大臣及特簡的總理工程大臣，秉承皇帝的旨意，負責組織建造。在興建清漪園及改建頤和園的過程中，曾形成了大量有關大臣向皇帝報告工程及經費的奏摺。這些奏摺，內務府都存有底稿，按年月組卷包裝，謂之《奏案》。從雍正四年至宣統三年共有《奏案》八百一十六包四萬五千八百九十三件。《奏案》內還附有工程清單、經費銀兩清單等。

另外，內務府檔案中還有《奏銷檔》一種，從順治至宣統共有九百二十二冊。爲內務府奏銷工程費用銀兩的檔冊。凡內務府經辦的工程或重大事項的奏摺、諭旨等，均如實地錄於《奏銷檔》中。

內務府《奏案》和《奏銷檔》中，關於清漪園和頤和園興建和維修的記載比較系統和完整。

在宮中硃批奏摺和軍機處錄副奏摺的"建築工程"類中，也有不少關於清漪園和頤和園修建的材料。其中，有光緒十六年至光緒二十一年頤和園施工工程清單。當時每五天，向慈禧太后和光緒皇帝報告一次工程進展情況。例如：

> 光緒十六年十二月十一日至十五日各廠分做工程清單：
> 頤和園
> 排雲殿兩山順山殿前後檐並兩山檻牆均安釘楅板已齊。
> 大宮門後金屏門隨安迎風板均齊。
> 二宮門前金實楅大門隨安迎風板，玉華、雲錦、芳輝、紫霄各殿座青白石壓面埋頭柱頂等石刻，均占斧扁光見細。……

這些工程清單，如實記錄了頤和園修建施工的全過程，對研究和恢復頤和園園林建築，具有很重要的參考價值。

從內務府大臣的奏摺及皇帝的硃批諭旨中，我們能真實、系統地看到清漪園和頤和園修建的全過程和所花費的銀兩。例如，乾隆十五年六月初六日，內務府大臣三和奏報："現在昆明湖堤上添置行宮並廟宇工程造竣，其一切看守陳設巡查打掃事宜，應行籌辦。"

關於昆明湖工程具體情況，乾隆十五年十一月二十七日，內務府大臣海望等奏報："修建昆明湖西湖，遵旨派郎中富貴……監看修理。除開挖湖面土方另行詳奏外。今約估得四面抱廈煙雨樓三間、配樓六間、穿堂五間、抱廈殿五間、淨房二間、方亭二座、游廊六十六間。土山上正樓三間、八方亭一座、值房十間，共計殿宇樓座游廊淨房一百間。成砌院牆湊長五十四丈八尺，扶手花牆湊長九十八丈。月臺四座、馬頭三座、板橋二座、三空石橋一座、九空彎轉石橋一座。大料石臺基泊岸湊長一百三十丈二尺。圓坨周圍雲步泊岸湊長一百七十丈。配樓兩邊成築灰堤二段，湊長二百二十丈。兩幫包砌虎皮石金剛牆地基築打大夯碼灰土三步，蓋頂灰土二步，填廂黃土十七步。二面索道築打黃土十三步，成堆雲步山石，以及鋪墁甬路、海墁散水裝板下丁油畫裱糊、內裏裝修氈竹簾雨搭等項，除綾絹紙張氈條照例向內務府各該處行取應用外，所有采辦柏木丁樁石料磚瓦灰片繩麻釘鐵雜料，以及各作工價運價，共約用銀十五萬五千二百八十七兩二錢五分五厘。"

乾隆三十二年七月十七日，太保大學士、議政大臣、領侍衛內大臣兼吏部戶部理藩院事務、總管內務府大臣管理三庫事務傅恒等奏報："據內務府大臣三和等奏稱，萬壽山自乾隆十五年興修起，至二十九年工竣，通共領收過銀五百六十九萬五千六百三十九兩六錢八分五厘。萬壽山修建工程用過銀四百八十九萬七千三百七十二兩三錢四分六厘，內除各項木植舊料抵銀四十九萬四千五百二十兩三錢九分三厘，實淨銷銀四百四十八萬二千八百五十一兩九錢五分三厘。"

在內務府大臣的奏摺中，關於清漪園維修及增擴工程的材料也很多。例如，乾隆三十三年七月初二日，內務府大臣三和、英廉等奏報："清漪園東北門西邊添做暗溝，將北牆內河水引至牆外水泡流注，再將圓明園西北門外水泡東岸二空橋，添安閘板蓄水。北岸添做暗溝，澆灌稻田。……大有莊南口添建城關一座，兩邊成砌虎皮石牆，並按添石道等工程。……查此二項工程共估需銀八千一百八十八兩四錢五分三厘。隨經除派員外郎六達塞、苑丞常英備料臨修，今俱如式修理完竣。"

乾隆三十八年七月二十八日，內務府大臣奏報，清漪園望蟾閣拆修撥正、挑換木植工程情況。清漪園工程實行官員承包負責制。若工程質量出現問題，要進行懲處和令當事人賠款。如乾隆四十年二月十七日及同年三月十一日，內務府大臣兩次奏報："望蟾閣後海墁拱七分至一寸二分不等，實係原修時止兩頭使用鐵掮，中間兩脅並未使用鐵寸屑，是以走錯。將照造作不如法者，笞四十律，罰俸六個月，總管大臣罰俸三個月，並應將用過銀一千七百兩，令當事人劉浩賠繳。"

乾隆四十三年閏六月二十七日，內務府大臣奏報，於三十九年至四十年，曾對清漪園望蟾閣、大報恩延壽寺、勤政殿等處進行過拆修和維護。

乾隆四十六年十一月初五日，內務府大臣奏報，治鏡閣東西二柱三樓牌樓一座，被風刮倒，進行修理，估銀一千二百七十一兩一分三厘。

乾隆五十年十一月二十二日，內務府大臣奏報，粘修曇華閣邊圍，估用銀三萬三百五十八兩四錢二分四厘。

乾隆五十六年四月初九日，內務府大臣奏報，粘修寶雲閣等殿宇房間游廊三十七處，淨銷工料銀三萬二千四百四十六兩四錢三分一厘。

嘉慶時期的修繕奏銷黃冊，記錄了嘉慶朝清漪園部分修繕工程的情況及花用銀數。

樣式房編訂的《萬壽山准底冊》和繪製的工程畫樣，是清漪園園林建築工程的標準和施工圖紙，它是我們今天研究頤和園建築不可或缺的材料。

關於慈禧太后挪用海軍經費修建頤和園，究竟花了多少銀子，眾說不一。在內務府檔案《工程處收款簿》中，得出了一個真實的答案，現將該檔冊內容節錄如下：

  《工程處收款簿》 光緒十一年六月立
  光緒十二年四月二十五日，收閩海關解到修工銀五萬兩。
  五月初三日，收粵海關解到修工銀十一萬兩。
  五月二十四日，收閩海關解到修工銀五萬兩。
  六月初十日，收海軍衙門墊借庫平修工銀三十萬兩。
  七月二十七日，收粵海關解到修工銀二十萬兩。
  十月初八日，收粵海關解到修工銀七十萬兩。
  十二月二十四日，收海軍衙門墊放加賞夫匠庫平銀十七萬五千八百三十五萬兩。
  光緒十三年三月二十三日，收海軍衙門撥放修工銀十萬兩。
  四月十八日，收海軍衙門撥放修工銀十五萬兩。
  四月二十四日，收海軍衙門撥放修工銀二十萬兩。

閏四月二十四日，收海軍衙門撥放修工銀十五萬兩。

五月初三日，收海軍衙門撥放修工銀二十三萬八千四百九十四兩一錢八分五厘二毫五絲。

七月二十日，收海軍衙門墊放內務府歸還銀八萬兩。

又收：

神機營墊放銀五萬兩。

十月初三日，收海軍衙門撥借五萬兩，收神機營撥解銀五萬兩。

光緒十五年十二月二十四日，收海軍衙門籌撥銀五萬兩。

光緒十六年四月初二日，收戶部撥銀三十二萬兩。

以上共收銀四百九十三萬三千九兩一錢八分五厘二毫五絲。

光緒十六年十月初十日，收海軍衙門撥放福州將軍報效修工銀二十萬兩。

以上通共收銀五百十三萬三千九兩一錢八分五厘二毫五絲。

由十七年四月至十八年十二月，又續估共銀八十三萬。

由《工程處收款簿》中登錄的收款數目，可以得出，頤和園修建工程，由光緒十一年至光緒十八年，共花用五百九十六萬三千九兩一錢八分五厘二毫五絲。

四、陳設類

頤和園各處殿堂樓閣等建築物，根據不同的功能和用途，內部陳設各異。如仁壽殿，爲宮廷區的正殿，內部陳設都依禮制，殿內正中設丹臺，上陳屏風、寶座、宮扇、角端、香几及太平有象等陳設品。前方有銅胎掐絲琺瑯鏤空垂恩香筒，臺下設香几四，各陳銅質香爐，兩側設掐絲琺瑯仙鶴燭檯等，以顯皇帝至尊的氣派，爲皇帝臨園聽政使用。而寢宮的陳設，以滿足帝后居住生活的需要爲準。園林區的樓、閣、亭、榭、館、堂、軒、齋等景點建築物內的陳設，多因用途、景致而異，所以陳設也各式各樣。

中國第一歷史檔案館館藏內務府檔案中，有清漪園和頤和園時期的各種陳設清冊，如：

  清漪園宗鏡大昭之廟紅臺四出軒平臺等處佛像供器清冊　嘉慶十三年
  清漪園演武廳南城樓北城樓等處陳設清冊　嘉慶十七年
  清漪園多雲亭綠雲舫鸝集崖玉乳泉等處陳設佛像供器清冊　嘉慶十七年
  清漪園涵碧齋含青齋洗心亭清淨心境與心遠等處陳設清冊　嘉慶十七年
  清漪園無量殿山門兩配殿三世佛殿觀音殿兩配殿伽藍殿等處佛像供器清冊　嘉慶十七年
  石舫陳設清冊　道光十六年
  聽鸝館陳設清冊　道光十六年
  畫中游陳設清冊　道光十六年
  佛香閣佛像供器陳設清冊　道光十六年
  清漪園無盡意軒陳設清冊　道光十七年
  大報恩延壽寺佛像供器清冊　道光二十一年
  樂壽堂等處陳設清冊　道光二十六年
  諧趣園陳設清冊　咸豐三年
  清漪園永安寺圓靈應觀薝卜香林水月空明青霞寄逸無量殿等處陳設清冊　咸豐三年
  清漪園光明三昧香巖室太虛雨香館翠微山房絢秋林等處陳設供器清冊　咸豐三年
  清漪園芙蓉坪觀音閣等處陳設供器清冊　咸豐三年

  據多年來館查檔研究的耿劉同先生考得，嘉慶十二年清漪園陳設清冊，共有三十六本。每一組或每一幢建築自爲一本。到咸豐十年（1860），由於英法聯軍的侵略，頤和園很多珍寶文物被破壞和劫掠一空。咸豐十年，整個清漪園只立兩本清冊，一本叫《清漪園山前山後南湖河道功德寺等處陳設清冊》，一本叫《清漪園山前山後南湖河道功德寺破壞不全陳設清冊》。英法聯軍劫掠前的清冊載，清漪園各處陳設物品共有四千七百三十五件。英法聯軍劫掠後的清冊載，清漪園各處陳設物品祇有五百三十件，而且多殘缺不全。

從頤和園的陳設檔可以看出，頤和園的滄桑歷史，也記載著帝國主義侵華的罪證。

陳設物品一般有：

（1）家具類。包括桌椅、櫃櫥、臺架、圍屏、燈具等，家具有"京做"、"蘇做"和"廣做"的。

（2）佛像供器類。

（3）匾額和楹聯。

頤和園的匾額和楹聯是各殿、堂、樓、閣、齋、軒、亭、榭等建築物的標幟和景物意境的點睛，它不僅是建築的重要裝飾，而且含有豐富的文化內涵。匾額和楹聯分別掛於建築物明間的檐下和兩柱上，以詩文書法、工藝相結合的形式，鑲嵌於建築物上。外檐匾聯爲木製，黑底金字，稱爲"黑漆金字一塊玉"。文字爲楷書，正統的館閣體。凡用於主要殿堂或御筆親題的匾額，還鑲以泥金盤龍紋的邊框，十分美觀。

頤和園各殿堂的匾額、楹聯有多少？據光緒年間內務府造辦處爲裝修園內匾額鈔錄的一份清單可知，頤和園各殿堂匾額共四百八十三件，提出裝修三百一十件。

現將《清單》中部分殿堂匾聯節錄如下：

仁壽殿

　　前窗戶上匾一面：安樂延年。
　　後窗戶上向東匾一面：應天景祥。
　　北間前窗戶上匾一面：
　　聖節欣逢帝運開，始謀事業仰娀臺，
　　雲輝北闕起慈幄，霞彩南山獻壽懷。
　　呈樣嘉禾供玉食，延齡甘醴溢金罍，
　　鹿鳴預報登科兆，恩榜應多傑出才。
　　瞳笭聖日謁晴暉，龍袞從容拜紫闈，

舜樂允宜薰曲奏，堯觴欲共彩雲飛。
花開長樂迎金仗，樹茂恒春映書芩，
貴壽咸欽神祉懋，翹聞恩旨出黃扉。

[臣陸潤庠]

後窗戶向東區一面：璇圖春水。
明間後窗戶上向東區一面：長樂無極。
東罩背上向西區一面：景星朗曜。
前層北裏間北罩上區一面：無暑清涼。
中層北罩上區一面：春暉承暄。
西罩上向東區一面：兆蒙祉福。
東罩上向西區一面：德風惠露。
西罩上區一面：惠心元吉。
後層西罩上向東區一面：蕃厘經緯。
南裏間前層南罩上區一面：
幹雨從容日，車書四譯同，威行甌脫外，化洽版圖中。
暖氣回寒穀，薰弦邑景風，梯航深認還，早見月氏通。
別苑開珠勝，網組聚太和，檐深翻燕剪，渚淺織魚梭。
綠砌垂陰早，朱樓受旭日，森嚴人不到，高處有煙蘿。
辟書宏規起，三山帶別支，靜中樓宿靄，空外颭晴絲。
曲館臨流近，層臺拾級邐，迴旋等飛躍，清切更誰知。

[臣張百熙]

中層南罩向北區一面：壽愷禔康。
西罩上向東區一面：含光引月。
東罩上向北區一面：泰符協氣。
後層西罩上向東區一面：鏤玉天齊。

涵虛堂

前層明間北罩上區一面：翠羽停雲。
東罩上區一面：

今日逢新夏，歡游續舊旬，氣和先作雨，恩厚別成春。
風管臨清洛，龍輿下紫宸，此中歌在藻，遇見躍潛鱗。

[臣高劍中]

東間北罩上匾一面：金昭玉粹。
東裏間北罩上匾一面：修辭立誠。
南窗戶上匾一面：蓬萊雲色

[臣潘柱陰]

西間北罩上匾一面：望若圖繡。
西罩上匾一面：
柳色屈相似，梨花雪不如，春風真有意，一一麗皇居。
粉壁圖仙鶴，昂藏真氣多，騫飛竟不去，當是戀恩波。

[臣王文錦]

玉瀾堂

前層明間南門口向北匾一面：年豐物阜。
北罩上向南一面：軒殿留景。

因《清單》鈔匾額很多，餘從略。

五、管理類

該檔包括頤和園的規章制度、職官員役、財務經費等檔案文件。
（1）規章制度。如《清漪園則例》、《頤和園章程》，遜清皇帝時期的《瞻仰頤和園簡章》、《頤和園等處售券試辦章程》等。
（2）職官員役。頤和園由內務府總管。內務府是管理宮廷事務的機構。設有總管內務府大臣，正二品，無定額。內務府下設有奉宸苑，專管離宮苑囿及河道事宜。設有總理大臣，無定額，卿二人，以統轄苑事。清漪園因是皇帝"駐蹕"之所，所以於乾隆十六年特設總理園務大臣兼管靜明園、靜宜園事務。下設有郎中一人，員外郎一人，苑丞、苑副、委署苑副三十四人，所屬催長、副催長、拜唐阿、園丁、園戶、園隸、蘇拉、匠役、閘軍七百多人。爲了加强對宮廷苑囿重大工程的管理，乾隆二十六年還特設了總理工程處，特簡大臣，對工程勘辦核銷進行監督審核。總理工程處，先是派内務府大臣三人兼管。嘉慶十八年（1813）改簡滿洲大學士尚書一人、滿洲六部侍郎一人、内務府大臣一人爲總理大臣，各帶所屬司員值年勘辦。

乾隆十六年，還設一個"御船處"，以專管清漪園、圓明園、奉宸苑等處的"御舟"。設有管理大臣，無定額。下面有司員一人，筆帖式二人。所屬有司匠一人，水手催長四人，水手九十七人。網户催長二人，網户五十一人。拜唐阿六十人，内頂戴頭目四人。

頤和園時期的管理機構及職官員役，基本没有變化。清末因挪用海軍經費修建頤和園，所以任命時任海軍大臣的醇親王奕譞爲總理工程大臣。中國第一歷史檔案館現存的檔案中，有大量關於清漪園和頤和園時期的職官陞遷調補、獎懲撫卹的檔案，有關太監、吏役、匠户、水手的各册以及管理、懲處方面的材料。

（3）財力經費。主要爲頤和園官員、吏役、匠户等的俸銀俸米册，各項經費支出，以及財物的管理等檔案。頤和園常年歲修經費，據内務府呈文記載："奉宸苑工程處爲片催事。經户部奏准每年由土藥税厘下提出銀三十萬兩，劃撥奉宸苑、頤和園銀各十五萬兩，作爲常年歲修之用。"

另外，還有遜清皇室時期，頤和園的門票收入及支出等財務檔案。

清漪園是皇家禁苑，所以管理十分嚴格，嚴禁百姓進入園中，若有誤入者，進行重責之後，還要發黑龍江關卡爲奴。凡偷盗園中財物者，不論多寡，不分首從，皆斬。例如，乾隆二十三年，貧民王通誤入清漪園被發配黑龍江爲奴案。又如乾隆三十三年七月，萬壽山六兼齋遺失納簾、袷幔，因盗賊未獲，該處首領李進玉、太監劉進玉等被嚴懲案等。

清宫頤和園的檔案，不僅内容十分豐富，而且價值非常珍貴。

第一，這些檔案是在長達二百五十年頤和園修建過程中，直接形成的官方文書。從史料的角度看，它具有原始性和客觀性，因而它是研究頤和園歷史，進一步挖掘頤和園文化内涵的真實可信的第一手材料。頤和園總工程師耿劉同先生説："20世紀70年代初頤和園的歷史查檔工作不但推動了頤和園歷史的研究，而且在古建園林教學和科研單位中，也起到了積極的反響。許多查得的資料在專著和論文中被引用，更正了過去反映在文字和頤和園導游講解中的失實傳聞。"（《頤和園文化研究》第一輯）

第二，這些檔案中的奏咨文移和工程清單、陳設冊、奏銷黃冊、圖樣等，都是當時在施工中形成的，因而是真實可靠的，所以它是我們現在對頤和園古建園林維修的依據和憑證材料。它對弘揚中國傳統園林文化，提高頤和園保護和管理水平，具有重要的意義。

第三，檔案中的陳設清冊、匾額、楹聯、御制詩文、臣工恭題的祝頌詩文，具有很高的歷史和文學藝術價值。檔案真實記錄了頤和園二百五十年的滄桑變化，反映了清王朝由盛變衰以及帝國主義侵華的歷史，所以，它是開發利用頤和園文化的資源寶庫，是對國民進行愛國主義教育的珍貴材料。

第二十一章 交通、郵電（S）

第一節 清代的驛遞及驛遞檔案

清代檔案所反映的交通，主要是驛遞。清代驛遞制度十分完備，據《光緒會典》卷五十一載："凡置郵，曰驛、曰站、曰塘、曰臺、曰所、曰輔，各量其途之沖僻而置焉。備其夫、馬、車，與其經費，以供差，以馳報，歲終則題銷。"內地各省所設的郵驛叫驛，爲遞送軍事情報所設的叫站，例如西北、東北各站。甘肅安西廳、新疆哈密廳、鎮西廳三屬，特設軍塘，以通文報。西北兩路所設爲軍臺。清代各地共設驛、站、臺、塘一千七百九十一個。另外，各省腹地廳、州、縣皆設有鋪司，以急遞公文。全國共設有一万三千八百三十三鋪所。

驛站的任務：

①供差，即官役因公出京回京者，可持郵符到各驛站領取夫馬車船和膳食口糧。郵符給官的叫"勘合"，給兵役的叫"火牌"。各站驗明勘合、火牌，按規定支給。若官員過境，需要派兵護送的，驛站驗以兵牌，按例撥兵弁護送。

②驛遞公文。在北京的捷報處和駐京提塘官，專司官文書的收發。捷報處專門接收各省的奏摺，遞交奏事處轉進。軍機處交發各省的寄信諭旨及硃批奏摺，由捷報處加封交驛站遞送。駐京提塘官專門接收各省的題本，呈送通政使司轉進。各省咨行各部院的公文，也由其接收分送。凡馬遞的公文，皆加兵部火票，規定遲速之限。如軍機處交公文簽，馬上飛遞者，定限日行三百里。遇有加急事件，以日行四百里、五百里、六百里簽發。各站按兵部火票規定，接遞送行。

各省督撫等尋常咨商文稿，都由塘鋪兵夫遞送，叫鋪遞，一般限日行一百里至三百里不等。外地送達京師及外地彼此互送的公文，則各鋪按排單（亦叫滾單）規定，簽注時刻，依次遞送。

清廷對驛站的管理十分重視，令兵部車駕司專管郵驛事宜。清代檔案中有關驛站的設置、驛站兵丁、車馬、夫役的配置及錢糧奏銷方面的材料十分豐富，見兵部、陸軍部檔案、內閣兵科題本及軍機處錄副奏摺和宮中硃批奏摺交通類文書。

第二節　清季郵電及郵電檔案

清朝末期，由於外國新式郵政的傳入，清朝的驛遞纔逐步被郵政、電報、電話等近代通訊手段所代替，這期間經歷了一個漫長而曲折的過程。

1860年中英、中法北京條約簽訂後，清政府被迫接受各國公使常駐北京。駐京公使的郵件，最初由總理衙門交驛傳遞。同治五年，改由總稅務司匯各國公使文件，遞天津寄上海。同治十三年，總稅務司於天津、鎮江、上海各稅務司處由專員兼理郵遞。光緒二年，總稅務司英人赫德建議創辦郵政。光緒四年，在北京、天津、煙臺、牛莊、九江、鎮江設送信局，由赫德主其事，此爲中國試辦郵政之始。

甲午戰爭以後，張之洞於光緒二十一年奏准正式設立郵政局，次年三月，清廷諭令創辦大清郵政，將原海關郵政部正名爲"大清郵政局"，任命赫德兼任總郵政司，歸總理衙門節制。大清郵政局設立後，對內取消"客郵"，以海關轄區爲基礎，劃全國爲三十五個郵區，設郵政總局，總局下設分局，分局下有支局、代辦所等。光緒二十三年發行了郵政局成立後的第一枚郵票——"蟠龍郵票"，隨後又發行"八卦郵票"。光緒二十二年三月，總理衙門照會萬國郵政公會，請求入會，並申明自1897年元旦起，凡參加萬國郵政公會的各締約國的公文，遞送至京津滬等二十四個口岸，由當地郵局免費代轉代送，得到了國際上的承認。這時中國信息傳遞方式呈現爲驛站、文報局和新式郵局並存互補的局面。

光緒三十二年九月二十日，清廷諭令設立郵傳部，諭旨中說："輪船、鐵路、電綫、郵政應設專司，著名爲郵傳部。"（《光緒宣統兩朝上諭檔》）

郵傳部"管理全國輪船、鐵路、電綫、郵政事務，凡京外官商輪船、鐵路各公司、廠、局及電局、郵局並關涉本部各學堂，皆有統轄考核之責"（《郵傳部奏定官制章程》民政部全宗檔案）。

郵傳部設郵政司，專管全國的郵政，凡一切郵遞方法、郵便匯兌、郵便包裹、郵票款式、郵盟條約、有關郵政事宜，皆歸其掌管。

郵傳部還設電政司，掌全國的電政，凡官局、商局之則例，海綫陸綫之規章，萬國郵政聯盟之條款及電話、電燈有關事宜皆掌。

電報因與軍事關係密切，清廷非常重視。電報分有綫和無綫兩種，清廷於光緒元年便開始創辦有綫電報。光緒六年，李鴻章在天津設立電報總局，委派盛宣懷爲總辦。從李鴻章架起中國境內的第一條電綫，到甲午戰爭爆發，清政府的電報綫路已遍布二十二省區，以及朝鮮等地，甲午戰後又有所發展。

清政府於光緒三十一年創辦無綫電報，主要用於軍事，並規定外國人不准在中國境內私設無綫電報。光緒三十二年十二月又設立電政總局，專營電報、電話業務，由郵傳部監督管理。

清末郵電的創建，電綫、郵政的設置及管理，在檔案中都有詳細的記載。

第三節　清季鐵路及輪船

一、鐵路

中國鐵路的興辦，是在帝國主義爭奪在中國路礦權的刺激下發生的。帝國主義分子爲在中國奪取更多築路的權益，竟挖空心思在太液池西岸修建了一條示範鐵路，世稱紫光閣鐵路，這也是北京修建的第一條鐵路。這條鐵路南起中海瀛秀門外，沿中海西岸紫光閣東側向北，再沿北海西岸到鏡清齋。很顯然這條修建於禁園的鐵路，主要供皇帝后妃游樂，取悅於掌握中國實權的慈禧太后，以攫取更多的權益。

光緒初年，英人擅築上海至吳淞的鐵路，清廷以破壞風水爲名，不惜以銀二十八萬兩購回，廢置不用。光緒三年，有商人築唐山至胥各莊鐵路八十里，這是中國人自己修築的第一條鐵路。京張鐵路，以京奉路餘利舉辦，詹天佑躬親其役，絲毫不假外人，是中國自辦鐵路的模範。清朝末期，官辦的鐵路有京漢、京奉、京張、滬寧、正太、汴洛、道清、廣九、吉長、萍株、齊昂等鐵路，商辦的有浙江、新寧、南潯、福建、潮汕等鐵路。

清代檔案中有關於各地鐵路的規劃、修建、管理運營，以及郵傳部關於全國鐵路的規劃並圖說，還有爲修鐵路借外債中外交涉的文書。

二、輪船

鴉片戰爭後，在外國航運業不斷入侵的情況下，同治十一年，直隸總督李鴻章建議設立輪船招商局，以挽回江海航利。同治十二年（1873）正式成立，總局設在上海。分局設煙臺、漢口、天津、福州、廣州、香港、橫濱、神戶、呂宋等地，承運漕糧兼攬商貨，1885年盛宣懷改爲官督商辦。宣統元年（1909）歸郵傳部管轄。光緒末期，大小輪船公司次第興辦，到宣統三年，新設的、資本在一萬元以上的商辦輪船公司達一百八十一家（《清代全史》第十卷）。規模較大的有：張謇於光緒三十一年設立的大達輪船公司，虞洽卿等於光緒三十四年創辦的寧紹商輪公司，由陳昭常在宣統二年創辦的上海圖長航業公司，由盛昆山在宣統三年創辦的天津直東輪船公司。濱海內河，航路四通八達。

在清季郵傳部檔及有關大臣的奏摺和上諭檔、電報檔等官方檔案中，記載官辦輪船事務的比較詳細，有關民人商辦輪船的材料比較少。

第二十二章　商　業（T）

清代的商業貿易及其檔案

　　清統治者一貫采取"重農抑商"的政策，對商業貿易並不重視。對於那些有關國計軍需的行業，政府指定官商，實行壟斷經營，對有些行業雖允許商民經營，但政府控制很嚴。雖然清代商業較前代有很大的發展，特別是在康雍乾盛世時期，隨着大城市、名城鎮的出現，農村集市、墟場、廟會的繁榮，商品交換和貿易十分發達，但這些民間貿易活動卻很少在官文書中有所反映。清代官文書主要反映的是官方壟斷和控制的貿易，如清代前期的內地與邊疆的茶馬貿易，實行專賣的鹽鐵行銷貿易，與週邊藩屬國的封貢貿易等。1840年鴉片戰爭後，資本主義列強迫使清政府簽訂一系列不平等條約，總數達五十多個，這些條約中重要的一條便是強迫清政府開放通商口岸，以便傾銷他們的商品。開放的通商口岸從沿海到內河各口岸以及中外陸地邊界重鎮，都是中外貿易的基地。這樣國門大開，有關中外通商條約簽訂、口岸的開放，以及中外貿易情況和關稅徵收管理等，在清代官方檔案中有着大量的記載。

　　在外國商品貿易的刺激下，清政府為振興本國的商業，於光緒二十九年四月十六日下諭成立商部。諭旨中說："現在振興商務，應行設立商部衙門。"將路礦總局撤銷，路礦事務歸商部管理，並開辦商報館、商務學堂及京師勸工陳列所等。光緒三十二年在統一釐定官制中，又將工部併入商部，改為農工商部，成為掌管全國農工商政和農工商各項公司、局、廠等事的最高行政機關。

　　商部及農工商部為"振興工商"大計，先後制訂和頒布了一些工商法規，如《商會簡明章程》、《獎勵華商公司章程》、《重修鐵路簡明章程》、《商律・公司律》、《公司註冊試辦章程》、《商標註冊暫擬章程》、

《試辦銀行章程》、《改良茶葉章程》、《商律・破產律》、《獎給商勛章程》、《商船公會章程》、《出洋賽會章程》、《華商辦理實業爵賞章程》、《商業獎牌章程》、《大清礦務章程》、《儲蓄銀行則例》和《商辦鐵路公會章程》等。

有關商業貿易的檔案，主要有：①題本和奏摺及上諭檔中有關商業類文書中的記載。②清末的商部、農工商部和會議政務處的檔案，其中重要的有清末各省成立商務局、保商局及有關振興商務條陳章程等。檔案還記錄了一些實業的興辦，如粵東商人張振勳創辦煙臺釀酒公司，山西商人請購買機器，加工口內外毛貨，道員吳懋鼎興辦天津織造廠，蕪湖設立裕源織麻公司，商部籌辦的造紙公司，京城設立的電燈公司，盛京試辦紡織公司等，還有溥倫赴美參加賽會的奏報等。

在清末振興商業中，南洋華僑華商的倡導作用影響很大，在南洋地區，華人經營的商業，掌握著當地的經濟命脈。農工商部右侍郎楊士琦曾親往南洋考察商務，考察後他向皇帝奏報說："商務以新加坡、檳榔嶼為最繁，物產以小呂宋、爪哇、西貢、暹羅為最富，而經營墾辟全恃華人。故志南洋者，輒謂西人雖握其政權，而華人實擅其利柄。"

清政府對南洋地區十分重視，頻頻派官員去考察商務，主要是學習南洋的經商經驗，支持華商團結互助，求得商業更大的發展。如光緒三十二年五月，在考察外埠商務大臣張振勳等人的支持下，閩商吳世琦等聯絡各界華商，在新加坡正式成立了中華商務總會，得到清政府的批准並頒發了關防。另一方面是鼓勵僑商向本國投資，合作興辦實業，如候選道徐銳先後到小呂宋、新加坡、檳榔嶼等各埠集資招股，在上海辦起了輪船、銀行和保險三大公司。

在派員出洋勸商集資的同時，清政府進一步在國內開辦試驗場、博覽會，以便招商集資，興辦實業，如光緒三十三年，農工商部奏准在京興辦中央農事試驗場，對當時振興商業、興辦實業的活動產生了積極的影響。

第二十三章 天文地理（W）

第一節 明清時期的天文學

明清兩代都設欽天監，專門負責觀測天文氣象和編制歷法。清《光緒會典》載：欽天監"掌測候推步之政令，以協天紀，以授人時。凡觀象占驗、選擇時候之事，皆掌之"（卷七十七）。

觀測天文氣象，和當時人們的宇宙觀有着極爲密切的關係，人們的宇宙觀又和當時社會生產力和科學技術的發展水平緊密相聯。到了明代，由於封建君主獨裁統治的加強，中國的天文學曾經進入了一個低潮。明代後期，隨着社會生產力的發展，資本主義萌芽的產生和發展，強烈地衝擊着封建制度和封建理學，於是出現了李贄、王夫之等具有唯物主義傾向的思想家。人們從宋元理學唯心主義桎梏下解放的時候，天文學也得到了發展。萬曆十二年（1584），兵部職方郎范守已發明製造了一架渾象，引起人們很大的興趣，他又寫一本《天官舉正》。當時天文學的著作不斷出現，如朱載堉的《聖壽萬年歷》、邢雲路的《古今律歷考》、《戊申立春考證》等。正在明末天文學出現復興之勢的時候，歐洲的耶穌會傳教士來到了中國。1583年意大利人利瑪竇來華，首先傳入了托勒密的九重天思想、地球概念、星盤的構造和使用等天文學知識以及歐幾里得幾何學等數學知識。此後，歐洲古典天文學和古典數學知識陸續傳入。歐洲天文學傳入，受到徐光啟、李之藻等天文學者歡迎，他們研究歐洲天文學知識，介紹和翻譯了一些有關歐洲天文學知識的書，時任禮部侍郎的徐光啟等還曾和龍華民、湯若望等耶穌會士合作，編出《崇禎歷書》，但未及施用。

1644年清朝定鼎北京，耶穌會士湯若望乘機把他修改過的《崇禎歷書》獻給清政府。清政府決定采用，改名爲《西洋新法歷書》，並把據此編出的日用歷書名爲《時憲歷》，同時任命湯若望爲欽天監監正。湯若望深得清帝的信任，先後授太僕寺卿、太常寺卿、通政使並賜號"通玄教師"。（見《清史稿·天文志》等）但他屢遭楊光先的指控和反對，終於康熙三年（1664）在輔政大臣鰲拜對楊光先的支持下，以"謀爲不軌"的罪名被捕入獄。此後，清政府任用楊光先爲欽天監監正，於是廢《時憲歷》，復用已過時的《大統歷》和回歷。由於《大統歷》和回歷已經過時，幾年之中楊光先出現了數次差錯。康熙六年七月十七日，年僅十四歲的玄燁開始親政。康熙七年十一月，南懷仁上疏彈劾楊光先所頒歷書不合天象。康熙帝命諸大臣會同楊光先、南懷仁共同測驗，結果，回歷誤差較大，於是康熙帝當機立斷，廢除《大統歷》和回歷，重行《時憲歷》並將楊光先革職，任命南懷仁治理歷法。康熙八年，康熙帝又鏟除了擅權禍國的鰲拜集團。這時南懷仁趁機又進一步控告楊光先"依附鰲拜，捏詞毀人，致楊祖白等各官正法"、"誣告湯若望謀叛"、"推歷候氣茫然不知"等罪名，結果康熙帝准奏，對死於康熙五年的湯若望及被斬的五人賜以優恤，革職流外者仍舊起用。楊光先被擬斬，最後帝恤其年老，赦歸。

少年英明的天子爲湯若望等西洋人翻案，深深感動了在京的意大利傳教士利類思，他曾是湯若望的助手。葡萄牙傳教士安文思等，他們與南懷仁一起，向康熙帝上奏謝恩。所上奏本原件，至今仍保存在中國第一歷史檔案館。茲錄原文如下：

遠西臣　利類思、臣　安文思、臣　南懷仁等謹
奏爲
天恩難報事。臣等仰荷
皇上睿知洪慈，古今無兩者也。如楊光先誣告湯若望壹案，議政王貝勒九卿科道會同詳議：革職者復官，流徙者還土，歿者
賜卹。生者　頂
仁
昊天之恩，無微不照矣！惟是栗安當等貳拾餘人，久羈東粵，切念安當等半係柒拾、捌拾不等之年，其中拾餘人有通曉歷法，於順治拾陸年奉旨入國。禮部題請在案。至臣等自幼棄家學道，生雖西洋，歿則中國。自明迄今已將百年。世祖皇帝深知天主教無敝，故

賜堂

賜扁

御制碑文。屢次聖駕臨堂，容臣等各居本堂焚修。伏乞皇上垂浩大之恩，念安當等無辜之苦。

賜仍依

世祖皇帝時得生歸本堂，老歸本墓，以繼

世祖皇帝柔遠之仁，則諸臣有生之年，皆皇上再造之德也。伏乞

睿鑒施行。已經具呈禮部，未蒙代題。爲此具本謹具奏聞。

自爲字起至本字止，計貳百陸拾柒字，紙貳張

右謹奏

聞。

康熙玖年拾壹月貳拾日　　遠　西臣　利類思

　　　　　　　　　　　　　　臣　安文思

　　　　　　　　　　　　　　臣　南懷仁

（後附貼黃一紙，再後是滿文。）

批紅：這本內情節該部確議具奏。

（背面批紅爲滿文，同漢文意思）

（封面寫"奏"字，無印信）

以後南懷仁又奏請皇帝制造六件大型觀象臺天文儀器，即第穀式古典儀器——黃道經緯儀、天體儀、赤道經緯儀、地平經儀、象限儀（地平緯儀）、紀限儀（距度儀）。康熙十三年奏請刊行所主編之《新制靈臺儀象志》十六卷，同年陞任欽天監監正，加太常寺少卿銜。康熙十七年南懷仁又撰寫《康熙永年歷法》三十二卷，可預推數千百後年歷，奉旨加通政使司通政使銜。

因《西洋新法歷書》中有"圖與表不合，而解多隱晦難曉"的嚴重缺誤，於是康熙五十三年清政府決心命令欽天監組織大批監內外人員，重新修訂《西洋新法歷書》，康熙六十年完成了這項工作，結果修訂出《歷象考成》一書。它不僅改正了《西洋新法歷書》中圖與表不合等缺誤，而且

把歐洲古典體系的全部理論整理得較爲清晰、系統。乾隆七年（1742）又增修《歷象考成後編》，乾隆十七年又編修《儀象考成》三十二卷。《儀象考成》星表一直使用了好幾十年。但由於歲差和黃赤交角的變動，《儀象考成》星表的位置值必然誤差逐漸加大，所以到道光年間又進行了全天星表的測定，編成三十二卷的《儀象考成續編》。

道光六年（1826），在欽天監任職的最後一個傳教士葡萄牙人高守謙告病回國，從此以後，清政府就未再用西洋人了，《儀象考成續編》的編纂工作完全是我國學者自己完成的。

1840年鴉片戰爭以後，由於資本主義列強的侵略，中國封建社會逐步變成了半封建半殖民地社會。欽天監的天文工作已處於沒落階段，它的任務主要是推算歷書和監視"異常"天氣。在洋務運動中，恭親王奕訢於1866年提出，"洋人製造機器、火器等件，以及行船、行軍，無一不自天文算學中來"（《洋務運動》第二冊，第二十二頁），爲此，他奏請在京師同文館內增設天文算學館，招收三十歲以下的秀才、舉人、翰林等住館學習，以培養天文算學人才。在天文算學館設立的先後，1845年美國聖公會在上海創立的聖約翰書院中設立了天文科。1864年美國長老會在山東登州創立的文會館，也設有天文科。此外，1877年法國天主教會在上海徐家匯建立了天文臺。1894年，日本在臺北建立了測候所。1898年，德國在青島建立海岸信號局，後又在其中設立氣象測天所。1900年，法國天主教會又在松江縣建立佘山天文臺。列強在中國培養天文人才和建立天文臺，當然不是爲了發展中國的天文事業，而是直接爲侵華需要服務，但客觀上卻刺激了中國天文學的發展。1900年八國聯軍侵占北京後，德國侵略軍劫走了欽天監觀象臺上璣衡撫辰儀、渾儀、天體儀、地平經儀和紀限儀，法國侵略軍劫走了赤道經緯儀、地平經緯儀、黃道經緯儀、象限儀和簡儀，經過這場浩劫之後，清政府的欽天監已經名存實亡了。

第二節　明清時期天文檔案文獻

明朝時期的天文檔案，由於歷史的各種原因，已全部毀失殆盡，未留下隻字片紙。清朝的天文檔案由於清末八國聯軍的劫掠，也損失嚴重，現存於中國第一歷史檔案館的清代天文檔案可分二部分：一是欽天監的檔案，衹有九卷共三十五件；二是欽天監進呈皇帝的題本，約有二千三百八十一件，這些向皇帝報告天文氣象和進時憲書的題本，當時藏在內閣大庫，以後一直流存至今。現將主要內容綜述如下。

一、時憲書

時憲書俗稱"歷書"，每年二月初一日，欽天監以來歲時憲書式本進呈皇帝閱覽，皇帝閱准後便印制正式歷書。於"孟冬之朔"將來年時憲書進呈皇帝：其中繕錄滿、漢字御覽《時憲書》各一本，刷印滿、漢、蒙古字《時憲書》各一本，滿、漢字《七政時憲書》各一本，都是黃綾封面。同時進皇太后、太后刷印滿、漢、蒙古字《時憲書》各一本，刷印滿、漢字《七政時憲書》各一本，然後頒發給親王、貝勒、文武各臣。頒給親王的《時憲書》用紅綾面，頒給大臣的《時憲書》用黃紙面。十月初一日，王公大臣俱穿朝服在午門外行禮跪領。

《時憲書》中記載了每年中的節氣，全國各地日出日落的時刻，以陰陽五行、天干地支相配，推算出吉凶趨避。還專門記載了天體中金木水火土五星運行對人的影響等，是專門記載天文歷法的系統資料。

清代的《時憲書》現存於世的比較多。中國第一歷史檔案館存有自康熙元年（1662）至宣統三年（1911）各種時憲書數百冊。除《時憲書》和《七政時憲書》外，還有專門記載每次更次時的《中星更錄》一百一十二冊，以及《五星淩犯時憲書》、《七政經緯躔度時憲書》等。這批《時憲書》不論是鈔本還是刻本，不論是漢文字本還是滿、蒙古文字本，都字迹清晰，裝潢精美，堪稱是宮藏的珍品。

二、觀測天文氣象的文書

凡元日及立春、立夏、立秋、立冬，各以交節之時驗風、驗雷，三日後具題報告皇帝。這方面的題本較多。例如康熙十八年南懷仁（比利時傳教士）報告觀候天象事題本：

欽天監治理曆法加通政使司通政使仍加一級臣南懷仁等題爲觀候天象事。

竊照本年二月初九日甲戌申正二刻六分春分二月中，臣南懷仁謹按法預推得自春分至立夏，火星爲天象之主，水星次之。春分初旬內水星以四照照土星，立春前後寒風之氣相繼接，本旬內木星與金星相會，又土星以吉照每照日月及木金水諸曜主，本季栽樹播種得宜。又主火星害人物之情頓減，三月初三日以後，太陽太陰及金水二星以四照照火星主，各苗草木茂發，從穀雨至立夏諸曜互相照之象，主天氣多加暖熱，先冬收藏花草等宜出之以受諸曜之照臨。三月十六日及二十三日，太陰照太陽併火星之象，主雲雨中有電雷之氣，其餘主風雨之天象。本月十五、十七、二十二、二十五、三十日及三月初二、初八相近之日有驗。又據天文科該直五官靈臺郎貫善等呈報候得其時風從西北乾方來。臣等謹按占書曰，春分之中風從乾來，歲多寒，金鐵倍貴。合將天象圖一併進呈御覽，謹具題知。

康熙十八年二月初九日（監官署名蓋印）

附春分至立夏天象圖（文圖俱滿漢文合璧）。批紅"知道了"。

光緒時期欽天監報告觀測氣象的題本留存於世的比較多。一般如"本年三月二十五日丙子巳正一刻十一分立夏，四月節候得其風從東南巽方來。臣等謹按占書曰，立夏之節，風從巽來，其年大熟。謹據交節風臺，理合恭摺題聞"。

欽天監觀測月食的題本也很多，如光緒七年欽天監題報月食題本：

臣監欽遵御制《數理精蘊》推算得光緒七年，辛巳，五月初一日壬戌朔日，京師日食一分二秒初虧，卯初三刻四分十三秒食甚，卯正一刻二分十五秒復圓。卯正三刻一分五十二秒，又推算得山西、甘肅二省見食，俱在一分以上，例應救護。其盛京、山東、河南、陝西、四川五省見食不及一分，毋庸救護。至浙江、福建、安徽、江西、湖北、廣東、湖南、廣西、貴州、雲南、朝鮮、越南十三省，均不見食。

謹將見食省分時限時到所食分秒方位應先期具題,謹繪圖恭呈御覽。伏乞勅下禮部頒行直隸、山西、甘肅,至期一體救護。其盛京、山東、河南、陝西、四川五省見食不及一分,毋庸救護。

三、選擇時候和占卜方面的文書

清代凡遇有應行典禮,考其宜忌,都由欽天監選擇時候,凡修建壇廟、山陵、宮殿、城垣等重大工程,也要由欽天監選擇時日開工,結果形成了大量選擇時候的文書。

例如,光緒十七年七月初十日,欽天監爲景山壽皇殿修繕開工選擇時候題本:"欽天監爲選擇事。准欽派承修壽皇殿工程處片稱,恭查壽皇殿應修各工,本年方向相宜,亟應趕緊興修,以重要工,相應片行欽天監,務於七月十五日以前,擇吉知照本處,以便屆期開工,等因前來。本監敬謹擇得本年七月十四日丙子,宜用卯時開工吉。相應咨復貴處,查照可也。"

一史館現藏有選擇時候的文書很多,存於各全宗各類檔案之中。

此外,還有許多有關術數方面的文書。術指方術,數是氣數。我國古代以種種方術觀察自然界可注意的現象,來推測人和國家的氣數和命運。術數一般指星卜、卜筮、六壬、奇門遁甲、命相、拆字、起課、堪輿、占候等。術數在我國可謂源遠流長,遠在殷商時期,甲骨文中便有大量的占卜記載,以後歷代帝王都信奉術數之學。在清代檔案中記錄了不少有關帝后王公大臣看相占課的事迹,如"乾隆八字檔"、"攝政王載灃問卜占課案"、"崇陵風水堪輿記"等,欽天監檔案中也存有不少關於八卦和占課的文書,例如:

①八卦圖

  乾爲父 震爲長男 坎爲中男 艮爲少男
  坤爲母 巽爲長女 離爲中女 兌爲少女

卦象圖

  乾三連 ☰ 坤六斷 ☷
  震仰盂 ☳ 艮覆碗 ☶
  離中虛 ☲ 坎中滿 ☵
  兌上缺 ☱ 巽下斷 ☴

乾宮八卦　俱屬金
　　乾爲天　天風姤　天山遯　天地否
　　風地觀　山地剝　火地晉　火天大有
坎宮八卦　俱屬水
　　坎爲水　水澤節　水雷屯　水火既濟
　　澤火革　雷火豐　地火明(夷)　地水師
艮宮八卦　俱屬土
　　艮爲山　山火賁　山天大畜　山澤損
　　火澤睽　天澤履　風澤中孚　風山漸
震宮八卦　俱屬水
　　震爲雷　雷地豫　雷水解　雷風恒
　　地風升　水風井　澤風大(過)　澤雷隨
巽宮八卦　俱屬水
　　巽爲風　風天小(畜)　風火家(人)　風雷益
　　天雷無(妄)　火雷噬(嗑)　山雷頤　山風蠱
離宮八卦　俱屬火
　　離爲火　火山旅　火風鼎　火水未濟
　　山水蒙　風水渙　天水訟　天火同人
坤宮八卦　俱屬土
　　坤爲地　地雷復　地澤臨　地天泰
　　雷天大(壯)　澤天夬　水天需　水地比
兌宮八卦　俱屬金
　　兌爲澤　澤水困　澤地萃　澤山咸
　　水山蹇　地山謙　雷山小(過)　雷澤歸妹

……

②體用總訣

天道流行一陰一陽，陰陽迭運而分五行，五行精凝而爲五星，五星有淩犯合鬥，日月有合璧相鬬。五行有生剋制化，氣運有寒暑進退。故人生禀受陰陽五行，一動而吉凶生焉，禍福於茲見矣。上之若登極郊祀、營造宮殿陵寢、征伐大事，胥此考卜。次及冠婚、上官出行，士農商賈貿易，歸家移徙，入宅造葬等事，靡不考候日月五星。……

③占課

新正月辛巳日寅時子月將

坤命乙未占月令

　　空申辛　午未（命）申酉

　　重審後武伯　勾午申命巳　戌

　　逆間格丑亥酉（父子比）　蛇叩巳　辰　亥

　　後丑卯　卯寅（貴）丑字

課名"回陰三傳"：丑亥旬丁乘天後發用，事從內起，閉塞不明，心忙意亂，猶豫不決，中傳亥水又乘惡神惡將洩幹沖及支末傳，金神乘白虎占日逢四絕，土囚水絕金死，春令不吉。此課昔范蠡與越王后占得之，批云：多妨不虞，恐奸謀小人行險，至雨水節前後奸謀自然敗露。卦雖如此，逢兇化吉，暗有天神護佑，在來時逢寅木乘天乙貴人故也。

四、晴雨錄和雨雪分寸糧價單

光緒《大清會典》載：欽天監天文科"凡晴雨風雷雲霓，暈珥流星異星，皆察而記之"（見該書卷八十一·欽天監天文科）。欽天監每日觀察天氣，凡晴明風雨情形，都按日記注，匯錄於冊，叫《晴明風雨錄》，簡稱《晴雨錄》。每冊《晴雨錄》要繕寫滿、漢文字各一本，於次年二月初一日進呈皇帝閱覽。如雍正十年《晴雨錄》中，記載京城天氣陰晴情況："二月十一日，黎明有雪，至辰正二刻雪小，丑刻雪止。……"二月十二日，黎明天陰……""二月十七日，黎明天晴，至起更夜養心殿首領潘鳳來說，起更天晴至黎明。……"

清代自康熙時實行各地官員報告雨雪糧價制度以後，形成大批的雨雪糧價檔案。一史館現存有三萬多件全國各地的雨雪糧價記錄。

例如光緒十三年福建巡撫奏報臺灣地區雨雪糧價摺：

　　頭品頂戴留任閩浙總督兼管福建巡撫事臣楊昌濬跪奏，爲臺灣臺北二府光緒十二年秋季分晴雨糧價，恭摺仰祈聖鑒事。

竊照臺灣晴雨糧價歸內地核辦已奏報至光緒十二年夏季止，在案。茲據福建藩司張夢元詳，准署臺灣道陳鳴志將臺灣臺北二府光緒十二年秋季晴雨糧價開摺送司匯詳請奏前來。臣查得臺灣府城十二年七月份得雨二十四次，八月份得雨十次，九月分晴。臺北府城十二年七月份得雨十三次，八月份得雨十三次，九月份得雨二次。此外應縣得雨次數大略相同。其中上中下米價，臺灣府屬十二年七月份上米較六月份稍減，中下米與六月同，八月份上米較七月份稍減，中下米與七月同，九月份上中下米與八月同。臺北府屬十二年七八九等月，上中下米均與上月同。臣謹開單恭摺具奏，伏乞皇太后、皇上聖鑒。謹奏。

（硃批：知道了）

光緒十三年二月初十日

上述晴雨錄和雨雪分寸單，記錄了清代二百多年來天氣變化和水旱災害情況，從中可以研究出我國歷史上兩個多世紀的天氣變化規律，爲我國乃至亞洲制定環保規劃和發展我國農業，提供了有益的參考材料。

第三節 地 理

一史館現存關於地理方面文書圖籍，可分爲兩大類：一是清代的輿圖，二是水旱災異及地震方面的文書。

一、輿圖

清朝對版圖的管理十分重視。所謂"版"，就是記載人民戶籍的檔案、"圖"是地圖，是國家土地、山水的記載。清統治者深深認識到圖籍的重要性，所以在清朝政權基本穩定之後，便開始了大規模測繪地圖的活動。康熙時期曾聘用西洋傳教士，采用三角測量法，進行全國性測量繪圖活動，繪有《皇輿全覽圖》，這是中國繪圖史上的創舉。雍正時繼續測繪出《雍正十排圖》。在康、雍地圖的基礎上，乾隆時測繪出《乾隆十三排圖》，並令法國傳教士蔣友仁在巴黎雕刻爲銅板一百零四塊，至今仍保存在故宮博物院。

隨着輿圖的增多，清廷在宮內設立輿圖房，以專門收集和管理皇朝的輿圖。乾隆時將輿圖房的輿圖編目爲《蘿圖薈萃》，共四百一十八件，共分十三類：

①天文：如《天盤星斗圖》、《西洋天球圖》等。

②輿地：如《天下總圖》、《坤輿全圖》，以及各省地圖等。

③江海：如《海防圖》、《乾坤一統海防全圖》、《粵東沿海圖》等。

④河道：如《運河圖》、《星宿海河源圖》等。

⑤武功：如《大兵平吳應麒圖》等。

⑥巡幸：如《西湖行宮圖》、《山東界至金山路程圖》等。

⑦名勝：如《五臺山圖》、《四川峨嵋山圖》等。

⑧瑞應：如《嘉穀圖》等。

⑨效貢：如《荷蘭車圖》、《利米亞洲輿圖》等。

⑩鹽務：如《兩淮產鹽行鹽分合十圖》、《運城鹽圖》等。

⑪寺廟：如《南嶽廟圖》、《曲阜聖廟圖》等。

⑫山陵：如《泰陵圖》、《孝陵圖》等。

⑬風水：如《勝水峪吉地圖》、《五峰山風水圖》等。

以後隨着中外臣工測繪和進呈的輿圖不斷增加，宮中所存的輿圖也越來越多，至光緒時，輿圖房所存各類輿圖共二千五百四十八張。這些珍貴的輿圖雖經改朝換代，但基本上被保存下來，現存於中國第一歷史檔案館。

二、水旱灾異及地震文書

關於水旱灾異及地震方面的文書，主要爲各地總督、巡撫等地方官報告灾異的題奏文書，以及皇帝爲防灾、賑灾而發布的諭旨、廷寄等。文書中記錄清代各地發生灾害有恒寒、恒陰、水潦、霪雨、雪霜、冰雹、恒燠、恒暘、灾火、風霾、蝗螟、疾疫、地震、山頹等，常見的灾害有水、旱、風、雹、火、蝗、震、疫諸灾。檔案中關於黃河、長江、永定河等河海湖塘的水灾並進行防治的材料，十分詳細而且豐富，關於地震的情形，歷朝都有詳盡的記錄。

1959年，一史館曾編有《清代地震檔案史料》一冊，輯錄檔案一百六十多件，書中反映了清代直隸、奉天、安徽、山西、山東、河南、陝西、甘肅、四川、臺灣、廣東、廣西、雲南、新疆、青海、西藏等十六個省區從雍正十三年（1755）到宣統元年（1909）計一百七十四年間的地震情況，如地震波及的區域，地震的程度，以及所受的災害。各省區之下，依文件時序排列，查閱頗便，為研究我國地震史的重要材料。同時為我國的經濟建設和環境保護，特別是對修築鐵路、勘測廠址等基本建設，提供了原始的參考材料。

·專題研究·

清朝輿圖的繪製與管理

一、清代前期輿圖的繪製

（一）大一統清王朝的建立與清帝對輿圖的重視

清朝是我國最後一個封建王朝，它積歷代的統治經驗，實行高度的中央集權君主專制獨裁制度。皇帝是至高無上的，自稱授命於天，以天為父，以地為母，故又稱"天子"。統治者認為，天圓地方，中國居中，夷藩四邊，君臨天下，統馭華夏，撫綏萬邦。

中國自古以來就是一個統一的多民族國家，數千年來，雖政權更替，歷有分合，但中華統一的國家卻越來越鞏固。到了清代，我國的疆土得到了最後的奠定。今天我國現有的領土和海域，基本上是繼承清代的版圖，這可以說是清朝的一大歷史功績。

清朝統治者對版圖的管理十分重視。所謂"版"，就是記載人民戶籍的檔案，"圖"是地圖，是國家土地、山水的圖記。版圖歷來被認為是一個主權國家的主要憑證。所謂"國家撫有疆宇，謂之版圖，版言乎其有民，圖言乎其有地"（《清史稿》卷二八三）。清統治者深深認識到圖籍的重要性，所以在入關之前就成立了文館，重用漢族官僚和知識分子，廣為搜羅明朝的圖籍檔案，以便總結明朝統治的經驗教訓。

1644年，清軍入關定鼎北京後，經四十多年的統一戰爭，始建立起大一統的清王朝。清初雖在戎馬倥傯之際，統治者仍不忘記收集明朝的圖籍。順治五年九月曾以纂修明史的名義，諭令京內六部、都察院等衙門，在外督、撫、鎮、按及都、布、按三司等衙門，將有關明朝的檔案"作速開送禮部匯送內院，以備纂修"（《順治實錄》卷四十）。康熙四年十一月再次諭令禮部："爾部即再行內外各衙門，將彼時所行事迹及奏疏、諭旨、舊案俱著查送。……其官民之家，如有開載明季時事之書，亦著送來，雖有忌諱之語，亦不治罪。爾部即行作速傳諭行。"（《康熙實錄》卷六十）根據皇帝的諭令，各地陸續收集到許多明朝的檔案圖籍，送交清廷，存於內閣大庫，現存於中國第一歷史檔案館三千多件明朝內閣、兵部、禮部等國家機關的檔案和圖籍，基本上都是清初爲修明史而搜集來的。需特別指出的，在這批明檔中，有一批珍貴的明代地圖，如《大明混一圖》，爲洪武年間繪制，縱三百四十七厘米、橫四百五十三厘米，爲當時最詳細的中國地圖和亞洲地圖，其幅面之大、繪制之精，居我國古地圖之冠。清廷收存後，爲體現其滿洲貴族的統治地位，將漢文地名統一用浮籤換成滿文地名，漢文"大明混一圖"改爲滿文的"Dai Ming Gurun i Uherilehe Nirugan"。再如明萬曆年間刻制的《廣輿圖》、《九州山鎮川澤全圖》以及明萬曆三十三年徐必達進呈的《乾坤一統海防全圖》，也極爲珍貴。

（二）康雍乾三朝測繪輿圖的活動

清朝自順治迄康熙的前半期，基本上處於統一全國的戰爭狀態中，無暇顧及測繪全國新地圖的工作，及至康熙四十七年（1708）全國基本平定之後，纔開始全國範圍的大規模測量繪圖工作。

康雍乾三朝測輿圖的具體活動見本書前文《18世紀西洋人在測繪清朝輿圖中的活動與貢獻》。

二、清王朝對輿圖的管理

（一）清宮輿圖房的設立及其職掌和職官

康熙中葉以後，隨着全國大規模測繪活動的開展，康熙帝特命在宮內設畫圖處（又稱輿圖處），以便召進中外人士繪制皇帝交辦的各種輿圖。畫圖處爲一臨時機構，圖繪完後機構便撤。以後隨着中外臣工及西洋傳教士呈進輿圖的日益增多，又在宮中設立了輿圖房，初在養心殿旁，後遷白虎殿後，屬內務府養心殿造辦處管理。

　　輿圖房是專門收集和管理皇朝輿圖的機構。《清宮史續編》卷九十七載："輿圖房掌圖版之屬，凡中外臣工繪進、呈覽後，藏貯其中。"卷一百又載："輿圖房隸在禁廷，典守綦重。自夫金石櫎傳，宣賫臣工而外；茲則珍藏什襲，卷幅充盈，實河雒觀現象以來未有之秘篆也。"據《十朝詩乘》載："宮中有輿圖房，藏疆吏所進山川、疆野各圖，旁及邊荒更塞，凡萬餘種。"輿圖房在造辦處西南，有黃琉璃瓦房三間。《十朝詩乘》載："康乾時，兩次命儒臣將所進輿圖萃集成冊，題曰《蘿圖薈萃》。仁宗復命翰林官續加考定，編入宮史。法梧門（式善）預焉。有詩雲：'吾嘗纂宮史，日侍輿圖房，輿圖十萬卷，堆滿三間房。'"

　　輿圖房的主要職責是：①爲皇帝收存中外臣工所進呈的各類輿圖。②隨時爲皇帝閱覽提調輿圖。③負責皇朝輿圖的整理、編目和安全保管。④負責日常的輿圖的繪制、縮摹和修裱工作。

　　關於輿圖房收集輿圖的職能活動，我們可從輿圖房檔案中看到一些。例如：《天下輿圖總摺》記載了康熙、雍正時期輿圖房收集、管理輿圖的情況：

　　"康熙二十四年二月十四日外進直隸總圖一張。"

　　"康熙二十六年九月二十六日外進黃河圖一軸。"

　　"康熙三十一年五月十三日保和殿交來大明一統混一圖一張。"

　　"康熙四十五年十一月初四日奉旨交來黃河源圖一張。"

　　"康熙四十八年十一月初四日本房傳旨交來直隸宣府地輿圖一張，直隸居庸關圖二張，直隸南山圖二張，直隸宣府鎮圖二張，海子圖一張。"

　　"康熙五十二年九月二十二日熱河帶來高麗圖三張。"

　　"康熙五十六年四月初二日西洋人德里格進西洋地里圖五卷。"

　　"康熙五十八年四月十一日懋勤殿太監蘇佩升交來西洋坤輿大圓圖一張。"

　　"康熙六十年正月初七日太監陳福交來西洋印圖七張。"

"康熙六十一年十二月二十五日養心殿交來娑婆界圖一分，西洋地輿圖一本，木板刷印圖三張。"

"雍正十一年十月十九日軍需處交出八旗陣式紙樣圖十三分。"

等等。

清內務府《活計檔》記載了乾隆朝及以後各朝輿圖房的職能活動情況：

乾隆二十五年十一月二十三日，"郎中白世秀來說，太監胡世傑傳旨：'著輿圖房查有祥瑞名圖呈覽。欽此。'"十一月二十九日"郎中白世秀、員外郎金輝將輿圖房收貯《海洋清晏》手卷圖一卷，持進交太監胡世傑呈覽。奉旨：'將此圖留下，其輿圖房所有收貯輿圖，陸續預備呈覽。欽此。'"十二月初六日，"郎中白世秀、員外郎金輝來說，太監胡世傑交西洋圖七張，傳旨：'將此圖歸入擺水法殿圖一式呈覽。欽此。'"

乾隆皇帝為了宣揚大一統清朝的版圖和展示一些御覽過的得意之圖，還經常將一些圖交輿圖房進行縮摹和壓印。據《養一齋文集內府輿圖縮摹本跋》載："國朝內府輿圖，金匱錢氏縮為小本"，以便賞賜大臣或陳設宮中各處。例如，造辦處《活計檔》記載，"乾隆五十九年五月二十一日筆帖式百福持來報單一件，內開四月二十一日內監鄂魯里傳旨：'將西域戰圖壓印一分。欽此。'"乾隆五十九年六月二十一日，銅版處"將壓印得安南戰圖二百十九份分發各處陳設一摺持進，交太監鄂魯里隨晚活具奏。奉旨：'西域戰圖再壓印十九份，金川、臺灣、安南三處戰圖，各壓印二十份，其安南戰圖分發各處陳設。二百十九份內照例裱冊頁二十五冊入匣圖二十四份，廓爾喀戰圖刊刻得時照前壓印圖二百三十九份，內亦裱冊頁五十二冊入匣圖二十四份，餘知道了，欽此。'"

輿圖房在康熙時期由內務府大臣直接管理，到了雍正初年，就歸養心殿造辦處管理了。據雍正朝內務府《活計檔》載，造辦處設有輿圖房、活計庫、錢糧庫以及如意館、金玉作、鑄爐處、玻璃作、做鐘處、砲槍作、鞍甲作、琺瑯作、盔頭作、油木作、燈裁處、匣裱作、弓作、銅鍍作等十四個作坊，集各行業的能工巧匠，分別服役於各處，為宮廷制造器物。據現存輿圖處檔冊可知，凡輿圖處造報輿圖目錄，都要經造辦處主管官員審核，再加蓋滿漢文合璧"養心殿造辦處圖記"印章後，纔能呈皇帝閱覽。

輿圖房設有郎中、員外郎、催長、制圖匠役若干人。

輿圖房爲了收存這些輿圖，不但設有專門庫房，而且還將每件圖冊加以裝置，整理編目後安放於櫃架之中，例如內務府《活計檔》記載："雍正六年正月初四日，首領太監李統忠傳做盛輿圖杉木箱二個，十卷全圖杉木箱一個。記此。於正月十七日，做得長三尺九寸、寬一尺二寸、高一尺一寸杉木胎油面氈裏箱二個。長二尺八寸、寬一尺、高五寸杉木胎油面氈裏箱一個。郎中海望、員外郎沈崳交太監李統忠持去。訖。"又如"雍正六年十一月二十八日郎中保德、海望、員外郎沈崳傳旨：'著將萬年吉地圖樣一分，配做毛竹筒盛裝，筒外做黃布夾套一件。記此。'於本月初二日，做得竹筒一件，黃布夾套一件，交柏唐阿李六十用。旋。"

（二）輿圖房所藏輿圖的分類及其價值

輿圖房對輿圖的整理，在康、雍時期衹是以時序登記，順排於庫房架閣之上，如現藏於檔案館的《天下輿圖總摺》，便是當時所藏輿圖的總目錄。隨着輿圖的逐漸增多，僅按時序編排目錄，檢閱頗爲不便。所以，在乾隆二十五年（1760）諭命阿里袞、裘日修、王際華等人赴造辦處，別類分門編制目錄，對輿圖房檔案徹底整理一次。

據清宮《活計檔》記載：乾隆二十五年十二月初四日，"郎中白世秀、員外郎金輝來說，太監胡世傑傳旨：'著裘日修、王際華赴造辦處會同阿（里袞）、吉（慶），將所藏輿圖照依齋宮冊頁辦法一樣歸類，編定次序，繕寫清摺二份呈覽後，一份交懋勤殿，一份交造辦處收貯，以備隨時覽閱。欽此。'"

當時輿圖房所藏輿圖的情況，可從乾隆二十五年十二月初五日造辦處上皇帝奏摺中看出："查得輿圖房檔內所載各項輿圖共計九百五十八件，業已經陸續呈覽訖。今又查出檔內未載輿圖共二百九十一件，內齊全者八十四件，潮濕霉爛者一百零七件，一併恭呈御覽。俟呈覽後，應如何粘補修理以及分類編定次序之處，容臣等詳細辦理，會同裘日修、王際華另行具奏。"乾隆帝閱摺後批道："知道了。其餘輿圖齊全者歸爲一式呈覽，霉爛者歸爲一式呈覽。欽此。"（內務府《活計檔》）

造辦處和阿里袞等得到皇帝的具體指示後，即開始進行輿圖的分類整理工作，分類是按照"君臨天下，統馭萬方"的思想和便於查用與保管的原則進行的。經過近一年整理編目，輿圖房所存六百八十四種輿圖，全部整理完畢。其中重要的、繪畫完備的圖，共四百一十八件，分爲一十三類，編爲《蘿圖薈萃》一冊，"雜項圖樣、無關輕重及重復者，計一百九件，繪畫裝潢尚屬整齊，應請別爲收貯。其餘重復、破損霉爛缺略不全者，計一百五十三件，似無庸存貯"（見阿里袞等奏摺，存宮中檔《硃批奏摺》文教類）。

根據《蘿圖薈萃》所載，輿圖的具體分類是：

1. 天文，共二件

"天盤星鬥圖一張。"此乃記載日月星辰的方位注歲月之節候圖，"西洋天球地球圖一份十六張。"

2. 輿地，共二百五十八件

其中天下總圖十三件，盛京二十四件，直隸十五件，江南十二件，江西十四件，浙江二十五件，福建三件，湖廣二十五件，河南十件，山東七件，山西十件，陝西十一件，廣東二十五件，廣西十二件，四川八件，雲南七件、貴州六件、藏衛蒙古回部朝鮮等處三十一件。例如"坤輿全圖一張"，是康熙三十三年（1694）由法國巴黎出版的東西兩半球圖。是圖序曰："窮此疆，察爾界……天下之山河曲折，道里之遠近，悉繪入坤輿全圖。"是圖記載之詳，可與利瑪竇的坤輿萬國全圖相媲美。

再如"十五省絹圖一份十五張"、"直隸全省圖一張"、"宣府鎮圖一張"、"太原府圖一張"等，都是反映各省、府、州、縣之山川道里或行政區分的圖，雖有些地圖忽於測量，殊欠精密，然其重於考據，亦是不可忽視的地域圖。

3. 江海，共三十九件

這部分收存的主要有兩類圖。其一，海防圖。主要繪制沿海險要並防守情形以及巡洋道路圖，如明代萬曆三十三年所繪的"明徐必達海防全圖十幅"、"粵東沿海圖一卷"等，是研究明清時期邊防制度的重要資料。其二，營汛圖。《乾隆會典》卷六十三載："凡營制，相都邑之沖會、山川之險要，設戍置兵，以綏靖嘉師，控馭遐裔。"《嘉慶會典》卷二載："設營汛墩堡，以控制險要，令各分兵而守之。"各種營汛圖，如"江海墩臺營汛全圖一卷"、"福浙兩省江海砲臺式樣圖一卷"等，繪制了地方各種防禦設施，是研究清代兵制的第一手資料。

4. 河道，共四十五件

康、乾兩帝測繪地域疆界的同時，仍不忘考證江河之流脈。例如"星宿海河源圖一張"、"運河圖一卷"等，考證有據，繪制精細，是我們研究地理所必讀之佳作。另外，治河爲清代要政，其政績可於河海工程圖中知之，《嘉慶會典》卷二注："河工報銷及各項營建工程，例應繪圖繕冊隨本進呈。"例如"龍門高堰大坎圖一張"、"高堰石工全圖一卷"等，均爲海塘工程圖，是研究清代水利河工的重要資料。

5. 武功，共十件

武功圖爲清軍圍攻守陣之戰略圖，例如"大兵平吳應麒圖一張"即爲康熙十八年清軍圍攻吳應麒之陣勢圖。圖上岳州城東門注"吳應麒"，城周繪有營盤，注"提督綠營"，更於荆河口、洞庭湖等處繪兵船多隻，作進攻之勢，上注"大兵糧船"、"大兵沙船"字樣。

6. 巡幸，共三十一件

清帝巡幸，或爲謁陵，或爲"省方觀民"，乃一代盛典。凡經臨之地及駐蹕之所，皆繪圖呈覽。有繪御道者，率依巡幸程站，分段繪制而互相接連，每站有圖有說。圖其程站起訖，經臨地方；說其途程道里、名勝古迹及各項典禮。有繪行宮御營者。清制，凡輦路所經，則建設行宮，借備巡幸駐蹕之所，其坐落地盤則載於圖。無行宮者，由向導處籌設營，飭所在有司修築地盤，以爲安設大營之地。御營圖即繪幔城綱城及其地盤，例如"西湖行宮圖一卷"、"山東界至金山路程圖並說二十六冊"等。

7. 名勝，共三十一件

名勝圖所繪多爲名山勝水道里圖，如"五臺山圖一張"、"四川峨嵋山圖一軸"、"嵩山圖二張"，等等。

8. 瑞應，共二件

瑞，乃吉祥、祥瑞之意。瑞應圖反映了農業豐收的好景象。據雍正七年貴州巡撫張廣泗繪進"嘉穀圖一張"圖中講："貴州巡撫張廣泗奏稱：'……黔省各屬及新闢苗疆，今年皆風雨應時，歲登大有。所產稻穀粟米之屬，自一莖兩穗至十五六不等……實從來所未見，特將瑞穀呈覽，並繪圖附進。'……"

9. 效貢，共四件

效貢圖爲外國使臣入貢禮品的圖式，例如"荷蘭車圖一張"、"利末亞洲魚圖一卷"，等等。

10. 鹽務，共四件

鹽務圖所繪爲我國鹽業生產、運銷的情況，如"兩淮產鹽行鹽分合十圖一卷"、"運城鹽圖一張"，等等。

11. 寺廟，共十八件

寺廟圖主要爲神廟佛寺道觀之屬，附以聖賢祠廟冢墓圖。此種圖多因巡幸或出征告祭而作，例如"南嶽廟圖一張"、"泰山廟圖二軸"、"曲阜聖廟圖一軸"等。

12. 山陵，共四件

山陵圖所繪爲明清帝王陵寢昭穆之次第及陵寢規制，如泰陵圖一張、孝陵圖一軸等。

13. 風水，共八件

風水圖所繪爲葬地山川龍脈。考清制帝王陵寢，於入承大統之後即行選定。《宣宗實錄》卷二十三載："道光元年九月己酉諭：國家定制，登極後即應選擇萬年吉地。"風水圖是堪輿家選擇萬年吉地時所繪，如勝水峪吉地圖一軸、五峰山風水圖一卷等。

輿圖房次等各圖共一百零九件，亦列目呈皇帝閱覽。皇帝看後認爲有些圖可入上等，如《貴州苗子圖》二張、《藏圖》一張目下，均貼黃條簽注："二十六年十月十七日呈覽，著歸入上等。"《海翁漁圖》一卷、《山兜圖》一張、《船樣圖》三張、《江船紙圖》一張，在各條目下均貼黃條簽注："二十六年十月十七日呈覽。留中。"（宮中檔《硃批奏摺》文教類）

《蘿圖薈萃》編匯了有清一代輿圖的精華，它的整理分類原則及方法，奠定了整個清代輿圖管理的基礎。乾隆二十六年輿圖分類編目後，阿里袞、王際華具摺奏稱："臣等辦理造辦處上等輿圖四百一十八件，分爲一十三類，繕寫圖目，裝成巨冊，恭識跋語於後，進呈御覽，並請嗣後如有續發之圖，隨時交該處另行登記。俟件數稍多，再分類辦理。"此奏於乾隆二十六年十二月二十七日交奏事太監高升轉呈。乾隆皇帝看完摺後，十分高興。當時批示："知道了。大本圖目前後用御覽寶，交乾清宮陳設。著再辦見方一尺圖目二冊：一交懋勤殿，一交造辦處存貯。欽此。"（宮中檔《硃批奏摺》文教類）御覽圖目現存於中國第一歷史檔案館，該圖目編制極爲精美。圖目後有阿里衮、福隆安、裘日修等所寫跋語："乾隆二十有六年春，奉敕交臣等查勘，謹別類分門，列爲目錄。臣等盥手披閱，仰見我朝幅員之廣，古莫與京。而我皇上顯謨承烈繼述之隆，於斯尤著。蓋自世祖章皇帝，撫有中原，八方混一。暨我聖祖仁皇帝削平僭逆三藩，以次底定。我世宗憲皇帝安輯蠻夷有苗來格倮僇猺僮獻地歸流，猗與盛矣！經營締造之績，山川厄塞，略具於圖。顧西北准噶爾一部，獨自遺於大化，力脅諸回夷，恃險跳梁，屢征旋叛。今觀圖繪所及，自巴里坤以至伊犁、葉爾羌、喀什噶爾、布魯特、安集延皆繪有成圖。蓋當時詢之俘囚，訪諸戍卒，以知其險易近遠，以資籌策。然百聞不如一見，以視今日者二萬里餘……我皇上特命大臣親往測量，方輿、道里、分野、度數其詳核較舊時圖繪迥然不侔。然存之以備參稽。於此知我皇上豐功偉績，聖算神謨，皆本兩朝之遺志而繡成之。……"（《蘿圖薈萃》跋）

乾隆六十年，王傑、福長安、董誥、彭元瑞又將乾隆二十六年以後，續貯輿圖房之皇朝所繪及中外臣工所進重要輿圖，依類目編纂成冊，是爲《蘿圖薈萃續》。該圖目共爲九類：

1. 輿地，共十三件

皇輿全圖四套，皇輿方格全圖十卷，皇輿斜格全圖四卷，皇輿十排全圖十卷，大清中外全圖一張（含中國十五張、外國十五張，共三十一張），盛京圖五卷，盛京事績圖五卷，浙江各府圖一分十一張，江西封禁山圖一張，青海全圖一張，後藏圖一張，促浸拉全境圖一張，額集爾至墨斯克瓦控喀爾道路圖一張。

2. 江海，共四件

萬里長江圖一卷，浙省江海塘圖一卷，閩海關六口全圖一冊，東洋南洋海道圖一卷。

3. 河道，共六件

潼關至海黃河圖一卷，京師至杭州河圖一卷，豫東黃河全圖一卷，正陽迤東淮河圖一張，御制灤河濡水源考證並圖一張，灤河圖一張。

　　4. 武功，共五件

西師平定伊犁回部全圖一分三十四張，回部得勝圖十八張，御筆平定兩金川得勝圖十六張、詠一冊，平定臺灣戰圖十二張，湖北水操陣勢全圖二冊。

　　5. 巡幸，共十三件

山東御道總圖一套，山東德州起至郯城縣路程圖並志略二十八冊，山東運河水營全圖一卷，江南龍泉莊至吉慶寺大營站圖十六冊，江南龍泉莊至金山行宮站圖十二套，香阜寺行宮圖一張，天寧寺行宮圖一張，高旻寺行宮圖一張，金山寺行宮圖一張，焦山寺行宮圖一張，金山至江寧府程站圖三冊，杭州省城行宮圖一卷，西湖行宮圖一卷。

　　6. 名勝，共八件

江南名勝全圖一冊，江寧府名績圖一冊，蘇州府名績圖一冊，浙江名勝四十一景圖並說三冊，浙江省城西湖名勝圖一卷，西湖各景全圖一卷，西湖道里圖並說五卷，海寧州安瀾園圖一卷。

　　7. 效貢，共二件

班禪額爾德尼入覲自西藏至塔爾寺路程圖二張，諸奇趣水法圖一分二十張。

　　8. 寺廟，共四件

至聖林圖一軸，至聖廟圖一軸，伊犂廟圖二張，地盤圖二張。

　　9. 山陵，共三件

永陵圖一件，昭陵圖一件，福陵圖一件。

以上共列圖目五十七條。圖目後有王傑等人寫的跋語："蓋圖籍伊古所重，而沿革與時咸宜，或前之所具而後更擴而大之，或彼之所具而此更化而裁之，皆時之爲之也。我國家版宇之廣，典章之富，皇上政治之祥，勛業之大，具見前諸圖者。……溯初纂至今，閱三十有四載。四幸陪都而歌豳詠鎬事績於是益顯焉，六臨江浙而籌河觀海平成於是益奏焉。至再定金川以下諸戰圖，尤爲鏗鈞炳耀，足以摹金石而勒鼎鐘。……圖件視前雖僅什之二，而拓之彌遠，密之彌精……臣等盥閱排類，依前門目匯爲續冊。敬循前編之例，歡喜鼓舞，恭綴言於簡末。"（《蘿圖薈萃續》跋）

三、輿圖房所存輿圖的管理與流傳

清朝歷代皇帝對輿圖的管理十分重視，對造辦處輿圖房訂有嚴格的管理制度。輿圖房所存輿圖，以《蘿圖薈萃》及《蘿圖薈萃續》爲基本賬目。以後每年一次，將新收、開除的輿圖呈明存案。每五年將收貯各項輿圖按舊管、新收、開除、實存細數匯總分析，造具清冊二冊，鈐用"造辦處印信，一本交檔房存案；一本交輿圖房貯庫備查"。（見造辦處檔冊一八○一號）例如：

①《輿圖房嘉慶九年正月起至嘉慶十三年十二月底止庫貯各項輿圖清冊》載：舊存圖二千五百四十一件，包括《蘿圖薈萃》所錄十三大類、八百五十二件和《蘿圖薈萃續》所錄九大類、二百七十七件，新收圖一件，共實存圖二千五百四十二件。

②《輿圖房道光二十二年正月至二十四年十二月底止庫貯輿圖清冊》載：舊存圖二千五百四十七件，包括《蘿圖薈萃》及《蘿圖薈萃續》所錄一千一百二十九件。新收香山畫圖橫披一張，共實存圖二千五百四十八件。

③《光緒二十二年皇輿全圖並各式圖章等細數實在清冊》載，包括《蘿圖薈萃》及《蘿圖薈萃續》所錄一千一百二十九件，共實存圖二千五百四十八件。

1911年辛亥革命後，清宮輿圖仍存宮內。直到1925年故宮博物院成立，將宮中輿圖及檔案逐步清點，交由博物院圖書館下的文獻館管理。以後文獻館幾經易名更屬，演變爲今天的中國第一歷史檔案館。

20世紀30年代文獻館對清宮輿圖進行了整理，認爲："惟考各類輿圖，除一部分關係輿地外，他如武功、巡幸、瑞應、效貢等，皆關係有清一代之各種史料。若統稱輿圖，則循名失實。爰就其內容，厘爲五種：一、關係地理者；二、關係史事者；三、關係武備者；四、關係典制者；五、關係工程者。"（劉官鍔《內務府輿圖房藏圖紀要》）並參照《蘿圖薈萃》舊目略加增減，編纂《清內務府造辦處輿圖房圖目初編》。該編收圖近四千三百件，分爲十三大類，即輿地、都城宮苑、風土、江海、河渠、武功、巡幸、名勝、瑞應、效貢、寺廟、山陵、風水，並附圖目於後。該編與《蘿圖薈萃》有幾點不同：首先，京城各圖，《蘿圖薈萃》入輿地類，文獻館認爲："此種圖，皆城郭宮室之屬，與其他輿圖繪郡國山川者不類，考新唐書藝文志以三輔黃圖洛陽宮殿簿等書，冠於陸澄地理志之前，四庫書目以三輔黃禁扁二書別爲一類，題曰宮殿疏。冠於總志之前。雖屬專制時代尊王之義，亦因其實與普通地志有別故也，通志藝文略地理類有都城宮苑一子目，今仿立此目，將京師各圖，別出於輿地之外，自爲一類。"

其次，各種風俗圖，《蘿圖薈萃》入輿地類，文獻館認爲："此非爲山川地理而作，因別爲一類，題曰風土，次於都城宮苑之後。"

再次，河工、水閘、稻田、水利諸圖，《蘿圖薈萃》將其與河流統歸河道類，文獻館認爲："此不僅關於河道，依四庫總目之例，改題曰河渠。"等等。

此外，該編還依據乾隆大清一統志皇朝行政區域及圖表的次第，對輿地、風土、名勝等類圖之排列做了規定。

20世紀60年代，中國第一歷史檔案館對原輿圖房輿圖及當時收集到的清宮其他各類輿圖歸併整理，編制《內務府輿圖目錄》二冊，共著錄一千九百四十五條，對原輿圖分類也做了相應調整。除保留天文、輿地、名勝、寺廟等類名外，將"江海"、"河道"二類歸併爲"江河湖渠"一類，"武功"改爲"軍務戰爭"，"行宮"改爲"水陸路程"，"山陵"改爲"陵墓"，"鹽務"、"風水"、"瑞應"、"效貢"、"巡幸"都併入"其他類"，增加"礦廠"、"建築"、"慶壽"三個類，共十四個大類。把現存的《內務府輿圖目錄》，逐條與《蘿圖薈萃》及歷朝的輿圖房清檔目錄核對，發現清朝輿圖房所藏的二千五百四十八件珍貴輿圖，大部分被保存下來。如天盤星斗圖、世界坤輿全圖、亞西亞洲圖、毆羅巴洲圖、亞非利加洲圖、亞墨利加洲圖、大明混一圖、皇朝輿地全圖、大清一統天下圖、中國全圖（原名天下全圖）、皇輿十排圖（原名皇輿方格全圖）、乾隆十三排皇輿全圖、乾隆十三排銅版皇輿全圖、明徐必達海防圖、星宿海河源圖、黃河發源圖、荷蘭車圖、利末亞魚圖、泰山圖、南嶽廟圖、京城全圖，等等。現在，這些輿圖存放在專門的檔案庫房裏，庫內常年達到恒溫恒濕，並有專門的安全保護措施。對破損的輿圖，逐步進行了修裱，目前一史館正有計劃地對所有輿圖進行照相複制或臨摹複制，以後對讀者只提供複制件閱覽，原件則密封保存，以使這部分珍貴文化遺產能世世代代保存下去。

第五編
明清檔案的管理

第二十四章　明清檔案的流傳變遷

明清王朝由於具有完備的文書制度，因而形成了大量的檔案。當時爲了保存這些檔案，設有內閣大庫、皇史宬及各部院的檔房等，專貯中央衙門的檔案，各地設有架閣庫專藏地方機關的檔案。但是，這些豐富的檔案並沒有完全保存下來。長期以來，由於政權的更替、戰爭的焚劫以及霉爛蟲蛀，明清檔案損失相當嚴重。明朝檔案大部分毀於明清戰火之中，留存下來的一小部分，多是清初修《明史》從各處徵集來的。清朝檔案在鴉片戰爭以後，曾多次被外國侵略者所焚劫。咸豐十年（1860）英法聯軍侵入北京，圓明園內檔案庫全部檔案被洗劫一空。光緒二十六年（1900）八國聯軍侵占北京，清廷中央各部院衙門的檔案，大部分遭到破壞和劫掠，翰林院的圖書檔案全部被毀於火。禮部和理藩院所藏二百多年的檔案，被八國聯軍分贓肢解，至今下落不明。皇史宬收藏的《實錄》、《聖訓》被劫去五十一函，計書二百三十五卷，被污損的圖書總計一千三百餘卷。在搶劫檔案方面，老沙皇最爲瘋狂，在我國東北地方同時搶走了黑龍江將軍衙門、寧古塔副都統衙門、阿拉楚喀副都統衙門和琿春副都統衙門等的所有檔案，1949 年中華人民共和國成立後，蘇聯政府纔將這些檔案移交給我國。其他沿海邊疆的清朝地方政權檔案，也屢次遭到帝國主義侵略者的搶掠或焚毀。到了清末，腐朽的清政府在朝不慮夕的情況下，對檔案任意損壞和焚毀。據現存的《清查北廳紅本檔》記載，在光緒二十五年（1899），就有四千五百餘捆的霉爛檔案被運出焚化。

紫禁城內典藏檔案秘籍的內閣大庫，由於年久失修，牆倒滲漏甚爲嚴重，直到宣統元年（1909），纔不得已動工修繕，於是將庫藏書籍和部分檔案移往內閣大庫對面的文華殿，大部分檔案仍存於庫內。當時管理學部事務的大臣張之洞奏請以大庫所藏書籍設立學部圖書館，其餘檔案擬予焚毀。學部官員羅振玉在交接事宜中，發現擬焚之件多爲珍貴史料，於是請求張之洞停止焚毀，將這些檔案也撥歸學部管理。當時移出大內的檔案約二百多萬件，分別存於國子監南學和學部大堂後樓。民國建立以後，北洋政府對這部分檔案任意糟蹋和盜竊。最初，這批檔案落在教育部所屬的歷史博物館籌備處之手，當時一些達官貴人、官僚政客，借整理爲名，大肆盜竊珍版秘籍，攫爲己有。魯迅先生曾寫《談所謂"大內檔案"》一文，進行了深刻的揭露和批判。當時魯迅先生在教育部社會教育司任職，他對這部分檔案十分重視，曾親自參加這部分檔案的清理。他記述當時的情形說："我們後來又看了兩天，麻袋的數目，記不清楚了，但奇怪，這時以考察歐美教育馳名的Y次長，以講大話出名的C參事，忽然都變爲考古家了。他們和F總長，都'念茲在茲'，在塵埃和破紙邊離不開。凡有我們撿起在桌上的，他們總要拿進去，說是去看看。等到送還的時候，往往比原先要少點，上帝在上那倒是真的。""說也奇怪，好幾個嶄新的留學生又都忽然變成了考古家了，將破爛的紙片、絹片塞到洋褲袋裏——但這是傳聞之詞，我沒有目睹。"他最後指出："中國公共的東西，實在不容易保存。如果當局者是外行，他便將東西糟完，倘是內行，他便將東西偷完。"①

1921年歷史博物館因經費困難，除自留一部分較好的檔案外，將其餘部分裝八千麻袋，計十五萬斤，以四千元的價錢，賣給了西單大街同懋增紙店，准備造紙，這就是駭聞中外的"八千麻袋事件"。後來，這些檔案又被羅振玉以重金收回，並分別在北京和天津兩地進行整理。由於人力和財力不支，羅氏又於1924年將大部分檔案轉賣給前駐日公使、社會知名人士李盛鐸，後來李氏又將這部分檔案轉賣給中央研究院歷史語言研究所。這部分檔案被當作商品，輾轉賣買於私人之間，時達六七年之久，損失了約七分之一（約二萬餘斤）。

以上是內閣大庫檔案出宮外流的情況，下面介紹一下存於宮內檔案的情況。1911年辛亥革命以後，根據優待清室條件，清遜帝溥儀仍暫居宮禁，原存於宮內的硃批奏摺、諭旨匯奏以及軍機處、奏事處、內務府的檔案，依然爲清皇室所占有。1914年北洋軍閥政府爲使用方便，將存於方略館的軍機處的檔案，移存於中南海之集靈囿，以後由於保管不善，蟲蛀霉

---

① 《魯迅全集》第三集第五百六十一頁。

爛和被盜去的不少。1924年溥儀被馮玉祥將軍驅逐出宮，當時成立了一個清室善後委員會，由國民黨人李煜瀛任委員長，蔡元培等十四人任委員，專門清點管理清宮物品，檔案也是清點的一項。

1925年10月故宮博物院正式成立，下設古物館、圖書館和總務處等機構，圖書館下又設圖書、文獻二部。文獻部負責明清檔案和歷史物品的管理，在故宮外東路錫慶門以南的南三所辦公；文獻部是我國近代最早成立的一個檔案館。1926年12月，以時局變更，故宮博物院組成維持會，圖書館的圖書、文獻二部仍舊。1926年，文獻部將軍機處檔案收回，暫存於北海附近之大高殿。1927年6月張作霖做了大元帥，政府改組。在10月間，另成立了故宮博物院管理委員會，由王士珍任委員長，將圖書館的文獻部改爲掌故部。1928年6月南北統一，南京國民政府派易培基接收故宮，另派馬衡、沈兼士等五人爲接收委員。該年10月，政府頒布故宮博物院組織法及理事會條例。故宮博物院內部改設秘書、總務二處及古物、圖書、文獻三館，李煜瀛任理事長，易培基任院長。1929年3月，文獻部從圖書館分離出來，改稱文獻館，設正、副館長各一人，主持館務。1931年1月，開辟內閣大堂舊址爲文獻館臨時辦公處，就地整理內閣大庫留存的檔案。

1931年"九一八"事變後，日本侵華戰爭逐步加緊，故宮博物院爲謀求文物的安全，計劃文物南遷。1932年2月起，將重要文物、檔案裝箱。1933年2月6日至5月22日，前後五批運往上海法租界，五批共計一萬九千四百九十二箱七十二包三件，其中檔案文物有三千七百七十三箱。1934年10月，南京國民政府行政院修改故宮博物院組織條例，由馬衡任院長，蔡元培任理事長。規定文獻館的職掌是：①關於明清檔案、實錄及歷史物品之整理編目事項；②關於明清檔案、實錄及歷史物品之保管、陳列事項；③關於明清史料之搜集整理及編印事項；④關於歷史物品之分類攝影事項。1934年12月，故宮博物院理事會議決，在南京朝天宮營建保存檔案庫房。1935年11月，故宮博物院制定了文獻館辦事細則，規定館下設二科。第一科設保管、陳列、事務三股，第二科設整理、編印、閱覽三股，但實際上並未分科辦事，而是按檔案分組管理：①內閣大庫檔案組（兼管清史館檔案）；②軍機處檔案組；③內務府檔案組；④宮中檔案組；⑤宗人府檔案組，另設事務組管理全館事務。文獻館還設有專門委員會，專門委員分特約委員及通信委員，由故宮博物院院長聘任，任務是負責審查編輯出版的史料。1936年12月，將存滬全部檔案文物遷存南京。1937年8月13日，日寇進攻上海，於是又將文物西遷，首批八十箱運往長沙，以後移貴陽、安順，最後至巴縣。二批九千三百一十五箱運至漢口，後移重慶。三批七千二百八十六箱，運至寶雞，最後移至峨嵋之大佛寺等處。這三批中，後二批有檔案一千七百四十五箱，其餘檔案存南京。北平淪陷後，1942年10月，由敵偽組織接收故宮，派祝書元任院長，文獻館派偽科長二人，管理館務。

　　1945年8月，日本投降。10月，教育部平津區特派員沈兼士來院接收故宮。1948年1月，文獻館改設科長二人，並添設編纂，擔任檔案編輯事務。

　　1949年1月北平和平解放，北平市軍管會文化接管委員會接收了故宮博物院，文獻館仍舊。該年國民黨政府離開大陸時，將內閣、軍機處、宮中、清史館等機構檔案，裝二百零四箱，攜往臺灣。

　　1949年新中國建立後，黨和政府十分重視明清歷史檔案，宣布檔案為國家財富，實行集中統一管理的原則。之後，陸續將散失在社會上的明清檔案收集起來。先後從中宣部、外交部、財政部、廣播事業局、中國銀行、北京大學、中國歷史博物館、瀋陽圖書館、北京圖書館、旅大市圖書館、長蘆鹽運局和南京史料整理處等，以及北京、上海、南京、天津、瀋陽等地的私人手中，接收和徵集了明清檔案近四百萬件（冊）。1950年5月，中央人民政府頒布《禁止珍貴文物、圖書出口暫行辦法》，徹底結束了明清檔案被盜賣外流的現象。1951年5月，故宮博物院將文獻館改為檔案館，將原來收藏的圖像、冠服、樂器、儀仗、錢幣等項歷史文物移交給故宮博物院保管部，從此，故宮博物院檔案館成為保管明清歷史檔案的專門機構。為加強黨對明清檔案工作的領導，1955年12月，故宮博物院將檔案館交由國家檔案局直接領導，更名為第一歷史檔案館。1958年6月，改名為明清檔案館。1959年3月，明清檔案館併入中央檔案館，改稱明清檔案部，成為中央檔案館的一個組成部分。1969年底，中央檔案館體制調整，明清檔案部又劃歸故宮博物院領導，檔案遷回故宮，仍稱明清檔案部。

1975 年，故宫西华门内新的档案库房大楼建成，11 月迁入新址办公。1980 年 4 月，根据党中央的决定，故宫博物院明清档案部再次划归国家档案局领导，正式建立中国第一历史档案馆，为中央办公厅之下一直属单位。1993 年，国家档案局和中央档案馆合并后，中国第一历史档案馆仍为其管理下的一个文化事业单位。从 1925 年故宫文献部设立到现在，尽管馆名屡屡更改，但其实质都是管理明清档案的机构。

第二十五章　明清檔案工作概論

第一節　檔案與檔案工作

　　檔案是人類社會活動的原始記錄，它的範圍包括一切國家機關、社會組織和個人在從事政治、經濟、科學、文化等社會活動中直接形成的文字、圖表、聲像等原始記錄。檔案是文獻的一種，文獻是記錄有知識的一切載體，文獻的範圍包括檔案、圖書、報刊、情報等。檔案不僅具有存貯和傳遞知識的功能，它以文字、圖像、音頻、視頻作爲記錄和傳遞知識的手段，而且它是歷史的憑證，是一個國家和民族歷史的真實記錄。檔案的載體主要是紙張，在紙張之前還有甲骨、金石、竹木、縑帛等。現代又有膠片、磁帶、光盤、電子文件等。人類自從有了文字，便產生了檔案。恩格斯說："由於文字發明及其應用於文獻記錄而過渡到文明時代。"[①]　檔案是產生最早的文獻記錄。我國現存的最古的文字記錄，是殷商和西周時代的甲骨檔案，距今已有三千多年，它是當時爲占卜和記事而刻於龜甲或獸骨上的文字，所以又稱甲骨卜辭、甲骨文或殷墟書契、殷墟文字。殷商和周代又有金文，舊稱鐘鼎文，多是記載一些王族恩賜、征戰經過、訴訟裁判、劃定疆界等方面的事情。以後又逐漸用竹片和木板來書寫文書和書籍，叫"簡牘"、"簡策"。春秋時"大事書於策，小事簡牘而已"。[②]　簡單的事情，字數不多，寫在單片的竹片、木板上。大的事情要寫很多的字，就得把簡片連編起來匯成冊，"策"也就是"冊"。秦漢以後，又逐漸使用縑帛文書。"縑"是雙絲的細絹，"帛"是絲織物的總稱。縑帛文書可舒捲，一份文件可捲成一卷，所以又稱"卷"。由於造紙的發明，漢以後逐漸使用紙張書

[①]　恩格斯《家庭、私有制和國家的起源》，《馬克思恩格斯選集》第四卷，人民出版社1972年版。

[②]　（晉）杜預《春秋三傳序》。

寫文書，因在案几之上辦理公文，所以後來又稱"文案"、"案牘"、"文牘"、"文書"、"簿書"等名稱，《舊唐書·張九齡傳》："九齡建言，始造簿書，備遺忘耳。"《陋室銘》中有"無絲竹之亂耳，無案牘之勞形"之句，"簿書"、"案牘"就是今天我們常說的檔案。檔案一詞，源於清代。據清代內閣《起居注冊》記載，康熙十九年（1680）十月皇帝在審閱秋審冊時，"上問：'馬哈喇之父與叔皆歿於陣，本身亦有功牌，其罪如何？'大學士明珠奏曰：'馬哈喇之父、叔陣歿，皆係松山等處事，部中無檔案，故控告時部議不准"。① 這是目前看到"檔案"一詞最早的文字記載。大約成書於康熙四十六年的楊賓《柳邊紀略》載："邊外文字，多書於木，往來傳遞曰牌子，以削木片若牌故也；存貯年久者曰檔案，曰檔子，以積累多貫皮條掛壁若檔故也。然今文字之書於紙者，亦稱呼爲牌子、檔子矣。"清在入關前使用的木牌檔案，現尚有《阿濟格略明事件之滿文木牌》二十六塊，珍藏於中國第一歷史檔案館。木牌字體爲老滿文與加圈點滿文兩種，內容係記載殺敵、俘虜及掠獲戰利品等事。木牌以白木爲之，不加塗飾，牌之下方有一小孔，係之以繩。清入關後，便禁止使用木牌了，但檔案一詞，一直沿用至今。

　　檔案工作是管理檔案文獻和提供檔案信息爲社會實踐服務的一種專業工作，中國的檔案工作有着悠久的歷史。歷史上曾經有過不少的名人學者從事檔案工作，例如老子曾做過周朝的柱下史，柱下史的職責是典藏王朝的檔案、圖書，猶如今日的檔案館館長和圖書館館長。漢代太史令司馬遷，曾利用王朝檔案"石室金匱之書"，寫成歷史巨著《史記》。司馬遷不僅是一位偉大的史學家，而且是一位成績卓著的檔案工作者。用檔案以修歷史，檔案工作和歷史研究相結合，這是中華民族的一個優良傳統。以後歷代相沿，結果形成了二十五史這樣的宏幅巨著。我國古代檔案的原件，雖然多數不存了，但用檔案史料修成的史籍卻依然存在，中華民族悠久的歷史和傳統文化纔得以綿延相傳，經久而不輟。

　　歷史發展到了今天，檔案種類、形式和內容越來越豐富，檔案的用途更爲廣泛，檔案工作也日益被社會所重視。中華人民共和國建立後，由於

---

① 《康熙起居注冊》第一冊，中華書局1984年版。

社會發展的需要，逐步形成全國規模的檔案管理體系。特別是我國實行改革開放政策以來，檔案事業得到了長足的發展。據 2011 年統計，全國共有各級檔案行政管理部門三千一百五十四個，各級各類檔案館四千零七十七個，館藏檔案三萬九千二百六十四萬卷（件），各級各類檔案館共接待利用者三千萬人次，提供利用檔案、資料八千一百萬卷（件、冊），各級國家綜合檔案館總面積四百七十三點三萬平方米，已公開現行文件和政府信息公開查閱場所接待利用者四百五十萬人次，公開出版編研資料五千零五十種、十萬零四千萬字。檔案工作在全面建設小康社會構建和諧社會中發揮了重要的作用。①

中國參加了國際檔案理事會的活動，並與近三十個國家進行檔案工作方面的友好交流。1996 年 9 月在北京召開的國際檔案理事會全體會員代表大會上，九十九個國家檔案部門負責人一致選舉時任中國國家檔案局局長、中央檔案館館長王剛爲國際檔案理事會主席。中國成功組織了第十三屆國際檔案大會，這次大會於 1996 年 9 月 6 日在北京召開，有一百三十個國家和地區的二千六百多名代表參加了大會，大會取得圓滿的成功。一位國際檔案界的朋友曾經這樣說："第十三屆國際檔案大會把中國和它們的檔案、檔案工作及檔案工作者帶上了世界舞臺。"②

第二節　明清檔案工作的內容與性質

明清檔案工作就是對明清檔案的管理和利用工作，它的任務是，用科學的原則和方法，管理好明清檔案，維護中華文化遺產的安全與完整，積極向社會提供檔案資料，爲我國的經濟、文化建設服務。明清檔案工作的基本內容，包括檔案的徵集、整理、鑒定、保管、統計、修復、編目、提供利用、展覽、編譯十項業務工作。徵集工作是其他各項工作的先決條件，因爲不把散失的明清檔案徵集起來，便談不上開展整理、利用等其他工作。

---

①　《中央檔案館國家檔案局年鑒・2011 年》。
②　毛福民主編《永恒的事業》，中國檔案出版社 2001 年 5 月版。

安全保管是明清檔案工作的首要工作。檔案的整理、編目是檔案工作的最基礎工作，檔案不進行整理、編目，編制各種檢索工具，便不能很好地開展利用工作。檔案的鑒定和統計工作多是結合徵集、整理和保管工作進行的，它們也是檔案基礎工作之一。提供利用工作、編譯出版史料、舉辦檔案展覽，是提供檔案爲社會服務的不同方式。各項業務工作都是重要的，不可缺少的。如果從各項業務工作的作用來看，整個明清檔案工作，又可分爲兩個方面：徵集、整理、編目、鑒定和保管、修復、統計工作是明清檔案的基礎工作，查閱利用、編譯出版和舉辦展覽是明清檔案的開放利用工作。基礎工作是開放利用工作的前提和條件，沒有基礎工作，便無法進行開放利用工作。祇有基礎工作做好了，開放利用工作纔能做好。開放利用工作直接體現明清檔案工作的目的和方向，它既反映基礎工作的成果，也向基礎工作提出要求。沒有開放利用工作，基礎工作就失去了工作目標和意義。二者互相制約，又互相促進，組成了一個有機的整體。

明清檔案工作是一項重要的文化事業工作，就其基本性質和作用來說，它首先是一項科學管理工作，又是一項文獻資料服務工作，同時它也是維護祖國文化遺產完整與安全的政治性工作。

（一）明清檔案工作是一項科學管理工作

明清檔案工作的基本任務是管理好明清檔案，爲社會提供檔案材料，所以它首先是一項管理性工作。如何管好用好這些浩如煙海的歷史檔案，必須用科學的管理方法和先進的技術，因此，它又是一項科學性很強的工作。這就要求檔案工作人員，首先要具備檔案學方面的基本理論和管理技能；同時還要掌握或精通明清歷史和有關典章制度，而且還要有一定的古代漢語和古文獻的編譯知識；在新技術迅速發展與運用的今天，歷史檔案工作人員還要積極學習和掌握檔案現代化管理的知識和技術。

（二）明清檔案工作是一項文獻資料服務性工作

明清檔案工作是一項服務性工作，它以提供文獻資料爲社會服務。檔案是儲存各類信息的寶庫，隨着我國經濟和文化建設的迅速發展，社會各方面對檔案資料的需求會越來越迫切，迅速准確地爲各項事業的發展提供更多更好的檔案資料，是歷史檔案工作的基本任務。所以，服務性是明清檔案工作的特性之一，明清檔案工作者必須樹立明確的服務思想和服務方向。爲歷史研究服務，爲社會主義的物質文明和精神文明建設服務，爲發展中外文化交流服務，是明清檔案工作者的光榮職責。

（三）明清檔案工作是一項維護祖國文化遺產完整與安全的政治性工作

我國是一個文明古國，中華文化源遠流長，不斷豐富和發展。在中華民族悠久的歷史上，留下了極其豐富的文化典籍，代代相傳，至今不輟。歷史檔案是我國文化遺產的一部分，如何維護祖國文化遺產的完整與安全，爲振興中華、弘揚中華民族的文化服務，是一項具有深遠意義的政治性工作。在維護祖國文化遺產的工作中，首先，要保護明清等歷史檔案的安全，盡量延長檔案文件的壽命，同一切割裂和破壞中華民族文化遺產的言行做鬥爭，歷史檔案工作者應千方百計確保檔案的安全，使這些寶貴遺產能千秋萬代流傳下去。其次，要維護歷史檔案的完整，使現存於世的明清檔案盡量集中起來，實行集中統一的管理，並維護檔案的歷史聯繫，防止人爲的割裂與分散，以便使這些歷史檔案更好地爲我國的經濟建設和文化建設服務。

第三節　明清檔案管理的指導思想與原則

明清檔案是明清王朝的官文書，是歷史上的文化遺物，因而在管理這些檔案時，必須以歷史唯物主義爲指導思想，纔能正確地認識它、管好它並有效地利用它。

以歷史唯物主義指導明清檔案工作，有兩個層次的意思，一是以唯物史觀來認識這些檔案，分析、判斷檔案的價值。毋庸諱言，這些官文書的內容，反映了帝王官吏的立場、觀點，代表了封建統治階級的意志和利益，因此，祇有用唯物史觀纔能認清這些材料的實質。例如，明清歷代皇帝都在詔令文書中標榜自己"勤政愛民"、"勵精圖治"，與臣民"共享昇平"等，但皇帝畢竟是地主階級的總代表，他所"勤"的是地主階級的政治，"圖"的是對被壓迫人民的統治。但是一些賢君名相，或能順應歷史發展的潮流，對中華民族的融合和發展做出過重要的貢獻；或能審時度勢，對百姓實行休養生息、蠲免錢糧，在一定程度上緩和了階級矛盾，有利於社會的發展，這些歷史人物是應該肯定的。

例如，在刑科題本中，有不少審錄農民的供詞，這對研究當時的階級關係很有價值。乾隆十五年（1750）湖北南漳縣發生了一起地主奪佃與佃農反奪佃鬥爭的案子。在文書中官府污衊佃農朱復舜是什麼"賦性兇愚，罔知法紀"的"大罪"人，而這位勤勞忠厚的貧苦農民的供詞裏，敘述了他是"靠種田養活家口"，只因地主淩潮故尋是非，既要先收清預租錢文，又要改用大斗收租，進而奪佃，逼得他"一家性命難保"，生活不下去的時候，纔"拿起刀來"，砍傷地主致死。祇有用唯物史觀，纔能透過官府表述的文字，看到當時階級鬥爭的實質。

明清檔案是明清歷史的原始記錄，一般來講，它較其他史料更爲真實可靠。但檔案本身存在的真實性，並不等於它所記載的內容全是符合歷史真實的。有些檔案的內容也有虛假和爲統治者掩飾的地方，例如，一些領兵的將領在奏報鎮壓農民起義的奏摺中，往往虛報戰功。《實錄》並非全是真實的記錄，編纂者往往爲皇帝隱惡揚善。至於皇族親貴之間爭權奪利、鈎心鬥角的醜事，多削而不書，所以在使用這些材料時，一定要進行全面的分析和考察。

以歷史唯物主義指導明清檔案工作，第二層次的意思，要用歷史主義的態度來管理這些檔案，明清檔案都是古老的文書，不能搬用管理現代檔案的辦法來管理它，我們要尊重明清檔案的歷史實際，不能用主觀想象的什麼"正確的觀點"來改造它。例如我們不能打破原來的王朝體系，改用什麼"農民鬥爭的紅綫"去劃分檔案。皇帝的年號、尊號、謚號、陵寢名稱，也不能因爲它有尊崇帝王的意思而改變它。更不能爲了顯示"立場正確"而隨意更改檔案的標題和名字，如將《上諭檔》改爲《皇帝的命令簿》，將《剿捕檔》改爲《鎮壓農民起義檔》，將《剿平粵匪方略》改爲《鎮壓太平天國起義方略》，等等。在整理這些檔案時，也不能遇見官文書中稱"賊匪"的詞，一律改稱"農民"，遇"滋事"、"鬧事"改稱"起義"，遇農民被"正法"改爲"犧牲"，等等，這些做法都是違反歷史主義的。

根據明清檔案工作的實踐，管理明清檔案，必須遵循下列原則：

（一）集中統一管理明清檔案，以便保護檔案的安全和方便利用

我國"檔案工作的基本原則是集中統一地管理國家檔案，維護檔案的完整與安全，便於國家各項工作的利用"，這個原則的精神，對明清檔案工作也是適用的。

由於歷史上的種種原因，明清檔案流散相當嚴重，有的爲各單位所占有，有的流入私人手中，甚至成爲買賣的商品。這樣不但不便於利用，而且由於保管不善，檔案不斷遭到損壞，這也是在舊中國私有制下的必然的結果。新中國成立後，由於社會主義公有制的建立，宣布歷史檔案爲國家的文化財產，先後將流散的明清檔案收集起來，集中於國家檔案館進行統一管理。由於檔案館有設備優良的庫房專門貯藏這些檔案，並實行科學的管理方法和先進的保護技術措施，使歷史檔案得到了安全妥善的保管。檔案集中以後，使人爲分散和割裂的檔案，恢復了整體性和歷史聯繫，這樣就有條件實行統一的整理和編目，有計劃地進行編輯出版檔案史料，更方便社會各界對檔案的利用。

當今，由於縮微技術和電子計算機、互聯網等先進技術的迅速推廣應用，更應堅持歷史檔案集中統一管理的原則。因爲檔案現代化管理的要求，歷史檔案的縮攝複製、著錄標引、編印史料等，必須實行統一的標準和規範，這樣纔便於檔案信息的交流、傳遞和使用。

（二）要保持檔案的歷史聯繫，維護歷史檔案的原貌

檔案工作是維護黨和國家歷史面貌的重大事業。明清檔案是明清歷史的原始記錄，要維護明清歷史的真實性，必須維護明清檔案的真實性。要維護明清檔案的真實性，就必須保持明清檔案的原貌。要保持明清檔案的原貌，就必須從歷史檔案本身所固有的秩序來分類管理它。歷史檔案本身所固有的秩序是什麽？就是文件在處理過程中所形成的自然聯繫。這種文件之間的自然聯繫，是有一定規律的，祇有依據文書形成的規律去整理檔案，纔能保持歷史檔案的原貌，維護歷史的真實性。

明清檔案和古籍圖書分類不同。古籍圖書是古代知識的結晶，它以科學或知識系統進行分類，而明清檔案主要是明清兩代各個國家機關在政務活動中形成的，因而明清檔案首先應按照原來的行政系統進行分類管理，以保持歷史檔案的原貌。如果不按行政機關分類，而是按文件內容的性質

劃分，如政治、經濟、文化等，這樣就破壞了歷史檔案的聯繫。各全宗內文件的整理，也應保持原來的秩序和面貌。如錄副奏摺，原來軍機處按年月日排列，每半月一包，形成編年體的卷包，並逐日逐件登記於《隨手檔》上，我們在整理時仍應保持原來的秩序，而不應打亂它。再如題本，皇帝覽准批紅後，每日由六科領去發鈔執行，年終各科分別將原本匯交內閣，內閣按科順時，貯於紅本庫。我們整理題本時，仍應保持其分科編年的規律。再如內務府的事筒，是每日值班官員將所辦的文書裝成一筒，這是在辦文過程中自然形成的案卷，我們整理時，仍應保持事筒的原貌。對於每件檔案，凡在其產生過程中，所形成的封套、標題、說明、簽注，即便是隻字片紙，都不能隨意去掉和改動。總之，我們整理歷史檔案，就像古建築專家恢復一座古代宮殿一樣，要照宮殿的原貌將它恢復起來。祇有保持歷史檔案的原貌，纔便於認識、分析和使用它，從而維護歷史的真實性

（三）要充分利用原管理基礎，保持明清檔案工作的延續性

自 1925 年以來，明清檔案事業有今天的規模和發展，與從事這項事業的人們的辛勤勞動是分不開的。我們現在管理這些檔案，一定要尊重前人的勞動，充分利用原管理的基礎。在解放前的二十五年中，由於北洋和民國政府財力困難，檔案庫房失修，櫃架缺乏，保管條件極差，因而不少檔案赤身堆放，塵封土漬，蟲蛀霉爛，損失不少，但在整理檔案方面，卻做出了一定的成績。當時整理的思想和方法，基本上是合理的、實用的。如當時曾規定，整理檔案時"使各種檔案應保持原來之機關面目，即以原來之行政系統爲編目系統"，"應保持其原件之形式"，"檔案原有包紮或標識者，不可拆散廢棄"，"片紙隻字不得廢棄"。在清理文件時，還提出"秤不離砣"的口號，[①] 認爲"整理以不失原來的真相爲原則"。這就是要保持文件的歷史聯繫，維持歷史檔案的原貌。1925 年溥儀被驅逐出宮以後，文獻部初建，檔案分散各處，塵土覆蓋，散亂不堪，經過各位歷史檔案專家和工作人員二十多年的努力，把大部分檔案進行了清理編目，初步奠定了明清檔案工作的基礎，這確實是一件不易之事。像陳援庵、沈兼士、方甦

---

① 文獻館《整理檔案規則》。

生、單士魁、張德澤、單士元、徐中舒、鄭天挺等老一輩的檔案工作者和專家，都爲整理明清檔案做出了一定的貢獻。

中華人民共和國成立後，黨和政府十分重視明清檔案事業，在檔案的徵集、保護和整理方面做了大量的工作。尤其是進行了大規模的整理檔案，基本上改變了明清檔案的散亂狀態，做到有規可循、有目可查，爲開展利用工作創造了方便的條件。在整理檔案時，遵循了全宗原則。《整理明清檔案規則》中規定："整理明清檔案，必須以全宗爲單位進行。"全宗內檔案的分類，根據各機關文件的特點，采用不同的方法。例如，刑部檔案采用機構—問題分類法，即在刑部之下，按直隸、奉天、江蘇、浙江等十八個司分類。各司之下，再按土地債務、偷盜搶劫、婚姻奸拐、貪污、違禁、監獄發遣等問題分類。再如清國史館的檔案是按編纂、人事、經費、庶務等問題分類的，文件進行分類之後，都粗細不同地按問題、作者、通訊者、名稱、地區和時間六個特徵進行了組卷，以便於保管和查用。

由於歷史的原因，明清檔案經過不同時期、不同單位和人員的整理，因而方法各異，甚至同一機關、同一文種或同一類別的檔案，被分成幾部分去整理。盡管有這樣或那樣的缺點，但是經過九十年來的整理工作，使散亂無章的明清檔案基本上都進行了整理、編目，能適應社會各方面對檔案的查閱利用。這是明清檔案工作者幾代人努力的結果，是廣大歷史檔案工作者辛勤勞動的結晶，我們必須尊重前人的勞動。因此，凡是已整理過的檔案，今後一律不要打亂重整。如果有些已整理的檔案，不便管理和使用的話，可在原基礎上，適當進行加工整理，以保持明清檔案工作的延續性。

第二十六章　明清檔案的收集、保管、修復與統計工作

第一節　檔案的收集

明清檔案的收集工作，就是把流散國內外的明清歷史檔案收集起來，集中到檔案館，進行統一的管理。明清檔案是明清王朝從15世紀初到20世紀初五百多年間的統治活動中所形成的文書，不但距今年代久遠，而且經過歷次的政權更替、戰爭劫掠、主管單位的交接轉售，流散遺失十分嚴重，所以，收集工作在明清歷史檔案工作中具有特殊的重要意義。在文獻館初期，以宮中檔案、宗人府檔案、內務府檔案爲基礎，逐漸進行收集，豐富館藏。1929年10月，由民國司法部接收舊刑部檔案一百零三箱。1935—1937年，三次購入端方檔九百餘冊。1936年6月購入陸軍部檔一千餘斤。1937年，由孔德學校提來宗人府玉牒及檔簿九十六冊，購得貴胄學堂檔案二百餘斤。1937年6月，接收民國實業部移交的清商部、農工商部等檔案二千零七十四宗。1937年7月，購入財政部及三海檔案五百餘斤。1946年8月，接收天津溥修宅所存溥儀檔案二十餘箱。1947年3月，接收孔德學校移交宗人府檔八百三十四冊。

新中國成立後，先後從中宣部、外交部、財政部、廣播事業局、中國銀行、北京大學、清華大學、中國歷史博物館、瀋陽圖書館、北京圖書館、旅大市圖書館、長蘆鹽運局和南京史料整理處等，以及從北京、南京、上海、瀋陽、天津、青島等地的個人手中，接收和收集了明清檔案近四百萬件（冊）。由於幾十年來不斷的收集工作，纔有今天這樣豐富的館藏。現存於大陸的明清檔案，雖然絕大部分已經集中起來，得到妥善的保管，但是由於種種原因，至今散存在社會上的明清檔案仍爲數不少。例如北京、天津、瀋陽、大連、青島、南京、蘇州、泰州、上海、福州、廈門、西安、

雅安等地的圖書館、博物館、書店和大學及歷史研究單位，以及個人手中，還有不少明清檔案。近百年來，由於帝國主義的侵略，至今還有一些珍貴的明清檔案流落在日本、英國、美國、俄國、法國、德國等國的文化圖博單位或個人手中。凡流散在國外的明清檔案及有關資料，都是我國的歷史文化財產，根據國際檔案理事會"流失在國外的檔案應歸還形成國"的原則，應采取積極措施，逐步將這些歷史檔案集中到中國第一歷史檔案館。中華人民共和國成立後從國外收還我國的歷史檔案主要有兩宗：其一，1956年9月，蘇聯政府將光緒二十六年（1900）八國聯軍入侵我國時，被沙俄掠去的東北地方政權機關的檔案共一萬七千零八十一卷，移交給我國，這批檔案有黑龍江將軍衙門檔案一萬四千八百零四卷、寧古塔副都統衙門檔案一千二百六十八卷、阿拉楚喀副都統衙門檔案四百三十四卷、琿春副都統衙門檔案五百七十五卷。蘇聯政府在移交這批檔案前都進行了整理，編有俄文檔案目錄十七冊。其二，1988年經國家檔案局馮子直局長與英國公共檔案館館長羅珀先生協商，英方同意將1851年第二次鴉片戰爭期間掠去的清代廣東巡撫衙門的檔案的縮微拷貝膠卷歸還我國。這批檔案縮微膠片共二十五盒，約有一千九百五十四件檔案，其內容在當時是極為機密的，涉及中央政府和地方政府對外交涉的文書、簽定的條約、清軍駐防地圖、軍事設施等，還有林則徐、耆英、徐廣縉、葉名琛的奏摺和來往信函等。

今後，中國第一歷史檔案館收集檔案的範圍，以明清檔案為主，兼收明清以前各個朝代的檔案；以收集檔案為主，兼收有關的古籍文獻資料，把中國第一歷史檔案館建設成為一個庋藏、研究古代檔案文獻的基地。

要做好明清檔案的收集工作，首先要熟悉明清檔案的變遷歷史，調查明清檔案散存在國內外的狀況，然後有計劃地向收藏明清檔案的機關、團體、學校、圖書館、博物館、書店以及個人進行徵集收購。或收回原物，或複製副本，或拍攝成縮微膠片。對流散在國外的檔案，要通過外交途徑或民間往來的方式，采取適當的辦法，進行徵集工作。

對要徵集的檔案，要經過鑒定，辨別真偽，評定價值，經有關領導批准後，方可接收。對捐贈和移交檔案資料的單位和個人，可給以適當的獎勵和酬謝。對收購的檔案和資料，要按質議價。中國第一歷史檔案館擬設立徵集檔案基金，要專款專用，任何開支不得挪用。

檔案徵集到館後，要登記檔案的來源、種類、數量、價值、徵集費用等，然後進行消毒處理，再按全宗統一保管。如需要整理，通知整理組納入工作計劃，進行整理。

第二節　檔案的保管

檔案的保管工作的任務，是防止與限制毀壞檔案的各種因素，盡量延長文件的壽命，確保檔案的安全。損壞檔案的因素不外有兩個方面：一種是自然的因素，如蟲蛀、潮濕、光照、塵土等；一種是人爲的因素，如偷盜、剪裁、涂改、磨損等。明清檔案的保管工作，就是從這兩個方面，采取防護措施，以確保檔案的安全。

明清檔案在清朝時保管極嚴。如內閣大庫的檔案，由內閣典籍廳和滿本房的官員負責管理，日夜輪流值班守護。庫內秘藏，非經皇帝允准，一般官員不能隨便進庫提閱文件。阮葵生在《茶餘客話》中講：“內閣大庫藏歷代策籍，並封貯存案之件，漢票簽之內外紀，則具載百餘年詔令陳奏事宜，九卿翰林部員有終身不得窺見一字者。”“惟探開庫之期，隨前輩一觀，塵封插架，隨意抽閱，片牘皆典故也。”① 凡進庫提調檔案，必須詳細登記，出入庫房要鎖門加封。庫內嚴禁煙火。內閣大庫分實錄、紅本兩庫，均重樓磚木結構，總面積爲一千二百九十五平方米。屋牆房頂很厚，冬暖夏涼，能保持常溫。門窗均鐵皮包面，窗中裝有鐵欄杆，以便安全防盜。窗爲穴窗，便於防塵，窗門常開不關，以便通風。

明、清王朝非常重視皇家典籍文獻的保管。明朝曾仿古代"石室金匱"之制，於嘉靖十三年（1534）在紫禁城外的東南隅，專門建造一個皇家檔案庫，它就是我國現存最古老的檔案庫——皇史宬。皇史宬正殿整個建築全是磚石結構，牆厚而堅實。室內有一點四二米高的石臺，臺上排列着一百五十二個鎏金雕龍的"金櫃"，用以貯存列朝的實錄、聖訓等。東西山牆各一窗，以便通風。所以皇史宬具有防火、防潮、通風、保溫的功

---

① 阮蔡生《茶餘客話》上，中華書局 1959 年版。

能，很適宜保存檔案。加之，當時設有專門的官員負責保管檔案，有定期涼曬檔案和嚴格收存制度，所以數百年來皇史宬存放的檔案安全無恙，這可以說是我國古代善於保管檔案的一個典範。

民國時期，故宮博物院文獻館對明清檔案的保管也較嚴格。最初，檔案多保存在南三所，共有庫房一百八十多間。規定必須雙人進庫房，檔案出入要登記，出庫加鎖，鎖上加封條，封條上簽明封庫人的姓名和時間。各庫房鑰匙，由故宮統一保管，進庫領用鑰匙要登記。提用檔案須填二聯單，一聯存查，一聯放檔案庫房。

1949年以前的保管工作，多着重在防止人為的因素對檔案偷盜和損壞，而對自然因素對檔案的損壞，則重視不夠。因此，檔案保管條件很差，庫房滲漏，地面潮濕。檔案終年堆積，蟲蛀鼠咬不斷發生，檔案損失嚴重。中華人民共和國成立後，特別加強了對檔案的技術保護工作。為了改善檔案的保管條件，國家撥出巨款，先後對內閣大庫、清史館、皇史宬進行了修繕。逐步更新了檔案的櫃、架、箱、匣，添置了新的卷盒、函套、囊匣。每個庫房都設有消防設備，定期檢查，注意防火。積極采取各種措施，進行防蟲、防霉工作。一般春秋二季注意除蟲，投放適量的防蟲藥品。夏季伏天，注意降溫、降濕和除霉。為加強對檔案保護技術的研究，檔案館先後添置了培養箱、乾燥箱、顯微鏡、分析天平和分光光度計等各種儀器設備，設有專人進行實驗研究工作。經過長期觀察試驗，對檔案中蟲子的種類、來源和生活習性已基本摸清，采取了有效的殺蟲、防蟲措施。現在，各國均面臨一個圖書、檔案因紙張含酸過多而自毀的問題，我們對此也十分重視，先後對構成檔案材料的各種紙張和性能，進行了化驗鑒定。結果表明明清檔案的紙張含酸不多，pH8～9，屬中性偏鹼，所以不會發生檔案自毀問題。明清檔案由於手工紙張的優越，加之都是用毛筆墨汁書寫，所以幾百年來的古老檔案，現在展卷翻看，紙張光潔猶新，字迹清晰不變，為現在機制紙質檔案所不能比擬。

為了改善檔案的保管條件，1975年國家撥出巨款，在紫禁城的西華門內，新建了八千平方米的庫房大樓。樓房為古建築形式，與各宮殿相協調。1983年國家又投資三百多萬元，對整個庫房進行了改造，將庫房的窗戶一律用嚴棉封閉，變成了防風、防塵、防光、防蟲的密閉庫房。為了提高庫房使用率,又安裝了安全密閉、防光防塵、美觀協調的密集排架,安裝了新型的空調設備,加添了防火的煙霧報警器,建立了對檔案資料庫的遙測、遙控的電腦中心控制系統,設有溫濕度自動記錄儀,安裝了閉路電視,以便於監督管理。

現在庫房管理實行安全責任制,按庫定人。保管員每天要檢查庫房的溫濕度,溫度一般保持在20℃±2℃,相對濕度保持在50%±2%,經常清掃地面、櫃架,以保持庫房的清潔。

爲了便於管理,對所有的庫房進行了統一的編號。檔案按全宗排列,一個全宗的檔案盡量排放在一起。每個庫房內的架、櫃也都統一排列編號,加簽標明。每個庫房內都繪製了檔案存放排架表,進庫提檔,一目了然。凡檔案出庫,必須辦理提調手續,填寫調檔三聯單,交付使用和歸還時,要點檢無誤;全部使用計算機網絡提調系統。

第三節　檔案的修復

檔案的修復工作,就是檔案的修裱與複製工作。明清檔案因年代久遠,蟲蛀、霉爛、破損比較嚴重,有的檔案被水漬後甚至成了"磚塊",如不進行修裱,便無法利用。所以修裱明清檔案不僅任務繁重,而且是搶救檔案的急迫性工作,一定要投入足夠的人力與設備,切實做好這一工作。

明清檔案的修裱工作包括托裱、修補以及裝訂。

(一)托裱

應用於檔案紙張糟朽、破壞者。

①在托裱中遇到碎字、掉字要拼對清楚、準確,不得損壞字迹,托紙要求無皺,用筆輕而勻;補缺處時,要求補紙性質基本相同,檔案與補紙的接口邊緣處要求虛搭口,托紙要求上得平展、端正、排實。托裱過程中,嚴禁廢紙屑、筆毛等雜物殘留在檔案上。

②需斷開托裱的檔案,托裱之前,須在邊角上編號,防止檔案錯亂。

③托地圖時,要特別注意圖上地名和其他說明標籤,既不能使其脫落,也不能移動,若標籤已掉,須看準後貼上,保證原檔案的准確性。

④揭裱檔案時，應注意紙張纖維方向，以免損壞字迹和紙張。

（二）修補

應用於檔案紙張尚結實，但有破損、破洞者。要求留口要直，檔案與補紙搭口約零點二厘米，注意不得脫漿；檔案噴水要勻，勤翻勤倒，禁止出現發霉現象；檔案捶平時，要求留口與檔案本身薄厚基本相同，不出現捶痕。摺疊時要求檔案面端正，摺口整齊，不出毛茬。裁切時刀口要整齊，不得裁掉字迹。

（三）裝訂

將破散的簿冊檔案以及修復、複印的檔案裝訂成冊，裝訂時，要求檔案整齊，裝訂綫適宜，不得妨礙字迹。

複製檔案有三種方法：一是臨摹複制。這種方法比較費工，要有專門的臨摹技術人員，只限於少量珍貴的字畫或文書使用這種方法。二是靜電複印和照相。這種方法比較快，但對檔案有損害，一般除了急用的檔案外，都不采取這種方法。三是縮微複制。縮微技術是現代化的技術，它是複制檔案的最好辦法，縮微膠片不僅可以代替檔案原件閱用，而且便於攜帶和交流。

中國第一歷史檔案館自1980—1995年，已經修裱了霉爛蟲蛀的檔案五十一萬二千四百四十七張、輿圖二千九百一十五平方米。添置了各式複印機、膠片還原機、縮微照相機、沖洗機、拷貝機、放大機、烘乾機共二十四臺。各種照相機十幾部。攝制縮微膠卷一億三千二百五十三萬五千七百九十一拍，複印還原檔案二百三十八萬四千八百九十五張（1995年底統計）。這不但有效地保護了明清檔案，而且方便了查閱利用檔案。

第四節　檔案的統計

檔案統計工作是用表冊、指標數字等形式揭示檔案和檔案工作有關情況的一項檔案業務工作，它是制定檔案工作方針、任務的重要依據之一，也是對檔案業務管理實行監督的有效手段。一史館的統計工作主要有：①檔案狀況的各項統計，如檔案數量、長度統計表、館藏檔案全宗一覽表、檔案整理狀況統計表、檔案殘破情況統計表等；②檔案工作情況的各項統計，如徵集檔案統計表、檔案利用情況統計表等；③檔案工作人員各種統計表冊；④檔案裝備、各種機器、辦公用具等統計表；⑤檔案事業費用統計表冊；等等。

在統計工作中，必須實事求是，如實反映客觀情況，要保證統計材料的准確性。統計方法要科學，計量單位要統一。

第二十七章　明清檔案的整理、編目與鑒定工作

第一節　檔案的整理

　　檔案的整理就是把散亂的檔案系統化，檔案不進行整理就無法提供利用，所以整理工作是檔案工作中最基礎的工作。根據管理明清檔案的指導思想與原則，應針對不同的檔案采取不同的整理方法。明清檔案的整理工作，可分加工整理和對零散文件的整理兩種。加工整理應根據原整理基礎的情況，采用相應的方法和程序。整理零散文件，一般依下列程序進行。

　　（一）區分全宗

　　全宗是檔案館所藏全部檔案的第一層分類，檔案的分類應以保持文件的歷史聯繫爲原則。明清檔案是明清王朝國家機關和帝王將相在統治活動中形成的，源於一個機關或一個官員的檔案，文件之間具有緊密的聯繫，不能任意分割。所以文獻館時期，按"行政系統"劃分檔案，現在按全宗進行分類，都是要保持一個機關檔案的聯繫和完整。

　　全宗原則在歷史檔案中也是適用的。不過歷史檔案的全宗和現行機關檔案全宗的劃分有所不同。歷史檔案的全宗，不僅指一個衙署或某個官員所形成的全部檔案，而且還指在歷史上形成的具有密切聯繫的一宗檔案，不管這種聯繫是文書處理過程中形成的，還是在管理這些檔案的長期過程中形成的，都可以構成一個全宗。整理現行機關檔案判別立檔單位的三個條件，即"獨立行使職權"、"是一個會計單位或經濟核算單位"、"一定的人事任免權"，對歷史檔案不能完全適用。上面講過，在清代，皇帝實行高度集權獨裁統治，內閣、軍機處雖然是中樞機構，也不過是皇帝的秘書班子，祇能秉承皇帝的旨意辦理題、奏等文書庶務，不能獨立行使職權。至

第二十七章　明清檔案的整理、編目與鑒定工作　　　　　　　　641

於官員任免和經費的核銷,事無巨細,都要經皇帝批准,內閣連印也沒有,行文時以典籍廳的印代替。如果按整理現行機關檔案判定立檔單位的標準,那衹有一個龐大的"皇帝全宗"了,這樣等於不劃分全宗,所以我們衹能按明清檔案的特點去劃分全宗。再如"宮中各處檔案",宮中各處並不是一個機關的名稱。宮中各處檔案是指存於清皇宮中各機構的檔案,其中有硃批奏摺、諭旨,也有奏事處的檔案。1925年故宮文獻部進行整理時,認爲這些檔案"系統雖異,地點均在內廷,故名宮中各處檔案",現在我們仍把它作爲一個全宗來保管,以保持檔案的原整理面貌。一史館還保存一個溥儀檔案全宗,1911年辛亥革命後,根據民國政府"皇室優待條件",清朝末代皇帝溥儀仍"暫居宮禁"、"尊號仍存不廢"、"侍衛人等照常留用"、"宗廟陵寢永遠奉祀"。這樣,清廢帝仍然過着"小朝廷"的生活,直到1924年溥儀被驅逐出宮爲止。在這期間,溥儀本人和爲他服務的內務府、宗人府等各衙門,形成了大量的文件。我們把這部分檔案統歸一起,作爲一個全宗,名叫"清廢帝溥儀檔案",作爲清代檔案的附錄,這也是中國歷史上一個奇特的現象。

(二) 全宗內檔案的分類

清代檔案各全宗內檔案文件的分類有:

1. 按文件名稱分類的,例如內閣檔案分詔書、誥書、冊文、誥命、敕命、敕諭、諭旨(以上爲內閣承宣之官文書)、題本、奏啓、表箋、圖、黃冊、試錄、歷書、夾單(以上爲內閣進呈之官文書)、六曹章奏、六曹錄疏、六科史書(以上爲史官記載)等。軍機處檔案分奏摺、表章、圖書、地圖、黃冊(以上爲軍機處進呈之文書)、來文、清冊、函札、電報、各國照會、各國約章、公使報告(以上爲京內外致軍機處文書)等。宮中各處的檔案分諭旨、硃批奏摺、硃筆圈單、引見履歷摺(以上爲臣工繳回之硃筆)、摺單、圖、冊籍(以上爲臣工進呈之文件)等。內務府的檔案分上諭、冊文、題本、奏摺、圖、黃冊、單(以上爲承宣或進呈之文書)、號簿、上傳檔、紅本檔、奏銷檔、奏摺檔(以上爲分類匯鈔之檔案)。

2. 按機構分類的,如宗人府檔案分經歷司、左司、右司、黃檔房、銀庫、玉牒館。工部檔案分營繕司、虞衡司、都水司、屯田司、制造庫、錢法堂、滿檔房、黃檔房、節慎庫、料估所、飯銀處等。

3. 按問題分類的,如外務部檔案分中俄關係、中丹、中瑞(典)、中挪、中芬、中保、中南(斯拉夫)、中英、中法、中希、中瑞(士)、中德、中意、中聖(馬力諾)、中奧、中西、中葡、中比、中荷、中日、中朝、中越、中菲、中緬、中泰、中新(加坡)、中馬(來西亞)、中印(度尼西亞)、中印(度)、中尼、中哥(斯達黎加)、中巴(拿馬)、中哥(倫比亞)、中巴(西)、中厄、中秘、中玻、中智、中阿(根廷)、中剛、中摩(洛哥)、中南(非)、中澳、中新(西蘭)、中薩(摩亞)等類,兵部檔案分職官官制、軍制軍務、科舉學務、財政庶務、外交往來、禮儀、旗務等類。

4. 按年代分類的,如會議政務處檔案分光緒二十七年、……、宣統三年等。

各大類之下,再分屬類、項、目、子目等。如軍機處錄副奏摺之下,分內政、外交、軍務、財政、農業、水利、工業、商業貿易、交通運輸、工程、文教、法律、民族事務、宗教事務、天文地理、鎮壓革命運動、帝國主義侵略、綜合等十八屬類。各屬類之下,又分項,如鎮壓革命運動類,又分捻軍、太平天國、辛亥革命、義和團、秘密結社、反清鬥爭等項。各項之下還可分目,如秘密結社項之下,又分白蓮教、在理教、先天教、無爲教、大乘教、清茶門教、清淨門教、號軍、悄悄會、紅羊會、紅陽會、一柱香教、如意教、聖賢教、義和門教、八卦教、八卦紫金教、天龍八卦教、牛八教、添柱教、天地會、三合會、三點會、尚弟會、雙刀會、小刀會、嘓嚕教、哥老會、"塩梟"、江湖會、紅旗會、勝人會、游勇、各種教會、"紅胡子"、天主教、矢公教、達摩教、佛門教、明靈教、無極門教、青蓮教、黃陽教、西洋教、收園教、順天教、鴻鈞教、音樂會、羅祖教、龍門教、白山教、天門教、儒門教、園頓教、黃天教、一碗水教、幅教、白蓮池文賢教、紅燈教、紅教、紅蓮教、白陽九宮教、摸摸教、未來真教、齋教、青教、青陽教、新新教、混園教、牙籤會、菜會、閻王會、糍粑會、刀槍會、大刀會、順刀會、勾刀會、砍刀會、千刀會、鋼刀會、曳刀會、雙刀三吳會、串子會、龍華會、孝義會、仁義會、敬空老祖會、青龍會、父母會、三元會、陸林會、少林會、奇門會、邊錢會、金錢會、紅錢會、九蓮會、把子會、上帝會、長槍會、長生會、關公會、南北會、太子會、忠義會、桃園會、烏龍會、同勝會、青苗會、同心會、六元會、龍虎會、紅黑會、白衣會、金丹道、扇會、邱莘教、羅教、弘陽教、如意道教、虎尾教、老佛教、看香學好教、白頭會、天罡會、二字會、紅黃白會、末後一著教、燈花教、清水教、武聖教、老理教、夾把刀會、千人會、陰盤陽盤教、兄弟會、潘安老安新安教、義氣了義會、捆柴會、徵義堂、忠義窮團、金鼓蓮會、定子會、金蘭教、老洪會、勝得會、花會、太平會、黑紅簽會、鐵戒指會、刀會、洋槍會、洪蓮會、青紅幫、其他一百五十五個目。又如外務部檔案中國與各國關係類之下，再分疆界租地、軍務兵器、鎮壓革命運動、法律交涉、交聘往來、僑務華工、傳教教案、經濟通商、國際會議、海關稅務、綜合、內務等屬類。

再如原文獻館整理題本，先分吏、戶、禮、兵、刑、工六科，各科之下再按年分開，各年之下再分問題，如戶科乾隆元年題本分：土地戶籍、田賦地丁、屯賦、地租、漕糧、鹽稅、茶稅、雜稅、貨幣、倉儲、庫儲、普通用費、軍務用費、京餉協餉、工業、賑濟、其他。原北京大學整理題本先按朝分開，各朝之下，再分貪污、叛逆、屯墾、刑罰、河工、糾參、漕糧、災荒、鹽務、隱匿、賊匪、敷陳、田賦、差派、驛遞、征伐、賑恤、明藩、茶馬、俸銀、遺民、倉穀、科舉、考復、糧餉、例行、銓敘、兵馬、奏銷、鼓鑄、推薦、織造、圈地、進貢、通商、采買、雜課、邊防、關稅、戶口、錢法、蓄髮、庫藏、撫綏、印信、其他。

據多年的實際工作經驗，劃分類目時，應注意以下幾點。

①類目的設置應以保持文件的歷史聯繫和便於利用爲原則。類目要如實反映出檔案的內容，類列的多少，類系的長短，要以文件的多少和重要程度而定。

②劃分必須以所整理檔案的共同的基本屬性爲根據。每一層分類，必須取一個標準，否則，采取兩個或兩個以上的標準，就會造成紊亂，使同類列不能互相排斥。假如農工商部的檔案分成這樣九個類：A. 農務司、B. 工務司、C. 商務司、D. 庶務司、E. 實業、F. 職官、G. 經費、H. 光緒朝、I. 宣統朝，則同一類列用了機構、問題、朝年三個標準，在實際分類中便

無法進行。

③劃分的類、項、目，必須層次分明，含義准確。類目名稱含混不清，或互相包括，就會造成分類不准，整理質量不高。例如同類列中若同時用"內政"、"外交"、"工業"、"農業"、"民族"等名稱，這裏的"內政"類名便含糊不清，因國內的民族、工業、農業同樣是內政。再如若同時使用"職官"和"人事"、"財務"和"經費"、"軍務"和"軍需"等，便使人不能准確地理解類目的含義，造成實際工作中的困難。

（三）組卷

明清檔案的保管單位，有件、卷、冊、包、盒等，形式不一，大小各異。1949年以前整理的檔案，重要的文件都是按件登記，如詔、誥、敕、硃批奏摺、題本等，都是在分類之後，逐件編號登目。一般文件多采用包或盒。1949年以後整理的檔案，分類之後，多數都組了卷。立卷是根據不同的文件，靈活地采用問題、文種、作者、地區、時間、收發文機關等不同特徵進行的。分"詳細立卷"和"簡單立卷"。"詳細立卷"卷內文件須逐件摘由、排列編號，並制有"卷內文件目錄"和"備考表"，如錄副奏摺鎮壓革命運動類的文件，就是采用"詳細立卷"的方法。"簡單立卷"卷內文件僅排列順序和附一個"備考表"，如硃批奏摺的鎮壓革命運動類、外交類、民族類、帝侵類和吏、戶、禮、兵、刑、工各部院衙門的檔案，都是采用簡單立卷的方法。明清檔案是可以組卷的，但並不是所有文件都適於組卷。整理各部院衙門的零散檔案，是適合組卷的，如刑部檔案，當時圍繞處理某一案件，形成緊密聯繫的一組文件，這一組文件便是一個案卷，文件立卷之後便於查找和使用。有一部分重要文件，如皇帝頒布的詔、誥、敕和諭旨及臣工奏呈的題本、奏摺等，大都是一文一事，而且在形成過程中都是分別辦理和單獨存放的，可以進行逐件登記，不一定都組成案卷。實踐證明，這部分檔案組卷，大都是按文件內容性質的細分類，而且一卷有數件以至幾十件，作者、事由、時間都不能詳細反映，卷內文件又沒有編目，給以後編制專題目錄和各種索引工具及照相複製帶來不便。

·專題研究·

論中國檔案的分類

一、檔案分類的意義

中國是世界文明古國之一，具有悠久的歷史、豐富的檔案文獻。自殷商以來，甲骨刻辭、金石銘文、簡牘典冊、縑帛卷書、鐵卷金冊，以及歷代的紙墨文書，真可謂豐富多彩。到了近代，由於科學和技術的發展，又出現了照片、影片、錄音、錄像等新型的檔案材料。

各種各類的檔案日積月纍，盈室滿庫，浩若海洋。據1990年對全國三千一百八十四個檔案館，中央國家機關、省（區、市）直機關檔案室及大型工業企業檔案部門統計，所藏檔案共有一億四千三百九十一萬多卷，總長度達三千四百九十多公里。

我國檔案不但數量龐大，而且內容十分豐富。它記錄了我國各族人民征服自然、改造世界的偉大實踐，是我國人民長期從事政治鬥爭、生產建設和科學文化活動的經驗凝結。它不僅是我國悠久文明歷史的憑證，而且對我國當今的現代化建設具有重要的參考作用。

面對數量如此龐大、內容如此豐富的檔案。如何進行科學管理和開發利用，是我們檔案工作者要解決的最根本的課題，檔案分類在解決檔案的科學管理和開發利用中占有重要的地位。

檔案分類的意義在於：

（一）分類是認識檔案的一種方法

分類是人類認識客觀世界的一種方法。綜觀人類的文明史，上下幾千年，廣袤天地人，世界的事物千頭萬緒，要區別此一事物不同於彼一事物，就要進行分類。分類就是根據事物的同和異，把事物集合成類的過程。我國戰國時期著名的思想家荀況說過，分類就是"同其所同，異其所異"。[1] 後漢

---

[1] 《荀子·正名篇》。

時期的經學家、文字學家許慎也說過："方以類聚，物以群分，同條牽屬，共理相貫，雜而不越，據形係聯，引而申之，以究萬原。"① 英國赫胥黎也曾說過："吾人之所以將事物分類者，所以分其異、類其同，以求區別事物，而便於辨識記憶也。"②

檔案分類就是根據檔案內容和表形的同和異，依一定的分類原則和標準，將檔案分門別類，區別開來。檔案是世界萬物之一種，有它自己的產生和發展過程。我們要認識檔案，就要按它的發展階段加以區分和考察，以了解檔案發展變化的規律。同時，檔案是多種多樣的，祇有從它的內容和表形等方面的差異加以區分，才能認識檔案的本質和各類檔案的特性。

（二）分類是管理檔案的一種手段

物以類聚，人以群分。人類不進行社會分工，便不能有效地征服自然，組成社會。檔案作爲人們實踐活動的歷史記錄，如不進行分類，便無法進行管理。檔案依歷史時期分類。便於針對各個歷史時期檔案的特點，進行科學管理，如中國第一歷史檔案館保存明清檔案，中國第二歷史檔案館保存民國檔案，便是以這種分類爲基礎的。檔案按形成機關的級別分類，便於國家統一領導，分級管理。我國現在從中央到地方各級檔案館的設置，就是以這種分類爲基礎的。檔案依載體分類，便於針對檔案的制成材料采取有效的技術保護方法，如照片檔案和電影資料分別集中於中國照片檔案館和中國電影資料館，即是以這種分類爲基礎的。

各個館的檔案，如不進行分類，便無法進行整理，分類是整理檔案的中心環節，檔案祇有分門別類系統化後，才便於保管。

（三）分類是利用檔案的一種工具

我們認識和管理檔案，最終目的是爲了利用檔案，分類是利用檔案的一個工具。一個國家的檔案，如不進行分類，便不能有效地開發利用檔案信息資源；一個館的檔案，如不進行分類，便無法查找利用檔案資料，分類是組織檔案目錄和索引工具的基礎。檔案目錄祇有進行科學的分類，才能組織起科學的檢索體系。廣大利用者，祇有遵循檔案分類的體系，才能

---

① 許慎：《說文解字》第十五篇下，中華書局 1963 年影印本，第三百一十九頁。
② 轉引自白國應《圖書分類學》第一章。

查到自己所需要的材料。

二、檔案分類的基本原則

（一）時序原則

時序原則就是按照檔案所屬的時間順序劃分檔案。

檔案是人類歷史發展過程中的產物，歷史是有規律地循序前進的。如我國的歷史，曾經歷過原始社會、奴隸社會、封建社會、半封建半殖民地社會，現在爲社會主義社會，我國的全部檔案就是隨着社會的發展，依序產生的。各個歷史時期的各種各類檔案文件，也是依時序形成的。可見，時序是檔案的一個基本屬性，時序原則是檔案分類的一個重要原則。

自古以來，中國就有用編年體的方法來整理史料和編纂史籍的，如孔子的《春秋》、司馬光的《資治通鑒》等，都是按時序原則撰寫的編年體史書。清代軍機處錄副奏摺是按時序原則劃分整理的，它以朝年爲類序，按月存包，所以又叫"月摺包"。

按時序原則劃分檔案，常用的方法有：

（1）按歷史時期劃分檔案。如我國的檔案可分爲古代檔案、近代檔案和現代檔案。

（2）按政權的時序劃分檔案。如我國現存的檔案可以分爲唐朝檔案、宋朝檔案、元朝檔案、明朝檔案、清朝檔案、民國檔案和中華人民共和國檔案，或者可以分爲中華人民共和國建立以前的檔案和中華人民共和國檔案兩大部分。

（3）按照歷史的發展階段來劃分檔案。如清朝檔案可以分爲清入關前檔案、清前期檔案、清中期檔案、清後期檔案，等等。

（4）按年度劃分檔案。如一個全宗或某一專題的檔案，可以年度爲序進行分類。

（二）來源原則

來源原則就是按照文件產生的來源和檔案管理的來源進行分類。

檔案是一定的國家機關、社會組織和個人，在履行自己職責的活動中形成的，源於一個機關或一個人物的檔案，文件之間具有緊密的聯繫，不能任意分割。按來源原則劃分檔案，能保持文件之間的歷史聯繫，維護檔案的整體原貌，以便維護歷史的真實性。保持檔案文件的來源一致性，維護檔案的群體性，是按來源原則劃分檔案的基本要求。

我國自古以來，就有用來源原則思想整理史料和編撰史籍的。從唐朝的《大唐會典》到清朝的《欽定大清會典》等會典體史籍，便是以國家機關爲綱，以機關職能系事，來整理一代典章制度的材料。到了近代，故宮博物院文獻館曾用來源原則思想來整理明清檔案。當時把館藏的清代檔案按行政系統或藏處，分爲內閣檔案、軍機處檔案、宮中檔案、內務府檔案、宗人府檔案等不同的系統，它奠定了中國第一歷史檔案館現今館藏檔案按全宗分類的基礎。

在國外，法國國家檔案館最早使用來源原則整理檔案。1841 年法國內務部部長在頒布的《各省和各地區檔案整理和分類基本條例》中，提出了尊重全宗原則。這個原則要求來源於一個行政當局、一個公司或者一個家庭的歷史上形成的檔案整體，應放在一起，不得拆散。以後德國檔案學家把尊重全宗原則加以抽象，命名爲來源原則。荷蘭檔案學家從理論上對來源原則做了全面的論證，提出荷蘭的全宗原則理論。20 世紀以來，來源原則進一步發展，在歐美各國得到了廣泛的應用，英國在 20 世紀 20 年代提出文件組合的理論。十月社會主義革命後，蘇聯檔案學家吸取來源原則的合理因素，提出了國家檔案全宗原則的理論。

全宗原則是我國進行檔案分類和管理的一個重要原則。"全宗"就是"庫藏的一個單元"，它是館藏檔案的一級分類單元，也是國家全部檔案的基本單位。根據我國檔案工作發展的狀況，全宗的定義可以修改爲"具有歷史聯繫和邏輯聯繫的一宗檔案"。檔案的歷史聯繫指檔案文件在產生過程中所形成的密切聯繫，一個全宗的檔案可以是一個機關或一個人在社會活動中所形成的全部檔案，也可以指在管理檔案的過程中形成的具有不可分割聯繫的一宗檔案。例如，清朝內閣、軍機處、內務府、宗人府等機構的檔案，可以構成一個全宗，宮中各處的檔案也可以構成一個全宗。宮中各處檔案係指原存於乾清宮等處的檔案，其中有皇帝硃批的奏摺和下達的諭旨，也有爲皇帝傳宣諭旨、接遞奏摺的奏事處的檔案。1925 年文獻館在整理這些檔案時，認爲"系統雖異，地點均在內廷，故名宮中各處檔案"，以後一直把宮中檔案作爲一個系統來整理編目和保管。這種在長期的管理過程中形成的檔案之間的密切聯繫，也是不能分割的。

檔案的邏輯聯繫，即根據檔案某一特徵的聯繫，如從檔案載體制成材料相同的特徵，一個檔案館可將照片檔案、錄音檔案分別作爲一個全宗，單獨管理。

按來源原則分類，除按全宗區分檔案外，還可按照檔案形成機關的性質來劃分檔案。如現代國家機關的檔案可以分爲黨政機關檔案、財經機關檔案、文化事業機關檔案，等等。也可按檔案形成機關的級別來區分檔案，如清代國家機關的檔案，可以分爲清代中央國家機關的檔案和清代地方機關的檔案。

（三）事由原則

事由原則，就是按照檔案內容所記述的事由來劃分檔案。它的特點是，按照預先擬定的問題或主題的類別，對檔案進行分類，以保持檔案之間的邏輯聯繫。

事由即事情或事物，檔案所記錄的事物是複雜和多種多樣的，它是人類在歷史上活動的遺跡。人們的社會實踐活動是分工進行的，所以按事由原則劃分檔案，必須以人們實踐活動的社會分工爲基礎。

社會分工即指社會不同部門之間的分工，如工業、農業、商業等，和各部門內部的分工，如工業內部又分爲金屬冶煉、機器制造、紡織、食品加工等。

人類的實踐活動，總的來看，一是人類征服自然的活動，二是處理人和社會關係的活動。人類征服自然的活動，就是要取得人類賴以生存的物質資料，這是人類最基本的實踐活動。在生產活動中，人和人結成了不同的社會群體：一是基礎的社會群體，如以血緣關係和地緣關係爲主的社會群體；二是機能的社會群體，如國家，它是在階級、民族的基礎上，爲進行政治機能而成立的社會群體。此外，還有許多社會群體，如爲了藝術、宗教和娛樂等文化需要，而成立的藝術、宗教和娛樂群體等。檔案是人們從事這些活動的歷史記錄，所以從檔案內容所記述的事由，相應可以分爲經濟部類、政治部類和思想文化部類。在三大部類之下，再分爲若干屬類。

人們實踐活動的社會分工，在歷史上是隨着社會生產力的發展而變化的。自20世紀60年代以來，由於科學技術的迅速發展，促使社會生產力極大提高，社會分工越來越細，生產部門也越來越多，社會組織也愈加龐大。與之相適應，反映人們社會活動的檔案更爲豐富，檔案分類的體系更爲複雜，檔案分類的方法也在不斷變化和發展。

三、檔案分類的體系

中國檔案的分類可以分爲兩大系統：一是檔案實體的分類系統，二是檔案信息分類系統，每個分類系統又分爲若干層次。對檔案實體進行分類，主要爲了便於管理。對檔案信息進行分類，主要爲了便於檢索利用。

（一）檔案實體分類系統

對檔案實體的分類，主要運用時序原則和來源原則對檔案進行劃分。我國檔案實體分類的第一層次，即宏觀分類，也就是對國家現存的全部檔案進行分類。首先應依時序原則，區分爲：①唐朝、宋朝、元朝及其以前的歷史檔案。②明朝檔案。③清朝檔案。④民國檔案。⑤中華人民共和國檔案。

各個政權時期的檔案，還可依時序原則劃分爲不同的階段，如清朝檔案可以分爲：A.清入關前的檔案。B.清大一統時期的檔案。C.溥儀小朝廷檔案。

各個政權時期的檔案，也可依來源原則劃分爲不同的門類。如中華人民共和國的檔案，可按同類型國家機關的標準，分爲：①黨政機關檔案。②軍事機關檔案。③公檢法機關檔案。④工交能源機關檔案。⑤農林牧水利機關檔案。⑥財經貿機關檔案。⑦文教體衛機關檔案。⑧科研機關檔案。⑨公共事業機關檔案。

檔案實體分類的第二個層次，即中觀分類，也就是各檔案館對所藏檔案的分類。對館藏檔案的分類，一般先按時期劃分，如分爲清朝檔案、民國檔案、中華人民共和國檔案，各個時期的檔案，再按全宗進行劃分。

檔案實體分類的第三個層次，即微觀分類，也就是各全宗內檔案的分類，全宗內檔案的分類，可依檔案內容、形式等不同的特徵進行分類。

（二）檔案信息分類系統

檔案信息分類，即按照檔案內容所記述的信息進行分類。檔案信息分類，主要依據人們實踐活動的社會分工爲標準對檔案信息進行劃分。檔案信息的分類也是多層次的。首先應將不同時期的檔案分開，各個時期的檔案再依事由原則劃分爲若干類別。如清代檔案分爲：A. 政務總類。B. 宮廷、皇族及八旗事務。C. 軍事。E. 政法。F. 民族事務。G. 中外關係。H. 鎮壓人民鬥爭活動。I. 宗教事務。J. 文化、教育、衛生。M. 財政。N. 貨幣、金融。P. 農業、林業、畜牧業。Q. 手工業—工業。R. 建築。S. 交通、郵電。T. 商業。W. 天文地理。

民國檔案分爲：A. 中國國民黨黨務。B. 國家政務總類。C. 內政。D. 社會。E. 考試、監察。F. 司法。G. 軍事。H. 外交。J. 經濟總類。K. 財政金融。L. 農林水利。M. 工礦電業。N. 商業。P. 交通。R. 郵電。S. 教育、文化、科研。

中華人民共和國檔案分爲：A. 中國共產黨黨務。B. 國家政務總類。C. 政法。D. 軍事。E. 外交。F. 政協、民主黨派、群衆團體。G. 文化、教育、衛生、體育。H. 科學研究。J. 計劃、經濟管理。K. 財政、金融、保險、審計。L. 商業、旅游業、服務業。M. 農、林、牧、漁業。N. 工業。P. 交通。Q. 郵電通信。R. 城鄉建設、建築業。S. 環境保護。T. 海洋、氣象、地震、測繪。V. 標準、計量、專利。

各基本大類之下，視需要分設若干屬類，屬類之下，再設項、目、子目等。

檔案信息的分類體系和類目層次，詳細地反映在已經出版的《中國檔案分類法》一書中。它的制定，是中國檔案信息分類的一個巨大成果，它爲開發檔案信息資源、統一分類檢索方法，打下了一個良好的基礎。

已制訂的《中國檔案主題詞表》和《民國檔案主題詞表》及《清代檔案主題詞表》。檔案主題詞表也是檢索檔案信息的一個工具。分類法和主題法都是從檔案內容進行檢索的方法，分類法具有較好的族性檢索功能，主題法則有較好的特性檢索功能，筆者主張我國檔案信息檢索的方法，應走分類、主題一體化的道路。即以分類法爲主，以主題法爲輔。檢索的體系應以分類法爲框架，以主題法爲網絡，制訂分類、主題一體化的《中國檔案類詞表》。

檔案分類法和主題法一體化的優點有：

①在檢索結構方面，利用分類表和主題詞表相互配合，共同完成分類

標引和主題標引的雙重任務。同時發揮了分類法和主題法的各自特殊功能。

②一體化的類詞表，易於對主題詞匯進行控制。分類表中的類、項、目、子目的名稱，也是經過規範化的詞，也可視爲關鍵詞。由於有分類表的框架，易於控制主題詞匯。現在中國檔案分類法已經制訂，以檔案分類的範疇揀選、制訂主題詞表也較容易。

③一體化的類詞表有較強的適用性，具有多功能、多用途的特點。一體化的類詞表，既適用於手工檢索，也適用於電腦檢索。分類表和主題詞表合一後，工作人員容易掌握，簡化了工序，能提高標引著錄的速度。

四、檔案分類的基本要求

（一）檔案分類必須以歷史唯物主義爲指導思想

檔案分類必須有科學的思想作爲指導，列寧說："馬克思的歷史唯物主義是科學思想中最大的成果。"① 要正確認識檔案，做好檔案的分類工作，必須以歷史唯物主義爲指導思想。歷史唯物主義要求我們在檔案分類時，第一，要樹立歷史發展的觀點。檔案是歷史的產物，各個歷史時期的檔案，有各自的形成規律和不同的內容，檔案分類應按各個歷史時期檔案的特點去劃分。第二，要樹立聯繫的觀點。劃分檔案時必須保持檔案文件之間的聯繫：一是保持檔案文件形成時的聯繫，以維護檔案和歷史的原貌；二是保持檔案信息方面的邏輯聯繫，以便於檢索利用。第三，要樹立階級觀點。檔案分類要堅持黨性原則，在階級社會裏，檔案文件大多是有階級性的。例如，在清朝檔案裏有"剿捕"一類的文書，內容多是鎮壓農民起義和辛亥革命的材料。對此，我們如果不用階級分析的方法，便認不清這些檔案的本質，檔案分類也不能正確進行。根據檔案分類的黨性原則，原來檔案分類中由統治者使用的誣稱是不能沿用的。

（二）檔案分類必須從我國檔案和檔案工作的實際出發，便於檔案的管理和利用

我國檔案數量龐大，種類繁多，時間跨度長，這決定了我國檔案實體

---

① 《列寧選集》第二卷。

分類的範疇和方法的多樣性。企圖用統一的分類方法，來解決古今各類檔案的整理和排架庋藏問題，是不現實的。在檔案信息分類上，必須有統一的目的和要求、統一的原則和方法，以適應社會對檔案信息日益增強的需求。檔案分類是否科學，必須用實踐來檢驗。便於管理和利用檔案，這是對檔案分類的最基本要求。

（三）劃分檔案必須遵循分類的邏輯規則

1. 分類必須是相稱的。分類的幾個子項的總和必須等於母項的全體。如《清代檔案分類表》中的"宗教事務"，分爲"佛教"、"道教"、"伊斯蘭教"、"基督教"、"其他宗教"。"宗教事務"是母項，"佛教"、"道教"、"伊斯蘭教"、"基督教"、"其他宗教"這五個子項的總和等於"宗教事務"這一母項的全體。

2. 每一次進行分類的時候，祇能根據一個標準，幾個子項必須互相排斥。如中國第一歷史檔案館館藏清代宗人府檔案，按宗人府內部組織機構分爲經歷司、左司、右司、黃檔房、銀庫、玉牒館六個類別的檔案。如果宗人府檔案第一層分類同時采取機構和事由兩個標準，那麼宗人府的檔案就分爲經歷司、左司、右司、黃檔房、銀庫、玉牒館、封爵、授職、繼嗣、婚嫁等類別，幾個子項不互相排斥，就犯了重疊性的錯誤。

3. 檔案進行分類，必須依次劃分，不得超越。所分門、類、綱、目，必須層次分明，含義準確。如《清代檔案分類表》中，"交通、郵電"一類，下分"道路"、"鐵路"、"水運"、"郵政"、"電信"五項，其中"水運"一項，再分爲"內河運輸"和"海洋運輸"兩個目。如果把"交通、郵電"分爲"道路"、"鐵路"、"內河運輸"、"海洋運輸"、"郵政"、"電信"，這樣就層次不清，模糊了種屬的關係。

第二節 檔案的編目與索引

編目工作，不僅是整理工作的一個重要環節，而且是整個檔案館中一項重要的工作。一個檔案館的基礎工作如何，檔案是否便於查找利用，是與編目工作分不開的。編目工作的好壞，可以直接反映一個檔案館的水平。

過去，我們對檔案的編目與檢索工具工作重視不夠，當檔案的利用工作與基礎工作有矛盾時，總是認爲檔案整理得不快，不能適應社會利用檔案的需要，或者埋怨整理方法不科學，不能滿足各方面讀者的要求。研究清代政治經濟或某一專題的專家，希望檔案按問題來整理；編纂清代通史的學者，要求檔案按時間編排；研究清代人物的教授，希望檔案按作者或人物分開；寫地方志的同志，要求檔案按地區整理。過去領導上總是要求整理工作服從利用工作的要求，跟着利用者走。此一時期檔案按編年體整理，彼一時期又根據讀者的要求按問題整理，再過一個時期，又根據利用者的需要按人物或地區整理。這樣，檔案反覆整理，沒完沒了，勞民傷財，最後還是滿足不了各方面的要求。這種把整理工作看成"萬能的東西"，是不切合實際的，也是有害的。荷蘭檔案學家斯·繆勒說："在整理一個檔案全宗時照顧歷史研究的利益只應該是次要的。"檔案整理祇能根據文件形成的規律和特點，通過一定整理方法，使文件固定秩序，爲利用工作打下一個良好的基礎，創造一定的便利條件，但整理工作並不能解決利用工作的各種矛盾。要想解決各方面查用檔案的要求，就必須做好編目和各種檢索工具。整理工作的編目是基本編目，包括文件或案卷標題的擬寫，卷內文件的排列、編號、登目，案卷的排列和目錄的編制及檔案的內容介紹等。檔案館應根據這些基本目錄，編制各種目錄或專題索引，如《編年目錄》、《分類目錄》、《作者目錄》及地區索引、人物索引以及各種專題索引等。這樣，檔案的整理秩序雖然不變，但通過編目與檢索工作，能適應利用者各方面查用檔案的要求，這叫作"以不變應萬變"，現在中國第一歷史檔案館主要檢索工具有：

　　①檔案秩序目錄。它是在整理檔案時形成的，有一千多冊，按全宗排列，統一編有目錄號，同時又是檔案庫房排架存放目錄，是目前查閱提調檔案的主要工具。

　　②分類卡片與分類目錄。分類卡片，如文獻館時期所做的軍機處錄副奏摺分類卡片，分政治、軍事、經濟、財政、文教、法律、禮俗、其他，計八類。

　　③全宗卷，全宗卡片。全宗卷主要有該全宗的歷史沿革、檔案內容、整理方法、保管狀況以及利用情況等有關文字材料。全宗卡主要著錄全宗

名稱、數量、文種、主要內容等。

④人名索引和職官索引。如宮中檔案官員履歷引見摺人名索引和職官索引，人名索引按姓氏筆劃排列，職官索引按地區、官職排列。

⑤明清檔案内容介紹。如《中國第一歷史檔案館館藏檔案概述》書，1986年由檔案出版社出版，共十八萬多字。它以全宗爲單位，全面地介紹了館藏檔案的内容，是利用明清檔案必讀的工具書之一。1994年，人民出版社出版了秦國經著的《中華明清珍檔指南》一書，書中上編爲"明清檔案論述"，下編爲"明清檔案的管理與利用"，實際爲利用明清檔案的一本工具書，被譽爲"開啓明清檔案寶庫的金鑰匙"出版后很快銷售一空，1996年再版。

隨着歷史檔案的開放，要求檔案館各方面的工作都要提高一步，以適應新形勢的要求。今後除加強整理工作外，還要把編目與索引工作提到重要地位，組織人力，認真做好。

第三節　檔案的鑒定

明清檔案的鑒定工作，主要是鑒別檔案的價值、劃分等級、辨別真僞、考證文件的時間和作者等。通過鑒定工作，能分清玉石，以便保管和使用檔案。徐中舒主張："我們覺得這樣巨量的檔案，全部保存，實在不是一件容易的事。而且有許多檔案，實在是無須保存的。如果因爲要全部保存，使重要檔案與不重要檔案，一同保存於不完備的設備之下，而任其逐漸淘汰，自然毁滅，不如經過多數學者鑒定一番，選其重要的，存儲於完備的庫藏中。"

鑒別明清檔案的價值，是一件嚴肅而繁難的工作，必須以唯物辯證的觀點，全面地、歷史地考察檔案的價值，纔能做出正確的鑒定。鑒定工作者必須具有豐富的歷史和檔案知識及長期的實踐經驗，纔能勝任這一工作。

中華人民共和國成立後，對明清檔案進行過兩次大的清理鑒定工作。一是1958年對一千七百麻袋清內閣大庫殘碎檔案的清理鑒定，當時經國務院秘書長習仲勛同志批准，由國家檔案局出面，邀請了著名歷史學家吳晗、翦伯贊、呂振羽等二十餘人，參加了研究，並具體抽查了檔案，提出了鑒別意見。二是1964—1965年和1971年，對全部明清檔案劃分了戰備等級，根據檔案的重要程度，明清檔案共分四類，其標準是：

一類：政治性強，年代久遠，對明清史研究有特別重要的價值，其內容視情況又分三種。

甲種：政治性檔案，機密性強。如外交鬥爭、邊界海防、國防機密性檔案；

乙種：帶有國寶性，或年代久遠，或文種稀有，或農民運動形成的文件等；

丙種：史料性檔案，對清史及科學研究有特別重要價值的檔案。

二類：是研究清代歷史必須的檔案史料。

三類：利用價值不大的及一二類重份的檔案。

四類：很少有利用價值的檔案。

明清檔案因年代久遠，一些珍貴文書幾經流散轉手，難免有偽造和篡改之弊。在管理工作中也常常遇到一些或無具文時間，或無作者，或殘缺不全的文書，這就要進行細緻的考證工作。辨別文件的真偽，要從文件的內容、格式、作者、時間、印章、文字、紙張、典章制度等多方面來考察。判斷文件的作者和時間，不僅要根據文件本身來考證，而且往往還要查對歷史年表、職官年表、人物傳記等資料來印證。例如康熙與羅馬使節關係的文書，共十四件，其中大部分祇有月日而無年代，陳垣先生根據各方面進行考證，結果將這些檔案的年代一一考證出來。考證每一件文件，都要全面辯證地看問題，小心細緻地去求證，切忌主觀片面。即或半點證據不足，寧可存疑，而不要忽忙判定，否則，會給讀者帶來更多的麻煩或造成不良的社會後果。

第六編
明清檔案的開放利用

明清檔案工作的根本目的，是要管理好明清檔案，積極爲社會各方面提供檔案材料，爲我國的社會主義建設服務。所以，利用工作始終是明清檔案工作的中心工作，各項工作都必須以充分發揮檔案的作用、方便利用爲原則。而檔案利用工作的開展，又進一步促進其他各項工作的發展。

第二十八章　接待利用者查用檔案與咨詢服務工作

　　利用者來館查閱使用檔案是明清檔案提供利用的主要方式。明清檔案大都是古老珍貴的文書，一般不許攜出館外，凡使用明清檔案須到館內查閱。根據國家檔案局發布的《各級檔案館開放檔案辦法》，中國第一歷史檔案館制定了《關於接待查閱利用明清檔案辦法》，規定明清檔案除少量關係國家機密的材料不提供一般利用者外，其他全部檔案均可向國內各單位及個人提供利用。凡查閱明清檔案，祗要持合法的證明（指身份證、工作證或介紹信等），證明其身份與使用檔案的目的、範圍及方式，經檔案館同意後，即可使用。凡使用關係國家機密的檔案，須經上級主管部門批准。

　　隨着中外文化交流的發展，國外學者要求查用明清檔案的越來越多。根據國家檔案局發布的《外國組織和個人利用我國檔案試行辦法》，凡外國人查閱開放的明清檔案，除須持有接待單位的介紹信或其他合法的證明外，還要提前向檔案館提出書面申請，經批准後，方可安排接待。學者本人申請書須寫明研究題目，查閱檔案的目的、範圍、內容以及方式等，並盡可能提交查閱檔案提綱。

　　凡來館查閱明清檔案人員，均需辦理查閱手續。進館要先登記，然後填寫利用檔案登記表，寫明利用檔案的目的、範圍和查閱方式，以便備查。凡摘鈔、複印和攝制檔案，都需要經館審核同意後，方可帶走。明清檔案爲全民文化財富，公布權屬於國家。國家授權檔案館來管理這些檔案。所以，利用單位或個人，凡摘鈔、複印和攝制的檔案，可以在著述中引用檔案的內容，未經檔案館同意，不得全文公布出版檔案。凡利用檔案一律在閱覽室閱覽，閱覽室設有專人監督閱覽。提閱檔案要點檢交接清楚，嚴禁讀者在閱覽時私拆、污染或損壞檔案。閱覽室放有開放檔案目錄近三百冊，除原檔閱覽外，還設有縮微膠片閱讀機，以便閱覽縮微膠片檔案。

　　接待利用工作是最直接的服務工作。閱覽室猶如檔案館的櫥窗，檔案管理的水平、工作質量的高低，都可以從這裏得到檢驗。接待人員要樹立全心全意爲人民服務的思想，熱情接待利用者，耐心解答讀者提出的各種問題。同時還要熟悉檔案內容和目錄等查考工具的使用方法。爲便於領導掌握利用情況和總結利用經驗，每月要寫出利用檔案情況簡報及統計報告。

中華人民共和國成立以來，由於明清檔案工作堅持爲社會服務的方向，積極開展歷史檔案的利用工作，特別是中國實行改革開放以後，爲科研單位、大專院校、黨政機關、文博單位、文藝團體以及軍事部門、廠礦企業、財政金融、水利氣象、公安消防、新聞出版、旅游服務等五千多個單位、七萬多人次，提供查閱檔案共四百多萬件（冊）（1992年底統計）。這些檔案包括中外邊界、中外關係、帝國主義侵略、華僑華工、農民起義、辛亥革命、戊戌變法、各少數民族歷史、財經金融、農墾水利、江河湖泊、礦產資源、天文氣象、醫藥衛生、帝后譜系、宮廷歷史、宮殿苑囿、文藝戲曲、歷史人物、地方歷史等各方面的史料。這些檔案材料爲研究明史、清史、近代史、民族史、軍事史、外交史、法律史、科技史、建築史、礦冶史、宮廷史、地方志等提供了豐富的第一手史料，爲中俄、中印、中尼、中緬、中老、中朝、中日等邊界海域的劃分提供了可靠的憑證，爲我國的經濟建設提供了有益的參考材料。例如一些水利工程，如黃河三門峽水庫工程、京密引水渠工程、海河工程、治理長江和黃河規劃、洪澤湖附近五省一市旱澇鹽鹼工程、長江三峽工程等，都從明清檔案中查到了可靠的歷史數據。一些科技單位從清代檔案中查到了我國第一條鐵路、第一次使用無綫電技術、第一次使用電燈、第一次使用照相技術、第一次發行大龍郵票的檔案史料，都爲發展我國的科學文化事業提供了歷史參考材料。

隨着我國經濟建設和科學文化事業的迅速發展，社會各方面對歷史檔案資料的利用也日益增多。與之相適應的歷史檔案開放政策的繼續執行，使檔案戰綫出現了新的形勢，給利用工作提出了更高的要求。現在來館查閱檔案的人越來越多，提調檔案比"文革"以前數量成倍增加。例如1981年接待了三百二十九個單位、六千零二十八人次來館查閱檔案，提調檔案四十七萬九千二百一十二件，選用五萬五千八百五十九件。較之利用檔案較高的1963年，該年只接待了五十六個單位、九十九人次來館查閱檔案，提調檔案十七萬一千九百八十三件，僅選用四千四百一十六件，可見無論從利用人數還是提調、選用檔案方面，都是幾倍或幾十倍地增加。現在不僅利用者大量增加，而且利用檔案的廣度和深度也進一步擴展。過去查用有關明清時期農民起義、帝國主義侵略、民族糾紛、政治制度等階級鬥爭方面的史料較多，現在利用有關明清地丁田賦、商業金融、農業氣象等經濟科技方面的檔案顯著增加。過去中央和省一級科研、黨政機關，查用明清中央國家機關的文書較多，現在各省、地、縣修史編志單位，查用各地區史料的大量增加。利用檔案的另一特點是，系統地大量地利用檔案顯著增加。例如，黃河水利委員會，從1976—1981年，先後派了十幾位工作人員，用了六年的時間，查摘複製了大量清代檔案中有關黃河歷史的資料。再如中國科學院地理研究所，從1977—1982年，先後派了十位同志來館查閱摘鈔清代晴雨錄和雨雪分寸等氣象方面的資料。利用檔案的第三個特點是，外國學者查用明清檔案的逐漸增加。在20世紀50年代和60年代，外國學者很少利用明清檔案，祇有蘇聯、朝鮮、越南等少數學者或團體查用過明清檔案。自從我國對外實行開放政策以來，隨着中外文化交流日益發展，外國學者查用明清檔案的越來越多。1979年僅美國、日本兩個國家三所大學的五位學者來查閱明清檔案。1980年也祇有英、美、澳大利亞三個國家、八所大學的八位學者來查用明清檔案，而1981年就有美國、日本、英國、法國、澳大利亞五個國家二十所大學和研究單位的專家、學者查用明清檔案，總數達到三百九十八人次，這是空前的紀錄。他們對中國歷史研究得很深很細，例如研究明清時期的農民起義，不僅研究起義者本身的情況，而且着重研究農民起義的諸因素和背景資料。他們不僅研究明清政治、經濟的整個情況，而且研究我國某一區、某一民族、某一城市發展的歷史。他們對我國的人口、家譜、文書制度等也有研究，查用了不少有關的明清檔案史料。

在接待利用者來館查閱檔案的同時，一史館還做了大量的咨復查詢工作。根據利用者函查的要求，我們或據所查檔案直接答復利用者有關問題，或摘寄有關材料，盡量滿足利用者的要求。根據有關單位的要求，我們還爲利用者提供了不少照相、複印和拷貝的檔案資料。僅1979—1981年三年間，我館對外提供照相的檔案資料就有八千九百七十八件。還利用已攝的檔案膠片，對外提供拷貝資料四萬九千七百零七件。

對社會提供利用檔案，最大的一項，是爲纂修《清史》全面提供檔案服務。

　　中國歷來有利用檔案纂修歷史的優良傳統，偉大的史學家、檔案專家司馬遷所寫的《史記》，就是主要利用當時"石室金匱"所藏的檔案史料寫成的。

　　2002年8月，黨中央、國務院作出纂修《清史》的重大決定。至今已歷時七年多，清史編纂已取得重要的進展。我有幸參加這次清史編纂工作。《清史》由通紀、典志、傳記、史表、圖錄五部分組成。全書計九十二卷，總字數超過三千萬字。目前各部分初稿已經完成，編纂工作進入最后審稿階段。

　　一史館存有一千多萬件明清檔案，清代檔案爲修清史服務，是一史館義不容辭的一項光榮任務。纂修清史工程啟動以來，檔案館先後爲纂修清史提供康熙至宣統朝《宮中硃批奏摺》四十二萬件，雍正至宣統朝《軍機處錄副奏摺》五十八萬件，乾隆至光緒朝《內閣戶科題本》二十二萬件，《隨手檔》、《電報檔》各近四萬件。還有康熙至宣統朝《直隸、山東寸雪糧價折單》，乾隆朝《滿文寄信檔》、《滿文熬茶檔》，以及順治至宣統朝灾賑檔案史料等，總計一百七十四萬件，這些檔案，經加工整理后，形成數字化圖像一千一百萬頁，然后上傳網絡，使各地的清史專家能夠快捷在本地計算機終端檢索得所需檔案。每件檔案信息檢索點一般都有十個以上，便於專家對相關人物和事件進行多角度、多線索的系統查詢，這就使過去在檔案館經年累月才能查到的史料，只需要幾小時甚至幾分鐘就可以完成，極大地提高了查閱效率，同時也使各地專家能夠方便快捷地在本地查閱到所需要的檔案史料，節省了親赴檔案館查閱檔案的時間和費用。與此同時，一史館還編輯出版清史工程項目《清代軍機處電報檔》、《清宮熱河檔案》等六部專題檔案史料。

　　檔案是修清史的第一手史料，一史館所提供的皇帝諭旨等詔令文書，文武高官所上的題本、奏摺及中樞機關的各項檔冊，都是當時在施政過程所形成的，具有客觀的真實性，是其他文獻史料，如實錄、會典和史書所不能代替的，其內容十分豐富，從不同角度反映了清代的政治、經濟、軍事、社會、文化、民族、外交等各方面的情況，它是編纂清史的最基礎的史料，清史編纂中許多疑難問題，由於檔案史料的新發現便迎刃而解，已經在有關清史的論著中的一些謬誤，通過查用檔案得以勘正，使檔案的證史、補史、校史的作用得到充分發揮。能否充分利用第一手檔案史料，已成爲編委會評估主體工程項目撰寫質量的基本標準。

清史編委會主任戴逸先生近期親筆指出："此次修清史，檔案資料發揮了重要作用，對第一歷史檔案館的工作深表感謝。"

（參見《人民日報》2010年1月29日第14、15版，《清史通訊》2009年第10期）

第二十九章　編譯出版檔案史料

　　編譯出版明清檔案史料，不僅是開放利用明清檔案的重要方式之一，而且是保護檔案原件、長遠保存史料的重要方法。歷史檔案開放以來，查閱明清檔案的人數與日俱增，由於一史館檔案基礎工作較差，人力有限，要解決利用工作中的供求矛盾，變被動服務為主動服務，必須積極地、有計劃地編譯出版明清檔案史料。

　　在我國悠久的歷史中，有匯編檔案史料和隔朝修史、當朝修志的優良傳統，因此留下了極其豐富的文獻典籍。這些文獻典籍，如《尚書》、《春秋》、《東西漢詔令》、《唐大詔令》、《宋大詔令》及二十四史等，都是檔案文件的匯編或是利用檔案寫成的史書。我國明代以前的檔案，雖然流傳下來的很少，但這些文獻典籍中還保存了大量的檔案史料，記載了豐富的歷史事實。我們應繼承這一優良傳統，把重要的明清檔案編譯出版，廣為流傳，讓社會來保存它。這不僅是保護檔案原件、保存史料的好方法，而且能減少利用者奔波鈔錄之勞。

　　中華人民共和國成立前，在故宮文獻部—文獻館時期，為編譯出版檔案史料的拓荒階段，整理出版明清檔案史料約一千二百餘萬字，但由於經驗不足，選題、選材有較大的隨意性，多半從個人興趣出發。在史料體例上有三種：第一，摘要選輯，鈔錄全文。例如羅振玉編的《史料叢刊》、歷史語言研究所編的《明清史料》。第二，按年編列，鈔錄全文。甚至保存原來的格式，如瀋陽出版的《明清內閣大庫史料》等。第三，專題編輯，鈔錄全文。如故宮文獻館出版的《蘇州織造李煦奏摺》、《康熙與羅馬使節關係文書》以及北京大學出版的《洪承疇章奏文冊匯輯》等。

　　中華人民共和國成立以後，采取了多種多樣編輯史料的形式，有各種類型的匯編或選編形式，如《義和團檔案史料》、《宋景詩檔案史料》、《戊戌變法檔案史料》、《清代地震檔案史料》、《關於江寧織造曹家檔案史料》、《李煦奏摺》、《清末籌備立憲檔案史料》及《清代中俄關係檔案史料選編》

等。有各種小專題匯爲一書、分輯連續出版的"叢編"形式，如"清代檔案史料叢編"。1981年創辦的《歷史檔案》雜志，還定期公布各種題材的史料。由於編輯力量不足，除自編之外，還利用社會力量，和有關單位合編一些檔案史料。如在20世紀50年代就與中國史學會合作編輯出版了《辛亥革命》、《洋務運動》、《中法戰爭》等多種中國近代史資料叢刊。60年代與歷史研究所、北京大學、南開大學、北京師範大學等合編《清乾隆年間農業租佃關係史料》、《第二次鴉片戰爭》、《辛亥革命前十年民變史料》等史料匯編。80年代以來，合編的範圍更爲擴大，先後與中國人民大學檔案系、歷史系、清史研究所、中國社會科學院地理研究所、中醫研究院西苑醫院、中國建築科學院情報研究所、福建師範大學歷史系、廈門大學臺灣研究所、南京市太平天國博物館、青島市博物館、山西財經學院等單位進行合作編輯或委託編輯史料。

編譯明清檔案史料，雖然主要是爲了公開出版，但也有一些是爲了送領導機關參考，或是編成專題材料，爲來館利用者提供方便。因而在排印的方法上，采取排印、影印與縮微拍照相結合，以影印爲主。編印的形式，可以大、中、小型相結合，以中、小型爲主。根據長期以來編纂史料的經驗，編輯史料的步驟是：

（1）確定選題：根據國家經濟、文化建設及社會的需要，制定長遠和年度的選題計劃，並依照輕重緩急做出具體安排。編輯題目，須經領導批准後，始能着手進行。

（2）初選材料：根據選題詳細了解有關檔案情況，制定選材提綱，然後提調檔案，選出與主題有關的檔案材料，並做出初選卡片目錄。初選的範圍可以適當放寬些，選材時要注意保護檔案，不得涂損，不得打亂原保管單位。

（3）複制副本：對選定的檔案材料，通過複印、打字或鈔寫複制副本，對於打字和鈔寫的副本，必須根據原件進行校對。

（4）編輯方案：依據選定檔案材料的情況，制訂編輯方案，確定體例，統一規格，統一要求。

（5）復選及編輯加工：所編史料，一定要高標準、嚴要求。根據主題的要求，對初選材料去粗取精，認真甄別，並進行標點、分段、擬寫標題、注明出處以及必要的考證注釋、刪節勘誤、添加按語等工作，以保證編輯的質量。

（6）編排定稿：依照既定體例，將精選確定的文件編排成稿，經過反復查核，然後定稿並鈔出目錄，寫出前言和凡例。

滿文檔案的翻譯出版，是開發利用明清檔案的一個重要方面。清朝前期，滿文檔案較多，而且多屬機密重要的文書。目前除已翻譯出版《滿文老檔》、《清初內國史院滿文檔案譯編》、《鄭成功滿文檔案史料譯編》、《滿文土爾扈特檔案譯編》等外，正有計劃地整理、翻譯重要的滿文檔案。翻譯滿文檔案，要忠實於原文的思想內容，要保持原文的風格特點。用詞造句要恰當，文字表達要通順。滿文檔案和漢文史料，可以彼此補充，互相印證，這樣編輯的史料更臻系統和完整。

為了確保編輯史料的質量和防止洩露國家機密，編輯工作實行三審制。先由責任編輯對編成的稿件進行初審，要求材料選擇、體例安排、文字校勘，以及業務、政治上幾方面不出差錯。再由編輯部領導進行復審，着重政治性和科學性的審查。最後由館領導做政治審查和保密審查。我國實行改革開放後的十多年來，加快了影印出版史料的速度，影印出版了大量史料，在國內外影響較大的有《康熙朝漢文硃批奏摺》、《雍正朝漢文硃批奏摺》、《清實錄》、《蒙文清實錄》、《滿文老檔》、《乾隆朝上諭檔》等。

從1925—1995年的七十年間，我國編輯工作人員，從浩如煙海的檔案中，先後整理編輯出百種以上的檔案史料書刊，共七百多冊，其中約公布了明清檔案四十萬件，計一億六千萬字以上。

第三十章　舉辦檔案展覽

舉辦檔案展覽，是使明清檔案直接爲社會了解和利用的、既集中而又迅速的形式。明清檔案展覽分普通檔案展覽和專題檔案展覽，又叫普通陳列式和專門陳列式。早在1925年故宮博物院設立文獻部後，就在故宮外東路寧壽宮一帶開闢陳列室，陳列歷史檔案，接待公衆參觀，以便引起社會各界對檔案的興趣和重視，以後又舉辦了專門陳列式檔案展覽。當時，檔案被視爲文物，與文物一起展出。專門陳列式是特爲專家研究而設的，檔案展覽共分五部分：第一部分爲宮中文物，分宮中檔案、慈禧用品、萬壽圖、樂器、兵器、清錢等陳列室，分陳於樂壽堂、皇極殿、養性殿、頤和軒等處。第二部分爲内務府文物，分内務府檔案、昇平署戲曲、圓明園燙樣、造辦處輿圖，附內閣及軍機處輿圖等陳列室，分陳於樂壽堂（東閣）、閱是樓、暢音閣、景祺閣、寧壽宮等處。第三部分爲内閣大庫檔案文物，陳列於景福宮。第四部分爲軍機處檔案，陳列在養性殿東配殿。第五部分陳列各項照片及文獻館出版品，在寧壽宮西穿堂展出，各室均有分類說明及陳列目錄摘要。正如沈兼士所謂"均用綜合系統的方法，表現陳列，務使一代政治文化之實際情形，能於立體式的陳列室中，縱橫多面地反映出來"。

中華人民共和國成立以後，在我國檔案事業迅速發展的情況下，於1958年六七月間，明清檔案部門和其他單位聯合在北京皇史宬舉辦了大規模的歷史檔案展覽，陳列了明代、清代和民國以來的歷史檔案，接待了各地、各部門觀衆六千餘人，得到了廣大觀衆的贊許和好評。陳毅同志在仔細參觀了檔案展覽以後說："檔案很重要，它是歷史的證明。"1959年和1981年，兩次舉辦《明清檔案文書展覽》，但只接待國内外來館的檔案工作者、學者參觀。

1981年10月，爲紀念辛亥革命七十週年，中國第一歷史檔案館舉辦了《辛亥革命檔案史料展覽》，展覽分三個部分：①辛亥革命前中國的政治經濟形勢；②孫中山先生爲代表的資產階級革命黨人的革命活動；③帝國主義對中國革命的破壞與袁世凱的竊國，共展出清朝中央衙門的官文書及革命黨人的歷史文獻計六百餘件。展覽受到國內外的重視與觀衆的好評，先後接待工人、農民、幹部、學生以及國家領導人、政協委員和回國參加辛亥革命紀念活動的老人等，觀衆近萬人次。

1982年中國第一歷史檔案館又舉辦了《皇史宬展覽》。皇史宬是我國現存最古老的檔案庫之一，這次展出主要以石室金匱的古建築爲主，室內配以有關的實錄、玉牒、星源集慶、永樂大典、方略、將軍印譜、清歷代帝后像等原皇史宬藏物，並陳列了諭旨、題本、奏本、奏摺、黃冊、清冊、表、箋、金榜、起居注、照會等清代文書，以便使觀衆了解到我國悠久的歷史和豐富的文化典籍，接受一次愛國主義的教育。這次展出時間三個多月，共接待觀衆達三萬人次。

1983年中國第一歷史檔案館舉辦了《清代帝后活動檔案展覽》，主要反映我國最後一個封建王朝的興衰歷史以及清朝歷代皇帝及其后妃政務活動和後宮生活的片段。1985年爲慶祝一史館成立六十週年，舉辦了《明清秘檔真迹展覽》和《明清檔案工作六十年展覽》。1988年赴香港舉辦了《清代檔案與歷史展覽》，此展爲一史館檔案首次到海外展出。結合清代的歷史共展出皇帝的硃諭及其所頒行的詔、誥、敕及臣僚的題奏文書和宮中的圖籍共一百三十餘件，一時轟動香港，得到香港各界的歡迎與讚揚。1990年根據中南教育和文化合作協議去南斯拉夫舉辦了《清代帝后生活檔案展覽》。爲進行愛國主義教育，一史館又和中國照片檔案館聯合舉辦了《紀念鴉片戰爭一百五十週年檔案圖片展覽》。1991年一史館與中國第二歷史檔案館聯合舉辦了《紀念辛亥革命八十週年檔案史料展覽》，兩館共精選出六百多件珍貴檔案，分別在北京和南京展出。1992年一史館和中國佛教協會合作，在北京皇史宬舉辦了《清宮佛事活動秘藏檔案史料展覽》，展覽分《清代皇帝推崇佛教》、《冊封四大活佛》、《清帝管理與巡視寺廟》三部分，共展出檔案、文物及圖片二百餘件。另外《普陀山佛文化展》也同時展出，得到佛教界及社會各界的好評。1994年一史館與故宮博物院合作赴香港舉辦了《清代皇帝一天生活展覽》，此外還有在勞動人民文化宮舉辦的《皇史宬展覽》、在皇史宬舉辦的《清代外交文書展》、在東陵舉辦的《清代帝后生活展》、在海南三亞舉辦的《清宮佛事活動展》、在南京第二歷史檔案館舉辦的《清代帝后生活展》、在國家博物館舉辦的《香港回歸展》（參展）、在山西五臺山舉辦的《清代五臺山檔案史料展》、在國家檔案局舉辦的《檔案文書展》（參加清代部分展）、澳門回歸展（參加）、在中華世紀壇舉辦的《澳門回歸一週年展》（參展）、在恭王府舉辦的《清代帝后生活展》、在江西廬山舉辦的《清代江西檔案史料展》、在中華世紀壇舉辦的《香港回歸五週年展》（參展）、在廣州舉辦的《辛亥革命九十週年展》、在中華世紀壇舉辦的《中華民族情況展》（參展）、在香港舉辦的《清宮佛事活動展》、在民族文化宮舉辦的《中國科舉展》（參展），等等。

舉辦明清檔案展覽，是一件政治性和科學性很強的工作。要辦好展覽，第一要選好展覽題目。展覽題目的選擇，展覽類型的確定和規模大小，必須根據客觀的需要和館內的實際情況，量力而行。第二是選好材料。題目確定以後，要擬好陳列大綱，選材是項關鍵性的工作，必須選擇館藏最典型的材料來說明主題。第三要寫好陳列說明。陳列說明要深入淺出，既要嚴謹又要生動。

檔案展覽必須注意效果，參觀人數的多少，觀衆的反映如何，是直接檢驗檔案展覽好壞的尺度。要想吸引更多的觀衆，一方面要辦好展覽，另一方面必須廣爲宣傳。我們每次舉辦檔案展覽時，《北京日報》、《北京晚報》、《人民日報》、《光明日報》、《檔案工作》、《歷史檔案》、中央和北京廣播電臺、電視臺、中國新聞社等都做了充分的報道。由於宣傳及時，每次展覽觀衆都絡繹不絕，起到宣傳中華文化和進行愛國主義教育的目的。

第三十一章　學術研究工作與中外文化交流

　　爲了提高檔案館工作的水平，必須加強研究工作，檔案館研究工作內容包括：一是檔案業務的研究，諸如做好檔案管理和爲社會服務工作。檔案館如何實現現代化以及如何提高各項業務工作的水平，二是對所管檔案進行研究，如明、清王朝文書、檔案制度、明清檔案的特點等，三是結合所管檔案的內容，進行一些歷史研究，如對明、清某些人物和歷史事件進行考證和研究。

　　回憶過去，在明清檔案管理工作中出現的不少缺點，往往都和對明清檔案本身及有關歷史缺乏深入研究有關。沈兼士在《文獻館整理檔案報告》中說："這些錯誤，都是由於沒有把各種檔案綜合研究的結果。"張德澤先生在總結《幾項主要檔案整理過程與三十年來主要經驗教訓》一文中也說："研究檔案構成的歷史情況與整理方法是分不開的，不了解檔案的來源與作用是很難分類整理的。"有鑒於此，中華人民共和國成立後逐步加強了研究工作。在管理檔案的同時，對檔案的徵集、整理和保管方法，對明清歷史及檔案的沿革和內容進行了一定的研究，在此基礎上，編寫了《清代文書工作述要》、《明清檔案內容介紹》和其他一些查考工具書，並撰寫了一批介紹明清檔案和考證歷史的文章。1980年以來，在我國改革開放形勢的推動下，一史館的研究工作也躍上了一個新臺階。據不完全統計，全館共發表出版各類論著四百餘篇（冊），計有三百餘萬字（1995年底統計），其中較有影響的有《明清檔案與歷史研究》、《明清檔案論文集》、《清季中外使領年表》、《清代中央國家機關概述》、《中國第一歷史檔案館館藏檔案概述》、《清宮醫案研究》等專著。

　　此外，在館內和皇史宬布置了檔案陳列室，經常接待中外來賓前來參觀。一史館還錄制了反映建館六十週年活動的紀錄片《甲子館慶》與國家檔案局合作錄制了《檔案春秋》紀錄片。2003年，一史館與北京金水滴文化交流有限公司等合作，聯合拍攝大型電視紀錄片《清宮秘檔》二十五集，利用現代化媒體宣傳了明清檔案。

　　1980—1995年，一史館組織和參加的各種學術討論會，計有一百多次。其中較大的有：與中國社科院、中國人民大學清史所等每兩年聯合主辦的國際清史學術討論會已達七屆；1985年和1995年爲慶祝一史館成立六十週年和七十週年召開了兩次《明清檔案與歷史研究》學術討論會，來自美國、蘇聯、英國、日本、加拿大、德國、巴基斯坦、澳大利亞、韓國、新加坡、法國以及港臺地區的專家學者參加了這兩次大型的國際學術討論會。1986年召開的《清代檔案分類法》研討會，以及在該館參加的歷次滿學方面的研討會、清史專題研討會，計算機、縮微、裱糊等技術方面的研討會上，一史館所提供的論文質量及學術水平都受到了好評。通過以上各種活動，不僅有力地促進了該館各項業務工作的提高與發展，同時也培養和造就了一批具有一定水平的明清檔案工作的業務骨幹和專家。

　　根據歷史的經驗，檔案館的研究要想健康地發展，必須做到：第一，研究工作必須與檔案業務工作緊密結合，因檔案館本身職責是管好用好館藏檔案，它不是專門的歷史研究單位，所以研究工作必須根據業務工作的需要進行。第二，檔案館要重視和提倡研究工作，但必須在做好本職工作、完成本職任務的前提下進行，不要本末倒置。第三，對一些重點研究項目，要有組織、有計劃地進行，同時也提倡個人在業餘時間根據自己的愛好進行學術研究。

　　隨着歷史檔案開放的廣泛深入發展，一史館的對外文化交流也日益擴大。在國家檔案局和外事部門的組織安排下，僅1985—1993年，接待了國外檔案界、學術界及有關官員共一百五十四批九百一十四人次。其中有來自美國、蘇聯、英國、法國、意大利、瑞典、西班牙、南斯拉夫、烏拉圭、秘魯、日本、泰國、菲律賓、巴基斯坦、斯里蘭卡、敘利亞、贊比亞、緬甸、聯合國教科文組織以及臺灣、香港、澳門等二十多個國家和地區的專家、學者，擴大了我國檔案界的對外交流和影響。每次接待外賓，都根據國家的有關政策和對方的特點，精心安排和熱情招待，外賓都很滿意，並與之建立了深厚的情誼，有不少學者在國外的刊物上發表文章介紹中國第一歷史檔案館及其所珍藏的檔案。

　　一史館對外文化交流最大的一個項目，是1990—2000年與沖繩縣教育委員會關於清代琉球王國與中國交往的歷史檔案開發與研究。琉球王國在明清時代是一個獨立的文明王朝，中山王在明、清時五百年中，與中國保持着封貢關係，即中山王位的繼承由明、清皇帝冊封，中山王定期向明、清王朝納貢，其間進行頻繁的商業貿易和文化交流，其國歷來派學生到國子監讀書，兩國保持着親密的關係，直到清末中山王被日本強行拘留在日本，后被日本滅亡，改爲沖繩縣，爲日本的一個屬縣。

一史館保存有豐富的清代與琉球王國交往的歷史文件。在雙方合作的十年間，一史館查到有關中琉關係的檔案二千五百多件，先後向沖繩提供檔案縮微膠片七千七百二十七拍，並編輯出版了《清代中琉關係檔案史料》四卷及《清代琉球國王表奏文書》一卷，並兩次舉辦《中琉歷史關係文書檔案特別展》。圍繞中琉關係舉辦五次學術研討會，內容涉及中琉關係的封貢、貿易、文化交流及海上難民救護等各個方面。作者有幸去沖繩三次，參加學術研討會和訪問，與沖繩的學者結下了深厚的友誼，親身體會到兩國人民長期交往結下的深厚友誼，體會到歷史檔案的重要性和歷史檔案工作者的責任感。

中國第一歷史檔案館所藏的珍貴檔案，不僅是中國的優秀文化遺產，而且是世界文化遺產的一部分。從 1999—2014 年，一史館所藏的檔案，有四批被選入《世界記憶文化遺產名錄》或《世界記憶亞太地區名錄》。它們是：1999 年 8 月，《清內閣滿文秘本檔中有關 17 世紀西洋傳教士在華活動的檔案》；2002 年，《清代秘密立儲檔案》入選《世紀記憶遺產名錄》；2005 年，《清代金榜檔案》入選《世界記憶遺產名錄》；2014 年 5 月，明代《赤道南北兩星圖》入選《世界記憶亞太地區名錄》。今後，隨着時間推移和對一史館這座"金庫"的深入發掘和研究，將會出現更多閃閃發光的"金子"，以照亮人類社會進步的道路。

第七編
明清檔案的現代化管理

在我國改革開放深入發展的形勢下，隨着國家經濟、文化事業的日益發展，中外文化資料交流的加強，越來越迫切需要歷史檔案資料。傳統的管理檔案方法，已越來越不適應當前社會對檔案信息完整、準確、快速提供的要求。而今天世界微電子技術、計算機技術、縮微技術、存儲技術等新技術的發展與應用，使檔案館有可能運用這些新技術來管理檔案，歷史檔案的現代化管理勢在必行。

第三十二章　明清檔案工作的標準化

古人云："不以規矩，不能成方圓。"要運用新技術來管理歷史檔案，必須先進行檔案工作的標準化。1981年以來，一史館在全國檔案工作標準化領導組織的指導下，先後制訂了《清代檔案分類表》、《清代檔案著錄細則》、《清代檔案主題詞表》、《明清檔案檔號編制規則》等。

第一節　《清代檔案分類表》的編制

《清代檔案分類表》是在中國檔案分類法編委會領導下，於1987年制訂的。編制《清代檔案分類表》，主要爲了統一清代檔案分類檢索的方法，實現清代檔案分類檢索體系的規範化，便於組織清代檔案分類目錄，建立清代檔案目錄中心，爲開展清代檔案信息的報道和交流，提供標準化的工具。

《清代檔案分類表》，以清代國家機構、社會組織從事社會實踐活動的職能分工爲基礎，緊密結合檔案記述和反映事物的屬性，采取從總到分、從一般到具體的邏輯系統來劃分類別。該表首先分爲政治、經濟、文化三大基本部類。在政治基本部類中有"政務總類"、"宮廷、皇族及八旗事務"、"職官"、"軍事"、"政法"、"民族事務"、"中外關係"等，在經濟基本部類中有"財政"、"貨幣金融"、"農業、林業、畜牧業"、"手工業、工業"等，在文化基本部類中有"宗教"、"文化、教育、衛生、科學研究"等。在三個基本部類的基礎上，共組成十八大類。即：

（1）政務總類。
（2）宮廷、皇族及八旗事務。
（3）職官、吏役。
（4）軍事。

（5）政法。
（6）民族事務。
（7）中外關係。
（8）鎮壓人民鬥爭活動。
（9）宗教事務。
（10）文化、教育、衛生、科學研究。
（11）財政。
（12）金融。
（13）農業、林業、畜牧業。
（14）手工業、工業、公用事業。
（15）建築。
（16）交通、郵電。
（17）商業。
（18）天文地理。

各大類之下，又分若干屬類、項目等。

該表的標記符號，采用漢語拼音與阿拉伯數字相結合的混合制號碼。表後附有《清代行政區劃表》、《中國民族復分表》、《世界各國和地區復分表》等。

爲了正確實施分類表，在實踐的基礎上，還相應制訂了分類標引規則。

第二節　《清代檔案主題詞表》的編制

《清代檔案主題詞表》是清代檔案工作標準化的一個重要環節。比之於檔案分類法，它專指性強，比較靈活和直觀，更適宜於用電腦檢索歷史檔案。對於主題詞表的制訂，一史館一向很重視。早在1981年，在中國科學院計算機中心的指導下，曾進行了郵傳部檔案主題標引的試驗。當時根據郵傳部機構的職能和檔案的內容，結合利用者檢索的需要，先提出一個《郵傳部檔案主題詞草表》。然後根據草表，一邊對檔案進行主題標引，一邊增刪修改主題詞草表。當時規定每件文件標引主題詞一般不超過五個，每個主題詞的字數不超過十個漢字。郵傳部檔案共著錄八百多張主題詞卡片。1984年我們還將這些主題詞等項目輸入電腦，進行了電子計算機檢索歷史檔案的實驗。與此同時，我們還在加工整理清代硃批奏摺文教、工程、財政等類檔案的過程中，著錄了主題詞卡片十餘萬張。1986年以來，爲進一步探索主題標引的方法，又對乾隆朝《上諭檔》三百三十四冊進行關鍵詞的標引，共著錄上諭四萬四千餘條。1986年7月至1987年10月，一史館還參加了《中國檔案主題詞表》的編纂工作，一史館共提供清代檔案主題詞六千餘條，但詞表只選用一千九百六十條，這樣《中國主題詞表》遠遠不能滿足清代檔案主題標引和檢索的需要。考慮到清代檔案的特殊性，經國家檔案局1987年12月批准，由一史館編纂《清代檔案主題詞表》，正式列入全國檔案科學技術研究課題。隨後，一史館正式成立了主題詞表編纂小組，經過將近一年努力，編纂小組編出了《清代檔案主題詞表》初稿。1992年6月經國家檔案局標準組織批准，由全國檔案界十八名專家和學者組成評審委員會，對該表進行認真的審定，認爲該表"在選詞原則、選詞範圍、體系結構等方面符合 ISO2788《單語種敘詞表編制規範》和國家標準《漢語敘詞表編制規則》的規定，做到了思想性、科學性和實用性的統一"。該表的編制"是清代檔案管理領域的一項開創性工作，該表突出了清代檔案的時代特點和專業特點，具有較高的學術水平和實用價值。它的編成和推行，必將大大提高全國清代檔案管理的標準化和規範化的水平"。

《清代檔案主題詞表》共收主題詞三千四百三十五條，其中正式主題詞三千二百六十二條，非正式主題詞一百七十三條。它是一部反映清代檔案主題內容的規範化詞典，是對清代檔案進行主題標引和檢索的工具，它適用於清代各種各類檔案的標引與檢索。凡藏有清代檔案的各級檔案館及圖書館、博物館等，都可用它來著錄館藏文件，組織主題目錄和索引工具。

清代檔案主題詞主要依據檔案內容所反映的事物，並結合檔案利用者的需求進行選定。在選詞時以歷史唯物主義爲指導，根據清代檔案的特點，做到思想性、科學性和實用性的統一。

檔案是歷史的直接記錄。歷史是人們在一定的時空下實踐活動的遺跡，檔案主題應以檔案中所反映的人、事、地、時四個因素來選定。如努爾哈赤、曾國藩、康有爲，"御門聽政"、"洋務運動"、"殿試"，直隸、西安府、江孜、順治、乾隆、光緒，等等。

《清代檔案主題詞表》由主題詞字順表、主題分類表和專有主題表，並詞目首字筆劃檢字索引等組成，主題詞字順表按主題詞漢語拼音順序並結合漢字字形進行排列。主題詞的款目結構，包括漢語拼音、款目主題詞、注釋、詞間關係和分類號。

主題詞分類，基本上依據清代檔案分類表的框架和類別，將主題詞進行劃分。主題法和分類法都是從檔案內容的角度來標識和查找檔案信息的檢索語言。分類法檢索檔案具有系統性，主題法檢索檔案具有專指性。今後，清代檔案內容的檢索，應以分類法爲框架，以主題法爲網絡，集二者的優點於一身，走分類法與主題法一體化的道路。

專用主題詞表有《清代國家機構和職官名稱表》、《清代人物表》、《清代少數民族名稱表》、《清代行政區劃名稱表》、《清代世界各國、地區名稱表》、《清代文書檔案名稱表》等。

第三節　《明清檔案著錄細則》的編制

《明清檔案著錄細則》是根據中華人民共和國國家標準《檔案著錄規則》（GB 3792-85）的原則，結合明清檔案的特點和明清檔案工作的實際情況制訂的。檔案著錄是對檔案的內容和形式進行分析、選擇和記錄的過程，它是檔案館編制檢索工具必不可少的一項重要工作。著錄的項目有：

（1）題名與責任者項。題名是直接表達檔案內容特徵、中心主題的名稱，責任者是指對檔案內容進行創造負有責任的團體或個人。

（2）文種項。指文書的種類，如制、詔、誥、敕、題、奏、表、箋、咨、札、照、移等。

（3）時間項。即文件形成的時間。

（4）附注項。指各項目須要解釋和補充的事宜，包括責任者注、時間注、載體類型、標識注、語種注以及檔案實體狀況注等。

（5）排檢與編號項。包括分類號、檔案館代號、檔號、縮微號、主題詞號等。

著錄工作所用標識符號分著錄項標識符和注錄內容識別符兩種，著錄的格式分文件件級和案卷級兩種。著錄文字一般采用規範化的漢字，但有個別特殊人名、地名可照原文著錄，時間項、附注項、排檢與編號項中的數字用阿拉伯數字著錄。

第四節　明清檔案及其縮微品的檔號編制規則

編制統一的館藏檔案及縮微品的編號，不僅是手工管理實體檔案的需要，而且也是使用電腦等現代技術管理利用檔案的前提工作之一。統一編制的檔號，包括全宗號、目錄號、案卷號、件號、頁號，檔案縮微品的編號還包括膠片盤號、閃光標靶、光點、拍攝序號、畫幅號、平片序號等。編制檔號要遵循科學性、唯一性和永久性的原則，檔號一經編定，不能隨意更改。

一史館自1989年以來，經過反復實踐，於1992年編制出《明清檔案檔號編制規則》和《明清檔案縮微號編制規則》。

第三十三章　明清檔案現代化管理方法

第一節　使用電子計算機管理檔案

　　計算機是一種具有快速運算、邏輯判斷和記憶功能的電子設備。它能按照人們預先給它規定的程序，以自我指導方式進行操作，具有邏輯分析和判斷能力。自1945年出現電子計算機以來，已經歷了電子管、半導體、集成電路和大規模集成電路等數代，其性能迅速提高。現在，電子計算機已廣泛應用於人類社會的各行各業。

　　電子計算機是實現歷史檔案現代化管理的主要技術。在檔案館主要用於檔案的編目和檢索，還可用於檔案的保管、徵集、統計、鑒定和編譯出版史料等。1984年我館開始購進兩臺XT微機，主要用於編目檢索的實驗。以後隨着工作的開展，又陸續添置了386/33、AST 286、386/40等微機及一臺AS/400B10/小型機。1994年我館共有十五臺電子計算機，爲使用這些機器，一史館先後聘用計算機軟件、硬件等技術人員六人，專門成立了計算機管理組，統一管理全館計算機的使用、調配和技術人員的培訓、指導等。

　　爲盡快實現使用計算機檢索檔案，一史館專門成立了一個著錄小組，共八人。他們根據檔案著錄規則、檔案分類法、主題法等有關標準，十多年來共著錄郵傳部檔八百條、軍機處錄副奏摺十四萬條、責任內閣檔案三千三百七十三條、上諭檔十萬條，共著檔案二十八萬條，已輸入計算機十一萬條。這爲以後使用計算機檢索檔案積累了經驗。

　　在進入21世紀之際，一史館又啓動了一個大型"網絡信息系統工程"，這個工程由清華紫光設計合作實施。這一工程的目標，是采用先進的計算機技術、網絡技術、信息存儲技術、多媒體技術和通訊技術，建成中國第一歷史檔案館內部局域網，並可實現與外部廣域網的鏈接，使明清檔案的整理、編目、編研、流通、信息發布以及對外服務、辦公事務管理等全面實現自動化、網絡化,搭建館藏電腦檔案數字化的平臺。

這個網絡信息系統工程建設的規模也是空前的,它將逐步實現已有縮微片的一千七百萬個畫面及其常用原件的數字化;在十六個檔案庫房,共一百二十三間辦公室、工作間、檔案閱覽室、圖書資料庫內進行網絡布綫三百五十八個點;進行機房改造和閱覽室改造,總面積約六百九十九平方米,購置各種設備二百九十一臺(套)及軟件系統十七套。

該館網絡信息系統整體功能,將提供檔案管理、檔案數字化、辦公自動化、多媒體館介等,其網絡平臺提供信息發布、信息檢索、信息傳輸、信息交流及電子郵件等公用服務所需的數據交換功能。骨幹網具備 1000M 交換能力,具有 1000M 帶寬的桌面交換能力,該館網絡信息系統整體結構可分爲:

(1)檔案原件數字化及存儲系統,其中包括圖像數字化及存儲和文本信息存儲及管理。

(2)檔案管理系統,包括檔案整理編目、檔案利用查詢、庫房管理、檔案編輯、出版、翻譯工作輔助管理、圖書資料管理。

(3)辦公自動化系統,包括收文管理、發文管理、會議管理、人事管理、文檔管理、公告欄。

(4)電子觸摸屏館介系統。

(5)視頻安全監視系統。

爲了有效地實施和管理這一網絡信息系統工程,一史館於 2001 年 5 月在原計算機組的基礎上,又成立了"計算機管理中心"(處級),該中心聘專業技術人員已增至十餘人。從 2000—2004 年,經過三年多的努力,該館網絡信息系統工程已經完成。整個工程結束後,全館具備三百五十八個網絡信息點、二十八個視頻監視點,形成了一百五十臺(套)計算機及輔助設備、數字化設備的應用規模,實現了辦公自動化、檔案管理自動化。它爲一史館現代化管理奠定了基礎,一史館將逐步實現數字化檔案館。

爲了實現數字化檔案館,2010 年一史館制訂了《中國第一歷史檔案館檔案整理及數字化總體方案》,方案中把完成全部館藏檔案文件及整理工作爲"十二五"規劃的中心工作,在確保檔案安全的前提下,舉全館之力,集社會之智,五年內(2011—2015)完成全部未整理到件的檔案七百萬件（其中滿文檔案七十五萬件）的整理工作，構建準確、高效的檔案提還和統計檢索平臺。實現館藏重要檔案基本達到文件級檢索。力爭完成檔案數字化掃描六百二十七萬件、縮微拍照五十三萬件的任務，基本完成館藏檔案數字化和縮微工作任務，實現全部檔案原件封存保護，所有檔案利用均使用數字化檔案的目標。在此基礎上，搭建檔案整理及數字化軟硬件平臺，實現檔案數字化安全管理。①

至2012年底，一史館檔案電子數據的儲量已達到1.5PB，初步建成了數據接收、數據管理、數據保存和數據利用等功能的PB級數據中心，爲全面實現明清檔案管理科學化、利用網絡化奠定了堅實的基礎。②

第二節　使用縮微技術複製檔案

縮微技術是歷史檔案進行現代化管理的重要技術手段。20世紀60年代以來，縮微膠片、磁盤、磁帶、光盤這些非紙載體記錄信息的方式得到迅速發展，其中尤以縮微膠片記錄信息的方式更爲人們所重視，因爲縮微膠片較磁帶、光盤價格便宜，使用壽命也較長。另外，縮微膠片複製檔案，能保持文件的原貌，更爲廣大讀者所歡迎。明清檔案經過縮微後，一是便於利用。因檔案縮微後，體積大大縮小，這樣便於檔案資料的傳遞和交流。檔案縮微品閱讀、複製很方便，這大大節省了讀者查鈔、核對文件的煩勞。二是便於保護檔案原件。明清檔案不但數量浩繁，而且價值珍貴，是我國一筆重要的文化遺產。但由於這些檔案存世年代久遠，反覆翻閱，不少文書或霉爛變質或蟲蛀褪色，縮微拍攝是搶救保護這些珍貴文書的有效方法。一史館規定，凡有縮微複制件的檔案，一律用縮微品代原件使用，檔案原件則封閉保存起來。這樣有利地保護了檔案原件，大大延長了歷史檔案的壽命。

一史館自1973年開始試用縮微技術拍攝檔案，經過多年來的發展，已

---

① 《中央檔案館國家檔案局年鑒·2010年》第三百一十五頁。
② 《中央檔案館國家檔案局年鑒·2012年》第三百七十九頁。

擁有一套完整、先進的縮微設備和相應的技術力量及科學的工作程序。一史館縮微膠片的規格主要有 16mm 和 35mm 兩種。以 16mm 規格爲主，它具有光點、編碼和標靶三種檢索功能。以 35mm 規格爲輔，主要用於標靶式檢索。

一史館主要縮微設備有 16mm 制式的 CF-100 縮拍機，35mm 制式的 M2 縮拍機，FP-500 沖洗機及 P2-100 拷貝機，EXTEK-3100 拷貝機，質量檢測的設備有密度儀、顯微鏡、超聲波接片機及閱讀機等。

一史館很重視對縮微技術人員的培養，先後派遣技術人員到香港等地參觀學習，又專門請美國家譜學會縮微技術專家凱勒先生來館講學和指導。長期以來，縮微工作形成一套科學的工作程序，這就是：檔案攝前整理→縮微拍攝→沖洗→檢測→拷貝→精檢→提供使用。在縮拍檔案中，一貫堅持質量第一的原則。根據國家標準局頒布的《縮微密度標準》和國家檔案局制訂的有關規則，結合明清歷史檔案的特點，制訂了本館《縮微膠片的密度標準細則》。對縮微膠卷密度的要求：在正常情況下，一盤中的本低密度值之差不應超過 0.30，特殊情況最多不應超出 0.50，力求達到最佳密度值——0.85 左右。對縮微膠片清晰度的要求：影像的綫條輪廓要十分清晰，膠片通過放大鏡或是閱讀器觀察，其影像綫條不能出現灰色過渡或是毛邊。膠片解像力的數值爲每平方毫米不得低於 120 條綫對。對膠片灰霧度的要求：母片片基灰霧度不得超過 0.10 以上。總之，要保證真實、全面，正確地反映被拍攝檔案的全貌，生產出最佳產品。

1993 年以來，一史館共拍攝縮微膠片四十六萬零二百九十六米，約一百五十萬件（1994 年底統計）。爲適應國內外利用者的需要，一史館向海內外發行了大量的檔案縮微膠片，微縮品質量得到國內外廣大用戶的一致好評。

電子計算機和縮微技術是實現歷史檔案現代化管理的兩項主要技術。在工作實踐中，一史館逐步形成了"一條龍"的科學工作流程。

第一步：檔案的加工整理。即在原檔案整理的基礎上（原全宗不變、原文件排序不變）按檔號編制規範進行逐件編號、登目。

第二步，對加工整理好的檔案，進行縮微拍攝。拍攝時先進行一次技術整理，包括檢查編號、紙張展平等。

第三步，根據檔案縮微品進行著錄。按照有關標準進行檔案著錄。

第四步：使用電子計算機編出文件分類、作者、地區、時間等多種目錄和檢索工具。

一史館准備在今後把館藏主要的檔案，如皇帝的詔令文書、臣工的題奏文書、重要的檔冊，約五百萬件，全部拍成微縮膠片，並實現用計算機編目檢索。今後隨着全館辦公自動化的實現，一支具有現代化水平的業務隊伍的形成，加上實施科學的管理方法，這樣一史館的工作就基本上達到現代化的水平。

第三節　建立檔案庫房溫濕度調控計算機集中管理系統

一史館原有二十三個檔案庫房及縮微、複印、利用閱讀間，安裝有LB-40型空調機組二十一套，LB-25型空調機組兩套。分布在三座樓一至六層空調機房内，空調面積約九千平方米。三座樓後還建有三套冷卻水循環系統，共九座冷卻塔、六臺供水泵。由於機房分散，控制面積大、人員少，加之繁重的維護保養任務，進行管理相當困難，在一般情況很難保證檔案庫房溫濕度的控制。爲了進一步實現檔案庫的現代化管理，保證庫藏檔案的安全，以最大限度地延長檔案的壽命，1988年在航空航天部幫助下，建立了"散布式空調計算機管理系統"。這套集中自動控制監測系統的基本布局是，在總控制室内設置計算調度操作臺，每個空調機房放置一個執行端箱與空調機組連接。在中心操作臺由微機系統對二十三套空調機組和三套冷卻水系統進行遠距離遙控、遙信和遙測，把系統内所有的機電動作信息全部反映在彩色顯示器和模擬系統圖盤上。這一系統的建立，基本實現了檔案庫房自動化集中管理，能精確控制檔案庫房的溫濕度。經過多年的操作實踐，在北京地區七至九月的高溫多雨季節，庫房濕度均能控制在百分之五十五左右，溫度都能控制在二十度左右，基本上達到歷史檔案庫房理想的保管條件。同時，又大大節省人力、財力和減輕工作人員的勞動強度。

第三十四章　全國明清檔案目錄中心的建立

在我國改革開放的大好形勢下，隨着經濟、文化建設事業的深入發展，社會對檔案資料的需求越來越迫切。檔案工作要適應新的形勢，就必須采取有效的措施，積極開發利用檔案信息資源。開發利用檔案信息資源的一個有效途徑，就是組織全國歷史檔案目錄中心。早在1983年，國家檔案局就提出"到1990年逐步建立起全國和省級歷史檔案、資料目錄中心"的設想。1984—1990年檔案事業發展"七五"計劃中，曾把此項任務正式列入工作計劃："由國家檔案局組織，以中央檔案館爲主，籌建全國革命歷史檔案資料目錄中心；以中國第一歷史檔案館爲主，籌建全國明清及其以前各歷史時期歷史檔案資料目錄中心；以中國第二歷史檔案館爲主，籌建民國時期歷史檔案資料目錄中心。"經過幾年的籌備，1989年3月成立了"全國明清、民國、革命歷史檔案資料目錄中心領導小組"，以組織、規劃和協調各目錄中心的工作。1991年10月，國家檔案局在南京召開了全國歷史檔案資料目錄中心協調會，會議討論通過了《檔案資料目錄中心體系建設方案》和《檔案資料目錄報送方案》，並提出了建立全國檔案資料目錄中心的步驟和方法。這次會議是建立全國檔案資料目錄中心工作的關鍵會議，會後不久，全國三個歷史檔案目錄中心都先後建立。

全國明清檔案資料目錄中心的籌備，早在1986年就開始了。在中國第一歷史檔案館館長主持下，經與各兄弟館協商，又經過反復調查論證，終於在1991年3月成立了，該中心設在北京的中國第一歷史檔案館內。

全國明清檔案資料目錄中心貫徹開放歷史檔案方針，以開發檔案信息資源服務四化建設爲基本指導思想，進行明清檔案資料目錄的收集、整理與報道交流，建立以目錄數據庫爲核心的實用高效的檢索體系，實現明清檔案信息資源的網絡化管理，實現資源共享，充分發揮國家檔案館網的效能，促進檔案館間，檔案部門與其他文化機構間，以及地區間、國際間的文化交流，最大限度地提高明清檔案資料的社會效益。全國明清檔案資料目錄中心的基本任務是：

①匯集全國各檔案館所存明清檔案資料目錄，收集社會其他文化機構和私人手中的明清檔案資料信息，建立全國明清檔案資料目錄數據庫體系，更好地爲中外讀者服務。首先，要編出《全國檔案館館藏明清檔案全宗目錄》和《全國檔案館外各單位及私人所藏明清檔案資料簡介》。

②管理用於編制和組織明清檔案資料目錄的各項專業標準，如《清代檔案分類表》、《明清檔案著錄細則》、《清代檔案主題詞表》，等等。

③開展社會服務，以目錄數據庫爲基礎提供社會服務，進行目錄的交換、報道和編輯出版，並提供查詢服務和定題服務。

④協調全國各檔案館的明清檔案資料編目工作，定期舉辦明清檔案編目工作培訓班，加強館際間的業務交流和研究工作。

全國明清檔案資料目錄中心成立以後，制定了《全國明清檔案資料目錄中心"八五"期間工作規劃》與各年度計劃，建立了目錄中心的規章制度，積極進行了館際間的業務交流。經過多年的努力，2000年編纂出版了《明清檔案通覽》，以全國明清檔案全宗目錄爲基礎，基本展現了全國各地各檔案館所藏明清檔案全宗情況，爲查閱明清檔案重要檢索工具之一。另外，爲中外文化學術機構和專家、學者，開展了咨詢服務，得到社會各界的一致好評。

全國明清檔案資料目錄中心的設立，是全國歷史檔案界的一件大事，希望存有明清檔案的各兄弟館繼續發揚團結、協作的優良傳統和無私奉獻的精神，把目錄中心的工作做得更好，更好地爲我國社會主義現代化建設服務，爲促進中外文化交流服務。

附　錄

附錄一 中國第一歷史檔案館所藏明清檔案各全宗一覽表

壹　明朝檔案 …………………………………………… 全 1*
貳　清朝檔案
   A　輔弼皇帝的中樞機構的檔案
      1. 內閣檔案 …………………………………………… 全 2
      2. 軍機處檔案 ………………………………………… 全 3
      3. 宮中各處檔案 ……………………………………… 全 4
      4. 責任內閣檔案 ……………………………………… 全 7
      5. 弼德院檔案 ………………………………………… 全 8
      6. 資政院檔案 ………………………………………… 全 50
      7. 會議政務處檔案 …………………………………… 全 35
      8. 憲政編查館檔案 …………………………………… 全 9
   B　分掌國政各部院衙門及其所屬機構的檔案
    （一）掌管文官任免的吏部檔案 ……………………… 全 12
    （二）掌管財政金融機構的檔案
      1. 戶部——度支部檔案 ……………………………… 全 13
      2. 會考府檔案 ………………………………………… 全 63
      3. 清理財政處檔案 …………………………………… 全 64
      4. 稅務處檔案 ………………………………………… 全 44
      5. 督辦鹽政處檔案 …………………………………… 全 25
      6. 大清銀行檔案 ……………………………………… 全 24

---

*　表中的"全"字代表"全宗"，"全"字後面的號代表全宗號。

（三）掌管禮儀祭祀機構的檔案

    1. 禮部檔案 …………………………………… 全 14

    2. 陵寢禮部檔案 ……………………………… 全 56

    3. 樂部檔案 …………………………………… 全 55

    4. 太常寺檔案 ………………………………… 全 58

    5. 光祿寺檔案 ………………………………… 全 59

    6. 鴻臚寺檔案 ………………………………… 全 60

（四）掌管軍事機構的檔案

    1. 兵部——陸軍部檔案 ……………………… 全 15

    2. 太僕寺檔案 ………………………………… 全 57

    3. 八旗都統衙門檔案 ………………………… 全 23

    4. 步軍統領衙門檔案 ………………………… 全 51

    5. 管理前鋒護軍等營事務大臣處檔案 ……… 全 65

    6. 健銳營檔案 ………………………………… 全 66

    7. 火器營檔案 ………………………………… 全 67

    8. 神機營檔案 ………………………………… 全 40

    9. 總理練兵處檔案 …………………………… 全 39

    10. 京城巡防處檔案 ………………………… 全 71

    11. 京防營務處檔案 ………………………… 全 73

    12. 近畿陸軍各鎮督練公所檔案 …………… 全 42

    13. 禁衛軍訓練處檔案 ……………………… 全 70

    14. 軍咨府檔案 ……………………………… 全 49

（五）掌管司法監察機構的檔案

    1. 刑部——法部檔案 ………………………… 全 16

    2. 大理院檔案 ………………………………… 全 62

    3. 修訂法律館檔案 …………………………… 全 10

    4. 都察院檔案 ………………………………… 全 48

（六）掌管工交農商機構的檔案

    1. 工部檔案 …………………………………… 全 17

    2. 農工商部檔案 ……………………………… 全 20

3. 郵傳部檔案 ································ 全 22
（七）掌管民政警務機構的檔案
　　1. 京城善後協巡總局檔案 ······················· 全 72
　　2. 巡警部檔案 ································ 全 37
　　3. 民政部檔案 ································ 全 21
　　4. 禁煙總局檔案 ······························ 全 74
（八）掌管文化及教育機構的檔案
　　1. 國子監檔案 ································ 全 54
　　2. 學部檔案 ·································· 全 19
　　3. 欽天監檔案 ································ 全 53
　　4. 翰林院檔案 ································ 全 61
　　5. 國史館檔案 ································ 全 11
　　6. 方略館檔案 ································ 全 46
（九）掌管民族、外交機構的檔案
　　1. 理藩部檔案 ································ 全 45
　　2. 外務部檔案 ································ 全 18
C　掌管皇族及宮廷事務機構的檔案
　　1. 宗人府檔案 ································ 全 6
　　2. 內務府檔案 ································ 全 5
　　3. 鑾儀衛檔案 ································ 全 36
　　4. 侍衛處檔案 ································ 全 68
　　5. 尚虞備用處檔案 ···························· 全 69
D　地方機關及個人和王府檔案
（一）地方機關檔案
　　1. 順天府檔案 ································ 全 28
　　2. 京師高等審判廳、檢察廳檔案 ················· 全 41
　　3. 北洋督練處檔案 ···························· 全 52
　　4. 山東巡撫衙門檔案 ·························· 全 29
　　5. 黑龍江將軍衙門檔案 ························ 全 30
　　6. 寧古塔副都統衙門檔案 ······················ 全 31

7. 阿拉楚喀副都統衙門檔案 …………………………… 全 32
8. 琿春副都統衙門檔案 ………………………………… 全 33
9. 長蘆鹽運使司檔案 …………………………………… 全 34
（二）個人及王府檔案
1. 清遜帝溥儀檔案 ……………………………………… 全 26
2. 端方檔案 ……………………………………………… 全 27
3. 趙爾巽檔案 …………………………………………… 全 75
4. 醇親王府檔案 ………………………………………… 全 38
E 輿圖匯集 ………………………………………………… 全 47

附錄二　明清檔案史料出版物分類表*

政治（包括軍事、外交）類

序號	出版物名稱	冊數	編者	出版者	出版時間（年）	字數（萬）
1	交泰殿寶譜	1	故宮博物院	故宮印刷所	1929	全25印譜
2	籌辦夷務始末	130	故宮博物院	故宮鈔本影印	1930	220
3	清三藩史料	6	故宮博物院		1931	46
4	朝鮮迎接都監都廳儀軌	1	故宮博物院	故宮鈔本影印	1932	72.5
5	清光緒朝中日交涉史料	44	故宮博物院		1932	150
6	康熙與羅馬使節關係文書	1	故宮博物院		1932	1.5
7	朝鮮國王來書	1	故宮博物院	故宮鈔本影印	1933	3.2
8	清代外交史料（嘉慶、道光朝）	10	故宮博物院		1933	28
9	清宣統朝中日交涉史料	3	故宮博物院		1933	6
10	太平天國文書	1	故宮博物院	故宮印刷所	1933	0.8
11	清光緒朝中法交涉史料	11	故宮文獻館	故宮印刷所	1933	73.5
12	清季各國照會目錄	4	故宮文獻館	和濟印書局故宮印刷所文雅社	1936	10
13	清代文字獄檔	9	故宮文獻館	北平研究院	1936	30
14	阿濟格略明事件之滿文木牌	1	故宮文獻館李德啓	故宮印刷所	1936	圖16頁 1
15	讀書堂西征隨筆	1	故宮文獻館	京城印書局	1936	3.4
16	清季教案史料（一）	1	故宮博物院、北大文科研究所、中央研究院歷史語言研究所	故宮印刷所	1937	9.3
17	清季教案史料（二）	1	故宮博物院、北大文科研究所、中央研究院歷史語言研究所	故宮印刷所	1948	16.2

＊此表初爲戈斌同志所編，後經劉蘭青同志補充。序號爲本書責任編輯所加。

续表

序號	出版物名稱	冊數	編者	出版者	出版時間（年）	字數（萬）
18	明末農民起義史料	1	鄭天挺等	開明書店	1954	40
19	中法戰爭	7	故宮檔案館等	新知識出版社	1955	88
20	辛亥革命	8	故宮檔案館等	上海人民出版社	1957	80
21	吳煦檔案中的太平天國史料選輯	1	靜吾、仲丁	三聯書店	1958	
22	義和團檔案史料	2	明清檔案館	中華書局	1959	170
23	戊戌變法檔案史料	1	明清檔案館	中華書局	1959	43
24	19世紀美國侵華檔案資料選編	2	朱士嘉	中華書局	1959	
25	洋務運動	8	中央檔案館明清檔案部等	上海人民出版社	1962	175
26	海防檔	9	臺北"中研院"近代史所			335
27	中法越南交涉檔	7	臺北"中研院"近代史所		1966	240
28	四國新檔（俄、英、法、美）	4	臺北"中研院"近代史所		1966	
29	中美關係史料	3	臺北"中研院"近代史所		1968	
30	清代准噶爾史料		莊吉發			
31	清季中、日、韓關係史料	11	臺北"中研院"近代史所		1972	
32	中俄邊界條約集		商務印書館	商務印書館	1973	
33	第二次鴉片戰爭	6	故宮明清檔案部	上海人民出版社	1978—1979	125
34	康雍乾時期城鄉人民反抗鬥爭資料	2	中國人民大學清史研究所等	中華書局	1979	60
35	清末籌備立憲檔案史料	2	中國第一歷史檔案館	中華書局	1979	83
36	清代中俄關係檔案史料選編（第一、三編）	5	中國第一歷史檔案館	中華書局	1979—1981	142
37	太平天國文書匯編	1	太平天國歷史博物館	中華書局	1979	39
38	辛亥革命前後	1	陳旭麓等	上海人民出版社	1979	
39	中華民國史檔案資料匯編——辛亥革命	1	中國第二歷史檔案館	江蘇人民出版社	1979	20
40	山東義和團案卷	2	中國社會科學院近代史所	齊魯書社	1980	68

續表

序號	出版物名稱	冊數	編者	出版者	出版時間（年）	字數（萬）
41	清季教務教案檔	21	臺北"中研院"近代史所		1980	665
42	義和團源流史料	1	陸景祺等	中國人民大學出版社	1980	14
43	四川保路運動檔案選編	1	四川省檔案館	四川人民出版社	1981	
44	東北義和團檔案史料	1	遼寧社會科學院	遼寧人民出版社	1981	53
45	辛亥革命在遼寧檔案史料	1	遼寧省檔案館	遼寧省檔案館印	1981	28
46	清中期五省白蓮教起義資料	5	中國社會科學院歷史所	江蘇人民出版社	1981—1982	50
47	武昌起義檔案史料	2	湖北省政協等	湖北人民出版社	1981—1983	
48	甲午中日戰爭	2	陳旭麓等	上海人民出版社	1982	
49	太平天國文獻史料集	1	中國社科院近代史所	中國社會科學出版社	1982	22
50	清末海軍史料	1	張俠等	海洋出版社	1982	80
51	康熙統一臺灣檔案史料選輯	1	廈門大學臺灣研究所、中國第一歷史檔案館	福建人民出版社	1983	26
52	盛京刑部原檔	1	郭成康等	群眾出版社	1983	15
53	清代農民戰爭史資料選編（第一、三、五編）	4	中國人民大學歷史系、中國第一歷史檔案館	中國人民大學出版社	1983—1991	176
54	忠義軍抗俄鬥爭檔案史料	1	遼寧省檔案館等	遼瀋書社	1984	53
55	反洋教文書揭帖選	1	王明倫	齊魯書社	1984	30
56	辛亥革命前十年間民變檔案史料	2	中國第一歷史檔案館等	中華書局	1985	63
57	華工出國史料匯編	4	中國第一歷史檔案館等	中華書局	1985	138
58	四川教案與義和團	1	四川省檔案館	四川人民出版社	1985	
59	清代錫伯族滿文檔案史料	2	中國第一歷史檔案館	民族出版社	1987	40
60	德國侵占膠州灣史料選編		中國第一歷史檔案館	山東人民出版社	1987	59.8
61	鴉片戰爭檔案史料（第一冊）	1	中國第一歷史檔案館	上海人民出版社	1987	66
62	清代前期苗民起義檔案史料	3	中國第一歷史檔案館、貴州省檔案館	光明日報出版社	1987	130
63	土爾扈特滿文檔案譯編	1	中國第一歷史檔案館、中國社會科學院民族史研究所	民族出版社	1988	21.6

續表

序號	出版物名稱	冊數	編者	出版者	出版時間（年）	字數（萬）
64	天地會（1—7）	7	中國第一歷史檔案館、中國人民大學清史研究所	中國人民大學出版社	1980—1988	238
65	清代錫伯族漢文檔案史料選編	2	中國第一歷史檔案館	遼寧民族出版社	1989	60
66	中日戰爭	2	戚其章主編	中華書局	1989	92
67	鴉片戰爭在舟山史料選編	1	中國第一歷史檔案館、舟山市社會科學聯合會	浙江人民出版社	1992	31
68	鴉片戰爭檔案史料	7	中國第一歷史檔案館	天津古籍出版社	1993	718
69	清代中琉關係檔案選編	1—5	中國第一歷史檔案館	中華書局	1993—2002	289
70	清政府鎮壓太平天國檔案史料	1—26	中國第一歷史檔案館	社會科學文獻出版社	1990—2001	1372.4
71	乾隆朝懲辦貪污檔案選編	4	中國第一歷史檔案館	中華書局	1994	240
72	清代西遷新疆察哈爾蒙古滿文檔案譯編	1	中國第一歷史檔案館	全國圖書館文獻縮微中心	1994	40
73	六世班禪朝覲檔案選編	2	中國第一歷史檔案館、中國藏學研究中心	中華書局	1996	92
74	英使馬戛爾尼訪華檔案史料匯編	1	中國第一歷史檔案館	國際文化出版公司	1996	影印80
75	香港歷史問題檔案圖錄	2	中國第一歷史檔案館	香港三聯書店	1996	2萬字 120幅圖
76	清代中朝關係檔案史料匯編	1	中國第一歷史檔案館	國際文化出版公司	1996	影印20
77	浙江鴉片戰爭史料	2	中國第一歷史檔案館、寧波市社會科學界聯合會	中華書局	1997	120
78	中國第一歷史檔案館館藏清代官員履歷全編	30	中國第一歷史檔案館	上海華東師範大學出版社	1997	2000
79	清代琉球國王表奏文書選錄	1	中國第一歷史檔案館	黃山書社	1997	影印23
80	清代中國與東南亞各國關係檔案史料匯編（一）	1	中國第一歷史檔案館	國際文化出版公司	1998	85
81	清末教案	3	中國第一歷史檔案館、福建師範大學歷史系	中華書局	1996—1998	214
82	清代中朝關係檔案史料續編	1	中國第一歷史檔案館	中國檔案出版社	1998	影印85

續表

序號	出版物名稱	冊數	編 者	出 版 者	出版時間（年）	字數（萬）
83	清代"服制"命案	1	中國第一歷史檔案館、東亞法律文化課題組	中國政法大學出版社	1999	42.7
84	明清時期澳門問題檔案文獻匯編	6	中國第一歷史檔案館、澳門基金會、暨南大學古籍研究所	人民出版社	1999	380
85	明清澳門問題皇宮珍檔	一函五冊	中國第一歷史檔案館	浙江華寶齋書社	1999	22
86	外國人鏡頭中的八國聯軍——辛丑條約百年圖志	1	《辛丑條約百年圖志》編委會	外文出版社	2001	照片300幅檔案40件
87	清代鄂倫春族滿文檔案匯編	1	中國第一歷史檔案館、鄂倫春民族研究會	民族出版社	2001	影印50
88	清代外務部中奧關係檔案精選	1	中國第一歷史檔案館、北京大學	中華書局	2001	影印12
89	澳門問題明清珍檔薈萃	1	中國第一歷史檔案館	澳門基金會	2002	24
90	澳門歷史地圖精選	1	中國第一歷史檔案館、澳門一國兩制研究中心	文化出版社	2002	78幅圖2萬字
91	中葡關係史料匯編	2	中國第一歷史檔案館	中國檔案出版社	2002	101
92	粵港澳商貿檔案全集	10	中國第一歷史檔案館	中國書店	2002	影印32

經 濟 類

序號	出版物名稱	冊數	編 者	出 版 者	出版時間（年）	字數（萬）
1	內閣大庫現存清代漢文黃冊目錄	1	故宮文獻館	故宮印刷所	1936	22
2	清代漢文黃冊聯合目錄	1	故宮文獻館、北大文科研究所、中央研究院歷史語言研究所	北京大學印刷所、擷華永記印書局	1947	70
3	帝國主義與中國海關（一至十五編）	15	中國近代經濟史資料叢編委員會	科學出版社、中華書局	1952—1965	300
4	中國近代貨幣金融史資料	2	中國人民銀行參事室	中華書局	1964	
5	礦務檔	8	臺北"中研院"近代史所			260
6	武訓地畝賬	1		人民出版社	1975	10

續表

序號	出版物名稱	冊數	編者	出版者	出版時間（年）	字數（萬）
7	清代海河灤河洪澇檔案史料	1	水電部研究院	中華書局	1981	95
8	湖北開采煤礦總局荊門礦物總局	1	沈旭麓等	上海人民出版社	1981	
9	清代地租剝削形態	2	中國社會科學院歷史所、中國第一歷史檔案館	中華書局	1982	58
10	清代帝王陵寢	1	中國第一歷史檔案館	檔案出版社	1983	
11	清代的礦業	2	中國人民大學清史研究所等	中華書局	1983	50
12	漢冶萍公司（一）	1	陳旭麓等	上海人民出版社	1984	74
13	自貢鹽業契約檔案選輯	1	自貢市檔案館等	中國社會科學出版社	1985	
14	清代吉林檔案史料選編（工業）	3	吉林市檔案館	自印	1985	55
15	清代吉林檔案史料選編（驛站）	1	吉林市檔案館	自印	1987	30
16	清代地契檔案史料	1	熊敬篤	四川新都檔案局		
17	清代硃批奏摺財政類目錄	5	中國第一歷史檔案館	中國財經出版社	1990—1992	700
18	圓明園	2	中國第一歷史檔案館	上海古籍出版社	1991	90
19	中國近代兵器工業檔案史料	4	中國第一歷史檔案館	兵器工業出版社	1993	190

科學、教育、文化（包括人物）類

序號	出版物名稱	冊數	編者	出版者	出版時間（年）	字數（萬）
1	歷代帝后像	4	故宮博物院	京華印書局	1929	120（幅）
2	故宮博物院文獻館一覽	1	故宮文獻館	故宮印刷所	1932	1.8
3	文獻館南遷文物清冊	1	故宮文獻館	故宮印刷所	1933	3
4	廣西沿邊各營駐防中越交界對汛法屯距界遠近圖	1	故宮文獻館	故宮印刷所	1934	1軸
5	多爾袞攝政日記（附：司道職名冊）	1	故宮文獻館	故宮印刷所	1935	1.5

續表

序號	出版物名稱	冊數	編者	出版者	出版時間（年）	字數（萬）
6	名教罪人	1	故宮文獻館	故宮印刷所	1935	3.5
7	碎金	1	故宮博物院	故宮印刷所	1935	2
8	昇平署岔曲	1	故宮博物院	故宮印刷所	1935	2.5
9	清乾隆內府輿圖（銅版地圖）	1	故宮文獻館	故宮印刷所	1935	108頁
10	歷代功臣像	1	故宮文獻館	故宮印刷所	1935	21（幅）
11	清內務府造辦處輿圖房圖目初編	1	故宮文獻館	故宮印刷所	1936	3.5
12	故宮俄文史料	1	故宮文獻館、北京大學文科研究所、中央研究院歷史語言研究所	北京大學法商學院印刷部	1936	
13	乾隆朝京城全圖坊巷宮殿考	1	故宮文獻館、北大文科研究所、中央研究院歷史語言研究所	北京大學法商學院印刷部	1936	
14	蘇州織造李煦奏摺	1	故宮文獻館、北大文科研究所、中央研究院歷史語言研究所	北京大學法商學院印刷部	1936	6
15	昇平署月令承應戲	1	故宮文獻館	北京大學法商學院印刷部	1936	8.2
16	昇平署劇本選刊		故宮文獻館			
17	印璽明信片	1包	故宮博物院			
18	臺灣風俗明信片		故宮博物院			
19	清代地震檔案史料	1	明清檔案館	中華書局	1959	15
20	宋景詩檔案史料	1	明清檔案館	中華書局	1959	28
21	錫良遺稿	2	中國社會科學院近代史所	中華書局	1959	101
22	劉坤一遺集	6	中國社會科學院近代史所	中華書局	1959	250
23	黃爵滋許乃濟奏議合刊	1	齊思和整理	中華書局	1959	15
24	曾國藩未刊信稿	1	江世榮編注	中華書局	1959	27
25	盛宣懷未刊信稿	1	北京大學歷史系	中華書局	1960	25
26	李鴻章致潘鼎新書札	1	年子敏編注	中華書局	1960	25
27	林則徐集（奏稿、日記、公牘）	4	中山大學歷史系	中華書局	1962—1965	140
28	故宮俄文史料	1	歷史研究編輯部	歷史研究編輯部印	1964	40

續表

序號	出版物名稱	冊數	編者	出版者	出版時間（年）	字數（萬）
29	劉銘傳撫臺前後檔案	1	馬用等	臺灣銀行	1969	
30	袁世凱奏摺專輯	8	臺北"故宮博物院"		1970	
31	年羹堯奏摺	3	臺北"故宮博物院"		1971	
32	關於江寧織造曹家檔案史料	1	故宮明清檔案部	中華書局	1975	15
33	李煦奏摺	1	故宮明清檔案部	中華書局	1976	18
34	孫文成奏摺	1	莊吉發	文史哲出版社	1978	
35	曲阜孔府檔案史料選編	24	曲阜文管會等	齊魯書社	1980	700
36	郭嵩燾日記	4	湖南人民出版社	湖南人民出版社	1980	220
37	楊儒庚申存稿	1	中國社會科學院近代史所	社會科學出版社	1980	
38	何桂清等書札	1	蘇州市博物館	江蘇人民出版社	1981	24
39	孔府檔案選編	2	中國社會科學院近代史所等	中華書局	1982	
40	慈禧光緒醫方選議	1	陳可冀等	中華書局	1982	20
41	西藏地震史料匯編	2	西藏檔案館等	西藏人民出版社	1982	
42	吳煦檔案選編	7	太平天國歷史博物館	江蘇人民出版社	1982	
43	忘山廬日記	3		上海古籍出版社	1983	95
44	郭嵩燾奏稿	1	楊堅校補	嶽麓書社	1983	30
45	趙爾豐川邊奏牘	1	吳豐培	四川民族出版社	1984	
46	鄭成功檔案史料選輯	1	廈門大學臺灣研究所中國第一歷史檔案館	福建人民出版社	1985	34
47	曾國藩全集（家書）	2	鄧雲生編標	嶽麓書社	1985	110
48	灾異志——雪災篇（第一卷）	1	西藏檔案館編譯	西藏人民出版社	1985	
49	林則徐信稿	1	黃澤德	福建人民出版社	1985	
50	林則徐奏稿公牘日記補編	1	陳錫棋主編	中山大學出版社	1985	30
51	榮祿存札	1	杜春和等	齊魯書社	1986	27
52	左宗棠未刊奏摺	1	中國第一歷史檔案館	嶽麓出版社	1987	64
53	纂修四庫全書檔案	1	中國第一歷史檔案館	上海古籍出版社	1997	155
54	清初五世達賴喇嘛檔案史料選編	1	中國第一歷史檔案館中國藏學研究中心	中國藏學出版社	2000	19

續表

序號	出版物名稱	冊數	編者	出版者	出版時間（年）	字數（萬）
55	北京大學堂檔案選編	1	中國第一歷史檔案館北京大學	北京大學出版社	2001	影印50
56	清宮珍藏歷世達賴喇嘛檔案薈萃	1	中國第一歷史檔案館	宗教文化出版社	2002	影印15
57	庚子事變清宮檔案匯編	1	中國第一歷史檔案館	中國人民大學出版社	2003	
58	清宮普寧寺檔案	2	中國第一歷史檔案館、承德市普寧寺管理處	中國檔案出版社	2003	
59	清宮熱河檔案	18	中國第一歷史檔案館、承德市文物局	中國檔案出版社	2003	

綜 合 類

序號	出版物名稱	冊數	編者	出版者	出版時間（年）	字數（萬）
1	雍正硃批諭旨不錄奏摺總目	1	故宮文獻館	故宮印刷所	1930	0.8
2	掌故叢編	10	故宮文獻館	和濟印書局	1930	28.5
3	史料叢鈔（即史料旬刊）	40	故宮文獻館	京華印書局	1930開始出版	115
4	文獻叢編	46	故宮文獻館	故宮印刷所	1930—1943	175
5	清太祖努爾哈赤實錄	1	故宮文獻館	京華印書局	1933	6.5
6	重整內閣大庫殘本書影	1	故宮文獻館	故宮印刷所	1933	2.3
7	文獻館現存清代實錄總目	1	故宮文獻館	故宮印刷所	1934	2
8	清太祖武皇帝努爾哈赤實錄	1	故宮文獻館	故宮印刷所	1934	
9	清軍機處檔案目錄	1	故宮文獻館	故宮印刷所	1924	2.8
10	清內閣庫貯舊檔輯刊	6	故宮文獻館	故宮印刷所	1935	30
11	文獻特刊	1	故宮博物院	故宮印刷所	1935	9
12	文獻論叢	1	故宮博物院	故宮印刷所	1936	18
13	文獻專刊	1	故宮文獻館	和記印書局	1944	6
14	文獻專刊	1	故宮文獻館	天華印書館	1945	5

續表

序號	出版物名稱	冊數	編者	出版者	出版時間（年）	字數（萬）
15	文獻論叢	1	故宮博物院	故宮印刷所	1948	6
16	明清內閣大庫史料（第一輯）	1		東北圖書館	1949	83
17	明清史料		臺北"中研院"史語所			
18	明清檔案存真	3	臺北李光濤等	臺北"中研院"史語所	1959—1975	
19	滿洲秘檔選輯			臺灣銀行	1968	
20	舊滿洲檔	10	臺北"故宮博物院"		1969	
21	清太祖朝老滿文原檔	2	廣祿等	臺北"中研院"史語所	1970—1972	
22	宮中檔光緒朝奏摺	26	臺北"故宮博物院"	臺北"故宮博物院"	1973—1975	1560
23	宮中檔康熙朝奏摺	9	臺北"故宮博物院"	臺北"故宮博物院"	1976	250
24	宮中檔雍正朝奏摺	32	臺北"故宮博物院"	臺北"故宮博物院"	1977—1980	2000
25	重譯滿文老檔	3	遼寧大學歷史系		1978	
26	漢譯滿文舊檔	1	遼寧大學歷史系		1979	
27	明代遼東殘檔選編	1	遼寧大學歷史系		1979	
28	廷寄	1	臺灣文獻委員會			
29	清代吉林檔案史料選編	8	吉林省檔案館	吉林省檔案館	1981—1987	300
30	宮中檔乾隆朝奏摺	68	臺北"故宮博物院"	臺北"故宮博物院"	1982	4100
31	籌筆偶存		中國第一歷史檔案館	中國社會科學出版社等	1983	60
32	康熙朝漢文硃批奏摺匯編	8	中國第一歷史檔案館	檔案出版社	1984—1985	300
33	三姓副都統衙門滿文檔案譯編	1	遼寧省社科院	遼瀋書社	1984	34
34	康熙起居注	3	中國第一歷史檔案館	中華書局	1984	182
35	清雍正朝鑲紅旗檔	1	劉厚生譯	東北師範大學出版社	1985	9
36	明代遼東檔案匯編	2	遼寧省檔案館	遼瀋書社	1985	
37	清代起居注冊（道光、咸豐、同治朝）	200	臺北聯合報文化基金會國學文獻館	聯經出版實業公司	1985	1490

續表

序號	出版物名稱	冊數	編者	出版者	出版時間（年）	字數（萬）
38	黑龍江省報刊檔案史料選編	1	黑龍江省檔案館	黑龍江省出版總社	1985	47
39	黑龍江省少數民族檔案史料選編	1	黑龍江省檔案館	黑龍江省出版總社		9
40	清代黑龍江歷史檔案選編	2	中國第一歷史檔案館	黑龍江省人民出版社	1986	66
41	清代起居注冊（光緒朝）	80	臺北聯合報文化基金會國學文獻館	聯經出版實業公司	1987	600
42	清初內國史院滿文檔案譯編	3	中國第一歷史檔案館	光明日報出版社	1989	110
43	滿文老檔	2	中國第一歷史檔案館中國社會科學院	中華書局	1989	100
44	雍正朝漢文硃批奏摺匯編	40	國第一歷史檔案館	江蘇古籍出版社	1989	2700
45	乾隆上諭檔	18	中國第一歷史檔案館	檔案出版社	1991	1000
46	臺灣公私藏故書影本	72	臺灣王世慶等			300
47	清代檔案史料叢編	14	中國第一歷史檔案館	中華書局	1978—1990	350
48	雍正朝起居注冊	5	中國第一歷史檔案館	中華書局	1993	200
49	清代東北阿城漢文檔案選編	1	東北師範大學清史研究所、中國第一歷史檔案館	中華書局	1994	33.7
50	元以來西藏地方與中央政府關係檔案史料匯編	7	中國藏學研究中心、中國第一歷史檔案館	中國藏學出版社	1994	280
51	清代皇帝御批真迹選	3	中國第一歷史檔案館	西苑出版社	1995—1996	150
52	光緒朝硃批奏摺	120	中國第一歷史檔案館	中華書局	1995—1996	7000
53	光緒宣統兩朝上諭檔	37	中國第一歷史檔案館	廣西師範大學出版社	1996	1559.9
54	康熙朝滿文硃批奏摺全譯	1	中國第一歷史檔案館	中國社會科學院出版社	1996	270
55	中國明清史檔案文獻光盤庫	12盤	中國第一歷史檔案館	中央檔案館、北京超星公司	1996	20000
56	17世紀蒙古文書檔案（1600—1650）	1	中國第一歷史檔案館	內蒙古少年兒童出版社	1997	46
57	咸豐同治兩朝上諭檔	24	中國第一歷史檔案館	廣西師範大學出版社	1998	1200
58	乾隆上諭檔（再版）	18	中國第一歷史檔案館	檔案出版社	1998	1000

續表

序號	出版物名稱	冊數	編者	出版者	出版時間（年）	字數（萬）
59	雍正朝滿文硃批奏摺全譯	2	中國第一歷史檔案館	黃山書社	1998	469.4
60	雍正朝漢文諭旨匯編	10	中國第一歷史檔案館	廣西師範大學出版社	1999	影印400
61	清代邊疆滿文檔案目錄	12	中國第一歷史檔案館、中國社會科學院邊疆史地研究中心、中國人民大學清史所	廣西師範大學出版社	1999	900
62	中國第一歷史檔案館所存西藏與藏事檔案目錄（滿、藏文部分一冊，漢文部分一冊）	2	中國第一歷史檔案館、中國藏學研究中心	中國藏學出版社	1999—2000	2403
63	乾隆朝軍機處隨手檔	46	中國第一歷史檔案館	廣西師範大學出版社	2000	4614
64	嘉慶道光兩朝上諭檔	55	中國第一歷史檔案館	廣西師範大學出版社	2000	4886
65	中國明朝檔案總匯	101	中國第一歷史檔案館、遼寧省檔案館	廣西師範大學出版社	2001	6060
66	清宮御檔	五函二十四冊	中國第一歷史檔案館	浙江富陽華寶齋古籍書社	2001	影印30
67	乾隆帝起居注	42	中國第一歷史檔案館	廣西師範大學出版社	2002	影印2230
68	歷史檔案	96	中國第一歷史檔案館	《歷史檔案》雜誌社	1981—2004	2112

附錄三　增補明清檔案史料出版物目錄[*]

序號	出版物名稱	冊數	編纂單位	出版單位	出版時間（年）
1	廣州歷史地圖精粹	1	廣州市檔案館、中國第一歷史檔案館、廣州市越秀區人民政府	中國大百科全書出版社	2003
2	清代媽祖檔案史料匯編	1	中國第一歷史檔案館、湄洲媽祖廟董事會、湄洲媽祖文化研究中心、莆田市歸國華僑聯合會	中國檔案出版社	2003
3	清中前期西洋天主教在華活動檔案史料	4	美國舊金山大學利瑪竇中西文化歷史研究所、北京語言文化中心	中華書局	2003
4	御筆詔令說清史	1	中國第一歷史檔案館	山東教育出版社	2003
5	清初鄭成功家庭滿文檔案譯編	3	中國第一歷史檔案館	九州出版社、廈門大學出版社	2004
6	清代外務部中外關係檔案史料叢編——中葡關係卷	2	中國第一歷史檔案館、北京大學、澳門理工學院	中華書局	2004
7	清代外務部中外關係檔案史料叢編——中西關係卷	3	中國第一歷史檔案館、北京大學、澳門理工學院	中華書局	2004
8	清代文書檔案圖鑒	1	中國第一歷史檔案館	三聯書店（香港）有限公司	2004
9	清代西遷新疆察哈爾蒙古滿文檔案全譯	1	中國第一歷史檔案館、新疆博爾塔拉蒙古自治州史志辦	新疆人民出版社	2004
10	清代中南海檔案	30	中國第一歷史檔案館	西苑出版社	2004
11	清宮珍藏歷世班禪額爾德尼檔案薈萃	1	中國第一歷史檔案館	宗教文化出版社	2004
12	清代中國與東南亞各國關係檔案史料匯編（二）——菲律賓	1	中國第一歷史檔案館	國際文化出版公司	2004
13	明清宮藏地震檔案	2	中國第一歷史檔案館、中國地震局	地震出版社	2005
14	清代軍機處電報檔匯編	40	中國第一歷史檔案館	中國人民大學出版社	2005

* 此目錄爲高換婷研究館員所增補。

續表

序號	出版物名稱	冊數	編纂單位	出版單位	出版時間（年）
15	清代中琉關係檔案六編	1	中國第一歷史檔案館	中國檔案出版社	2005
16	清宮內務府造辦處檔案總匯（1—55冊）	55	中國第一歷史檔案館、香港中文大學文物館	人民出版社	2005
17	清代奏摺匯編——農業環境	1	中國第一歷史檔案館、中國科學院地理科學與資源研究所	商務印書館	2005
18	北洋大學（天津大學）歷史檔案珍藏圖錄	1	天津大學、中國第一歷史檔案館	天津大學出版社	2005
19	中琉歷史關係檔案——乾隆朝（1—4冊）	4	中國第一歷史檔案館	中國檔案出版社	2006
20	嘉慶帝起居注	22	中國第一歷史檔案館	廣西師範大學出版社	2006
21	明清皇宮藏黃埔秘檔案圖鑒（上、下冊）	2	中國第一歷史檔案館	暨南大學出版社	2006
22	清代外務部中外關係檔案史料叢編——中英關係卷（第一冊）	1	中國第一歷史檔案館、北京大學、澳大利亞拉籌伯大學	中華書局	2006
23	清代雍和宮檔案史料（1—24冊）	12	中國第一歷史檔案館、雍和宮管理處	中國民族攝影藝術出版社	2006
24	清代中哈關係檔案匯編（一）	1	中國第一歷史檔案館、哈薩克斯坦東方學研究所	中國檔案出版社	2006
25	清內閣蒙古堂檔（1—22冊）	22	中國第一歷史檔案館、內蒙古大學蒙古學學院	內蒙古人民出版社	2006
26	清內秘書院蒙古文檔匯編（1—7冊）	7	中國第一歷史檔案館、內蒙古自治區檔案館、內蒙古大學蒙古學研究中心	內蒙古人民出版社	2006
27	中琉歷史關係檔案——順治朝、康熙朝、雍正朝	2	中國第一歷史檔案館	中國檔案出版社	2006
28	中國清代營房史料選輯	1	中國第一歷史檔案館、總后勤部基建營房部、遼寧省檔案館	軍事科學出版社	2006
29	琿春副都統衙門檔	238	中國第一歷史檔案館、中國邊疆史地研究中心	廣西師範大學出版社	2007
30	清代中哈關係檔案匯編（二）	1	中國第一歷史檔案館、哈薩克斯坦東方學研究所	中國檔案出版社	2007
31	清宮萬國博覽會檔案	6	中國第一歷史檔案館	揚州廣陵書社	2007
32	雍正朝內閣六科史書·戶科	105	中國第一歷史檔案館	廣西師範大學出版社	2007
33	光緒帝起居注	16	中國第一歷史檔案館	廣西師範大學出版社	2007

續表

序號	出版物名稱	冊數	編纂單位	出版單位	出版時間（年）
34	宣統帝起居注	1	中國第一歷史檔案館	廣西師範大學出版社	2007
35	乾隆朝西域戰圖秘檔薈萃	1	中國第一歷史檔案館	北京出版社	2007
36	中琉歷史關係檔案——乾隆朝（5—7冊）	3	中國第一歷史檔案館	中國檔案出版社	2008
37	北京地區滿文圖書總目	1	中國第一歷史檔案館、北京市民族古籍整理辦	遼寧民族出版社	2008
38	清代外務部中外關係檔案史料叢編——中英關係卷（第三冊·通商貿易）	5	中國第一歷史檔案館、北京大學、澳大利亞拉籌伯大學	中華書局	2008
39	清宮瓷器檔案全集	52	中國第一歷史檔案館、北京鐵源陶瓷研究院	中國畫報出版社	2008
40	清宮恭王府檔案總匯·奕訢秘檔	10	中國第一歷史檔案館、文化部恭王府管理中心	國家圖書館出版社	2008
41	清宮珍藏海蘭察滿漢文奏摺匯編	1	中國第一歷史檔案館、鄂溫克族自治旗民族古籍整理辦公室	遼寧民族出版社	2008
42	清宮珍藏殺虎口右衛右玉縣御批奏摺匯編	3	中國第一歷史檔案館、山西省右玉縣人大常委會教科文衛工作委員會	中華書局	2008
43	清廷簽議校邠廬抗議檔案匯編	25	中國第一歷史檔案館	綫裝書局出版社	2008
44	晚清國際會議檔案	10	中國第一歷史檔案館	揚州廣陵書社	2008
45	清代中琉關係檔案七編	1	中國第一歷史檔案館	中國檔案出版社	2009
46	中琉歷史關係檔案——乾隆朝（8—10冊）	3	中國第一歷史檔案館	中國檔案出版社	2009
47	清宮恭王府檔案總匯·和珅秘檔	10	中國第一歷史檔案館、恭王府博物館	國家圖書館出版社	2009
48	軍機處滿文準噶爾使者檔譯編	3	中國第一歷史檔案館、中央民族大學中國邊疆民族地區歷史與地理研究中心	中央民族大學出版社	2009
49	清代起居注冊·康熙朝	32	中國第一歷史檔案館	中華書局	2009
50	明清宮藏臺灣檔案匯編	230	中國第一歷史檔案館、海峽兩岸出版交流中心	九州出版社	2009
51	清代外務部中外關係檔案史料叢編——中英關係	5	中國第一歷史檔案館、北京大學、澳大利亞拉籌伯大學	中華書局	2009

續表

序號	出版物名稱	冊數	編纂單位	出版單位	出版時間（年）
52	清宮塘沽秘檔圖典	4	中國第一歷史檔案館、天津市塘沽區人民政府	中國檔案出版社	2009
53	清宮揚州御檔選編	1函6冊	中國第一歷史檔案館、揚州市檔案局（館）	揚州廣陵書社	2009
54	內閣藏本滿文老檔	20	中國第一歷史檔案館	遼寧民族出版社	2009
55	清乾隆內府繪製京城全圖	5	故宮博物院、中國第一歷史檔案館	紫禁城出版社	2009
56	中琉歷史關係檔案——乾隆朝（11—13冊）	3	中國第一歷史檔案館	中國檔案出版社	2010
57	明清宮藏中西商貿檔案	8	中國第一歷史檔案館	中國檔案出版社	2010
58	清宮金磚檔案	1	中國第一歷史檔案館、故宮博物院	紫禁城出版社	2010
59	清宮揚州御檔	18	中國第一歷史檔案館、揚州市檔案局（館）	揚州廣陵書社	2010
60	清朝前期理藩院滿蒙文題本	24	中國第一歷史檔案館、中國人民大學國學院西域歷史語言研究所	內蒙古人民出版社	2010
61	清代軍機處滿文熬茶檔	2	國家清史編纂委員會	上海古籍出版社	2010
62	中琉歷史關係檔案——乾隆朝（14—16冊）	3	中國第一歷史檔案館	中華書局	2011
63	明清皇宮虎門秘檔圖錄	1	中國第一歷史檔案館、鴉片戰爭博物館	人民出版社	2011
64	乾隆朝滿文寄信檔譯編	24	中國第一歷史檔案館	岳麓書社有限責任公司	2011
65	清代典章制度辭典	1	朱金甫、張書才、李國榮主編	中國人民大學出版社	2011
66	清宮辛亥革命檔案匯編	80	中國第一歷史檔案館、海峽兩岸出版交流中心	九州出版社	2011
67	清宮淮安檔案精萃	1	中國第一歷史檔案館、江蘇省淮安市人民政府	中國檔案出版社	2011
68	清宮昇平署檔案集成（中國國家圖書館藏）	108	中國國家圖書館	中華書局	2011
69	中琉歷史關係檔案——乾隆朝（17冊）	1	中國第一歷史檔案館	人民出版社	2012
70	中琉歷史關係檔案——嘉慶朝（1—2冊）	2	中國第一歷史檔案館	人民出版社	2012
71	清代新疆滿文檔案匯編	283	中國第一歷史檔案館、中國邊疆史地研究中心	廣西師範大學出版社	2012

附錄四　明清檔案縮微品目錄

說明：①明清檔案縮微品，全部由中國第一歷史檔案館選編並攝製。
　　　②本目錄主要由王淑香、張晶同志編纂。
　　　③目錄中 57 至 69 號由高換婷同志增補。截至 2014 年 6 月。

1. 內閣漢文起居注
   35mm 縮微卷片　223 盤（每盤 600 畫幅）　1982 年攝製
2. 內閣康熙朝起居注
   35mm 縮微卷片　16 盤（每盤 600 畫幅）　1985 年攝製
3. 內閣秋審題本
   16mm 縮微卷片　212 盤（每盤 3200 畫幅）　1989 年攝製
4. 內閣京察冊
   16mm 縮微卷片　80 盤（每盤 3200 畫幅）　1985 年攝製
5. 軍機處上諭檔
   35mm 縮微卷片　394 盤（每盤 600 畫幅）　1980 年攝製
   附：朝年及膠片盤號
   雍正朝　　　　　　　　第 1 盤
   乾隆元年至六十年　　　第 1—74 盤
   嘉慶元年至二十五年　　第 74—140 盤
   道光元年至三十年　　　第 140—238 盤
   咸豐元年至十一年　　　第 238—271 盤
   同治元年至十三年　　　第 271—304 盤
   光緒元年至三十四年　　第 304—387 盤
   宣統元年至三年　　　　第 388—394 盤
   補遺　　　　　　　　　第 395 盤

6. 軍機處錄副奏摺鎮壓農民運動類

    16mm 縮微卷片　49 盤(每盤 3200 畫幅)　1991 年攝制

7. 軍機處錄副奏摺全國水利雨水自然灾害資料

    16mm 縮微卷片　24 盤(每盤 3200 畫幅)　1992 年攝制

8. 宮中履歷引見摺

    16mm 縮微卷片　27 盤(每盤 3200 畫幅)　1985 年攝制

9. 宮中履歷片

    16mm 縮微卷片　6 盤(每盤 3200 畫幅)　1985 年攝制

10. 宮中硃批奏摺財政類

    16mm 縮微卷片　64 盤(每盤 3200 畫幅)　1986 年攝制

11. 宮中糧價單

    36mm 縮微卷片　3281 盤(每盤 600 畫幅)　1990 年攝制

    附：各省名稱及膠片盤號

    | 陝西 1—13 | 江寧 1 | 湖南 1—22 |
    | 杭州、浙江 1—2 | 河南 1—13 | 廣東、廣西 1—2 |
    | 奉天 1—5 | 浙江 1—19 | 廣東 1—14 |
    | 安徽 1—16 | 甘肅 1—14 | 江蘇 1—18 |
    | 江西 1—18 | 熱河 1—3 | 直隸 1—21 |
    | 烏魯木齊 1—7 | 湖北 1—17 | 雲南 1—20 |
    | 廣西 1—13 | 福建 1—13 | 山東 1—18 |
    | 貴州 1—13 | 蘇州 1—2 | 陝西、甘肅 1 |
    | 兩湖 1—2 | 山西 1—24 | 四川 1—17 |

12. 宗人府紅名冊

    16mm 縮微卷片　87 盤(每盤 3200 畫幅)　1985 年攝制

13. 滿文內國史院檔

    35mm 縮微卷片　3 盤(每盤 600 畫幅)　1989 年攝制

14. 滿文老檔

    35mm 縮微卷片　14 盤(每盤 600 畫幅)　1983 年攝制

15. 吏部造送封贈姓氏冊

    16mm 縮微卷片　7 盤(3200 畫幅)　1986 年攝制

16. 戶部——度支部俸銀俸米冊

16mm 縮微卷片　7 盤(每盤 3200 畫幅)　1985 年攝制

17. 清代譜牒檔案

16mm 縮微卷片　307 盤(每盤 3200 畫幅)　1983 年攝制

清代譜牒檔案是由內務府人事類、內閣人事類、宗人府人事類三個全宗的檔案所組成。

附：

A 字號

檔案名稱、類別	膠片盤號
內務府堂人事類	1—80
內務府昇平署檔冊	80—81
內務府莊頭處	81—85
內務府會計司	85—89
內務府都虞司人事類	89—93
內務府上駟院人事類	93—96
內務府滿文雜件目錄《檔簿》	96—106

B 字號

內閣滿文皇冊	1—10
內閣會試題名錄	10—11
內閣進士登科錄	11—12
內閣鄉試題名錄	12—29
內閣翻譯鄉試題名錄	29
內閣金榜	30—31
內閣八旗世襲譜檔	31—62
八旗都統衙門有關人事類	62—84
內務府財政類俸米冊	84—107
內務府（新整）都虞司	108—125

C 字號

內務府都虞司	
關防衙門營造司	1—20

　　　　內閣滿、漢文黃冊　　　　　　20—69
　　　　宗人府小玉牒　　　　　　　　69—76
18. 黑龍江將軍衙門檔案
　　　16mm 縮微卷片　193 盤（每盤 3200 畫幅）　1988 年攝制
　　　附：康熙朝　　　　　　　　　1—26 盤
　　　　　雍正朝　　　　　　　　　1—20 盤
　　　　　乾隆朝　　　　　　　　　1—147 盤
19. 寧古塔副都統衙門檔案
　　　16mm 縮微膠片　190 盤（每盤 3200 畫幅）　1988 年攝制
20. 阿拉楚喀副都統衙門檔案
　　　16mm 縮微卷片　21 盤（每盤 3200 畫幅）　1985 年攝制
21. 琿春副都統衙門檔案
　　　16mm 縮微膠片　52 盤（每盤 3200 畫幅）　1988 年攝制
22. 清代琉球檔案史料
　　　35mm 縮微卷片　3 盤（每盤 650 畫幅）　1992 年攝制
　　　這批清代琉球檔案史料是從軍機處錄副奏摺中輯錄有關琉球方面的檔案史料。文件起於乾隆七年（1742），止於光緒二十四年（1898），共計六百六十二件。
23. 第二次鴉片戰爭史料
　　　35mm 縮微卷片　14 盤（每盤 600 畫幅）　1981 年攝制
24. 辛亥革命檔案史料
　　　35mm 縮微卷片　4 盤（每盤 600 畫幅）　1983 年攝制
　　　辛亥革命檔案史料是根據一史館在辛亥革命七十週年紀念所展出的檔案史料拍攝的。全部史料共六百四十件，絕大多數屬於清官方文書，亦有少許農民起義中形成的革命文獻和部分資料。全部史料共分三部分。一是辛亥革命前的中國政治經濟形勢。二是孫中山先生及其他革命先驅們的歷史業績。三是帝國主義的破壞與袁世凱的竊國。基本按照歷史進程的順序排列。編有一份文件目錄以便查閱。這些辛亥革命史料有許多史料屬於首次公布，是研究辛亥革命和中國近代史所必備的第一手資料。

25. 順天府檔案

35mm 銀鹽卷片　135 盤（650 畫幅）

26. 雍和宮專題史料

35mm 銀鹽卷片　9 盤（每盤 650 畫幅）

雍和宮始建於明代，原是明代的内宮監房。清康熙三十二年（1694）改建爲康熙皇帝第四子胤禛的藩邸，名"貝勒府"，後隨胤禛之進爵而更名爲"雍親王府"，胤禛繼位後又將其陞格爲"雍和宮"。乾隆九年（1744）乾隆帝將這裏改爲藏傳佛教寺廟，仍名"雍和宮"。改廟後，雍和宮成爲全國喇嘛事務的中樞和北京地區最大的藏傳佛教寺院，各地喇嘛進京朝貢時，都要到這裏拜佛。十三世、十四世達賴喇嘛，六世、九世班禪都曾在雍和宮講經弘法，十世班禪大師生前更是多次來這裏講經弘法、指導工作；在清代，雍和宮屬內務府管理，無論佛事活動，還是修繕維修等，均需行文內務府，形成大量檔案史料。

27. 清代中葡關係及澳門地區檔案史料

35mm 銀鹽卷片　4 盤（每盤 620 畫幅）

清朝外務部中葡關係史料共四十一卷六百七十件，加上內閣、民政部有關史料十九卷三十九件，共六十卷計七百零九件，起自同治元年七月十八日，止於宣統三年十一月初九日。由於葡萄牙自明正德年間（16 世紀 20 年代）就租借澳門，因此中葡史料涉及澳門問題較多。中葡關係史料內容包括：疆界租地、法律詞訟、交聘往來、僑務招工、開埠通商、路礦實業、財政金融等方面。

28. 明題行稿

35mm 銀鹽卷片　20 盤

明題行稿起於天啓元年（1621），止於崇禎十七年（1644）。題行稿是題稿和行稿兩種文件的合稱，其中題稿是各衙門送皇帝批示的文稿，行稿是在題稿經皇帝批示後，向各有關衙門或官員發送的行文稿。由於二者黏在一起不能分開，故稱題行稿。中國第一歷史檔案館所藏明題行稿大多是兵部的，主要內容有：反映和記載李自成領導的明末農民起義鬥爭情形的文件；反映明清間戰爭、籌防、調兵等方面的文件；還有關於官員陞遷調補、獎懲糾參等方面的文件以及對一些少數民族用兵方面的文件。該檔案內容豐富，是研究清末農民戰爭以及明清之間戰爭等方面不可缺少的珍貴史料。

29. 滿洲實錄

35mm 銀鹽卷片　2 盤

30. 刑法部檔貽穀案

16mm 銀鹽卷片　3 盤（每盤 3200 畫幅）

文件起於光緒三十四年（1908），止於宣統三年（1911）。貽谷專案是綏遠城將軍貽谷於光緒三十四年以敗壞邊局，匿款不報誤殺臺吉等罪名，被參奏後革職逮京下獄，至宣統三年發配四川的審理過程中形成的檔案。全案共五十八個案卷。該案反映了審理貽谷及相關人員諸多事案的全部事實。該案涉及面廣、情節複雜，其中還反映了清末綏遠墾務的情景。

31. 欽天監題本專題史料

16mm 銀鹽卷片　8 盤（每盤 3200 畫幅）

檔案起於康熙十六年，止於光緒三十二年，共計三千一百四十七件。檔案內容包括欽天監觀測天象、氣象、日月蝕、雨雪、地震等情況，編修曆法、時憲書、經緯表等方面的材料，是研究清代天文、氣象方面較爲翔實的史料。

32. 內閣漢文題本——戶科·貨幣類

16mm 銀鹽卷片　13 盤

33. 清代西陵專題檔案

16mm 銀鹽卷片　9 盤（每盤 3200 畫幅）

34. 軍機處錄副奏摺

16mm 銀鹽卷片　523 盤

檔案按朝代順序拍攝。

雍正、乾隆朝軍機處錄副奏摺　16mm 銀鹽卷片　99 盤（每盤 3200 畫幅）

嘉慶朝軍機處錄副奏摺　16mm 銀鹽卷片　81 盤（每盤 3200 畫幅）

道光朝軍機處錄副奏摺　16mm 銀鹽卷片　88 盤（每盤 3200 畫幅）

咸豐朝軍機處錄副奏摺　16mm 銀鹽卷片　51 盤（每盤 3200 畫幅）

同治朝軍機處錄副奏摺　16mm 銀鹽卷片　58 盤（每盤 3200 畫幅）

光緒朝軍機處錄副奏摺　16mm 銀鹽卷片　166 盤（每盤 3200 畫幅）

宣統朝軍機處錄副奏摺　16mm 銀鹽卷片　11 盤（每盤 3200 畫幅）

35. 清代中朝關係題本

　　16mm 銀鹽卷片　3 盤

　　清代中朝關係題本，選自中國第一歷史檔案館館藏內閣全宗檔案，共三百七十九件，時間自清順治十年至光緒十九年（1653—1893）。

36. 滿文清太祖太宗實錄

　　35mm 銀鹽卷片　6 盤

37. 順治朝滿文內國史院檔

　　35mm 銀鹽卷片　4 盤

38. 軍機處寄信檔

　　35mm 銀鹽卷片　9 盤

　　軍機處寄信檔起於乾隆三年（1738），止於光緒二十四年（1898），是清代軍機處匯鈔清廷發出各項寄信諭旨的檔簿。

39. 軍機處明發檔

　　35mm 銀鹽卷片　2 盤

　　軍機處明發檔起於道光六年（1826），止於宣統元年（1909），是清代軍機處匯鈔清廷發出各項明發諭旨的檔簿。

40. 雲南河口事件電報檔

　　35mm 銀鹽卷片　1 盤

　　雲南河口事件電報檔，是清外務部檔案中關於孫中山在光緒三十四年領導的革命黨在雲南河口起義的專案檔案。內容記載了雲貴總督錫良、廣西提督龍濟光等清朝地方官吏及清朝駐外使節、法國駐越領事等為鎮壓河口起義與清廷來往電報，是研究孫中山領導的革命黨武裝反抗清朝統治的重要史料。

41. 教案電報檔

　　35mm 銀鹽卷片　1 盤

　　教案電報檔是清廷與江西巡撫等地方官吏和出使法國大臣等關於處理光緒三十二年（1906）南昌教案來往電報的匯鈔檔簿。光緒三十二年，法國傳教士行兇刺死江西南昌縣知縣江召棠，南昌人民毀教堂、斃法、英傳教士，釀成"南昌教案"，該檔案在研究清代末年中外關係及帝國主義的侵略等方面都有重要的史料價值。

42. 軍機處剿捕檔

　　35mm 銀鹽卷片　61 盤

43. 軍機處隨手登記檔

　　35mm 銀鹽卷片　143 盤

　　軍機處隨手登記檔起於乾隆元年（1736），止於宣統三年（1911）。軍機處隨手登記檔是清代收發文件的登記簿，有軍機處值日章京逐日將收到的奏摺和隨摺呈遞的片、單及所奉到的諭旨，詳悉分別登載入冊。它清楚地記載了逐日辦理過的奏摺和諭旨，是研究清代歷史的重要檢索工具。

44. 內閣漢文題本

　　16mm 銀鹽卷片　1288 盤

　　內閣漢文題本吏科乾隆元年至三十年　　　294 盤

　　內閣漢文題本吏科乾隆三十一年至六十年　251 盤

　　內閣漢文題本吏科嘉慶元年至三十年　　　145 盤

　　內閣漢文題本吏科道光元年至三十年　　　206 盤

　　內閣漢文題本吏科咸豐元年至十一年　　　58 盤

　　內閣漢文題本吏科同治元年至十三年　　　72 盤

　　內閣漢文題本吏科光緒元年至二十四年　　262 盤

45. 乾隆朝服制命案檔案選編

　　35mm 銀鹽卷片　2 盤

　　乾隆朝服制命案專題檔案，均選自中國第一歷史檔案館所藏乾隆朝刑科題本之貼黃。

46. 活計檔

　　35mm 銀鹽卷片　156 盤

　　活計檔是清代內務府造辦處記載日常承領各項活計的清檔。起於雍正元年，止於宣統三年。造辦處是負責制造御用器物的機構，具體職掌爲制造和貯存金器、玉器、木器、漆器、銅器、琺瑯器、玻璃器皿、輿圖、繪畫及武器頭盔等物。下設如意館、金玉作、造鐘處、琺瑯作、玻璃廠等作坊。活計檔是研究清代宮廷物品制作、工藝水平以及文化藝術方面的重要史料。

　　嘉慶朝 1—9 盤　　　　　　　　咸豐朝 29—34 盤

　　道光朝 10—28 盤　　　　　　　同治朝 35—42 盤

光緒朝 43—58 盤　　　　　雍正朝 61—74 盤
宣統朝 59—60 盤（後部分沒朝代）　乾隆朝 75—156 盤

47. 洋務檔

35mm 銀鹽卷片　14 盤

洋務檔是清代軍機處匯鈔存查的辦理對外事務方面專項檔簿，起於光緒四年，止於光緒二十六年，其主要內容爲清政府在辦理對外事務、中外戰爭、辦理洋務過程中臣工奏章所奉之上諭、明發上諭及國書，是研究中外關係、中外戰爭、洋務運動的重要史料。

48. 議覆檔

35mm 銀鹽卷片　27 盤

議覆檔是清代軍機處所立各項檔冊之一，起於雍正十一年，止於宣統三年。清制，凡內外官員請示或條陳事件，多交軍機處大臣等詳議後復奏，議覆檔即爲匯鈔軍機大臣等復奏交議事件之奏摺之底冊。其內容包含政治、經濟、軍事、文化等各個方面，對研究清代歷史具有重要的史料價值。

49. 康熙朝滿文硃批奏摺

16mm 銀鹽卷片　9 盤

康熙朝滿文硃批奏摺，共計四千餘件，是內外文武官員繳回的硃批奏摺。起止時間爲康熙二十八年至六十一年。

50. 內閣漢文題本刑科——命案類——婚姻奸情專題

16mm 銀鹽卷片　570 盤（續拍）

內閣漢文題本刑科命案類婚姻奸情專題檔案（乾隆元年至光緒二十四年），集中反映了刑部及各省題報審理因婚姻和奸情而殺傷人命案件的情況。對研究清代法律、婦女地位等社會問題提供了第一手材料。

乾隆元年至三十年	174 盤
乾隆三十一年至六十年	195 盤
嘉慶元年至二十五年	162 盤
道光元年至三十年	155 盤
咸豐元年至十一年	39 盤
同治元年至十三年	39 盤
光緒元年至三十四年	89 盤

51. 戶科題本稅科·鹽務

16mm 銀鹽膠片　24 盤

內閣戶科題本"稅課，鹽務"專題檔案，集中反映了戶部及各省鹽稅方面的材料，如鹽科的徵收、考核、撥解與奏銷；私鹽變價、造地陞科；鹽地受災之蠲免、賑恤；鹽官前後任的交接、盤查及虧欠稅銀的追陪等。其中乾隆元年至十年、乾隆五十一年至六十年，總計二千四百餘件。

52. 清代東陵檔案史料

16mm 銀鹽膠片　2 盤

有關東陵的檔案，選自宮中硃批奏摺建築工程類及部分宮中硃批奏摺禮儀陵寢類，文件時間起於雍正三年，迄於宣統三年，共計四百餘件。這些檔案真實記錄了東陵的修繕和管理的歷史。

53. 內務府題本

16mm 銀鹽膠片　35 盤

54. 內務府月摺專題

16mm 銀鹽膠片　9 盤

內務府設於清順治朝初年，是爲皇帝及其一家服務並管理宮廷事務的專門機構。廣儲司是內務府內設管理庫藏及出納的機構，掌管銀、皮、瓷、衣、茶、緞等六庫的金銀珠寶、綢緞、器皿、東珠、人參、貂皮及各國貢物的支發收儲事務。廣儲司六庫月存數目總摺是內務府堂每月對各庫物品所做的舊存、新收、除用、實存四項的統計，亦稱四柱清摺。真實而清楚地記錄了清宮財務的收支狀況，是研究清宮經濟的重要史料。本專題所攝廣儲司六庫月存數目總摺，時間起於乾隆八年（1743）止於嘉慶二十年（1815），共計八百二十三件。

55. 廣東省香山縣（中山市）專題史料

16mm 銀鹽膠片　3 盤

香山縣又名中山縣（市），隸屬廣東省。清鴉片戰爭前，其所轄之澳門是清政府對外開放的唯一港口，香山因之成爲連結內地與澳門的重要樞紐。清末，這裏誕生了偉大的革命先行者孫中山先生，久負盛名的南國小城蜚聲中外。現從中國第一歷史檔案館館藏檔案中挑選出有關香山縣的檔案一千零四十一件，時間起於明天啓三年（1624），止於清宣統二年（1910），匯成專題以供研究。這些檔案反映了明清歷史時期香山縣政治、經濟等發展變化，以及它在這一歷史時期所發揮的重要作用，極具歷史價值。

56. 清代中琉關係檔案

　　35mm 銀鹽膠片　19 盤

　　清代中琉關係縮微膠片，是根據館藏檔案中琉關係史料拍攝而成，包括三部分內容，一是軍機處錄副奏摺和照會。錄副奏摺五十六件（時間起於道光二十四年，迄於光緒九年），照會十六件（起於光緒元年，迄於光緒六年）。這部分史料記錄了清代道光、咸豐、同治年間英法等國民欲在琉球國行醫、傳教及中日兩國交涉琉球國事的歷史過程。二是選自內務府堂呈稿（時間起於嘉慶元年，迄於光緒元年），呈稿八十七件，清單四十六件，所選內容是有關官員請領、奏銷琉球國貢使朝貢期間衣食住行等用銀文稿。三是選自軍機處漢文檔冊，主要為上諭檔（時間起於乾隆二年，迄於光緒三年），共計二百四十一件。上諭檔是軍機處承旨撰擬的諭旨，逐日匯鈔存檔的底簿，反映了清雍正以後的政治、經濟、軍事、外交、文化及社會狀況等方面的情況。本史料主要是有關琉球國使臣在京活動及琉球國問題的諭旨，是研究清代中琉關係的珍貴史料。

57. 三藩史料　35mm　17 盒
58. 滿文錄副奏摺　16mm　251 盒
59. 滿文月摺檔　35mm　570 盒
60. 內務府奏銷檔　35mm　50 盒
61. 郵傳部檔案　16mm　616 盒
62. 清代災賑檔案史料　16mm　95 盒
63. 雍和宮檔案專題　35mm　1 盒
64. 頤和園專題檔案史料　16mm　14 盒
65. 金川檔　35mm　2 盒
66. 土爾扈特檔　35mm　4 盒
67. 宮中檔簿（檔）　16mm　7 盒
68. 趙爾巽檔案　35mm　114 盒
69. 歸化城副都統衙門檔案　35mm　50 盒

附錄五 明朝

年號	廟號	謚號	姓名	出生時間、地點	即位年齡	建元干支	在位年數、時間
洪武	太祖	高	朱元璋	元天歷元年(1328)九月十八日	41	戊申	31 (1368—1398)
建文	惠帝	恭閔惠	朱允炆	洪武十年(1377)十一月初五日	22	己卯	4 (1399—1402)
永樂	成祖	文	朱棣	元至正二十年(1360)四月十七日	43	癸未	22 (1403—1424)
洪熙	仁宗	昭	朱高熾	洪武十一年(1378)七月二十三日生於鳳陽	47	乙巳	1 (1425—1425)
宣德	宣宗	章	朱瞻基	洪武三十一年(1398)二月初九日生於燕邸	28	丙午	10 (1426—1435)
正統 天順	英宗	睿	朱祁鎮	宣德二年(1427)十一月十一日	9 31復位	丙辰 丁丑	14 (1436—1449) 8 (1457—1464)
景泰	代宗	景	朱祁鈺	宣德三年(1428)八月十三日	22	庚午	8 (1450—1457)
成化	憲宗	純	朱見深	正統十二年(1447)十一月初二日	18	乙酉	23 (1465—1487)
弘治	孝宗	敬	朱祐樘	成化六年(1470)七月三日生於西宮	18	戊申	18 (1488—1505)
正德	武宗	毅	朱厚照	弘治四年(1491)九月二十四日	15	丙寅	16 (1506—1521)
嘉靖	世宗	肅	朱厚熜	正德二年(1507)八月初十日生於興邸	15	壬午	45 (1522—1566)
隆慶	穆宗	莊	朱載垕	嘉靖十六年(1537)正月二十三日	30	丁卯	6 (1567—1572)
萬歷	神宗	顯	朱翊鈞	嘉靖四十二年(1563)八月十七日	10	癸酉	48 (1573—1620)
泰昌	光宗	貞	朱常洛	萬曆十年(1582)八月十一日	39	庚申	1個月 (1620—1620)
天啟	熹宗	悊	朱由校	萬曆三十三年(1605)十一月十四日	16	辛酉	7 (1621—1627)
崇禎	思宗	愍	朱由檢	萬曆三十八年(1610)十二月二十四日生於東宮	18	戊辰	17 (1628—1644)

皇帝年代表

去世時間、地點	去世年齡	陵墓及陵址		世　系	生　母
洪武三十一年 閏五月初十日卒於西宮（南京）	71	孝	南京 神烈山	仁祖第四子	淳皇后陳氏
建文四年 六月十三日失踪	26			太祖之孫 懿文太子之子	妃常氏
永樂二十二年 七月十八日卒於榆木川	65	長	昌平	太祖第四子	高皇后馬氏
洪熙元年 五月十二日卒於欽安殿	48	獻	昌平	成祖長子	文皇后徐氏
宣德十年 正月初三日卒於乾清宮	38	景	昌平	仁宗長子	昭皇后張氏
天順八年 正月十七日卒於乾清宮	23俘 38死	裕	昌平	宣宗長子	章皇后孫氏
天順元年 二月十九日卒於西宮	30		金山	宣宗次子	貴妃吳氏
成化二十三年 八月二十二日卒於乾清宮	41	茂	昌平	英宗長子	孝肅太后周氏
弘治十八年 五月初七日卒於乾清宮	36	泰	昌平	憲宗第三子	孝穆太后紀氏
正德十六年 三月十四日卒於豹房	31	康	昌平	孝宗長子	毅皇后張氏
嘉靖四十五年 十二月十四日卒於乾清宮	60	永	昌平	武宗之堂弟	獻皇后蔣氏
隆慶六年 五月二十六日卒於乾清宮	36	昭	昌平	世宗第三子	孝裕太后杜氏
萬曆四十八年 七月二十一日卒於弘德殿	58	定	昌平	穆宗第三子	孝定皇太后李氏
泰昌元年 九月初一卒於乾清宮	39	慶	昌平	神宗長子	孝靖皇太后王氏
天啟七年 八月乙卯（二十二日）卒於乾清宮	23	德	昌平	光宗長子	孝和皇太后王氏
崇禎十七年 三月十九日自縊於景山	35	思	昌平	光宗第五子	孝純皇太后劉氏

附錄六 清代皇

年號	廟號	謚號	名字	行次	生年	出生地	生母	子	女
天命	太祖	高皇帝	努爾哈赤	顯祖塔克世第一子	明嘉靖三十八年（1559）	赫圖阿拉（遼寧新賓）	宜皇后喜塔拉氏	16	8
天聰崇德	太宗	文皇帝	皇太極	太祖第八子	明萬曆二十年十月二十五日（1592年11月28日）	費阿拉城（遼寧新賓）	孝慈高皇后葉赫納拉氏	11	14
順治	世祖	章皇帝	福臨	太宗第九子	崇德三年正月三十日（1638年3月15日）戌時	瀋陽故宮永福宮	孝莊文皇后博爾濟吉特氏	8	6
康熙	聖祖	仁皇帝	玄燁	世祖第三子	順治十一年三月十八日（1654年5月4日）巳時	北京故宮景仁宮	孝康章皇后佟佳氏	35	20
雍正	世宗	憲皇帝	胤禛	聖祖第四子	康熙十七年十月三十日（1678年12月13日）寅時	北京故宮	孝恭仁皇后烏雅氏	10	4
乾隆	高宗	純皇帝	弘曆	世宗第四子	康熙五十年八月十三日（1711年9月25日）子時	北京雍和宮	孝聖憲皇后鈕祜祿氏	17	10
嘉慶	仁宗	睿皇帝	顒琰	高宗第十五子	乾隆二十五年十月初六（1760年11月13日）丑時	北京圓明園之天地一家春	孝儀純皇后魏佳氏	5	9
道光	宣宗	成皇帝	旻寧	仁宗第二子	乾隆四十七年八月初十（1782年9月16日）寅時	北京故宮擷芳殿之中所	孝淑睿皇后喜塔臘氏	9	10
咸豐	文宗	顯皇帝	奕詝	宣宗第四子	道光十一年六月初九日（1831年7月17日）丑時	北京圓明園之澄靜齋	孝全成皇后鈕祜祿氏	2	1
同治	穆宗	毅皇帝	載淳	文宗第一子	咸豐六年三月二十三日（1856年4月27日）未時	北京故宮之儲秀宮	孝欽顯皇后葉赫那拉氏		
光緒	德宗	景皇帝	載湉	宣宗第七子奕譞之第二子	同治十年六月二十六日（1871年8月12日）	北京太平湖醇王藩邸槐蔭齋	醇親王嫡福晉葉赫那拉氏		
宣統			溥儀	奕譞第五子載灃之長子	光緒三十二年正月十四日（1906年2月7日）午時	北京什刹海之醇王藩邸	醇親王嫡福晉蘇完瓜爾佳氏		

此表據1985年檔案出版社出版的《中國第一歷史檔案館館藏檔案概述》附表一改編。

帝世系一覽表

即位時間	即位年齡	在位年數	卒　年	享年	死亡地	入葬時間	陵　名
天命元年正月初一日（1616年2月17日）	58	11	天命十一年八月十一日（1626年9月30日）未刻	68	寧遠靉雞堡	天聰三年二月	福陵（瀋陽市）
天命十一年九月初一日（1626年10月20日）1636年改國號大清並改元崇德	35	17	崇德八年八月初九日（1643年9月21日）亥刻	52	瀋陽故宮	順治元年八月	昭陵（瀋陽市）
崇德八年八月二十六日（1643年10月8日）	6	18	順治十八年正月初七日（1661年2月5日）子刻	24	故宮養心殿	康熙二年六月	孝陵（河北遵化縣）
順治十八年正月十九日（1661年2月17日）	8	61	康熙六十一年十一月十三日（1722年12月20日）戌刻	69	北京西郊暢春園	雍正元年九月	景陵（河北遵化縣）
康熙六十一年十一月二十日（1722年12月27日）	45	13	雍正十三年八月二十三日（1735年10月8日）子刻	58	北京西郊圓明園	乾隆二年三月	泰陵（河北易縣）
雍正十三年九月初三日（1735年10月18日）	25	60	嘉慶四年正月初三日（1799年2月7日）辰刻	89	故宮養心殿	嘉慶四年九月	裕陵（河北遵化縣）
嘉慶元年正月初一日（1796年2月9日）	37	25	嘉慶二十五年七月二十五日（1820年9月2日）戌刻	61	承德避暑山莊	道光元年三月	昌陵（河北易縣）
嘉慶二十五年八月二十七日（1820年10月3日）	39	30	道光三十年正月十四日（1850年2月25日）午刻	69	圓明園慎德堂	咸豐二年三月	慕陵（河北易縣）
道光三十年正月二十六日（1850年3月9日）	20	11	咸豐十一年七月十七日（1861年8月22日）寅刻	31	承德避暑山莊煙波致爽殿	同治四年九月	定陵（河北遵化縣）
咸豐十一年十月初九日（1861年11月11日）	6	13	同治十三年十二月初五日（1875年1月12日）酉刻	19	故宮養心殿	光緒五年三月	惠陵（河北遵化縣）
光緒元年正月二十日（1875年2月25日）	4	34	光緒三十四年十月二十一日（1908年11月14日）酉刻	38	中南海瀛臺涵元殿	民國二年十一月	崇陵（河北易縣）
光緒三十四年十一月初九日（1908年12月2日）	3	3	1967年10月17日2時30分	61	北京人民醫院		清西陵（河北易縣）

附錄七　清代干支紀元與公元對照表

說明：

①干支，即天干和地支的合稱。甲、乙、丙、丁、戊、己、庚、辛、壬、癸十個字叫"天干"。子、丑、寅、卯、辰、巳、午、未、申、酉、戌、亥十二個字叫"地支"。把天干的"甲"和地支的"子"配合起來稱為"甲子"，再把天干的"乙"和地支的"丑"配合起來就叫"乙丑"，這樣順序相配一直到"癸亥"共六十個，總起來叫"六十甲子"。我國傳統上用"六十甲子"排記年、月、日、時，或排算事物和物質的次序。

②為便於查閱，在表中除列有皇帝的年號和名字外，還列有皇帝的廟號、諡號和陵寢。廟號，是皇帝死後在太廟立室奉祀時特立的名號。諡號，是皇帝死後按其生平事跡以示褒貶的稱號。陵寢，就是皇帝陵墓寢廟的名字。

③有清一代，自天命丙辰（1616）建元至宣統辛亥（1911）共二百九十六年。自順治甲申（1644）至宣統辛亥共二百六十八年。

廟號	名字	諡號	陵寢	年號	干支	紀元	公元
太祖	努爾哈赤	高（武）皇帝	福陵	天命	丙辰	元	1616
					丁巳	二	1617
					戊午	三	1618
					己未	四	1619
					庚申	五	1620
					辛酉	六	1621
					壬戌	七	1622
					癸亥	八	1623
					甲子	九	1624
					乙丑	十	1625
					丙寅	十一	1626

續表

廟號	名字	謚號	陵寢	年號	干支	紀元	公元
太宗	皇太極	文皇帝	昭陵	天聰	丁卯	元	1627
					戊辰	二	1628
					己巳	三	1629
					庚午	四	1630
					辛未	五	1631
					壬申	六	1632
					癸酉	七	1633
					甲戌	八	1634
					乙亥	九	1635
				崇德	丙子	元	1636
					丁丑	二	1637
					戊寅	三	1638
					己卯	四	1639
					庚辰	五	1640
					辛巳	六	1641
					壬午	七	1642
					癸未	八	1643
世祖	福臨	章皇帝	孝陵	順治	甲申	元	1644
					乙酉	二	1645
					丙戌	三	1646
					丁亥	四	1647
					戊子	五	1648
					己丑	六	1649
					庚寅	七	1650
					辛卯	八	1651
					壬辰	九	1652
					癸巳	十	1653
					甲午	十一	1654
					乙未	十二	1655
					丙申	十三	1656
					丁酉	十四	1657
					戊戌	十五	1658
					己亥	十六	1659
					庚子	十七	1660
					辛丑	十八	1661

續表

廟號	名字	謚號	陵寢	年號	干支	紀元	公元
聖祖	玄燁	仁皇帝	景陵	康熙	壬寅	元	1662
					癸卯	二	1663
					甲辰	三	1664
					乙巳	四	1665
					丙午	五	1666
					丁未	六	1667
					戊申	七	1668
					己酉	八	1669
					庚戌	九	1670
					辛亥	十	1671
					壬子	十一	1672
					癸丑	十二	1673
					甲寅	十三	1674
					乙卯	十四	1675
					丙辰	十五	1676
					丁巳	十六	1677
					戊午	十七	1678
					己未	十八	1679
					庚申	十九	1680
					辛酉	二十	1681
					壬戌	二十一	1682
					癸亥	二十二	1683
					甲子	二十三	1684
					乙丑	二十四	1685
					丙寅	二十五	1686
					丁卯	二十六	1687
					戊辰	二十七	1688
					己巳	二十八	1689
					庚午	二十九	1690
					辛未	三十	1691
					壬申	三十一	1692
					癸酉	三十二	1693
					甲戌	三十三	1694
					乙亥	三十四	1695
					丙子	三十五	1696

續表

廟號	名字	諡號	陵寢	年號	干支	紀元	公元
聖祖	玄燁	仁皇帝	景陵	康熙	丁丑	三十六	1697
					戊寅	三十七	1698
					己卯	三十八	1699
					庚辰	三十九	1700
					辛巳	四十	1701
					壬午	四十一	1702
					癸未	四十二	1703
					甲申	四十三	1704
					乙酉	四十四	1705
					丙戌	四十五	1706
					丁亥	四十六	1707
					戊子	四十七	1708
					己丑	四十八	1709
					庚寅	四十九	1710
					辛卯	五十	1711
					壬辰	五十一	1712
					癸巳	五十二	1713
					甲午	五十三	1714
					乙未	五十四	1715
					丙申	五十五	1716
					丁酉	五十六	1717
					戊戌	五十七	1718
					己亥	五十八	1719
					庚子	五十九	1720
					辛丑	六十	1721
					壬寅	六十一	1722
世宗	胤禛	憲皇帝	泰陵	雍正	癸卯	元	1723
					甲辰	二	1724
					乙巳	三	1725
					丙午	四	1726
					丁未	五	1727
					戊申	六	1728
					己酉	七	1729
					庚戌	八	1730
					辛亥	九	1731

續表

廟號	名字	謚號	陵寢	年號	干支	紀元	公元
世宗	胤禛	憲皇帝	泰陵	雍正	壬子	十	1732
					癸丑	十一	1733
					甲寅	十二	1734
					乙卯	十三	1735
高宗	弘曆	純皇帝	裕陵	乾隆	丙辰	元	1736
					丁巳	二	1737
					戊午	三	1738
					己未	四	1739
					庚申	五	1740
					辛酉	六	1741
					壬戌	七	1742
					癸亥	八	1743
					甲子	九	1744
					乙丑	十	1745
					丙寅	十一	1746
					丁卯	十二	1747
					戊辰	十三	1748
					己巳	十四	1749
					庚午	十五	1750
					辛未	十六	1751
					壬申	十七	1752
					癸酉	十八	1753
					甲戌	十九	1754
					乙亥	二十	1755
					丙子	二十一	1756
					丁丑	二十二	1757
					戊寅	二十三	1758
					己卯	二十四	1759
					庚辰	二十五	1760
					辛巳	二十六	1761
					壬午	二十七	1762
					癸未	二十八	1763
					甲申	二十九	1764
					乙酉	三十	1765
					丙戌	三十一	1766

續表

廟號	名字	謚號	陵寢	年號	干支	紀元	公元
高宗	弘曆	純皇帝	裕陵	乾隆	丁亥	三十二	1767
					戊子	三十三	1768
					己丑	三十四	1769
					庚寅	三十五	1770
					辛卯	三十六	1771
					壬辰	三十七	1772
					癸巳	三十八	1773
					甲午	三十九	1774
					乙未	四十	1775
					丙申	四十一	1776
					丁酉	四十二	1777
					戊戌	四十三	1778
					己亥	四十四	1779
					庚子	四十五	1780
					辛丑	四十六	1781
					壬寅	四十七	1782
					癸卯	四十八	1783
					甲辰	四十九	1784
					乙巳	五十	1785
					丙午	五十一	1786
					丁未	五十二	1787
					戊申	五十三	1788
					己酉	五十四	1789
					庚戌	五十五	1790
					辛亥	五十六	1791
					壬子	五十七	1792
					癸丑	五十八	1793
					甲寅	五十九	1794
					乙卯	六十	1795
仁宗	顒琰	睿皇帝	昌陵	嘉慶	丙辰	元	1796
					丁巳	二	1797
					戊午	三	1798
					己未	四	1799
					庚申	五	1800
					辛酉	六	1801

續表

廟號	名字	諡號	陵寢	年號	干支	紀元	公元
仁宗	顒琰	睿皇帝	昌陵	嘉慶	壬戌	七	1802
					癸亥	八	1803
					甲子	九	1804
					乙丑	十	1805
					丙寅	十一	1806
					丁卯	十二	1807
					戊辰	十三	1808
					己巳	十四	1809
					庚午	十五	1810
					辛未	十六	1811
					壬申	十七	1812
					癸酉	十八	1813
					甲戌	十九	1814
					乙亥	二十	1815
					丙子	二十一	1816
					丁丑	二十二	1817
					戊寅	二十三	1818
					己卯	二十四	1819
					庚辰	二十五	1820
宣宗	旻寧	成皇帝	慕陵	道光	辛巳	元	1821
					壬午	二	1822
					癸未	三	1823
					甲申	四	1824
					乙酉	五	1825
					丙戌	六	1826
					丁亥	七	1827
					戊子	八	1828
					己丑	九	1829
					庚寅	十	1830
					辛卯	十一	1831
					壬辰	十二	1832
					癸巳	十三	1833
					甲午	十四	1834
					乙未	十五	1835
					丙申	十六	1836

續表

廟號	名字	謚號	陵寢	年號	干支	紀元	公元
宣宗	旻寧	成皇帝	慕陵	道光	丁酉	十七	1837
					戊戌	十八	1838
					己亥	十九	1839
					庚子	二十	1840
					辛丑	二十一	1841
					壬寅	二十二	1842
					癸卯	二十三	1843
					甲辰	二十四	1844
					乙巳	二十五	1845
					丙午	二十六	1846
					丁未	二十七	1847
					戊申	二十八	1848
					己酉	二十九	1849
					庚戌	三十	1850
文宗	奕詝	顯皇帝	定陵	咸豐	辛亥	元	1851
					壬子	二	1852
					癸丑	三	1853
					甲寅	四	1854
					乙卯	五	1855
					丙辰	六	1856
					丁巳	七	1857
					戊午	八	1858
					己未	九	1859
					庚申	十	1860
					辛酉	十一	1861
穆宗	載淳	毅皇帝	惠陵	同治	壬戌	元	1862
					癸亥	二	1863
					甲子	三	1864
					乙丑	四	1865
					丙寅	五	1866
					丁卯	六	1867
					戊辰	七	1868
					己巳	八	1869
					庚午	九	1870
					辛未	十	1871
					壬申	十一	1872
					癸酉	十二	1873
					甲戌	十三	1874

續表

廟號	名字	謚號	陵寢	年號	干支	紀元	公元
德宗	載湉	景皇帝	崇陵	光緒	乙亥	元	1875
					丙子	二	1876
					丁丑	三	1877
					戊寅	四	1878
					己卯	五	1879
					庚辰	六	1880
					辛巳	七	1881
					壬午	八	1882
					癸未	九	1883
					甲申	十	1884
					乙酉	十一	1885
					丙戌	十二	1886
					丁亥	十三	1887
					戊子	十四	1888
					己丑	十五	1889
					庚寅	十六	1890
					辛卯	十七	1891
					壬辰	十八	1892
					癸巳	十九	1893
					甲午	二十	1894
					乙未	二十一	1895
					丙申	二十二	1896
					丁酉	二十三	1897
					戊戌	二十四	1898
					己亥	二十五	1899
					庚子	二十六	1900
					辛丑	二十七	1901
					壬寅	二十八	1902
					癸卯	二十九	1903
					甲辰	三十	1904
					乙巳	三十一	1905
					丙午	三十二	1906
					丁未	三十三	1907
					戊申	三十四	1908
	溥儀			宣統	己酉	元	1909
					庚戌	二	1910
					辛亥	三	1911

後　　記

我自1960年從事明清檔案工作，至今已有四十多年了。積四十多年的工作實踐經驗和長期的調查研究，終於寫成了這部《明清檔案學》。在這部書即將付梓之際，首先我要感謝國家檔案局、一史館歷屆有關領導對我的關懷、支持和幫助；感謝明清檔案工作的前輩們，是他們的工作業績和研究成果給我以借鑒和參考。

其次，本書有些章節所論述的內容，如對檔案的調查研究、業務工作經驗的總結，以及檔案標準化工作等，有不少可以說是集體智慧的結晶。在這裏我要特別感謝我的同事，如鄒愛蓮、趙雄，李鵬年、朱金甫、劉子揚、季士家、陳鏘儀、牛創平、鞠德源、唐益年、戈斌、屈六生、胡忠良、王光越、李宏爲、楊永戰、李國榮、吳元豐、丁進軍、黃亞非、呂小鮮、朱淑媛、韓永福、王雲峰、胡啓松、高換婷、劉若芳等，他們在各項檔案業務研究中，都給我以啓迪和幫助。特別是在本書打印、制盤和配圖工作中，又得到高換婷同志的全力幫助，在這裏我對他們表示深深的感謝！

這部書所以能順利出版，我還要特別感謝學苑出版社的孟白社長等領導，他們知識淵博，眼光遠大，在當前出版資金困難的情況下，仍毅然決定出版這部學術著作。在本書編輯審校過程中，郭強編輯工作認真負責，反復商量修改書稿，付出了大量的辛勞和智慧。還有高巍編輯最初的推薦和策劃，也是本書出版的一個前提條件。在此我對學苑出版社的領導和編輯同志們，表示崇高的敬意和誠摯的感謝！

由於本人學術水平有限，加之明清檔案涉及許多的學科知識，所以書中難免會有些舛誤之處，敬請各位專家、學者不吝指正。

秦國經
2004年8月18日於北京故宮

再版後記

　　光陰似箭，日月如梭，《明清檔案學》自 2005 年 1 月由學苑出版社出版後，不覺已十個春秋過去了。拙著自出版發行以後，得到明清史學界、檔案文獻界以及文史愛好者的歡迎和認購，現在市場已銷售一空。值此之際，以孟白社長爲首的學苑出版社的領導，隨即做出再版拙著的決定，由劉豐先生擔任責任編輯。劉編輯在接任數月以來，對全書進行了認真的編審：在內容增刪、調整方面，在文字校勘和史實的考證方面，特別是對繁簡字校正方面，下了很大的功夫，付出了辛勤的勞動。他那認真負責、一絲不苟的精神，令人敬佩！

　　經過這次編審再版后的《明清檔案學》，補充一些新的史料和研究成果，內容更加豐富，質量進一步提高，值此在本書再版付梓之際，我要特別感謝孟白社長和劉豐編輯！

　　此外，我的同事高換婷研究館員，先後爲本書"附錄"中的明清檔案史料出版物目錄及檔案縮微品目錄，做出補充和校正，同時又提供了中國第一歷史檔案館所藏檔案入選《世界記憶遺產名錄》和《世界記憶亞太地區名錄》的材料，付出了辛勤的勞動，在此，我一併表示感謝！

　　歷史檔案文化，是中華優秀傳統文化之一。我雖已年老，但仍"老驥伏櫪"，"壯心不已"，渴望在實現振興中華的"中國夢"中，繼續做出自己的應有貢獻。

秦國經

2016 年 2 月 29 日